Otto Glagau

Der Börsen- und Gründungs-Schwindel in Deutschland: Berlin

Otto Glagau

Der Börsen- und Gründungs-Schwindel in Deutschland: Berlin

ISBN/EAN: 9783742897763

Hergestellt in Europa, USA, Kanada, Australien, Japan

Cover: Foto ©Suzi / pixelio.de

Manufactured and distributed by brebook publishing software
(www.brebook.com)

Otto Glagau

Der Börsen- und Gründungs-Schwindel in Deutschland: Berlin

DER BÖRSEN-

UND

RÜNDUNGS-SCHWINDEL

IN DEUTSCHLAND.

(ZWEITER THEIL VON „DER BÖRSEN- UND GRÜNDUNGS-SCHWINDEL IN BERLIN".)

VON

OTTO GLAGAU.

„Aufgeklärt muss werden und Jedermann muss überzeugt werden, dass mit der Fackel bis in den letzten Winkel hineingeleuchtet worden ist. Dann wird das Volk beruhigt sein ....."

Herr Lasker am 15. Februar 1873 im Preuss. Abgeordnetenhause.

LEIPZIG.
VERLAG VON PAUL FROHBERG.
1877.

Unpersönlich.

Wer ruhig leben will, dem giebt der Weise
Den weisen Rath, allzeit den Mund zu halten,
Er müßt' ihn öffnen denn zu Lob und Preise.

Das galt schon als das Beste bei den Alten,
Um sich zu sichern vor Gefahr und Ränken
Und vor der Mißgunst herrschender Gewalten.

Wer kühner ist, der möge sich beschränken
Zu wandeln auf dem ausgetretnen Pfade
Der milden Phrasen, welche Niemand kränken.

Er spreche, sicher, daß er Keinem schade:
Man müsse dem Bedürfniß Rechnung tragen
Und nicht das Kind ausschütten mit dem Bade!

Auch dann noch wird er stolz und mit Behagen
Des Lebens Raum durchwallen, von der Windel
Bis an das Bahrtuch — Niemand wird ihn schlagen.

Wenn aber Einer sich aus dem Gesindel
Herausgreift Einen, ihn dem Volk zu zeigen
Und auszurufen: „Seht! Der macht den Schwindel!" —

Dann wird sogleich, nachdem das erste Schweigen
Des Schrecks gebrochen ist, bis an die Sterne
Ein Lärm sich heben und ein Lästerreigen:

„Hört nur! Er sucht Scandal und hat ihn gerne!
Doch mög' er nicht Gehör zu finden hoffen —
Uns Edlen stehn Persönlichkeiten ferne!"

So rufen Alle, die zugleich getroffen
Sich fühlen, wenn die schweren Worte schallen,
Und sich zu Füßen sehn den Abgrund offen.

Dann werfen in die Brust sich die Vasallen
Des Fürsten Gold, die höchst ehrbaren Leute;
Denn Ehrbarkeit ist eigen ihnen Allen!

Und aus gedungnen Blättern kläfft die Meute:
„Stopft ihm den Mund! Verjagt ihn von der Bühne!
Werft ihn uns hin als längst willkommne Beute!"

Dann liest man von Excessen der Tribüne,
Von Redefrechheit, von den bösen Zeichen
Der Zeit und von ernstlich erheischter Sühne.

O Pharisäer, Heuchler ohne Gleichen,
Die ihr nicht kennt Scheu, Rücksicht oder Ehre,
Wenn's gilt gemeinen Vortheil zu erreichen —

Wie zittert in den Händen euch die Scheere!
O legt sie hin, daß nicht sie eure Hände
Und, was noch wicht'ger, die Coupons versehre —

Und merkt: Dies ist der Anfang, nicht das Ende!

Kladderadatsch, am 13. April 1873, nach den
Lasker'schen „Enthüllungen".

Die letzte Gründung.

Längst war gestürzt, gefallen endlich
Jedwede faule Gründerei,
Und Jedem schien es selbstverständlich,
Daß nun nichts mehr zu gründen sei.
Da bricht mit wüthendem Geschnaube,
Dem Eber gleich im Föhrenthal,
Der Glagau aus der „Gartenlaube"
Und gründet — gründet den Scandal.

Kladderadatsch, am 20. Februar 1876, nach den
Glagau'schen Enthüllungen.

Inhaltsverzeichniss.

Vorwort.

Als Anfang 1876 der erste Theil dieser Schrift erschien, war ich nicht darauf gefasst, dass er solch Aufsehen erregen würde, da ein grosser Theil des Inhalts bereits durch die „Gartenlaube" weite Verbreitung gefunden hatte. Das Buch gab Veranlassung zu stürmischen Parlamentsdebatten. Am 5. Februar citirte es im Deutschen Reichstag der Abg. von Ludwig gegen Herrn Miquel, aber er wurde von Eugen Richter und Consorten förmlich niedergeschrieen, und selbst sein Fractionsgenosse, Herr Windthorst-Meppen, hielt es für nöthig, ihn feierlich zu desavouiren. Herr Lasker versicherte, mein Buch enthalte „wissentlich oder unwissentlich Unwahrheiten", weil es u. A. behaupte: seit dem Tode des Dr. Zabel wären er (Lasker) und Bamberger die eigentlichen Redacteure der „Nationalzeitung". Mit dieser echt talmudistischen Finte suchte Lasker die Anklage gegen seinen Freund, den grossen Gründer Miquel zu pariren; und der moderne Cato benutzte die Tribüne, um ein Buch zu verdächtigen, von dem er nur gehört, das er selber gar nicht gelesen haben wollte! Herr Miquel vertheidigte sich jammerhaft, aber fast die gesammte Deutsche Presse, bis nach Petersburg und New-York hin, erklärte: Miquel habe sich „würdig" und „glänzend" gerechtfertigt.

Als am 29. März 1876 der seit dritthalb Jahren vergrabene Bericht der Special-Untersuchungscommission über das Eisenbahn-Concessionswesen im Preuss. Abgeordnetenhause endlich zur Berathung kam, war es der mehrfache Gründer, Herr von Kardorff, der sich meines Buches bediente, um für die Kränkungen, die er von Lasker erlitten, Revanche zu nehmen. Noch kurz vorher hatte er sich gerühmt, dass er nicht den „courage du ruisseau" besitze, und nun hiess er mich öffentlich den „Hauptmatador unserer Pasquillanten". Das aber hatte ich am wenigsten um Herrn von Kardorff verdient. In der Vorrede zu meinem Buch habe ich den famosen Brief abgedruckt, woselbst ein Parlamentarier sich entschuldigt: er sei unter die Gründer gegangen, um „ohne Vermögensverluste" als Gesetzgeber wirken zu können; aber voll grossmüthiger Schonung hatte ich verschwiegen, dass dieser praktische Volksvertreter Herr von Kardorff ist. Zum Dank dafür schmähte er mich nun im offenen Parlament! Aber noch mehr. Ludolf Parisius, den ich mit Ehren genannt, weil er im Landtag einst darauf hingewiesen, dass die Polizeipräsidenten von Wurmb, von Gerhard und von Brandt als Aufsichtsräthe von Actienunternehmungen fungirten — Herr Parisius sprang auf und rief: Mein Buch beweise, „mit welcher Frechheit und Nichtswürdigkeit eine gewisse Art von Schriftstellern verfährt", mein Buch enthalte „Lügen und Verleumdungen" — weil es behaupte: die Stelle, welche Lasker als Syndicus des Städtischen Pfandbriefamts bekleidet, ist eine Sinecure. „Die Stadt Berlin vergiebt keine Sinecuren!" donnerte Parisius; und selbst Lasker sah sich genöthigt zu bemerken: Das Pfandbriefamt ist „kein eigentlich städtisches Institut, sondern nur unter Aufsicht der Stadtbehörden eine Gesellschaft, die auf Gegenseitigkeit beruht". — Die Stelle des Herrn Lasker ist „eine sehr mühevolle und sehr verantwortliche, bei der täglich die Arbeit noch wächst", declamirte Herr Parisius; und nun frage ich diesen Biedermann: Wie nennt man eine Stelle, die es Herrn Lasker erlaubt, 9 Monate in den Parlamenten zu sitzen, und im Sommer 3 Monate auf Reisen zu gehen? Wenn das keine Sinecure ist, was ist es denn sonst? — Allein es sollte noch besser kommen. Noch in derselben Sitzung kehrte ich Herr Parisius gegen von Kardorff, weil dieser mich einen Pasquillanten genannt, und er erklärte nun plötzlich: „In dem Buche steht auch sehr viel Wahres". — Ist das nicht, um hell aufzulachen, und kann man einen solchen Mann überhaupt ernsthaft nehmen?! Herr Parisius hat seinen völligen Mangel an Geschmack und Tact bereits durch seine Schrift bewiesen: „Des Herrn Referendarius Heinrich von Mühler Gedichte"; Herr Parisius gilt bei seinen eigenen politischen Freunden für einen Schwachkopf, und bei den Nachwahlen zum Reichstag hat man ihn als eine „komische Figur" fallen lassen. Herr Parisius ist, wie ich hinterher gefunden, selber Aufsichtsrath. Unter seinem Vorsitz vollzog sich im „Berliner Aquarium" die Palastrevolution, welche den bisherigen Director, Dr. Brehm stürzte, und an dessen Stelle den persönlichen Freund des Herrn Parisius setzte. Herr Parisius, der 1871 gegen Beamte als Aufsichtsräthe eiferte, ist inzwischen glücklich dahin gekommen, dass er in einem Wahlverein äusserte: Die Gesetzgebung und speciell das Actiengesetz ist an der wirthschaftlichen Nothlage nicht schuld, da es in anderen Ländern, z. B. in Oesterreich, nicht besser aussieht.

Die Sitzung vom 29. März 1876, in welcher der Bericht der Special-Untersuchungscommission auf der Tagesordnung stand, bot ein unsagbar klägliches und geradezu ekelhaftes Schauspiel. Herr Lasker, der aus einem Ankläger ein Angeklagter, ein Anwalt der parlamentarischen Gründer geworden, wusste durch eine seiner unendlichen öden Reden die Sache todt, das Haus müde und mürbe zu machen. Erst in später Nachmittagsstunde, als der Saal sich schon gelichtet, die enttäuschten Zuhörer die überfüllten Tribünen bereits verlassen hatten, gelangte der Abgeordnete Schröder-Lippstadt zum Wort, und er trat nun ritterlich für mein Buch ein, ohne sich durch das Geschrei der „liberalen" Gründer irre machen zu lassen. Wie sie sich auch sträubten und krümmten, sie mussten Stand halten, und unter seinen Geisselhieben schlugen sich, wie die „Staatsbürgerzeitung" sagte, „die letzten Gründertödter sachte

in die Büsche". Es war in der That, eine grosse schmachvolle
„Retirade", die Herr Lasker und Genossen ausführten. Herr
von Bennigsen schien zuerst den Präsidentenstuhl ruhig behaupten zu wollen, und verliess ihn erst, als seine vielberufene
Gründung: Hannover-Altenbecken in Sicht kam.

Auch in den Gerichtssälen fand mein Buch ein Echo. Es
wurde gegen die Gründer geltend gemacht, und dann auch
wieder von diesen, zu ihrer Vertheidigung angerufen. So in
einem Prozess vor dem Berliner Criminalgericht, wo die Ange-
schuldigten an der Hand meines Buches beweisen wollten, die
von ihnen verübte Gründung sei unter allen sonstigen mit die
beste und anständigste. So selbst in jenem vielgenannten Cri-
minalprozess zu Moskau, wo der Angeklagte Landau aus meinem
Buche lange Stellen zur Charakteristik seines Genossen und
angeblichen Verführers, Baruch Hirsch Strausberg, vorlas.
Nebenbei bemerkt, hat die Presse, einschliesslich der Telegraphen-Bureaux, in Sachen des „Eisenbahnkönigs" so schauderhaft gelogen, dass man noch heute nicht weiss: ist dieser
Mann verurtheilt, oder wird er noch immer blos als „Zeuge"
in Russland festgehalten? Jedenfalls beweist die Reclame, die
in den Zeitungen unaufhörlich für Strausberg gemacht wird,
dass der angeblich jetzt ganz mittellose Wunderdoctor nach
wie vor über grosse Mittel verfügt.

Von der Presse, die ich ja als Mitschuldige des grossen
Schwindels gekennzeichnet habe, ist es natürlich, dass sie an
meinem Buch keinen Geschmack finden konnte. Nur wenige
Zeitungen liessen ihm Anerkennung widerfahren, aber selbst diese
brachten keine eingehende Besprechung. Verschiedene Blätter,
darunter der „Deutsche Reichs- und Preuss. Staatsanzeiger",
forderten Recensionsexemplare ein, wagten aber trotzdem keine
Recension. So gefährlich erschien Allen mein Buch! Um ihrer
Wuth Luft zu machen, begann die Gründer-Presse umher zu
suchen, ob sie nicht irgend etwas fände, das mich verdächtigen
oder blosstellen könne. Die Stettiner „Ostseezeitung" „enthüllte"

plötzlich, dass ich in einem 1864, also vor 12 Jahren, geschriebenen Artikel über Fritz Reuter, „Olle Kamellen" mit „Alte Kamelien" übersetzt hätte. Diese „Enthüllung" soll in der Berliner „Volkswirthschaftlichen Gesellschaft" verabredet sein, und machte nun die Runde durch die Presse. Ich spreche nicht von solch untergeordneten Blättern, wie Berliner „Tribüne", „Leipziger Tageblatt", aber selbst Journale ersten Ranges, wie die „Weser-Zeitung" und das „Weltblatt", die „Kölnische" schämten sich nicht, eine solch alberne Geschichte zu übernehmen. Hätte ich jenen Lapsus wirklich begangen, was läge daran, was wäre damit bewiesen? Indess war ich im Stande schlagend darzuthun, dass er mir gar nicht einmal zur Last fällt, dass ein blosser Druckfehler vorliegt, und ich forderte die Berichtigung, aber etliche Blätter verweigerten dieselbe! Eine andere „Enthüllung", die von Berliner Zeitungen ausging, beschuldigte mich eines Plagiats, das ich gleichfalls vor langen Jahren verbrochen haben sollte. Welchem Schriftsteller könnte nicht ein solcher Vorwurf gemacht werden, und gegen wen ist er, mit Recht oder Unrecht, nicht erhoben worden! Sogar gegen unsere Klassiker! Ich gehöre zu denjenigen Autoren, die selber arg geplündert, mehr benutzt als genannt worden sind, und ich habe mich darum nie bekümmert. Allerdings versuchte man einmal im „Literarischen Centralblatt" und im „Magazin für die Literatur des Auslandes" mich als Plagiator hinzustellen, weil ich in einer Reiseskizze den Artikel eines Andern, ohne Quellenangabe, benutzt haben sollte; worauf ich einfach erwiderte, dass ich mich begnügt, diejenige Quelle zu nennen, aus welcher wir Beide — ich und der Verfasser jenes Artikels — gemeinsam geschöpft haben.

Einen Hauptstoss unternahm dasjenige Blatt, welches, wie kaum ein anderes, den grossen Schwindel genährt und ihm mit allen Kräften gedient hat, die Berliner „Nationalzeitung". Nachdem sie verschiedentlich von dem wahnsinnigen Denuncianten Titus Oates gesprochen, über den geifernden Thersites geklagt, der mit seinen Verleumdungen den Markt beherrsche, und über den schleichenden Basilio gezetert, der aller Welt erzähle, was für schändliche Dinge Thersites behaupte — brachte sie ein Sonntags-Feuilleton von Karl Frenzel, unter dem packenden Titel: „Ein kurzes Capitel von der Verleumdung". Herr Frenzel, zu „anständig" und zu tapfer, um die Dinge und die Personen bei ihrem vollen Namen zu nennen, weil er sonst vor den Strafrichter geladen werden, oder sich eine anderweite Ahndung zuziehen könnte — tischt seinen Lesern folgendes Geschichtchen auf: „Gustav ist ein kleiner Speculant, mühsam hat er sich einige tausend Thaler erworben und einige glückliche „Coups" damit gewonnen. Ein neues Unternehmen taucht auf, eine Lindenbaugesellschaft. Das „Project" leuchtet ein, der „Prospect" verspricht bedeutende Dividenden: Gustav legt sein Capital darin an und verliert Alles. Jetzt kommt die Wuth über ihn, eine berechtigte Erbitterung, er stützt das Haupt auf den Arm und greift zur Feder Juvenals. Die Gründungen sind hin, werft ihnen die Gründer nach!" — Nun, Herr Frenzel, Sie erzählen ganz hübsch, aber Sie bleiben nicht bei der Wahrheit. Lassen Sie mich die Geschichte berichtigen; ich kenne jenen Gustav genau, und ich kenne auch einigermassen — Sie, Herr Frenzel. — Gustav ist kein Speculant, sondern er ist Ihresgleichen; er war sogar viele Jahre, d. h. vor dem Schwindel, Ihr Wandnachbar, nämlich Mitarbeiter an dem Feuilleton der „Nationalzeitung". Gustav hat keine glücklichen „Coups" gemacht, sondern Alles, was er besass, mit seiner Feder redlich erworben. Er beging nur die Thorheit für sein gutes Geld Actien des „Lindenbauverein" zu kaufen. Der „Prospect" verlockte ihn nicht, denn die Gründer, darunter eine Excellenz, waren so vorsichtig gewesen, gar keinen „Prospect" zu veröffentlichen, und das rettete sie vor dem Gefängniss. Sie standen acht Monate in Untersuchung, und der Staatsanwalt erklärte schliesslich zu den Acten, dass hier ein grosser schändlicher Betrug vorliege, der moralisch

unbedingt zu verurtheilen, aber strafgesetzlich leider nicht zu
fassen sei. Nein, Herr Frenzel, was Gustav bewog, die Actien
zu kaufen, war der Glaube an Ihre eigene tugendsame Zeitung,
waren die redactionellen Reclamen in der „Nationalzeitung".
Ihr Collcge, Herr Julius Schweitzer, für den Sie so begeistert
eingetreten sind, meldete in Nr. 73, 74, 78, 80, 83, 89, 91 und
99 der „Nationalzeitung", Jahrgang 1872 — lesen Sie gefälligst
nach, Herr Frenzel — von dem „Lindenbauverein" lauter Gutes
und Glückliches, z. B. dass das aufgelegte Actiencapital weit
überzeichnet sei, und eine starke Reduction der Anmeldungen
stattfinden müsse, dass für mehrere Parcellen bereits hohe
Offerten vorlägen, ja dass ein Eckgrundstück mit 9000 Thaler
die Quadratruthe und andere Parcellen ähnlich bezahlt worden.
Daraufhin kaufte Gustav die Actien, und er fand sich schmählich
betrogen, indem es sich herausstellte, dass von all' jenen Meldungen kein Wort wahr, Alles miteinander erlogen war.

Gewiss war der Verlust schmerzlich, aber nicht desshalb
griff, wie Sie fein insinuiren, Gustav „zur Feder Juvenals". Er
schrieb seine Artikel gegen den Schwindel und die Schwindler,
um das Publikum aufzuklären. Hätte er jene Artikel abgebrochen, hätte er auch nur einzelne Persönlichkeiten verschont
— er hätte seinen Verlust zwanzigmal einholen können. Man
hat ihm, was er beweisen kann, direct und indirect viel Geld
geboten; aber er nahm es nicht, er schrieb ruhig weiter. Sie,
Herr Frenzel, und andere kluge Leute werden das für unglaublich oder doch für sehr einfältig halten. Sie schliessen Ihr
Feuilleton mit den Worten: „Denn ach! ich schlage an meine
sündige Brust; wir Alle, ob wir nun Otto oder Anton, Heinrich oder Karl heissen, ob wir die Gründer-Aera segnen oder
verwünschen: wir schreiben nur, weil wir es brauchen,
sonst schrieben wir gewisslich nicht!" — Das also ist
Ihr Glaubensbekenntniss, Herr Frenzel? — Sie heissen ja wol
Karl mit Vornamen? — und in der That Sie handeln darnach.
Sie sind ohne Frage ein Mann von Kenntnissen und Geschmack,

Sie stehen als Kritiker in meinen Augen noch höher als selbst Herr Paul Lindau, Sie haben in allen ästhetischen Dingen ein feines sicheres Urtheil. Warum schreiben Sie nun jahraus jahrein jene drei- und vierbändigen Romane, die noch langweiliger sind als das ödeste Leihbibliothekenfutter, und die für Ihre zahlreichen Verleger so schmerzliche Erinnerungen bilden? Warum reissen Sie den grossen Dichter Paul Lindau, der Sie in seinem Stücke „Ein Erfolg" carikirt hat, in der „Nationalzeitung" als blossen Macher herunter, und heben ihn dann wieder in der „Deutschen Rundschau" auf den Schild, indem Sie hier sagen: Paul Lindau ist ein Charakterkopf, den man auf der modernen Bühne nicht übersehen darf? Warum wenden Sie sich zuerst gegen Herrn von Hülsen, der es geduldet hat, dass Paul Lindau Sie auf die Bühne brachte, und tragen hinterher den Berliner General-Intendanten in die Tafeln der Geschichte ein? — — Sie thun das Alles, weil Sie es leider Gottes! nöthig haben; „Sie schreiben nur weil Sie es brauchen, sonst schrieben Sie gewisslich nicht". Sie haben auch „Ein kurzes Capitel von der Verleumdung" schwerlich aus eigener Ueberzeugung, nur im Auftrag Ihrer Kostgeber geschrieben, denn wenige Monate nachher eiferten Sie gegen die „Wagnerei" in Baireuth und nannten sie in dem jetzt gebräuchlichen ominösen Sinne eine „Theatergründung". So scharf verurtheilen Sie hier; und doch ist die „Wagnerei" eine Gründung bloss in der Familie, die nur die Leute angeht, die sich dazu verbunden haben, und die, wie es scheint, mit ihrer Stiftung ganz zufrieden sind.

Freilich, Herr Frenzel, Ihr Glaubensbekenntniss gilt für Sie und die ungeheure Mehrzahl Ihrer Collegen. Aber keine Regel ohne Ausnahme, und als solche Ausnahme erlaube ich mir Ihnen jenen Gustav oder Otto — wie Sie wollen — vorzustellen. Alles, was Gustav oder Otto geschrieben — und er schreibt allerdings nicht zu viel — hat er aus voller Ueberzeugung, ja aus innerem Drange, sonder Zwang, Furcht oder

icksicht, und stets mit voller Verantwortlichkeit geschrieben.
: gehört zu den Schriftstellern, die nicht ihre Feder modeln,
nachdem sie für dieses oder jenes Blatt schreiben, sondern
e umgekehrt verlangen, dass das betreffende Blatt ihnen Con-
ssionen mache. Ohne Frage ist diese Species schon selten
worden, aber sie ist, dem Himmel sei Dank! noch immer
cht ausgestorben. Und damit Gott befohlen, Herr Frenzel!

Auch die jüdischen Witzblätter, „Kladderadatsch", „Wespen"
d „Ulk", die ihren Glaubensgenossen Lasker, wegen seiner
Enthüllungen" gegen die Gründer, unter die Sterne versetzt
ben, waren eifrig bemüht, mich als blossen „Verleumder" und
kandalmacher" hinzustellen. Zwar leben wir in einem christ-
h-germanischen Staat, aber was bei uns dem Juden recht ist,
dem Christen nimmer billig; dieselbe Sache, für die der
de mit Ehren überschüttet wird, trägt dem Christen nur
hn und Schimpf ein. Um den zweiten Theil meines Buches
Voraus zu discreditiren, verbreitete die Gründerpresse im
rbst 1876: ich sei wegen Beleidigung eines Aufsichtsraths
ter Ausschluss der Geldbusse" zu drei Wochen Gefängniss
urtheilt, und publicirte später noch andere, ebenso unmög-
he Erkenntnisse. „Ueber Land und Meer", die Zeitschrift
Herrn Eduard von Hallberger, auch eines mehrfachen Auf-
htsraths, brachte einen langen Artikel zur Verherrlichung
Baruch Hirsch Strausberg, und liess hier einfliessen: der
hter habe mich der „Verleumdung" schuldig befunden.
e leicht kann bei den Tausenden von Namen und Daten,
mein Buch enthält, eine Unrichtigkeit, ein Irrthum unter-
fen; aber das wäre noch keine Beleidigung oder gar „Ver-
mdung"! Allerdings haben wegen des ersten Theils drei
rsonen gegen mich geklagt, drei edle Juden, aber diese
zesse schweben noch, und zwei der Kläger haben sich in
ge ihrer Klage ein Einschreiten der Staatsanwaltschaft zuge-
en, wegen ihrer Betheiligung an den von mir behandelten
ndungen und wegen wissentlich falscher Denun-

ciation. Weiteres werde ich nach Austrag der Prozesse mit
theilen.

Auch dieser Theil, darauf bin ich gefasst, wird in der
Gründerpresse ein Wuthgeschrei, eine Fluth von Verdäch
tigungen hervorrufen, und darum will ich dem Leser einer
Fingerzeig geben. Diejenigen Blätter, die sich gegen mich am
ärgsten geberden, sind durch ihre Theilnahme und Mithülfe
beim Schwindel am schwersten compromittirt.

In dem vorliegenden Bande behandle ich die gegründeten
Fabriken und Verwandtes; dazu „Die Presse im Dienste der
Börse und der Gründer" und „Volkswirthe und Gründer in
Parlament". Diese beiden Capitel habe ich mit Rücksicht auf
den ohnehin schon so grossen Umfang des Buchs nur skizziren
können. Für diese beiden Themata steht mir noch ein reiche
Material zu Gebot, das ich späterhin verarbeiten werde. Sollte
der zweite Theil eine ähnliche Aufnahme finden, wie der erste
so ist es meine Absicht noch einen dritten folgen zu lassen
hier die Bergwerke, Banken und Eisenbahnen zu besprechen
und ausserdem folgende Artikel zu bringen: Die General
versammlungen und das Publikum; Die „Entgrün
dungen"; Die „invaliden" Reichsfonds; Die Gründer vo
Gericht; Die Folgen des Schwindels; Der Segen de
„Krachs"; Die Mängel und Schäden des Actienwesens
Zum Schlusse bemerke ich noch, dass nunmehr auch mei
Schauspiel „Aktien" im Buchhandel erschienen ist. Obwo
dieses Stück, das den Börsen- und Gründungsschwindel dra
matisch vorführt, von hervorragenden Dramaturgen und Theater
directoren für höchst bühnenwirksam erklärt worden ist, hat es
bisher doch noch keine Bühne aufzuführen gewagt — aus blosser
Furcht vor den Juden und Gründern. So blieb mir nichts übrig,
als das Schauspiel dem Publikum durch den Druck zugänglich
zu machen.

Berlin, April 1877.   Otto Glagau.

Zur Einleitung.

Die Geschichte der Gründungen und Emissionen von 1870 bis 1873 ist die Geschichte eines unerhört grossen und frechen, raffinirten und intensiven Schwindels, wie er sonst noch nicht dagewesen. Der Statistiker Engel, selber ein vielfacher Gründer, berechnet die Coursverluste, welche das Publikum bei den an der Berliner Börse gehandelten Actien erlitten, auf etwa 700 Millionen Thaler. Von den Gründungen der Schwindelperiode ist jedoch kaum die Hälfte im Berliner Courszettel zur Notirung gekommen, so dass man den Gesammtverlust auf gut 1500 Millionen Thaler veranschlagen darf — eine Summe, welche die riesige Kriegsentschädigung, welche Frankreich leisten müssen, weit übertrifft. Was aber bedeuten diese Coursverluste gegenüber den Wunden, welche der Schwindel dem allgemeinen Wohlstand geschlagen; gegenüber der Krisis in Handel und Industrie, die seit Jahren Deutschland verheert, und deren Ende noch gar nicht abzusehen ist; gegenüber dem Nothstand, der auf dem Volke lastet, dasselbe mit Unzufriedenheit und Erbitterung erfüllt, immer grössere Schaaren der Socialdemokratie in die Arme treibt, und an verschiedenen Orten bereits Krawalle und Revolten hervorgerufen hat! Wie viel hat das Deutsche Volk an seinem Rufe und Ansehn eingebüsst; wie schnell ist der Ruhm, den es eben errungen, wieder verblasst und verblichen! Wie viel hat es verloren an Ehrlichkeit und Moralität, an Tugend und Religion, an Arbeitslust und Sparsamkeit, an

Zucht und Sitte! Die schwersten und unnatürlichsten Verbrechen sind an der Tagesordnung, Mord und Raub, Einbruch und Diebstahl machen Stadt und Land unsicher, Betrug und Unterschlagung grassiren wie Seuchen, der Selbstmord ist epidemisch geworden. Bettler und Vagabunden streifen in Schaaren umher, die Gefängnisse und Strafanstalten sind überfüllt, die Zahl der Civil- und Criminalprozesse, der Concurse, Subhastationen und Executionen ist Legion.

Alles das sind die unmittelbaren Folgen des Börsen- und Gründungsschwindels, und dieser ist wieder in der Hauptsache das Werk der Juden und Semiten. Bei der ungeheuren Mehrzahl der Gründungen sind die eigentlichen Urheber und Macher — Juden, und ihre Helfershelfer recrutiren sich leider aus allen Schichten der Gesellschaft bis hinauf zum hohen Adel und bis zu den ersten Beamten. Ihre Hauptverbündeten aber, deren Hülfe in Rath und That, deren Einfluss und Macht sie zu gewinnen wussten, waren „Volkswirthe" und Parlamentarier, Literaten und Advocaten.

Wie die Gründung fein einzufädeln, das Gesetz schlau zu umgehen, die Gründer vor Gefahr und Schaden, d. h. vor Verantwortlichkeit zu bewahren seien, das lehrte und zeigte der Advocat. Ein und derselbe Advocat entwarf die Statuten, nahm die einzelnen Acte auf, inscenirte die verschiedenen Gründungs-Komödien, bescheinigte, dass die nöthige Einzahlung auf das gezeichnete Actiencapital geleistet sei, stellte die Anträge beim Handelsrichter, und entwarf für diesen sogar die Verfügungen, die meistens acceptirt wurden. Ein und derselbe Advocat fungirte als Notar bei der constituirenden und bei den späteren Generalversammlungen, wo er, wenn die Actionäre rebellirten, den Gründern tapfer beisprang; oder aber er liess sich in den Aufsichtsrath wählen, was das famose Actiengesetz nicht einmal verbietet, und waltete dann als „Syndicus" der Gesellschaft. Gewisse Berliner Rechtsanwalte sassen als Aufsichtsräthe gleichzeitig wol in einem Dutzend von Gesellschaften, die sich zum Theil untereinander Concurrenz machten. Gewisse Berliner Rechtsanwalte waren von den Gründern besonders gesucht; sie haben die meisten und die faulsten Gesellschaften ins Werk setzen helfen. Einer von ihnen hatte sich zu den Gesellschaftsverträgen, die er so zahlreich aufnahm, sogar ein Formular lithographiren lassen; und wenn er bescheinigen sollte, dass die nöthige Einzahlung durch die „Ersten Zeichner" erfolgt sei, so liess man ihn einfach in einen halbdunkeln Schrank sehen. Viele Advocaten haben in der Schwindelperiode ein Vermögen erworben, und möchten diese von ganzem Herzen zurückwünschen. Ausser den tarifmässigen Gebühren erhielten sie bei jeder Gründung ein Douceur von Hunderten und Tausenden; sie wurden mit Actien bedacht, bezogen als Aufsichtsräthe fette Tantièmen, traten direct als Mitgründer und „Erste Zeichner" auf, und sind bisweilen auch schon auf die Anklagebank gekommen. Advocaten wie Börsenjournalisten wurden zur Unterstützung der Gründer für die Generalversammlungen engagirt, wo sie als zufriedene, dankbare Actionäre plaidirten. Verschiedentlich, z. B. in dem Prozesse gegen die Gründer der Spritbank Wrede und in der Untersuchung wider die Berliner Societätsbrauerei, machten die Angeklagten geltend, dass sie nur den Rathschlägen des Advocaten gefolgt seien. Mit Rücksicht darauf sprach sie in dem zuletzt genannten Falle der Richter frei; und der Staatsanwalt selber meinte: die Sache sei „so brillant construirt", dass man ihr nicht beikommen könne. Auch in die Advocatur sind eben zu viele Juden eingedrungen, und in Berlin werden die semitischen Rechtsanwalte bald überwiegen.

Lange dauerte es, bis die Staatsanwaltschaft sich endlich (vielleicht erst auf höheren Wink) entschloss, gegen einige Gründungen vorzugehen. Zunächst that sie es in wenig geschickter Weise; vermuthlich war sie, gleich den Richtern, in die Gründungsmysterien noch zu wenig eingeweiht, und so wurden die Angeklagten in erster Instanz fast regelmässig freigesprochen.

Erst als die Dinge immer skandalöser sich gestalteten, der öffentliche Unwille lauter und lauter ward, begannen in Berlin, am Rhein und anderwärts die sogenannten Gründer-Prozesse, die sich, wol kaum zufällig, gegen Personen richteten, die als vielfache professionelle Gründer bekannt waren, und eine Verurtheilung derselben herbeiführten. Als Vertheidiger der sehr bemittelten Angeklagten traten Advocaten auf, die, zum Theil selber Gründer, sich mit wahrer Leidenschaft, mit erstaunlicher Dreistigkeit gegen den öffentlichen Ankläger kehrten, Bezeichnungen wie „Gründer" und „Gründerlohn" für „Spitznamen" erklärten, und die lügnerischen Prospecte als blosse Zeitungsannoncen und erlaubte Geschäftsreclamen hinstellten. Obgleich die Zahl der Verurtheilten überaus gering blieb, erhob die Gründerpresse doch ein gewaltiges Geschrei. Sie klagte über Denunciantenthum und Verfolgungswuth, und drohte mit einer Auswanderung der Gründer; sie begann Staatsanwalte und Richter zu verketzern, und die Verurtheilten wie Märtyrer zu feiern. Dem, in Sachen der Rheinischen Effectenbank mit 6 Wochen Gefängniss belegten Commerzienrath Victor Wendelstadt aus Köln brachten die Einwohner von Godesberg, der Bürgermeister an der Spitze, eine Ovation dar, boten ihm in einer Adresse den „Kranz der Ehre". Solch freches Gebahren scheint doch nicht erfolglos gewesen zu sein. Bald nach dem Prozess gegen Abel und Genossen verlautete in Berliner Kreisen: es werde nicht viel mehr kommen. Und es kam auch nicht mehr viel. Obwol fast die halbe Registratur des Berliner Handelsgerichts sich bei der Staatsanwaltschaft befindet, obwol die Zeitungen meldeten, es wären mit Verfolgung der Berliner Gründungen ausschliesslich drei Untersuchungsrichter und mehrere Criminalcommissare beschäftigt, und es stünden noch an 80 Prozesse in Aussicht — sind seither nur sehr wenige und ziemlich unbedeutende Fälle zur öffentlichen Verhandlung gekommen. Verschiedene Sachen, wie die gegen die Verfasser der Silberwaarenfabrik Mosgau (S. 385) und die gegen den grossen Gründer Julius Alexander, gingen über das Scrutinial-verfahren nicht hinaus. Gegen die Gründer der Wöhlert'schen Maschinenbauanstalt: Braun-Wiesbaden, Stadtrath Pohle, F. Wöhlert, Gustav Markwald und F. W. Krause (nicht F. W. von Krause, wie wir hier zu S. 35 berichtigen) wurde zwar die Voruntersuchung eröffnet, aber die Anklage nicht erhoben, da die Genannten bestritten, den durch alle Zeitungen gelaufenen Prospect, gegen den sie öffentlich nie protestirten, unterschrieben zu haben. In den Prozessen gegen die Spritbank Wrede und gegen die Gründer der Sudenburger Maschinenfabrik wurde die gleiche Entschuldigung verworfen; hier aber schlug sie durch, obwol Zeugen bekundeten, dass sie auf den Prospect hin Actien gezeichnet haben. Wie ein Hohn klang das Erkenntniss zweiter Instanz in Sachen der Rheinischen Effectenbank, das sämmtliche Angeklagte freisprach, und den gegen Caution entlassenen, aber dann flüchtig gewordenen Gustav Horn für den allein Schuldigen erklärte! Auch in anderen Prozessen wurden die Verurtheilten vom Appellrichter wieder freigesprochen, und gewisse Fälle scheinen gar nicht zum Abschluss zu kommen, insofern das Preuss. Obertribunal die theils freisprechenden, theils verurtheilenden Vor-Erkenntnisse vernichtete und die Sachen zur nochmaligen Verhandlung in die zweite Instanz verwies. Von Preussischen Gerichten ergingen auffällig milde Urtel: Theodor Miether, Verfasser der berüchtigten „Pinneberger Union", wurde wegen „Urkundenfälschung" unter Annahme „mildernder Umstände" zu drei Monaten, der General-Gründer Heinrich Quistorp sogar nur zu zwei Monaten verurtheilt. Die Sächsischen Gerichte dagegen scheinen keinen Spass zu verstehen: Adalbert Kräger und Emil Quellmalz, Gründer der Saxon-Austrian-Braunkohlen Gesellschaft — (Quellmalz spielte nach dem Krach eine hervorragende Rolle auf vielen Generalversammlungen, wo er als Rächer der unglücklichen Actionäre auftrat) — erhielten je ein Jahr Gefängniss; Gottlieb Behrend, Director der Maschinenbauanstalt Münnich in Chemnitz, wurde sogar mit 3 Jahren

3 Monaten belegt. Ebenso verurtheilte das Mainzer Gericht den Director der Rheinischen Actienbrauerei, Dr. J. B. Moritz zu 18 Monaten Gefängniss. Bemerkenswerth ist die ausserordentliche Langsamkeit, mit der in Preussen die Gründerprozesse von Statten gehen. Bis es zur Erhebung der Anklage kommt, vergehen mehrere Jahre, und sind dann die betrügerischen Manipulationen bei der eigentlichen Gründung, wie z. B. bei der vorhin genannten Berliner Societätsbrauerei, wol schon verjährt. Die Gründungen von 1871 sind bereits im vergangenen Jahre verjährt, die Gründungen von 1872 verjähren im laufenden Jahre. Etwas mehr Eile thut also hier dringend noth! Wie ausserordentlich schnell erfolgten dagegen die Verurtheilungen in Sachen der „Reichsglocke", und wie ausserordentlich scharf lauteten die Strafen! Nach der „Kreuzzeitung" soll damals an hoher Stelle das Wort gefallen sein: „Sie sehen, was wir können. Wenn wir wollen, haben wir auch eine rasche Justiz!"

Verschiedentlich ist der schneckenförmig schleichenden Justiz die Nemesis zuvorgekommen. Manchen Gründer ereilte ein gewaltsamer Tod, oder es umfing ihn Geistesnacht; mancher legte selber Hand an sich, griff zum Pistol oder zum Strick, oder er ging, wie jener Banquier in Köln, den die Börsenpresse so tief betrauerte, ins Wasser. Er hätte es kaum nöthig gehabt, denn seine Genossen wurden in erster Instanz glänzend freigesprochen (in zweiter freilich verurtheilt), und Benda Wolff's Telegraphen-Bureau meldete der Welt: gegen Diejenigen, welche den Ehrenmann in den Tod getrieben, stehe die Untersuchung wegen „Erpressung" bevor.

Weit schneller als die Gründer urtelte man deren „Beleidiger" und „Verleumder" ab; diese mussten oft härter büssen, als hätten sie selber eine betrügerische Gründung verübt. Wegen Beleidigung des Aufsichtsraths der Rumänischen Eisenbahngesellschaft wurde auf 4 Monate, wegen Beleidigung des A. Schaaffhausen'schen Bankvereins auf 6 Wochen, wegen

Beleidigung des vorhin genannten Commerzienraths Wendel-stadt auf 2 Monate Gefängniss erkannt! Ein Gründer, der wegen Etiquettenfälschung bestraft, der dann in Concurs ge-rieth und dessen Accordvorschläge das Gericht verwarf, weil er aus der ihm anvertrauten Casse der Gesellschaft eine Summe von 3000 Thalern zu Unrecht entnommen — klagte gegen die „Deutsche Landeszeitung", welche über den Fall berichtet und dabei, statt unrechtmässig entnommen, den Ausdruck „entwendet" gebraucht hatte; und der Injurienrichter des Berliner Stadtgerichts verurtheilte den verantwortlichen Re-dacteur zu 100 Mark Geldbusse, indem er ausführte: Ver-klagter werfe dem Kläger eine ungesetzliche Handlungs-weise vor, während das Urtel des Concursrichters ihm bloss eine unmoralische Handlungsweise zur Last lege. So pein-lich unterscheiden Staatsanwalt und Strafrichter, wenn es sich um die Ehre eines Gründers handelt, und man sieht also, dass das „Verleumden" weit gefährlicher als das Gründen ist.

Grobe Gründer wurden in den Adelstand erhoben, grobe Gründer werden noch immer mit Orden, Titeln und Würden geehrt. Bei den Jubiläen, die grosse Gründer begingen, be-theiligten sich die Spitzen der Behörden, die Notabilitäten der Kunst und Wissenschaft. Wäre es nicht geboten, hier etwas mehr Rücksicht auf die öffentliche Meinung zu nehmen?

„Würden alle Schwindler von 1870 bis 1873 vor Gericht gestellt, es wäre in den Böhmischen Wäldern nicht Holz genug zu den Anklagebänken!" So vertheidigte sich der Bankdirec-tor Lederer in Prag gegen den Staatsanwalt, und der Mann hat nicht Unrecht. Seine Worte gelten ebenso für Oesterreich-Ungarn wie für Preussen und das übrige Deutschland. Aber dessenungeachtet dürfen unter tausend Schwindlern nicht blos ein halb Dutzend herausgegriffen und für alle übrigen als Sühnopfer abgeurtelt werden. Verlaufen die Gründerprozesse, wie es jetzt den Anschein hat, im Sande, so muss im Volke das Rechtsgefühl, der Glaube an eine prompte unparteiische

Justiz schwinden, so muss die öffentliche Moral ungeheuren Schaden erleiden, Diebstahl und Betrug zu Ansehn kommen, ehrliche Arbeit und redlicher Erwerb in Missachtung gerathen, eine allgemeine Corruption Platz greifen, und das Neue Deutsche Reich unaufhaltsam dem Verfall zutreiben!!

In den letzten Jahren war die Staatsanwaltschaft sehr in Anspruch genommen durch den Kulturkampf und die Social-demokraten, durch Majestäts- und Bismarcks-Beleidigungen. Der Kulturkampf erhält 8 Millionen Katholiken, die sich in ihrem Glauben verfolgt, in ihrem Gewissen bedrängt wähnen — und man wird diesen Wahn nicht ausrotten können — in dumpfer Gährung und steigender Erbitterung. Mag die Regierung formell noch so sehr im Rechte sein, sie ist in ihrem Feldzuge gegen die katholische Kirche nicht glücklich gewesen. Der Kulturkampf ist nur den Gründern zu Gute gekommen; er ist die spanische Wand, hinter der sie ihre Missethaten begingen, hinter der sie, nach dem Krach, sich verbargen und versteckten. Die Socialdemokratie verdankt ihr Anwachsen einerseits den polizeilichen und gerichtlichen Verfolgungen, hauptsächlich aber der manchesterlichen Gesetzgebung und dem Gründungsschwindel. Als der letztere zu Ende ging, kurz vor dem „Krach", brach in Frankfurt a. M. die Revolte aus, die sich gegen die Vertheuerung des Biers kehrte. Den socialdemokratischen Siegen bei den letzten Reichstagswahlen, die ganz Deutschland in Schrecken versetzten, ging unmittelbar voraus — und das ist ein höchst charakteristisches Omen — ein neues Jobberstückchen, das gewaltsame Hinauftreiben des Petroleums! Nach den Wahlen stürzte Petroleum ebenso schnell wie es gestiegen war. Bei der grossen Mässigung, mit der die Socialdemokraten ihre Erfolge hinnahmen, bei der bewunderungswürdigen Organisation, mit der sie, allen anderen Parteien unendlich überlegen, die Wahlagitation betreiben, ist es, wenn die Regierung bei der Manchesterpolitik beharrt, sicher vorauszu-

agen, dass jene bei den nächsten Wahlen ungleich mehr Can-
idaten durchbringen werden, dass die Zahl ihrer Anhänger
tetig und reissend wachsen muss. Das grosse Heer der Ar-
eiter bekennt sich geschlossen zur Socialdemokratie, und schon
ähert sich ihr der Handwerker, der kleine Geschäftsmann, ja
er kleine Beamte. Videant consules!

Nie, selbst in der Conflictsperiode nicht, war die Zahl der
'rozesse wegen Majestätsbeleidigung in Preussen so gross wie
etzt, wo der Monarch sich der vollen, einmüthigen Liebe seines
'olks erfreut, wo selbst die sogenannten „Reichsfeinde" ihm
'erehrung und Dankbarkeit zollen. Aber der byzantinische
ieist, der unsere Zeit durchweht, und der namentlich in der
idisch-nationalliberalen Presse herrscht — in denselben Blättern,
ie sich einst über die Massen frech geberdeten — denuncirt jede
kritik, welche sich gegen die Staatsregierung oder gegen eine
taatseinrichtung wendet, sofort als Majestätsbeleidigung und
Iochverrath, und schleppt sogar unmündige Kinder vor Gericht.
iewisse Verurtheilungen, wie die des „Berliner Börsen Courier"
regen abfälliger Besprechung eines Zapfenstreichs, zu neun
Ionaten Gefängniss (!) haben unter allen Parteien Kopfschütteln
rregt. Steht der Monarch nicht hoch über aller Zeitungs-
olemik, und kann die Majestät überhaupt so leicht beleidigt und
erletzt werden?!

Noch viel zahlreicher als die Majestätsbeleidigungen sind
lie Prozesse wegen „Bismarcks-Beleidigung"; schon ist ein
igner Name dafür im Gebrauch! Kein Minister der Welt, am
Ilerwenigsten ein constitutioneller Minister, hat je die Gerichte
o in Bewegung gesetzt; die autographirten Strafanträge des
'ürsten Bismarck sollen bereits nach Tausenden zählen. Neu-
ich ist der Staatsanwalt sogar wegen Beleidigung des jungen
irafen Bismarck eingeschritten, und man darf wol fragen: hat
uch diese Beleidigung schon ein „öffentliches Interesse"? Bis-
narcks-Beleidigungen pflegen weit härter bestraft zu werden
ls selbst Majestätsbeleidigungen; haben doch Staatsanwalte

und Richter ausdrücklich erklärt: Alles, was den Fürsten angeht, müsse mit einem ausserordentlichen Massstab gemessen werden. Neuerdings ist wegen Beleidigung des Fürsten auf Strafen erkannt, die das Blut in den Adern stocken lassen; aber die feile servile Presse hat es stumm hingenommen, oder dazu wol noch Beifall geklatscht, ohne zu bedenken, dass die Reihe an Jeden kommen kann. Die Publicationen à la „Reichsglocke", die sich gegen den Fürsten persönlich kehrten, sind freilich sehr zu beklagen; schon um deshalb, weil sie der allgemeinen Sache schaden und nur den Gründern zu Gute kommen. „Seht", rufen die Gründer jetzt, „wir sind ebenso verleumdet wie Bismarck!" — und die „Nationalzeitung" legte sofort eine Rubrik an: „Zur Geschichte der Verleumdungsära".

Dieselbe Presse, welche Herrn von Bismarck einst nicht tief genug herabsetzen konnte, an ihm kein gutes Haar liess — die jüdisch-nationalliberale Presse treibt mit ihm seit 1866 schnöde Abgötterei. Voll sklavischer Unterwürfigkeit und niederer Speichelleckerei, bewundert und preist sie an ihm jedes Wort, jeden Fusstritt, spricht sie von ihm in stets verzückter Weise und legt ihm Prädicate bei, die nur dem Monarchen und den Mitgliedern des Regentenhauses gebühren. Und das Alles ist, wie es sich nun eclatant herausgestellt hat, elende Heuchelei und feile Berechnung. Als die seit etlichen Jahren regelmässig zum 1. April wiederkehrende Kanzlerkrisis diesmal mehr Glauben fand, war die „liberale" Presse ganz zufrieden, den Fürsten Bismarck auf den Altentheil zu setzen, und hielt als seinen Nachfolger Herrn Delbrück oder Herrn von Bennigsen bereit. Das war in der That eine Bismarcks-Beleidigung, und eine ärgere, als sie je Graf Harry Arnim verübt hat.

Immerhin hat Fürst Bismarck so Grosses gethan und geschaffen, dass man mit ihm eine Ausnahme machen darf. Aber wie mit dem Herrn und Meister, so that die „liberale" Presse auch mit den ihr genehmen „Durchschnitts"-Ministern; auch für diese wusste sie königliche Ehren in Scene zu setzen. Als

Dr. Falk im Sommer 1875 am Rhein triumphirte, berichteten die Zeitungen in zahllosen Artikeln über die Feste, die man ihm veranstaltete, über die „Huldigungen", die man ihm erwies. Sobald Dr Friedenthal auf Reisen geht, und er scheint gern zu reisen, begleiten ihn die Correspondenten der Presse, laufen von jedem Städtchen Festberichte ein. In Papenburg brachte ihm, wie die „Nationalzeitung" meldete, die Liedertafel „Arion" ein Ständchen, „die Stadt prangte im Flaggenschmuck". In Bitburg hielt der „hohe Gast" mehrere längere Reden, worin er sich als „geborenen praktischen Landwirth" bezeichnete und u. A. sagte: er „entstamme einer Familie, die durch rastlose strenge Arbeit es sich ermöglicht habe, diejenige Stufe im Staate zu erklimmen, die sie augenblicklich inne habe". „Mit zahlreichem Gefolge fuhr der hohe Gast nach dem Bahnhof." „Weissgekleidete Mädchen überreichten Seiner Excellenz ein riesiges Bouquet, und eine Deputation stattete ehrfurchtsvoll ihre Begrüssung ab." — Ist da noch ein Unterschied, ob Friedenthal oder der Kaiser kommt?

Es wird nun erlaubt sein, die Herren Friedenthal, Falk, Delbrück, Camphausen und Achenbach nicht für grosse Männer zu halten. Friedenthal hat noch keine nennenswerthen, die andern Minister ziemlich ungünstige Resultate aufzuweisen. Sie verdanken sämmtlich ihre Stellung der Gunst des Fürsten Bismarck, aber schwerlich haben sie seinen Erwartungen entsprochen. Delbrück, Camphausen und Achenbach sind Manchesterleute; die unheilvolle manchesterliche Gesetzgebung ist mit ihr Werk, und ihr Regime war ein doctrinär-manchesterliches. Delbrück und Camphausen, die beide in intimen Beziehungen stehen zu grossen Bank- und Gründerhäusern, haben dieselben durch riesige Darlehen aus dem Staatssäckel unterstützt, haben „um Zinsen zu ersparen", die Gelder der grossen Reichsfonds in höchst fragwürdigen, einstweilen fast unverkäuflichen Werthen angelegt. Während die Regierung es zuliess, dass die börsenliberale Majorität des Reichstags landschaftliche Pfandbriefe und pupillarisch sichere Hypotheken vom Ankauf ausschloss, während zahlreiche Communen mit ihrem Gesuche um Bewilligung einer Anleihe abgewiesen wurden, erwarben Delbrück und Camphausen Hals über Kopf von den nur ad interim zugelassenen ungarantirten Eisenbahn-Prioritäten über 100 Millionen Thaler. Und zwar kauften sie mit Vorliebe die Prioritäten der Strausberg'schen Bahnen, gegen welche Lasker kurz vorher seine „Enthüllungen" gedonnert hatte. Lasker war freilich wieder der Vertrauensmann und Rathgeber des Herrn Camphausen; Lasker, Friedenthal und Miquel, unter der Hand befragt (Wer lacht da?) erklärten sich ausdrücklich damit einverstanden, dass jene faulen Prioritäten auch in dem Provinzialdotationsfonds Aufnahme fanden, und als dieselben nun Neujahr 1876 den einzelnen Provinzial-Verbänden überwiesen werden sollten, fand plötzlich die skandalöse Courstreiberei statt, die zunächst sogar die „Nationalzeitung" für höchst bedenklich erklärte, und welche die Regierung so arg compromittirt hat. Sobald die Prioritäten, wie sie es ihrer Natur nach mussten, im Course fielen, fing Herr Camphausen an, sie zu loben, sie als eine unbedingt sichere Capitalsanlage zu empfehlen, und er fuhr darin noch fort, als sie bereits jeden Cours verloren hatten. Er hielt wiederholt förmliche Hausse-Reden für die Börse, ermunterte das Publikum zum Kaufen, signalisirte verschiedentlich einen Umschwung zum Bessern, sprach sogar von der bereits überstandenen Krisis, und erklärte die Finanzlage Preussens stets für eine äusserst befriedigende, auch dann noch, als der Etat thatsächlich bereits ein Deficit auswies. Delbrück erkrankte plötzlich. „Die glückliche Hand", so sagte die „Nationalzeitung", „fand augenblicklich nur noch Kraft, um ein Entlassungsgesuch zu schreiben." Delbrück ging gerade zur rechten Zeit; seine Stellung war durch die parlamentarischen Debatten über den Ankauf der faulen Prioritäten erschüttert, und er mochte fühlen, dass die Dinge um ihn her zusammenbrächen. Vergebens suchte die börsenliberale Presse ihn immer wieder in Activität zu setzen, vergebens sprach sie von ihm, als ob er gar nicht oder doch nur vorübergehend ausgeschieden sei, und empfahl ihn bei jeder passenden und unpassenden Gelegenheit: er wurde nicht mehr begehrt, und beschränkte sich auf den Vorsitz im „Verein für Beförderung des Gewerbefleisses", wo sein Schüler und Bewunderer Achenbach von ihm rühmte, dass sein blosser Name schon ein „Programm und Panier" bezeichne. Camphausen drohte häufig mit seinem Abgange, blieb aber, obwol schliesslich auch liberale Zeitungen ihn anzapften, und sogar die undankbaren Börsenblätter über ihn herfielen.

Camphausen und Achenbach haben für die unaufhaltsam fortschreitende Krisis ein sehr geringes Verständniss bewiesen. Gleich der börsenliberalen Presse, leugneten sie lange den Nothstand, und wollten der kranken Industrie durch „Erhöhung der Arbeitsleistung" und Beschneidung der Lohnsätze wieder auf die Beine helfen. Inmitten der Krisis liess Herr Achenbach die Eisenbahnfrachtsätze um 20 Procent erhöhen, was naturgemäss die ohnehin schon so sehr in die Höhe getriebenen Lebensmittel noch mehr vertheuerte, hob er die Rundreisebillets auf, verkürzte er die Gültigkeits-Dauer der Retourbillets. Nichts charakterisirt ihn besser, als eine Rede, die er kürzlich in dem vorhingenannten Verein, an der Seite Delbrücks hielt, und bei der ihm, nach der „Nationalzeitung", folgende tiefsinnigen Worte entfuhren: „Gewiss ist man geneigt, selber schwankend zu werden in seinen Ansichten in solch schwerer Zeit, wo man das, was früher stark dazustehen schien, plötzlich erschüttert sieht, wo man Diejenigen, die bisher fest waren, wankend erblickt. Aber ich glaube, es ist gerade die Pflicht, in solcher Zeit festzuhalten an dem Vorsatz ruhiger Prüfung der Verhältnisse, damit man nicht aus einem Extrem in's andere hineinfällt." — — —

Fürst Bismarck hat sehr Unrecht gethan, die wirthschaftliche Gesetzgebung den Manchesterleuten zu überlassen, die sich aus einseitigen Doctrinärs, unwissenden Schwätzern und „liberalen" Börsenverwandten zusammensetzen. In überstürzender Hast wurde alles Bestehende eingerissen, Gesetz auf Gesetz fabricirt, so dass die Nation gar nicht zur Besinnung gelangte, aus dem Zustande des Uebergangs, der Unruhe und der Verwirrung gar nicht herauskam.

Was hat dem Volke nicht die neue Mass- und Gewichts-Ordnung, die Münz- und Bankreform gekostet! Jede Mass- und Gewichtsänderung verursacht dem Publikum Schaden, ganz besonderen Schaden aber, wenn Mass und Gewicht kleiner werden. Das Quart wurde zum Liter, die Elle zum $\frac{1}{2}$ Meter, der Scheffel zum $\frac{1}{2}$ Hektoliter, das Loth zum Dekagramm während die Preise zunächst die gleichen blieben, sich aber, wegen der Schwindelperiode, alsbald noch sehr erheblich steigerten. Die alten Masse entsprechen der Natur, den Verhältnissen des menschlichen Körpers; wogegen die neuen Masse auf der künstlichsten Berechnung beruhen, und schon wegen der halb lateinischen halb griechischen Wortungeheuer dem Volke nie geläufig werden können. Thatsächlich sind die neuen Masse bis zur Verzweiflung unpraktisch, und selbst die Behörden sehen sich genöthigt, auf die alten Masse zurückzugreifen, wie man denn in den meisten Steckbriefen, statt (Grösse:) $166\frac{1}{2}$ Centimeter, heute wieder 5 Fuss 4 Zoll liest. Nach dem grossen Siege über Frankreich musste Deutschland sofort Französisches Mass und Gewicht annehmen!

Nicht minder chicanirte und schädigte die fortlaufende Einziehung des Metall- und Papiergeldes, eine wahre Münzen und Notenhetze; und selbst die neuen Werthzeichen wurden noch verschiedentlich geändert. Die neuen Münzen sind von so mangelhafter Beschaffenheit, dass sie zu den schlimmsten Verwechselungen Anlass geben, dass selbst Kassenbeamte mit Sicherheit nicht zu unterscheiden vermögen, ob sie echt oder unecht sind, dass sie schnell Glanz, Ansehen und Farbe verlieren, dass sie wie Glas springen und brechen, und dass ihre

achbildung nicht die geringsten Schwierigkeiten macht. Nie-
als blühte die Falschmünzerei so wie in unseren Tagen. Die
oldwährung erweist sich factisch nicht durchführbar, die De-
onetisirung des Silbers, das Ungeschick und die Missgriffe
ei der Goldausmünzung und bei den Silberverkäufen kosten
em Reich Summen, die wol nie an die Oeffentlichkeit gelangen
erden, die aber riesig sind. Vielleicht noch mehr verliert der
inzelne. Die Theilung des Groschens in 10, statt früher in
2 Pfennige, bedeutet für die Bewohner Preussens und an-
erer Länder eine Einbusse von 16⅔ Prozent; was im Klein-
andel 3 alte Pfennige kostete, kostet jetzt 5 neue Pfennige,
. h. 100 Procent mehr. Trotz der sogenannten Münz- und
ankeinheit, ist von einem einheitlichen Papiergelde nicht die
ede, blüht die Papiergeldwirthschaft, eine Hauptursache der
llgemeinen Theuerung, nach wie vor, stösst der Verkehr in
ieler Hinsicht auf noch zahlreichere Hemmnisse und Unbequem-
chkeiten als früher. Niemand braucht mehr als 20 Mark in
ilber und mehr als 1 Mark in Nickel, Niemand braucht Pa-
iergeld, selbst nicht Noten der Reichsbank in Zahlung zu
chmen, und sogar die Reichs- und Landeskassen sind nur zur
nnahme von Reichskassenscheinen verpflichtet. Von den ein-
ezogenen Münzen lassen sich einige an gewissen Orten gar nicht
tbehren, z. B. der Dreier in Berlin, das 2½-Groschenstück
i Norddeutschland. Ueberall fehlt es an den passenden Geld-
eichen, fast Jedem bereitet das Zahlen, Wechseln und Heraus-
eben Umstände und Verlegenheiten, selbst der Beamte rech-
et noch immer heimlich nach dem alten Münzfuss, die Um-
echnung fällt ihm sichtlich schwer und kostet die doppelte
nd die dreifache Zeit. Aber das Schönste ist, dass diese Um-
echnung zum Theil auf baare Unmöglichkeit stösst, z. B. beim
Vechselstempel, wo die Abstufung nach Markbeträgen einfach
escheitert ist. O, über die weisen Gesetzgeber!

Im Neuen Deutschen Reich ist Alles theurer und schlechter,
eringer an Qualität und Quantität geworden; auch nach Auf-

hebung der Mahl- und Schlachtsteuer, wie die Bäcker und Schlächter, sich in's Fäustchen lachend, selber und gleich vorausgesagt haben — Brod und Fleisch. Der ganze Geschäftsverkehr hat einen schwindelhaften Charakter angenommen; alle Artikel werden, trotz der „freien Concurrenz", mit einem masslosen Aufschlag verkauft, allerhand Surrogate und Imitationen gelten für erlaubt, die Verkürzung von Mass und Gewicht wird gewohnheitsmässig, der Betrug ganz offenbar betrieben. Die Verschlechterung und Verfälschung der Heil- und Genussmittel, der Waaren und Fabrikate hat ungeheure Dimensionen angenommen, eine eigene Industrie erzeugt; und da die manchesterliche „Selbsthülfe" sich völlig ohnmächtig erweist, sehen sich neuerdings denn doch die Polizei und die Gerichte zum Einschreiten gemüssigt.

Trotz des Nothstandes hält die Theuerung an, wachsen die öffentlichen Ausgaben, wird die Steuerschraube schärfer angezogen. Immer neue Behörden werden geschaffen und alsbald können sie die Arbeit nicht mehr bewältigen; immer grösser wird das Heer der Beamten, lawinenartig schwillt das Schreibwerk an. Die gerühmte „Selbstverwaltung" zeigt sich sehr kostspielig und complicirter als die alte Einrichtung. Die Communen wirthschaften ins Blaue hinein, experimentiren und verschwenden ohne Mass, contrahiren Anleihe auf Anleihe, und treiben, wie die Staaten, der Verschuldung entgegen. Das Volk dagegen verarmt, und sowol die Staats- wie die Communalsteuern werden im laufenden Jahre einen grossen Ausfall ergeben. Nur zu bald wird man wieder zu den indirecten Steuern greifen müssen, aber allerdings wird dann Brod und Fleisch wieder noch theurer werden.

Ununterbrochen arbeitet die Gesetzgebungsmaschine, denn sie hat, wie Lasker behauptet, an fünfzig Jahre gestockt, und dieser Mann ist bereit, Tag und Nacht Gesetze zu machen. Diese Unzahl von Gesetzen ist nicht Bedürfniss des Volks, sondern Bedürfniss der börsen-liberalen Partei, um ihrer Eitelkeit Genüge zu thun, um sich zu stärken und sich am Ruder zu erhalten. Hunderterlei wird gleichzeitig in Angriff genommen, und Alles in der flüchtigsten liederlichsten Weise abgemacht; was schon der barbarische Stil, die nachlässige Redaction der neuen Gesetze beweist. Die ganze Gesetzgebung ist so recht Gelegenheitsarbeit, blosses Stück- und Flickwerk. Kaum publicirt, erweist sich das neue Gesetz schon wieder veraltet, ganz unbrauchbar oder doch sehr reformbedürftig, ruft es die grössten Uebelstände hervor, wird ihm von Hunderttausenden ein Misstrauensvotum ertheilt. Schon beklagt man die Aufhebung der Schlacht- und Mahlsteuer, die Einführung des Impfzwanges, die Freigebung des Heilgewerbes; schon erheben sich Stimmen selbst gegen die Theaterfreiheit, und immer dringender verlangt man eine Beschränkung der Zug- und Gewerbefreiheit. Die Gewerbefreiheit hat zwischen Meister, Gesell und Lehrling jedes Band zerrissen, und den Handwerkerstand, der ehemals den Kern der Bürgerschaft bildete, ruinirt. Jeder Pfuscher, ja Frauen und Kinder machen dem gelernten Handwerker Concurrenz; der Staat lässt Gefängnisse und Zuchthäuser zu vollständigen Fabriken umwandeln, indem die Arbeitskräfte der Gefangenen gewöhnlich ein jüdischer Unternehmer erstebt. Das famose Actiengesetz ist inzwischen allgemein verurtheilt, selbst von Denjenigen, die es gemacht haben. Was bisher zu seiner Reform vorgeschlagen, ist sehr ungenügend, da diese Vorschläge meistens von Advocaten und Gründergenossen ausgingen. Fr. Perrot, bekannt durch seine verdienstlichen Schriften über das Eisenbahn- und Bankwesen, hat in einem 1876 erschienenen Buche „Das Actienunwesen" an der Hand der Geschichte dargethan, dass bisher noch alle Cautelen gegen den Actienschwindel sich völlig unwirksam erwiesen hätten, und er zieht die allerdings kühne Schlussfolgerung, dass die Actiengesellschaft als solche überhaupt unmoralisch und daher nicht zu dulden sei. Von der neuen Vormundschaftsordnung verlautet bereits, dass ihre Handhabung grosse Unzuträglichkeiten mit sich führe, indem die Vormünder einerseits den sehr hoch gestellten Anforderungen nicht zu entsprechen vermögen, andererseits ihre sehr weitgehenden Befugnisse missbrauchen und die ihnen anvertrauten Mündelgelder häufig unterschlagen. Die Reichsjustizgesetze werden in ganz Deutschland voraussichtlich einen ungeheuern Wirrwarr, eine viel grössere Kostspieligkeit der Justiz und ein Ueberwuchern des Advocatenthums erzeugen, und es fragt sich, ob zu ihrer Durchführung überhaupt das nöthige Material an Richtern und Schöffen vorhanden ist. Von allen Seiten, selbst in den Parlamenten, ertönen Nothschreie, dass die Sündfluth von neuen Gesetzen zu gross sei, dass in dem Labyrinth der Gesetzgebung sich nicht einmal mehr der Beamte, geschweige denn der Laie zurechtfinden könne.

Die Gesetzgebungsmanie ist eine Krankheit der Zeit, und sie hat ihre Ursache in dem Umstande, dass unsere Parlamente mit Beamten und Juristen überfüllt sind. Im Preussischen Abgeordnetenhause sitzen über hundert Juristen, im diätenlosen Deutschen Reichstag schon weniger. Gerade der Preussische Jurist mit seiner formalen einseitigen Bildung eignet sich schlecht zum Gesetzgeber und Volksvertreter. In der Nordamerikanischen Republik sind öffentliche Beamte vom Parlament ausgeschlossen; was gewiss sehr weise ist, da der Beamte mehr oder weniger von der Regierung abhängig bleibt, und mit seiner Ueberzeugung nur zu leicht in Conflict gerathen kann. Es schadet entschieden dem Ansehen wie der Unbefangenheit des Richters, wenn er in Wahlagitationen und Parteikämpfe hineingezogen wird; und die Urtelssprüche der Gerichtshöfe verrathen gar häufig, wie sehr die Richter unter dem Einfluss und dem Drucke der Tagesströmung stehen. In unsern Parlamenten sitzen viel zu viel studirte Leute; abgesehen von den nicht zahlreichen Kaufleuten, Fabrikherren und professionellen Landwirthen, fehlt es entschieden an Männern des praktischen Lebens; der Bauern- und der Handwerkerstand

ist fast gar nicht vertreten. Unsere Parlamente vertreten hauptsächlich die Interessen der Gross-Industrie und des Grosshan-
dels, des Capitals und der Börse. Die Münz- und Bankreform,
die ganze wirthschaftliche Gesetzgebung und der grosse Schwindel sind vornehmlich der Judenschaft zu Gute gekommen,
diese hat sich dabei über die Massen bereichert, die Nation
dagegen ist erschrecklich verarmt. Immer heftiger vermehren
sich im Neuen Deutschen Reich die Juden, immer mächtiger
erheben sie ihr Haupt; immer grösser wird ihre Anmassung
und Unduldsamkeit. Vermöge der Presse, die fast gänzlich
in ihrem Solde steht, beherrschen sie die öffentliche Meinung,
spielen sie auf allen Gebieten eine hervorragende Rolle, geben
sie in den höchsten Schichten der Gesellschaft den Ton an.
Während sie Zeter schreien, wenn man ihr Ceremonialgesetz
irgendwie zu kritisiren wagt; während der Staatsanwalt ein-
schreitet, wenn man ihnen die Lehren des Talmud entgegen-
hält — schmähen und verhöhnen sie straflos in ihren Blättern
täglich das Christenthum, hetzen sie in der widrigsten Weise
gegen Papst und katholische Kirche. Schon handelt es sich,
wie der Director der Luisenschule in Berlin ausrief, nicht sowol
um eine Juden- als um eine Christenhatz. Noch ist der alte
Schwindel nicht im Mindesten verwunden, und schon agitirt die
börsenliberale Presse für einen neuen, noch viel heilloseren.
Sie möchte die Reichspost und die Staatseisenbahnen in eine
Actiengesellschaft verwandeln; sie trachtet darnach das Staats-
vermögen zu zerstückeln und zu verauctioniren. Noch Januar
1877 wagte die „Vossische Zeitung" eine Veräusserung der
Domänen und Hüttenwerke des Preussischen Fiscus zu empfehlen, wobei sie wörtlich sagte: „In Privatbesitz übergegangen,
würden diese Immobilien einen weit höhern Ertrag abwerfen,
der nicht allein den Eigenthümern, sondern der gesammten
Bevölkerung zu Gute käme." Voll gerechter Entrüstung ruft
die „Deutsche Landeszeitung" aus: „Man zähle jedem dieser
Schurken für ihre Frechheit 50 Hiebe auf die Fusssohlen!"

c*

Trotz der schweren Krisis wollen die Manchesterleute, die am Regierungstisch sitzen, nicht zur Einsicht kommen, halten sie krampfhaft fest an ihren durch die Ereignisse zu Schanden gewordenen Phrasen, lassen sie officiös schreiben: der Nothstand herrsche in allen Ländern. Allerdings verbreitet sich die Krisis in Folge der innigen Wechselwirkung, welche heute zwischen den civilisirten Staaten besteht, über ganz Europa und Amerika; sie hat neuerdings sogar das noch im vorigen Jahre blühende Frankreich beschritten. Aber eben diese allgemeine Verbreitung lässt auf eine einheitliche Ursache schliessen, und diese ist die börsenliberale Wirthschaftspolitik, die allerwegen Ueberspeculation und Ueberproduction, Verschwendung und Verschuldung, Corruption und Betrug erzeugt hat, und die von der Geschichte gerichtet ist. In der Bank von England, in der Bank von Frankreich, in der Deutschen Reichsbank stauen sich die Millionen, die unbenutzt daliegen, und der Discontosatz ist so niedrig, wie er kaum je gewesen. Was bedeutet das? fragt Herr Camphausen, und er antwortet sogleich selber: Es bedeutet, dass eine Aenderung, eine Besserung bevorsteht, dass es nächstens wieder losgeht, und die wachsende Unternehmungslust vielleicht wieder in Schwindel ausarten wird. — Ach, Herr Camphausen, Sie belieben stark zu irren! Jene Erscheinung ist gerade das schlimmste bedenklichste Symptom der allgemeinen Krankheit. Es bedeutet, dass der grosse Schwindel jeden Unternehmungsgeist gelähmt, geknickt hat, dass Jedermann sein Geld festhält und es lieber feiern lässt, als es dem geringsten Wagniss aussetzt, dass kein Mensch mehr dem Andern traut, dass die ganze Welt friert und der Handel und die Industrie in Sack und Asche Busse thun!!

„Verleumdung!" schreien die Gründer und Gründergenossen. Zwar declamiren sie alle selber gegen den Schwindel, aber Niemand will dabei gewesen sein. „Verleumdung!" ruft die börsenliberale Presse, und tritt mit Leidenschaft auch noch für den ärgsten Sünder ein. „Verleumdung!" stöhnen die manchesterlichen Gesetzesfabrikanten, wie die manchesterlichen Herren am Regierungstisch, und einmüthig betheuern sie, dass im Neuen Deutschen Reich Alles wohlbestellt sei, und Jedermann, bis auf die „Verleumder", sich sehr zufrieden fühle. Der Begriff „Verleumdung" ist plötzlich in sein Gegentheil verkehrt. Anklagen und Beschuldigungen, die man nicht widerlegen, nicht entkräften kann, deren Wahrheit im hellen Sonnenlichte daliegt, und von Hunderttausenden schmerzlich empfunden wird, nennt man einfach — „Lüge und Verleumdung"; und die Männer, welche gegen Schwindel und Corruption auftreten, gegen die manchesterliche Misswirthschaft eifern, und auf deren schreckliche Folgen hinweisen, werden als „gewerbsmässige" „Denuncianten" und „Delatoren", als „Reactionäre" und „Reichsfeinde" bezeichnet.

Vor 16 Jahren, im April 1861, schrieb Karl Twesten seine Brochüre: „Was uns noch retten kann!" Es war ein treuer Patriot, ein braver Mann, ein idealer Mensch, aber er irrte, und er hat sich von seinem Irrthum noch überzeugen können. Was er für ein tiefes Unglück hielt, sollte alsbald Preussen gross und mächtig, Deutschland einig und stark machen. Heute ist es umgekehrt. Preussen und Deutschland stehen da als die erste Europäische Macht, von der ganzen Welt gefürchtet und umschmeichelt und die ganze Welt in Schach haltend. Aber im Innern des Staatskörpers frisst ein böser Wurm, und wenn er nicht vertrieben, nicht getödtet wird, kann er die Eingeweide zerfressen und die Auflösung herbeiführen. Das Neue Deutsche Reich befindet sich in schwerer Noth und Gefahr; nicht äussere Gewalt bedroht es, wol aber eigene Krankheit. Diesmal heisst es im vollen Ernst: Was uns noch retten kann! Uns kann nur noch retten: ein vollständiger Bruch mit dem bisherigen Wirthschaftssystem und mit dem börsenliberalen Regiment, die Emancipation von der Judenherrschaft und eine gründliche Revision der wirthschaftlichen Gesetzgebung, die energische Verfolgung von Betrug und Schwindel und die Vertreibung der Gründer und Gründergenossen von dem öffentlichen

Markte. Von den Herren Camphausen, Achenbach, Michaelis ist ebensowenig zu erwarten wie von dem gegenwärtigen Parlament. Die Regierung muss sich mit neuen Männern umgeben, sie muss an die Nation appelliren, und zum Zwecke der wirthschaftlichen Reform die Initiative ergreifen.

Das Actiengesetz und das „Milliardengeschäft".

Louis Napoleon und die Juden — Unternehmungsgeist und Schwindel — Herr J. Prince-Smith, der Vater der Deutschen „Volkswirthe" — Redacteur Otto Michaelis und die Bekehrung von Excellenz Delbrück — Die Krönung der wirthschaftlichen Gesetzgebung — Herr H. H. Meier aus Bremen geräth in Besorgniss, und wird von Dr. Hammacher getröstet — Herr Miquel kämpft für „Verschleierung", und wird von Herrn Lasker ermahnt — Wie die Volksvertreter Gesetze machen — Herr Dr. Endemann als Commentator — Die Gründungen in Deutschland und die in Oesterreich — Fata Morgana — Excellenz Delbrück wird dotirt — Der Französische „Volkswirth" Leon Say und der „Volkswirth" der „Vossischen Zeitung" — Das „Milliardengeschäft" wird zu sehr beschleunigt, und die Preussischen Anleihen werden zu rasch gekündigt — Der goldene Theelöffel des Herrn Alexander Meyer — Ludwig Bamberger's Dithyramben und seine Börsen-Philosophie — „Nimm Hack' und Spaten, grabe selber" — Das Geheimniss unserer Zeit.

Bekanntlich war das zweite Kaiserreich für Frankreich eine Quelle materieller Wohlfahrt. Unter Louis Napoleon, von ihm selber mit Eifer und Nachdruck gefördert, nahmen Industrie, Handel und Börse einen mächtigen Aufschwung. Daher auch die Sympathien der Bourgeoisklassen für den Kaiser, und später für die Wiederherstellung des Kaiserreichs. Daher auch die leidenschaftliche Begeisterung der Juden für Louis Napoleon — so lange er auf dem Throne sass; wogegen sie, seit seinem Sturze, ihn nicht genug schmähen können, und sich in ihrer Entzückung über das neue Deutsche Reich gar nicht zu lassen wissen.

Während aber Frankreich's Industrie und Handel in üppiger, fast geiler Blüthe stand, lastete auf der Geschäftswelt in Deutschland gewissermaassen ein Alp. Man traute hier nie recht dem Frieden, man war nie sicher, dass der Französische Kaiser nicht einen Krieg anzettelte, der sich direct gegen Preussen richtete oder dieses doch in Mitleidenschaft zöge. Erst seit dem Kriege von 1866 wich jener Alp, indem der Nimbus Napoleon's mehr und mehr zu schwinden begann. Auch in Deutschland hob und entfaltete sich der Unternehmungsgeist, ohne aber deshalb schon damals in unsolide Bahnen einzulenken. Eine Ausnahme bilden nur das Börsentreiben in Berlin und die Strousberg'schen Eisenbahnbauten.

Von diesen beiden Erscheinungen abgesehen, ist es eine grobe Unwahrheit und verschmitzte Fälschung, wenn die Gründer und Gründergenossen, um sich rein zu waschen, neuerdings behaupten: Eine Ueberproduction und Ueberspeculation sei in Deutschland schon vor dem Kriege von 1870 vorhanden gewesen; nur der grosse Sieg über Frankreich habe die wirthschaftliche Krisis nicht schon damals zum Aus-

bruch kommen lassen, sondern um ein paar Jahre ver-
zögert.

Richtig ist dagegen, dass zu der Ueberproduction
und Ueberspeculation in der Schwindelperiode von
1871 bis 1873 der Samen schon weit früher ausgestreut
war. Und diese Aussaat ist das Werk der Manchesterleute, die sich mit Vorliebe „Volkswirthe"
nennen.

Wie man weiss, ist die Nationalökonomie eine
verhältnissmässig sehr junge und noch sehr unfertige
Wissenschaft. In der ersten Hälfte dieses Jahrhunderts blieb sie in Deutschland auf die Hochschulen
beschränkt, ohne die studirende Jugend besonders
anzuziehen, und ohne die späteren Staatsbeamten
wesentlich zu beeinflussen. Dem grossen Publikum,
ja auch der Geschäftswelt war sie ziemlich unbekannt.

Mitte der vierziger Jahre tauchte in Elbing und
Königsberg i. Pr. ein Englischer Sprachlehrer auf,
Namens J. Prince-Smith. Er versuchte das in
England blühende Manchesterthum auch in Deutsch-
land anzupflanzen; die Lehre von der „freien Con-
currenz", das „ewige und alleingültige Gesetz" von
„Angebot und Nachfrage". Anfangs fand er wenig
Gehör, bis er nach Berlin übersiedelte und hier eine
Schule gründete, eine Anzahl von Literaten um sich

1*

versammelte. Allmälig begriffen Grossindustrielle,
Handels- und Börsenleute, namentlich die, welche dem
auserwählten Volk angehören, dass die neue „Wissenschaft" leicht zu lernen und in der Praxis gar gut
zu brauchen sei. Das Manchesterthum, welches einfach die Allmacht des Capitals und die Ohn-
macht des Staats predigt, wurde das wirthschaftliche Dogma der „liberalen Partei", der herrschenden
Bourgeoisie. Herr Prince-Smith und seine Jünger
gewannen als „Volkswirthe" weiten Ruf und grossen
Einfluss. Sie wurden von der Presse, an der sie
selber fleissig mitarbeiteten, ununterbrochen gefeiert
und beweihräuchert; sie paradirten alljährlich auf den
sogenannten volkswirthschaftlichen Congressen, und
sie gelangten mit als die „Edelsten und Besten der
Nation" in die Parlamente.

Zu den Jüngern des Herrn Prince-Smith, der,
ursprünglich ganz unbemittelt, bei seinem unlängst erfolgten Tode ein erstaunliches Vermögen hinterliess,
gehört auch Herr Otto Michaelis, lange Jahre
„Volkswirth" und Mitredacteur der Berliner „National-
Zeitung", bis ihn 1868 Minister Delbrück zu seinem
vortragenden Rath machte; als welcher er an der
wirthschaftlichen Gesetzgebung des Norddeutschen
Bundes und des neuen Deutschen Reichs einen sehr

wesentlichen Antheil hat. Erzählte doch Herr Otto Wolff, „Volkswirth" und Redacteur der „Ostseezeitung" in Stettin, als Excellenz Delbrück April 1876 den Abschied nahm, dass dieser verdienstvolle Staatsmann aus einem Saulus ein Paulus geworden, nämlich zunächst Schutzzöllner gewesen sei, und sich erst hinterher zum Freihandel und Manchesterthum bekehrt habe.

Die Krönung der wirthschaftlichen Gesetzgebung des Norddeutschen Bundes war das zu so trauriger Berühmtheit gelangte Actiengesetz vom 11. Juni 1870, welches den Gründungsschwindel förmlich organisirte, indem es die Actiengesellschaften von jeder Genehmigung und Aufsicht des Staats loslöste, und für die künftige Errichtung derselben die denkbar ungebundensten Vorschriften, blosse Scheinbestimmungen aufstellte.

Als dieses famose Gesetz am 20. Mai 1870 im Norddeutschen Reichstag zur Berathung kam, wollte es ein charakteristischer Zufall, dass nicht, wie gewöhnlich, Dr. Simson den Vorsitz führte, sondern der erste Vicepräsident, Herzog von Ujest, der Genosse des Wunderdoctors Strousberg, und nach ihm der zweite Vicepräsident, Herr von Bennigsen, der Gründer der vielgenannten Hannover-Altenbecker Bahn.

An der Debatte betheiligten sich fast ausschliesslich manchesterliche „Volkswirthe", von denen viele bald darauf, während der Schwindelperiode, als Gründer und Gründergenossen glänzten. Alle fanden, dass der Gesetzentwurf die Freiheit der Bewegung auf dem Gebiet des Actienwesens noch viel zu sehr beschränke; so namentlich: Schulze-Delitzsch, Justizrath Lesse, Dr. Weigel aus Kassel, Dr. Braun-Wiesbaden, Hofrath Ackermann aus Dresden, Edgar Ross aus Hamburg etc. Besonders missfielen die Strafen, welche fahrlässige und ungetreue Mitglieder des Vorstandes und Verwaltungsraths einer Actiengesellschaft bedrohen; und sie wurden nur sehr widerwillig, weil Seitens der Regierung eine conditio sine qua non mit in den Kauf genommen. Herr H. H. Meier aus Bremen prophezeiete' sogar, dass sich gegenüber dieser „rigorosen" Strafandrohung (Gefängniss von höchstens drei Monaten!) anständige Leute schwerlich zu Aufsichtsräthen hergeben würden. Herr Dr. Hammacher entgegnete ihm jedoch sehr richtig: es werde sich schon machen. Um jene Strafen abzuschwächen, brachten Herr von Bernuth, Justizminister a. D. und Professor von Sybel einen „Verbesserungsantrag" ein. Derselbe lässt, auch wenn Vorstand und Aufsichtsrath den Stand der Verhält-

nisse einer Gesellschaft wissentlich unwahr dar-
stellen oder verschleiern, mildernde Umstände
zu, und setzt für diesen Fall, statt der Gefängniss-
strafe, eine blosse Geldbusse. Vergebens widersprach
der Abgeordnete von Luck, später Oberstaatsanwalt
in Berlin, indem er ausführte, wie hier von „mildern-
den Umständen" nicht die Rede sein dürfe: — der
„Verbesserungsantrag" der Herren von Bernuth und
von Sybel wurde trotzdem beliebt.

Am weitesten ging Herr Miquel, damals schon
Mitdirector der Discontogesellschaft. Nicht nur, dass
er ganz ungenirt pro domo sprach, nämlich für die
Commanditgesellschaften auf Actien, welche, seiner
Meinung nach, von der Regierung sehr stiefmütter-
lich behandelt würden: er wollte auch dem Vorstand
resp. Aufsichtsrath einer Actiengesellschaft erlauben,
je nach Ort und Umständen zu täuschen und zu verschleiern. Vor solcher Moral erschrak selbst Herr
Lasker, und mit dem sittlichen Eifer, der ihn ziert,
rief er aus:

„Ich habe nicht den geringsten Zweifel, dass der Abg.
Miquel vor der Consequenz seines eigenen Antrages zurückschrecken würde, wenn er diesen auslegte, wie er ausgelegt
werden muss, dass es dem Aufsichtsrath in Vereinigung mit
den Actionären gestattet sein soll, falsche Thatsachen zu verbreiten, die zwar den Actionären günstig sind, aber dem allgemeinen Publikum zum Schaden gereichen".

Herr Miquel beschied sich, und zog seinen „Verbesserungsantrag" zurück. Wer aber denkt hier nicht unwillkürlich an Dortmunder Union und an die Rumänische Eisenbahngesellschaft!

Das Actiengesetz wurde mit solcher Hast berathen, so über's Knie gebrochen, dass selbst etliche Manchesterleute im Reichstag dies andeuteten und, wenn auch etwas verschämt, davor warnten. Aber sie redeten zu tauben Ohren. Am 12. Mai gelangte der Entwurf an den Reichstag und wurde einer sogenannten freien Commission überwiesen, welche, ohne in das Detail einzugehen, sich schnell schlüssig machte. Am 20. Mai fand die erste und wie schon Tags vorher verabredet, sofort auch die zweite Berathung statt. Die dritte Lesung erfolgte am 24. Mai, am späten Nachmittage, als die Gesetzgeber bereits müde und hungrig waren. Vergeblich riefen einige Stimmen „Vertagen!" Herr Simson ermahnte die ungeduldige Versammlung mit der ihm eigenen olympischen Würde:

„Ich glaube, wir thäten recht den Gegenstand, der, so viel ich beurtheilen kann, nicht eben weitläufig ist, noch in heutiger Sitzung zu erledigen".

Das Knurren der hungrigen Magen ward für Beifallsgemurmel genommen. Herr Simson aber schritt feierlich hinaus, um sich in seinen Gemächern etwas zu restauriren. Seinen Thron erklomm der Herzog von Ujest und beseitigte die Formalität der dritten Lesung in wenigen Minuten. So macht man bei uns Gesetze!

Herr Dr. Endemann, Professor und Oberappellrath zu Jena, der auch Mitglied des Norddeutschen Reichstags war, hat das Actiengesetz „aus den Materialien erläutert"; und billig erstaunt man, in diesem Commentar dieselben Anschauungen wiederzufinden, die sich in den Reden von Miquel und Genossen spiegeln. Auch Herrn Endemann sind die sogenannten Normativbestimmungen des Actiengesetzes „ohne Noth einengende Beschränkungen" und ihm erscheint „die eigene Vorsicht und das selbständige Urtheil des Publikums als die einzig haltbare Garantie gegen Missbrauch". Auch er ist eigentlich gegen die „Androhung directer Polizeistrafen" und hält die Ahndung jeder Verschleierung für sehr bedenklich. Ja, Herr Endemann meint, dass gewisse Bestimmungen des Gesetzes zu einer Umgehung fast herausfordern; und bei Artikel 215, welcher einer Gesellschaft den Erwerb eigener Actien verbietet, versichert er tröstend: „Wer die Zustände des Verkehrslebens kennt, darf sich dabei beruhigen, dass sich die Praxis doch zu helfen wissen wird". Den Gründern und Gründerge-

nossen, soweit sie jetzt auf die Anklagebank kommen,
ist der Endemann'sche Commentar dringend zu
empfehlen; der Richter wird ihn hoffentlich zu ent-
behren wissen.

Aber dieser Commentar beweist, wie miserabel
und vieldeutig schon die Fassung unserer neueren
Gesetze ist; wie sie, so zu sagen, mit Dampf fabricirt werden; wie sie fast immer auf Compromissen
beruhen und den materiellen Interessen der herrschenden Partei dienen, dem sogenannten „Liberalismus“,
der heute, seinem eigentlichen Kern nach, Handels-
und Börsenliberalismus ist. Jener Commentar beweist ferner, welch gefährlichen Einfluss das Manchesterthum auf einen Theil unserer Professoren und
Juristen übt; in welche Gefahr dadurch Wissenschaft
und Rechtsprechung, Gesetzgebung und Staatsgewalt
gerathen.

Die Freigebung der Actiengesellschaften war eine
langjährige Forderung der Manchesterleute, die sie
der Regierung endlich abrangen, als Entschädigung
für sonstige Dienste. In Erwartung, in fester Voraussicht des Actiengesetzes wurden schon 1869 und
in der ersten Hälfte 1870 eine Reihe von Gesellschaften gegründet. Ohne das Actiengesetz wäre der
grosse Schwindel überhaupt nicht möglich gewesen.

Das Actiengesetz erweckte sofort die Sucht zu gründen, und zwar in dem Grade, dass schon während des Krieges und trotz des Krieges eine grosse Zahl neuer Gesellschaften in die Welt gesetzt wurden.

Wenn die Manchesterleute einzuwenden versuchen, dass in Oesterreich, wo die Actiengesellschaften nicht freigegeben sind, der Gründungsschwindel ebenso stark gewüthet hat, so ist dies eine blanke Unwahrheit In Oesterreich wurden von 1867 bis 1873 1005 Gesellschaften „concessionirt". Die Oesterreichische Regierung war selber dem Schwindel verfallen, indem sie geradezu begünstigte, was man in Preussen kaum noch hindern konnte. In Preussen waren bisher Actiengesellschaften sehr sparsam concessionirt worden; in Oesterreich konnte man seit den Herren von Beust und Giskra durch gewisse Mittel jede Concession erlangen, und es ward mit den Concessionen ein offenkundiger Schacher betrieben. Trotzdem entstanden von 1867 bis 1873 in Oesterreich-Ungarn thatsächlich nur 682 Actiengesellschaften — die übrigen 323 Concessionen blieben unbenutzt; während in Deutschland von 1870 bis 1873 ca. 1300 Gesellschaften in's Leben traten, davon ca. 1100 allein in Preussen.

Selbstverständlich haben die Französischen Milliarden die Gründungswuth in Deutschland genährt und gesteigert. Ein wahres Danaergeschenk, sind sie uns zum Fluche geworden, und vermöge ihrer haben die Franzosen an uns wirklich „Revanche" genommen. Wol war die Französische Kriegsentschädigung eine unerhört riesige Summe, aber die Börse und ihre Helfershelfer, die „Volkswirthe", thaten und schrieen, als ob sie unendlich und unerschöpflich wäre, ein nie versiegender goldener Regen.

Wie es sich inzwischen herausgestellt hat, waren aber die Milliarden eine blosse Fata Morgana. Deutschland hat sie in Wirklichkeit nie erhalten: sie sind ihm einfach verrechnet worden. Sie wurden in der Hauptsache gezahlt durch 120,000 Wechsel, welche die Europäischen Geldhändler und Börsenjuden unter einander hin- und herschoben und zu artigen Spielchen mischten; für welche Mühewaltung sie viele Millionen einstrichen. Minister Delbrück bewunderte und pries die Promptheit, mit der dieses Kartenkunststück ausgeführt wurde; aber verschiedene Umstände lassen vermuthen, dass die Deutsche Regierung dabei mehrfach über's Ohr gehauen ist.

Herr Delbrück persönlich hatte freilich Ursache mit dem „Milliardengeschäft" zufrieden zu sein. Er gehörte, gleich unseren berühmten Heerführern, zu den „Dotirten". Auch Herr Delbrück erhielt aus der

Kriegscontribution baare zweimalhunderttausend Thaler. Darob jubelten die „Volkswirthe" und riefen: Unser Delbrück ist in seinem Fache auch ein General-Feldmarschall, und er hat auf dem Gebiet der Wirthschaftspolitik die glorreichsten Siege erfochten! Der Französische „Volkswirth" Leon Say sagt ganz offen: Ein grosser Theil der Milliardenwechsel ist mittelst fictiver Forderungen beschafft, deren spätere Ausgleichung sich dem Auge des Beobachters entzieht. — — Das Deutsche Publikum hat die Zahlung der Milliarden nur in allerhand Erschütterungen und Störungen empfunden; und jetzt will es ihm fast scheinen, als habe nicht Frankreich, sondern Deutschland die fabelhafte Kriegscontribution entrichten müssen, denn Frankreich's Wohlstand ist blühender als je, und der unsrige ist über Nacht verwelkt. Aber der „Volkswirth" der „Vossischen Zeitung" weiss in einem Leitartikel vom 7. November 1875 auch dafür Trost, indem er ausführt:

„Wenn der ruhige Bürger aufgerufen wird, Zeuge der grössten und seltensten Weltbegebenheiten (nämlich des „Milliardengeschäfts") zu sein, trifft ihn an seinem Theil auch eine weltgeschichtliche Mission". — „Wenn wir handelnd an der politischen Veränderung der Weltlage theilnahmen, so müssen wir auch leidend die Folgen davon tragen".

Wie sein Abgott Delbrück, so findet auch der

„Volkswirth" der „Vossischen Zeitung", in der Abwickelung des „Milliardengeschäfts" den Beweis, „wie
sehr unsere Finanzkunst allen vergangenen Zeiten
überlegen ist". — —

Die übermässige Beschleunigung des „Milliardengeschäfts" — drei Milliarden wurden in Einem Jahre
verrechnet — diese Steeplechase von Wechselreiterei
machte die Gründer und Gründergenossen vollends
toll, und sie überschwemmten den Börsenmarkt mit
immer neuen und immer fauleren Werthen. Herr Camphausen, der Preussische Finanzminister that auch
das Seinige, indem er der Gründerkönigin, der Discontogesellschaft, aus den Beständen des Staatsschatzes
durch die Seehandlung drei Millionen Thaler gegen
$2^3/_4$ Procent Zinsen und ohne Unterlage vorstrecken
liess. Ferner kündigte er fortlaufend eine Reihe von
Anleihen. Grosse Capitalien wurden frei, und ihre
Besitzer, die sich, wegen der sichern Anlage, mit
einem bescheidenen Zinssatze begnügt hatten, mussten
nun, wohl oder übel, zu den von den Gründern so
massenhaft fabricirten „neuen Werthen" greifen. Die
zahllosen Gründungen, der fast ununterbrochene Be-
sitzwechsel durch Häuser- und Terrain-Speculationen
bereicherten auch die Staatskasse; die Einnahme aus
den Gerichtskosten wuchs zusehends, und die Stempel-

steuer schwoll förmlich an. Die Preussische Bank und die Seehandlung machten brillante Geschäfte; die Eisenbahn-, die Berg-, die Hütten- und die Salinenverwaltung, sie alle warfen überraschend grosse Erträge ab. Herr Camphausen trug seinen Kopf hoch, und erntete im Parlament bei den „Liberalen" grossen Beifall. Während der Gründungsperiode paradirte Herr Camphausen mit alljährlich steigenden „Ueberschüssen", und die „Volkswirthe" nahmen ihn als eine Art von Zauberkünstler. Mit dem „Krach" freilich hörten auch die „Ueberschüsse" auf: und Herr Camphausen hätte sich mit dem Kündigen und Zurückzahlen der Anleihen nicht so zu beeilen brauchen, denn gar bald musste er zu einer neuen greifen. Juli 1876 legte er zu Eisenbahnzwecken 120 Millionen Mark zur öffentlichen Zeichnung auf, und machte damit ein gründliches Fiasco.

Auch Oesterreich glaubte an den Französischen Milliarden mitzugeniessen, und eifrig schuf es gleichfalls „neue Werthe", die zum grossen Theil in Deutschland Aufnahme fanden. Die Oesterreichischen Gründungen waren eigentlich nur das Echo der Deutschen. In den beiden Hauptschwindeljahren 1871 und 1872 entstanden in Oesterreich-Ungarn zusammen etwa 400 Actiengesellschaften, in Preussen dagegen ca.

780 Gesellschaften. Hier erreichte also, was man wohl merken muss, der Schwindel einen doppelt so grossen Umfang, und er war auch weit intensiver, indem er ebenso sehr Residenz wie Provinz, Stadt wie Land, alle Kreise und Schichten der Bevölkerung ausplünderte oder doch schädigte.

Es ist interessant zu sehen, wie das „Milliardengeschäft" die Phantasie des auserwählten Volks erhitzte, und allerdings mit gutem Grunde, denn für dieses war es wirklich ein „Geschäft"; ein so grosses Geschäft, wie es ihm seit Erschaffung der Welt noch nicht zugefallen, und wahrscheinlich in Jahrhunderten nicht wieder zufallen wird.

Herr Alexander Meyer, „Volkswirth" früher des Deutschen Handelstages in Berlin, jetzt der „Schlesischen Presse" in Breslau, berechnete in der von Paul Lindau gegründeten „Gegenwart" (Nr. 27 de 1872), dass von der Französischen Kriegscontribution auf jeden Deutschen, vom Säugling bis zum Greise, ein goldener Theelöffel, 2 Loth schwer, entfallen würde. Während das Sprichwort nur von den „zehntausend Oberen" sagt, dass sie, mit einem silbernen Löffel im Mund, zur Welt kommen, wurde nach Alexander Meyer jetzt jeder Deutsche Säugling, auch in der ärmsten Hütte, mit einem goldenen Löffel in der Tasche geboren. —

Vorsichtig fügt Herr Meyer jedoch hinzu: diese 40 Millionen goldener Löffel würden schwer verkäuflich sein und müssten rapide im Course sinken. — Solche Verlegenheit hat uns denn auch das Schicksal erspart. Man suche heute nur nach den 40 Millionen goldener Löffel! Bei 39 Millionen Deutschen wird man den 2 Loth schweren Goldlöffel vergebens suchen. Man wird ihn höchst selten in christlichen Familien finden, vielleicht unter 1000 in Einer, wohl aber fast in jedem jüdischen Hause. Die 40 Millionen goldener Löffel haben sich sämmtlich zurückgezogen in die Schatzkammern der Gründer und Gründergenossen.

In solchen Spielereien bewegen sich, nebenbei bemerkt, unsere feuilletonistischen „Volkswirthe", die Alexander Meyer, Ludwig Bamberger, Braun-Wiesbaden etc. Hinter solchen Spielereien verbergen sie ihren Mangel an positiven Kenntnissen, ernsthaften Studien und sittlichen Principien.

Ludwig Bamberger hat „Die fünf Milliarden" 1873 im Aprilheft der von seinem Freunde Wehrenpfennig herausgegebenen „Preussischen Jahrbücher" besungen. In lauter Dithyramben (d. h. in solchen, wie sie seit Melanippides dem Jüngeren Mode wurden), in immer neuen hypergeistreichen Wendungen und Vergleichen feiert und deutet er das „Milliardengeschäft", das er schliesslich selber als eine Art von „Hexeneinmaleins" bezeichnet. Ludwig Bamberger hat als politischer Flüchtling das Bank- und Wechselgeschäft en gros bei seinem Onkel Bischoffsheim in Paris erlernt, und er kennt alle Mysterien desselben ebenso genau, wie etwa Bleichröder oder Rothschild. Obwol er es nun zwar liebt, gleich Graziano im „Kaufmann von Venedig", mit unendlich viel Worten so wenig wie möglich zu sagen, obwol er gern die Hauptsache für sich behält und sich hütet, aus der Schule zu plaudern, entschlüpft ihm am Schlusse seines Triumphgesanges doch eine Warnung. Er warnt die Deutsche Regierung, wozu es freilich schon zu spät ist, das Tempo der Zahlungen nicht so sehr zu beschleunigen, um der Wechselreiterei nicht so grossen Vorschub zu leisten. Er sagt ausdrücklich: die allzurasche Abwickelung der Kriegscontribution werde sich an Deutschland rächen, sie wirke „wie ein Treibhaus für Reitwechsel", und das empfangene Geld könne sich leicht in Kohle verwandeln! Ludwig Bamberger, der, wenn er sich in Abschweifungen aller Art gütlich gethan, schliesslich gern moralisch wird, erinnert daran, „dass fünfzig Jahre nach dem Zutritt des Peruanischen Goldstroms die Spuren des Verfalls der Spanischen Monarchie zu Tage traten." „Möchte das

Reich der Hohenzollern bewahrt bleiben vor dem zweideutigen Segen Spanischer Gallionen!" ruft er aus, und lässt dann noch, etwas krampfhaft, die Verse folgen:

> Nimm Hack' und Spaten, grabe selber,
> Die Bauernarbeit macht Dich gross,
> Und eine Heerde goldner Kälber,
> Sie reissen sich vom Boden los.

Eine schöne Mahnung! Doch nimmt sie sich seltsam aus im Munde des Banquier Bamberger, der die „Deutsche Bank" gegründet, und uns die Reichsbank und die Nickelmünzen bescheert hat. Herr Bamberger mahnte so, als der seit zwei Jahren tobende „Tanz um das goldene Kalb" sich bereits erschöpft hatte, und der „Grosse Krach" schon vor der Thüre stand. Seine Befürchtung, die Französischen Milliarden könnten sich in Kohle verwandeln, begann, kaum ausgesprochen, sich flugs zu erfüllen, in steigender, unaufhaltsamer Hast traurige Wahrheit zu werden. Statt des goldenen Theelöffels von Alexander Meyer, trägt heute Jeder von uns ein Pfund gemünzten Nickels von Ludwig Bamberger in der Tasche, und diese Münzen werden, nach kurzem Gebrauch, schwarz und brüchig wie Kohle.

„Der ganze Organismus unserer Verkehrswelt beruht darauf, dass keine Zinsen verloren gehen", sagt

2*

Ludwig Bamberger in seinem Jubellied auf das „Milliardengeschäft“. Diese Sentenz des Börsen-Philosophen griff Minister Delbrück auf und gab ihr in einer Parlamentsrede die tiefsinnige Fassung: „Es ist das Geheimniss unserer Zeit, keine Zinsen zu verlieren.“ Um keine Zinsen zu verlieren, um die veranschlagten Zinsen noch zu mehren, kaufte Excellenz Delbrück aus der Französischen Kriegscontribution für den Reichsinvalidenfonds und für den Festungsbaufonds über 100 Millionen Thaler ungarantirte Eisenbahnprioritäten, welche heute gewissermaassen unverkäuflich sind, und bei denen zu befürchten ist, dass Zinsen und Capital verloren gehen.

Die „Hebung" der Industrie.

Was die „Volkswirthe" predigen, und wie die Gründer zu Werke gehen — Vorgründungen: Norddeutsche Fabrik, Lüders, Hartmann, Liebermann, Schwartzkopff — Berliner Maschinen-Gründungen: Freund, Eckert, Egells, Vulkan, Wöhlert, Union, Cyklop, Oechelhäuser, Germania, Phönix, Sentker, Tietzsch, Schaaf, Ludewig, Patentfeilen — Nähmaschinen: Ludwig Löwe & Co., Frister & Rossmann, Pollack, Schmidt & Co., Franz Boecke — Professionelle Vorkäufer — Parlamentarische Gründer — Gründungssünden — Lohn- und Preissteigerungen — Ueberproduction und Nothstand — Nachträgliche Weisheit der Börsenzeitungen — Eine Entgründung: Fabrik für Eisenbahnbedarf, früher Pflug — Herr von Unruh und Herr H. B. Oppenheim — Die beiden „Generaldirectoren" Friedrich Waltz und Julius Müller — „Dr. Strousberg und sein Wirken, von ihm selbst erzählt".

Deutschland ist ein Ackerbaustaat, und wird es wol auch bleiben. Aber unsere „Volkswirthe", die stets nach Frankreich und England blicken, wollen aus Deutschland durchaus einen Industrie- und Handelsstaat machen. Es kümmert sie nicht, dass das Kleingewerbe bald von der Grossindustrie völlig zerrieben sein wird, dass der Bauernstand sich mehr und mehr lichtet, dass unsere Getreideproduction rasch sinkt, und wir in den letzten Jahren um viele Millionen Thaler mehr ein- als ausgeführt haben.

Meint doch die Berliner „Nationalzeitung" in einem
Leitartikel vom 21. Juli 1876: „Der gesteigerte Bedarf Deutschlands an ausländischem Getreide ist nur
eine natürliche Folge des zunehmenden Ueberwiegens
seiner industriellen Thätigkeit und ein Zeichen für
die Schnelligkeit ihrer Entwickelung." — —

Seit einem Vierteljahrhundert hat sich in Deutschland die Grossindustrie mächtig entwickelt, ist eine
Menge von Fabrikstädten emporgewachsen. Diese
in socialpolitischer Hinsicht schon an und für sich
bedenkliche Bewegung nahm nun seit dem Freigeben
der Actiengesellschaften und mit den Französischen
Milliarden ein stürmisches Tempo, einen masslosen
Charakter an. Während sonst nach jedem grossen
Kriege naturgemäss Erschöpfung und Sammlung, Ein-
schränkungen und verdoppelte Sparsamkeit folgen,
brach nach dem Friedensschlusse bei uns eine wahre
Leidenschaft zu neuen Unternehmungen, ein wildes
Speculationsfieber aus. Hätten wir die Milliarden
wirklich erhalten, sie würden nur die Unkosten und
Verluste des Krieges gedeckt haben; aber die Börse
nahm sie, trotz der blossen Wechselverrechnung, wie
ein baares Geschenk, und die Presse und die „Volkswirthe" predigten unaufhörlich: Wir wären aus einem
verhältnissmässig armen plötzlich ein reiches Volk

geworden, unser Nationalwohlstand hätte sich, in Folge
des Französischen Krieges und der Deutschen Einheit,
unendlich vermehrt und gesteigert. Dieser Reichthum,
dieser Ueberfluss dürfe nicht brach liegen; er müsse
in erster Reihe dazu verwandt werden, Industrie und
Handel, die so lange beschränkt und gehemmt gewesen, zu heben und zu fördern, zur vollen herrlichen
Entfaltung zu bringen. Neue Fabriken und Manufacturen, Berg- und Hüttenwerke, Banken und Handelsgesellschaften müssten ins Leben gerufen, die
schon bestehenden erweitert und vergrössert werden.
Was die Kraft und die Mittel des Privatmanns nicht
vermögen, werde die Association des Capitals, die
Actiengesellschaft vollbringen.

Darauf begann die Gründungsepidemie. Das Gründen ward verdienstlich, weil gemeinnützig; die Gründer wurden von der Presse und von den „Volkswirthen" gefeiert. Das Gründen wurde ein Geschäft,
denn es war sehr einträglich. Der professionelle
Gründer fand in den verschiedensten Kreisen der Gesellschaft Verbündete und Gehülfen, Kundschafter
und Zutreiber, für die alle mehr oder minder grosse
Summen abfielen.

Abgesehen von den zahllosen Banken und Bauvereinen, waren aber wirkliche Neuschöpfungen nur

vereinzelt. Eine Fabrik, Spinnerei oder dergleichen erst zu errichten, war zu weitläuftig und langwierig. Man zog es vor, schon bestehende Etablissements anzukaufen und in Actiengesellschaften umzuwandeln. Selbstverständlich richtete man sein Augenmerk zunächst auf grosse und renommirte Anlagen; später und gleichzeitig wurden auch kleinere und ganz unbedeutende angekauft. Die Besitzer wurden zum Theil sehr umworben und förmlich belagert; theilweise drängten sie sich zum Verkauf und gehörten mit zu den Gründern.

Es wurden die horrendesten Preise entweder freiwillig geboten oder, ohne viel zu feilschen, bewilligt. Bei der unsinnigen Steigerung von Grund und Boden und von Baulichkeiten, wie sie damals stattfand, kann man dreist behaupten, dass schon die Vorkäufer oder die Gründer das zu gründende Etablissement um das Doppelte des eigentlichen Werths erstanden*). Der

---

*) Im September 1872 „gründete" Simon Levy aus Berlin den Fabrikbesitzer F. A. Klusemann in Magdeburg. Diesem bot er für das Etablissement, welches reell etwa 225,000 Thlr. werth war, sofort 600,000 Thaler, und überwies es der neuen Actiengesellschaft „Sudenburger Maschinenfabrik" mit 800,000 Thaler. Herr Levy hielt es nicht einmal für nöthig, die Fabrik ordentlich zu besichtigen, sondern als er dazu aufgefordert wurde, lehnte er es mit den klassischen Worten ab: Wer lange sieht, hat keine Lust zu kaufen! — Auch die Gräflich Stolberg'-

Actiengesellschaft wurde es um das Drei- und Vier-
fache, oft um das Zehn- bis Zwanzigfache überwiesen.
Die Actien endlich gelangten in der Regel mit einem
Agio von 5 bis 50 Procent an die Börse, und wurden dann noch viel höher hinaufgetrieben. Daher
nach dem Krach das unendliche Fallen, vornehmlich
der Industrie-Actien, deren wahrer Werth von Hause
aus schon sehr gering war, die aber in Folge von
Misswirthschaft und Veruntreuungen, welche bei einer
Actiengesellschaft kaum ausblieben, gar oft bis auf
Null sanken. Der Vorbesitzer empfing einen nam-
haften Theil der Kaufsumme gewöhnlich in solch
eigenen Actien, die er natürlich so schnell wie
möglich los zu werden suchte. Den reellen Werth
des gegründeten Etablissements dürfte in vielen Fällen
die Hypothek bezeichnen, welche der Ver- oder auch
Vorkäufer als Rest des Kaufgeldes für sich eintragen
liess, und die schon nach einigen Jahren zu tilgen war.

Fabriken und Manufacturen jeder Branche und
viele Hundert an der Zahl gingen aus Privathänden
in den Besitz von Actiengesellschaften über, wurden

---

sche Maschinenfabrik, nicht so gross wie die Klusemann'sche,
sollte 1872 gegründet werden. Nur um die Agenten los zu
werden, forderte der Director die fabelhafte Summe von 2 Millionen Thaler. Aber die Gründer erschraken nicht und zogen
sich erst zurück, als man den ganzen Betrag in baar verlangte.

mit Vorliebe „gegründet" und fanden auch Vertrauen beim Publikum. Das Geschrei der „Volkswirthe", der Jubel der Presse über den allgemeinen Wohlstand, über die neue Blüthe von Industrie und Verkehr wiegte die ganze Nation in süssen Wahn, steigerte alle Bedürfnisse und verlockte Jedermann zu einem gewissen Comfort und Luxus. Alle Fabriken und Manufacturen schienen vollauf beschäftigt und versprachen hohe Renten, denn die Preise stiegen merklich. Mit besonderen Erwartungen wurden die Maschinenfabriken begrüsst und die Fabriken für Eisenbahnbedarf. Der Verkehr, der Transport schien endlos zu wachsen; täglich las man in den Zeitungen von Verkehrsstockungen und Güteranhäufungen, von Wagen- und Kohlennoth. Die Eisenbahnen konnten den Andrang nicht immer bewältigen; viele neue Linien wurden concessionirt und in Angriff genommen. Die Bestellungen auf Personen- und Güterwagen, auf Schienen und Locomotiven häuften sich derart, dass die betreffenden Etablissements die Auswahl hatten. Aber auch diejenigen Fabriken, welche die Einrichtung für andere Fabriken besorgen, Motoren und Triebwerke, Spinn- und Webstühle, Werkzeuge und Instrumente anfertigen, waren reichlich mit Aufträgen versehen.

Unter den Vorbesitzern dieser jetzt gegründeten Etablissements befanden sich Männer, deren Name über ganz Deutschland Ruf und Klang hatte, deren Name schon allein eine Garantie bot, zumal sie gewöhnlich noch die Leitung der neuen Actiengesellschaft behielten. Maschinenfabriken warfen in Privathänden einen Reingewinn von 15 bis 25 Procent ab; Maschinenbau- und Eisenbahnbedarfs-Actien fanden daher willige Aufnahme und erfuhren in der ersten Zeit fast alle beträchtliche Courssteigerungen.

Eine Anzahl solcher Fabriken wurde schon vor Ausbruch des Actiengesetzes gegründet; sie sind gewissermassen die Vorläufer desselben und unter ihnen folgende bemerkenswerth:

Norddeutsche Fabrik für Eisenbahn-Betriebsmaterial in Berlin. Gegründet Mai 1869 von Geh. Commerzienrath Paul Mendelssohn-Bartholdy, Commerzien-Räthe Adalbert Delbrück und H. Thomas. Actiencapital 1½ Millionen Thaler. Eine der wenigen Fabriken, die neu errichtet wurden. Als erste Aufsichtsräthe fungirten noch: Banquier Franz Mendelssohn, Consul John Menger, Justizrath Max Wilke, Regierungsrath und Eisenbahndirector Jul. Vettin. Der Betrieb begann erst 1871 und war von vorn herein nicht lohnend. Direction: Geh. Oberbaurath Eduard Koch und Obermaschinenmeister Woehler, später Hermann Kremser. Eine Dividende ist nie vertheilt worden, weshalb einer der Actionäre, Abgeordneter Schröder-Lippstadt — der „ultramontane Rechtsanwalt", wie der „Berliner Börsen-Courier" ihn nannte — die Liquidation anstrebte. Dieselbe wurde zum Schaden der Gesellschaft erst im April 1876 beschlossen. Cours der Actien einst 120; jetzt circa 40.

Actiengesellschaft für Fabrikation von Eisenbahn-Material, früher Stadtrath Lüders in Görlitz. Vorgekauft von Isidor Mamroth in Berlin für angeblich 512,000 Thaler. Der Handelsminister versagte zunächst die Concession, welche im Juni 1869 durch Cabinets-Ordre ertheilt wurde. Actiencapital 1 Million Thaler. Ausser dem Vorkäufer Isidor Mamroth gehörten zum Gründungscomité: Kaufmann L. Ephraim und Rechtsanwalt Dr. Dreyer in Görlitz, Eisenbahndirector, Regierungsrath Carl Vogt in Breslau, Generalconsul Gutike in Berlin, Wilhelm Eichler Ritter von Eichkron in Wien, Sächsischer Finanzrath, Freiherr Max Maria von Weber in Dresden. Erste Verwaltungsräthe waren u. A.: Commerzienrath L. Wrede und Paul Gravenstein in Berlin. Die Leitung behielt zunächst der Vorbesitzer, der, wie es im Prospect hiess, in kaum 15 Jahren ein reicher Mann geworden war; später übernahm sie Director Sammann, welcher 1873 zugleich mit dem Verwaltungsrath abtrat. Die früher so blühende Fabrik war nach der Gründung schnell heruntergekommen. 1871 bis 1873 gab es keine Dividende; 1874 und 1875 betrug sie je 4%. Cours einst 125; jetzt ca. 40.

Sächsische Maschinenfabrik, vormals Geh. Commerzienrath Richard Hartmann in Chemnitz. Wurde März 1870 für 3 Millionen Thaler angekauft! Das Gründungscomité bildeten: Commerzienrath L. Wrede, Banquier Paul Gravenstein, Fabrikbesitzer G. Schöpplenberg und Justizrath J. Ahlemann in Berlin, Wilhelm Eichler Ritter von Eichkron in Wien und Sächsischer Finanzrath, Freiherr Max Maria von Weber in Dresden. Im Prospect heisst es: Richard Hartmann, vor 30 Jahren ein mittelloser Arbeiter, beschäftigt jetzt nahezu 3000 Leute.

Herr Hartmann und Herr Lüders sind beide ein leuchtendes

Beispiel für die frommen Proletarier, die sich nicht von den bösen Socialdemokraten verlocken lassen, sondern die nach wie vor auf Herrn Schulze-Delitzsch hören, welcher ihnen zuruft: Jeder von Euch trägt in seiner Tasche den Fabrikanten-Stab! Aber Herr Hartmann und Herr Lüders haben mit dem vierten Stand, aus dem sie hervorgegangen, nichts mehr gemein; sie gehören jetzt beide zur Bourgeoisie, sie haben beide sich gründen lassen und dann selber gegründet.

Das Capital der Gesellschaft beträgt 3 Millionen Thaler ($\frac{1}{2}$ Million wurde nachträglich im Januar 1873 zum Course von 104 ausgegeben) und dazu kommen noch 500,000 Thaler Hypotheken! Vorsitzender des Aufsichtsraths, dem auch Geh. Commerzienrath Plaut in Berlin, Abgeordneter Geh. Oberregierungsrath Heise in Breslau und Geh. Hofrath Advocat Kohl in Chemnitz angehörten, wurde der Vorbesitzer Richard Hartmann. Die Direction übernahm Gustav Hartmann, und so blieb Alles hübsch in der Familie. Im Prospect wurden 15 bis 17 Procent Reingewinn herausgerechnet, aber die höchste Dividende, welche 1873 erreicht wurde, betrug nur 11, und sank 1874 auf 3 Procent. Trotz dieser winzigen Dividende bewilligten sich Aufsichtsrath und Direction je 5500 Thaler Tantième; denn sowol bei Lüders wie bei Hartmann bestimmen die zum Theil von denselben Gründern entworfenen Statuten sehr weise, dass bei Vertheilung des Reingewinns zunächst Verwaltungsrath und Vorstand prämiirt, und dann erst die Actionäre bedacht werden sollen. Die Actien, einst 125, notirten im Sommer 1876 etwa 30.

Maschinenbau und Eisengiesserei Wilhelmshütte bei Sprottau, früher Liebermann & Co. Gegründet April 1870 von Geh. Commerzienrath Gustav Dietrich, Geh. Hofrath Robert Dohme, Hofjustizrath Dr. Girau, Emil Rathenau und Eduard Abel in Berlin und dem Abgeordneten Eisenbahndirector Bail in Glogau. Actiencapital 750,000 Thaler und 100,000 Thaler Hypothek. Der Prospect stellte 14°/₀ Dividende in Aussicht, die aber nie erreicht wurde. 1875 entfielen 4, 1876 — $4^{1}/_{2}\%$ Dividende. Cours einst 120, jetzt ca. 60.

Berliner Maschinenbaugesellschaft, vormals L. Schwartz-kopff in Berlin. Gegründet 1. Juni 1870 von Rechtsanwalt Salomonsohn (für die Disconto-Gesellschaft), Geh. Commerzienrath W. Conrad (für die Berliner Handelsgesellschaft), Abraham Meyer und „Volkswirth" Assessor a. D., Abgeordneter Dr. Georg Siemens (für die Deutsche Bank), Geh. Commerzienrath Zwicker (Gebrüder Schickler), Anhalt & Wagener, Commerzienrath Hermann Egells, Freiherr Ed. von der Heydt, Julius Ebbinghaus, „Volkswirth" und Abgeordneter Regierungsrath a. D. von Unruh. Actiencapital 2 Millionen Thaler. Director wurde der Vorbesitzer, und er erzielte hohe Erträge. Von 1871 bis 1876 wurden 8, 11, 15, 14, 12 und resp. $7^{1}/_{2}\%$ Dividende vertheilt. Die 7 Aufsichtsräthe erhielten 1873 bis 1876 — 12,800, 15,500, 14,000 und resp. 9000 Thaler Tantième. Ein hübsches Trinkgeld für eine blos nominelle Mühewaltung! Die Gründung geschah, als Grund und Boden und derartige Etablissements noch nicht so unsinnig in die Höhe getrieben waren, und die Gründer haben sich mit einem mässigen Profit begnügt. Trotzdem ist auch bei diesen Actien der Cours, der einst 150 notirte, gesunken bis ca. 100.

———

Wenn schon bei den Gesellschaften von 1869 und Anfang 1870 gesündigt worden, so geschah dies in weit stärkerem Grade und in geradezu systematischer Weise nach der Explosion des Actiengesetzes. Die Beute, welche die Vorkäufer, Vermittler, Gründer und ersten Zeichner jetzt einsteckten, war zu unverschämt. Die neue Gesellschaft wurde mit einem so riesigen Capital belastet, die Verwaltung war so kostspielig, die Wirthschaft so lüderlich, dass eine Rentabilität in das Reich der Unmöglichkeit gehörte. Dennoch wurden in den Schwindeljahren 1871 bis 1873 hohe Dividenden vertheilt, die man künstlich ausrechnete, um die Actien los zu werden, oder um neue Actien mit beträchtlichem Agio auszugeben. Häufig befand sich der grösste Theil der Actien noch in den Händen der Gründer, Vorkäufer und Vorbesitzer, und diese steckten dann auch die hohe Dividende ein. Fast regelmässig behielt der Vorbesitzer die Leitung, bezog dafür einen Ministergehalt, und mit den Aufsichtsräthen, zu denen stets die Gründer gehörten, erkleckliche Tantièmen; und stets trat er mit den ersten Aufsichtsräthen zurück, sobald das Fahrzeug zu sinken begann.

In Berlin, wo die Epidemie am ärgsten wüthete, wurde jede Fabrik gegründet, die sich irgend gründen liess; und von den Maschinenfabriken blieben wenige verschont. Eine bemerkenswerthe Ausnahme bildete der „Locomotiven-König", Geh. Commerzienrath A. Borsig — nicht zu verwechseln mit seinem genialen Vater, der schon 1854 starb. Herr A. Borsig junior blieb ungegründet, obwol man für seine Etablissements ihm 12 bis 15 Millionen Thaler geboten haben soll. Doch ging er selber unter die Gründer. Im Uebrigen wurden die grössten wie die kleinsten Maschinenfabriken gegründet, von Egells und Wöhlert bis Ohm und Schaaf. Wir charakterisiren sie nachstehend:

Eisengiesserei und Maschinenfabrik, früher Julius Conrad Freund. Gegründet 9. Mai 1871 von H. C. Plaut, Paul Gravenstein, Commerzienrath Victor Ludwig Wrede, Geh. Regierungsrath Dr. Carl Esse und dem Abgeordneten Geh. Ober-Regierungsrath und Director des Königl. Preuss. Statistischen Bureau, Dr. Ernst Engel. Als erste Zeichner fungiren u. A.: J. C. Freund, Dr. Georg Freund, S. Abel jr., Justizrath Ahlemann, G. Schöpplenberg, Rudolf Klemm etc. Directoren: Wilh. Oppermann und Dr. Heinrich Adam Ludwig Wrede. Vorsitzender des Aufsichtsraths war zunächst Dr. Esse, später Justizrath Riem, welcher das Statut aufgenommen hatte. Das Actiencapital, ursprünglich 1,250,000 Thaler, wurde October 1872 noch um 350,000 Thaler erhöht. Damals fiel der Gesellschaft, indem sie das Vorkaufsrecht auf gewisse Grundstücke an die unglückselige Deutsche Eisenbahnbaugesellschaft abtrat, ein Gewinn von ca. 240,000 Thaler in den Schooss; und dieser Glücksfall wurde benutzt, um junge Actien zu machen, und die alten, welche schon unter 90 gesunken, bis über 130 zu treiben. Gegenwärtig ist der Coursstand ca. 30, denn die Dividende für 1874 war — 0.

Landwirthschaftliche Maschinenfabrik, vormals Commissionsrath H. F. Eckert. Vorgekauft Juni 1871 von Banquier Albert Hackel (M. Borchardt jun.) und Leopold Hadra, welche die Gesellschaft gründeten in Gemeinschaft mit Hüttendirector Hellmuth Förster, Baurath und Eisenbahndirector Carl Königk, Rittergutsbesitzer und Abgeordneter A. Kiepert auf Marienfelde, Landrath a. D. und Abgeordneter Freiherr von dem Knesebeck auf Jühnsdorf. Das Actiencapital, zuerst 600,000 Thaler, ward März 1872 um 200,000 Thaler erhöht. Dazu 185,000 Thaler Hypotheken. Erste Aufsichtsräthe waren noch Banquier Rudolf Molenaar und Ingenieur Adolf Meyer. Der Vorbesitzer übernahm 150,000 Thaler Actien und behielt die Leitung bis 1874. Als er kürzlich starb, widmeten ihm Aufsichtsrath und Direction einen überschwänglichen Nachruf. Der Prospect bezeichnete den frühern Reingewinn mit 15% und verhiess eine Dividende von 10%. 1874 wurde nichts gezahlt, 1875 und 1876 — 4 und resp. 3 Procent. Trotzdem berechnete sich der Aufsichtsrath auch in diesen Jahren eine Tantième von 1987 und resp. 1444 Thaler. Der Cours, einst über 100, ist gefallen bis ca. 30.

Märkisch-Schlesische Maschinenbau- und Hütten-Gesellschaft, bisher F. A. Egells. Die Besitzer, Commerzienrath Hermann Egells und Carl Egells, verkauften zweimal, was zu einem Prozesse Veranlassung gab; zum zweiten Mal, September 1871, an das Consortium Bernhard Friedheim und Leopold Hadra. Actiencapital 2,300,000 Thaler! Dazu ca. 700,000 Thaler Hypotheken und 500,000 Thaler Prioritäts-Obligationen!! Erste Zeichner: Robert Baumann (Berliner Bank), Julius Samelson, Jacob Ball, Joseph Leipziger, Meyer Cohn, Mendel Cohn, Anton Wolff, Joseph Pincuss, Paul Munk, Generalconsul Ascher Salinger, Rittergutsbesitzer Carl Meyer (in Firma Fr. Krupp in Essen), Justizrath Drews, Aron Hirsch Heymann etc. Der Prospect enthält grobe Unrichtigkeiten und falsche Angaben, weshalb die Staatsanwaltschaft wiederholentlich angerufen wurde; jedoch kam es bisher zu keiner Anklage. Dieser Prospect hat keine Unterschrift, was das famose Actiengesetz auch gar nicht verlangt. Er ist von einem Börsen-Literaten abgefasst, der sich bei seiner Vernehmung nicht mehr erinnern konnte, wer ihm dazu Auftrag gegeben hatte! Zu einer Dividende ist es nie gekommen; pro 1872 wurden 2½, pro 1873 — 1¼% ausgeworfen, aber nicht bezahlt. Pro 1874 erhielten die Actionäre erst recht nichts;

dagegen bewilligte der Aufsichtsrath sich und dem Beamten-Personal eine Remuneration von 2500 Thalern!! Der Cours ist etwa 10.

Berliner Vulkan, Eisengiesserei und Maschinenfabrik, vormals Otto Hermann von Michalkowsky. Errichtet November 1871. Gründer: Leopold Hadra und Max Munk. Erste Zeichner: Michael Simonsohn, Isidor Platho (Platho & Wolff), Emil Heymann, Leopold Pincson, Leopold Friedländer, Hugo Fuchs, Paul Munk, Eisenbahndirector Gustav Dittmann, August Jacobs, Otto Sanden etc. Grundcapital 450,000 Thaler — Juni 1876 durch Zusammenlegen, d. i. Meucheln der Actien um die Hälfte gemindert, und 285,000 Thaler Hypotheken. Für 1872 wurden 7% Dividende vertheilt, seitdem nichts mehr. Die Bilanz pro 1875 schloss mit einem Verlust von 68,000 Thlrn. Cours etwa 5.

Wöhlert'sche Maschinenbauanstalt und Eisengiesserei. Vorgekauft von Hermann Geber und Consorten, und Febr. 1872 den unglücklichen Actionären für 3¼ Millionen Thaler überwiesen, ohne dass in dieser kolossalen Summe auch die Vorräthe eingerechnet waren! Neben dem Actiencapital von 3¼ Million Thaler stehen noch 1 Million Thaler Hypotheken. Gewiss eine erschreckliche Belastung! Trotzdem wurden von 1872 bis 1874 — 6—5½ Procent Dividende vertheilt, dem Aufsichtsrath hohe Tantièmen und den Beamten Gratificationen bewilligt. Erst 1876 stand man davon ab. Die Direction übernahmen Julius Müller und Gustav Wöhlert. Vorsitzender des Aufsichtsraths war zuerst der Vorbesitzer, Commerzienrath F. Wöhlert, und nach ihm Fabrikbesitzer G. Schöpplenberg.

Diese Gründung war so grob, dass sie gleich Verdacht erregte. Von dem Actiencapital waren angeblich 1¼ Millionen Thaler „fest übernommen", und den Rest mit 2 Millionen Thlr. legten Richard Schweder (Preuss. Boden-Credit-Actien-Bank), F. W. Krause & Co. und Carl Coppel & Co. zur öffentlichen

Zeichnung auf. Es wurden jedoch nur 1¼ Millionen Thaler genommen, und Richard Schweder bot den „nicht subscribirten Rest" von ³⁄₄ Million Thaler nochmals aus; was in der damaligen Schwindelperiode, wo regelmässig Ueberzeichnungen stattfanden und stets „Reductionen" vorgenommen werden mussten, sehr auffiel. Der Cours bröckelte fortwährend und ist schliesslich gefallen bis 10.

Der Prospect datirt vom 1. Februar 1872 und ist unterzeichnet: „Der Aufsichtsrath. Commerzienrath F. Wöhlert, Justizrath Dr. Braun, Mitglied des Reichstags und des Abgeordnetenhauses. Stadtrath Pohle. Banquier F. W. Krause (bald hernach geadelt). Gustav Markwald." — Dieser Prospect sagt u. A.: Der im letzten Geschäftsjahr erzielte Gewinn betrug 310,000 Thaler, und wird sich voraussichtlich fortan auf 545,000 Thaler stellen. — Die Zahl der beschäftigten Arbeiter belief sich bisher auf 1500, hat aber schon jetzt, der eingetretenen Vergrösserungen wegen, auf 1800 erhöht werden müssen. — Bisher konnten jährlich 120 Locomotiven und 5000 Satz Achsen geliefert werden, doch wird diese Leistungsfähigkeit durch die bereits vorgenommenen Vergrösserungen auf 150 Stück Locomotiven und 6000 Satz Achsen gesteigert werden. — Diese Angaben sind, wie es sich herausgestellt hat, unwahr, und bei der Staatsanwaltschaft liefen verschiedentlich Denunciationen ein, die lange vergeblich blieben, bis in Folge einer Beschwerde der Oberstaatsanwalt beim Kammergericht, Herr von Luck, am 19. Juni 1876 verfügte, es solle gegen die fünf Unterzeichner des Prospects die gerichtliche Voruntersuchung wegen Betruges beantragt werden.

Schon im Jahre 1874 wandte sich ein Beamter, der im Vertrauen auf die Unterschrift des Parlamentsmitgliedes Braun seine gesammten Ersparnisse von 1600 Thalern in Wöhlert'schen Actien angelegt hatte, an diesen Herrn und bat um Auskunft über die Lage der Gesellschaft. Dr. Braun antwortete: Ich habe den fraglichen Prospect nicht unterzeichnet, vielmehr unmittelbar, nachdem ich solchen in den Zeitungen gelesen, die mir angetragene Stelle im Verwaltungsrath abgelehnt. Ich habe überhaupt mit der ganzen Gesellschaft nicht das Geringste zu thun. — Der Beamte sah die Beilageacten zum Handelsregister ein, die für Jedermann offen liegen, und fand hier, dass Herr Braun thatsächlich Mitgründer und erster Zeichner der Gesellschaft ist, dass er zum stellvertretenden Vorsitzenden erwählt worden, und auch den Vertrag mit den Verkäufern unterzeichnet hat. Er interpellirte den grossen „Volkswirth" nochmals und erhielt folgende Antwort: Wie ich mich soeben aus den Acten überzeuge, war ich allerdings drei Wochen formell Aufsichtsrath der Wöhlert'schen Gesellschaft, habe jedoch nicht weiter fungirt und meinen Austritt am 22. Februar 1872 angezeigt. — —

Als Herr Braun - Wiesbaden sich im Juli 1876 seinen Wählern in Waldenburg (Schlesien) vorstellte, nahm er Veranlassung, eine weitere Erklärung abzugeben, die nach seinem Leiborgan, der „National-Zeitung" also lautete: — — Ich wurde in den Aufsichtsrath der Wöhlert'schen Gesellschaft gewählt, nachdem ich bei Berathung der Statuten mitgewirkt hatte (!) und zeichnete denjenigen Actienbetrag, welcher erforderlich war. Einige Zeit darnach wurde ich aufmerksam gemacht (!!) dass mein Name unter dem Prospect stehe. Ich schrieb sofort an den Vorstand, protestirte gegen den Missbrauch meines Namens und erklärte, dass ich aus dem Aufsichtsrath trete und meine Zeichnung widerrufe. Hierauf wurde eingegangen. — — Herr Braun protestirte heimlich, in einem Briefe; nicht, wie es seine Pflicht war, und wie es sein eigner Vortheil geboten hätte, öffentlich. — Herr Braun sprach vor seinen Wählern nur von der Wöhlert'schen Gründung, von den übrigen, an denen er betheiligt ist, schwieg er weislich.

Auch die anderen Gründer wollen jetzt, wo ihnen der Staatsanwalt zu Leibe geht, den Prospect nicht unterzeichnet haben, und derselbe scheint, gleich wie bei der Egells'schen Fabrik, vom Himmel gefallen zu sein. Herr Gustav Markwald, der vielerfahrene Gründer und Schwiegervater des blutigen Gründers Richard Schweder, bezeichnet als Verfasser des Prospects — Carl Coppel; und dieser kann nicht widersprechen, denn er ist seit mehreren Jahren todt. Er stürzte im Thiergarten mit dem Pferde und verstarb daran.

Berliner Union, Eisengiesserei und Maschinenfabrik, vormals Webers. Gegründet August 1872 von Richard Schweder (Preussische Creditanstalt), Ludwig Goldberger(J. T. Goldberger), Leopold Lehrs, Geh. Hofrath Robert Dohme. Aufsichtsräthe: „Generaldirector" Fr. Waltz, Commerzienrath Gustav Jürst, Baumeister Hennicke. Directoren: die Vorbesitzer Emil Rathenau und Julius Valentin. Actiencapital 1 Million Thaler und 200,000 Thaler Hypotheken. 1874 wurde $1^0/_0$ Dividende vertheilt, 1875 die Auflösung und der Verkauf beschlossen. Letzter Cours ca. $^1/_2$.

Maschinenfabrik Cyklop. Gegründet März 1872 von Ditmar Leipziger, Paul Kuczynsky, Amand Bloch, Hermann Würtz, Gustav Friedländer, Siegmund Pincuss, Michael Simonsohn, Bernhard Eltze, Hüttendirector Hellmuth Förster, Ingenieur Ernst Behrens und Georg Mehlis, „Volkswirth" und Abgeordneter Dr. Georg Siemens, Fabrikbesitzer und Akademiker Dr. Werner Siemens. Actiencapital 300,000 Thaler. Die Fabrik wurde neu errichtet; und betrug die Dividende pro 1874 — $3^1/_2$, pro 1875 — 3%. An der Börse werden die Actien nicht notirt.

Berlin-Anhaltische Maschinenbaugesellschaft. Gegründet September 1872 von Banquier Friedrich Gelpcke, Julius Ebbinghaus, Wilhelm Nolte, Fabrikbesitzer Otto Oechelhäuser und F. W. Heckmann, Commerzienrath Gustav Stobwasser in Berlin, Fabrikbesitzer Julius Arndt und Geh. Commerzienrath „Volkswirth" Wilhelm Oechelhäuser in Dessau. Actiencapital 500,000 Thaler. Die Dividenden bewegen sich in absteigender

Linie: 1873 — 10%, 1874 — 6¾%, 1875 — 5%, 1876 — 2½%. An der Börse werden die Actien nicht notirt.

Germania, Eisenbahnwagen-Leihanstalt. Gegründet Februar 1873 von Heinrich Quistorp, Julius Meyer Lehmann, Albert Ludewig und Rentier Heymann Feldheim in Berlin, Caspar Diedrich Killing, C. Th. Middendorf und Rechtsanwalt Storp in Hagen, Carl Kesseler in Greifswald, Wilh. Köppern in Altenhagen, Consul Alfred Scharffenorth in Memel, Philipp Carl Schulte in Gevelsberg. Vorsitzender des Aufsichtsraths: G. L. Brückmann in Dortmund. Actiencapital 1 Million Thaler. Herr Quistorp war, wie er in seinem blühenden Stil sich ausdrückte, „in der angenehmen Lage", auf je 5 Actien seiner Vereinsbank, die damals 190 notirten, eine Actie der „Germania" à 107½ zu gewähren, was bei 40% Einzahlung einem Course von etwa 290 entsprach. Das erste Geschäftsjahr gab 5% Dividende, seitdem O. 1876 trat man in Liquidation, und die Vollactie notirt etwa 40.

Berliner Phönix, Werkzeugmaschinenfabrik und Eisengiesserei, vormals Ohm & Co. und Perls & Moser. Gegründet August 1872 von Joseph Pincuss, Theodor Libbert, Moritz Hirsch, Fabrikbesitzer Wilhelm Ohm sen., Rudolf Ohm und Adolf Perls, Ingenieur Robert Moser, Hofrath Moritz Alberts, Geh. Kanzleirath Dr. Georg Kurs in Berlin, Rentier Julius Dräger in Freienwalde. Actiencapital 475,000 Thaler und 250,000 Thaler Hypotheken. Die Vorbesitzer Rudolf Ohm und Adolf Perls behielten die Leitung; doch wurde letzterer später entlassen. Zu einer Dividende kam es nicht, vielmehr schloss jedes Geschäftsjahr mit Verlust. Cours ca. 8.

Werkzeugmaschinenfabrik, früher Louis Sentker. Bildete sich Novbr. 1871 mit einem Actiencapital von 450,000 Thlr. und 90,000 Thaler Hypotheken. Das Etablissement wurde vorgekauft von Hugo Fuchs und gegründet von R. A. Seelig. Hermann Gratweil, Hartwig Paetz, Hermann Kirchhoff und den Ingenieuren Fritz Kühnemann, August Hasse und Wilh.

Hennig. Der Vorbesitzer behielt die Direction. An Dividenden wurde 1875 — 10½%, 1876 aber nur 4% gezahlt. Cours noch ca. 30.

Werkzeugmaschinenfabrik Tietzsch. Gegründet August 1872 von dem Vorbesitzer Jacob Asch, von Leo Wollenberg, Freiherr Otto von Schleinitz, Ingenieur Scholl, Fabrikant Aug. Gaehrich, Director Carl Specht. Actiencapital 480,000 Thaler, durch Beer & Herzberg an die Börse gebracht; und 150,000 Thlr. Hypotheken. Die Dividende pro 1874 betrug 2%, pro 1875 — 0. Cours ca. 10.

Feilenfabrik Schaaf. Gegründet December 1871 von H. Quistorp, Georg Scheibler, Marcus Berliner, Albert Reinicke, „Generaldirector" Julius Müller, Baumeister W. Howe, Zimmermeister H. Richter. Revisor: Ferd. Krebs. Von dem Actiencapital mit 280,000 Thaler übernahm der Vorbesitzer Carl Schaaf sen. 150,000 Thaler und behielt die Leitung. Pro 1871/72 fabricirte Heinrich Quistorp eine künstliche Dividende von 14%, und trieb so den Cours der Actien bis 125. Die Dividende pro 1875 betrug 3⅓%, und die Actien notirten in der letzten Zeit — —· Ueber das Vermögen von Carl Schaaf, Vater und Sohn ward October 1876 der Concurs eröffnet.

Façon-Schmiede- und Schraubenfabrik, vormals Albert Ludewig. Gegründet März 1872 von Heinrich Quistorp, Hermann Hundertmark, Hermann Lehmann, C. H. Schäffer, Fabrikbesitzer Ludwig Wiganckow, Rentier Carl Riesel. Actiencapital 250,000 Thaler und ca. 80,000 Thaler Hypotheken. Der Vorbesitzer wurde Director. Auch hier wusste Quistorp für das erste Geschäftsjahr eine Dividende von 16% auszurechnen, und dadurch den Cours der Actien auf 165 zu treiben. Inzwischen ist dieser auf ca. 20 gesunken, denn die Dividende pro 1875 war 0.

Berliner Patent-Feilenfabrik, früher Herm. Moritz und Jacob Reinach, welche die Leitung behielten. Die Gesellschaft constituirte sich August 1872 und waren die Gründer:

Siegfried Geber, Benno Beer, G. B. Weiss, Julius Joseph, Stadtverordneter Ludwig Löwe und die Vorbesitzer. Actiencapital
300,000 Thaler und 128,000 Thaler Hypotheken. Das Etablissement liegt in der Gerichtstrasse, wo sich früher der Galgen
befand; und dies charakterisirt die Gründung, welche auch die
Staatsanwaltschaft beschäftigte. Nachdem man für das erste
Betriebsjahr von 4 Monaten (!) eine Dividende von 7% construirt hatte, ward Februar 1874 die Liquidation beschlossen,
und später der Concurs beantragt, welchen aber das Gericht
ablehnte, weil der nöthige Kostenvorschuss nicht vorhanden
war. Die Grundstücke der Gesellschaft kamen zur Subhastation
und erzielten zusammen ca. 42,000 Thaler, so dass nicht entfernt die Hypothekenschuld gedeckt wurde. Selbstverständlich
ist das Actiencapital völlig verloren.

Eine Specialität bilden die Nähmaschinenfabriken, welche seit 15 Jahren auch in Deutschland gedeihen. Die Nähmaschine fand Eingang bei der Industrie wie in der Familie; sie drang in die Paläste
wie in die Hütten; sie wird von den kleinen Beamten
auf monatliche Abzahlung gekauft, und von wohlthätigen Vereinen an Arme geschenkt. Die Nähmaschine
ward Mode, ein obligates Hausgeräth, wenn sie auch
in vielen Haushaltungen ziemlich unbenutzt steht,
oder, nach kurzer Zeit unbrauchbar geworden, in die
Rumpelkammer wandert. Obwol sie in Zeitungs-
und Journal-Artikeln ungemeine Reclame erfuhr,
lässt sie hinsichtlich ihrer Construction und prak-

tischen Brauchbarkeit noch viel zu wünschen übrig, und der Gesundheit ist sie etwa eben so zuträglich, wie das verrückte Velocipède. Aber kaum giebt es im Fabrikwesen eine einträglichere Branche. Wenngleich der ursprüngliche Preis der Nähmaschinen um drei Viertel gefallen, rentirt sich die Herstellung derselben noch immer fabelhaft, und die Fabrikanten erwerben binnen wenigen Jahren ein Vermögen. Daher vergassen die Gründer auch nicht die Nähmaschinenfabriken, und allein in Berlin errichteten sie vier solcher Actiengesellschaften:

Ludwig Löwe & Co., Commanditgesellschaft. Gegründet December 1869 von Ludwig Löwe, Gustav Schöpplenberg, Jacob Ball und Paul Gravenstein. Aufsichtsräthe: Stadrath Albert Löwe, Louis M. Bamberger, Louis Gradenwitz. Die Fabrik ward neu errichtet und erst 1871 vollendet. Der persönlich haftende Gesellschafter, Herr Ludwig Löwe, welcher Dank seiner Redegabe, die er in den Bezirksvereinen entwickelte, zum Stadtverordneten avancirte, fuhr über den Atlantischen Ocean, um die Nähmaschine in ihrer Heimat zu studiren, kehrte nach wenigen Wochen zurück und hielt nun lehrreiche Vorträge über die Zustände in den Vereinigten Staaten, die aber in Amerika selber ein wenig beifälliges Echo weckten. Zugleich erschien in der „Berliner Börsen-Zeitung" ein hochpoetischer Artikel „Ein Heinzelweibchen", und feierte als Königin der Nähmaschinen, hervorgegangen aus der Vermählung Amerikanischer und Deutscher Industrie, die Nähmaschine des Herrn Ludwig Löwe, die aber noch gar nicht geboren war, sondern erst verschiedene Monate nachher unter grossen Wehen zur Welt kam. Der geniale Dichter und Sonntags-Feuilletonist der

„Berliner Börsen-Zeitung", erntete angemessenen Lohn, mit dem er sich später bei der famosen Gründung „Admiralsgartenbad" betheiligte. Die Löwe'sche Fabrik, obwol sie noch lange nicht fertig war, verkündigte sich bereits als „die grösste Europa's, die besteingerichtete der Welt", und versprach 20,000 Maschinen alljährlich. Diese bescheidene Selbstkritik verwickelte sie in einen Zeitungskrieg mit ihren Concurrenten Frister & Rossmann und Pollack, Schmidt & Co., die beide sich eben hatten gründen lassen; und die drei holden Schwestern stritten nun, wer von ihnen das Publikum am ärgsten geleimt hätte.

„Heinzelweibchen" und Selbstkritik thaten ihre Schuldigkeit. Die Actien stiegen bis 125, und das ursprüngliche Actiencapital von 250,000 Thlr. konnte im Febr. 1872 um 150,000 Thlr. und im Mai 1872 nochmals um 250,000 Thaler vermehrt werden. Der Prospect hatte 25% Nettogewinn, „als ausserordentlich solide und gerechtfertigt" verheissen, und dafür Bezug genommen auf die mitbetheiligten J. G. Halske und Stadtrath Th. Sarre. Aber von 1870 bis 1873, vier Jahre hindurch, gab es keine Dividende. Erst als die „grösste Nähmaschinenfabrik Europa's", die „besteingerichtete der Welt", die Nähmaschinen, mit denen sie mancherlei Pech hatte, so ziemlich fallen liess, und sich anderen Zweigen, wie Waffen und Munition, Röhren und Kesseln, zuwandte, wurden Dividenden vertheilt, pro 1874 — 6% und pro 1875 sogar 10%. Aber das Actiencapital beträgt 650,000 Thaler, wozu noch 100,000 Thaler Hypotheken kommen; und der Cours von ca. 90 ist entschieden zu hoch.

Nähmaschinenfabrik, vormals F r i s t e r & R o s s m a n n. Vorgekauft von Hermann Geber, und gegründet Novbr. 1871 von Alfred Wolf (M. Schie Nachfolger) in Dresden, Leopold Friedländer, Aron Aumann, Emil Rathenau, Jul. Valentin und Rechnungsrath Rudolf Müller in Berlin. Die Vorbesitzer Rob. Frister und Gustav Rossmann behielten die Leitung der Fabrik, die sie seit wenigen Jahren besassen, die ihnen Alles in

Allem etwa 70,000 Thaler gekostet hatte, und die jetzt den Actionären zu dem kolossalen Preise von 865,000 Thaler aufgehalst wurde! Neben dem Actiencapital von 850,000 Thlrn. stehen noch 200,000 Thlr. Hypotheken!! Die Dividenden von 1872 bis 1875 betrugen 9, 2, 3 und resp. 3 Procent. Der Cours ist noch ca. 40.

Nähmaschinenfabrik, sonst Pollack, Schmidt & Co. in Hamburg. Gegründet Novbr. 1871 von Reinhold Alexander Seelig, Heinrich Philippson, Charles Jules François Fonrobert und Gottfried Stumpf in Berlin. Der Kaufpreis war, wie der Prospect sich ausdrückte, „ein sehr niedriger"; er betrug auch nur — 850,000 Thaler! Das Actiencapital von 875,000 Thaler wurde aufgelegt von Richard Schweder (Preuss. Boden-Credit-Actien-Bank) und F. W. Krause & Co. Auch sind noch 190,000 Thaler Hypotheken vorhanden!! Obwol die Fabrik sich in Hamburg befindet, nahm die Gesellschaft ihren Sitz in Berlin. Die Vorbesitzer Heinrich Pollack und Edwin Schmidt behielten die Leitung. Pro 1872, in welchem Jahre die Fabrik total niederbrannte, ward eine künstliche Dividende von $6^{1}/_{3}\%$ vertheilt, seitdem 0. Der Cours ist ungefähr auch 0.

Nähmaschinenfabrik, vormals Franz Boecke. Gegründet September 1871 von Louis Feig, Hermann Gratweil, Hermann Leubuscher, R. A. Seelig, Ed. Stahlschmidt (Hermann Geber) und Leopold Krautheim. Actiencapital 330,000 Thaler. Der Vorbesitzer behielt die Leitung. Die Gesellschaft hat liquidirt und der Cours ist — —?

Werfen wir einen Rückblick auf die bisher vorgeführten Gesellschaften, so fällt zunächt in die Augen, dass, abgesehen von Heinrich Quistorp, der auch mehrmals erscheint, die Vorkäufer und leitenden

Gründer fast immer Juden, oder doch jüdischer Abkunft sind. Solch professioneller Vorkäufer ist vor Allen **Hermann Geber** mit seinen Verbündeten und Gehülfen: Siegfried Geber, Reinhold Alexander Seelig, Hermann Leubuscher, Eduard Stahlschmidt, Julius Pickardt, Hermann Gratweil, Julius Müller etc. Geber und Consorten sind z. B. betheiligt bei den Fabriken von Wöhlert, Sentker, Patentfeilen, Frister & Rossmann, Pollack, Schmidt & Co., Franz Böcke. Eine Hauptrolle bei Eckert, Egells und Vulkan spielt Leopold Hadra, der Mitarbeiter der „Nationalzeitung" und der „Breslauer Zeitung". Ebenso treten in den Vordergrund: Richard Schweder, Paul Munk, Hermann Egells und das Triumvirat: H. C. Plaut, V. L. Wrede und Paul Gravenstein.

Auffällig ist ferner, wie die leitenden Gründer es lieben, sich mit Parlamentariern und „Volkswirthen" zu umgeben. Von diesen wurden bisher genannt: Eisenbahndirector Bail in Glogau, Regierungsrath a. D. von Unruh, Bank-Assessor Dr. Georg Siemens und Geheimrath Dr. Engel in Berlin, Rittergutsbesitzer Kiepert auf Marienfelde, Landrath von dem Knesebeck auf Jühnsdorf, Justizrath Dr. Carl Braun in Berlin. Selbstverständlich sollten diese Herren mit ihren Namen dem Publikum eine besondere Garantie bieten, aber in den überwiegend meisten Fällen sah sich das Publikum schmählich getäuscht.

Während die gegründeten Fabriken in Privathänden blühten, glänzende Erträge abwarfen, sind sie als Actienunternehmen schnell verkümmert. Die grosse Mehrzahl gewährt entweder gar keine Dividende mehr oder nur noch eine sehr ungenügende; viele Gesellschaften sind bereits aufgelöst oder sie gehen der Auflösung mit raschen Schritten entgegen. Und die Ursache dieser traurigen Erscheinung sind einfach die Sünden, welche bei der Gründung oder während der Verwaltung begangen. Schon das riesige Capital an Actien und Hypotheken schliesst in normalen Zeitläuften eine angemessene Verzinsung aus; und dazu kommt die theuere Geschäftsführung, die grobe Misswirthschaft, wie sie fast durchgängig zu Tage getreten ist.

Nicht nur grössere, auch ziemlich kleine Gesellschaften besoldeten mehre Directoren, die Gehälter und Tantièmen im Betrage von 3000 bis 12,000 Thalern bezogen, hielten eine Menge von überflüssigen oder doch entbehrlichen Bureaubeamten, Aufsehern und Bediensteten aller Art. In Gehältern und Löhnen, Einrichtungen und Materialien herrschte gedankenlose oder gar systematische Verschwendung. Es fehlte die einheitliche Organisation und Autorität, denn verschiedene mehr oder weniger gleichberechtigte Beamte standen sich gegenüber, und Jeder von ihnen ging seinen eigenen Weg. Es fehlte das Auge, weil das Interesse des Herrn; Durchstecherei und Unterschlagung, Veruntreuungen und Diebstähle bildeten die Regel; mangelhafte Beaufsichtigung, grobe Vernachlässigung liessen Vieles verderben, Vieles missrathen, führten zu fortlaufenden Verlusten und ausserordentlichen Unglücksfällen.

Um das übergrosse Anlagecapital nur zu verwenden, wurde vergrössert, gebaut, experimentirt, wurden weit mehr Arbeiter eingestellt, als nöthig waren, wurde beim Mangel an Aufträgen auf Vorrath gearbeitet. Nicht selten gingen dann die Geldmittel plötzlich aus, und man suchte um jeden Preis, mit ungeheurem Damno, neue zu beschaffen. Indem die gegründeten Fabriken sämmtlich ihr Arbeiterpersonal so erheblich vermehrten, mussten selbstverständlich die Löhne steigen, und sie stiegen theilweise ums Doppelte und Dreifache. Sogar die „Nationalzeitung“ sagt in ihrer Nummer 425 vom 14. September 1875:

„Die krankhafte Nachfrage nach Arbeitskräften hat nicht blos unmittelbar die Löhne gesteigert, sondern auch mittelbar, indem sie socialdemokratischen Agitatoren in die Hände arbeitete. Wenn der Arbeiter an sich selbst erfährt, dass das na-

türliche Verhältniss zwischen Leistung und Gegenleistung alte-
rirt ist, dann lässt er sich leicht einreden, dass jetzt die Reihe
an ihm sei, die Bedingungen, unter denen er noch ferner arbeiten
mag, selbst zu bestimmen; und fällt dann noch die Probe auf
diese Lehre, der Strike, zu seinen Gunsten aus, so kann man
füglich nicht erwarten, dass er zur rechten Zeit Halt machen
werde."

In der That waren die Lohnsteigerungen, die Strikes
und das Anwachsen der socialdemokratischen Bewegung die directe Folge der Gründungen. In einer
grossen Berliner Maschinenbauanstalt, die auch den
Staatsanwalt beschäftigte, hatten die Arbeiter früher
im Accord ungefähr 6 Thaler pro Woche verdient.
Nach der Gründung aber stiegen die Lohnsätze derart,
dass der Wochenverdienst sich auf 20 Thaler gestellt
haben würde. Weil er nun diese Höhe nicht erreichen,
nicht über 12 Thaler gehen sollte, waren die Leute
genöthigt, weniger zu arbeiten, statt 12 nur etwa
8 Stunden, halbe und ganze Tage zu feiern, oder aber
einen Theil der gefertigten Arbeit bis zur nächsten
Woche zurückzustellen. Nebenbei bemerkt, wurden
in derselben Fakrik die Schornsteine von Zeit zu
Zeit weiss angestrichen; zum grossen Gaudium des
Vorbesitzers, der sie alsbald sich immer wieder schwär-
zen sah, und die neue Anstreicherei mit Scherzen
und Witzen begleitete.

Die Lohnsteigerungen waren nun keineswegs übermässig und ungerechtfertigt, denn mindestens ebenso
rapide stiegen, wieder aus Ursachen des Gründungsschwindels, die Lebensmittel und Wohnungsmiethen,
so dass dem Arbeiter wenig übrig blieb. Leider erkannte er dies erst später, dünkte sich selber reicher,
wähnte, er könne leichter erwerben, steigerte seine
Bedürfnisse und liess nach an Fleiss und Sparsamkeit. Lohnsteigerungen bewirken sofort grosse und
verhältnissmässig fast noch grössere Preissteigerungen,
wie solches Georg Hirth in München nachgewiesen
hat in einem Aufsatze: „Die Vertheilung der Güter
und das souveräne Gesetz der Preisbildung". Er sagt
unter Anderm:

„Je mehr Geld für unnütze und überflüssige Dinge ausgegeben wird, desto mehr muss der Preis für nützliche und nothwendige Bedürfnisse steigen." — — „Bei unbeschränkter Ver-
kehrsfreiheit wird dem Arbeitenden die Lebenserhaltung um
so schwieriger, je ungleichmässiger die Vertheilung des Ge-
sammteinkommens vor sich geht."

Umgekehrt fallen, wie man heute sieht, mit den
Löhnen nicht gleich, nicht entfernt in demselben
Masse, die anderen Preise. Die Reduction der Löhne,
welche die Presse neuerdings predigt, und welche auch
der Finanzminister Herr Camphausen so warm empfahl,
um der kranken Industrie wieder auf die Beine zu

helfen, ist längst eingetreten. Sie begann schon mit
dem Krach, und schreitet seitdem unausgesetzt fort.
Die Lebensmittel dagegen behaupten noch immer
ihre Höhe, was der wucherische Zwischenhandel und
die „freie Concurrenz", das bedeutet hier, das enge
Zusammenhalten der Kleinhändler, Krämer, Fleischer
und Bäcker, bewirken.

Der Arbeiter lässt sich heute die stärkste Lohnherabsetzung gefallen, die auch bereits in allen Werkstätten, selbst in denen des Staats, eingetreten ist —
wenn er nur noch Arbeit findet. Aber es fehlt eben
an Arbeit. Die grossen Fabriken von Krupp, Borsig,
Wöhlert, Egells, Hartmann, Lüders etc. haben $^1/_3$ bis
$^3/_4$ ihrer Arbeiter entlassen, haben theilweise die Arbeitszeit um die Hälfte gekürzt, und von den kleinen
Werken liegen viele völlig still. Es mangelt fast
gänzlich an Bestellungen, jede grössere Bestellung
wird als Glücksfall betrachtet, und bei den öffentlichen Submissionen ist eine Offerte immer niedriger
als die andere, so niedrig, wie man es noch vor zwei
Jahren kaum für möglich gehalten*). Die Fabriken

*) Als im Sommer 1876 die Berlin-Anhaltische Eisenbahn
drei Stück gekuppelte Güterzug-Maschinen ausschrieb, erbot
sich Borsig, die Maschine, welche noch 1873/74 mit 22,000
Thaler bezahlt ward, für 12,500 Thaler zu liefern, und Hartmann in Chemnitz forderte noch 1000 Thaler weniger. Trotz-

bieten sich förmlich zu Spott und Schanden. Während man 1871 bis 1873 beständig über Mangel an Locomotiven, Waggons und Brücken klagte, sind heute „Entbehrliche Eisenbahnwagen" in den Zeitungen eine stehende Notiz. Was man vor ein paar Jahren so dringend begehrte, so theuer bezahlte, ist gegenwärtig kaum los zu werden.

Das sind die Folgen der Ueberproduction. Die Ueberproduction aber, welche das Darniederliegen der Industrie, die grosse Arbeitslosigkeit, den allgemeinen Nothstand verschuldet, ist hauptsächlich das Werk der Gründungswuth, der zahllosen neuen Actiengesellschaften. „Umfassende und rapide Verschiebungen in der Einkommensvertheilung sind der Werthbildung und -Erhaltung nachtheilig", sagt Georg Hirth, „weil sie die Kaufkräfte unstät auf diese und jene Production lenken, und daher einerseits Ueberproduction,

dem erhielt Borsig den Zuschlag, um der in Berlin herrschenden Arbeitsnoth ein wenig zu steuern.

Die Maschinenbauanstalt Egestorff, früher Strousberg in Hannover, sagt in ihrem Geschäftsbericht vom 31. October 1875: „Hand in Hand mit der Verminderung der Nachfragen für Locomotiven, und namentlich in Folge des auf den Preussischen Staatsbahnen wie auf vielen Privatbahnen üblichen Submissionsverfahrens, haben sich auch die Preise immer mehr verschlechtert, und sind gegenwärtig durch die Concurrenz bis unter die Herstellungskosten herabgedrückt."

andererseits Werthzusammensturz veranlassen". — Die Berliner „Neue Börsenzeitung" ruft aus: „Nie gab es etwas Widersinnigeres, wie jetzt auch die Wissenschaft anerkennt, als die Form der Actiengesellschaft auf Geschäfte übertragen, die nur durch die Initiative einer einzigen Persönlichkeit zur Blüthe gebracht werden können, wie Fabriken und Handelsgesellschaften." — Und selbst die jüdische „Schlesische Presse" in Breslau sieht sich. hinterher zu dem Geständniss veranlasst: Im Gegensatz zu den auf Actien gegründeten Etablissements „hat sich der im Privatbesitz befindliche Eisenhüttenbetrieb Ansehen und Credit zu wahren gewusst". — —

Allein an den bisher aufgeführten Gesellschaften hat das Publikum einen Coursverlust von ca. 20 Millionen Thaler erlitten; und darum meint auch Herr Julius Schweitzer, der Börsenredacteur der „Nationalzeitung": Solche Coursverluste liefern den Beweis, „dass die Capitalassociation nicht allein nicht überall Wunder wirkt, vielmehr in vielen Fällen gar nicht anwendbar ist".

Schade nur, dass diese Weisheit den Börsenzeitungen so spät gekommen ist, und sich mit ihrem Thun und Treiben während der Schwindelperiode so gar nicht vereinen lässt!

Inmitten der Hochfluth von Gründungen, die in
Berlin eine Maschinenfabrik nach der andern ver-
schlang, bereitete sich hier — gewiss eine wundersame Erscheinung — bereits eine Entgründung
vor; und zwar die Entgründung eines alten, renommirten blühenden Etablissements, der **Actiengesellschaft für Fabrikation von Eisenbahnbedarf,**
früher **Pflug**'sche Waggonfabrik; an deren Spitze der
Abgeordnete und „Volkswirth", Regierungsbaurath
a. D. von Unruh stand, und neben ihm als Verwaltungsrath: Commerzienräthe L. F. Schemionek und
Hermann Egells, Geh. Commerzienrath Robert Warschauer, Justizrath John Simson, Generalconsul Ascher
Salinger, Regierungsbaurath a. D. Carl Hoffmann.

Die Pflug'sche Fabrik wurde mit einem Actiencapital von $1^1/_2$ Million Thaler gegründet 1856, welches
Jahr bekanntlich gleichfalls eine Schwindelperiode
bezeichnet, und die Nachwehen der Gründung
äusserten sich in sehr kargen Dividenden, die erst
1861 leidlich wurden und 1869 und 1870, wo sie je
14% betrugen, den Gipfel erreichten. 1871 gab es
$10^1/_2$, 1872 wieder $11^1/_2$% Dividende. Da begann
sich die Speculationslust zu regen. Man speculirte,
dass man noch besser fahren könne, wenn man die
Fabrik einfach niederreisse und den Grund und

Boden als Bauterrain parcellire. Hier zeigt sich der grobmaterielle und gewissermaassen unmoralische Charakter einer Actiengesellschaft. Die Fabrik hatte Ruf und Ansehen erworben, aber das war der Gesellschaft gleichgültig, und noch gleichgültiger war ihr das Schicksal der 2000 Arbeiter, die sie beschäftigte; sie plante ihre Auflösung, ihre Selbstentleibung, weil ihr das eben profitabler erschien.

Den Vorwand bot der Strike der Arbeiter. Dieselben forderten August 1872 eine Lohnerhöhung von 20%, und ihre Forderung war, Angesichts der reissend steigenden Miethen und Lebensmittel, gewiss nicht unbillig. Aber Herr von Unruh erklärte, wie einst Papst Clemens VII.: Non possumus! Er liess sich herbei, den Arbeitern vorzurechnen, dass die 20% Lohnerhöhung den Actionären die Dividende, dem Verwaltungsrath die Tantième (welche für das laufende Jahr nur 9200 Thaler betrug) kürzen würde; und das war in seinen Augen ärger als Tempelraub. Die Arbeiter aber fanden das Rechenexempel falsch und legten die Arbeit nieder.

Herr H. B. Oppenheim, „Volkswirth“ und Abgeordneter, hat diesen Vorgang in der von Herrn Paul Lindau herausgegebenen „Gegenwart“ beleuchtet, und selbstverständlich stellt er sich auf die Seite des

Herrn von Unruh, wobei ihm das Geständniss entschlüpft: „Es war ungeschickt, mit dieser Fabrik zu beginnen, welche bei ihrem grossen Grundbesitz durch Auflösung des Geschäfts mehr gewinnen kann, als durch dessen Fortführung. Er hält mit Herrn von Unruh die Strikes für eine „Kinderkrankheit", und misst ihnen weiter keine Bedeutung bei. Er ist „gewöhnt gewesen, die Berliner Maschinenbauer als wohlgestellte und intelligente Leute zu betrachten", und es thut ihm leid, sich geirrt zu haben. Er glaubt nicht an Arbeiternoth, und falls sie etwa doch existiren sollte, so hofft er auf gewisse Unternehmungen zur Abhülfe der Wohnungsnoth (Bauvereine?) und auf Abschaffung der Mahl- und Schlachtsteuer. — —

Der gerade blühende Baustellenwucher reizte die Gesellschaft für Eisenbahnbedarf zur Auflösung, und der Cours der Actien ging über 200. Noch im Frühjahr 1873 bot ein Consortium von Entgründern pro Actie 180 Procent, und Herr von Unruh rieth dringend zur Annahme, aber die Majorität der Actionäre widersprach. Zur Strafe dafür fiel die Dividende, die man gleich 18% geschätzt hatte, plötzlich auf $6\frac{3}{4}\%$; und April 1874 stand die Liquidation wieder auf der Tagesordnung. Der Versuch scheiterte nochmals und gelang erst 1875. Die Fabrik ist abgebrochen, und auf dem Terrain der entgründeten Gesellschaft werden zwei neue Strassen angelegt. Aber inzwischen ist auch der Werth der Grundstücke erheblich gesunken, und darum notiren die Actien nur noch ca. 130*).

Merkwürdig bleibt es, dass während seit 1871 alle Preise, besonders die für Eisenbahnbedarf, stark in die Höhe gingen, Herr von Unruh stets behauptete, nur die Löhne und Materialien seien gestiegen, die Preise für Waggons dagegen wären entsprechend nicht zu erhöhen. Merkwürdig bleibt es, dass die Dividenden der Schwartzkopff'schen Fabrik in demselben Verhältniss wuchsen, wie sie bei der Pflug'schen Fabrik abnahmen; obwol Herr von Unruh in beiden Gesellschaften als Vorsitzender des Aufsichtsrath waltete. Nachdem die Liquidation beschlossen war, arbeitete die Pflug'sche Fabrik sogar nur noch

———

*) Nach einem, Oktober 1876 erstatteten Bericht, gelingt es nur langsam die ausgeschlachteten Baustellen zu verkaufen, und bei den Verkäufen mussten zwei Drittel des Kaufpreises auf fünf Jahre gestundet werden. So lange mindestens wird sich also auch die Liquidation hinziehen, haben die Actionäre auf ihre vollständige Befriedigung zu warten. Eine Entgründung geht nicht so rasch von Statten wie die Gründung, und darum ist sie gewöhnlich auch noch weit kostspieliger!

mit Schaden, indem sie, wie der letzte Geschäftsbericht äussert, alte wie neue Bestellungen zu billig
ausführte; und die Bilanz 1875/76 schloss mit einem
Verlust von ca. 27,000 Thalern.

„Generaldirector" der Gesellschaft war Friedrich
Waltz, ein grosser Gründer vor dem Herrn. Während
man die Entgründung der von ihm geleiteten Fabrik
betrieb, gründete er lustig andere, die aber nachge-
rade auch schon auf dem Aussterbeetat stehen; und
September 1876 trat Herr Waltz als drittes Mitglied
in den Vorstand der vielberufenen Wöhlert'schen
Maschinenbauanstalt, nachdem man bei derselben das
Actiencapitel von $3^{1}/_{4}$ Millionen Thaler um die Hälfte
gemeuchelt hatte. Seitdem fungiren hier zwei „Generaldirectoren": Friedrich Waltz und Julius Müller,
und sie sind einander durchaus ebenbürtig, denn auch
Herr Müller hat sich durch zahlreiche Gründungen
einen Namen und, wie man sagt, ein Vermögen gemacht. Bemerkt zu werden verdient, dass das Gründen ansteckend ist, und sich fortsetzt bis in's siebente
Glied. Pflug und Wöhlert, die gegründeten Fabrikbesitzer, gründen wieder selber, und ebenso gründen
die Directoren und die Aufsichtsräthe der neuen
Gesellschaften.

Als eine Art von Curiosum seien noch erwähnt zwei Gründungen von **Baruch Hirsch Strausberg,** genannt Dr. Bethel Henry Strousberg*). Als die

---

*) In dem September 1876 erschienenen Buche „Dr. Strousberg und sein Wirken, von ihm selbst geschildert" äussert der Verfasser: „In den erwähnten Biographien hat man, weil man damit etwas Beleidigendes zu sagen glaubte, mich Baruch Hirsch genannt, und als den Sohn eines kleinen jüdischen Handelsmannes in Preussisch Polen bezeichnet". Strausberg behauptet dann, er sei der Sohn eines jüdischen Edelmannes von altem Adel, und seine ursprünglichen Vornamen seien Bartel Heinrich gewesen. — Dies ist eine der zahllosen Unwahrheiten, von denen jede Seite des Buches starrt. Journal-Artikel sind über Strausberg unzählige veröffentlicht, und zwar stets im lobpreisenden reclamenhaften Sinne, weil stets von ihm „glissirt". Eine Art von Biographie dagegen ist nur einmal erschienen, und sie war unzweifelhaft auf Bestellung angefertigt, ebenso wie die Biographien, welche ein jüdischer Dramatiker der Gegenwart fast alljährlich über sich erscheinen lässt. Jene „Biografische Karakteristik", wie sie sich nannte, kam kurz vor dem Kriege von 1870 zur Welt. Sie ist mit dem Portrait des Wunderdoctors ausgestattet, und mit drei Motti, einem Englischen, einem Französischen und einem Deutschen versehen. Das Deutsche Motto ist dem Roman „Das Landhaus am Rhein" von Berthold Auerbach entnommen und lautet: „Viel Geld erwerben ist eine Art von Tapferkeit, Geld bewahren erfordert eine gewisse Weisheit, und Geld schön ausgeben ist eine Kunst". Der Verfasser der Brochüre nennt sich mit einem Pseudonym Ernst Korfi; obgleich ein heruntergekommener Literat, schämte er sich doch mit seinem wahren Namen hervorzutreten. Diese Brochüre nun ist, wie ein Vergleich mit jenem Buche „Dr. Strousberg und sein Wirken" zeigt, unter

Schwindelära begann, hatte der Wunderdoctor seine
Rolle bereits ausgespielt. Nicht, wie er behauptet,
Lasker's Declamationen haben ihn gestürzt; nicht erst,
wie er ein ander Mal sagt, der Französische Krieg
hat ihn ruinirt: — schon die berüchtigten $7^1/_2$ procentigen Rumänischen Eisenbahn-Obligationen, vermittelst deren er das Deutsche Publikum um ca.
60 Millionen Thaler ausplünderte, gaben ihm den
Todesstoss. Seine Unternehmungen waren zu wag-
halsig, zu abenteuerlich, seine Manipulationen so bösartig, seine ganze Art und Weise so plump und unbescheiden, dass das „System Strousberg“ mit Nothwendigkeit in sich zusammenbrechen musste. Völlig
discreditirt und ziemlich rathlos, wollte er die Gründerperiode doch auch benutzen, machte er einen Versuch, um sich neue Geldmittel zu beschaffen.

der Oberaufsicht, und wahrscheinlich theilweise sogar nach dem
Dictat des Helden entstanden. Das beweist die genaue Ueber-
einstimmung in den Daten und die ganze Art der Darstellung.
Es sind, nicht selten wörtlich, dieselben Wendungen, dieselben
forcirten Bilder und Gleichnisse, es ist derselbe kauderwelsche
Stil des Halbgebildeten, dasselbe Schwelgen in Citaten, wie es sich
bei allen jüdischen Schriftstellern findet, die weniger Eigenes
hervorbringen, als mit den Gedanken und Aussprüchen Anderer
handeln. Der Leib-Biograph Ernst Korfi aber sagt von seinem
Helden ausdrücklich: „Dieser gesunde Junge wurde hebräisch
Baruch Hirsch genannt“; aber bald hiess er in der Familie „der
kleine Napoleon“. — —

November 1870 gründete er mit einer Reihe von
Verbündeten, darunter Herzog Victor von Ratibor,
Commerzienrath Louis Wrede, Geh. Commerzienrath
Gustav Dietrich, Ferdinand Jaques, Friedrich Adolf
Pflug und Baumeister August Orth in Berlin, Fabrikbesitzer Carl Kesseler (C. Kesseler & Sohn) in Greifswald und Caspar Dietrich Killing in Hagen, Rittergutsbesitzer Ernst Lauterbach in Wilxen, die **Allgemeine Eisenbahnbaugesellschaft**, welcher er
einen Theil seiner Besitzungen, dazu gewisse Eisen-
bahnunternehmungen übertrug. An Actiencapital
wurden 17 Millionen Thaler (!) ausgeworfen, und davon zeichnete Strausberg allein über 16 Millionen!!
Diese Actien versuchte er bei der Preussischen Seehandlung, welche auch sonst schon mit ihm Geschäfte
gemacht hatte — während die Preussische Bank sich
bekanntlich nie mit ihm einliess — zu beleihen.
Aber diesmal wies ihn die Seehandlung ab, und auch
der Finanzminister Camphausen, an den er recurrirte,
und dem er, wie er in seinen Memoiren sagt, aus
früheren Anlässen Dankbarkeit schuldet, war nicht
zu erweichen. So behielt Strausberg die Actien und
liess die Gründung liquidiren.

Von dieser todtgebornen „Allgemeinen Eisenbahnbaugesellschaft", also selbstverständlich von Straus-

berg, kaufte Februar 1871 ein bisher noch ziemlich
unbekannter jüdischer Mann, Namens Paul Munk,
die Häuser Unter der Linden 17 und 18 für angeblich 600,000 Thaler, und überwies sie ein Jahr später
dem „Actienbauverein Unter den Linden", welchen er
in Gemeinschaft mit Emil Heymann, Georg Beer,
Gustav Markwald, Edmund Helfft, Commerzienrath
Wilh. Herz, Consul Friedrich Schillow und Seiner
Excellenz, dem Staatsminister a. D., Mitglied des
Preuss. Abgeordnetenhauses und des Deutschen Reichstags, Georg von Bonin gründete, für 1,750,000 Thaler,
das heisst, mit einem Aufschlage von 1,150,000 Thalern.
„Lindenbauverein", als blutige Gründung sprichwört-
lich geworden, notirt heute etwa 15; aber Paul Munk,
wie Hermann Geber, ein professioneller Vorkäufer
und ein Held der Gründerära, ist ein mehrfacher Millionär geworden, und der Staatsanwalt hat mit ihm
vergeblich gerungen.

Strausberg, einst von der Berliner „Tribüne" besungen als der „Mann, der Alles kauft", wurde jetzt
der „Mann, der Alles verkauft". Er verkaufte die
Dortmunder Werke, die Neustädter Hütte, die Hannoversche Maschinenfabrik, den Berliner Viehmarkt etc.,
aus denen lauter mehr oder weniger faule Gründungen
entstanden, welche wir später besprechen werden.

Nachdem er dies Alles losgeschlagen hatte und bereits
ein ziemlich stiller Mann geworden war, fiel Herr
Lasker über ihn her und präparirte ihn anatomisch,
zur Belehrung der parlamentarischen Gründer. Strausberg gedachte das undankbare Deutschland zu be-
strafen und wandte sich nach London, fand jedoch
hier für seine Künste gar keinen Boden und kehrte
nothgedrungen zurück. Wieder warf er sich auf
die „General-Entreprise", auf die Art des Eisenbahn-
baues, wo der Unternehmer statt des baaren Geldes
zu diesem Zwecke fabricirte Actien erhält, und mit
diesen Actien auch seine Leute bezahlt. Er baute
in Sachsen die Strecke Mehltheuer-Weida, er baute
in Ungarn die Waagthalbahn, und er wollte in Frankreich von Paris nach Narbonne bauen. Weil ihm der
Credit in Deutschland gänzlich ausgegangen war, suchte
er solchen in Russland, und er fand ihn bei der „Commerz-Leihbank" in Moskau, die er mit Hülfe ihres
jüdischen Directors, Gustav Landau, um nicht weniger
denn 7 Millionen Rubel beschwindelte.

Um dieses Stückchen in Scene zu setzen, construirte Strausberg eine Gründung, ebenso monströs
und ebenso hohl wie die vorige. August 1875 errichtete er mit Landau in Moskau, Hermann von
Goldschmidt in Wien und Ferdinand Jaques in Berlin

die Actiengesellschaft für Deutsche und Böhmische Eisen- und Stahlfabrikate, und zeichnete wieder das ganze Actiencapital von 8½ Millionen Thaler bis auf 6000 Thaler, welche seine Genossen übernahmen. Die „Vossische Zeitung" erklärte, die Sache nicht ernsthaft nehmen zu können, die „Nationalzeitung" dagegen beeilte sich zu melden: „Neue Gründung. Sämmtliche industrielle Besitzungen des Herrn Dr. Strousberg nebst der Herrschaft Zbirow sind, wie wir erfahren, seit einigen Tagen in den Besitz einer Actiengesellschaft übergegangen. Die Constitutirung der Gesellschaft ist bereits erfolgt und ist wesentlich unter Mitwirkung russischer Capitalisten, vor Allem der Moskau'schen Commerz- und Leihbank, zu Stande gekommen. Das Grundcapital der Gesellschaft ist auf 30 Millionen Thaler (??) festgesetzt, halb aus Stammactien, halb aus Stamm-Prioritätsactien bestehend. Es gehen dafür sämmtliche Hochöfen, Stahlwerke, Kohlenwerke, welche sich auf der Herrschaft Zbirow befinden, diese Herrschaft selber, die Waggonfabrik zu Bubna, die Neustädter Hütte und verschiedene andere Objecte in den Besitz der Actiengesellschaft über. Herr Dr. Strousberg übernimmt die Verpflichtung, die in Zbirow noch erforderlichen Bauten auf seine Kosten fertig zu stellen. Der Letztere wird auch für eine bestimmte Zeit für die sämmtlichen Werke Generalpächter, während Herr Ferdinand Jaques als Vorsitzender an die Spitze des Verwaltungsrathes tritt und Herr Bernhard Maywald Director wird".

Hiernach war Strausberg sein eigener „Generalpächter" und „Aufsichtsrath", und thatsächlich war er der einzige Actionär der Gesellschaft. Die neufabricirten Actien, die kaum einen Werth hatten, da

sämmtliche Besitzungen mit Hypotheken überlastet
waren, ferner ebenso werthlose Actien der noch in
der Luft schwebenden Eisenbahn von Paris nach
Narbonne, sowie ein contractliches Versprechen,
2000 Waggons liefern zu wollen, gab Strausberg der
Moskauer Commerz-Leihbank als Unterpfand, und
der von ihm bestochene Director Landau schoss ihm
darauf nach und nach die ungeheure Summe von
7 Millionen Rubel vor.

October 1875 wurde Strausberg, der nach Moskau
gekommen, um mehr Geld zu holen, nebst Landau
verhaftet, und die inzwischen bankerotte Commerz-
Leihbank geschlossen. Der gleichzeitig in Prag und
in Berlin eröffnete Concurs über Strausberg's Vermögen deckte einen Abgrund von Schulden und ein
Chaos von lüderlicher Unordnung auf; und dieser
grauenhafte Zusammenbruch führte auch den Fall
von Ferd. Jaques herbei, der dem „Eisenbahnkönig"
und „Culturheros" lange Jahre hindurch ein hülfs-
bereiter Freund gewesen war.

Im Gefängnisse zu Moskau schrieb Strausberg
ein umfangreiches Buch „Dr. Strousberg und sein
Wirken", für welches, bevor es noch erschienen war,
die Presse, namentlich die jüdische, eine grenzenlose
Reclame machte. Noch vor Erscheinen brachte die

Wiener „Neue freie Presse", der „Börsen-Courier"
des Herrn Georg Davidsohn in Berlin, die „Posener
Zeitung" u. a. m. lange Auszüge. Das Buch verräth
ebenso grosse Unbildung wie Geschmacklosigkeit und
Prahlsucht; es zeigt, dass Strausberg nicht entfernt
das gewesen ist, was man einen genialen Kopf nennt,
als welchen die feile Presse ihn stets gefeiert hat;
dass er nur ein dreister Abenteurer war. Trotzdem
könnte das Buch interessant sein, hätte der Verfasser
erzählt, was er wirklich weiss; weil er aber mehr
verschweigt als berichtet, ist es fade und langweilig.
Voll listiger Berechnung und tiefer Verschlagenheit,
schont Strausberg seine ehemaligen Genossen und
Verbündeten, schont und entschuldigt er alle mächtigen einflussreichen Gründer und Gründergenossen,
schmeichelt er selbst seinen Gegnern, soweit dieselben
von der öffentlichen Meinung noch getragen werden.
Zum Dank dafür rechnet er, sobald er ins Leben
zurückkehrt und sein „System" wieder aufnehmen
kann, gleichfalls auf Schonung, ja auf thatsächliche
Unterstützung; und sein Exempel ist wol kaum unrichtig. Viele Leute haben noch Ursache ihn zu
fürchten, und er droht ihnen verschiedentlich mit
späteren Auseinandersetzungen. Sein Buch ist ebenso
unwahr, wie sein Leben, er schlägt sich selber fast

auf jeder Seite; und diese tiefe Unwahrhaftigkeit, gemischt mit plumper Heuchelei, müssen jeden Unbefangenen anwidern. Dessen ungeachtet schämte sich die Presse nicht, dieses Buch wie eine Erscheinung ersten Ranges zu behandeln. Während der Verfasser vor Gericht stand, angeklagt der Bestechung und des gemeinen Betruges, brachten die Blätter, gross und klein, jüdisch und christlich, über sein Machwerk lange Artikel, die alle mehr Bewunderung als Verachtung bezeigen.

Im Gerichtssaale zu Moskau entfaltete Strausberg wieder seine ganze Dreistigkeit, überhäuften sich die beiden Complicen, Strausberg und Landau, mit den gröbsten Vorwürfen und schwersten Beschuldigungen. Die Geschworenen brachen über Beide den Stab, und der Staatsanwalt beantragte, Beide zur Ansiedlung in Sibirien zu verurtheilen. Der Gerichtshof erkannte auch so gegen Landau; Strausberg jedoch wurde ganz unbegreiflicher Weise nur ins Ausland verwiesen. So hat das Deutsche Reich seinen „Culturheros" wieder, und die Presse, die ihn während der einjährigen Untersuchungshaft wie einen Märtyrer betrauerte, begrüsste seine Rückkehr mit Dank und Freude.

Die Blüthe der Industrie.

Maschinenbau- und Eisenbahnbedarfs-Gründungen in den Provinzen — Vulkan in Königsberg i. Pr., Steckel & Wagenknecht in Danzig, Möller & Holberg in Stettin, Kesseler in Greifswald, Spalding in Stralsund, Abendroth und Hansa in Rostock, Brockelmann in Güstrow, Lauenstein in Hamburg, Weser in Bremen — Hannover: Egestorff, Salzgitter, Bernstorff & Eichwede, Peiner Walzwerk, Osnabrücker Stahlwerk — Westfalen und Rheinland: Killing & Co., Westfälischer Eisenbahnbedarf, Deutschland, Annener Gussstahl, Dortmunder Brückenbau, Daelen, Schreiber & Co., Union, Kamp & Co., Westphalia, Hagener Gussstahl, Grünthaler Eisenwerke, Wittener Waffen, Harkort's Brückenbau, Stahlwerke zu Meiderich, Walzwerk zu Mühlheim, Düsseldorfer Röhren, Hohenzollern, Humboldt, Maschinenbau in Kalk, J. Kyll — Geber-Stahlschmidt-Seelig — Rheinische Gründer — Louis Berger — Herrn Camphausens Recept — Minerva und Oberschlesischer Eisenbahnbedarf, Oberschlesisches Eisenwalzwerk, Wagenbau Linke, Eisengiesserei Schmidt, Waggonfabrik Hofmann, Körner in Görlitz, Conrad Schiedt, Niederlausitzer Maschinenbau — Halle'sche und Zeitzer Maschinenfabrik, Eismaschinen und Harzer Eisenbahnbedarf in Nordhausen, Bartels in Halberstadt, Klusemann in Magdeburg, Prange in Buckau — Braunschweig: Maschinenbau Seele, Eismaschinen, Nähmaschinen, Deicke, Walzwerk, Carlshütte, Harzer Werke — Corruption in Braunschweig — Eisengiesserei Hertel und Herzoglich Anhaltische Maschinenfabrik — Sachsen: Gussstahl in Döhlen, Saxonia und Schlick in Dresden, Kiesler, Brod & Stiehler, Voigtländische Eisenbahnwagen, Gottschald & Nötzli, Petzold in Bautzen, Goetjes, Bergmann & Co., Jacobi, Behrisch und Fales in Meissen, Rentzsch & Oschatz, Anton Zschille, Kratzenfabrik in Mittweida, Eisenindustrie in Pirna — Chemnitz: Schönherr, Schellenberg, Concordia, Wiede, Germania, Stickmaschinen, Rockstroh, Affolter, Zimmermann, Sondermann & Stier, Vulkan, Saxonia, Phönix, Union, Messingwerk Lugau — Süddeutschland: Reifert in Frankfurt a. M., Eisenbahnbedarf in Stuttgart, Kirchheimer Maschinenfabrik — Lotbringer Eisenwerke — Die Nothlage der Eisen- und Stahlindustrie — Freihandel und Schutzzoll — Eisenzölle — Die Börsenblätter als Moralprediger — Falsche Hoffnung.

Die Gründungsepidemie verbreitete sich von Berlin über ganz Deutschland, über das geeinte grosse Vaterland, und verschonte auch das eben wiedergewonnene Elsass-Lothringen nicht. Sie wüthete stark in Nord- und Mitteldeutschland, wogegen sie in Süddeutschland verhältnissmässig nur schwach auftrat. Wie Fürst Bismarck einst bemerkte, stehen die Süddeutschen hinter uns Norddeutschen an Liberalismus noch weit zurück. Berliner Gründer waren auch vielfach in den Provinzen, von Memel bis Metz thätig; indess haben Orte, wie Königsberg i. Pr., Danzig, Stettin, Hamburg, Bremen, Hannover, Dortmund, Essen, Elberfeld, Köln, Frankfurt a. M., Braunschweig, Magdeburg, Posen, Breslau, Leipzig, Dresden, Chemnitz etc. auch eigene Gründer und Gründer-Cliquen erzeugt, die es mit den Berliner Collegen in jeder Hinsicht aufnahmen, und diese zum Theil bei sich gar nicht aufkommen liessen. Dasselbe Schauspiel, denselben Prozess, wie die Metropole, bieten auch die Provinzen; sie gründen nach demselben Recept und sie haben ebenso blutige und schaurige Gründungen aufzuweisen. Ihre Thaten schreien gleichfalls zum Himmel, und die meisten ihrer Schöpfungen liegen auch schon in Ruinen oder sie drohen doch mit Einsturz.

Beginnen wir unsere Wanderung längs der Meeresküste, durch Ost- und Westpreussen, Pommern, Mecklenburg und die Hansetädte, so sind von den hier gegründeten Maschinen-, Eisenbahnbedarfs- und ähnlichen Fabriken, die nachstehenden am bekanntesten geworden:

Vulkan in Königsberg i. Pr., früher Gebrüder Meyer. Gegründet Mai 1871 von Carl Jacob, Adolf Samter, Geh. Commerzienrath Moritz Simon (J. Simon Wittwe & Söhne) in Königsberg i. Pr.; Platho & Wolff, Samelson & Sackur in Berlin. Direction: G. Simony und Jul. Marcuse. Das ursprüngliche Actiencapital von 300,000 Thaler wurde September 1872, „um dem schneller als zu erwarten war, gewachsenen Betriebe gerecht zu werden", auf 600,000 Thaler gebracht (wozu noch ca. 55,000 Thaler Hypotheken!), und die jungen Actien bei 50% Einzahlung à 107, also zum Course von 114 ausgegeben. 15% Dividende waren in Aussicht gestellt; für das erste Geschäftsjahr von sechs Monaten entfielen, um junge Actien fabriciren zu können, 10%; 1872 noch 8⅔%; später 0. Cours? Der Staatsanwalt ist angerufen.

Maschinenbaugesellschaft, früher Steckel & Wagenknecht in Danzig. Actiencapital 300,000 Thaler. Vorstand: A. Wagenknecht und G. Baum. Aufsichtsrath: R. Damme. 1874 schritt der Staatsanwalt ein. Februar 1876 kam das Etablissement zur Licitation, ohne dass ein einziges Gebot abgegeben wurde. „Trauriges Zeichen der Zeit!" bemerkte sehr richtig die Presse.

Maschinenbauanstalt und Schiffsbauwerft, vormals Emil Möller und Friedrich Holberg in Grabow bei Stettin. Gegründet November 1871 von R. A. Seelig, Max Geim und Louis Löwenherz (Berliner Wechslerbank), Gustav Kerting, H. Leubuscher, Fritz Bast, Stadtrath Pohle, sämmtlich in Berlin. Die Vorbesitzer behielten die Leitung. Aufsichtsräthe: Ernst Brunckow, Consul Is. Meyer, Hermann Weinreich, Commerzienrath Johannes Quistorp, Rudolf Abel, Wilh. Walther in Stettin, Rechtsanwalt Hecker in Berlin. An Dividenden wurden ca. 16% versprochen, und 1872 bis 1875 gezahlt: 6³/₄, 5, 5 und resp. 2¹/₄ Procent. Actiencapital 750,000 Thaler und 107,000 Thaler Hypotheken. Cours noch ca. 30.

Baltische Waggon- und Maschinenfabrik, vormals Carl Kesseler & Sohn und Theodor Labahn in Greifswald. Gegründet März 1872 von Richard Schweder (Preuss. Boden-Credit-Actien-Bank), Hugo Fuchs, Gustav Noah, Felix Mamroth, „Generaldirector" Julius Müller, in Berlin etc. Direction Carl und Julius Kesseler, welche für das erste Betriebsjahr 8% Dividende garantirten. Erste Aufsichtsräthe u. A.: Oekonomierath Professor Rohde in Eldena, Stadtverordneter C. S. Boy in Greifswald und Georg Sackur in Berlin. Schon 1873 fehlte es an Geld, doch protestirte der Vorstand sehr energisch gegen „alle ungünstigen Gerüchte". 1874 trat man in Liquidation und schritt zum Verkauf. Indess ward ein zu niedriges Gebot abgegeben, und so übernahm der Mitvorbesitzer und seitherige Director Julius Kesseler das Etablissement pachtweise. Das Actiencapital mit 550,000 Thaler ist vollständig verloren.

Pommersche Eisengiesserei und Maschinenbauanstalt, vormals Commerzienrath C. H. Spalding in Stralsund. Gegründet December 1871 von Siegfried Geber, Max Nolda (M. Schragow & Co), Emil Zippert (Zippert & Co.) in Berlin. Aufsichtsrath: Rittergutsbesitzer W. Münchmeyer auf Cummerow. Actiencapital 225,000 Thaler und 40,000 Thaler Hypotheken. Letzte Dividende 4%. Cours ca. 30.

Schiff- und Maschinenbau, früher C. Abendroth in Rostock. Gegründet October 1871 von Samelson & Sackur in Berlin; Consul A. Crotogino, Consul C. Ch. Lesenberg, E. Kühl, Senator Dr. Witte, Rheder B. Beselin, Landsyndicus a. D. Groth in Rostock. Der Vorbesitzer behielt die Leitung und übernahm von dem Actiencapital mit 300,000 Thaler ein Drittel. Letzte Dividenden 0. Cours ca. 10.

Hansa, Werfte für eiserne Schiffe und Maschinenbau, sonst A. Tischbein in Rostock. Gegründet Juni 1872 von der Rostocker Vereinsbank, der Lübecker Bank, Ed. Frege & Co. in Hamburg, Bein & Co. in Berlin. Director wurde der Vorbesitzer. Aufsichtsräthe u. A.: Acciserath Meyenn, Bankdirector Wasserzug, Senator Burchard in Rostock, Consul August Rehder und Bankdirector W. Spiegeler in Lübeck. Actiencapital 350,000 Thaler und 50,000 Thaler Hypothek. Erste Dividende pro 1872/73 — $4^{1}/_{2}\%$; seitdem 0. Als die Actien bis etwa 50 gesunken waren, illustrirte die „Neue Börsen-Zeitung" in Berlin sie als zu den „verstossenen Kindern des Courszettels" gehörig, und trieb sie so noch einmal bis gegen 80 hinauf. Heute ist der Cours ca. 5, und Herr Albrecht Tischbein hat sich als Director empfohlen.

Mecklenburgische Maschinen- und Wagenbaugesellschaft, vormals Ernst Brockelmann in Güstrow. Gegründet Juni 1872 von dem Schönheimer'schen Bankverein und von Beer & Herzberg in Berlin. Aufsichtsräthe: Fr. Knitschky und W. Böckenhagen in Güstrow, C. Ch. Lesenberg, C. Abendroth und Georg Brockelmann in Rostock, „Generaldirector" Julius Müller in Berlin. Actiencapital 270,000 Thaler und 50,000 Thaler Hypotheken. Die Dividende von nominell 10%, für das erste Betriebsjahr von 6 Monaten (!) war im Voraus construirt, und sie blieb die einzige. Cours etwa 3.

Eisenbahnwagenbau Lauenstein in Rothenburgsort bei Hamburg. Aus dem Concurse vorgekauft und gegründet Sommer 1871 von Julius Alexander in Berlin, Ed. Frege und Leopold Jacobi in Hamburg etc. Vorsitzender des Aufsichtsraths: F. A. Pflug in Berlin, der Vorbesitzer der 1856 gegründeten und 1873 bis 1875 durch Herrn von Unruh und Genossen entgründeten Fabrik für Eisenbahnbedarf. Actiencapital 850,000 Thaler und 200,000 Thaler Hypotheken. Wie die „Nationalzeitung" berichtete, waren die Anmeldungen so zahlreich, dass eine Reduction stattfinden musste, und der Einführungscours 105, welcher in Folge dieser Reclame rasch bis 120 und darüber stieg. Letzte Dividenden $2\frac{1}{2}\%$ und 0. Cours etwa 20. **Weser**, Schiffbau und Maschinenfabrik in Bremen. Gegründet März 1872. Vorstand und Aufsichtsrath: Reichstagsmitglied A. G. Mosle, Rud. Feuerstein, C. Waltjen, L. Knoop, R. Fritze, D. H. Wätjen, Friedrich Achelis, G. S. Gruner, G. Rohte. Actiencapital $1\frac{1}{2}$ Million Thaler. Dividende pro 1874,75 — $5\frac{3}{16}\%$, pro 1875/76 — $6\frac{1}{2}\%$.

Von diesen Gesellschaften kann nur die letzte, Weser, lebensfähig genannt werden, und sie verdankt ihre Lebensfähigkeit wol dem Umstande, dass sie hauptsächlich von der Kaiserlichen Marine beschäftigt wird, für welche sie gepanzerte Kanonenboote baut. Steckel & Wagenknecht in Danzig und Baltische Waggonfabrik in Greifswald sind bereits dahin; Vulkan in Königsberg i. Pr., Maschinenbau und Hansa in Rostock und Brockelmann in Güstrow ringen noch schwach um ihre Existenz; und die übrigen zeigen an dem niedrigen Coursstande und an den kläglichen Dividenden, dass auch sie krank und siech sind.

Im vormaligen Königreich Hannover, wo die Gründerei ebenso blühte, wie in dem kleinen Braunschweig, finden wir:

Egestorff'sche Maschinenbaugesellschaft in Linden vor Hannover, früher Strousberg. Gegründet März 1871. Actiencapital $3\frac{1}{2}$ Millionen Thaler (!) und ca. 600,000 Thaler Hypotheken. Gründer resp. Aufsichtsräthe: Consul und früherer

Abgeordneter G. Müller in Berlin, J. Gans (M. Blumenthal's Nachfolger) Hofagent K. Berend (Michael Berend), Commerzienrath Siegmund Meyer (Adolf Meyer), Leffmann & Abr. H. Cohen, Commerzienräthe Eichwede & Röhrs, Obergerichtsanwalt Dr. H. Müller, Senator Angerstein, Stadtdirector Rasch, Mitglied dss Preuss. Herrenhauses, sämmtlich in Hannover. Letzte Dividenden 0. Cours einst 140, jetzt ca. 15.

Eisenwerk zu Salzgitter bei Hannover. Gegründet 1868. Actiencapital schliesslich 1,360,000 Thaler und 502,000 Thaler Hypotheken. Aufsichtsrath: Commerzienrath von Voigtländer in Braunschweig, Obergerichtsanwalt Dr. Müller und Commerzienrath Siegmund Meyer in Hannover, J. C. Godeffroy in Hamburg, Carl Ruëtz in Dortmund etc. Schloss am 1. Juli 1875 mit einer Unterbilanz von ca. 250,000 Thaler.

Hannoversches Guss- und Walzwerk, vormals C. Bernstorff & Eichwede. Gegründet Decbr. 1872 mit 500,000 Thaler Actien. Vorstand: Heinr. und Eduard Eichwede. Aufsichtsrath: Commerzienrath Eichwede, Obergerichtsanwalt Dr. Müller und Commerzienrath Röhrs in Hannover, Max B. Haniel in Ruhrort. Dividende pro 1875 — 6%.

Peiner Walzwerk in Celle. Gegründet April 1872 mit 350,000 Thaler Actien. Aufsichtsrath: Generalconsul J. H. Gossler in Hamburg, Commerzienrath Louis E. Meyer in Hannover, G. L. Meyer, Obergerichtsanwalte C. Haarmann und Meyersburg in Celle. Cours? — Novbr. 1876 wurde der Director Ewers wegen Unterschlagung und Wechselfälschung verhaftet.

Eisen- und Stahlwerk zu Osnabrück. Gegründet 1869. Das Grundcapital von 1,000,000 Thaler wurde 1872 um 750,000 Thaler Prioritätsactien erhöht, und dieselben aufgelegt bei N. Blumenfeld in Osnabrück, Carl Coppel & Co. in Berlin und der Norddeutschen Bank in Hamburg. Verwaltungsrath: Joh. Cesar Godeffroy, Joh. Wesselhöft, Rob. Kayser, Joh. Ed. Mutzenbecher, Max Th. Hayn in Hamburg, Obergerichtsanwalt Dr. H. Müller in Hannover. Letzte Dividende 0. Cours einst 125, jetzt ca. 30.

Nach Berlin grassirte die Gründerei mit am ärgsten in dem industriereichen Westfalen und Rheinland, so arg, dass selbst ein Berliner Börsenblatt sich März 1872 von dort schreiben liess: „Das Gründen nimmt hier zu Lande kein Ende!" Schon die Schwindelperiode von 1856 hatte am Rhein zahlreiche Actiengesellschaften erzeugt, die zum Theil wieder untergegangen waren, zum Theil erst sehr allmälig zu Dividenden gelangten. Aber die Jahre 1871 bis 1873 brachten eine wahre Sündfluth von Gründungen aller Art, und dieselben haben sich ungleich fauler erwiesen als die Producte von 1856. Weit grössere Capitalien wurden in Anspruch genommen, und weit grössere Verluste haben die Actionäre erlitten. Von den gegründeten Maschinenfabriken sind die namhaftesten:

Waggon- und Locomotiv-Bauanstalt, vormals Killing und Co. in Hamm. Bildete sich Februar 1873. Aufsichtsräthe: C. G. Horn und Rud. Willemsen in Köln, Mathias Hinsberg, Alexander Braun, Ewald Caron, F. Harkort junior, Otto Jäger, F. G. Köttgen und Walter Schlieper in Barmen. Das Etablissement wurde angeblich für 550,000 Thaler erworben, das Actiencapital auf 2½ Millionen Thaler festgesetzt, und die 40procentigen Interimsscheine durch Hinsberg, Lübcke und Co. in Berlin (Filiale des Barmer Bankverein Hinsberg, Fischer & Co.) à 110 eingeführt, was einen Cours von 125 bedeutet. Später gaben die Gründer 90,000 Thaler als „don gratuit" zurück. Trotzdem schloss das erste Geschäftsjahr mit einem Verlust von 486,000 Thalern und man schritt zur Liquidation. Die Actionäre haben wenig zu erwarten.

Westphälischer Eisenbahnwagenbau und Eisenbahnbedarf zu Münster. Gegründet April 1872 mit 400,000 Thlr. Actien, welche aufgelegt wurden u. A. bei Gebr. Metz, und Lindenkampf & Olfers in Münster, H. & L. Metz in Köln. Als den eigentlichen Verfasser dieser Gesellschaft nannte die Berliner „Neue Börsenzeitung" den Commerzienrath Sabey in Münster. Cours?

Maschinenfabrik „Deutschland" zu Dortmund. Actiencapital 600,000 Thaler. Aufsichtsräthe: Geh. Commerzienrath A. Borsig und Stadtrath Th. Sarre in Berlin, J. M. Heimann und August Neven-du Mont in Köln, Moritz Eltzbacher und Rentier A. von Griesheim in Bonn, Director C. Krauss in Hannover. Letzte Dividenden 0. Cours?

Gussstahlwerk, früher König & Rennert in Annen bei Dortmund. Grundcapital 650,000 Thaler und 100,000 Thaler Hypotheken. Gegründet im Februar 1873 und an der Berliner Börse eingeführt durch Riess & Itzinger und J. T. Goldberger zum Course von 112! Erste, künstlich construirte Dividende für das Geschäftsjahr von 6 Monaten 8%; später 1, 3 und 0%. Cours ca. 10. Der Staatsanwalt ist angerufen.

Brückenbau, vormals Carl Backhaus in Dortmund. Vorgekauft an Ed. Stahlschmidt (Hermann Geber) in Berlin, und gegründet November 1872. Actiencapital 550,000 Thaler, eingeführt an der Berliner Börse durch Hirschfeld & Wolff zum Course von 105. Dazu 150,000 Thaler Hypotheken. Aufsichtsräthe: Rechtsanwalt Nestor Kindermann in Dortmund, Baumeister Louis König und Banquier Alfred Molenaar (Gebr. Molenaar) in Crefeld, Commerzienrath Schlittgen in Berlin. Der Vorbesitzer behielt die Leitung, starb indess schon 1873. Eine Dividende ist nie vertheilt worden. Das Geschäftsjahr 1873/74 schloss mit einem Verlust von 203,000 Thaler, worauf die Gründer 170,000 Thaler in Actien und 30,000 Thaler baar zurückgaben. Trotzdem ward November 1875 die Liquidation beschlossen, und Februar 1876 der Concurs eröffnet.

Gesellschaft für Stahlindustrie, vormals **Daelen, Schreiber & Co.** in Bochum. Actiencapital 1 Million Thaler. Vorstand: Vital Daehlen und Hermann Herz in Bochum und Bürgermeister a. D. Lindemann in Essen. Gleich das erste Geschäftsjahr 1873/74 schloss mit einem Verlust von 185,000 Thalern. Die Vorbesitzer sollen falsche Angaben gemacht haben, wofür sie der Aufsichtsrath zur Verantwortung ziehen wollte. Cours?

Maschinenbau „Union", früher **Ewald Hilger** in Essen. Gegründet Juni 1871. Actiencapital 600,000 Thaler. Aufsichtsräthe: Friedrich Grillo, Gustav Adolf Waldthausen und Kreisrichter a. D. W. Heyland in Essen, J. L. Eltzbacher, J. B. Heimann und Victor Wendelstadt, Commerzienrath und Director des Schaaffhausen'schen Bankvereins in Köln. Für 1871/72 wurden 10 Procent Dividende ausgeworfen, und hierauf Januar 1873 — 400,000 Thaler neue Actien à 110 emittirt. Letzte Dividenden 0. Cours etwa 30 Brief.

Märkische Maschinenbauanstalt, vormals **Kamp & Co.** in Wetter an der Ruhr. Actiencapital 1,200,000 Thaler. Die Mitvorbesitzer Heinrich Blank und Alfred Trappen behielten die Leitung. Aufsichtsrath: Wilhelm von Born in Dortmund, Advocat-Anwalt W. Klein in Düsseldorf, Moritz Eltzbacher (J. L. Eltzbacher & Co.) in Köln, Hugo Blank in Wetter, Ewald Aders (J. H. Brink & Co.) in Elberfeld. Dividenden: 7%, 4% und? Cours ca. 40.

Waggonfabrik Westphalia, früher **Killing & Sohn** in Hagen. Actiencapital 700,000 Thaler und 100,000 Thaler Hypotheken. Gegründet Januar 1873 von H. Quistorp in Berlin, welcher in seiner pompösen Schreibweise sich also vernehmen liess: Es ist uns gelungen, unseren Actionären auf je 6 Actien der Vereinsbank 1 Actie der Westphalia offeriren zu können. Auf je 6 Actien seiner Vereinsbank, die damals 190 notirten, gewährte Herr Quistorp 1 Actie der Waggonfabrik à 112, so dass sie thatsächlich 179 kostete! Dazu musste der glückliche Käufer noch 4 Procent Zinsen seit dem 1. Mai 1872, also für 9 Monate rückwärts erlegen!! Vorsitzender des Aufsichtsraths: Rechtsanwalt Storp in Hagen. Direction: Fr. Killing, C. Th. Middendorf und P. Wegmann.

Drei Monate nach der Gründung vollzog Quistorp bereits eine grossartige Gewinnvertheilung. Er construirte eine zweijährige Geschäftsperiode, indem er dieselbe um zwei Jahre zurückdatirte, sie schon mit dem 1. Mai 1871 beginnen liess, und für diese Zeit einen Reinertrag von 211,000 Thalern ausrechnete. Davon erhielten die Vorbesitzer Killing & Sohn vorweg als sogenannte Abfindung pro rata 57,000 Thaler, die Direction, an deren Spitze wieder Killing & Sohn standen, ca. 20,000 Thlr., der Aufsichtsrath endlich 8555 Thaler — Alles für eine Mühewaltung von etwa 12 Wochen. Der Rest entfiel als 16procentige Dividende an die Actionäre, welche 1874 noch 5 Procent und dann überhaupt nichts mehr, weder Zinsen noch Capital bekamen. Juni 1876 ward der Concurs eröffnet, und die Actien sind völlig werthlos.

Gussstahlwerk, sonst F. Huth & Co. in Hagen. Vorgekauft von R. A. Seelig in Berlin und gegründet Aug. 1872. Actiencapital 750,000 Thaler und 130,000 Thaler Hypotheken. Emissionshäuser: Centralbank für Genossenschaften und Schönheimer'scher Bankverein. Aufsichtsräthe: Bürgermeister Dödter und Emil Hiltrop in Hagen, Ferd. Strahl in Berlin etc. Letzte Dividenden 0. Cours einst 110, jetzt ca. 5.

Eisenwerke und Eisenbahnbedarf, früher Carl Asbeck & Co. in Grünthal bei Hagen. Vorgekauft von R. A. Seelig und Genossen in Berlin und gegründet April 1873. Actiencapital 600,000 Thaler und 200,000 Thaler Hypotheken. Vorsitzender des Aufsichtsraths: Rechtsanwalt Robert von Briesen in Hagen. Dividenden nie. Die mit 110 eingeführten Actien haben schon lange keinen Cours mehr, und es war deshalb gerade kein „Opfer", wenn November 1876 „zwei Actionäre" eine Portion dieses edeln Papiers im Nennwerthe von 26,000 Thaler der Gesellschaft „zur Vernichtung" überwiesen. Selbstverständlich gehörten diese edlen „Actionäre" zu den Gründern resp. Vorkäufern, was aber die Zeitungen getreulich verschweigen. **Gussstahl- und Waffenfabrik,** vormals Berger & Co. in Witten an der Ruhr. Actiencapital 1,500,000 Thaler und 300,000 Thaler Hypotheken!! Gegründet im März 1873 durch den Schaaffhausen'schen Bankverein in Köln und die Deutsche Unionbank in Berlin, welche die 60procentigen Interimsscheine mit 120 einführte, was einen Cours von $133\frac{1}{3}$ bedeutet. Die Börse, welche den Braten roch, nannte die neuen Actien sehr bezeichnend „Pistolen-Actien". Trotzdem trieben die „starken Hände" der Gründer die Pistolen-Interimsscheine bis ca. 140, was einem Course von 166 entspricht. Heute stehen die Actien etwa 50. Aufsichtsräthe: von Kaufmann-Asser und Advocat-Anwalt Robert Esser II. in Köln, Koppel in Solingen, von Martini, Carl Berger etc.

Vorbesitzer des Etablissements ist der bekannte fortschrittliche Abgeordnete Louis Berger in Witten, ein Freund des Preussischen Handelsministers Herrn Achenbach, welcher Frühjahr 1876 im Abgeordnetenhause, bei Gelegenheit der Debatte, betreffend die Uebernahme einer Zinsgarantie des Staats für die Prioritäts-Anleihen der übel beleumdeten Eisenbahn Halle-Sorau-Guben, es tief bedauerte, Herrn Berger unter seinen Gegnern zu sehen; und dieser wieder musste den Schmerz erfahren, wegen zu theuerer Gründung seiner Fabrik von Herrn Wilh. Funcke in Hagen öffentlich angegriffen zu werden. Herr Berger erwiderte darauf mit dem strengen Unschuldsbewusstsein eines öffentlichen Charakters: „Wer, wie ich, im Laufe von zehn Jahren, innerhalb und ausserhalb seines Heimatkreises, vor und nach den Kriegen, vor und nach dem Krach, siebenmal aus dem Fegefeuer einer Land- und Reichstagswahl rein hervorgiug, der kann Verdächtigungen solcher Art einfach verachten. Er erklärt, dass diese „Verdächtigung" gegen einen Mann gerichtet sei, der „seit Jahren im öffentlichen Dienste, mit gäuzlicher Hintenansetzung jedes persönlichen Interesses, nach besten Kräften seine Schuldigkeit gethan", und bemerkt dann zur Sache selber: „Damals sind in Witten verschiedene Wetten verloren worden, weil man es nicht für möglich hielt, dass das Werk zu einem so sehr billigen Preise verkauft werden würde." Also Herr Berger verkaufte zu einem Preise, den man so niedrig gar nicht für möglich hielt — für eine lumpige Million Thaler; und er lässt durchblicken, dass solche Gründung ein Verdienst um das öffentliche Wohl sei. Leider haben sich dieser Einsicht die Actionäre bisher stierköpfig verschlossen, denn sie erhielten als Dividende für das erste Geschäftsjahr — 0, und ein Bericht in der „National-Zeitung" sagte: „Die Hauptschuld an diesem ungünstigen Resultat tragen die übermässig hohen Kosten der von den vorherigen Besitzern übernommenen Vorräthe." Dieser Bericht, erstattet vom Vorstand und Aufsichtsrath der Gesellschaft, dem wahrscheinlich auch noch die Gründer angehörten, meint also im Gegensatz zu Herrn Berger und seinen Wettbrüdern: die lumpige Million Thaler sei ein ganz horrender Preis gewesen — uud der Coursstand der Actien scheint dies zu bestätigen.

Eisen-Industrie und Brückenbau, vorm. Johann Caspar Harkort in Hochdahl bei Duisburg. Gegründet August 1872. Actiencapital 1,500,000 Thaler; an der Berliner Börse eingeführt durch R. A. Seelig und H. Kretzschmar (Carl Coppel & Co.) zu 103¼! Ausserdem 400,000 Thaler Hypotheken!! Aufsichtsräthe: Oberbürgermeister Keller in Duisburg, Consul Wilhelm Dulheuer, Richard Harkort, Justizrath Gerstein und Rechtsanwalt von Briesen in Hagen, Carl Coppel und Generalconsul Ascher Salinger in Berlin, Robert Kayser in Hamburg, Dr. Schnitzler, Carl Daeves und Director Peter Leister in Köln. „Generaldirector": Otto Offergeld. Eine dunkele Gründung, die sofort Verdacht erregte. Ueber die erste Generalversammlung der wirklichen Actionäre brachte die „Berliner Börsen-Zeitung" folgenden Bericht in der Form eines bezahlten Inserats: „Es constatirte der Präsident des Aufsichtsraths (nämlich der Vorbesitzer Joh. Casp. Harkort!) entgegenstehend den vielseitig ausgestreuten nachtheiligen Gerüchten, die zufriedenstellende Lage des Werkes, und garantirte aus seinen Privatmitteln für 5 Jahre eine 6procentige Dividende. Sodann verzichtete er auf die Verzinsung von 200,000 Thaler Actien, die er selber besitzt, während besagter fünf Jahre. Diese persönlichen Opfer(!), welche Herr Harkort sich auferlegte, wurden von der General-versammlung dankbar acceptirt u. s. w." — Die erste Geschäfts-periode vom 1. August 1872 bis Ende 1873 schloss mit einem Verlust von 142,000 Thaler, und es standen zu Buch: Grund und Boden mit 396,000 Thaler, Gebäude mit 336,000 Thaler, Maschinen und Walzwerk mit 217,000 Thaler, Werkzeuge und Geräthschaften mit 179,000 Thaler, und endlich die Firma (!!) mit 533,000 Thaler. Zusammen etwa 1,660,000 Thaler. Herr J. C. Harkort liess sich nun von dem Vertrage, in Betreff der garantirten Dividende von 6 % auf 5 Jahre, entbinden und überwies der Gesellschaft dafür 196,000 Thaler (wahrscheinlich in eigenen Actien), während die anderen Gründer gleichfalls 80.000 Thaler zurückvergüteten. Aus diesen „persönlichen Opfern" wurde das Deficit gedeckt, und den Actionären für 17 Monate zusammen 3 % Dividende gezahlt. Zugleich meuchelte man die Hälfte der Actien und reducirte das Grundcapital auf 750,000 Thaler. Trotz dieser merkwürdigen Operationen, die, wie es scheint, die Staatsanwaltschaft zu einer Recherche nicht ver-anlassten, betrug die Dividende pro 1875 — 0, und die Actien haben seit geraumer Zeit gar keinen Cours mehr.

Rheinische Stahlwerke zu Meiderich bei Ruhrort. Ge-gründet Januar 1872. Verwaltungsrath: Rentner B. Suer-mondt in Aachen, Ingenieur Leon Donnat und Fürst Augusti

Galitzin in Paris, Ingenieur Max Haniel in Ruhrort etc. Actiencapital 1,500,000 Thaler, von welchem die erste Emission mit
1,000,000 Thaler pro 1873/74 — 20 % Dividende erhielt. Zugleich emittirte man, „um die Production des Werkes zu vergrössern", 600,000 Thaler Obligationen. Cours?
Rheinisches Walzwerk zu Mühlheim am Rhein. Gegründet Februar 1872. Actiencapital 200,000 Thaler. Vorstand: Heinrich Haines zu Vensberg und Ingenieur Hugo Schöller
in Mühlheim. 1874 wurde die Liquidation beantragt.
Röhren- und Eisenwalzwerk in Düsseldorf. Actiencapital
3½ Millionen Thaler. Aufsichtsrath: Advocat-Anwalt Robert
Esser II., Rentner Ph. Kaiser, Bankdirector Ernst Königs und
A. Rautenstrauch in Köln, Alphons Haniel in Ruhrort, Laurenz
Fischer in Euskirchen, Friedrich Kesten, Adolf Poensgen und
Gustav Poensgen in Düsseldorf. Vertheilte pro 1873 — 9 %
Dividende, später?
Hohenzollern, Gesellschaft für Locomotivbau in Düssel-
dorf. Gegründet August 1872 von Jacobi, Haniel und Huyssen
und der Provinzial-Disconto-Gesellschaft Hannover (M. J. Frens-
dorff. Actiencapital 1,600,000 Thaler. Aufsichtsrath: Louis
Haniel, Franz Haniel, Max Haniel, Louis Liebrecht und W. Suer-
mondt in Ruhrort, Th. Böninger jr. in Duisburg, Bernhard
Caspar in Hannover und Chr. Timmermann in Hamburg. 1874/75
schloss mit 159,000 Thaler Verlust. Cours?
Maschinenbau Humboldt, vormals Sievers & Co. in
Kalk bei Deutz a. Rh. Gegründet October 1871. Aufsichts-
rath: Rentner Ph. Kayser, Advocatanwalt Robert Esser II.,
Jacob von Kauffmann-Asser, A. Rautenstrauch und Bankdirector
Ernst Königs in Köln, Rentner Heinrich Sievers in Bonn, Hütten-
besitzer Carl von Beulwitz in Trier, Bergrath Max Braun in
Moresnet bei Aachen, Commerzienrath Albert Poensgen in
Düsseldorf. „Generaldirector": Martin Neuerburg in Kalk.
Actiencapital 800,000 Thaler I. Emission und 500,000 Thaler II.
Emission. Ausserdem 300,000 Thaler Hypotheken. (Mit dieser Ge-

sellschaft verschmolz auch das März 1872 gegründete Walzwerk Zeus, dessen Grundcapital 500,000 Thaler betrug.) Pro
1. Juli 1872/73 wurden 12½ % Dividende vertheilt, und daraufhin 500,000 Thaler junge Actien fabricirt. 1874 entfielen
8 resp. 4%. Cours?

Rheinische Maschinenbau-Gesellschaft in Kalk bei Deutz
Grundcapital 100,000 Thaler. Aufsichtsrath: „Generaldirector“
Martin Neuerburg in Kalk, F. A. Herbertz und Director M.
Schnaas in Köln, Fabrikbesitzer H. Aders in Magdeburg. Divi-
denden für 1874 und 1875 — 0.

Holzbearbeitungsmaschinen, vormals J. Kyll zu Kalk
bei Deutz. Gegründet Anfang 1873. Aufsichtsrath: Landrath
a. D. Schubarth, Jacob von Kauffmann-Asser, A. Rautenstrauch,
Director Martin Schnaas und Bankdirector Ernst Königs in
Köln, Director Carl Sachs und „Generaldirector“ Martin Neuerburg in Kalk. Actiencapital 300,000 Thaler. Dividende für
das erste Geschäftsjahr 0.

Auch in Westfalen-Rheinland sind Berliner Gründer thätig gewesen. Heinrich Quistorp gründete
die Waggonfabrik Westphalia, und ausserdem die
Fabrik für Eisenbahnmaterial in Hagen, welche
letztere für 1873 — 5% Dividende vertheilte. A. Borsig
und Th. Sarre waren bei der Maschinenfabrik „Deutschland“ in Dortmund, Riess & Itzinger und J. T. Goldberger bei dem Annener Gussstahlwerk, Commerzienrath Schlittgen bei dem Dortmunder Brückenbau,
Carl Coppel & Co. und Ascher Salinger bei Harkort's
Brückenbau behülflich. Das Vorkäufer-Consortium
Geber-Stahlschmidt-Seelig entrirte: Hagener

Gussstahl, Hagen-Grünthaler Eisenwerke, Dortmunder Brückenbau und Harkort's Brückenbau. Wo aber dieses Kleeblatt auftrat, da wuchs hinfort kein Gras mehr, was die eben genannten vier Gesellschaften beweisen. Hermann Geber, der Pfiffigste von den Dreien und der eigentliche Chef, der aber gern hinter den Coulissen blieb, pflegte, wenn die Sünden der betreffenden Gründung offen zu Tage traten, eine Portion Actien, die er hatte übernehmen müssen, zurückzuschenken, was aber wenig zu bedeuten hatte, da dieselben inzwischen bereits so ziemlich Maculatur geworden.

Unter den einheimischen Gründern ragen hervor: Jacob von Kauffmann-Asser, Jacob Löb Eltzbacher, J. B. Heimann, Salomon Moses Heymann, Victor Wendelstadt, Ernst Königs, A. Rautenstrauch, Ph. Kaiser, Martin Schnaas und Advocat-Anwalt Robert Esser II. in Köln, Friedrich Grillo in Essen, Wilhelm von Born in Dortmund, Familie Haniel in Ruhrort, Familie Poensgen in Düsseldorf, Martin Neuerburg in Kalk. Wie eine Vergleichung der Namen zeigt, bildet Rheinland-Westfalen von der Regel eine Ausnahme, insofern hier nicht die jüdisch-semitischen, sondern die christlich-germanischen Gründer überwiegen, und von diesen stehen wieder die Katholiken hinter den Pro-

testanten zurück. Politischer wie religiöser „Fortschritt" kennzeichnet den christlichen Gründer, während der jüdische Gründer alle politischen und con-
fessionellen Schattirungen zeigt.

Gross ist der Courssturz, welchen die Actien der
Westfälisch-rheinischen Maschinenfabriken durchweg
erfahren haben. Diese rapide Entwerthung trat bei
einigen noch vor dem Krach ein. Beispielsweise kaufte
Jemand im März 1873 auf Empfehlung 2000 Thaler
Dortmunder Brückenbau à 109, und da es ihm alsbald leid that, wollte er sie wieder los werden. In
den nächsten Tagen notirte das Papier 105, 103, 101,
98, 95 — aber zu diesem Course waren immer nur
Abgeber, nicht Nehmer vorhanden. Endlich fand der
Inhaber einen Makler, der ihm die Actien mit 80 abnahm, so dass Jener binnen ein paar Wochen 29%/₁₀
am Course verloren hatte. Aber der Makler nahm
auch nur für 1000 Thaler; mit dem andern Tausend
blieb der unglückliche Besitzer überhaupt sitzen.

Wittener Waffen oder die „Pistolen-Actien", vormals Berger & Co., stürzten noch im Jahre 1873,
binnen 9 Monaten, von etwa 166 bis 70! — Vielleicht
als Ersatz dafür hat der Vorbesitzer, Abgeordneter
Louis Berger, in Verbindung mit seinem Bruder
ein Stipendium für arme Studenten gestiftet und zu

6*

dem Zwecke ein Capital von 6666²/₃ Thaler eingezahlt. Diese edle That meldeten sämmtliche Zeitungen, aber einige Blätter wollten auch wissen, die
Staatsanwaltschaft in Bochum recherchire wegen der
Vorgänge bei Gründung der Berger'schen Gussstahlfabrik.

Das Recept des Herrn Finanzministers Camphausen,
die kranke Industrie durch Herabsetzung der Arbeitslöhne zu curiren, haben die Actiengesellschaften bestens
befolgt. Von den Rheinischen Stahlwerken in Meiderich verlautete kürzlich eine neue Lohnbeschneidung um 10 Procent. Hohenzollern, früher Jacobi,
Haniel und Huyssen in Düsseldorf, liess durch Mauer-
anschlag verkünden: wegen der schlechten Geschäfte
müssten die Löhne wiederum gekürzt werden; zugleich erwarte man, dass die Arbeiter ihre Kräfte
und ihre Leistungen verdoppeln würden. — — Ueber
die „wohlthätigen Folgen der Lohnreduction" liess
sich die „Norddeutsche Allgemeine Zeitung" aus Witten
an der Ruhr schreiben: es sei in erster Linie zu
constatiren „das Zunehmen der Arbeitslust und das
damit verbundene Erstarken der Arbeitskraft." Aber
den eigentlichen Zweck scheint Herrn Camphausen's
Palliativ, das auch in den Werkstätten des Staats
fleissig zur Anwendung kam, doch nicht zu erreichen.

Im Gegentheil steigert sich mit der Lohnherabsetzung der Mangel an Arbeit, der Ueberfluss an Arbeitern. Die Maschinenfabrik Humboldt in Kalk beschäftigt von ehemals 2000 Leuten nur noch ein Drittel; und die „Vossische Zeitung" äusserte unterm 23. Aug. 1876: „Ueber das Darniederliegen der Industrie laufen täglich neue Berichte ein. Der Handelsminister Dr. Achenbach hat bei längerer Anwesenheit in seinem heimatlichen Kreise Siegen sich von der Noth zu überzeugen genug Gelegenheit gehabt."

Auch Schlesien ist von zahlreichen Gründungen heimgesucht worden. In dem stark verjüdelten Breslau sitzt ein ganzes Nest von Gründern, und diese haben, zum Theil auf eigene Hand, zum Theil in Verbindung mit Berliner Berufsgenossen ihr Wesen getrieben. Ebenso lieferten Görlitz und Grünberg namhafte Gründer. Von ihren Werken verzeichnen wir hier:

Oberschlesischer Eisenbahnbedarf in Breslau. Bildete sich Februar 1871 aus der Hütten-, Forst- und Bergbau-Gesellschaft Minerva in Oberschlesien, welche ihrerseits 1855 durch den späteren Abgeordneten, Grafen Johannes Renard auf Gross-Strehlitz und Genossen entstand, und auch schon eine böse Gründung war. Das Grundcapital der Minerva betrug 5 Millionen Thaler, und da sie nur 1856, 1857, 1858 und 1865 Dividenden von 8, 6, 2 und resp. 1 % auswarf, die Dividende für 1858 hinterher aber nicht einmal auszahlte, sondern als irrthümlich anfechten liess, war der Cours bis unter 20 gesunken. Hierauf begann ein Consortium die billigen Actien aufzukaufen, und schliesslich befanden sich ⅞ derselben in seinen Händen. „Generaldirector" der Minerva war 1871 August Frey, und den Verwaltungsrath bildeten: Graf Johannes Renard, Abgeordneter Prinz Carl zu Hohenlohe, Bankassessor Dr. Paul Gaspard Friedenthal, Max Alexander und Albert Schmieder in Breslau, Oekonomierath Bieler in Salesche, Julius Alexander, Wilh. Itzinger und Hugo Pringsheim in Berlin.

Die Minerva liquidirte, trat den grössten Theil ihres Besitzes dem von ihr gegründeten Oberschlesischen Eisenbahnbedarf ab, und empfing dafür Actien der neuen Gesellschaft, deren Direction Albert Schmieder übernahm, und deren Aufsichtsrath folgende Herren bildeten: „Generaldirector" August Schmieder, Max Alexander, Bankdirector Fromberg und Justizrath v. Wilmowski in Breslau, Oekonomierath Bieler in Salesche, Director Neimke in Lipine, Graf Solms-Roesa in Slupcko, Gustav Schadow und Ferd. Gumprecht in Berlin. Das Actiencapital, ursprünglich 2½ Millionen Thaler, wurde 1872 um ½ Million Thaler junger Actien vermehrt, und diese mit einem Agio von 250,000 Thaler (!) begeben. Die Actien wurden, namentlich an der Breslauer Börse, zu einem Spielpapier. Für 1871 gab es 6, für 1872 sogar 14% Dividende, was für die Herren Aufsichtsräthe eine fette Tantième abwarf. Noch 1873 erhielten sie bei 5% Dividende — 7895 Thaler, und 1874 bei nur 2% Dividende — 3467 Thaler Tantième. Pro 1875 betrug die Dividende 0, und die einst bis 175 hinaufgetriebenen Actien stehen jetzt ca. 25. An den beiden Gesellschaften der Minerva und des Oberschlesischen Eisenbahnbedarf haben die Actionäre zusammen etwa 8 Millionen Thaler verloren.

Indess ist noch ein anderer Verlust zu beklagen, nicht so riesig, aber dafür weit schmerzlicher. Bevor Graf Renard sein Etablissement verkaufte, hatte er durch die Meister und Arbeiter der Werke eine Hilfs- und Knappschaftskasse bilden lassen, die beiläufig 75,000 Thaler besass und an die Actiengesellschaft Minerva überging. Als diese nun 1871 den Oberschlesischen Eisenbahnbedarf gründete, war, wie die Berliner „Staatsbürgerzeitung" unterm 16. April 1876 mittheilte, die ganze Kasse spurlos verschwunden, obwol sie unter Aufsicht der Staatsbehörden stand. Die armen Arbeiter haben ihre an 20 Jahre geleisteten Beiträge eingebüsst, und eine Beschwerde beim Handelsminister soll ohne Erfolg geblieben sein.

Oberschlesisches Eisenwalzwerk in Paruschowitz bei Rybnik, früher fiscalisch! Vorgekauft von Isidor Mamroth in Berlin, und gegründet 31. August 1872 von dem Abgeordneten und Geh. Admiralitätsrath Theodor Jacobs, Literaten Dr. Heinrich Benecke, Fabrikbesitzer Th. Seydel, Gustav Mamroth und Paul Nalepa in Berlin. Actiencapital 700,000 Thaler und 150,000 Thaler Hypotheken. Im Prospect wurden $20^0/_0$ Dividende vorgerechnet, und für das erste Geschäftsjahr von 4 Monaten (!) $11^0/_0$ vertheilt. 1873 schloss mit einem Verlust von 38,938 Thaler. 1874 ergab $1^0/_0$, 1875 — $1^1/_2^0/_0$ Dividende. Cours ca. 8.

Eisenbahnwagenbau, vormals G. Linke's Söhne in Breslau. Vorgekauft von Gebr. Guttentag und Moritz Sachs in Breslau, und gegründet Febr. 1871. Actiencapital 1,600,000 Thaler (!) und ca. 320,000 Thaler Hypotheken. Aufsichtsrath: Abgeordneter und Geh. Ober-Regierungsrath Ludwig Heise, Robert Caro (M. J. Caro & Sohn), Moritz Cohn (Gebr. Guttentag), Joseph Friedländer (Gebr. Friedländer), Siegmund Sachs (Moritz Sachs), Moritz Pringsheim, Commerzienrath C. F. Gierth und Adolf Linke in Breslau, Rittergutsbesitzer Ernst Lauterbach in Wilxen. Dividende pro 1875 — $6^2/_{?}^0/_0$, und gegen 8000 Thaler Tantièmen. Cours einst 115, jetzt etwa noch 50.

Schlesische Eisengiesserei, Maschinen- und Wagenbau, vormals C. Schmidt & Co. in Breslau. Vorgekauft durch die Provinzial-Wechslerbank in Breslau, und gegründet November

1871 durch Salo Sackur (Gebr. Sackur) in Breslau, Potocky-
Nelken (Marcus Nelken & Sohn) und Samelson & Sackur in
Berlin etc. Actiencapital 750,000 Thaler, nebst 250,000 Thaler
Prioritäten und 275,000 Thaler Hypotheken. Aufsichtsräthe
u. A.: Jacob Berthold (Meyer H. Berliner), Wilh. Epstein,
„Volkswirth" Dr. W. H. Eras. Directoren: Fritz Francke und
Rudolf Reder. Die erste Dividende pro 1872 mit 9 % beruhte
auf einem blossen Rechenkunststück. 1873 schloss mit 68,000
Thaler, 1874 mit 79,000 Thaler, 1875 mit 132,000 Thaler Verlust. Dann trat man in Liquidation, aber für die Actionäre
ist nichts mehr zu hoffen. In der Generalversammlung vom
12. October 1875 wurde der Versuch gemacht, die Directoren
und Aufsichtsräthe für die grosse Misswirthschaft zur Rechenschaft zu ziehen; doch die Partei der Gründer stimmte die
Opposition nieder. Der Staatsanwalt ist bisher nicht eingeschritten.

Waggonfabrik, Gebr. Hofmann & Co. in Breslau. Vorgekauft und gegründet Januar 1872 von Isidor Mamroth, Commerzienrath Wrede und Paul Gravenstein in Berlin. Actiencapital 750,000 Thaler und 173,000 Thaler Hypotheken. Aufsichtsräthe u. A.: Ernst Hofmann, Paul Bülow und Joseph Lipmann in Breslau und Fr. Kindermann in Berlin. 1874 und
1875 schlossen mit Verlust. Cours ca. 8.

Maschinenbau und Eisengiesserei, sonst Carl Körner
in Görlitz. Gegründet August 1872. Actiencapital 295,000
Thaler, 200,000 Thaler Prioritäten und 59,000 Thaler Hypotheken. Aufsichtsrath: Abgeordneter Stadtrath Erwin Lüders,
Fabrikbesitzer Franz Conti, Emil Felix und R. Elsner in Görlitz, Eugen Dzondi (Rob. Thode & Co.) in Berlin. Letzte Dividenden 0. Cours ?

Niederschlesische Maschinenbauanstalt, früher Conrad
Schiedt in Görlitz und Grünberg. Gegründet März 1872 von
Fr. Förster jun. in Grünberg. 500,000 Thaler Actien und
262,000 Thaler Hypotheken. Die Bilanz vom 31. Juli 1874

schloss mit einem angeblichen Gewinn von 18,500 Thaler, aber 1875 wurde der Concurs eröffnet und es zeigte sich, dass das ganze Actiencapital verloren war. April 1876 kam das Etablissement in Görlitz zum öffentlichen Verkauf, fand jedoch keinen Käufer und man beschloss, das Grundstück zu parcelliren und als Baustellen auszubieten.

An diese Schlesischen Gesellschaften schliesse sich noch die

Niederlausitzer Maschinenbauanstalt, vormals N o m m e l & J ä g e r in Cottbus. Gegründet Anfang 1873 durch die Wechselstuben-Actiengesellschaft in Berlin. Grundcapital 200,000 Thlr. und 40,000 Thaler Hypotheken. Vorsitzender des Aufsichtsraths: Otto Sommerfeld in Cottbus. Vorstand: G. Knackstedt und M. Persicaner. Revisoren: Adolf Gradenwitz und H. Witting. Eine Dividende von 7 % ist privatim garantirt und aus Zuschüssen der Gründer bisher auch bezahlt worden. Trotzdem haben die Actien keinen Cours.

In der Preussischen Provinz Sachsen recrutirten sich die Gründer auf dem Gebiet der Maschinenfabriken vornehmlich aus Berlin, Magdeburg, Halle und Nordhausen, und die wichtigsten Gesellschaften sind:

Maschinenfabrik und Eisengiesserei, vormals R. R i e d e l und J. S e l w i g in Halle a S. Gegründet October 1872 von der Deutschen Genossenschaftsbank Sörgel, Parrisius & Co. in Berlin und dem Halle'schen Bankverein von Kulisch, Kämpf & Co. Aufsichtsrath: Rechtsanwalt Herzfeld, Director Walter sen. und Regierungsrath a. D. Gneist in Halle a'S. Actiencapital 300,000 Thaler. Die Vorbesitzer behielten die Leitung und garantirten einen Reingewinn von 30,000 Thaler jährlich, also 10% Dividende. Pro 1872 wurden 9¾, pro 1873 dagegen nur 1¼% gezahlt. 1874 und 1875 ergaben wieder 9 und resp. 10% Dividende. Trotzdem ist der Cours ca. 60.

Eisengiesserei und Maschinenbau, früher H. Schäde in Zeitz. Gegründet December 1871 von Robert Baumann (Berliner Bank). Aufsichtsräthe: Bernhard Friedheim, Leopold Hadra und Eduard Thiele in Berlin, Jacob Löwendahl (Gebr. Löwendahl & Co.) und Franz Pfaffe (Weise & Pfaffe) in Halle a/S., Rudolf Tillmanns in Zeitz. Erste Revisoren: Kaufmann Rothe und Rechtsanwalt Xeebe in Zeitz. Actiencapital 400,000 Thaler. Der Vorbesitzer übernahm die Leitung und 50,000 Thaler Actien. Pro 1875 entfielen 4% Dividende und für die Herren Aufsichtsräthe 3040 Thaler Tantième! Cours einst 105, jetzt ca. 30.

Eismaschinengesellschaft, sonst Oscar Kropff & Co. in Nordhausen. Gegründet November 1872 mit 200,000 Thaler Grundcapital. Der Vorbesitzer behielt die Leitung und der Prospect versicherte, dass dies „aus bescheidenen Anfängen" hervorgegangene Etablissement bisher 20% Reingewinn abgeworfen. Aufsichtsrath: Justizrath Berndt, Commerzienrath R. H. Bach und Stadtrath Schulze in Nordhausen, Kaufmann G. A. Mittler und Baumeister David Schultze in Berlin. Das erste Geschäftsjahr ergab 12½% Dividende, 1874 und 1875 schlossen mit Verlust. Die Actien, durch M. Gottschalk & Co. an der Berliner Börse à 113½ eingeführt, notiren etwa 10.

Harzer Eisenbahnbedarf, vormals Bernhard Thelen und Otto Weydemeyer in Nordhausen. Unbescheiden theuere Gründung der Herren Grelling & Schönfeld in Nordhausen, Gebrüder Grelling und Volkmar & Bendix („Volkswirth" Michael Julius Levinstein) in Berlin. Entstand im August 1872. Actiencapital 500,000 Thaler und 75,000 Thaler Hypotheken. Die Vorbesitzer behielten die Leitung und übernahmen 120,000 Thaler Actien. Für das erste Geschäftsjahr, welches man um

10 Monate zurückdatirte, wurde eine künstliche Dividende von 9% vertheilt. 1873 ergab 3%, 1874 — 0 und 1875 — 1²/₃%. Cours einst 120, jetzt ca. 25.

Eisenwerk und Maschinenbau, vormals Wilhelm Bartels & Co. in Halberstadt. Gegründet November 1872 von dem Vorbesitzer, sowie von dem Rentier C. F. Hoppe in Uelzen, dem Banquier August Pohl, und von Georg Helbig und Hugo Scharffe, den beiden Directoren des berüchtigten Norddeutschen Landwirthschaftlichen Bankverein in Berlin. Actiencapital 240,000 Thaler. Director: der Mitvorbesitzer Emil Bartels. Für das erste und einzige Geschäftsjahr von wenigen Monaten beschlossen die Strohmänner jenes Bankvereins eine Dividende von 10%, welche später gerichtlich angefochten wurde. Mit dem famosen Bankverein brach auch diese Gründung zusammen, und die Actien, zunächst mit 105 bis 130 notirt, verloren jeden Cours. Man liquidirte und nach einer Mittheilung der „Neuen Börsen-Zeitung" wurde das Etablissement gründlich ausgeschlachtet, so dass nicht viel mehr als die Mauern stehen blieben. Eine Menge tüchtiger Arbeiter wurden brotlos und geriethen in bittre Noth.

Sudenburger Maschinenfabrik, früher F. A. Klusemann in Magdeburg. Bildete sich September 1872 und waren die Gründer, ausser dem Vorbesitzer: Simon Levy in Berlin, Julius Levy, Meyer Samuel Meyer, Gustav Sommergut und Otto Henniges in Magdeburg, Gustav Plaut (H. C. Plaut) in Leipzig. Actiencapital 650,000 Thaler und 200,000 Thaler Hypotheken. Emissionshäuser: Friedländer & Co. in Berlin und Magdeburger Wechsler- und Discontobank. Der Prospect verhiess 10 bis 15% Reingewinn. 1872 ergab eine Dividende von 4²/₃%. 1873 schloss mit 505,000 Thaler Verlust; worauf die Gründer, eingeschüchtert durch die Drohungen der Actionäre, 300,000 Thaler Actien zurückgaben, der ziemlich gewaltsam gegründete Vorbesitzer allein an 200,000 Thaler. Dessenungeachtet schloss 1874 auch noch mit 198,000 Thaler Verlust. Nun wurden die

Actien zusammengelegt und das Grundcapital auf 175,000 Thaler reducirt; worauf 1875 endlich einen Reingewinn von — — 212 Thaler erbrachte.

Klusemann und die beiden Levy versprachen noch weitere 50,000 Thaler Actien zurückzuliefern, falls man sie in Ruhe lasse. Doch inzwischen packte sie der Staatsanwalt. In erster Instanz wurden die Gründer nur wegen „Verschleierung" zu einer Geldbusse verurtheilt; in zweiter Instanz dagegen des Betruges schuldig gefunden und Klusemann zu drei, die Uebrigen zu je sechs Monaten Gefängniss verurtheilt.

Brückenbauanstalt, sonst Otto Prange in Buckau bei Magdeburg. Gegründet November 1872 durch die Bankhäuser Teetzmann, Roch und Alenfeld in Magdeburg, A. Paderstein und Oscar Hainauer in Berlin. Grundcapital 600,000 Thaler und 90,000 Thaler Hypotheken. Der Vorbesitzer übernahm die Leitung und 50,000 Thaler Actien. Aufsichtsräthe u. A.: Julius Nelke, Bernhard Schäffer, Fr. Bock, Max Sombart. Für 1873 entfiel eine Dividende von 3%, 1874 schloss mit 175,000 Thaler Verlust, 1875 schritt man zur Liquidation und zum Verkauf. Auf Anweisung des Justizministers recherchirte der Staatsanwalt, doch kam es bisher noch nicht zur Anklage. Die Actien, mit 102½ eingeführt, sind werthlos.

Eine erstaunliche Fülle von Gründungen bietet das kleine Herzogthum Braunschweig. Sie sind meistens höchst fragwürdiger, zum Theil sehr bösartiger Natur, und ihre Verfasser vorwiegend Eingeborene. Wir nennen hier:

Maschinenbauanstalt, vormals Fr. Seele & Co. in Braunschweig. Gegründet Juli 1870. Verwaltungsrath: Dr. A. Aronheim, Commerzienrath Albert Oppenheimer und Oberbaurath

Scheffler in Braunschweig, Gustav Seeliger in Wolfenbüttel, J. L. Eltzbacher in Köln. Director: Reichstagsmitglied, Commerzienrath F. W. Schöttler in Braunschweig. Actiencapital 400,000 Thaler, von denen 50,000 Thaler im Jahre 1871 zum Course von 125, und 100,000 Thaler 1874 zum Course von 120 durch N. S. Nathalion Nachfolger und Carl Uhl & Co. in Braunschweig emittirt wurden. Es gab in den letzten Jahren auffallend hohe Dividenden, von 1874 bis 1876 — 21, 25 und resp. 22½%.

Eismaschinen-Gesellschaft in Braunschweig. Gegründet März 1870 mit 200,000 Thaler Capital. Aufsichtsrath: Dr. A. Aronheim, Commerzienräthe Albert Oppenheimer und O. Löbbecke, Buchhändler Heinrich Vieweg, Advocat Th. Breithaupt, Directoren Dr. Aug. Seyferth und Franz Windhausen, Theodor Becker, Gustav Runde und Chr. Schrader in Braunschweig, J. L. Eltzbacher und Werner Kreuser in Cöln. 1876 wurde die Auflösung beschlossen.

Nähmaschinenfabrik Grimme, Natalis & Co. in Braunschweig. Gegründet November 1871 mit 400,000 Thaler Capital. Verwaltungsrath: R. Löhnefinke (N. S. Nathalion Nachfolger), M. Solmitz, Bankdirectoren O. Häussler, A. Benndorf und v. Seckendorf. 1874 ergab eine Dividende von 4%.

Eisenbahnwagen-Bauanstalt, früher **Friedrich Deicke** in Braunschweig. Vorgekauft im Auftrage der zu bildenden Gesellschaft von Bernhard Caspar (M. J. Frensdorff) und Louis Ephraim Meyer in Hannover für angeblich 300,000 Thaler, und gegründet am 3. September 1871 auf 350,000 Thaler Actien. Als Gründer, resp. erste Zeichner sind, ausser dem Vorbesitzer und den Vorkäufern, noch genannt: August Urbich und Alexander Benndorff (für die Braunschweigische Creditanstalt), Friedrich Pillmann (Uhl & Pillmann), Gustav Runde, H. Mielziner (Lehmann Oppenheimer & Sohn), Commerzienrath Ritter Friedrich von Voigtländer, Lotterieinspector Hermann Wolff und Eberhard Mencke in Braunschweig, Commerzienrath Gustav Seeliger in Wolfenbüttel, Commerzienrath Louis Meyer und A. H. Gernlein in Hannover, Christian Timmermann in Hamburg. 1874 schloss mit 46,000 Thaler Verlust, worauf der Vorbesitzer, welcher die Leitung behalten hatte, 40,000 Thaler Actien zurückgab. Das Grundcapital wurde durch Meucheln der Actien auf 150,000 Thaler reducirt, ohne dass dies die Gesellschaft lebensfähig machte. Man verlangte von den übrigen Gründern resp. ersten Zeichnern 75,000 Thaler erstattet; dieselben erboten sich auch zu einer Rücklieferung von Actien, leisteten indess schliesslich nichts. Am 1. März 1876 wurde der Betrieb der Fabrik völlig eingestellt.

Walzwerk in Braunschweig. Gegründet 1873 durch die Braunschweigische Creditanstalt mit 300,000 Thaler Actien. Director: Carl Wahn. Aufsichtsrath: Commerzienrath F. Ritter von Voigtländer, Hauptagent Th. Heinrich Meyer, Banquier Carl Salomon, Ingenieur Ludwig Mitgau in Braunschweig, Reichstagsmitglied Hüttendirector Ferdinand Koch in Carlshütte bei Delligsen. 1874 schloss mit einer Unterbilanz von 250,000 Thaler, und beantragte der Staatsanwalt Koch in Braunschweig die Untersuchung wegen strafbaren Bankerotts. Selbstredend haben die Actionäre Alles verloren, und den Gläubigern wurden 8, später 12½% ihrer Forderungen geboten.

Eisenwerk Carlshütte, früher **Gebrüder Koch** bei Delligsen im Braunschweigischen. Gegründet Juli 1872. Actiencapital 250,000 Thaler; an der Berliner Börse eingeführt durch Frege, Simon & Co. zum Course von 115 bis 120, und Anfang 1873 hinaufgetrieben bis 160. Vorsitzender des Aufsichtsraths: Obergerichtsanwalt Häussler in Braunschweig. Die Leitung behielt der Vorbesitzer: Reichstagsmitglied Ferdinand Koch. 1875 wurde durch die Bankhäuser H. Oppenheimer und Alexander Simon in Hannover eine Anleihe von 133,000 Thaler aufgenommen. An Dividenden sind bisher 18, 12, 7½ und 8% vertheilt worden. Die Actien notiren noch 80.

Harzer Werke zu Rübeland und Zorge in Blankenburg a/H.

Gegründet October 1870 von Jacob Löb Eltzbacher in Köln, der die Werke 1868 von der Braunschweigischen Regierung für 500,000 Thaler gekauft hatte, und dem Schaaffhausen'schen Bankverein in Köln. Aufsichtsrath: Dr. A. Aronheim und Dr. Aug. Seyferth in Braunschweig, Salomon Moses Heymann, Werner Kreuser, Th. Movius, Max Arndts, Moritz Eltzbacher, Joh. Heinr. Haan und Jean Baptiste Heimann in Köln, Obergerichtsadvocat Otto in Blankenburg. Das Actiencapital betrug ursprünglich 1,200,000 Thaler, wurde aber Anfang 1873 auf 1,800,000 Thaler erhöht und gleichzeitig eine Prioritätenschuld von 800,000 Thaler aufgenommen. Zu welchem Zwecke dies geschah, und wo die neu emittirten 1,400,000 Thaler überhaupt geblieben, ist noch dunkel. Das Jahr 1871 hatte ohne Reingewinn geschlossen; um aber die Capitalsvermehrung vornehmen zu können, warf man pro 1872 eine Dividende von 8% aus, die wahrscheinlich aus dem Erlös der jungen Actien bezahlt wurde. Für 1873 entfielen noch 5% Dividende, für 1874 — 0, und zugleich enthüllte die Bilanz eine neue ungedeckte Schuld von 600,000 Thalern; angeblich entstanden durch den Ankauf eines Kohlenwerks. Noch im Jahre 1774, wo die Eisenindustrie bereits völlig darniederlag, hatte man diesen Ankauf bewirkt, und zwar ganz unnützerweise, indem die Werke nicht mit Kohlen, sondern mit Holz feuern, das sie auf Grund gewisser Contracte sehr billig beziehen. In Folge dieser wundersamen Manipulation ist der Cours der Actien bis etwa 0 gesunken.

Von der grossen offenkundigen Corruption, welche in Braunschweig waltet und gewissermaassen das Ländchen beherrscht, giebt die Geschichte der Eisenbahnwagen-Bauanstalt, früher Friedrich Deicke, ein schlagendes Beispiel. Die Taxe der Fabrik, welche die Gründer aufnehmen liessen, ergab 185,000 Thaler (in Wahrheit war sie kaum 120,000 Thaler werth); als Kaufpreis aber wurden 300,000 Thaler angegeben, so dass der Aufschlag 115,000 Thaler betrug. Von dieser Summe sollten 40,000 Thaler dem Verkäufer Deicke, und 75,000 Thaler den Gründern zufallen. Deicke verpflichtete sich durch Revers „auf Ehrenwort", über diese Theilung „ein unbedingtes Schweigen zu bewahren". Trotz des unverschämten Gründergewinnes wurde das Actiencapital von 350,000 Thaler zum Course von 105 aufgelegt! Eine Dividende entfiel nur für das zweite Geschäftsjahr; sie betrug 8%, wird aber jetzt, als zur Ungebühr vertheilt, angefochten, da thatsächlich eine Unterbilanz von 40,000 Thalern vorhanden gewesen sein soll. Die Gesellschaft begann ihre Thätigkeit ohne die nothwendigsten Baarmittel, mit einer erdrückenden Schuldenlast, musste sofort neuen Credit in Anspruch nehmen, den ihr die Gründer gewährten, und flog schliesslich in die Luft, wobei sich der Schwindel enthüllte. Wie überall, so legte sich auch in Braunschweig die „liberale" Presse auf's Todtschweigen, denn sie ist von den Gründern, lauter reichen mächtigen Herren, abhängig. Nur der socialdemokratische „Braunschweiger Volksfreund" schlug Lärm; doch die Attentäter fühlten sich so sicher, dass sie das Blatt wegen Beleidigung denuncirten. Einstweilen ruht diese Denunciation, denn die Actionäre haben sich ermannt und sind gegen die Gründer im Wege des Civil- und zugleich des Criminalprocesses vorgegangen. Deicke, der hauptsächlich in Actien bezahlt wurde und von denselben hinterher 40,000 Thaler zurücklieferte, hat durch den Zusammenbruch wieder verloren, was er bei der Gründung gewonnen. Vorher ein arbeitsamer schlichter Mann, der sich vom Handwerker zum Fabrikherrn aufgeschwungen, begann er als Actien-Director auf grossem Fusse zu leben, hielt Equipage etc., und liess auch in der Fabrik einen kostspieligen, verschwenderischen Betrieb einreissen. Die Aufsichtsräthe, welches eben die Gründer waren, durften nicht dreinreden, ihn nicht reizen, weil sie fürchten mussten, dass er sonst aus der Schule plauderte. So ging die Sache ihren Lauf und nahm ein Ende mit Schrecken.

An die Braunschweigischen Gesellschaften reihen wir zwei Anhaltinische:

Eisengiesserei und Maschinenfabrik, vormals Hertel & Co. in Nienburg an der Saale. Gegründet August 1872 von der Magdeburger Wechsler- und Discontobank. Actiencapital 200,000 Thaler, aufgelegt bei H. C. Plaut in Berlin und Leipzig, M. S. Meyer in Magdeburg und Levy Calm Söhne in Bernburg. Pro 1875 — 4% Dividende und 1612 Thaler Tantième! Cours noch ca. 40.

Vormals Herzoglich Anhaltische Maschinenbauanstalt

und Eisengiesserei zu Bernburg. Gegründet Juni 1872 von
Volkmar & Bendix („Volkswirth" M. J. Levinstein) in Berlin.
Actiencapital 500,000 Thaler und 135,000 Thaler Hypotheken.
Aufsichtsrath: Julius Brumme (A. F. Brumme) in Bernburg,
Commerzienräthe Hermann Egells in Berlin und Herm. Kühn
in Dessau, Moritz Fliess in Magdeburg, L. W. Ziervogel und
Dr. Th. Tuchen in Leopoldshall. Wie der Prospect selber
hervorhob, hatte das Etablissement unter fiscalischer Verwaltung hohe Erträge geliefert, und der Landtag den Verkauf
mit nur 20 gegen 12 Stimmen genehmigt; daher glaubten die
Gründer, den Actionären die besten Aussichten eröffnen zu
können. In der That fabricirten sie auch für das erste Geschäftsjahr, das sie um 6 Monate zurückschroben, 8 Procent
Dividende. Für 1874 gab es 2 Procent, pro 1875 — 0. Cours
einst 105, jetzt ca. 25.

„Der Staat soll nicht Industrie noch Handel treiben,
weil es seiner nicht würdig ist, weil er dem Privaten
nicht Concurrenz machen darf". So lautet die manchesterliche Weisheit, und jetzt kann man ihre Folgen
sehen. Mit tiefem Unwillen muss es erfüllen zu sehen,
wie die „Volkswirthe" die Staatsverwaltung in Preussen,
Braunschweig, Anhalt und anderwärts genöthigt haben,
gut rentirende Etablissements entweder aufzulösen
oder den Gründern zu überlassen, zu welchen Gründern auch wieder die predigenden „Volkswirthe" selber
gehören, und was unter ihren Händen binnen ein
paar Jahren aus jenen ehemals fiscalischen Werken
geworden ist. Ehemals blühend, sind sie durch die
„Gründung" in Siechthum verfallen, vegetiren sie nur

noch. Durch solche „Vergründungen" haben Tausende von Arbeitern ihr Brod und Tausende von Actionären ihr Geld verloren. Auch die 1844 von dem damaligen Minister von Schätzell errichtete Eisengiesserei zu Bernburg ist der Schwindelperiode zum Opfer gefallen. Wie lockte im Prospect schon der Name der neuen Gründung: „Herzoglich Anhaltische Maschinenbauanstalt", wie biss auf diesen Köder das Publikum, besonders der Umgegend an, und wie schmählich ist es nun enttäuscht! Nicht nur hat die Gesellschaft für 1875 keine Dividende mehr gezahlt, sie war auch nicht einmal im Stande den Kaufgelderrest mit 135,000 Thaler zu tilgen. Aber Regierung und Landtag bewiesen Nachsicht. Auf Vortrag des Abgeordneten, Zuckerfabrikanten Dr. Baldamus, bewilligte der Anhaltische Landtag die weitere Stundung der Hypothek, von welcher 125,000 Thaler dem Landarmenfonds gehören. Hypotheken auf industriellen Etablissements gewähren aber für öffentliche Gelder nicht die gesetzlich erforderliche Sicherheit, und es ist nur zu wünschen, dass die Gesellschaft nicht umfällt, und die Landarmen dann nicht etwa ausfallen!

— —

Gross, sehr gross war die edle Gründerei im Königreich Sachsen. Rheinland-Westfalen und Sachsen

halten sich so ziemlich die Wage. Die zahlreichsten
Gründungen haben Leipzig, Chemnitz und hauptsäch-
lich Dresden aufzuweisen. Dresden, wo in der Schwindelperiode plötzlich mehre Börsenblätter entstanden,
wetteiferte fast mit Berlin, und umschliesst eine lange
Reihe von Gründerfirmen, wie M. Schie Nachfolger,
Robert Thode & Co., Eduard Rocksch Nachfolger,
Philipp Elimeyer, A. L. Mende, Otto Seebe, Georg
Meusel & Co., Heinrich Wilh. Bassenge & Co., Herzog
& Philippi, Günther & Rudolph etc. Ein Matador
unter den einheimischen Gründern ist auch der Commerzienrath Fedor Zschille in Grossenhain, der sich
auf den verschiedensten Gebieten versucht hat, z. B.
bei der Berlin-Dresdener Eisenbahn betheiligt ist.
Von Berliner Gründern waren in Sachsen thätig:
H. C. Plaut, Paul Gravenstein, Anhalt & Wagener,
R. A. Seelig, Adolf Martini, Heinrich Quistorp, Adolf
Russ, Eduard Mamroth, Carl Miether, Robert Baumann, Ferdinand Plessner, Geheimrath Dr. Carl Esse
u. A.

Gross, sehr gross ist die Zahl der in Sachsen
gegründeten Maschinen- und ähnlichen Fabriken. Wir
beschränken uns folgende zu charakterisiren:

Sächsische Gussstahlfabrik in Döhlen bei Dresden. Besteht seit 1856 und wurde schon 1862 in ein Actienunternehmen

verwandelt. Vertheilte von 1865 bis 1872 hohe Dividenden: 15, 9, 13, 15, 18, 22, 20 und resp. 25 Procent. Kaufte 1872 die Gräflich Einsiedelschen Werke [in Berggiesshübel au, und erhöhte das Actiencapital von 250,000 auf 500,000 Thaler. Diese Erhöhung war ziemlich überflüssig und schmälerte fortan sehr empfindlich den Reingewinn. Auch die früher ausbedungenen Gründerrechte wurden im Mai 1873 den ersten Zeichnern mit 60,000 Thaler abgekauft, welche die Actionäre jetzt im Wege des Prozesses zurückverlangen wollen. " Den damaligen Aufsichtsrath bildeten: Otto Seebe, Oberlieutenant a. D. Gust. Klette, Advocat Lengnick, Moritz Schubert und J. Wash. Beyer in Dresden. 1873 fiel die Dividende auf 10%, 1874 betrug sie nur 4%, und 1875 — 1%. Cours einst 350, jetzt?

Saxonia, Eisenwerke und Eisenbahnbedarf zu Radeberg bei Dresden. Gegründet Januar 1870 auf 500,000 Thaler Actien von Otto Seebe in Dresden, Landrath a. D. Wilh. von Graevenitz auf Thamm, H. Alberti in Radeberg, „Baudirector" Ferd. Plessner und Robert Baumann ₍in Berlin. Dividende pro 1874 75 — 3½%, pro 1875/76 — 0. Cours einst 120, jetzt ca. 20.

' **Sächsische Dampfschiffs- und Maschinenbauanstalt,** früher O. Schlick in Dresden. Gegründet April 1872. Grundcapital 310,000 Thaler. Aufsichtsrath: Commerzienrath Fedor Zschille in Grossenhain, Banquier Schlick (Schirmer & Schlick) in Leipzig, Consul Georg Meusel, Advocat Oswald Matthaei, Rentner Nordmann und Herrenburg, Felix Meyer und Julius Haeckel in Dresden. Dividenden: 1872 — 20%, 1873 — 5%, dann 0. Cours ca. 25.

Maschinenfabrik und Eisengiesserei, früher Albert Kiesler & Co. in Zittau. Gegründet December 1872 von der Oberlausitzer Bank in Zittau. Actiencapital 160,000 Thaler, aufgelegt zum Course von 105. Die Vorbesitzer behielten die Leitung und übernahmen 20,000 Thaler Actien. Aufsichtsrath: Advocat Ferd. Stremel, Fabrikbesitzer Ludwig Schmitt (Brüder

Schmitt), Stadtrath Hermann Ströhmer, Bankdirector Otto Seitz und Kaufmann August Wehle. Dem Anschein nach, ein weisser Rabe unter den Gründungen, denn die Dividenden bewegten sich bisher in aufsteigender Linie: $5\frac{1}{3}$, $6\frac{1}{2}$ und resp. 9%.

Maschinenfabrik, vormals B r o d & S t i e h l e r in Zwickau. Bildete sich November 1872 mit 250,000 Thaler Actien und 50,000 Thaler Hypotheken. Die Vorbesitzer erhielten die Direction. Aufsichtsrath: Commerzienrath Fedor Zschille in Grossenhain, Advocat Urban und Banquier August Hentschel in Zwickau, Richard Hartmann jun. in Chemnitz. 1875 und 1876 je 5% Dividende. Cours?

Voigtländische Eisenbahnwagen-und Maschinenfabrik, chemals W i l h e l m B r a u n zu Reichenbach i. V. Gegründet Juli 1871 von Carl von Metzsch, Kammerherr und Mitglied der I. Sächsischen Kammer auf Reichenbach, Kaufmann Aug. Walter, Mitglied der II. Sächsischen Kammer, Adalbert Kräger, Director Ewald Bellingrath, A. L. Mende und Philipp Elimeyer in Dresden, Geheimrath Dr. Esse in Berlin. Actiencapital 500,000 Thaler, wovon der Vorbesitzer 100,000 Thaler übernahm, und dieselben als Caution für eine von ihm auf fünf Jahre garantirte Dividende à 8 Procent hinterlegte.

Maschinenbauanstalt, vormals G o t t s c h a l d & N ö t z l i in Golzern bei Grimma. Gegründet Februar 1873. Aufsichtsrath: Commerzienrath Koch in Lausigk, Director R. Grahl in Döhlen, Advocat Carl Speck in Döbeln, Julius Kauffmann in Melsungen, Adolf Mankiewicz (Philipp Elimeyer) in Dresden, Director Pernitzsch von der Leipziger Wechsler- und Depositenbank. Actiencapital 300,000 Thaler und 50,000 Thaler Hypotheken. Der Vorbesitzer Jean Nötzli behielt die Leitung. Dividende pro 1874/75 — 11%, pro 1875/76 — 10%. Cours circa 90.

Lausitzer Maschinenfabrik, vormals J. F. P e t z o l d in Bautzen. Gegründet Januar 1872 von Georg Meusel & Co. und M. Schie Nachfolger in Dresden. Aufsichtsrath: Advocat

G. Schubart, Ernst Sulzberger, Eduard Meyer, A. Rosencrantz
und Herm. Burnewitz in Dresden. Actiencapital 300,000 Thlr.
Der Mitvorbesitzer Reinhold Zimmermann wurde Director.
1875 schloss mit Verlust. Cours?

Landwirthschaftliche Maschinenbauanstalt, vormals
Hermann Goetjes, Carl Wilh. Bergmann & Co. in Reud-
nitz bei Leipzig. Gegründet Ende 1871. Actiencapital 900,000
Thaler und 200,000 Thaler Hypotheken. Vorstand: Commerzienrath C. W. Bergmann. Aufsichtsrath: Carl Aug. Eisen-
reich, Alexander Crayen, Alfred Becker, Stadtrath Julius Heb-
binghaus, Aug. Herm. Wappler, Advocat Hofrath Dr. Lohse
und Bankdirector Fr. Louis Hoffmann in Leipzig. Dividende
pro 1874 75 — 0. Cours etwa noch 20.

Eisengiesserei und Maschinenbauanstalt, vormals F.
L. und E. Jacobi in Meissen. Gegründet September 1872
von Heinrich Wilh. Bassenge & Co. in Dresden. Angeblicher
Kaufpreis 360,000 Thaler! Actiencapital 290,000 Thaler, aufgelegt à 105! Dividende pro 1875/76 — 6%. Cours ca. 60.

Maschinenfabrik und Eisengiesserei, vormals Julius
Behrisch in Meissen. Gegründet September 1872. Aufsichtsrath: William Eales, Friedrich Finke, Heinrich Koch und
Louis Schulz in Meissen, Carl Philippi (Herzog & Philippi) in
Dresden. Die Direction übernahmen Alfred Hausding und der
Vorbesitzer, welcher für 3 Jahre eine Dividende von 10% garantirte. Für das erste Geschäftsjahr wurde ein Reingewinn
herausgerechnet, der die garantirte Dividende reichlich deckte,
aber auffälligerweise war die Casse gänzlich leer, und es
musste, um die Actionäre zu befriedigen, erst eine Hypothek
aufgenommen werden. Man zahlte die Dividende, und belastete mit der gleichen Summe das Etablissement! Auch im
Uebrigen zeigte die Bilanz grobe Unrichtigkeiten, falsche Angaben und übertriebene Werthschätzungen. Nicht minder war
die Bilanz des zweiten Jahres gefälscht; dasselbe ergab in
Wirklichkeit einen Verlust von über 100,000 Thalern. Daraufhin

wurde die Auflösung beschlossen, und die im März 1876 zusammentretende Generalversammlung verweigerte selbstverständlich dem Herrn Julius Behrisch die Decharge. Ueber diesen Scandal berichtete die „Berliner Börsen-Zeitung" mit den klassischen Worten: „Es entspann sich eine lange unerquickliche Debatte." Herr Julius Behrisch erbot sich, das Etablissement zurückzunehmen und den Actionären ganze 18%, herauszuzahlen. Die armen Betrogenen dachten: Lieber etwas als gar nichts, und gingen darauf ein. Doch Herr Jul. Behrisch zahlte nicht. Er mochte finden, dass er sich übereilt habe, dass er zu grossmüthig gewesen sei. Genug, er brach auch diesen Vertrag, und als man gerichtlich gegen ihn vorging, zeigte es sich, dass er plötzlich „ganz mittellos" geworden. Da empfand Herr Gottlieb Behrisch ein menschliches Rühren. Er trat für den Bruder ein und übernahm die Fabrik, die den Actionären 150,000 Thaler kostete, für 24,000 Thaler. In Folge dieser edlen That erging eine Bekanntmachung, dass bei Louis Markus in Dresden zur Auszahlung kämen pro Actie 20 Mark. Das sind 6⅔ Thaler für 100 Thaler! Die Staatsanwaltschaft aber scheint von diesen Vorgängen keine Notiz genommen zu haben.

Englische Sicherheitszünderfabrik, vormals **William Eales** in Meissen. Gegründet 1. April 1872 mit 160,000 Thlr. Actien, die später auf 300,000 Thaler gebracht wurden. Der Vorbesitzer blieb Director. Aufsichtsrath: George Meusel & Co. in Dresden, C. F. Förster in Riesa, Advocat Franke, Fr. Finke, Georg Burckhardt und Georg Voeckler in Meissen. Letzte Dividenden 5²/₄ und 5½"/₀. Cours ca. 25.

Dampfmaschinenfabrik, vormals **Rentsch & Oschatz** in Krimmitzschau. Gegründet Anfang 1873 mit 350,000 Thaler Actien. Wie die Berliner „Neue Börsenzeitung" meldete, war der reelle Werth der beiden vorgekauften Etablissements etwa 100,000 Thaler. Aufsichtsrath u. A.: Luc. Müller. 1874 und 1875 wurden je 5"/₀ Dividende vertheilt, 1876 — 0. Die

Actien, welche etwa 15 notiren, sollen sich noch in den Häuden der ersten Zeichner befinden, und nunmehr von dem Vorbesitzer und Director Louis Rentzsch, der die Fabrik wieder übernehmen will, zurückgekauft werden.

Webstuhl- und Maschinenfabrik, vormals **Anton Zschille** in Grossenhain. Actiencapital 150,000 Thaler und 50,000 Thaler Hypotheken. Dividenden von 1873 — 1875: 0, 4 und resp. 1%. Cours ca. 20.

Mechanische Kratzenfabrik, sonst Lossius Nachfolger zu Mittweida. Gegründet Juni 1872 mit 150,000 Thaler Actien. Aufsichtsrath: William Eales in Meissen, G. A. Müller und Spinnereidirector Steinegger in Mittweida, Carl Philippi (Herzog und Philippi) in Dresden. Der Vorbesitzer Wilh. Decker behielt die Leitung und garantirte für die ersten drei Jahre 8% Dividende. Für 1874 und 1875 erhielten die Actionäre je 6%. Cours ca. 50.

Sächsische Eisenindustrie in Pirna, sonst Commerzienrath Hermann Gruson in Buckau bei Magdeburg. Gegründet November 1871. Actiencapital 1,600,000 Thaler. Aufgelegt bei Paul Gravenstein in Berlin und bei H. C. Plaut in Leipzig und Berlin. Als Aufsichtsräthe wurden im Prospect, ausser dem Vorbesitzer, genannt: Abgeordneter Advocat Hermann Schreck in Pirna, Baron Gustav Robert von Beust in Wien, Director Gustav Hartmann in Chemnitz, Joseph John Ruston in Prag. Während der Prospect höchst gewissenhaft 26,2% Dividende ausrechnete, schloss das Jahr 1873 mit 17,000 Thlr., 1874 mit 143,000 Thaler Verlust, weshalb man 1875 zur Liquidation schritt.

Wie seiner Zeit die „Magdeburgische Zeitung" mittheilte, beabsichtigte Herr Gruson Februar 1872 auch seine Maschinenfabrik und Eisengiesserei in Buckau zu „gründen". Ein Consortium hatte das Etablissement bereits für 1,300,000 Thaler erstanden, das Grundcapital war auf die Kleinigkeit von 2 Millionen Thaler festgesetzt, und die neuen Actien sollten zu dem bescheidenen Course von 120 aufgelegt werden — da zerschlug sich plötzlich die Sache. Herr Gruson trat, wie es scheint, nicht ganz freiwillig, zurück, und musste an die Mitglieder des Consortium je 15,000 bis 30,000 Thaler Reugeld zahlen.

Chemnitz verdient einen besondern Abschnitt. Voll stolzen Selbstgefühls, aber gerade nicht mit Unrecht, nennt es sich das „Deutsche Manchester"; es ist die erste Fabrikstadt Sachsens und mit die bedeutendste in Deutschland. Deshalb fand auch die Gründungswuth hier ein ausserordentliches Feld; Etablissement auf Etablissement fiel ihr anheim, und ein Fabrikbesitzer gründete immer wieder den andern. Unter den Eingeborenen selber bildete sich eine Clique von Gründern. Obenan steht die Familie Hartmann: der Geheime Commerzienrath Richard Hartmann, der seine eigene Maschinenbauanstalt schon im März 1870 für die kolossale Summe von angeblich drei Millionen Thaler gründen liess; Gustav Hartmann und Richard Hartmann jun. Zu ihren Verbündeten gehören: Geheimer Hofrath Kohl, Advocat Weber I., Louis Benndorf, Julius Stärker, Gottlieb Behrend u. A.

Unter den gegründeten Etablissements befinden sich, neben vorzüglich renommirten, auch ganz unbedeutende. Wir verzeichnen hier:

Sächsische Webstuhlfabrik, vormals Louis Schönherr. Gegründet Anfang 1872 von M. Schie Nachfolger in Dresden und dem Chemnitzer Bankverein. Actiencapital 1 Million Thlr., wovon der Vorbesitzer die Hälfte übernahm. Derselbe wurde auch Präsident des Aufsichtsraths, und neben ihm fungirten: Louis Benndorf, Geheimer Hofrath Kohl, Stadtrath Advocat Ullrich I., Julius Staerker. Direction: Franz Mittenzwey und Max Schönherr. An Hypotheken sind 200,000 Thaler vorhanden. Die Dividenden betrugen 1872—1876: 10, 10, $1\frac{1}{2}$, $1\frac{2}{3}$ und resp. $1\frac{1}{7}\%$. Cours einst 130, jetzt ca. 30.

Maschinenbauverein, vormals C. F. Schellenberg. Gegründet März 1872 von M. Schie Nachfolger in Dresden. Vorsitzender des Aufsichtsraths: Advocat Weber I. Februar 1874 fand ein Rückkauf der Actien à 30 statt. Dividende pro 1875/76 — 0. Cours etwa 10.

Eisengiesserei Concordia. Trat November 1873 in Liquidation.

Dampf- und Spinnerei-Maschinenfabrik, früher Theodor Wiede. Gegründet October 1872 von M. Schie Nachfolger in Dresden. Actiencapital 1,100,000 Thaler, emittirt mit 102! Ausserdem 180,000 Thaler Hypotheken. Die Vorbesitzer H. F. Loose und C. E. Bergmann behielten die Leitung. Vorsitzender des Aufsichtsraths: Emil Schotte. Für 1872 entfielen 10, für 1873 — 4% Dividende; 1874 und 1875 — 0. Novbr. 1875 wurde das Grundcapital um 300,000 Thaler gekürzt. Cours etwa noch 15.

Maschinenfabrik Germania, vormals J. S. Schwalbe und Sohn. Actiencapital 800,000 Thaler und 250,000 Thaler Hypotheken. Pro 1873 wurden 10% Dividende vertheilt und an 11,000 Thaler Tantièmen bewilligt. 1875 war die Dividende 0.

Sächsische Stickmaschinenfabrik, vormals Albert Voigt in Kappel bei Chemnitz. Gegründet März 1872. Das Actiencapital mit 450,000 Thaler, aufgelegt bei Anhalt & Wagener in Berlin und dem Chemnitzer Bankverein, war nach Versicherung der Börsenzeitungen nur „klein“, und die Branche „sehr rentabel“. Der Vorbesitzer übernahm den dritten Theil der Actien, gewährte angeblich 200,000 Thaler Betriebscapital und behielt die Leitung. Aufsichtsrath: Julius Stärker, Advocat Wilh. Harnisch, Louis Benndorf, Ernst N. Roth (J. F. Pflugbeil) und Franz Mittenzwey. Für das erste Geschäftsjahr von 6 Monaten (!) wurden 25°/₀ Dividende fabricirt, und so die Actien bis 180 hinaufgetrieben. 1873 ergab nur 5%, denn die Stickmaschinen waren bereits ausser Mode gekommen. 1874 schloss mit 45,500 Thaler Verlust. Der Cours ist etwa 15.

Eisengiesserei, vormals Rockstroh. Gegründet August 1872 von Eduard Mamroth, Hugo Mamroth, Carl Miether, Jul. Sternfeld, Otto Bergmann und Julius Rothenstein in Berlin, Richard Lehmann in Chemnitz. Actiencapital 250,000 Thaler und 50,000 Thaler Hypotheken. Director: Moritz Rockstroh. Die erste Dividende für ein Geschäftsjahr von 4 Monaten (!) mit 9% war künstlich gemacht: seitdem betrug sie 0. 1873 schloss mit 47,000 Thaler, 1874 mit 80,000 Thaler Verlust. 1875 wurden ²/₃ der Actien gemeuchelt. Trotzdem ist der Cours, der Februar 1873 über 120 ging, nunmehr etwa 1; denn das Etablissement ist reell nicht mehr werth als die eingetragenen Hypotheken.

Schloss Chemnitzer Dampfkesselfabrik, früher Jean Affolter. Bildete sich April 1873 mit 230,000 Thaler Actien. Ausser dem Vorbesitzer waren die Gründer: Adolf Grunwald und Hermann Münchenberg in Berlin, Hermann Schwabe in Chemnitz. Im Februar 1874 recherchirte der Staatsanwalt.

Werkzeug-Maschinenfabrik, vormals Commerzienrath Joh. Zimmermann. Gegründet November 1871 von M. Schie Nachfolger in Dresden, welche in Verbindung mit Anhalt und Wagener in Berlin 2 Millionen Thaler Actien (!) à 105 (!) auflegten. Später wurden noch 400,000 Thaler Actien ausgegeben!! Dazu 70,000 Thaler Hypotheken und 178,000 Thaler Restkaufgelder!!! Der Vorbesitzer übernahm 1 Million Actien und wurde „Generaldirector" der Gesellschaft. Den Aufsichtsrath bildeten: Julius Stärker, Advocat Hermann Weber I, Heinrich Gulden und Emil Schotte in Chemnitz. Das erste Geschäftsjahr ergab für die Actionäre 14% Dividende, für den Aufsichtsrath 6400 Thaler, und für den „Generaldirector" 15,000 Thlr. Tantième. Ausserdem erhielt der Letztere $1/3$ des ganzen Reingewinns mit 105,000 Thalern! 1873 empfingen die Actionäre 15%, der Aufsichtsrath 10,000 Thaler und der „Generaldirector" 27,000 Thaler. 1874 entfielen 8% Dividende, für den Aufsichtsrath 4000 Thaler und für den „Generaldirector" 17,000 Thaler. 1875 betrug die Dividende 6%, 1876 — 0; und der Cours, einst 150, ist noch ca. 30.

Deutsche Werkzeug-Maschinen-Fabrik, vormals Sondermann & Stier. Gegründet von M. Schie Nachfolger in Dresden, welche in Gemeinschaft mit Ed. Rocksch Nachfolger in Dresden, Kunath & Nieritz in Chemnitz und dem Chemnitzer Bankverein 700,000 Thaler Actien auflegten. Der Kaufpreis betrug angeblich 800,000 Thaler, und der Vorbesitzer Carl Sondermann behielt die Leitung. Dividende pro 1874/75 — 1%, pro 1875/76 — 0. In Folge einer Denunciation, dass der Prospect falsche Angaben enthalten, recherchirte der Staatsanwalt; doch ist es zu einer Anklage bisher noch nicht gekommen. Cours etwa 10.

Werkzeugmaschinenfabrik Vulcan, früher Wilhelm Benndorf. Wurde gegründet December 1872. Actiencapital 240,000 Thaler, nebst Zinsen seit dem 1. April 1872 (!) — weil nämlich das erste Geschäftsjahr um 9 Monate zurückgeschroben wurde. Der Vorbesitzer behielt die Leitung. Aufsichtsrath: Gottlieb Behrend, Director der famosen Maschinenbaugesellschaft A. Münnich & Co., Advocat Wilhelm Harnisch und Robert Büttner (C. J. Tittel & Co.) in Chemnitz. 1875 ergab als Dividende $1/2$%, 1876 — 0. Cours ca. 8.

Werkzeugmaschinenfabrik Saxonia, vormals Constantin Pfaff. Gegründet 1873 von H. Quistorp in Berlin.

Actiencapital 425,000 Thaler und 175,000 Thaler Hypothek. Der Vorbesitzer behielt die Leitung. Präsident des Aufsichtsraths: Adolf Russ in Berlin. Revisor: Albert Ludewig in Berlin. Für das erste Geschäftsjahr wurden 10% Dividende gegeben. 1874 folgte dann Reduction des Actiencapitals u. s. w.

Werkzeugmaschinenfabrik Phönix. Grundcapital 300,000 Thaler. Die Actien sind meist in Westphalen und namentlich in Dortmund untergebracht. 1875 wurde die Liquidation beantragt.

Werkzeugmaschinenfabrik Union, vormals D. G. Diehl. Actiencapital 350,000 Thaler und 60,000 Thaler Hypothek. Der Vorbesitzer wurde Director. Aufsichtsräthe u. A.: Gottlieb Behrend und Richard Hartmann jun. in Chemnitz. Dividende pro 1872/73 — 10%, pro 1874/75 — 1%. Cours etwa 10.

Sächsisches Messingwerk Lugau bei Chemnitz. Gegründet Mai 1872 mit 150,000 Thaler Actien. Trat 1876 in Liquidation.

Wie man sieht, befinden sich unter den Chemnitzer Actiengesellschaften schon viele Leichen und Todeskranke. Die unbescheidenste Gründung war wol die Werkzeugmaschinenfabrik von Joh. Zimmermann. Selbst die Börsenzeitungen nannten den angeblichen Erwerbspreis „ungeheuer". Wenn aber der Geheime Commerzienrath Hartmann drei Millionen Thaler berechnete, warum sollte dann Herr Commerzienrath Zimmermann sein Etablissement nicht den Actionären mit zwei Millionen Thaler überweisen? Inzwischen hat man das riesige Grundcapital von 2,400,000 Thaler durch Rückkauf von 600,000 Thaler

Actien etwas kleiner gemacht, was freilich den Cours nicht zu bessern scheint. Für 1875/76 wurde ein Reingewinn von nur 13,000 Thaler erzielt, der selbstverständlich die Vertheilung einer Dividende nicht gestattete, und so begnügte man sich mit „Abschreibungen".

Süddeutschland hat, wie schon zu Eingang dieses Capitels erwähnt, weit weniger als Nord- und Mitteldeutschland gegründet; obgleich München, Stuttgart und vor Allem Frankfurt a. M. sich auch durchaus nicht blöde erwiesen. Hier sind jedoch nur folgende Gesellschaften zu nennen:

Waggonfabrik, vormals J. C. Reifert & Co. in Bockenheim bei Frankfurt a. M. Gegründet September 1871 von der Oesterreichisch-Deutschen Bank in Frankfurt a. M. mit 650,000 Thaler Actien. Der Vorbesitzer Clemens Reifert wurde „Generaldirector". Verwaltungsrath: J. B. Pfaff, J. Koch, Friedrich Mumm, Franz Brentano und Chr. Grote in Frankfurt a. M., Notar Dr. Becker in Bockenheim. Das erste Geschäftsjahr (1872) schloss mit $6^2/_3\%$ Reingewinn. Für 1874 gab es keine Dividende mehr, und 1875 wurde die Liquidation beantragt.

Süddeutsche Gesellschaft für Eisenbahnbau und Eisenbahnbedarf in Stuttgart. Gegründet Juni 1871 mit 700,000 Gulden Actien, die schon im November desselben Jahres um das Dreifache vermehrt, auf 2,100,000 Gulden gebracht wurden. 1874 und 1875 schlossen mit Verlust.

Maschinenfabrik zu Kirchheim bei Stuttgart. Gegründet December 1869 von der Würtembergischen Depositenbank,

Eisenhändler Nopper und Baurath Bok in Stuttgart, Banquier C. A. Jacob und Regierungsrath Idler in Kirchheim. Die Fabrik wurde neu errichtet, und erhielten die Actionäre pro 1870 und 1871 — 5% „Bauzinsen", also aus ihrem eigenen Säckel. Director wurde Joh. Fr. Wilh. Dehlinger, und seine Geschäftsführung war eine fast wahnwitzige. Wiewol bereits eine Unterbilanz vorhanden war, rechnete er pro 1872 eine Dividende von 10% heraus, und bezahlte dieselbe, indem er das Grundcapital von 400,000 auf 800,000 Gulden erhöhte. Die bis 118 getriebenen Actien sind heute werthlos. Juni 1876 kam die Missethat in Ulm zur strafgerichtlichen Verhandlung. Dehlinger wurde zu vier Wochen Gefängniss, die Aufsichtsräthe Bok, Nopper und G. Simon in Aalen zu je 200 Thaler Geldbusse verurtheilt. Ein erstaunlich milder Rechtsspruch, eine sehr ungenügende Sühne.

— — —

Deutsche Gründer machten endlich auch Elsass-Lothringen unsicher. Die Gründerei war mit die erste Gabe, welche das Mutterland den wiedergewonnenen Provinzen darbrachte. Elsass-Lothringen ist reich an Eisenhütten und Maschinenfabriken, und das dortige Eisen bereitet jetzt dem Deutschen eine empfindliche Concurrenz. Die Gründer warfen sich daher mit Vorliebe auf solche Etablissements, von denen wir hier nur eins anführen:

Lothringer Eisenwerke, früher **Dupont & Dreyfuss** in Ars an der Mosel und in Saarbrücken. Angekauft für angeblich 17½ Millionen Francs (!) und gegründet April 1873 von der Oesterreichischen Creditanstalt, dem Berliner Bankverein und dem Frankfurter Bankverein. Actiencapital

6 Millionen Thaler. Aufsichtsräthe: Graf Henckel von Donnersmark, Alfred von Haber, Ingenieur Paulus etc. „Generaldirector": Anton Birrenbach. Für das erste Geschäftsjahr von 4 Monaten (!) wurden 5% Dividende vertheilt. 1874 schloss mit 147,000 Thaler, 1875 mit 128,000 Thaler, 1876 mit fast 500,000 Thaler Verlust. Die Actien sollen sich noch in der ersten Hand befinden.

_____

Vor wenig Jahren noch stand in Deutschland die Eisen- und Stahlindustrie in hohem Flor; heute liegt sie, vom Hochofenbetrieb bis zum Maschinenbau, am Boden. Gar viele Oefen sind ausgeblasen, viele Puddel- und Walzwerke feiern, die Eisengiessereien und Maschinenfabriken haben ihren Betrieb fortgesetzt einschränken müssen. Ueberall erschallen laute Klagen, und die nächste Zukunft erweckt grosse Besorgnisse. Mancherlei Momente haben dieses traurige Darniederliegen herbeigeführt, so auch die manchesterliche Wirthschafts- und Handelspolitik der Regierung, unser mehr doctrinäres und unbilliges als praktisches und rationelles Zollsystem, das höchst unzeitgemässe Erhöhen der Eisenbahnfrachtsätze nach dem „Krach", die widersinnigen Differential-Tarife, welche das Ausland auf Kosten des Inlands begünstigen, insofern fremde Erzeugnisse auf Deutschen Bahnen zum Theil billiger befördert werden als einheimische Producte u. a. m. Aber die eigentliche Schuld an der Calamität trägt doch die Schwindelära. Weil Eisenwerke und Maschinenfabriken eine gute Rente abwarfen, wurden solche Etablissements mit Vorliebe „gegründet", und gerade hier die gröbsten Ausschweifungen und Betrügereien verübt. Mit einem kolossalen Capitale überlastet, dazu dem Raube und der Plünderung der eigenen Beamten preisgegeben, konnte die Actiengesellschaft nimmer gedeihen. Die Preise der Fabrikate gingen hoch und wurden systematisch höher geschroben, der Bedarf des Publikums schien gross und wurde noch künstlich gesteigert; schon um das Capital zu verwenden und die Arbeiter zu beschäftigen, wurde ohne Rücksicht auf die Unkosten flott producirt, und man producirte ohne Ende. Sobald der Schwindel in sein Nichts zerfiel, musste auch die Reaction eintreten. Die Nachfrage stockte, das Angebot wurde dringend, überall zeigten sich grosse Vorräthe. In demselben Grade wie die Preise für Maschinen, Locomotiven, Waggons, Schienen, Schwellen etc. gestiegen, mussten sie auch wieder fallen, und sie fallen noch immer, da sie noch lange nicht das natürliche Niveau erreicht haben.

Das Darniederliegen unserer Industrie ist also die unmittelbare und nothwendige Folge, einerseits der Ueberspeculation und Ueberproduction, andererseits der Ausbeutelung des Publikums, dessen Kauffähigkeit ziemlich erschöpft ist. Die Heilmittel, welche die verschiedenen Parteien vorgeschlagen, sind blosse Quacksalbereien und beruhen auf einem Verkennen der Krankheit und ihrer Ursachen, welches Verkennen zum Theil wol absichtlich ist. Mit gerechtem Unwillen haben sogar Fabrikbesitzer das Recept des Herrn Finanzministers Camphausen zurückgewiesen, indem sie erklären, die Lohnsätze ihrer Arbeiter nicht weiter beschneiden zu wollen. Selbst die manchesterliche „Vossische Zeitung" äusserte: Man solle verhindern, „dass, ebenso wie vor Jahren die aufsteigende Bewegung, jetzt die sinkende Bewegung des Arbeitslohnes über das Mass fortschreite; denn ebenso wenig wie die Industrie bei allzu hohen Lohnsätzen bestehen kann, ebenso wenig kann der Arbeiter existiren, wenn der Lohn zu niedrig ist; und auch der Industrie ist durch allzu niedrige Arbeitslöhne nicht gedient, ein ungenügend ernährter Arbeiter wird stets eine schlechte oder mittelmässige Arbeit liefern".

Die Eisen-Industriellen sehen dagegen nur Rettung, wenn die Eisenzölle fort erhoben werden, und es ist dieserhalb ein erbitterter Kampf zwischen Freihändlern und Schutzzöllnern ausgebrochen. Dieser

Kampf, welcher sich in allen Tagesblättern ungebühr-
lich breit machte, hat jedoch für das Publikum keine
besondere Bedeutung. Die Frage, ob Schutzzoll ob
Freihandel, ist auch nur eine doctrinäre, und muss
stets nach Ort und Zeitumständen entschieden werden.
Der radicale Freihandel, wenngleich Ideal, ist heute
noch in keinem Lande durchführbar, und wenn er
trotzdem, wie bisher in Preussen, 'einseitig verfolgt
wird, so führt er zu den gröbsten Inconsequenzen,
schädigt er zugleich den Staatssäckel und die Interessen der eigenen Bürger. Nicht mit Unrecht for-
dern die sogenannten Schutzzöllner, dass Deutschland
nicht Zölle aufhebe, die das Ausland noch bestehen
lässt, dass Zollermässigungen nur da und insoweit
eintreten, als solche auch der betreffende Fremdstaat
bewilligt; gewiss nicht mit Unrecht weisen die Schutz-
zöllner darauf hin, dass Schlachtvieh und |verschie-
dene Lebensmittel noch einen Schutzzoll geniessen.
Für den unbedingten Freihandel schwärmt eben nur
der Handel, wogegen Gewerbe und Industrie, die
doch mindestens ebenso schwer in's Gewicht fallen,
einen gewissen Schutz ihrer Producte und Fabrikate
gegen die Concurrenz des Auslandes anstreben. Das
consumirende Publikum endlich wird von Zöllen und
indirecten Steuern im Grossen und Ganzen nur wenig,

kaum fühlbar betroffen. Beispielsweise hat ihm der
Wegfall der Salzsteuer gar nichts genützt, denn Salz
ist im Detailhandel um keinen Pfennig billiger geworden. Die Aufhebung der Schlacht- und Mahlsteuer in Preussen hat die Preise von Fleisch und
Brod nicht sinken, eher noch steigen lassen. Daher
haben diejenigen Städte sehr weise gethan, welche die
Schlachtsteuer beibehielten, und bereits bemühen
sich verschiedene Orte wieder um Einführung derselben. Ein scharfes Misstrauensvotum gegen die
manchesterlichen „Volkswirthe" und Gesetzgeber!

Die Eisenzölle, welche schon 1873 fallen sollten,
aber durch einen Compromiss der Herren Dr. Hammacher und Genossen noch bis Neujahr 1877 bestehen blieben, tragen etwa 1 Million Thaler ein,
bilden also einen sehr mässigen Einnahmeposten, den
der Etat des Deutschen Reichs leicht verschmerzen
kann. Das Publikum, der Haushalt des Privatmannes
wird die Aufhebung kaum empfinden. Aber ebenso
unerheblich ist sie auch für die Industrie selber;
obgleich Herr Hammacher, der sich seinen Wählern
zu Liebe neuerdings zum Schutzzoll bekehrt hat, so
feierlich das Gegentheil versichert. Mit dem gegenwärtigen Nothstand unserer Eisenindustrie hat der
Eisenzoll nichts zu thun, und es könnte ihr wenig

helfen, selbst wenn die Einfuhr überhaupt verboten würde. Sie blutet an den Wunden, die ihr die Gründer geschlagen, und zum Theil büsst sie auch für eigene Sünden.

Es kennzeichnet die tiefe Corruption, die in Deutschland eingerissen, dass die Blätter, die dem Schwindel mit Wollust gedient und sich von ihm ernährt haben, jetzt als Moralprediger und Rathgeber auftreten. „Ungenügende Finanzirung heisst das Uebel, an dem die grossen Actienwerke der Eisenbranche leiden", schreibt die „Schlesische Presse". Nach ihrer Meinung haben es die nothleidenden Actiengesellschaften versäumt, rechtzeitig ihr Stammcapital zu vermehren oder neue Anleihen aufzunehmen. Dem biedern Blatt ist also die ungeheuerliche Belastung der gegründeten Fabriken etc. noch nicht gross genug, und dieses Urtheil ist den Gründern sicherlich aus der Seele gesprochen. Die „Berliner Börsen-Zeitung" wieder empfahl, um den Actionären zu Dividenden zu verhelfen, und die Course auf die Beine zu bringen, die Reduction des Grundcapitals; und diesen Rath befolgen die Gesellschaften nachdrücklichst. Sie legen 2, 3, 4, 6, 10 Actien in Eine zusammen, und meucheln so das Stammcapital nach der Möglichkeit; aber zu Dividenden ist es trotzdem nicht gekommen, und die

Course wollen dessungeachtet nicht in die Höhe, oder wenn auch um ein paar Procent steigend, fallen sie schnell wieder auf den vorigen Stand zurück. Die meisten Gesellschaften sind so tief zerrüttet und so überschuldet, dass es gleichgültig bleibt, ob ihr Capital nach wie vor 1 Million Thaler beträgt oder auf 100,000 Thaler herabgesetzt wird: eine Dividende ist in diesem Leben nicht mehr zu erzielen, und eine neue Actie ist nicht mehr werth wie zehn alte, da nach Adam Riese 10×0 auch nur wieder 0 macht.

Wenn die Börsenblätter, die sonst dem Manchesterthum, also dem unbedingten Freihandel mit Leib und Seele ergeben sind, plötzlich für Aufrechterhaltung der Eisenzölle plaidiren, so thun sie es nur, weil sie von solcher Massregel eine neue Courstreiberei aller Maschinenbau-, Bergwerks- und Eisenhüttenactien verhoffen. Indess dürfte diese Hoffnung doch fromme Täuschung sein. Wenn das Publikum, durch die schrecklichen Verluste wirklich nicht klüger geworden, auch wollte — es kann nicht mehr; seine Taschen sind leer, und die Börse und ihre Organe müssen schon abwarten, bis es wieder etwas zu Kräften gekommen ist.

Der Triumph der Industrie.

Skandalöse Gründungen: Eisenspalterei N. Eberswalde, Eisenbahnbedarf und Westpreussische Eisenhütte in Elbing, Arthursberg in Stettin, Pinneberger Union, Heilenbecker Gussstahl, Remscheider Stahlwerke, Halle-Leipziger Eisengiesserei, Münnich in Chemnitz, Thüringer Eisenbahnbedarf — Die Verluste des Publikums — Die „Betheiligung" der Parlamentarier — Ueberproduction — Freunde und Gegner der Schutzzöllner — Schlecht und theuer — Beschneidung der Lohnsätze und Verlängerung der Arbeitszeit — Der jüdische „Volkswirth" H. B. Oppenheim — Arbeitslosigkeit und Nothstand — Zwei Geschichten vom Geheimen Commerzienrath Borsig — Was die Gründer zuwege gebracht — Ausländische Industrieobligationen: Russischer Maschinenbau und Moskauer Eisenbahnbedarf — Die Zehn-Millionen-Thaler Anleihe des Kanonenkönigs Krupp.

Unter den industriellen Gründungen nehmen, neben den Berg- und Hüttenwerken, die Fabriken für Maschinen- und Eisenbahnbedarf mit den ersten Rang ein; sowol der Anzahl als dem Gewicht nach, mit Bezug auf das grosse Capital, welches in ihnen angelegt ist. Bei der Unzahl dieser Gesellschaften, konnte nicht jede aufgeführt werden, aber es sind die meisten, die wichtigsten und die bekanntesten genannt; und zwar ohne Unterschied des Charakters. Es sind nicht nur die faulen, sondern auch die besseren Gesellschaften behandelt, was um so leichter war, als deren nur wenige existiren. Durchaus zweifellose, streng solide Gründungen giebt es aus der Periode von 1870 bis 1873 wol überhaupt nicht. Nur ein verschwindend kleiner Bruchtheil ist erträglich, verdient Entschuldigung; die übergrosse Mehrzahl hat sich als schwindelhaft erwiesen und muss verurtheilt werden, wobei nur selten „mildernde Umstände" zuzugeben sind. Schon die früheren Capitel enthielten eine Menge von Gesellschaften, die zusammengebrochen oder dem Zusammenbruch nahe sind, bei deren Gründung und Verwaltung in erschrecklicher Weise gesündigt ist. Sie waren schlimm genug, und kaum kann es schlimmere geben, aber es existiren doch verschiedene, die ganz besonders verrufen und berüchtigt sind, die so arg wirthschafteten und so schmachvoll endeten, dass sie zum Theil sogar die Aufmerksamkeit des Staatsanwalts erregten und denselben zum Einschreiten veranlassten. Bei einigen war die Gründung einfach ein kolossaler Betrug, indem das Object zu einem Preise eingebracht wurde, der den wirklichen Werth um das Zehn- bis Zwanzigfache überstieg, worauf die Gründer ihr Kind seinem Schicksale überliessen. Andere Gesellschaften wurden von ihren Leitern und Beamten ununterbrochen bestohlen, systematisch ausgeplündert und dazu noch mit Schulden überlastet.

Gewisse Directoren betrieben die Fabrik nur dem
Namen nach, producirten nicht sowol, sondern spe-
culirten hauptsächlich, benutzten alle Baarmittel und
spannten den ganzen Credit an, um damit an der
Börse zu spielen. So lange sie im Glück waren,
strichen sie den Gewinnst ein, wogegen sie später
ihre riesigen Verluste auf das Conto der Actionäre
übertrugen, diesen faule Papiere aufhalsten oder
ihnen andere ziemlich werthlose und sehr überflüssige
Dinge zu den ungeheuerlichsten Preisen berechneten.
Nur in wenigen Fällen sind die Missethäter gerichtlich zur Rechenschaft gezogen, und merkwürdiger
Weise sind sie dann stets mit einer ausserordentlich
milden Strafe belegt worden.

Zu den Gründungen, die mehr oder weniger Scandal erregten, gehören:

Eisenspalterei in Neustadt-Eberswalde, dem Magnus
Levy gehörig, und diesem angeblich mit 370,000 Thaler,
die Vorräthe nicht eingerechnet (!) bezahlt. Gegründet 1872
mit 500,000 Thaler Actien und 155,000 Thaler Hypotheken.
1873/74 schloss mit 134,000 Thaler Verlust. Da lieferten die
Gründer 100,000 Thaler Actien zurück; der Vorsitzende des
Aufsichtsraths, Julius Schiff in Berlin, verzichtete grossmüthig
auf Forderungen von zusammen 65,000 Thalern, und im Uebrigen
wurde die Hälfte der Actien gemeuchelt. So galt das Unternehmen für „reconstruirt", und der mit 400 Thaler Gehalt
fungirende Director Bormann versicherte, dass es „vollständig
consolidirt" sei. Aber kaum zwei Monate nachher (Ende 1874)

ergab die Semestralbilanz bereits einen neuen Verlust von 36,000 Thaler. 1875 schritt man zur Liquidation und 1876 zum Verkauf, der ein lächerlich winziges Resultat lieferte. Wie es scheint, erstand das Etablissement einer der „Aufsichtsräthe", Hüttendirector Förster in Berlin, für seinen Sohn. Die Actionäre haben so gut wie Nichts zu erwarten. Exdirector Bormann beanspruchte seinen Gehalt von 4000 Thalern jährlich bis zum Jahre 1882 und strengte dieserhalb einen Process an. **Fabrik für Eisenbahnmaterial,** früher G. Hambruch und J. Vollbaum in Elbing. Gegründet Februar 1871 von H. C. Plaut und Paul Gravenstein & Co. in Berlin, von dem Abgeordneten, Oberbürgermeister a. D. Phillips in Elbing etc. Actiencapital zunächst 1 Mill. Thaler. Die Vorbesitzer behielten die Leitung, und der von Herrn Phillips unterzeichnete Prospect versprach nicht nur eine „bedeutende", sondern eine „ausserordentliche" Rentabilität. Aufsichtsräthe u. A.: Justizrath Ahlemann, Ferd. Meyer, Ed. Mamroth und Gerichtsassessor a. D. Löwenfeld in Berlin, Commerzienrath Damme in Danzig, Assessor Sauerhäring und Kaufmann Litten in Elbing. April 1872 wurde das Grundcapital auf 2 Millionen Thlr. erhöht, und die neuen Actien den alten Actionären zum Course von 105 überlassen. Man vertheilte für das erste Geschäftsjahr eine Dividende von 9⁰/₀, und für 1872 sogar 10⁰/₀. Dagegen schloss 1873 plötzlich mit 548,000 Thaler Verlust. Februar 1874 beantragte Herr Phillips wiederum eine Emission von 500,000 Thaler Actien oder Prioritäten, drang damit aber nicht mehr durch. August 1874 beschloss man die Liquidation, war jedoch in Wirklichkeit schon bankerott, denn als am 3. Januar 1875 der Concurs angemeldet wurde, datirte das Gericht denselben um 6 Monate zurück, also um die längste Frist, welche gesetzlich zulässig ist. Das Etablissement kam unter den Hammer, die Gläubiger hatten sich mit einander verständigt, und der bekannte Gründer, Geh. Commerzienrath Moritz Simon aus Königsberg i. Pr., erhielt den Zuschlag um 320,000 Thaler.

Assessor Löwenfeld, der ehemalige Aufsichtsrath und nachherige Liquidator, hatte ein noch weit geringeres Gebot abgegeben. Herr Simon verkaufte die Fabrik an Strousberg, der sie wieder an Frau Strousberg abtrat. Als man aber in Moskau den Wunderdoctor dingfest machte, wurde die Fabrik resubhastirt, und diesmal war Herr Simon der einzige Bieter. Er bot Spasses halber für das mit drei Millionen Thaler belastete Etablissement — 100,000 Thaler, und es fiel ihm dafür anheim. Die Gläubiger erhielten ungefähr 20% ihrer Forderungen, während die einst mit 120 notirten Actien selbstverständlich Maculatur waren. Herr Phillips, der auch noch bei anderen Gründungen betheiligt ist, erhielt October 1875 von der Stadt Elbing das Ehrenbürgerrecht.

Walzwerk **Westpreussische Eisenhütte,** vormals Kuttenkeuler, Dehring und Lorenz in Elbing. Gegründet September 1872 von Geh. Commerzienrath Stephan und Eduard Schmidt (Stephan & Schmidt) in Königsberg i. Pr., Jacob Litten in Elbing, Simon Lipmann in Berlin etc. Die Vorbesitzer behielten die Leitung und übernahmen 110,000 Thaler Actien. Als erste Aufsichtsräthe fungirten noch und haben den Prospect mitunterzeichnet: Carl Bittrich (J. C. Bittrich & Söhne), F. Oltersdorf (Sanio & Oltersdorf) in Königsberg i. Pr., Rechtsanwalt Heinrich und Rentier Jebens in Elbing, Director Adolf Rosenstein (Norddeutsche Grundcreditbank) und Alexander von Loeben (Rob. Thode & Co.) in Berlin. Im Auftrage des Herrn Stephan erstand Litten das Etablissement für 220,000 Thaler und liess sich persönlich von den Verkäufern eine Provision von 2200 Thaler zahlen. Der Prospect hingegen gab den Erwerbspreis auf 330,000 Thaler an und warf als Grundcapital 450,000 Thaler aus. Am 9. November 1872 fand die Zeichnung der Actien statt, und schon am 31. December schloss das erste Geschäftsjahr von drei Monaten (!) mit einer Dividende von 14% !! Diese glänzende Dividende war das Resultat einer gefälschten Bilanz, kam aber wahrscheinlich nur den Gründern

und Aufsichtsräthen zugute, denn die Actien waren meistens
noch unbegeben, und gelangten erst später, ohne den ersten
Dividendenschein, in die Hände des Publikums. Die Actien
vertrieb in wahrhaft genialer Weise Herr Simon Lipmann, früher
Commis bei Herrn Stephan, in Gemeinschaft mit Herrn Michaelis,
der wieder Commis bei Lipmann gewesen war, und jetzt als
Director der Halle'schen Creditanstalt fungirte, welche letztere
kurz zuvor von Stephan, Lipmann und der Norddeutschen
Grundcreditbank gegründet worden. Wir haben also hier eine
förmliche Kette von Gründern, und das Gründen geht unter
ihnen lustig im Kreise herum. Indem sie auf die eben vertheilte Dividende von 14% hinwiesen, und eine neue von 20%
in Aussicht stellten, indem sie ein Exposé, unterzeichnet
„Direction der Westpreussischen Eisenhütte" ausstreuten, das
die Lage der Gesellschaft in den rosigsten Farben schilderte,
aber, wie es sich später herausgestellt hat, mancherlei falsche
Angaben enthält, wussten die Herren Lipmann und Michaelis
die Actien zum Course von 125 bis 130 unterzubringen. Allein
in Halle a. d. Saale und Umgegend sollen von diesem famosen
Papier für ca. 70,000 Thaler abgesetzt sein. März 1873 wurden 300,000 Thaler neue Actien fabricirt, aber Mai 1874 durch
Zusammenlegen der Actien ca. 300,000 Thaler gemeuchelt, und
bald darauf wieder 200,000 Thaler Prioritäten ausgegeben. Ein
schlagendes Beispiel, was sich die Gründer und Aufsichtsräthe
nicht Alles erlauben! Trotz dieser sinnreichen Operationen
schloss die Bilanz vom 31. März 1875 mit einem Verlust von
192,000 Thaler, und drei Monate nachher wurde das Actiencapital nochmals um weitere 200,000 Thaler gemeuchelt. Selbstverständlich half dies Alles nichts; es kam Januar 1876 auch
hier zum Concurs, den das Gericht gleichfalls um sechs Monate
zurückdatirte; und die Westpreussische Eisenhütte, die an Actien
und Prioritäten 950,000 Thaler ausgegeben hatte, und ausserdem noch 100,000 Thaler schuldig war, wurde schliesslich den
Gebr. Michelly in Königsberg i. Pr. für ganze — 48,000 Thaler

überantwortet. Die Prioritätenbesitzer erhielten ca. 23%, alle übrigen Gläubiger und die Actionäre nichts.

Erst als Frühjahr 1876 die „Ostpreussische Zeitung" in Königsberg i. Pr. die scandalöse Geschichte dieser Gesellschaft in einer Reihe von Artikeln beleuchtete, schritt der Staatsanwalt ein, und Jacob Litten wurde verhaftet, krankheitshalber aber wieder entlassen. Da es sich hier um einen Gründer und Juden handelte, war die „liberale" Presse so discret, ihn nur mit seinem Anfangsbuchstaben L. zu bezeichnen. Dagegen bewarf sie den Redacteur der „Ostpreussischen Zeitung", Otto de Grahl, mit Koth, und die „Elbinger Post" beschuldigte ihn der unwürdigsten Motive. Die Börsianer aber nahmen noch eine andere Rache, und fixten den Cours der Actien der „Ostpreussischen Zeitung" von 85 auf ca. 60 herunter.

Eisenbahnbedarf und Maschinenbau **Arthursberg,** vormals H. Kolesch in Stettin. Gegründet October 1871 von der Stettiner Vereinsbank, S. Abel jun. und A. Paderstein in Berlin. Actiencapital 300,000 Thaler; dazu noch ca. 300,000 Thaler Hypotheken und Prioritäten. Erste Aufsichtsräthe: Otto Kühnemann, Rudolf Abel, Julius Hildebrandt und Amandus Strömer in Stettin, Julius Nelke (A. Paderstein) in Berlin. Der Prospect verhiess 20%, der Vorbesitzer garantirte 15%, und das erste Geschäftsjahr ergab 10% Dividende. 1873 schloss mit 177,000 Thaler Verlust; 1874 trat man in Liquidation, die sich an zwei Jahre hinzog und mit dem Concurs endigte. Cours einst 110, jetzt 0. Amandus Strömer und „Oberingenieur" Louis Meyer wurden nachträglich (1876) wegen Verschleierung der Lage ihrer Gesellschaft angeklagt, in erster Instanz freigesprochen, in zweiter zu einer blossen Geldbusse verurtheilt.

Union Eisenwerk, früher **Gebrüder Miether** in Pinneberg bei Hamburg. Gegründet April 1872 von Theodor Miether in Pinneberg, Carl Miether, Gustav Bath, Gabriel Hermann Michaelis, Leo Wollenberg und Eduard Mamroth in Berlin. Michaelis war der Vorkäufer oder Vermittler, und soll dafür die Kleinigkeit von 60,000 Thaler empfangen haben. Der Kaufpreis von angeblich 400,000 Thalern war mindestens doppelt zu hoch. Actiencapital 500,000 Thaler und 100,000 Thaler Hypotheken. Gebrüder Miether garantirten für 5 Jahre eine Dividende von 8%, und hinterlegten dafür 100,000 Thaler Caution. Der Vorbesitzer Theodor Miether behielt die Leitung. Für das erste Geschäftsjahr von etlichen Monaten wurden 16% Dividende gegeben, die aber wol nicht verdient waren; und daraufhin das Actiencapital um neue 500,000 Thaler, also auf eine Million Thaler erhöht, worauf man, ganz unnützer Weise, ein Eisenwerk in Schweden (!) ankaufte und eine Niederlage für Kochgeschirre in Wien etablirte! Für 1873 gab es die garantirte Dividende von 8%, seitdem 0. Schliesslich wurden noch 100,000 Thaler Prioritäten ausgegeben.

Februar 1875 schieden die Gründer Gustav Bath und Carl Miether aus dem Aufsichtsrath, aber nicht freiwillig. In der Generalversammlung am 6. März 1875 constatirte einer der neugewählten Aufsichtsräthe, dass aus der Gesellschaftscasse verschwunden seien: 1) Actien im Gesammtwerthe von 180,000 Thaler, 2) die Caution des Directors Th. Miether mit 5000 Thaler, 3) der Reservefond mit 5673 Thaler, 4) die Caution der Vorbesitzer Gebrüder Miether in Betreff der Dividendengarantie von 100,000 Thaler. Trotzdem behauptete der Gründer, Herr Eduard Mamroth, mit edler Entrüstung: ihm, als dem früheren Aufsichtsrath, gebühre der Dank der Versammlung. Dieser Dank wurde ihm denn auch in gebührender Weise votirt — „die Debatte nahm mehr und mehr einen von den heftigsten Angriffen ausgestatteten persönlichen Charakter an", berichtete die „National-Zeitung". Ebenso hiess man den Director Theodor Miether von der Tribüne heruntersteigen, und entsetzte ihn auf der Stelle des Amtes.

Doch nun geschah das Unglaubliche. Herr Th. Miether, der Exdirector, erhob noch verschiedene Ansprüche an die Gesellschaft, und unterm 12. October 1875 stellte ihm die Mehrzahl des neuen Aufsichtsraths ein öffentliches Ehrenzeugniss aus, worin alle Beschuldigungen, als auf „bedauerlichen Irrthümern" beruhend, ausdrücklich widerrufen wurden. — Am 20. Mai 1876 erfolgte endlich die Verhaftung des Herrn Th. Miether, und im October stand er vor dem Schwurgericht zu Altona, welches ihn der Urkundenfälschung schuldig fand, aber unter Annahme „milderuder Umstände" nur zu drei Monaten Gefängniss verurtheilte.

Die „Allgemeine Börsen-Zeitung" in Berlin theilte in ihrer Nummer vom 7. October 1876 noch Folgendes mit:

Hugo Mamroth, Sohn von Eduard Mamroth, kaufte in Schweden einen alten Eisenhammer „Olafström", wie es heisst, zu 80,000 Thaler an — der wirkliche Werth betrug nicht 20,000 Thaler. Die Gesellschaft musste diese Ruine für 200,000 Thaler übernehmen, und mit den Neubauten, die man ausführte, kostete sie ihr schliesslich über 300,000 Thaler. 1875 aber verkaufte der zeitige Vorsitzende des Aufsichtsraths, L. Pauly, das Ganze an eine Schwedische Bank für etwa 33,000 Thaler, worauf er selber „Olafström" als Pächter übernahm. -- — Die Actien, die einst 190 standen, notiren jetzt ca. 5.

Gussstahlwerk, früher Moritz Heilenbeck & Co. bei Milspe in Westphalen. Gegründet September 1872 von Max Nolda, Hermann Leubuscher, Emil Isaacsohn und Heinrich Philippson in Berlin, Albert Sternenberg und August Schmidt in Heilenbecke, Friedrich Schmidt in Haspe. Actiencapital 350,000 Thaler, an der Berliner Börse eingeführt mit 103 und getrieben bis 110. Zu einer Dividende kam es nie. Der Antrag auf Einsetzung einer Untersuchungscommission ward von der Gründerpartei niedergestimmt. 1875 brach der Concurs aus, der jedoch wieder aufgehoben und statt dessen die Liquidation eingeleitet wurde. Cours 0.

Stahlwerke, vormals Carl Otto Arntz in Remscheid. Gegründet April 1872 von Siegfried Geber, Otto Ramdohr und „Generaldirector" Julius Müller in Berlin. Der Vorbesitzer behielt die Leitung und stellte 30% Dividende in Aussicht! 1874 fand die Eröffnung des Concurses statt. Ausser 240,000 Thaler Actiencapital waren 94,000 Thaler Hypotheken und 160,000 Thaler andere Schulden vorhanden, doch brachte das Etablissement im Verkaufstermin nur — 30,000 Thaler!!

Halle-Leipziger Eisengiesserei und Maschinenbau zu Schkeuditz. Gegründet März 1872. Verwaltungsrath: Robert Baumann in Berlin, Siegfried Schiff und S. Elkan in Hamburg, Jakob Löwendahl, Paul Kuhl und Wilh. Bode in Halle, Sanitätsrath Dr. Eltze in Schkeuditz. 1873 wurde das Actiencapital von 250,000 auf 400,000 Thaler erhöht. 1874 liquidirte man, und 1875 folgte der Concurs. Der Liquidator Robert Baumann war so gescheit, das Etablissement für sich und Samuel Löwendahl in Halle zu erwerben — natürlich um ein Billiges. Nicht einmal die Hypothekengläubiger wurden befriedigt, von den Actionären gar nicht zu reden.

Maschinenbaugesellschaft, vormals A. Münnich & Co. in Chemnitz. Gegründet März 1872 von R. A. Seelig und Adolf Martini in Berlin und Carl Mankiewicz (Philipp Elimeyer) in Dresden. Diese drei Personen waren die Vorkäufer, die ersten Zeichner und die ersten Aufsichtsräthe, und sie wurden auch die Gläubiger der Gesellschaft, welche sie später hart bedrängten. Neben ihnen fungirten im Verwaltungsrathe noch: Bierdirector Hermann Gratweil in Berlin, Rob. Büttner und Advocat H. A. Widemann in Chemnitz; während die Leitung des Unternehmens der Mitvorbesitzer Gottlieb Behrend behielt. Dieser stellte am 1. April 1873 eine Bilanz auf, welche für das erste Geschäftsjahr 20% Dividende und riesige Tantièmen auswarf. Dem Aufsichtsrath berechnete Herr Behrend 22,663 Thaler, dem Director, also sich selber, gleichfalls 22,663 Thaler, und dem übrigen Beamtenpersonal 9320 Thaler. Indess war es auffällig, dass dieselbe Bilanz an 930,000 Thaler Buch- und Wechselschulden vermerkte! Juni 1873 beschloss man, das Actiencapital zu verdoppeln, von 700,000 auf 1,400,000 Thaler

zu erhöhen; was auch, trotzdem inzwischen der „Krach" eingetreten war, merkwürdiger Weise gelang. Doch schon im
September fehlte es wieder dringend an Geld, und es begann
nun eine Wechselreiterei, die an's Fabelhafte grenzt. 1874
wurde eine Prioritäten-Anleihe von 1,000,000 Thaler versucht,
aber nur 100,000 Thaler untergebracht. Eine damals erwählte
Untersuchungscommission kam zu dem Resultat, dass die Krankheit der Gesellschaft sich auf „vier Thorheiten" zuruckführen
lasse. Abgesehen von der grossen Beute der Gründer, bestand
aber die eigentliche Hauptthorheit in der Wirthschaftsführung
des Directors. Herr Behrend beschäftigte sich viel mit Gründungen und Börsenspeculationen, und liess darüber in der
Fabrik Fünf gerade gehen. Hingerissen von dem Beispiel des
Chefs, speculirte auch der Procurist und entwendete der Casse
6000 Thaler, welche Herr Behrend „grossmüthig" auf sein
eigenes Conto nahm. Hinterher stellte es sich heraus, dass
jener langfingerige Procurist seinem Amte überhaupt nicht
gewachsen war und daher entlassen werden musste. Herr
Behrend, in ewiger Geldverlegenheit, suchte Hülfe bei den ursprünglichen Gründern, und diese gewährten sie ihm, indem
sie der Gesellschaft das Blut abzapften.

Der Bericht der Untersuchungscommission, welcher in der
Generalversammlung vom 25. August 1874 verlesen wurde, belastet die Gründer, die Aufsichtsräthe und den Director mit
den schwersten Anklagen, kommt aber nichtsdestoweniger zu
dem Schluss, dass der Vermögensstand der Gesellschaft an sich
kein schlechter sei und das Unternehmen noch immer rentiren
könne. Doch haben sich diese Behauptung und diese Hoffnung als sehr irrig erwiesen. Die Gründung war von vorn
herein faul, und die Geschäftsführung des Directors ihr durchaus
ebenbürtig, so dass alle Rettungsversuche fruchtlos blieben.
. Die Bilanz von ult. 1874 rechnete noch 42% des Actiencapitals
als vorhanden nach, war jedoch eben so gefälscht, wie die
früheren. Ein neuer Revisionsbericht stellte fest, dass von

jeber eine „verschleierte" Schuld des Directors Behrend existirte, die schliesslich fast 200,000 Thaler erreichte; dass die Preise der Materialien und Waaren theilweise um das Doppelte zu hoch angesetzt; dass ult. 1874 thatsächlich ein Verlust von 800,000 Thalern bestand und die Gesammtschuld nicht weniger denn 1,450,000 Thaler betrug!!

Am 3. April 1875 wurde der Concurs erklärt, im Juni Director Behrend gefänglich eingezogen, und im December krankheitshalber „gegen hohe Caution" vorläufig entlassen. 1876 erstand die Leipziger Credit-Anstalt, welche eine erste Hypothek von 400,000 Thaler auf dem Etablissement inne hatte, dasselbe für 210,000 Thaler. Die einst mit 190 bezahlten Actien sind natürlich werthlos.

Thüringer Eisenbahn-Material in Erfurt und Gotha. Gegründet October 1871 von Heinrich Moos, Rochs und Blachstein in Erfurt, A. R. Blachstein in Mühlhausen in Thür., S. Frenkel und Rauff & Knorr in Berlin. Actiencapital 400,000 Thaler, von welchem die Vorbesitzer, Julius Unger in Erfurt und Rothenberg in Gotha, 150,000 Thaler übernahmen. Julius Unger, eine „technische Autorität", wurde als Director „gewonnen". Für das erste Geschäftsjahr entfiel eine Dividende von 5%; doch schon im September 1873 brach der Concurs aus, und die Actionäre verloren Alles.

Der Concursverwalter berichtete, dass die beiden Etablissements, welche den Actionären mit 268,000 Thaler berechnet waren, einen reellen Werth von ungefähr 80,000 Thalern haben; und für diesen Preis sind sie auch später an die Thüringer Eisenbahngesellschaft übergegangen. Ferner sagt der Bericht: die „technische Autorität", Herr Unger habe erbärmlich gewaltet, Conventionalstrafen und beanstandete Fabrikate hätten den Verdienst absorbirt, und mit dem Material sei unverantwortlich gewirthschaftet. Trotzdem scheint der Staatsanwalt die Attentäter nicht behelligt zu haben.

Das Gebiet der bisher entwickelten Gründungen gleicht einem Schlachtfelde, bedeckt mit Leichen und Verwundeten. Gar viele Gesellschaften sind vom Courszettel völlig verschwunden; gar viele, die noch verzeichnet stehen, haben schon lange keinen Cours mehr, ihr Schicksal ist in Schweigen und Dunkel gehüllt. Allein an den Maschinenbau-, Eisenbahnbedarfs- und ähnlichen Actien hat das Publikum eine Einbusse erlitten, die man auf 100—120 Millionen Thaler schätzen darf.

Eine ganze Reihe von Parlamentsmitgliedern ist bei jenen Gesellschaften als Gründer oder Aufsichtsräthe betheiligt; so: A. G. Mosle in Bremen, Consul G. Müller in Berlin, Stadtdirector Rasch in Hannover, Louis Berger in Witten, Graf Johannes Renard auf Gross-Strehlitz, Prinz Carl zu Hohenlohe, Geheimer Admiralitätsrath Theodor Jacobs und Geheimer Ober-Regierungsrath Ludwig Heise in Berlin, Stadtrath Lüders in Görlitz, Hüttendirector Ferdinand Koch bei Delligsen in Braunschweig, Kammerherr Carl von Metzsch auf Reichenbach in Sachsen, August Walter in Dresden, Advocat Hermann Schreck in Pirna, Oberbürgermeister a. D. Phillips in Elbing. Keiner von ihnen hat Ursache, sich der betreffenden Gesellschaft zu rühmen, jeder möchte seine Bethei-

ligung jetzt vergessen machen, und lässt sich höchst
ungern daran erinnern. Das Volk aber soll diese
Namen wohl im Gedächtnisse behalten!

Ebenso schwer wie das Publikum ist, aus Ursache
der Gründungen, die Eisen- und Maschinenindustrie
selber geschädigt. Sie seufzt unter einer Krisis, von
der sogar Minister Delbrück, der Manchestermann,
im Reichstag zugestehen musste, dass sie noch lange
nicht abgeschlossen ist, noch nicht einmai den Höhe-
punkt erreicht hat. Sie krankt an dem Ueberflusse,
den sie selber geschaffen hat, an der eigenen Ueberproduction. Sie producirte in der Schwindelperiode
ohne Mass und Ziel, als ob der Bedarf unendlich
wäre. Wie F. Perrot in der Dresdner „Neuen Reichs-
zeitung“ mittheilte, betrug die Eisenproduction in
Deutschland von 1861 bis 1864 jährlich etwa 50 Pfund,
von 1866 bis 1869 jährlich etwa 66 Pfund pro Kopf
der Bevölkerung; in Folge der Wiederausrüstung der
Eisenbahnen und des Baus vieler neuer Linien stieg
die Production 1871 auf 94 Pfund, 1872 auf 118,
und noch 1873 auf 144 Pfund, worauf sie 1874 plötzlich auf fast 100 Pfund zurücksank. Nach einer
andern Zusammenstellung haben die Preussischen
Eisen- und Stahlwerke noch 1874 an Ganzfabrikaten
(Schienen, Achsen, Räder, Platten, Bleche, Draht etc.)

25$\frac{1}{2}$ Millionen Centner, 1875 — 23$\frac{1}{2}$ Millionen Centner producirt, welche Production noch immer den Bedarf des Inlandes weit übersteigt, und demnach die Preise noch weiter herabdrücken muss. Am meisten fürchten unsere Eisen-Industriellen die mächtige Concurrenz Englands, und namentlich mit Bezug auf England, wo gleichfalls eine Ueberproduction sich geltend macht, verlangen sie die Beibehaltung der Eisenzölle. An ihrer Spitze stehen Männer, die an höchster Stelle Einfluss haben, wie Krupp in Essen, dessen Vertreter und Compagnon, Commerzienrath Carl Meyer in Berlin, Vicepräsident des Vereins Deutscher Eisen- und Stahl-Industriellen ist. Verschiedene Abgeordnete, wie von Kardorff, Löwe-Calbe und neuerdings auch Herr Hammacher, wirken für sie im Parlament, und auch etliche Finanzkönige, wie besonders Herr Gerson von Bleichröder, ziehen aus Ursache gewisser Gründungen (Laurahütte, Hibernia und Schamrock etc.) mit ihnen an einem Strick. Die Schutzzöllner haben aber einen principiellen Gegner an dem echtmanchesterlichen Finanzminister Herrn Camphausen, der nach Aeusserungen der Zeitungen mit seinem Abgang gedroht (?) und einstweilen im Ministerrathe die Oberhand behalten, auch den Kaiser und den Fürsten Bismarck umgestimmt haben soll. Schon zu Gunsten des Ackerbaus, der mindestens die gleiche Berücksichtigung verdiene — so hiess es — müsse die Regierung sich für Aufhebung der Eisenzölle entscheiden. Wie indess schon erwähnt, kann diese Aufhebung weder für die Industriellen noch für die Landwirthe eine besondere Bedeutung haben.

Die Schutzzöllner behaupten jetzt, die Deutsche Eisenindustrie werde mit England, schon aus Gründen des Bodenreichthums, der geographischen Lage und der Verkehrsmittel, nie erfolgreich concurriren können; und dies mag mehr oder weniger zutreffen. Sie beklagen sich auch bitter, dass der Staat wie Communen und Private ihren Bedarf vom Auslande beziehen, z. B. Locomotiven aus Oesterreich, Stahl und Eisen, Canalisationsröhren und Strassenschilder aus England, landwirthschaftliche Maschinen, Strassenlocomobilen und Pferdebahnwaggons aus Amerika etc. Dagegen wenden nun aber die Consumenten mit Recht ein: sie thäten so nothgedrungen, weil das Deutsche Fabrikat ungleich theurer und schlechter sei. Die Landwirthe nennen z. B. die Amerikanischen Mähmaschinen „abscheulich‟, und die Grosse Pferdeeisenbahn-Gesellschaft in Berlin hat öffentlich auseinandergesetzt, weshalb sie ihre Waggons aus Amerika be-

ziehe. Dieselben kommen ihr, so behauptet sie, trotz
des Transportzuschlages um 20% billiger; sie sind
weit eleganter, bequemer und in jeder Hinsicht praktischer. Sie gewähren eine vorzügliche Ventilation,
jedes Kind kann sie ohne Gefahr besteigen, die Brems-
einrichtung ist musterhaft, und das verhältnissmässig
geringe Gewicht erspart ein Bedeutendes an Pferden.
— Jedenfalls hat die Deutsche Industrie seit der
Schwindelperiode in der Technik keine Fortschritte,
eher Rückschritte gemacht, an Solidität sehr empfindlich verloren, und die Preise unnatürlich in die Höhe
geschraubt. Sie büsst also in mehrfacher Hinsicht
jetzt für ihre eigenen Sünden.

Am härtesten aber haben unter den Folgen des
Schwindels die Arbeiter zu leiden, und sie verdienen
ebensoviel Mitleid wie das durch die Gründer und
Börsianer ausgeplünderte Publikum. Wenn sie in
der Schwindelära, während Wohnung, Lebensmittel
und alle Waaren rasend stiegen, auch ihre Ansprüche
steigerten, so war das nicht nur berechtigt, sondern
nothwendig. Selbst wo sie übertriebenen Lohn forderten und denselben durch Strikes durchzusetzen
wussten, war dies keineswegs schlechthin verwerflich,
sondern sehr entschuldbar; was sogar manchesterliche Blätter hinterher eingeräumt haben, z. B. die

„Vossische Zeitung" in dem schon herangezogenen Leitartikel vom 22. Juli 1876. Strikes sind stets nur ein Produkt der Zeitverhältnisse, und wenn sie gelingen, so sind sie auch berechtigt. Gleich nach dem „Krach" begannen die Führer der Socialdemokraten vom Striken abzumahnen; und der Strike, den die Berliner Schriftsetzer noch im Sommer 1876 versuchten, missglückte, weil er eben unzeitgemäss war. Mit der Krisis begannen auch die Lohnherabsetzungen, und die Arbeiter haben im Grossen und Ganzen dieselben sich ruhig gefallen lassen. Frühjahr 1875 erliess Herr Achenbach, der Preussische Handelsminister, dem Herr Camphausen der leitende Stern ist, ein Rundschreiben an die Oberbergämter, in welchem er die Verkürzung der Lohnsätze und zugleich eine Verlängerung der Arbeitszeit verlangte. Ganz unnöthig war es, dass die „Nationalzeitung" diesen Vorgang den Industriellen zur Nachahmung empfahl; dieselben thaten ohnehin, was sie konnten. Höchst überflüssig war es, dass der jüdische „Volkswirth" H. B. Oppenheim noch im Februar 1876 sich in öffentlicher Versammlung also vernehmen liess: Die Fabrikanten haben ihren Arbeitern zu viel bewilligt, und nun fehle ihnen der Muth, die Löhne auf den gebührenden Standpunkt herunterzudrücken. Die Herren sollen sich doch ein Beispiel an Krupp in Essen nehmen. — Ihm antwortete ein Mann, der sich selber vom Arbeiter zum Fabrikherrn emporgeschwungen, mit geziemender Entrüstung: Was den Arbeitern 1871 bis 1873 gewährt ist, hat der Fabrikant ihnen längst wieder kürzen müssen. Und damit dürfte es genug sein. Ein schlecht bezahlter Arbeiter ist der theuerste, weil er leistungsunfähig wird und dazu aufhört Consument zu sein.

Hand in Hand mit der Lohnbeschneidung ging die Arbeitslosigkeit, und sie wächst bedrohlich. Viele Eisen- und Maschinenwerke sind völlig eingegangen oder feiern doch einstweilen; alle übrigen arbeiten nur mit einem Bruchtheil ihrer Leistungsfähigkeit. Auch bei Krupp in Essen ist das Heer der Arbeiter gelichtet. In den fünf grössten Maschinenfabriken Berlins ist die Zahl der beschäftigten Leute von zusammen 10,000 auf ca. 3000 zusammengeschmolzen. Ueberall lahmt der Betrieb, die Arbeiter werden zu Hunderten und Tausenden entlassen, Sorgen und Elend stehen auf der Tagesordnung, und bereits zeigt sich ein schreckliches Gespenst, der Hungertyphus!

Da thut es doppelt noth, dass der reiche Mann des armen Nächsten gedenke, dass der Fabrikherr sich seiner Arbeiter annehme. Und einen solchen

Fall wusste die Presse neulich zu berichten. Im vollen Chor meldeten die Berliner Blätter:

„Der Geheimrath Borsig hat mit Rücksicht auf die andauernden schlechten Zeiten Anweisung gegeben, 8000 Tonnen Coaks anzukaufen und dieselben seinen Arbeitern für den kommenden Winter zum Selbstkostenpreise abzugeben. Ein derartiges Vorgehen ist anderen Fabrikbesitzern ebenfalls zu empfehlen.“

Die edle That des Herrn Borsig, die ihm freilich keinen Heller kostete, stand in allen „liberalen“ Zeitungen zu lesen; aber auffälliger Weise erzählte von demselben Manne nur die ultramontane „Germania“ das folgende Stückchen:

„Ein hartes Loos ist dem 61 Jahre alten, von Taubheit und anderen Leiden befallenen Arbeiter H. dadurch zu Theil geworden, dass er vom geraden Pfade nur um ein Haar breit abgewichen. Derselbe ist bereits seit beinahe einem Vierteljahrhundert in der Maschinenbauanstalt des Geheimen Commerzienrath Borsig beschäftigt, und will sich seine Leiden im Dienste desselben zugezogen haben. Am 12 Mai c. steckte H. eine kleine Quantität Kupfer- und Eisenfeilspähne zu sich, um sie zu Hause durchzusieben und zu Streusand zu verwenden. Bei Borsigs ist bekanntlich dem Portier das Recht vindicirt, jeden Arbeiter beim Verlassen der Fabrik zu visitiren, und so sind diese Eisenfeilspähne an jenem Abend bei H. gefunden worden. Auf den von dem Geheimen Rath Borsig gestellten Strafantrag wurde H., der wegen dieses Falsums sofort entlassen und seines Invalidenanspruchs verlustig erklärt worden ist, unter Anklage des einfachen Diebstahls gestellt und am Freitag von der vierten Criminaldeputation zu zwei Tagen Gefängniss verurtheilt“.

Der arme Teufel hatte sich widerrechtlich eine Sache angeeignet, die vielleicht ein paar Pfennige werth sein mochte. Herr Albert Borsig dagegen gründete u. A. in Verbindung mit Jabob Löb Eltzbacher, Paul Mendelssohn-Bartholdy, Adalbert Delbrück, Ferdinand Güterbock, Julius Alexander, Theodor Hertel etc., die Eisenbahnbaugesellschaft F. Plessner & Co., die ihr Grundcapital schliesslich auf $4\frac{1}{2}$ Millionen Thalern brachte, deren Actien einst 180 standen und jetzt 0 stehen, die 1875 bankerott wurde, bei der die Gläubiger ca. 5 Millionen Thaler und die Actionäre, in Folge der Courstreiberei, zusammen 8 Millionen Thaler verloren. Herr Borsig hat als Gründer und Aufsichtsrath dieser Gesellschaft grosse Summen als Agio und Tantième eingesteckt; er hat pro 1872 eine Dividende von 14°/₀ vertheilt, die jetzt, als auf einer gefälschten Bilanz beruhend, im Wege des Civilprocesses angefochten wird, während der Staatsanwalt sein Einschreiten abgelehnt haben soll. Herr Borsig hat Frühjahr 1873 in offener Generalversammlung für das laufende Jahr noch eine höhere Dividende verheissen, und dadurch viele Personen, zum Ankauf der Actien verlockt, um ihr ganzes Vermögen gebracht.

Die Deutsche Industrie ist krank und siech. Sie

hat auf der Weltausstellung in Philadelphia ein trauriges Fiasco gemacht, sie blickt mit Sorge und Angst in die Zukunft. Unternehmungsgeist und Vertrauen sind geschwunden, eine Actiengesellschaft, ein Etablissement nach dem andern liquidirt oder fallirt, die Zeitungen sind voll von Zahlungsstockungen und Bankerotten. Eine Armee von Arbeitern feiert und blickt nach Brot umher. In erschrecklicher Weise mehren sich die Processe und die Executionen, mehren sich die Verbrechen gegen das Eigenthum und die Sittlichkeit, mehren sich die Obdachlosen, die Vagabunden und die — Selbstmorde. Das ist der Triumph der Industrie, das Werk der Gründer und Gründergenossen!

Nicht genug an den zahllosen Maschinenbaugründungen Deutschlands, mit deren Actien man den Markt überschwemmte, die Berliner Börse, so „international", d. h. so vaterlandslos wie kaum eine andere, führte auch mit Geschick und Glück die Papiere ausländischer Gesellschaften ein, die in ihrer Heimat kein Unterkommen fanden und nun dem Deutschen Publikum angeschmiert wurden. Sobald eine Gesellschaft das Actiencapital verspeist hat, und neue Actien zu fabriciren nicht mehr wagt, pflegt sie zur Ausgabe von Prioritätsobligationen oder Hypothekenschuld-

briefen zu schreiten, welche die Actien vollends ent-
werthen, und selber eine mehr oder weniger frag-
würdige Sicherheit bieten. Mit dem Cours der Actien
sinkt naturgemäss auch der Cours der Prioritäten,
weil eben jene den Werth des betreffenden Etablissements repräsentiren, und der sinkende Cours bedeutet,
dass das Unternehmen stockt oder krankt, Noth leidet oder in Gefahr schwebt. Prioritäten von Fabriken,
Bergwerken oder dergleichen gewähren daher nicht
entfernt die Sicherheit wie Hypotheken städtischer oder
ländlicher Grundstücke; sie sind gleichfalls blosse
Börsen- und Speculationspapiere, was aber dem Publikum wohlweislich verschwiegen wird, worüber man
es geradezu täuscht. Solche Prioritäten ausländischer
Gesellschaften wurden von Berliner Häusern zu Markt
gebracht, selbstverständlich unter Versicherung der
unbedingtesten Sicherheit, welche Versicherung die
Zeitungen auch im redactionellen Theil wiederholten.

Februar 1872 legt die Preussische Boden-Credit-Actien-
Bank des Herrn Richard Schweder $1^{1}/_{2}$ Milionen Thaler sechs-
procentige Prioritäts-Obligationen der Russischen Gesellschaft
für Maschinenbau- und Hüttenwesen bei Petersburg (Ad-
ministrationsrath: E. M. Meyer & Co.) zum Course von $94^{1}/_{2}$
auf. Diese Gesellschaft hat seitdem in jedem Jahre grosse
Verluste erlitten; 1874 schloss sie mit einer Unterbilanz von
fast 3 Millionen Rubel, und sah sich genöthigt, wiederholt die
Hülfe der Russischen Regierung anzurufen. Sie erhielt von

derselben auch die Erlaubniss, eine neue Anleihe zu contrahiren, und eine Reihe grösserer Aufträge; doch wurde das Etablissement im Juni 1876 ein Raub der Flammen, und damit der Betrieb einstweilen eingestellt. Das Grundcapital beträgt 5 Millionen Thaler, und notirten die Actien vor dem Brande etwa 5. Obwol die Zinsen der in Deutschland eingeführten Prioritäten bisher noch immer bezahlt wurden, war der Cours derselben doch schon von 94½ bis 40 Brief gesunken, d. h. sie wurden mit 40 ausgeboten.

Februar 1873 emittirten die Berliner Handelsgesellschaft und das Bankhaus F. W. Krause & Co. 1,088,000 Thaler sechs-procentige Prioritäts-Obligationen der **Moskauer Actiengesellschaft für Lieferung von Eisenbahnbedarf** zum Course von 80. Dem Prospect war in Betreff der Sicherstellung ein besonderes Attest des „Rechts - Consulenten der Kaiserlich Deutschen Botschaft in St. Petersburg" beigefügt. Januar 1876 wurden die Zinsen dieser Prioritäten nicht mehr bezahlt. Der Vorbesitzer Meyer ist gestorben, das Unternehmen befindet sich in Concurs. Die Berliner Handelsgesellschaft schickte einen Rechtsanwalt nach Moskau, der die Interessen der Prioritäts-Gläubiger vertreten sollte, doch ist über das Resultat dieser Mission nichts bekannt geworden. Selbstverständlich haben die Prioritäten jeden Cours verloren, indess dürfte eine Ent-schädigungs-Klage gegen die beiden Berliner Emissionshäuser nicht ohne Aussicht sein.

Sind diese ausländischen Prioritäten faul, so giebt es eine inländische, die auch grosse Bedenken erregt. Es ist dies die „**fünfprocentige hypothekarische Anleihe der Gussstahlfabrik von Friedrich Krupp zu Essen**" im Betrage von 10 Millionen Thaler.

Nach Mittheilungen der Börsenblätter trat im

Herbst 1871 die Versuchung, sich „gründen" zu lassen, gleichzeitig an den „Locomotivenkönig" Borsig, wie an den „Kanonenkönig" Krupp heran. Aber beide Herren sollen abgelehnt haben. Ob sie es aus Ehrgefühl oder aus Vorsicht und Klugheit thaten, steht dahin. Die „Gründung" solch grossartiger Etablissements ist für den Verkäufer, wenn er den Preis nicht baar und auf Einem Brett, sondern etwa zum Theil in Actien und in längeren Terminen erhält, nicht ohne Gefahr; er kann ebenso stark betrogen werden wie die Actionäre. Genug, der Geheime Commerzienrath Alfred Krupp soll die Gründungsanträge zurückgewiesen haben. Aber der „Grosse Krach" verfehlte auch nicht auf die berühmte Geschützfabrik Eindruck zu machen. Seine Wirkungen zeigten sich in einer Reihe von Ukasen, mit welchen Herr Krupp den Lohnanforderungen und sonstigen Reclamationen seiner Arbeiter entgegentrat. Dieselben lauten in der Regel etwa so: Ich bin aus Euern Reihen hervorgegangen, ich habe vor 25 Jahren gearbeitet wie Ihr; ich weiss, was Euch noth und gut thut, besser wie Ihr, und ich gewähre Euch, was Ihr braucht und was Ihr verlangen dürft, in reichlichem Maasse. Darum rathe ich Euch freundschaftlich: raisonnirt nicht und seid hübsch zufrieden. Ich dulde keinen Widerspruch; wem's

nicht behagt, der packe sich! — Herr Krupp regiert
unumschränkt, und er erlässt alle Gesetze allein.
Aber nicht nur einem constitutionellen, auch einem
absoluten Monarchen kann das Geld ausgehen, und
auch Alfred Krupp gerieth Anfang 1874 in Verlegenheit. Er wandte sich nach Berlin, und wie ein
Wiener officiöses Börsenorgan erzählte, hatte er eine
Audienz beim Kaiser, dem er ein Bild seiner bedrängten Lage entwarf. Der Kaiser soll erwiedert haben:
er anerkenne die Verdienste Krupp's und sein Genie;
um so mehr aber bedauere er auch, wenn ein Mann
von solchen Fähigkeiten nicht die Grenze für die
Ausdehnung seiner geschäftlichen Engagements zu
finden gewusst habe. Am 4/5. Mai 1874 legte die „General-Direction
der Seehandlungssocietät", unterstützt von ihren gewöhnlichen Trabanten: Disconto-Gesellschaft, S. Bleichröder und Berliner Handelsgesellschaft, Bank für Handel
und Industrie in Darmstadt, A. Schaaffhausen'scher
Bankverein, Sal. Oppenheim jr. & Co. und Deichmann
& Co. in Cöln, eine Anleihe von zehn Millionen Thaler
zum Course von 96 auf, die von 1876 bis 1883 suc-
cessive mit 110 zurückgezahlt werden soll, und für
welche Herr Krupp seine Etablissements, Berg- und
Hüttenwerke verpfändet.

Dieser Vorgang war in Preussen nicht erhört. Zwar in Oesterreich haben Rothschild und andere Finanzhäuser Partial-Obligationen und Loose von hochadligen Grossgrundbesitzern emittirt; aber dass der Staat — denn die Seehandlung ist ein Staatsinstitut — die Anleihe eines Privatmannes besorgt, ist wol überhaupt noch in keinem Lande vorgekommen. Selbstverständlich wäre die Anleihe ohne die Seehandlung auch nie geglückt, denn wo der Privatcredit versagt, pflegt das allgemeine Publikum noch weit zurückhaltender zu sein.

Welchen Werth die verpfändeten Objecte eigentlich haben, ist weder in dem Prospecte noch in den Obligationen gesagt. Unzweifelhaft werden dieselben durch Sachverständige vorher abgeschätzt sein, und die Taxe wird den Betrag der Anleihe weit überragen. Aber Pfandobjecte dieser Art sind den grössten Preisschwankungen unterworfen, sie sind ganz und gar von der Conjunctur abhängig, und die Conjunctur ist ihnen seit dem „Krach" höchst ungünstig. Eine neue Erfindung, ja eine neue Mode, und die Krupp'schen Gussstahlgeschütze können leicht verdrängt werden. Die fortschreitende Krisis, die immer grösser werdende Arbeitslosigkeit macht sich auch in den Kruppschen Werkstätten geltend, und wie die Zeitungen meldeten, sind auf den Krupp'schen Hütten bereits mehre Oefen ausgeblasen. Berg- und Hüttenwerke sind überdies allen möglichen Gefahren, Verlusten und Unglücksfällen ausgesetzt, und Naturereignisse können sie völlig zerstören. Mit Einem Worte, die verpfändeten Objecte bieten für die kolossale Anleihe von zehn Millionen Thaler keine besondere Sicherheit. Die Seehandlung aber ist, wie unter den Anleihe-Bedingungen ausdrücklich bemerkt, den Obligations-Inhabern „nicht verhaftet", diese müssen ihre Rechte gegen die Firma Friedrich Krupp selber geltend machen. Wenn die Prioritäten trotz alledem über 100 notiren, so ist dieser Cours wol nur der Seehandlung und den engagirten Börsen-mächten zu danken, und einem grösseren Angebot würde er schwerlich Stand halten.

10 *

„Starker Tabak".

Eduard von Hartmann, der Actien-Philosoph, und „Volkswirth" H. B. Oppenheim, der „Wissende" — Geheimrath Oechelhäuser und Minister Achenbach — Gasgründungen: Dessauer Gas, Wiener Gas und Nolte & Co.; Gothaer Wasserversorgung, Central-Heizung, Mattison & Brandt, Wasserwerke in Frankfurt a. O., Neptun, Schäfer & Hauschner, Granger & Hyan, Globus, Saturn, Internationale — Papiergründungen: Berliner Papier, Berliner Pappen, Norddeutsche, Wolfswinkel, Kiauten, Hohenkrug, Gebr. Rubens, Alfeld-Gronau, Sinsleben, Rheinische, Hessische, Cröllwitzer, Muldenthal, Weissenborn, Königstein, Köttewitz, Sebnitzer, Bautzener, Einsiedel, Penig, Lösnig, Schlema, Berliner Patent — Zuckergründungen: Trachenberg, Alt-Jauer, Rostocker, Wildunger, Glauzig, Bredow, Körbisdorf, Nienburger, Schwedische, Braunschweiger, Berliner, Altenburger, Seeler & Moiske, Dutalis, Köhlmann — Glasgründungen: Deutsche Spiegelglas, Albertinenhütte, Charlottenhütte, Niederlausitzer, Radeberger, Westphälische, Rheinische, Penziger, Stollberger — Die Gründer in Gefahr — Leder und Gummi: Beck, Bierling, Thiele, Dohna, Bolle, Fonrobert & Reimann, Volpi & Schlüter, Voigt & Winde, Schwanitz, Kölner Gummifäden, Continental-Caoutchouc, Harburg-Wien — Die Berliner „Tribüne" in sittlicher Entrüstung — Der Humor der Deutschen Industrie — Tabaks-Gründungen: Prätorius, Brunzlow, Union, Collenbusch, G. Müller, Dressler, Ritter, Ansbacher — Mangelhafte Beilage — „Höre Israel!"

November 1871, als der Börsen- und Gründungsschwindel in vollem Gange war, brachte die „National-Zeitung", die sich um denselben so grosse Verdienste erworben hat, ein bedeutsames Feuilleton von Eduard von Hartmann. Herr Hartmann ist der „berühmte" Berliner Philosoph, ein Philosoph ersten Ranges, denn er spricht von Kant, Hegel und sogar von

Schopenhauer, dessen Nachtreter er ist, mit souveräner Geringschätzung. Sein Hauptwerk, die „Philosophie des Unbewussten" ist, wie schon der Titel zeigt, ein „geistreicher" Nonsens; es erklärt die Welt für eine faule Gründung, das Leben für ein Elend, dem man nicht schnell genug entfliehen könne, und preist als höchstes Glück die Vernichtung, die Rückkehr in das „Unbewusste". Herr von Hartmann verdankt seinen Ruhm einer ungemein geschickten Reclame, mit der sein Buch in Scene gesetzt wurde, und hauptsächlich den Backfischen. Die gebildeten Töchter gebildeter Stände citiren die „Philosophie des Unbewussten" mit Begeisterung, und neuerdings fangen auch ehrsame Handwerker an, sie mit Nutzen zu studiren *).

Herr von Hartmann ist ein verwegener Autodi-

---

*) Ein Steindrucker überfiel in der Frühstückspause plötzlich seinen Kameraden und erschlug ihn. Er habe dem Freunde nur einen Gefallen thun, ihn von der Qual des Daseins befreien wollen, erklärte der Unglückliche, und berief sich auf die „Philosophie des Unbewussten", die ja lehre, dass Nichtsein unendlich besser sei als Sein. Dies veranlasste den „Berliner Börsen-Courier", dem die Börsenflaue jetzt viel Musse lässt, zu einem Ausfall gegen das „System" des Herrn von Hartmann, und der grosse Philosoph rief den Staatsanwalt an, der auch merkwürdigerweise die Anklage erhob. Aber das Resultat war ein sehr dürftiges. Der Bruder des „Börsen-Courier" hielt dem Gerichtshof eine grosse Pauke, und das Urtel lautete: wegen Beleidigung in der Form auf zehn Thaler Geldbusse!

dact, ein Ritter von der heute den Markt beherrschenden Halbbildung. Er dilettirt in allen möglichen Künsten und Wissenschaften: er malt und componirt, er schreibt Tragödien und philosophische Werke, und er macht auch in Feuilletons. Ein solches erschien von ihm damals in der „Nationalzeitung" unter dem Titel „Die moderne Actien-Industrie", und feierte die Gründungsära als den hereinbrechenden Morgen des goldenen Zeitalters. Herr von Hartmann liess sich u. A. so vernehmen:

„Wie in einer warmen Sommernacht nach dem Regen die Pilze, so schiessen die industriellen Actienunternehmungen in der fruchtbaren Atmosphäre des neuen Deutschen Reichs hervor, theils Neugründungen, noch mehr aber Umwandlungen bestehender Fabriken. — „Für den Actionär ist der reelle Capitalwerth eines Unternehmens absolut gleichgültig; was er mit seiner Actie kaufen will, ist eine Rente. — „Die Rente ist nun zwar theilweise bedingt durch den Capitalwerth eines Unternehmens, aber sie hängt noch von ganz anderen Factoren ab, welche unter Umständen den Capitalwerth vollständig überwiegen können. — „Es wird nicht nur der Werth der Mobilien und Immobilien, sondern auch der Werth der Firma, der gesicherten Kundschaft, der Lage des Etablissements, mit einem Wort der erfahrungsmässig von demselben abgeworfene Reinertrag bezahlt. — „Ob die Nominalcapitalien nicht doch noch im Durchschnitt zu hoch gegriffen sind, das wird erst aus der Durchschnittsdividende sämmtlicher jetzt entstehender Unternehmungen nach etwa fünf Jahren mit Sicherheit beurtheilt werden können. Der Ausfall dieser Entscheidung wird übrigens nur für die Privatwirthschaft der Actionäre, nicht für die Volkswirthschaft des Deutschen Reiches von Bedeutung sein." — —

Wie man sieht, rechtfertigt Herr von Hartmann das Treiben der Gründer vollständig; er hält selbst schwindelhafte Gründungen für erlaubt, ja für berechtigt, weil er meint, dass auch bei diesen der Actionär noch sehr gut fahren könne, und meistens gut fahren müsse. Die Actiengesellschaften sind ihm ein Fortschritt in der Culturentwickelung und in der allgemeinen Wohlfahrt. Sie werden der Industrie die ihr bisher entzogenen Capitalien zuführen, und die Concurrenz in ungeahnter Weise steigern. Selbst die allergrössten Privatfabriken werden, um concurrenzfähig zu bleiben, gegründet werden müssen, da die Actiengesellschaften weit sparsamer wirthschaften, weit wohlfeiler produciren können. Die Actienindustrie werde die Producte billiger machen, die Löhne steigern, die materielle Lage der arbeitenden Klassen wesentlich verbessern. Ja, Herr von Hartmann verhofft von der Actienindustrie die Beilegung der socialen Kämpfe, die Befriedigung der Socialdemokraten und sagt wörtlich:

„Auf diesem Wege liegt meines Erachtens die Lösung der socialen Frage: es giebt keine andere als die Productivassociation, es giebt keine Productivassociation ohne eigenes Capital, es giebt keine vernünftige Form der Productivassociation mit Capital ausser der Form der Actiengesellschaft, es giebt keine andere Möglichkeit für die Arbeiter, Mitglieder von Productivassociationen zu werden, als indem sie Actionäre der grossen industriellen Actienunternehmungen werden." — —

Dieser Artikel war denn doch selbst einem Theil der Leser der „Nationalzeitung" zu stark, und die Redaction sah sich genöthigt, den Actien-Philosophen etwas zur Ordnung rufen zu lassen. Solches geschah acht Tage später in dem Feuilleton „Ueber die neuen Formen der Arbeit und des — Müssiggangs", welches einen „Volkswirth" vom Fach, Herrn H. B. Oppenheim, zum Verfasser hatte.

Zunächst bricht Herr Oppenheim, wahrscheinlich aus Rücksicht für die von den Herren Hansemann und Miquel geleitete Discontogesellschaft, eine Lanze für die Commanditgesellschaft auf Actien, welche Herr von Hartmann als ein cäsarisches Institut des letzten Französischen Kaiserthums hingestellt hatte, während er die reine Actiengesellschaft eine „demokratische Gesellschaftsform" nannte. Herr Oppenheim bemerkt dagegen:

Das Commanditgeschäft ist viel älteren Ursprungs und war namentlich in England einheimisch, „wo die Form der Actiengesellschaft bis auf die neueste Zeit mit Misstrauen aufgenommen wurde und möglichst eingeschränkt war. Und zwar hängt dies gerade mit dem constitutionellen Geist Englands zusammen, denn in dem Commanditgeschäft ist die persönliche Verantwortlichkeit des Leiters und der activen Theilnehmer viel stärker ausgeprägt als in der Actiengesellschaft. Diese letztere trägt allerdings einen gewissen modernen Charakter falscher Demokratie an sich, indem sie auf einem allgemeinen Stimmrecht beruht, welches im Grunde doch nur täuschender Schein ist, und weder von persönlicher Verantwortlichkeit getragen, noch durch genaue Sachkenntniss unterstützt, noch durch ein starkes persönliches Interesse controlirt wird.''

Sodann zeichnet Herr ¡Oppenheim das Börsen- und Gründertreiben jener Tage in so knappen, scharfen Umrissen, dass man über die Treue und Wahrheit des Bildes heute geradezu erstaunen muss:

„Es würde sich auch an der Industrie rächen, wenn ihr mit Einem Schlage Capitalien zugeführt, welche bis dahin zur Hebung der Landwirthschaft oder zur Mobilisirung des Grundbesitzes dienen mussten. — „Im Gegensatz zur Kreuzzeitung fürchten wir von dem schwindelhaften und uncontrolirbaren Ueberwuchern des Actiengeschäfts mehr eine Minderung und Bedrängung des soliden Bürgerstandes. — „Da werden zunächst immer neue Banken gegründet, Banken für Orte, an welchen naturgemäss gar kein Bankgeschäft blühen kann; dann Wechsler- und Maklerbanken; dann „Emissions-'' und „Repräsentationsbanken''. Von denselben Unternehmern werden jetzt neue Banken gegründet, welche ihren eigenen früheren Schöpfungen an denselben Orten Concurrenz zu machen bestimmt sind. — „Jene zahlreichen Banken tragen ihren Namen nur noch zum Schein; sie sind vielmehr Mittel- und Brennpunkte der verschiedenartigsten Speculationen, der Ankäufe von Grund und Boden, von Häusern, Strassen, Zeitungen, Fabriken, Bergwerken und Eisenbahnen. Aber auch diese Gegenstände werden von ihnen nicht fach- und berufsgemäss verwaltet, sondern wieder in Actienunternehmungen verwandelt. Das ist das ganze Geheimniss der Sache. Manche Bank entsteht nur, um an der

allgemeinen Beute Theil zu nehmen; dieselben Leute gründen
drei bis vier Banken, um drei- bis viermal bei den neuen
Emissionen betheiligt zu sein. An dem eigentlichen Geschäft
haben die Potentaten der Börsenmacht weiter kein Interesse;
ie behalten die Action nicht länger, als bis ihr „Consortium"
das erste bedeutende Agio aus den Taschen des leichtgläubigen
Publikums gezogen hat. Ja, ihnen bleibt noch die Chance,
später gegen das Unternehmen, dessen Schwächen sie am
besten kennen und in jedem Augenblick aufdecken können, mit
Erfolg à la baisse zu speculiren. Wir kennen hochgeachtete Börsenmänner, welche vor Ueberschätzung
ihrer eigenen Unternehmungen vertraulich warnen.
— „Wir sehen heute, dass die Besitzer von Fabriken sich
massenhaft dazu drängen, ihre Geschäfte in die Actienform um-
zumodeln. Ihr Hauptbestreben geht dahin, ein Consortium
zu finden, welches das ganze Anwesen zu einer höhern Taxe
übernimmt. Dem Consortium liegt wenig daran, den wahren
Werth festzustellen; es hängt nur am goldenen Schein, denn
je mehr Action es unterbringen kann, desto grösser ist sein
Agiogewinnst. Ist der Coup gelungen, so empfängt der Fabrikant eine Summe weit über sein bisheriges Vermögen hinaus
und behält überdies noch einen beträchtlichen Antheil in
Action. Während er bisher mit seinem ganzen Vermögen in
seiner Industrie wurzelte, hat er jetzt nur noch für $\frac{1}{6}$ oder $\frac{1}{7}$
seines Vermögens Interesse daran. Mit den übrigen $\frac{6}{7}$ ist er
vielleicht bei vielen anderen Unternehmungen betheiligt, welche
ebenso entstanden sind. Es ist klar, dass bei diesem Ent-
wickelungsprocess eine allgemeine Ueberschätzung und indi-
recte Verschleuderung des Volksvermögens stattfindet. — „Schon
nehmen die neuen Actien-Unternehmungen offen das
Gepräge von Spielgesellschaften an. So sehen wir z. B. allgemeine Eisenbahnbaugesellschaften gründen (Vgl. die „Deutsche
Eisenbahnbaugesellschaft" der Herren Hammacher-Hagen, und
die „Deutsche Reichs- und Continental-Eisenbahnbaugesell-

schaft" der Herren Bleichröder- v. Kardorff), deren Actionäre
nicht einmal erfahren, für welche Linien ihre Theilnahme und
ihr Geld verlangt werden. — „Wollten wir gar von den
Einwirkungen einer feilen Zeitungspresse ein Bild
entwerfen, wir würden für gallsüchtige Splitterrichter gelten,
ohne doch im Geringsten übertrieben zu haben. Denn so
stumpf ist schon das Gefühl der Meisten geworden,
dass die handwerksmässige Verfälschung der öffentlichen Meinung in diesen Dingen kein Aufsehen mehr
erregt. — „Wir sind gleichfalls in Gefahr, der sittenfälschenden
Herrschaft einer wüsten Genusssucht und eines geschmacklosen
Luxus zu verfallen. Nachdem unsere bürgerliche Gesellschaft
sich kaum von den herrschenden Sitten und Traditionen der
Geburtsaristokratie befreit hat, drohen ihre Sitten von einer
frechen Plutokratie verdorben zu werden. Hier liegt theilweise
auch die Ursache des Mangels an Idealität auf unserer Schau-
bühne („Maria und Magdalena" von Paul Lindau war noch nicht
aufgeführt!) und in unserer täglichen Unterhaltungsliteratur
(Vgl. Gregor Samarow und Sacher-Masoch)."

In der That, es ist erstaunlich, mit welcher Klar-
heit und Schärfe der jüdische „Volkswirth" den hauptsächlich von seinen Glaubensgenossen betriebenen
Schwindel sofort durchschaut und aufdeckt; wie er
gleich einem Propheten des Alten Testaments alle
Phasen und Stadien des grossen Schwindels schon
im Voraus schildert; mit welcher Offenheit er im
Hause des Gehängten (in der „National-Zeitung") vom
Strick (von der Feilheit der Presse) zu reden wagt!
Es ist dies aber derselbe Herr H. B. Oppenheim,
welcher um dieselbe Zeit in derselben „National-Zei-

tung" und später in der von Herrn Paul Lindau gegründeten „Gegenwart", die Professoren Adolf Wagner, Gustav Schmoller, Gustav Schönberg etc. als
„Katheder-Socialisten" denuncirte, weil diese auf die
Gefahren der manchesterlichen Gesetzgebung hinwiesen, und für die arbeitenden Klassen, für das
untergehende Deutsche Handwerk gegen die Bour-
geois- und Capitalherrschaft eintraten; derselbe H. B.
Oppenheim, welcher Herrn Adolf Wagner des „Communismus" verdächtigte, weil dieser erklärte, dass
der Shylock'sche Wucher in Häusern und Baustellen,
die unerträgliche Miethsprellerei in den Grossstädten
leicht zu einer Beschränkung des Grundeigenthums,
Seitens des Staats oder der Gemeinde, führen könne,
also der Socialdemokratie so recht in die Hände
arbeite; derselbe H. B. Oppenheim, der für die „Entgründung" der Pflug'schen Waggonfabrik*), für die
Niederreissung der Werkstätten und die Ausschlach-
tung der Terrains in Baustellen plaidirte, weil die
Actiengesellschaft dabei mehr profitiren müsse; derselbe H. B. Oppenheim, welcher nach dem „Krach"
in der Nationalzeitung" die „Volkswirthschaftlichen
Schriften" des Herrn Geheimrath Otto Michaelis be-
sprach, und mit diesem genialen Manne den „Specu-

*) Vgl. S. 53 ff.

lationshandel", die Differenzgeschäfte und das Börsenspiel vertheidigt, alle Verbote dagegen „unverstän-
dig und zwecklos" nennt und sein dermaliges Be-
kenntniss dahin abgiebt: „Die Schädlichkeit schwin-
delhafter Strömungen soll nicht geleugnet werden,
aber wer wird ein leidendes Glied gleich amputiren
wollen! — „Die allgemeine Verbreitung volkswirthschaftlicher Bildung muss dazu beitragen, dass jeder
sich selber schütze; den nackten Betrug mögen Gesetz und Gericht unnachsichtlich verfolgen. Aber
nicht hierüber hinaus!" — —

Wie man sieht, ist also doch kein besonderer
Unterschied zwischen dem manchesterlichen „Volkswirth" und dem neuesten „Philosophen". Beide wissen
ihre Ansichten und Lehren den Zeitumständen anzupassen, und beide reichen sich in ihrer Verehrung
und Vertheidigung der Gründer- und Börsenwirth-
schaft schliesslich die Hände. In jenem Artikel gegen
Eduard von Hartmann eifert Herr H. B. Oppenheim
auch nur im Allgemeinen gegen den Schwindel; er
hütet sich wohl Beispiele anzuführen und Namen zu
nennen, und er verabschiedet sich von dem Leser
mit der ausdrücklichen Versicherung, dass seine Polemik nicht etwa der „für viele Fälle berechtigten Form
des Actienunternehmens" gelte, dass er Abhülfe keines-

wegs von der Gesetzgebung oder Staatsgewalt ver-
lange, dass hier allein „das aufgeklärte Verständniss
und der gesunde Sinn der Bürger" helfen könne.
Ohne Frage gehört Herr H. B. Oppenheim zu
den „Wissenden"; das Wissen liegt im Blut, in der
Race, vererbt sich auf alle Kinder des auserwählten
Volks, auch auf diejenigen, welche statt des Handels
und des Wechselgeschäfts, heute die Wissenschaft
oder die Kunst, die Poesie oder die Schriftstellerei,
die Gesetzgebung oder den Journalismus betreiben.
Herr Eduard von Hartmann dagegen ist wol nur der
Menge der „Gläubigen" beizuzählen; er glaubte selber
an den Schwindel und war von ihm geblendet, was
ihn freilich nicht entschuldigt, dass er über Dinge
schrieb, von denen er nichts verstand. Sein Artikel
war für die Gründer und Börsianer unbezahlbar,
nicht mit Gold aufzuwiegen. Ihr Treiben vertheidigte
und pries nun auch der Philosoph, und er forderte
seine Mitbürger, reich und arm, auf, sie möchten um
ihres Heiles willen Alle die neuen Industrie-Actien
kaufen, Alle, Alle Actionäre werden!

Was Wunder, wenn die Gründer, so gefeiert als
die Wohlthäter der Menschheit, als die Ritter von
der Lösung der socialen Frage, noch viel toller in's
Zeug gingen! Unterstützt von den Volkswirthen und

Parlamentariern, mit deren Namen sie ihre Prospecte
schmückten, schufen sie tagtäglich neue „Actienunternehmungen", warfen sie sich bald auf diese, bald auf jene
Branche, gründeten sie in systematischer Weise: Gas-,
Wasser- und Heizungsanlagen, Papier-, Zucker- und
Glas-, Leder-, Gummi-, Tabaks- und chemische Fabriken, Webereien, Spinnereien und Färbereien, Bauvereine und Brauereien, Berg- und Hüttenwerke und
sehr mannigfaltige „Diverse". Auf allen diesen Gebieten war, wie die Prospecte versicherten, und wie
die Zeitungen im redactionellen Theil bestätigten, ein
dringendes Bedürfniss vorhanden, eine hohe Rentabilität zweifellos; und thatsächlich gestaltete sich der
Begehr und der Verbrauch plötzlich stärker, begannen
die Preise aller Fabrikate und Producte rapide zu
steigen. Immer weiter schien die Nachfrage das Angebot hinter sich zurückzulassen, aber das schwin-
dende Angebot und die wachsende Nachfrage waren
zum Theil auch künstlicher Natur; jenes wurde in
schlauer Speculation unterdrückt, diese mit allen Mitteln
genährt, das Publikum zum Luxus und zur Verschwendung verführt; in welchen Punkten wieder die Gründer und Gründergenossen das Aeusserste leisteten.

Und ebenso systematisch ging die Börse vor. In
der einen Woche liess sie sprungweise die Gasactien

steigen, in der nächsten die Papieractien, in der
dritten die Zuckeractien, so dass jede Branche an
die Reihe kam und für jede die Menge präparirt und
geködert wurde. Das Publikum kauft, wie die Börse
sehr wohl weiss, nur bei steigenden Coursen, und
verkauft bei fallenden, während es eigentlich umgekehrt thun müsste. Das Steigen des Courses, in den
meisten Fällen blosse Börsenmache, dünkt ihm ein
untrügliches Zeichen, dass auch der innere Werth
der Actie sich gehoben, dass diese eine gute Dividende
verspricht, und ein besonders solides Anlagepapier
ist. Von den Kniffen und Ränken der Speculanten
hat selbstverständlich das draussen stehende Publikum keine Ahnung. Wie sollte es aber jetzt nicht
kaufen, wo es, wie man ihm täglich erzählte, an Geld-
überfluss litt, wo das Kaufen von Industrieactien
nicht nur ein sicheres Geschäft, sondern auch ein
gemeinnütziges Werk war, wo es seine Einnahmen
und sein Vermögen verbessern, und damit zugleich
dem socialen Elend steuern konnte! Fürwahr, das
Publikum hätte aus lauter „Wissenden" bestehen
müssen, hätte es den Netzen, die Gründer und Börsianer nach ihm auswarfen, den Sprenkeln, die
Presse, „Volkswirthe" und „Philosophen" ihm stellten,
entgehen sollen!!

—

Auf dem Gebiete der Gasgründungen ist eine hervorragende Persönlichkeit der „Königlich Preussische Geheime Commerzienrath" Herr Wilhelm Oechelhäuser, „Generaldirector" der **Deutschen Continental-Gas-Gesellschaft** zu Dessau, welche seit 1855 besteht, 16 Orte mit Gas versorgt und hohe Dividenden abwirft. Zu dem Verwaltungsrath, hier Directorium genannt, für das alljährlich ein Tantièmen-Trinkgeld von ca. 25,000 Thalern abzufallen pflegt, gehören u. A.: Abgeordneter Regierungsrath von Unruh, Geheime Commerzienräthe Wilh. Conrad und L. Schwartzkopff, Julius Ebbinghaus, Gustav Coqui und Wilh. Nolte in Berlin. 1872 erhöhte die Gesellschaft ihr Capital von 3 auf 4, und 1875 auf 5 Millionen Thaler; die jungen Actien wurden den alten Actionären 1872 mit 10, 1875 mit 20% Aufschlag überlassen. Neuerdings, wo sich wiederum ein Geldbedürfniss herausgestellt haben soll, scheint man jedoch diese Agiotage nicht mehr zu wagen, sondern unterhandelt, wie die Zeitungen meldeten, wegen einer Anleihe.

Herr Oechelhäuser, dessen Devise die des sterbenden Göthe ist: „Mehr Licht!" fungirte als Aufsichtsrath der Oesterreichischen Gasbeleuchtungsgesellschaft, half 1872 die **Wiener Gasindustrie-Gesellschaft** (Capital $6\frac{2}{3}$ Millionen Thaler) gründen;

und in Gemeinschaft mit Julius Ebbinghaus, Fr. Wilh. Heckmann, Th. Sarre, Albert Pfaff und C. E. F. Gelpcke in Berlin, sowie mit Julius Harck zu Leipzig — die Commandit-Gesellschaft **Neue Gasgesellschaft Wilhelm Nolte & Co.** in ein reines Actienunternehmen mit $1\frac{1}{2}$ Millionen Thaler Capital verwandeln. Auch bei der letzteren, wiewol sie durchschnittlich nur $5\frac{1}{2}°_0$ Dividende vertheilte, und die Actien von 110 bis 80 gefallen sind, bezog der Aufsichtsrath ein Trinkgeld von ca. 5000 Thalern pro Jahr. Zum Theil mit denselben Herren gründete Wilhelm Oechelhäuser ferner die Berlin-Anhaltische Maschinenbaugesellschaft (S. 37), und ausserdem ist er Aufsichtsrath von Banken, Bergwerken, Spinnereien etc.

Aber daran nicht genug. Der vielseitige geniale Mann ist in seinen Mussestunden auch noch Dichter und „Volkswirth". Als Dichter hat er den Shakespeare bearbeitet und verbessert. William Shakespeare geht jetzt in der Bearbeitung und Verbesserung von Wilhelm Oechelhäuser über die Bühnen, und namentlich Herr von Hülsen lässt ihn solcher Gestalt im Berliner Schauspielhause executiren. Als „Volkswirth" verfasste Herr Oechelhäuser eine Schrift „Die wirthschaftliche Krisis", in welcher er, der an dem Gründerthum doch auch sein bescheiden Theil

hat, dasselbe scharf verurtheilt und für „Reformen
der wirthschaftlichen Gesetzgebung" sowie „im Unter-
richtswesen" plaidirt. Er verlangt, dass die Manchesterweisheit in allen Schulen gelehrt werde und
führt aus: „Die Volkswirthschaftslehre hat die Psy-
chologie zur Voraussetzung. Ihre Gesetze basiren
auf dem psychologischen Verhalten des Menschen zu
den Fragen der Arbeit und des Genusses, und ihre
Aufgabe ist es, dies Verhalten so von innen auszubilden und von aussen zu regeln, dass die wirthschaftlichen Ziele mit den allgemeinen staatlichen und
menschlichen Culturaufgaben harmonisch zusammen-
fallen." — — Diese, durch solchen Phrasenschwulst
sowie durch falsche Zahlengruppirungen sich aus-
zeichnende Brochüre, citirte der Handelsminister Herr
Achenbach im Preussischen Abgeordnetenhause am
29. März 1876, als der Bericht der Specialcommission
zur Untersuchung des Eisenbahn-Concessionswesens,
nachdem er an drei Jahre eingesargt gewesen, wieder
für ein paar Stunden an's Tageslicht gezogen wurde,
und nun eine Komödie in Scene setzte, in welcher
der grimme Gründertödter Herr Lasker eine so kläg-
liche Rolle spielte. Herr Achenbach nannte die Schrift
des Herrn Oechelhäuser mit hoher Anerkennung und
verlas daraus folgende Stelle:

11*

„Die Hauptschuld liegt nicht an den Regierungen oder Börsen oder an Betrügerkategorien, sondern an dem allgemeinen Reichthumsfieber, welches die Nation ergriffen hatte und den Einzelnen, die feineren moralischen Regungen ertödtend, mit fortriss. Es ist jetzt Mode geworden, sich als Opfer geheimen Betrugs hinzustellen, wo doch das Gründungswesen mit der Offenheit des erlaubten Geschäfts betrieben wurde, und gerade hierdurch so viele in seinen Strudel mit fortriss. Scienti non fit injuria. Mochten die Programme die ursprünglichen Kaufsummen verschweigen, mochte es unbekannt bleiben, ob Diese oder Jene sich in den Gewinn getheilt — die entscheidenden Thatsachen, dass nnd wieviel über die früheren Normalpreise, über die wirklichen Werthe aufgeschlagen worden war, kannte Jedermann. Wusste man nicht bei allen Berliner Baugesellschaften, dass ihre Objecte noch vor Monaten, noch vor Wochen, zu einem Drittheil, zu einem Viertheil des eingesetzten Preises von den früheren Besitzern erworben wurden? Wenn dies nicht von der Betheiligung abhielt, so war der höchste Grad der Verblendung vorhanden, oder der Actionär trat nur in die Fusstapfen der Gründer, indem er das Geschäft des Aufschlagens auf den ursprünglichen Preis an der Börse fortzusetzen dachte. Der Agioteur ist nur der fortgesetzte und vervielfältigte Gründer; beide haben kein Recht sich gegenseitig anzuklagen.“

Selbstverständlich erfüllte die Verlesung dieses famosen Citats die Gründer und Gründergenossen im Parlament mit inniger Befriedigung. „Sehr wahr!“ riefen sie gerührt, und dankten dem Handelsminister mit lautem „Bravo!“ Herr Oechelhäuser verurtheilt, wie Herr H. B. Oppenheim, das Gründerthum und den Börsenschwindel im Allgemeinen, aber wie man sieht, entschuldigt er die Gründer und Börsianer im

Besonderen, entlastet er diese auf Kosten des Publikums, dem er einfach die „Hauptschuld" zuweist. Er hält eine Rede pro domo, wie er denn u. A. sagt:

„Und dennoch müssen die Sünden der Einzelnen, in Zeiten gewaltiger Strömungen, mit milderem Maassstab gemessen werden, als in normalen Zeiten oder im Lichte des Rückschlags. — „Dass Betrug, Leichtsinn und Verführung in allen Graden und Nüancen thätig gewesen sind, wer wollte es leugnen? Allein selbst unter den Gründern, wieviel mehr noch unter den Männern, die sich, oft ganz unbetheiligt, mit ihren Namen an die Spitze stellten, oder stellen liessen, ist die Zahl derjenigen, welche sich, bei vollständigem Mangel volkswirthschaftlicher und häufig auch geschäftlicher Kenntnisse, von der allgemeinen Signatur der Periode blenden und täuschen liessen, welche in gutem Glauben an den Milliardenreichthum und an die Fortdauer der gestiegenen Preise und Consumtionen handelten, und nichts Unehrenhaftes und Leichtsinniges zu thun glaubten, unendlich grösser als die Zahl der wissentlich Täuschenden. Das allgemeine Beispiel ist der mächtigste Verführer auf Erden, und nichts blendet stärker als der Erfolg."

Herr Oechelhäuser, der selbstverständlich auch zu den „Wissenden" gehört, wiederholt und variirt nur das alte Lied der Gründer und Gründeradvocaten, das in dem Refrain gipfelt: Wir sind eigentlich die Verführten, und das Publikum ist unser Verführer! — Jene Phrasen und Sophismen sind so fadenscheinig, dass sie keinen Unbetheiligten berücken und sich mit zwei Worten in ihr jämmerliches Nichts zurückweisen lassen: Die Gründer machten alles Wesent-

liche hinter den Coulissen ab und wussten ihre Ma-
chinationen gar wohl zu verbergen. Das Publikum
erfuhr nur, was die Prospecte und die Zeitungen ihm
vorprahlten und vorlogen, und der Schwindel, der
Betrug kam stets erst hinterher, im Laufe der Jahre
an's Licht. Nicht das Publikum, sondern die Börse
nahm zuerst die Actien auf, trieb sie in die Höhe
und wusste sie dann durch ihre Agenten, die Banquiers, über das ganze Land absetzen zu lassen. Der
„Agioteur", der „in die Fusstapfen des Gründers
trat", der „fortgesetzte und vervielfältigte Gründer"
war eben der „Börsianer", nicht der eingefangene
Privatactionär, der in der Regel das Papier, das man
ihm angeschmiert hat, noch heute besitzt. Endlich
sind die angeblich unschuldigen Männer, die nicht
selber Gründer waren, sondern sich von den Gründern
nur an die Spitze stellen liessen, die durch ihre
Namen das Publikum heranlockten, dafür auch stets
reichlich bezahlt worden, indem sie eine Portion
Actien weit unter dem eigentlichen Course erhielten,
und als „Aufsichtsräthe" glänzende Trinkgelder be-
zogen. |Die Genossen und Gehülfen der Gründer
sind ebenso schuldig wie diese selber, ja noch schärfer
zu verurtheilen, da sie mit ihrem Rufe, Ansehn und
Einfluss für die Gründung eintraten, und erst durch

sie das Unheil möglich wurde. Uebrigens verrathen auch die mehrfach wiederkehrenden Namen, dass es nicht minder professionelle „Aufsichtsräthe" wie professionelle Gründer gab, dass jene ebenso wie diese, um der Beute willen, die Sache als „Geschäft" betrieben.

Herr Oechelhäuser tadelt zwar im Allgemeinen auch ein wenig die Gesetzgebung und die Regierung, aber im Besonderen lobt er den Finanzminister, den Präsidenten des Reichskanzleramts, den Präsidenten der Seehandlung, den Präsidenten der Bank etc. Er lobt und rühmt Alles, was in hoher einflussreicher Stellung, was reich und mächtig ist; er vertheidigt auch wieder die Börse und die Banquiers, und weiss deren „volkswirthschaftliche Bedeutung" in das hellste Licht zu stellen; dagegen lässt er seiner Entrüstung vollen Lauf gegen Diejenigen, welche es gewagt haben den Gründern und Gründergenossen persönlich zu Leibe zu gehen, und er sucht sie als verunglückte Speculanten hinzustellen. Auch der angeklagten Presse nimmt er sich warm an und versichert: sie trage „in der That einen kleineren Theil der Schuld, als man ihr vielfach aufzubürden pflegt"; „der positive oder negative Einfluss der eigentlichen Börsenblätter" sei nur gering, bei vielen der grossen politischen Zeitungen sei zwar „eine Rücksicht der Redaction auf den Inseratentheil unverkennbar", „es hätte, so lange es Zeit war, eindringlicher und specieller gewarnt werden müssen", allein von einer Corruption, wie in Oesterreich, „sei kaum noch die Spur zu uns gedrungen", und „als Gegengewicht gegen manche Versäumniss und Schuld" habe die Presse „mehr Nüchternheit und Voraussicht bewahrt, als das in den Strudel hineingerissene Publikum". — Herr Oechelhäuser hütet sich wohl, es mit der Presse zu verderben, denn er bedarf ihrer als Schriftsteller und als Geschäftsmann, und er feiert speciell dasjenige Blatt, das gleich grossen Einfluss in literarischen Dingen wie in Börsenangelegenheiten übt, indem er in einer Fussnote bemerkt:

„So haben wir z. B. die Wochenberichte der „National-Zeitung" über die Börsenbewegungen und die wirthschaftlichen Zustände Deutschlands, als Muster der Unparteilichkeit, klarer Auffassung und vollständiger, wissenschaftlicher und technischer Beherrschung des Gegenstandes, durch die ganze Krise verfolgt."

Selbstverständlich nahm der Börsenredacteur der „Nationalzeitung", Herr Julius Schweitzer, nun Veranlassung, in einem jener famosen Wochenberichte die Schrift des Herrn Oechelhäuser bestens zu empfehlen; denn eine Liebe ist der andern werth, und eine Hand

wäscht die andere. Herr Wilhelm Oechelhäuser und
Herr Julius Schweitzer sind übrigens alte Bekannte
und gute Nachbarn: sie sitzen (oder sassen doch)
neben einander im Aufsichtsrathe der Anhalt-Dessaui-
schen Landeskank, und haben für ihre Mühewaltung
hier hübsche Trinkgelder bezogen.

Wenn die Gründer und Gründergenossen heute
Alles aufbieten, um sich weiss zu brennen, so ist das
zu begreifen; aber fast unbegreiflich ist es, dass diese
Leute, anstatt sich etwas in Vergessenheit zu bringen,
sich immer wieder an die Oeffentlichkeit und in den
Vordergrund drängen, dass sie, nachdem sie so ungeheueren Frevel verübt, und so namenloses Elend
angerichtet, es dessenungeachtet wagen sich als Kritiker und Moralisten aufzuwerfen, das von ihnen ausgeplünderte Publikum als Sündenbock zu bezeichnen
und es noch zu schmähen und zu höhnen. Dergleichen
dürfte auch nur in Deutschland möglich sein!

Am 29. März 1876 hatte der Handelsminister
Herr Achenbach seinen guten Tag. Neben der Schrift
des Herrn Oechelhäuser citirte er auch noch den
Bericht des volkswirthschaftliches Ausschusses des
Oesterreichischen Abgeordnetenhauses, um auf Grund
desselben mit Herrn Oechelhäuser zu behaupten: das
Gründungsunwesen sei in Oesterreich weit ärger ge-

wesen; die Vorgänge, welche sich dort ereignet, seien
„geradezu pyramidal gegenüber demjenigen, was bei
uns versucht worden ist". Wie bereits früher nachgewiesen*), ist dies total unrichtig. Der Herr Handelsminister zeigte sich in einem doppelten Irrthum
befangen. Er übersah, dass in Oesterreich-Ungarn
von 1867 bis 1873 zwar 1005 Actiengesellschaften
Seitens der Staatsregierung concessionirt wurden,
von denselben aber nur 682 wirklich in's Leben traten;
und er wusste nicht, dass dagegen in Deutschland
von 1870 bis 1873, also während eines nur halb so
grossen Zeitraums, thatsächlich an 1300 Gesellschaften
entstanden sind. Der Herr Handelsminister hatte
sich offenbar durch die systematisch falschen Angaben
der „Volkswirthe" täuschen lassen, und er schloss
seine Rede mit den Worten: „Ich wünsche auf dem
Gebiete der wirthschaftlichen Gesetzgebung keine
Reaction" — was ihm wieder den herzlichen Beifall
der im Parlament so zahlreich vertretenen „Volkswirthe" eintrug, denn diese verstehen unter „Reaction"
schon die leiseste Zügelung der Actienfreiheit.

An die oben erwähnten Gründungen des Herrn
Oechelhäuser schliessen sich folgende Gesellschaften

---

*) Vgl. S. 11.

für Gas-, Wasser- und Heizungsanlagen, welche sich, mit Ausnahme der ersten, sämmtlich in Berlin befinden:

Wasserversorgung in Gotha. Gegründet Juli 1871 von Isidor Richter (Richter & Co.) in Berlin und Geh. Commerzienrath Moritz Simon (J. Simon Wittwe & Söhne) in Königsberg i. Pr. Grundcapital 300,000 Thaler. Der Prospect stellte 10% Dividende in Aussicht, doch waren die Actien nur schwer unterzubringen, und thatsächlich wurden von 1873 bis 1875 — 2, 3 und resp. 3½% vertheilt. Aufsichtsräthe u. A.: Finanzräthe Hopf und Kühn in Gotha. Cours ca. 80.

Central-Heizungs-, Wasser- und Gasanlagen, vormals Schäffer & Walcker. Gegründet Juni 1871 von Isidor Mamroth, Hermann Bein, Ferd. Meyer und dem Abgeordneten, Geheimen Admiralitätsrath Jacobs. Die Leitung behielt zunächst der Vorbesitzer, Berthold Schäffer. Actiencapital 750,000 Thlr. April 1873 wurden noch 250,000 Thaler junge Actien zum Course von 120 ausgegeben, aber nur 175,400 Thaler genommen, so dass das Grundcapital zusammen 925,400 Thaler beträgt. Aufsichtsräthe: Benno Beer, Otto Oechelhäuser, Geh. Regierungsrath Dr. Esse, Wilh. Nolte etc. Dividenden von 1871 bis 1875: 19¼, 19, 12½, 12½ und resp. 9%. Cours einst 160, jetzt ca. 90.

Continental-Gesellschaft für Wasser- und Gasanlagen, früher Mattison & Brandt. Gegründet 29. November 1871 von Wilhelm Koch, Adolf Stein, Franz Henckel, Ingenieur Johannes Büsing, „Volkswirth" Dr. Ed. Wiss, Oberstlieutenant Wilh. von der Horst und Stadtverordneten Ferd. Krebs in Berlin, Baron Peter von Gerschau in Meiningen. Aufsichtsräthe u. A.: Oberbaurath Moore, Moritz Goldstein, Regierungsrath a. D. Wilh. Jungermann. Als Director fungirte zuerst der Vorbesitzer, Carl Adolf Brandt. Der Prospect betonte, dass die Gründung auf alleinige Kosten des Herrn Brandt geschehe, durch die Vereinsbank Quistorp & Co. „agenturweise" besorgt werde, und dass die ständigen Taxatoren dieser Bank: Bauinspector Vogler, „Generaldirector" Julius Müller und Baumeister F. Uterwedde das Geschäft reinlich und zweifelsohne befunden hätten. Auf je 4 Actien der Vereinsbank, welche damals etwa 130 notirte, entfiel Ein 50procentiger Interimsschein der Brandt'schen Gründung, so dass die neuen Actien thatsächlich 148% kosteten. In solch raffinirter Weise betrieb Heinrich Quistorp die Agiotage, wusste er bei jeder neuen Gründung auch zugleich die Actien seiner Vereinsbank zu treiben. 146,000 Thaler, fast die Hälfte des Actiencapitals hatte sich Herr Brandt vorbehalten, der also von vornherein einen guten Schnitt machte. Vier Wochen nach der Gründung wurde bereits eine Dividende ausgeworfen, und für das erste Geschäftsjahr von drei Monaten (!) 16%, d. h. in Wirklichkeit 4% gezahlt, wovon aber wieder die Zinsen abzurechnen, welche die Actionäre für etwa zwei Monate rückwärts entrichten mussten. 1872 ergab 25% Dividende; daraufhin stiegen die Actien bis etwa 210, und der Aufsichtsrath beschloss auf eigene Hand, wozu ihn das Statut ermächtigte, das Grundcapital von 300,000 auf 600,000 Thaler zu erhöhen. Diesmal gewährte Herr Quistorp auf je zwei Actien seiner Vereinsbank, welche nun gleichfalls über 200 stand, Eine junge Actie Brandt à 140%, was thatsächlich einem Course von 180 entsprach. Die eine Hälfte der jungen Actien erhielten die Actionäre, die andere Hälfte übernahm Quistorp selber zum Course von 176¹/₃, bezahlte sie aber nicht baar, sondern schrieb sie der Gesellschaft in seinen Büchern nur gut. Mit den Dividenden war es seitdem vorbei, was zum Theil der Sturz der Vereinsbank, zum grossen Theil aber die eigene grobe Misswirthschaft verschuldete. Frühjahr 1874 schied der Vorbesitzer als Director aus, und blieb der Gesellschaft über 100,000 Thaler schuldig, weswegen der Aufsichtsrath ihn der Staatsanwaltschaft denuncirte. Nach Art der Gründer erklärte Herr Brandt öffentlich diese Beschuldigung für „infame Verleumdung" und drohte mit gerichtlichen Strafanträgen. Indess scheint er diese unterlassen zu haben, wol aber schwebt gegen ihn seit längerer Zeit die Untersuchung. Der zweite Director, Carl Rüster, verschiedener Wechselfälschungen angeklagt, die er im Interesse der Gesellschaft begangen haben soll, vergiftete sich im Polizeibureau, und fand sich in der Tasche seines Rocks noch ein geladener sechsläufiger Revolver. 1875 schloss mit einer Unterbilanz von fast 400,000 Thaler, und es drohte der Concurs. Doch hat man diesen einstweilen noch abgewandt, das Grundcapital durch Meucheln der Actien von 600,000 auf 125,000 Thaler gekürzt und die Aufnahme einer Anleihe von 150,000 Thaler beschlossen! — Die Actien, welche einst 210 standen, haben fast jeden Cours verloren.

Zu den Trümmern dieser Gesellschaft gehören u. A. die **Wasserwerke in Frankfurt an der Oder,** welche mit 350,000 Thaler, die Bauzinsen ungerechnet, zu Buch standen, der Stadt Frankfurt angeblich für 250,000 Thaler angeboten wurden, und schliesslich an ein Consortium noch billiger übergingen. Aus diesem Trümmerstück wurde nun Januar 1876 eine neue Gründung construirt, und hatten den Prospect unterzeichnet: Commerzienrath J. M. Mende in Frankfurt a. O., Regierungsrath a. D. W. Jungermann, Stadverordneter Ferd. Krebs, Banquier Reinhold Rudloff-Grübs etc. Die Katze lässt nun einmal das Mausen nicht! Doch scheint der kühne Versuch im Publikum wenig Anklang gefunden zu haben, und selbst die Börsenzeitungen befürworteten ihn nur kühl.

Continental-Wasserwerk Neptun, früher Elsner und Stumpf. Gegründet November 1871 von Joseph Jaques, Hermann Leubuscher, Eduard Mamroth, Magnus Hermann, Director E. Kaselowsky und dem Abgeordneten und „Volkswirth", Justizrath Dr. Carl Braun. Als erste Aufsichtsräthe sind ausserdem im Prospect genannt: Wilh. Borchert jun., Abgeordneter, Geh. Oberregierungsrath und Director des statistischen Bureaus Dr. Engel. Der Vorbesitzer Gottfried Stumpf wurde Director.

Grundcapital schliesslich 1,100,000 Thaler; dazu 180,000 Thlr. Hypotheken und 187,000 Thaler Prioritäten. Die I. Emission betrug 550,000 Thaler, und November 1872 wurden von Lambrecht & Lange, Beer & Herzberg, Hugo Mamroth, Julius Pickardt, Siegheim & Simon 550,000 Thlr. junge Actien gezeichnet, welche man in der Weise emittirte, dass auf 2 alte, die etwa 120 notirten, Eine junge zum Course von 105 bezogen werden konnte. Schon im Mai 1873 war das ganze Actiencapital verbraucht, und seitdem ringt die Gesellschaft mit dem Tode. Eine 1874 erwählte Revisionscommission beschuldigte den Director Stumpf wilder Unternehmungslust und grober Leichtfertigkeit; sie stellte fest, dass die Bücher höchst liederlich geführt und dass namentlich die Bilanz pro 1872 gefälscht; dass die für das erste Geschäftsjahr gezahlte Dividende von $13\frac{1}{2}\%$ nicht verdient, sondern künstlich gemacht sei, und dass daher auch die Herren Aufsichtsräthe die Tantième von 10,000 Thalern mit Unrecht eingesteckt hätten. Stumpf trat zurück und an seine Stelle Robert Herbig, der Gründer der traurigen „Residenz-Baubank". 1873 schloss mit 302,000, 1874 mit 478,000, 1875 mit 900,000 Thaler Verlust; und es bleibt fraglich, ob die einst mit 120 notirten Actien noch den geringsten Werth haben. Der Staatsanwalt scheint nicht eingeschritten zu sein.

Gas- und Wasseranlagen, Gaskronen und Zinkindustrie, vormals Schäfer & Hauschner. Gegründet August 1872 von Ferd. Meyer (Oppenheim & Co.), Carl Kiesel (Bein und Co.), Buchhändler Dr. Julius Friedländer und Adolf Salomon. Vorstand: Benno Hauschner und Ludwig Goldstücker. Actiencapital 500,000 Thaler und 125,000 Thaler Hypotheken. Die Gründung war von vornherein, als unbescheiden theuer, verdächtig. Das erste Geschäftsjahr von 5 Monaten ergab eine künstliche Dividende von 8%, später 0. 1875 liquidirte man. Der Director und Vorbesitzer, Benno Hauschner, erhob plötzlich Ansprüche gegen die Gesellschaft, und man überliess ihm

das entgründete Object für etwa 14°/₀ des Actiencapitais, die
aber erst nach Jahr und Tag fällig werden.

Wasserheizung und Wasserleitung, sonst Thomas
Granger und Paul Hyan. Gegründet September 1872 von
der Wechselstuben-Actiengesellschaft, die inzwischen auch liquidirt hat, von Hermann Baschwitz, Eduard Abel, Julius
Grelling, Adolf Sobernheim, Paul Kahle, Fritz Kindermann und
Dr. juris Gustav Girau. Die Vorbesitzer behielten die Leitung
und übernahmen von dem Actiencapital mit 500,000 Thaler
ein Fünftel. Zu einer Dividende kam es nicht; 1874 schloss
mit 342,000 Thaler Verlust, worauf man zwei Drittel der Actien
meuchelte, und der Abschluss von 1875 erwies eine Hypo-
thekenlast von 240,000 Thaler. Da der Cours jetzt etwa 9
ist, haben die ursprünglichen Actien einen Werth von 3%.
Der Staatsanwalt hat recherchirt, und scheint die Untersuchung
zu schweben.

Gas- und Wasserleitung und Centralheizung Globus,
vormals J. J. Hollerbach und F. W. Toeppe. Vorgekauft
von Abraham Henoch, und gegründet September 1872 von
Jacques Coppel, Isidor Itzig und Nachmann Hirsch Neumann.
Actiencapital 300,000 Thaler und 100,000 Thaler Hypotheken.
Der Vorbesitzer Toeppe wurde Director, und Rechtsanwalt
Ludwig Meyn, vor dem das Statut verlautbart, Vorsitzender
des Aufsichtsraths. Im Prospect ist der Erwerbspreis auf
300,000 Thaler angegeben, doch machte der Vorbesitzer Hollerbach öffentlich bekannt, dass Abraham Henoch im Ganzen nur
152,500 Thaler, also etwa die Hälfte gezahlt. Die Gründer vermochten diese Behauptung nicht zu widerlegen, sie antworteten
nur, Hollerbach habe sein Schweigen von der Zahlung mehrerer
tausend Thaler abhängig gemacht. Trotzdem legte die Allgemeine
Depositenbank die Actien zum Course von 102 auf, und sie wurden
getrieben bis 133. — „Für das laufende Jahr sind 10°/₀ Dividende
gesichert", verkündete der Prospect, und dies bewahrheitete sich
ziemlich, insofern für das erste Geschäftsjahr von 4 Monaten (!)

9%, also thatsächlich 3% entfielen. 1873 gab es 2%, 1874 — 2½% und für den Aufsichtsrath 1000 Thaler Tantième (!), 1875 — 0. Cours etwa noch 10. Von einer strafgerichtlichen Untersuchung ist nichts zu hören gewesen.

Wasser- und Gasleitungsbedarf Saturn, früher L. Röder und Co. Gegründet 15. März 1873 von Jacques Coppel, Isidor Itzig, Nachmann Hirsch Neumann, Abraham Henoch, Carl Mohr, Buchhändler Franz Grunert und Dr. Heinrich Ebeling, Börsen-Redacteur der „Vossischen Zeitung". Als Aufsichtsräthe hatten den Prospect unterzeichnet: Fabrikant Friese, Director Leopold Günther und Rechtsanwalt Ludwig Meyn, der auch hier das Statut aufgenommen. Actiencapital 350,000 Thlr. und 63,000 Thaler Hypotheken. Das erste Geschäftsjahr warf 5% Dividende und für den Aufsichtsrath über 3000 Thaler Tantième aus. 1874 erhielten die Actionäre 1½%, und 1876 wurde die Liquidation beschlossen. Ohne Cours.

Internationale Gasgesellschaft. Schon nach dem „Krach", im Juli 1873 gegründet, von Commerzienrath Anton Schlittgen, Emil Barschall in Liegnitz, Ingenieur Dr. Hugo Sackur und Ingenieur Rudolf Adam Otto Schulz. Actiencapital 200,000 Thlr. 1875 geriethen Schulz und Sackur in Concurs, die Gesellschaft selber scheint noch zu existiren.

Von diesen 9 Gesellschaften sind nur die ersten beiden: Gothaer Wasserversorgung und Central-Heizung, erträglich und lebensfähig; alle übrigen erwecken Verdacht und Grauen, befinden sich bereits in der Auflösung oder vegetiren nur noch. Besonders berüchtigt ist Neptun, die Schöpfung der parlamentarischen „Volkswirthe" Dr. Braun und Dr. Engel, welche den unglücklichen Actionären gegen 1,300,000 Thaler kostet. Mattison & Brandt, Schäfer & Hauschner,

Granger & Hyan, sowie Globus, wenngleich nicht minder bösartig, haben sich mit einem Actiencapital von 600,000 bis 300,000 Thaler begnügt. Saturn und Internationale Gasgesellschaft sind verspätete Gründungen und ihre Geschichte dunkel; was namentlich von der letzteren gilt, über die nur selten etwas verlautete. Die ganze Branche ist, wegen der grossen Verluste, die das Publikum erlitten, anrüchig.

Im December 1871 traten in Dresden eine Anzahl von Papierfabrikanten zusammen und liessen durch die Zeitungen folgenden Beschluss verbreiten:

„In Folge der fortwährenden Steigerung aller Materialien ist es als eine Nothwendigkeit zu bezeichnen, bis auf Weiteres einen Preiszuschlag gegen die Papierpreise im Frühjahr nach Höhe von mindestens 12 Procent eintreten zu lassen. Die durchschnittliche Berechnung ergiebt zwar einen Mehraufwand von $16^2/_3$ Procent bei der Fabrikation, dennoch begnügte man sich mit der Erhöhung von 12 Procent, weil man eine baldige Ermässigung mancher Materialpreise und namentlich der Kohlen erwarten zu können glaubte".

Mit den Gründungen begann auch die Erhöhung der Papierpreise. Papier und Lumpen stiegen sehr im Preise, weil der Consum sich plötzlich verdoppelte und verdreifachte. Die zahllosen Gründungen verschlangen viele tausend Ballen schönes Papier, welches mit lauter faulen Actien bedruckt wurde. Die Zeitungen vergrösserten ihr Format und ihren Umfang, brachten täglich etliche Bogen, ausschliesslich bedeckt mit redactionellen Börsennotizen, ellenlangen Courszetteln, grossmächtigen Prospecten und Reclamen und sonstigen Inseraten über lauter Gründungen und Emissionen. Es entstand eine Menge neuer Zeitungen, vornehmlich Börsenblätter, von denen die meisten inzwischen wieder eingegangen sind. Dazu Brochüren und Denkschriften über neue Unternehmungen, die Geschäftsberichte der neuen Gesellschaften, von jeder in vielen tausend Exemplaren ausgestreut, eine Unmasse von neuen Geschäfts- und Handlungsbüchern, und eine lawinenartig anwachsende Correspondenz zwischen Börse, Banquiers und Publikum! Genug, der Papierverbrauch war augenscheinlich ein ungeheuerer, und darum geschahen auch so viele Papiergründungen, die sich allerdings wieder meist auf die Umwandlung schon bestehender Fabriken beschränkten. Wir verzeichnen folgende:

Berliner Papierfabrik. Gegründet Juli 1871 von Emil Heymann, Meyer Cohn, Abraham Hamburger, Hermann Lask, Emil Holländer und Albert Hofmann, Eigenthümer des „Kladderadatsch" in Berlin, Moritz Cohn und Gebrüder Guttentag in Breslau, Meyer Samuel Meyer in Magdeburg. Die Gründer kauften an die Papierfabrik von Fr. Hendler in Alt-Friedland (Waldenburg i. Schl.) und die Papierhandlung von Leopold Ullstein in Berlin, der sich als Stadtverordneter wie als Gründer hervorgethan hat. Herr Ullstein lieferte, wie der Prospect hervorhob, das Papier u. A. für den „Kladderadatsch" und für die Berliner „Volkszeitung", und wurde deswegen das „Geschäft", d. h. die Firma, den Actionären mit 50,000 Thaler berechnet! Actiencapital 550,000 Thaler und 50,000 Thaler Hypotheken. Die Leitung übernahmen Lask und Ullstein, und als Aufsichtsrath fungirte u. A.: Justizrath Primker, von dem das Statut verlautbart war. Für das erste Geschäftsjahr von 6 Monaten wurden $9^3/_5/^0/_0$ Dividende vertheilt. Die Gesellschaft machte bekannt, dass sie „Actienpapier in reinstem Hanfstoff" anfertige, welches einen so enormen Absatz finde, dass sogar Bestellungen aus Amerika einliefen. 1872 erhielten die Actionäre $7^1/_2$, 1873 — $6^0/_0$, und später 0. Es wurde eben kein „Actienpapier" mehr verlangt, und damit sank auch der Cours der eigenen Actien, die einst über 100 notirten, bis — —? Die Bilanz von ult. 1875 erwies ausser den Hypotheken noch ca. 360,000 Thlr. andere Schulden, zusammen über 400,000 Thaler Passiva, und soviel dürfte der ganze Krempel überhaupt nicht werth sein. Arme Actionäre!

Berliner Pappenfabrik, früher Ferd. Biermann und L. Wiganckow. Gegründet März 1872 von Moritz Eduard Meyer, Gustav Thölde, August Aders, Hugo Schalhorn und Franz Wiganckow jun. Die beiden Letzteren übernahmen die Direction. Actiencapital 900,000 Thaler und 250,000 Thaler Hypotheken. Vorsitzender des Aufsichtsraths: Rechtsanwalt Hecker, welcher das Statut aufgenommen hatte. An Dividende hat die Centralbank für Genossenschaften auf 5 Jahre mindestens $6^0/_0$ garantirt, und wurden bisher gezahlt: 13, $11^2/_3$, $6^1/_3$ und resp. $6^0/_0$; während Aufsichtsrath und Direction sich an Tantièmen 13,000, 10,000, 6000 und resp. 4800 Thaler berechneten. Die letzte Dividende war schon nicht mehr verdient, sondern erforderte, Seitens der Vorbesitzer, einen Zuschuss von ca. 7,500 Thalern, weshalb man jetzt an das Meucheln der Actien denkt. Der Cours, einst 120, ist etwa noch 60.

12*

Norddeutsche Papierfabrik. Gegründet Juni 1871 von Adolf Abel (S. Abel jr.) und Eugen Dzondi (Robert Thode & Co.) in Berlin, welche die Fabrik von Bernhard Behrend und dessen Söhnen, Moritz und Georg Behrend in Cöslin ankauften. Als „erste Aufsichtsräthe" traten in der constituirenden Generalversammlung noch auf: Alexander von Loeben, R. A. Seelig und Hermann Leubuscher in Berlin, Wilhelm Wolff in Cöslin. Von dem Actiencapital mit 500,000 Thaler übernahmen die Vorbesitzer 200,000 Thaler, und Moritz und Georg Behrend behielten die Leitung. In dem Prospect heisst es: „Was den Holzstoff anbelangt, so besitzen die bisherigen Geschäftsinhaber in dem nahe gelegenen, dem Fürsten Bismarck gehörigen Varzin eine Fabrik, und sie haben sich verpflichtet, der Actiengesellschaft den nöthigen Bedarf bis 4000 Centner zu 3 Thaler auf 10 Jahre zu liefern, während der Centner sonst $4\frac{1}{2}$ Thaler kostet. Auch dies kommt der Gesellschaft zu gute." — Nicht ohne eine gewisse Berechtigung nannte sich diese Gründung „Norddeutsche Papierfabrik", denn sie liefert, wie der Prospect ebenfalls betonte, das Telegraphenpapier für Norddeutschland. Sie lieferte auch für die Deutsche Reichspost die Postkarten, und man wird sich entsinnen, wie diese 1872 so rauh und so holzig wurden, dass man nur mit Mühe darauf schreiben konnte. Die Varziner Holzstoff-Fabrik hatte es eben zu gut gemeint. Vorsitzender des Aufsichtsraths: Commerzienrath Johannes Quistorp in Stettin. An Dividenden wurden für 1871 bis 1874 vertheilt: $8\frac{1}{10}$, 8, 0 und resp. 4%. Für 1875 verhiess man ein weit günstigeres Resultat, indess schloss die Bilanz mit ca. 50,000 Thaler Verlust, und Juli 1876 brach der Concurs herein. Weil das Preussische Abgeordnetenhaus die Genehmigung zum Ankauf der Berlin-Dresdener Bahn versagte, fiel S. Abel jr., welcher von den Actien dieser Bahn einen zu grossen Vorrath besass, und weil S. Abel jr. stürzte, musste angeblich auch die Norddeutsche Papierfabrik umfallen. Thatsächlich siechte diese aber von jeher an den Folgen der bös-

artigen Gründung, und sie war schon lange tief verschuldet.
Die Hauptgläubiger der Gesellschaft sind, was man nicht übersehen darf, die Vorbesitzer und die Gründer, welche, indem sie nun auch noch das Letzte nehmen, selbstverständlich für die Actionäre nichts übrig lassen. Mit der Concursanmeldung hörte der Betrieb auf; wie es aber heisst, wird jetzt Fürst Bismarck auf seinen Besitzungen in Varzin eine eigene Papierfabrik anlegen.

Papierfabrik, früher **Carl Marggraf** in Wolfswinkel bei Neustadt-Eberswalde. März 1872 von Heinrich Quistorp „commissionsweise" gegründet. Actiencapital 350,000 Thaler. Auf je 5 Actien der Vereinsbank, welche damals 180 standen, gewährte Quistorp grossmüthig Eine Actie Wolfswinkel, die also thatsächlich 150 kostete. Die Leitung behielt der Vorbesitzer, und als erste Aufsichtsräthe wurden im Prospect genannt: Stadtrath Holtz in Charlottenburg, Apothekenbesitzer H. Augustin, Commerzienrath F. Schering, Banquier Adolf Russ und Stadtverordneter Arnold Marggraf in Berlin, Carl Wrede in Stettin.

Die erste und einzige Dividende war 8%; 1875 brach die Gesellschaft unter einer Schuldenlast von ca. 800,000 Thaler zusammen. Herr Carl Marggraf, der Vorbesitzer, nachherige Director und spätere Liquidator, welcher für das Etablissement 375,000 Thaler erhalten hatte, kaufte es zurück für 137,000 Thaler, womit er noch nicht einmal die für ihn eingetragene Hypothek deckte.

Holzstoff- und Papier-Fabrik Kiauten in Ostpreussen. Gegründet 1872 mit 200,000 Thlr. Grundcapital und 80,000 Thlr. Hypotheken. Aufsichtsrath: Adolf Samter, A. Simon, Friedländer, Graf und Rechtsanwalt Hoffmann in Königsberg i. Pr. An der Berliner Börse eingeführt zum Course von 101. Das erste Geschäftsjahr von 6 Monaten ergab $3\frac{1}{6}$%, 1873 — $2\frac{1}{1}$% Dividende, 1874 — 0.

Stettiner Papierfabrik Hohenkrug. November 1871

gegründet mit 400,000 Thaler Actiencapital und 230,000 Thlr.
Hypotheken. Aufsichtsräthe: Amandus Strömer, Otto Kühne-
mann, Julius Hildebrandt, W. von Kloeden etc. in Stettin.
Vorstand: Reinhold Guleke. Schloss 1873 mit ca. 33,000 Thlr.
Verlust und gerieth 1875 in Concurs.

Papier- und Geschäftsbücher-Fabriken, sonst Gebr.
Rubens in Oldesloe und Hamburg. Gegründet August 1872
von der Anglo-Deutschen Bank in Hamburg, welche $16\frac{2}{3}\%$
Dividende in Aussicht stellte und für drei Jahre mindestens
$8\frac{1}{3}\%$ garantirte. Actiencapital 800,000 Thaler, in Berlin auf-
gelegt bei Hess & Katz. Dazu später 500,000 Thaler Priori-
täten! Vorstand: Bernhard, Siegmund und Charles Rubens.
Aufsichtsrath: Woldemar Nissen, Lorenz Booth, Consul J. F.
W. Reimers, von Meding und Gustav Tuch in Hamburg. Erste
Dividende 0. Schloss 1875 mit ca. 650,000 Thaler Unterbilanz.
Die Fabrik in Hamburg ist ausser Betrieb gesetzt und soll
unter den Hammer kommen.

Hannoversche Papierfabriken Alfeld-Gronau, vormals
Gebr. Woge. Errichtet im August 1872. 350,000 Thaler
Actiencapital und 100,000 Thaler Hypotheken. Aufsichtsrath:
Obergerichtsanwalt Benfey in Hannover, Moritz Ehrlich, Gustav
Woltereck. Dividenden von 1872 bis 1875: 12, 10, $6\frac{2}{3}$ und
resp. 5%. Cours, bei 50% Einzahlung, einst gleich 120, wäh-
rend die Vollactie jetzt etwa 50 notirt.

Papierfabrik und Kalkbrennerei, vormals Rudolf Keferstein in Sinsleben. Gegründet October 1871. Actiencapital
300,000 Thaler und 65,000 Thaler Hypotheken. Emissionshaus:
Ephraim Meyer & Sohn in Hannover. Aufsichtsrath: August
Basse, Ed. Spiegelberg. Dividenden: 1872 — 7%, 1873 — 5%,
1874 — 0. Cours?

Rheinische Papierfabrik in Neuss. Gegründet 1873
von dem A. Schaaffhausenschen Bankverein in Cöln und der
Essener Creditanstalt in Essen. Actiencapital 700,000 Thaler.
Aufsichtsrath: E. Bennert, Theodor Deichmann, J. H. Andly.

Scheint in den letzten Jahren keine Dividende gezahlt zu haben, und beabsichtigt, die Hälfte der Actien zu meucheln.

Vereinigte Hessische Papier- und Papierwaarenfabrik, sonst G. Bodenheim & Co. in Cassel. Gegründet December 1872 mit 750,000 Thaler Actien, welche Februar 1873 mit 103 an der Berliner Börse eingeführt wurden. Dividenden: 1873 — 5%, 1874 — 4%. Cours?

Papierfabrik, früher Keferstein & Sohn in Cröllwitz bei Halle a. S. Gegründet October 1871 von Becker & Co. in Leipzig, H. F. Lehmann in Halle, Delbrück, Leo & Co., und Carl Coppel & Co. in Berlin. Actiencapital 600,000 Thlr. und 200,000 Thaler Hypotheken. Direction: Ernst Carl Louis Keferstein. — „Die Zeichnungen finden volle Berücksichtigung", hiess es in den Börsen-Zeitungen. Ein böses Omen, denn diese Meldung bedeutete thatsächlich: Die aufgelegten Actien sind nur zum Theil gezeichnet worden. Dividenden: 1872 — 7%, 1873 — 8%. und dann 0. Cours etwa noch 5. Die Actionäre beabsichtigen gegen die Gründer vorzugehen. Ein Einziger jener Unglücklichen soll von diesen famosen Actien noch für 26,000 Thaler besitzen!

Muldenthal-Papierfabrik, vormals Schmidt & Mehner in Freiberg. Gegründet Juni 1871 von Heinrich Rode, Herm. Pässler sen., J. G. Johnel, Advocat Heim etc., welche 300,000 Actien auflegten und 14% Dividende versprachen. 1875 wurde eine Prioritäts-Anleihe von 200,000 Thaler versucht, 1876 die Zahlungen eingestellt und der Director der Fabrik, sowie die beiden Directoren der in Mitleidenschaft gezogenen Freiberger Darlehnskasse, verhaftet.

Freiberger Papierfabrik zu Weissenborn. Gegründet Mai 1871 von Emil Quelimalz (A. L. Mende), Carl Mankiewicz (Philipp Flimeyer), Alfred Bach, Factor Franz Müller, Director Ewald Bellingrath und Stadtrath Gustav Schilling in Dresden, welche 350,000 Thaler Actien auflegten und 13% Dividende vorrechneten. Aufsichtsräthe: Kaufmann Büttner in Chemnitz,

Advocat Kugler und Director Hinke in Freiberg. Dividende pro 1875 — 0. Cours etwa 30.

Papierfabrik in Hütten bei Königstein. Gegründet Juni 1871 von Claus & Oberländer, Albin Ellezinguer und Advocat Curt Seyler in Dresden, Carl Pflugbeil in Hütten. 360,000 Thaler Actien wurden bei M. Schie Nachfolger in Dresden und Ed. Hoffmann in Leipzig aufgelegt, und 16% Dividende vorgerechnet. Verwaltungsrath u. A.: Gustav Dörrling, Berthold Wuttig, Carl Kaiser und Hugo Grumpelt in Dresden. Gerieth 1876 in Concurs und wurde für 120,000 Thlr. losgeschlagen, welche Summe noch nicht die Prioritätenschuld deckte.

Papierfabrik zu Köttewitz bei Dresden. Gegründet 1868 von H. W. Bassenge & Co. und B. Gruner in Dresden, F. Förster in Dohna. 260,000 Actien wurden aufgelegt bei Michael Kaskel in Dresden, Becker & Co. in Leipzig, S. Bleichröder in Berlin. Verwaltungsrath u. A.: Moritz Bretschneider in Pirna, Carl Hartmann in Dohna und Abgeordneter, Stadtrath Reinhard Fröhner in Dresden. 1870 — 10% Dividende, 1874 eine Anleihe von 200,000 Thalern versucht, 1876 Concurs. Fröhner, Director der gleichfalls stark gefährdeten Dresdener Gewerbebank, und bei verschiedenen Gründungen betheiligt, wurde November 1876 verhaftet, dann aber wieder auf freien Fuss gesetzt.

Sebnitzer Papierfabrik, vormals Gebrüder Just & Co. Gegründet December 1871 mit 500,000 Thaler Grundcapital, welches für das nur kleine Etablissement kolossal zu nennen war. Einen Theil der Actien übernahmen angeblich die Vorbesitzer, welche die Leitung behielten; der Rest wurde, unter gewissenhafter Ausrechnung einer Dividende von 14,5%, aufgelegt bei M. Schie Nachfolger, Ed. Rocksch Nachfolger, A. Gerstenberger und S. Mattersdorf in Dresden, Aron Meyer & Sohn in Leipzig. 1874 versuchte man eine Anleihe, und die letztjährigen Dividenden waren 0. Cours ca. 40.

Vereinigte Bautzener Papierfabriken, vormals C. F. A. Fischer und Grimm & von Otto. Erworben für angeblich 860,000 Thaler (!) und December 1871 gegründet von Robert Thode & Co. in Berlin und Dresden und von G. E. Heydemann in Bautzen. „Das Unternehmen ist durch keinerlei Gründungs- und Consortialspesen belastet", versicherte der Prospect und warf ein Grundcapital aus von $1\frac{1}{4}$ Millionen Thaler! Oscar Grimm und August Fischer behielten die Leitung, und als Aufsichtsräthe wurden im Prospect genannt: Reichstagsmitglied, Rechtsanwalt Rudolf Thiel in Bautzen, Handelskammerpräsident Adolf Wauer in Herrnhut und E. Röder (Vetter & Co.) in Leipzig. Für 1873 erhielten die Actionäre 13%, Aufsichtsrath und Direction 15,344 Thaler Tantième. 1874 wurde eine neue Prioritätsanleihe von 250,000 Thalern nöthig. 1875 betrug die Dividende nur 5"%. Cours einst 180, jetzt ca. 90?

Papierfabrik zu Einsiedel bei Chemnitz. Gegründet Mai 1871 auf 300,000 Thaler Actien, für welche man im Prospect eine Verzinsung mit 12"% ausrechnete, von Gustav Gerstenberger (Gerstenberger & Rocksch), C. Hermann Findeisen, R. Grahl, Director der Sächsischen Gussstahlfabrik, Medicinalrath Dr. F. Küchenmeister, Friedensrichter Ernst Meinert und Advocat Hermann Ullrich in Dresden und Chemnitz. Die Gesellschaft gerieth in finanzielle Verlegenheiten, der Versuch, eine Prioritätsanleihe aufzunehmen, missglückte, und sie fand endlich eine gewisse Hülfe bei dem Chemnitzer Bankverein. Dividenden in den letzten Jahren 0. Cours etwa noch 15.

Patentpapierfabrik zu Penig. Gegründet Novbr. 1872 mit 1 Million Thaler Actien und 200,000 Thaler Hypotheken! 100,000 Thaler übernahm der Vorbesitzer, Ferd. Flinsch in Leipzig. Den Rest legten auf: die Dresdener Handelsbank, A. L. Mende, Gebrüder Guttentag und Günther & Rudolph in Dresden, Becker & Co. in Leipzig. Aufsichtsräthe u. A.: Emil Quellmalz in Dresden, Wilh. Stalling in Pleschen. Auch hier wurde Mai 1875 die Aufnahme einer Prioritätsanleihe beantragt. Dividende pro 1875 — 5%. Cours ca. 30.

Papierfabrik zu Lösnig bei Leipzig, früher Krüger & Hennig. Gegründet Juli 1871 von Fabrikant Richard Bruns, Kramermeister F. W. Sturm, Verlagsbuchhändler Friedr. Fleischer und Hermann Friderici in Leipzig, Rittergutsbesitzer H Graichen auf Lösnig; welche 270,000 Thaler auflegten und 14 bis 15% Dividende in Aussicht stellten. Die Actien befinden sich wol noch in den Händen der Gründer, von denen Fr. Fleischer gestorben ist, H. Graichen mit seinen Gläubigern accordirte.

Holzstoff- und Papierfabrik zu Schlema bei Schneeberg. Gegründet August 1871 mit 268,000 Thaler Actien. Aufsichtsrath: Advocat Weber I. in Chemnitz, Wolfgang Gerhard in Leipzig, August Hentschel und Oswald Meyh in Zwickau, Theodor Schneider und Ernst Seydel in Glauchau, Conrad Anton Clauss in Hohenstein. Cours?

Zahlreiche andere Papiergründungen, die ein kleineres Actiencapital, von etwa 100,000 bis 200,000 Thalern, beansprucht haben, übergehen wir, um nicht zu ermüden; und bemerken nur noch summarisch:

Die **Magdeburger Papierfabrik** vermochte für das Geschäftsjahr 1875 keine Dividende zu vertheilen; die **Papierfabrik zu Alt-Damm** bei Stettin musste zu einer Anleihe schreiten; die **Dombacher Papierfabrik** steckt in argen Geldnöthen und denkt an ihre Auflösung; die **Seifersdorfer Papierfabrik** befindet sich genau in der nämlichen Lage; die **Papierfabrik zu Radeberg** beschloss den Verkauf des Etablissements; die **Papierfabrik zu Strass-**

burg i. E., gegründet von der Provinzial-Disconto-gesellschaft dortselbst, liquidirte im Mai 1875; die Papierfabrik **Porschendorf-Zschopau** fallirte; die **Förster'sche Papierfabrik** zu Krampe bei Grünberg i. Schl. kam unter den Hammer und ging, bei 100,000 Thaler Schulden, für ca. 25,000 Thaler fort; die **Lockwitzer Papierfabrik** gerieth 1875 in Concurs, und wurde von Eduard Meyer (M. Schie Nachfolger in Dresden) für 80,000 Thaler erstanden.

Besondere Erwähnung verdient aber noch die **Patentpapierfabrik zu Berlin.** Dieselbe existirt schon seit 1819, steht gewissermaassen unter Oberaufsicht der Preussischen Seehandlung, von der sie damals begründet (nicht „gegründet") wurde, und erfreute sich einer hohen Blüthe, bis man in der Schwindelperiode das Grundcapital von 395,000 auf 600,000 Thaler brachte, worauf die Dividenden schnell sanken. Für 1873 erhielten die Actionäre, die bei dieser Gesellschaft kaum gewechselt haben, noch 8%; für 1874 nur 2% und für 1875 — Nichts. Die Bilanz schloss mit 72,000 Thaler Verlust, und es stellte sich heraus, dass die früheren gefälscht, Dividenden und Tantièmen in den Vorjahren unrechtmässig vertheilt waren. Unter Anderm entdeckte man unrichtige Inventuren und ein Manco von 1800 Centner Lumpen.

Erster Director war seit längerer Zeit der früher bei der Königlichen Seehandlung angestellte und erst vor kurzem ausgeschiedene Geheime Oberfinanzrath Scheller; neben ihm fungirte ein Herr Louis, und den Aufsichtsrath bildeten: der Abgeordnete, Freiherr Ernst von Eckardstein-Prötzel, Commerzienrath und Stadtverordneter Emil Ebeling, Banquier Louis Steinthal etc. In der Generalversammlung am 1. Mai 1876 beantragte der Vertreter der Königlichen Seehandlung: die früheren Dechargen für null und nichtig zu erklären und den „unerhörten Verfall" der Gesellschaft zu untersuchen. Demgemäss wurde auch eine Revisionscommission eingesetzt, und nachdem dieselbe Bericht erstattet, beschlossen: gegen die Herren Scheller und Louis im Civilprocesse vorzugehen. Ein weiterer Antrag: die Angelegenheit dem Staatsanwalt zu überweisen, fand nicht die Majorität! So ist durch liederliche Wirthschaft, wenn nicht durch Schlimmeres, eine altrenommirte wohlsituirte Gesellschaft in kurzer Zeit ruinirt, und man hat das Etablissement zum Verkauf gestellt.

Seit dem „Krach" ist die Nachfrage wieder sehr gesunken, wir haben heute grossen Ueberfluss an Papier und Lumpen. Die Fabrikation von Actien hat völlig aufgehört; eine grosse Zahl von Actienge-

sellschaften ist entschlafen, die anderen vegetiren nur
noch; die Börse und die Banquiers sind ohne Beschäftigung, das ausgebeutelte Publikum trauert. Die
Zeitungen sind arg zusammengeschrumpft; es fehlen
die Inserate, es schwinden die Abonnenten; viele
Blätter, namentlich die, welche von der Börse lebten,
sind eingegangen, sind ebenso verschwunden, wie sie
in der Schwindelperiode auftauchten. Am 1. Juli 1874
trat das Reichsgesetz über die Presse in Kraft; es
fielen die Cautionen, es fiel endlich die Zeitungs-
steuer, aber diese Vortheile kamen nur den Zeitungs-
besitzern, weder dem Publikum noch der Presse
selber zu Gute. Die Presse hat an Freiheit nicht
gewonnen, sondern eingebüsst; die Zeitungen sind
nicht billiger und besser, eher schlechter, langweiliger
und trockener geworden. Es sind auch nicht, wie
man auf verschiedenen Seiten hoffte, „massenhaft“
neue Blätter entstanden; dazu ist die Zeit zu schlecht
und das Publikum zu theilnahmlos.

Unter den Papierindustriellen ist Jammern und
Wehklagen. Sie bejammern die Ueberproduction, die
sie doch selber geschaffen, das Schleuderverfahren
vieler Fabriken, das Fallen des Silberpreises, welches
den Oesterreichischen Fabrikanten die Concurrenz
um ca. 20 Procent erleichtere; sie verlangen die Auf-

hebung des Eingangszolls auf Chemicalien und Revision der Handelsverträge mit dem Auslande, damit z. B. Russland, Frankreich und Oesterreich den Ausgangszoll auf Lumpen gleichfalls aufhebe, und die Einfuhr von Papier nicht höher besteuere, als Deutschland dies thut. Ihre Forderungen und Klagen sind zum Theil wol nicht unberechtigt, zum Theil aber auch gesucht und lächerlich, wie denn die Cröllwitzer Papierfabrik im letzten Geschäftsbericht ihr Leiden den Elementen, dem Schnee und dem Hochwasser in die Schuhe zu schieben sucht. Die eigentliche Schuld für das Darniederliegen der Papierindustrie trägt der Actienunfug, der gerade in dieser Branche ein erschrecklicher gewesen ist. Von den oben genannten 32 Gesellschaften haben 13 fallirt oder liqui-. dirt, 13 sind ohne jeden Cours oder der Cours ist kaum nennenswerth, und nur 6 notiren noch über 30 Procent. Diese Zahlen bedürfen keines weiteren Commentars.

Ein ganz ähnliches Bild gewähren die Zuckergründungen, bei denen auch riesige Summen vergeudet sind, die gleichfalls eine Ueberproduction herbeigeführt haben. Wie unter den Papierfabriken finden sich auch unter den Zuckerfabriken nicht wenige, die den Actionären mit $1/_2$ bis $1\,1/_2$ Millionen Thaler überantwortet wurden. Ganz unbedeutende Etablissements sind, einschliesslich der Hypotheken, mit 300,000 bis 600,000 Thaler belastet. Wo ist da ein Gedeihen, eine Verzinsung möglich; zumal die Zuckerpreise, die von 1869 bis 1872 in die Höhe gingen, seitdem in Folge der Ueberproduction um 23 bis 28 Procent gefallen sind!

Von den zahlreichen Gesellschaften nennen wir:

Zuckerfabrik in Trachenberg (Schlesien). Gegründet April 1871 mit 200,000 Thaler Actien. Aufsichtsrath: Geh. Commerzienrath von Ruffer in Breslau, Geh. Finanzrath Baron von Cohn in Dessau, Commissionsrath S. Schlesinger in Trachenberg etc. Vertheilte 1875 — 16% Dividende.

Zuckerfabrik Alt-Jauer. Entstand November 1871 mit 380,000 Thaler Actien, welche die Gewerbebank II. Schuster und Co. in Berlin und Heinrich Sachs Wittwe in Jauer auflegten. Letzte Dividenden 0 und $1\,1/_2$%.

Rostocker Zuckerfabrik. Gegründet März 1872 von der Centralbank für Genossenschaften in Berlin, mit Hülfe des Kaufmann F. Schwarz in Rostock. Der Uebernahmepreis war im Prospect auf 630,000 Thlr. angegeben, soll aber in Wirklichkeit nur 430,000 Thaler gewesen sein. Actiencapital 700,000 Thaler und 600,000 Thaler Hypotheken! Als erste Aufsichtsräthe nannte der Prospect: Consul C. Ch. Lesenberg, Director C. Abendroth, Rentier W. Burmester und Landsyndicus Advocat Groth in Rostock, Director Gust. Thölde und Exdirector H. P. Kreiner in Berlin. Die erste und einzige Dividende von $6\,1/_4$% war künstlich gemacht, man befand sich fortwährend in Geldnöthen, und die Schulden betrugen schliesslich 1 Million Thaler. Um sich zu entlasten, betrieben die Gründer gewaltsam die Entgründung und verkauften den Besitz Mai 1876. Für die Actionäre wird nichts übrig bleiben. Cours einst 105. Der Staatsanwalt soll eingeschritten sein.

Wildunger Zuckerfabrik (im Waldeck'schen). Vorsitzender des Aufsichtsraths: Otto Swoboda in Berlin. Gerieth 1874 in Concurs.

Zuckerfabrik Glauzig bei Cöthen. Gegründet April 1872 von der Leipziger Wechsler- und Depositenbank, der Berliner Wechslerbank, Bein & Co. in Berlin, der Sächsischen Creditbank in Dresden, B. J. Friedheim & Co. und Gebrüder Herzberg in Cöthen. Actiencapital 1,500,000 Thaler und über 500,000 Thaler Hypotheken! Director R. Richter. Aufsichtsrath: Rechtsanwalt Lezius und Oberbürgermeister Joachimi in Cöthen, Bankdirector Sernitsch und Adolf List in Leipzig, Gustav Ziegler in Dessau. Die erste Dividende von 8% wurde durch Zuschüsse des Vorbesitzers bestritten, war also gemacht, und im zweiten Geschäftsjahr gab es 0. 1874 wurden indess 9¾%, und an Tantièmen über 22,000 Thaler (!) vertheilt. 1875 gab es wiederum 0, und 1876 ganze 2⁰.₀. Der Cours ist noch etwa 40.

Zuckerfabrik Bredow bei Stettin, welche die Gründer im November 1872 von der Ritterschaftlichen Privatbank in Pommern angeblich für 530,000 Thaler erwarben. Actiencapital 500,000 Thaler, aufgelegt bei F. W. Krause & Co. in Berlin und bei S. Abel jr. in Berlin und Stettin. Dazu 150,000 Thlr. Hypotheken! Als Aufsichtsräthe waren im Prospect genannt: Oberamtmann A. O. Koppe in Amt Kienitz, Zuckerfabrikant Bergmann auf Tucheband, Commerzienrath Quistorp und Bankdirector Hindersin in Stettin, Otto Hessenland in Berlin. Dividenden von 1873 bis 1876: 6¹/₃, 0, 2²/₃ und resp. 0. Cours einst 110, jetzt? Die Veröffentlichung von Bilanzen scheint der Vorstand nicht zu lieben.

Zuckerfabrik Koerbisdorf bei Merseburg, vormals B r u m - hard, Koch & Co. Gegründet März 1872 von der Deutschen

Genossenschaftsbank Soergel, Parrisius & Co. und Carl Coppel & Co. in Berlin, der Internationalen Bank in Hamburg, der Thüringischen Bank in Sondershausen und dem Bankverein von Kulisch, Kämpf & Co. in Halle. Actiencapital 900,000 Thaler und an 900,000 Thlr. Hypotheken und Prioritäten! Der Prospect gab den Kaufpreis auf 1,209,000 Thaler (!) an, und versprach eine Dividende von 11 bis 12%. Aufsichtsräthe u. A.: Director Soergel in Berlin, Commerzienrath Bör in Sondershausen, Banquier Kulisch, Kaufmann Fr. Pfaffe und Amtmann Reinecke in Halle, Abgeordneter Rechtsanwalt Wölfel in Merseburg. Die erste und einzige Dividende von 8% war nicht verdient. Cours einst 120, im Sommer 1876 etwa 20.

Zuckerfabrik Nienburg a. S., vormals H. Zuckschwerdt & Beuchel. Vorgekauft von Hermann Geber und gegründet Februar 1872 von R. A. Seelig, Hermann Leubuscher Ed. Stahlschmidt und „Generaldirector" Julius Müller in Berlin. Actiencapital 500,000 Thaler und 200,000 Thaler Hypotheken. Wilhelm Meissner und Gustav Dorendorf behielten die Leitung, Als erste Aufsichtsräthe und direct bei dem Unternehmen betheiligt, nannte der Prospect: Abgeordneten Kaufmann Herm. Zuckschwerdt, Max Dulon (E. Ch. Helle) und Gustav Meissner (E. Musmann) in Magdeburg, Julius Schweitzer, Börsen-Redacteur der „National-Zeitung" in Berlin. Die erste und einzige Dividende von 6% war nicht verdient. September 1874 beschloss man die Liquidation, und nachdem sich dieselbe über zwei Jahre hingezogen, werden die Actionäre etwa 3% zurückerhalten. Herr Julius Schweitzer, zum Vorsitzenden des Aufsichtsrath erwählt, legte diese hohe Würde nach Vertheilung der Dividende nieder.

Actiengesellschaft für Rübenzucker-Industrie in Schweden. Bildete sich Ende 1871 unter der finanziellen Leitung von Eberhard Mencke in Braunschweig, mit einem Actiencapital von 3 Millionen Thaler, wovon zunächst 360,000 Thaler ausgegeben wurden. Cours?

Zuckersiederei Braunschweig, früher Gebr. Bautler.
Gegründet 1871 von Commerzienrath Ritter von Voigtländer,
Commerzienrath Albert Oppenheimer und Carl Uhl in Braunschweig, Gustav Seeliger in Wolfenbüttel. Das Actiencapital
von 250,000 Thaler wurde zum Course von 105 emittirt. Da
der Prospect falsche Angaben enthält, haben verschiedene
Actionäre gegen die Gründer auf Zurücknahme der Actien geklagt, und Juli 1876 in zweiter Instanz ein obsiegendes Erkenntniss erstritten. Den Einwand der Verklagten, dass bereits
Verjährung eingetreten, verwarf das Obergericht zu Wolfenbüttel, indem es ausführte, dass dieser Einwand im Falle eines
Betruges unzulässig ist.

Berliner Zucker-Raffinerie, sonst Gebr. Schickler.
Vorgekauft von Paul Munk, und gegründet October 1872 von
Commerzienrath Meyer Cohn, Gustav Böhm, Leopold Hadra,
Georg Beer, Aron Hirsch Heymann und Commissionsrath Jacob
Goldmann in Berlin, Fabrikbesitzer Friedrich Bergmann zu
Tucheband. Actiencapital 1,200,000 Thaler und 650,000 Thlr.
Hypotheken! Vorstand: Hermann Löwinsohn in Berlin. 1875
schloss mit einer Unterbilanz von 43,000 Thaler. In Wahrheit
wird der Verlust schon weit grösser sein; doch sollen sich die
Actien noch in den Händen der Gründer befinden.

Altenburger Zuckerfabrik in Zechau bei Meuselwitz.
Gegründet April 1872 von Robert Baumann (Berliner Bank)
und dem Herzoglichen Domaineupächter Naumann, und den
unglücklichen Actionären für 700,000 Thaler überantwortet.
Ausser dem Actiencapital von .600,000 Thaler versuchte man
später noch 250,000 Thaler Prioritäten auszugeben. 1874 brach
der Concurs aus, und es ergab sich eine Schuldenlast von
425,000 Thaler, während der nothwendige Verkauf nur 179,000
Thaler eintrug.

**Stärke-Syrup-, Traubenzucker- und Zucker-Couleur-
Fabrik,** vormals Seeler & Moiske in Frankfurt a. O. und
in Beeskow. Gegründet September 1872 von der Niederlau-

sitzer Credit-Gesellschaft in Berlin und Frankfurt. Actiencapital 300,000 Thaler, von welchem die Vorbesitzer ein Drittel übernahmen. B. Moiske wurde Director. Der Prospect rechnete 14⁰/₀ Dividende vor und nannte als Aufsichtsräthe: Herm. Zapp, Brauereibesitzer H. S. Muth, Zimmermeister Wilhelm Stumpf und Stadtrath Dr. juris Adolph in Frankfurt a. O., Paul Helm und Fabrikbesitzer G. F. W. Noack in Berlin. 1873 entfielen 7½, 1874 — 7% Dividende. April 1876 brach der Concurs aus.

Stärke- und Syrupfabrik, vormals Dutalis & Co. in Brandenburg a. H. Erworben für angeblich 315,000 Thlr. (!) und gegründet September 1872. Das Actiencapital von 300,000 Thaler wurde durch Beer & Herzberg an der Berliner Börse zum Course von 105 (!!) eingeführt. Ausserdem 75,000 Thaler Hypotheken. Aufsichtsräthe u. A.: Joseph Herzfeld, Emanuel Nathan, M. Alberts, R. Keller und Ed. Marwitz. Dividenden nie. Die Bilanz vom 31. August 1874 schloss mit ca. 200,000 Thlr. Verlust, und Februar 1876 begann die Liquidation.

Stärkezuckerfabrik, vormals Carl Aug. Köhlmann in Frankfurt a. O. Gegründet November 1871 mit 600,000 Thlr. Actien. Der Vorbesitzer behielt die Leitung. Aufsichtsrath: Ferd. Jaques, Carl Coppel, Walter Bauendahl und „Generaldirector" A. Zimmermann in Berlin, Stadtrath August Pahl in Frankfurt a. O. Dividenden von 1872 bis 1876: 5, 10, 12, 6 und resp. 7½%. Cours etwa 60.

Von diesen 15 Gesellschaften traten 6 in Concurs oder in Liquidation, 4 sind ohne Cours, und 5 notiren noch über 20. Ende 1876 begann, angeblich in Folge der schlechten Rübenernte, ein Steigen der Zuckerpreise, welches aber, wie beim Petroleum, wahrscheinlich künstlicher Natur ist, und hauptsäch-

13*

lich der Börse dient, die seitdem eine Courstreiberei in Zuckeractien versucht. Möge das Publikum vor diesem neuen Schwindel gewarnt sein!

Wir kommen zu den Glasgründungen, deren erstes Resultat eine Erhöhung der Glaspreise um 25 Procent war. Sie sind nicht so zahlreich wie die Papier- und Zuckergründungen, aber im Durchschnitt ebenso bösartig, und wir verzeichnen hier:

Deutsche Spiegelglas-Actiengesellschaft, vormals Gebr. Koch in Grünenplan bei Delligsen in Braunschweig; gegründet Juli 1871. Von dem Actiencapital mit 1 Million Thaler wurden zunächst 600,000 Thaler in 50procentigen Interimsscheinen ausgegeben, die Hugo Pringsheim an der Berliner Börse mit 118, also zu einem Course von 136 einführte, und welche man bis ca. 145 trieb, was einem Course von 190 entspricht!! Der Mitvorbesitzer, Dr. Friedrich Koch, der „mit seinem ganzen Capital betheiligt" blieb, behielt die Leitung und nahm den Titel „Generaldirector" an. Als erste Aufsichtsräthe nannten die redactionellen Reclamen der Zeitungen: Geh. Commerzienrath Louis Ravené, Bankagent Theodor Hertel, Baurath Wäsemann und Fabrikant Albert Pfaff in Berlin, Dr. Aug. Seyferth in Braunschweig, Gustav Seeliger in Wolfenbüttel. Im December 1872 geschah die II. Actien-Emission im Betrage von 400,000 Thaler; die Gründer überliessen 200,000 Thaler den Actionären zum Course von 110, und brachten die andere Hälfte allmälig an den Markt, was ihnen zusammen ein Agio von 70,000 bis 90,000 Thalern eingetragen haben muss. Für 1873 entfiel eine Dividende von 2%; seitdem 0. Cours ca. 25.

Glasfabrik Albertinenhütte, früher Georg Leuffgen

in Charlottenburg bei Berlin. Gegründet 4. November 1871 von Georg Beer, Isidor Platho (Platho & Wolff), Ignatz Witkowski, Justizrath Gustav Wolff und der Preuss. Boden-Credit-Actien-Bank (Richard Schweder) in Berlin. Der Prospect stellte 16% Dividende in Aussicht, und der Vorbesitzer, welcher einen Posten Actien übernahm, garantirte für 5 Jahre „unter Cautionsleistung" 10%. In Folge dieser glänzenden Versprechungen wurde das aufgelegte Actiencapital fünfmal überzeichnet. Für das erste Geschäftsjahr erhielten die Actionäre die garantirten 10%, dann aber nichts mehr. Der Aufsichtsrath, das sind die Gründer, hat den Director und Vorbesitzer Leuffgen seiner Verpflichtungen enthoben. Ausser dem Grundcapital mit 395,000 Thlr. belasten die Gesellschaft über 500,000 Thaler Hypotheken und Prioritäten. Daraus erklärt sich, dass die Actien, die einst mit 110 gesucht waren, heute 1 Brief stehen, d. h. mit 1 vergebens angeboten werden. — Herr Leuffgen ist auch bei der ebenso berüchtigten Deutschen Marezzo-Marmor-Gesellschaft betheiligt, die schon seit zwei Jahren den Staatsanwalt beschäftigt.

Glasfabrik Charlottenhütte zu Waitze im Posenschen. Gegründet März 1873 von Rittergutsbesitzer Adolf Wollmann zu Waitze, Banquier Adalbert Nitykowski zu Hirschberg i. Schl., Redacteur Alexander Hoffers in Berlin, Fabrikant Jul. Fahdt und Hüttenbesitzer Friedrich Siemens in Dresden. Vorstand: Dr. L. Hoffmann in Berlin. Actiencapital 425,000 Thlr. Schon im December 1873 brach der Concurs aus, der zwar rückgängig gemacht wurde, an dessen Stelle aber die Subhastation trat. Selbstverständlich sind die Actien werthlos. Der Staatsanwalt zu Meseritz hat recherchirt.

Adolf Wollmann und dessen Sohn waren in den Giftmord-Prozess verwickelt, der 1875 in der Provinz Posen so grosses Aufsehen machte, und um ihretwillen wurden der Director und der Abtheilungs-Dirigent des Kreisgerichts Birnbaum vom Amte suspendirt.

Niederlausitzer Glashütte in Fürstenberg a. O. Gegründet Februar 1873 durch die Maklervereinsbank in Berlin mit 300,000 Thlr. Actien. Aufsichtsrath: Otto Kaufmann, Eugen Hainauer und Hermann Jagodzinski in Berlin. Vorstand: Fabrikant Moritz Beichler in Fürstenberg und Fr. Wilhelm Kaesse in Berlin. Für das erste Geschäftsjahr 3% Dividende, dann 0 und 1876 in Liquidation.

Vereinigte Glashütten, vormals Wilh. Rönsch und Gebrüder Hirsch in Radeberg bei Dresden. Gegründet November 1872 mit 265,000 Thaler Actien, die à 105 ausgegeben wurden! Aufsichtsrath: Advocat Dr. Hermann Sintenis, Otto Harlau (H. W. Bassenge & Co.), Hugo Grumpelt und Rentier Berthold Wuttig in Dresden, Advocat Paul Oertel in Radeberg. Letzte Dividenden 0 und 1%.

Westphälische Glashütte, vormals Haarmann, Schott und Hahne in Witten an der Ruhr. Gegründet Novbr. 1872 von der Bank für Rheinland und Westphalen in Cöln, der Elberfelder Disconto- und Wechslerbank und J. H. Brink & Co. in Elberfeld. Actiencapital 1 Million Thaler und 200,000 Thlr. Hypotheken! Die Vorbesitzer behielten die Leitung, und eine Notiz in „Saling's Börsenblatt“ vom 7. December liess bereits auf eine Dividende von 13 bis 14% hoffen. 1874 schloss mit 573,000 Thaler Verlust, worauf die Vorbesitzer 100,000 Thaler und ein „Actionär“ 180,000 Thaler in Actien „gratis“ zurücklieferten! Sodann meuchelte man das Actiencapital auf 600,000 Thaler. Trotzdem erwies die Bilanz vom 31. August 1875 wieder einen Verlust von über 375,000 Thaler, und die schwebende Schuld betrug etwa 270,000 Thaler. — Preisaufgabe: Was mag die famose Hütte wol eigentlich werth sein?

Rheinische Glashütte in Cöln. Gegründet Juni 1872 mit 250,000 Thlr. Actien. Aufsichtsrath: Advocat-Anwalt Esser II, Baurath Raschdorff, „Generaldirector“ Martin Neuerburg, Advocat Schnaas, Ernst Leybold. Cours?

Glashütte Penzig bei Görlitz, vormals Baenisch, Menzel

& Co. Gegründet Februar 1872 mit 340,000 Thaler Actien, welche S. Abel jr. in Berlin auflegte. Aufsichtsrath: Geh. Commerzienrath R. Schmidt (Gevers & Schmidt), Stadtverordneten-Vorsteher Halberstadt, Bankvorsteher Ruscheweyh, Rechtsanwalt Dr. Dreyer und Albert Katz in Görlitz. Der Vorbesitzer Menzel behielt die Leitung, und der Prospect stellte mindestens 10% Dividende in Aussicht — „selbst wenn man berücksichtigt, dass eine Actiengesellschaft eine kostspieligere Verwaltung hat als der Privateigenthümer", hiess es in der Aufforderung zur Subscription. — — Ebenso merkwürdig wie dieses Eingeständniss ist der Umstand, dass die Versprechungen des Prospects sich hier bewahrheitet haben. Für 1874 erhielten die Actionäre 17%, und für 1875 — 10%. Möge es dabei bleiben!

Ausser diesen Gesellschaften sind noch bekannt geworden: die **Neu-Friedrichsthaler Glashütte** bei Schneidemühl, ursprünglich dem „berühmten" Malzfabrikanten Johann Hoff in Berlin gehörig, welche 1876 ihr Actiencapital von 400,000 auf 100,000 Thaler herabminderte und dann den Concurs anmeldete; die **Glas- und Spiegel-Manufactur zu Schalke** bei Gelsenkirchen mit einem Grundcapital von 1,200,000 Thaler; und die **Creuznacher Glashütte** mit 150,000 Thaler Actien, eine doppelt merkwürdige Gründung, insofern sie sich noch im April 1874 hervorwagte, und von einer Gesellschaft in die Welt gesetzt wurde, die schon selber sich in der Auflösung befand, nämlich von der liquidirenden Aachener Bank für Handel und Industrie. Ferner traten in Liquidation: die

Danziger Glashütte und die **Glashütte Elisenbruch** bei Conitz in Westpreussen; während die **Glashütte Westerhüsen** bei Magdeburg 1875 in Concurs gerieth. Die **Stollberger Glashütte** endlich wurde der Gegenstand eines wichtigen Criminalprocesses und verdient deshalb eine nähere Erörterung:

Im September 1872 verbanden sich zur Gründung dieser Gesellschaft: A. Charlier in Burtscheid, K. Delius, H. Steinmeister und Advocat-Anwalt Koch in Aachen, sowie die Rheinisch-Westphälische Genossenschaftsbank in Cöln, vertreten durch ihre Directoren: W. Keussen und Advocat-Anwalt a. D. Bloem. Sie kauften die Glasfabrik von Moritz Kraus in Stollberg, welche dieser vier Jahre vorher um 34,000 Thaler erworben, für 130,000 Thaler an; ein Preis, der nach Abschätzung der Sachverständigen den eigentlichen Werth weit überstieg. Als Vorkäuferin trat die Rheinisch-Westphälische Genossenschaftsbank auf und wurde in diesem Contract die Kaufsumme auf 160,000 Thaler bezeichnet. Nunmehr erwarb die neue Gesellschaft das Etablissement von der Rheinisch-Westphälischen Genossenschaftsbank, die aber ihrerseits den früheren Eigenthümer Kraus vorschob, für angeblich 200,000 Thaler, und setzte das Actiencapital auf 260,000 Thaler fest, welche die genannten Gründer zeichneten. Die Differenz zwischen dem wirklichen und dem fingirten Kaufpreise von zusammen 70,000 Thaler wurde in der Art zwischen ihnen getheilt, dass sie sich die neuen Actien zum Course von nur 73 zuschrieben. Sie suchten und fanden ein Consortium, welches ihnen die Actien zum Course von 92 abnahm, und mit diesem zusammen, gedachten sie das Publikum zu beglücken, demselben die Actien über Pari (100) anzuschmieren. Die Vorgänge hinter den Coulissen wurden jedoch ruchbar, auch die Zeitverhältnisse ungünstiger, und die Gründung fiel ins Wasser, während die Consortialen mit den à 92 übernommenen Actien sitzen blieben.

Die Consortialen waren also nicht etwa ernsthafte Actionäre, sondern blosse Speculanten, welche den Gründern einen Gewinn von 19% sicherten, und ihren eigenen Vortheil erst vom Publikum zu ziehen gedachten. In die Mysterien der Gründung sollen sie nicht eingeweiht gewesen sein, vielmehr den falschen Angaben des Prospects selber Glauben geschenkt haben. Trotzdem riefen sie, wie es scheint, nicht den Richter an, wol aber schritt der Oberprocuratur zu Aachen von Amtswegen ein, und erhob gegen die Gründer die Anklage wegen Betrug. Dieselben wurden jedoch in erster wie in zweiter Instanz freigesprochen; sowol die Zuchtpolizeikammer als die Appellkammer des Landgerichts zu Aachen vermissten die Erfordernisse des Betruges. Dagegen meldete das öffentliche Ministerium den Cassationsrecurs an, worauf das Ober-Tribunal in Berlin das freisprechende Urtel durch Erkenntniss vom 4. Mai 1876 vernichtete, und die Sache zur nochmaligen Verhandlung und Entscheidung an die Appellkammer zu Düsseldorf verwies. Was der Appellrichter verneint, bejaht das Ober-Tribunal. Es findet eine Vermögensbeschädigung und einen widerrechtlichen Vermögensvortheil darin, dass der Vertrag die Kaufsumme unrichtig auf 200,000 Thaler angiebt. Es findet eine Täuschung darin, dass die Gründer die Differenz von 70,000 Thaler den Consortialen verschwiegen haben und stellt fest, dass bei jedem Societätsverhältniss die einzelnen Gesellschafter „zu gegenseitiger Wahrung von Treu und Glauben" und zu offener Mittheilung der für das Geschäft wesentlichen Thatumstände verbunden sind.

Leider laborirt diese hochwichtige Entscheidung, ebenso wie die Erkenntnisse der I. und II. Instanz, an einem schwerfälligen Actenstil, an einem von dem Laien nur mühsam zu entwirrenden Periodenknäuel; aber sie ist von unabsehbarer Tragweite.

Wenn sie die Gründer verpflichtet, den Consortialen, also ihren Genossen und Gehülfen, nichts Wesentliches zu verschweigen, sondern den Thatbestand offen und wahrheitsgemäss mitzutheilen, so besteht solche Verpflichtung unzweifelhaft auch den wirklichen Actionären gegenüber. Nach dem Urtel des höchsten Gerichtshofes sind alle Gründungen der Schwindelperiode von 1870 bis 1873 dem Staatsanwalt verfallen, denn keine ist ohne erheblichen Profit geschehen, dieser aber ist stets verheimlicht. Wenn die Prospecte auch nicht immer positiv falsche Angaben enthalten, so verschweigen sie doch regelmässig den Gründeraufschlag, und das Ober-Tribunal hat schon früher entschieden, dass der verschwiegene Gründergewinnst als Betrug angesehen und bestraft werden soll.

Die Gründer, welche, um der Industrie auf die Beine zu helfen, keine Branche vergassen, haben ferner auch in Leder, Gummi und Tabak gemacht, und charakterisiren wir zunächst folgende Gesellschaften:

Sächsische Leder-Industrie, vormals Daniel Beck in Döbeln bei Riesa. Gegründet Januar 1872 von Philipp Elimeyer in Dresden mit 700,000 Thaler Actien, welche in Berlin Moritz Löwe & Co. auflegten. Als erste Aufsichtsräthe nannte der Prospect: Knauth, Nachod & Kühne in Leipzig, Götze & Popert in Hamburg, Hermann Schlesinger in Berlin, C. F. Forster in Riesa und Advocat Carl Speck in Döbeln. Die bisherigen Besitzer Oscar Beck und Paul Beck übernahmen die Leitung und eine „sehr ansehnliche Summe" in Actien. An Dividende wurden „mindestens 10 bis 12%" in Aussicht gestellt, und für 1872 auch wirklich 12% gezahlt. Dagegen schloss 1874 mit 102,000, 1876 mit 187,000 Thaler Verlust, und October 1876 ging man daran, die Hälfte der Actien zu meucheln. Cours einst 140, jetzt ca. 15.

Dresdener Lederfabrik, vormals F. Robert Bierling IV. Gegründet März 1872 mit 475,000 Thaler Actien und 100,000 Thaler Hypotheken. Der Vorbesitzer behielt die Leitung, und als erste Aufsichtsräthe nannten sich: F. A. Rudolph (Günther & Rudolph), M. Schie Nachfolger, B. Gutmann, Hermann Bierling, Rudolf Müller und Georg Lemcke in Dresden. An Dividenden erhielten die Actionäre bisher 13, 5½, 9 und resp. 5%. Cours ca. 80.

Leder-, Maschinenriemen- und Militaireffecten-Fabrik, früher Heinrich Thiele in Dresden. Gegründet April 1872 von A. L. Mende, Lüder und Tischer. Actiencapital 275,000 Thaler. Aufsichtsrath: H. G. Lüder, Emil Quellmalz und Adolf Josky in Dresden. Der Vorbesitzer behielt die Leitung und garantirte eine Dividende von 8% auf drei Jahre. 1875 wurde ein Theil der Actien gemeuchelt, und 1876 — 5% Dividende gezahlt. Cours ca. 50.

Lederfabrik zu Dohna, vormals Prietzelt & Silbermann. Gegründet April 1872 mit 160,000 Thaler Actien, welche auflegten: der Thüringer Bankverein, die Pirnaer Bank und A. Gerstenberger in Dresden. Der Vorbesitzer wurde Director, und Abgeordneter Advocat Emil Lehmann in Dresden Vorsitzender des Aufsichtsrath. 1874 schloss mit Verlust ab.

Berliner Gummi- und Guttaperchawaaren-Fabrik Bolle & Co., vormals W. Elliot. Gegründet October 1871 von Henry Sachs, Th. Henschel (J. Henschel Söhne), Albert Borchardt, Adolf Kessel und Hüttendirector Hellmuth Förster. Der Vorbesitzer und Mitgründer Henry Sachs verkaufte für 193,000 Thaler, und liess sich zum Director der Gesellschaft mit 5000 Thaler Gehalt und Tantième erwählen. Zugleich garantirte er für das Actiencapital von 250,000 Thaler eine Minimal-Dividende von 8% auf 5 Jahre, welche auch durch Zuschüsse, die er leistete, regelmässig gezahlt worden ist. Nach Ablauf dieser fünf Jahre kaufte er, Juni 1876, die Fabrik für 104,000 Thaler zurück, indem er baar ca. 43,000 Thaler zahlte und für den Rest Hypothek bestellte. Inzwischen waren die Actien von einst 120 bis unter 50 gesunken.

Norddeutsche Gummi- und Guttaperchawaaren-Fabrik, vormals Fonrobert & Reimann in Berlin. Gegründet October 1871 von Joseph Jaques, Rauff & Knorr, Oscar Hainauer, Eduard Stahlschmidt, Louis Gratweil, Hermann Leubuscher, Joseph Seelig, Geh. Commissionsrath Richard Wentzel und Stadtrath Rudolf Pohle. 480,000 Thaler Actien und 165,000 Thaler Hypotheken. Directoren: Jules Fonrobert und Albert Reimann. 8 bis 10% Dividende wurden versprochen, und gezahlt 7, 6, 5½ und resp. 5%. Cours noch etwa 45.

Deutsche Gummi- und Guttaperchawaaren-Fabrik, vormals Volpi & Schlüter in Berlin. Gegründet Novbr. 1871 von Rauff & Knorr, Gebrüder Niedlich, „Generaldirector" Fr. Waltz, August Lemelson, Obermaschinenmeister Gustav Grüson und Wilhelm Hennig, Eduard Stahlschmidt und Reinhold Alexander Seelig. Der Uebernahmepreis war 550,000 Thaler, ohne die Vorräthe! Actiencapital 480,000 Thaler, wovon die Vorbesitzer angeblich 230,000 Thaler für sich behielten, und 120,000 Thaler Hypotheken. August Schlüter wurde Director, und es entfielen an Dividenden: 8, 8, 7½ und resp. 6%. Cours noch etwa 50.

Gummiwaaren-Fabrik Voigt & Winde in Berlin. Gegründet Juni 1873 von Dittmar Leipziger, Emil Wolff, Nathan

Schlesinger, Julius Sisum und Hermann Winde. 400,000 Thaler Actien und 100,000 Thaler Hypotheken. Die Vorbesitzer und Mitgründer Sisum und Winde behielten die Leitung, und an Dividenden wurden angeblich bisher gezahlt: 10, 5 und resp. 9%. Ohne Börsencours.

Technische Gummiwaarenfabrik C. Schwanitz & Co. in Berlin. Gegründet März 1874 von der Familie Schwanitz mit 227,000 Thaler Actien. Wie die vorige, eine verspätete Gründung und ohne Börsencours.

Gummifädenfabrik, vormals Ferd. Kohlstadt & Co. in Cöln. Gegründet März 1872 mit 400,000 Thaler Actien. Director: Ferd. Kohlstadt sen. Verwaltungsrath: Justizrath Fay, Bankdirector Smidt und Ferd. Kohlstadt jun. in Cöln, Banquier Herz in Düsseldorf und Banquier Holthausen in Crefeld. Erste Dividende 7¹/₂%. Cours?

Continental-Caoutchouc- & Guttapercha-Compagnie in Hannover. Gegründet October 1871 mit 300,000 Thaler Actien und 163,000 Thaler Hypotheken. Direction: Jacob Frank und Conrad Köhsel. Verwaltungsrath: Ferd, Meyer, Hermann Peretz, Commerzienrath Otto Köhsel, Moritz Magnus, Moritz Meyer Otto Stockhardt, Daniel Heinemann. Scheint 1874 mit Verlust geschlossen zu haben.

Vereinigte Gummiwaarenfabriken Harburg-Wien, vormals Ménier und J. N. Reithoffer. Actiencapital 3 Millionen Thaler! Später auf 1,800,000 Thaler herabgesetzt. Vertheilte pro 1874/75 — 12¹/₂%, pro 1875/76 — 10% Dividende.

„Gummi-Actien" genossen an der Berliner Börse keinen besondern Geruch, und wurden von ihr, die sonst durchaus nicht ekel war, mit Misstrauen aufgenommen; was zum Theil wol daher kam, dass die Einführung dieser Actien Ende 1871 geschah, wo nach einer Periode unausgesetzten Gründens die erste

Rückschlag eintrat, die erste grosse Panique sich geltend machte, die freilich schnell vorüberging. Schwierig unterzubringen waren namentlich die Actien der beiden Fabriken von Fonrobert & Reimann und von Volpi & Schlüter, welche beide ihre Gründung der Vorkäufersippe Hermann Geber und Consorten verdanken. Dem Consortium, welches die Actien der letzteren Gesellschaft übernahm, gelang es, wie die „Neue Börsenzeitung" ausplauderte, von je 10,000 Thaler nur 100 Thaler abzusetzen, so dass ein mit 10,000 Thaler Betheiligter 9900 Thaler auf dem Halse behielt, und dieselben erst allmälig zu ziemlich gesunkenen Coursen los werden konnte.

J. Henschel Söhne, denen die Einführung der Gummigesellschaft, vormals Bolle, oblag, erfuhren dabei ein anderes Malheur. Sie versandten die nöthige Reclame zur Einrückung in den redactionellen Theil an die verschiedenen Zeitungen, und fügten, je nach der Bedeutung des Blatts, ein entsprechendes Trinkgeld bei. Auch die „Tribüne", ein untergeordnetes Local- und Klatschblättchen, empfing die Notiz und dazu zwei Hundert-Thalerscheine, schickte aber das Geld zurück und schlug grossen Lärm ob des „Bestechungsversuchs", zum gerechten Erstaunen der anderen Journale. — Merke Dir, mein lieber Freund, spricht der weltmännische Pudel Ponto zu dem philosophischen Kater Murr, dass es rathsam ist, in Kleinigkeiten ehrlich zu sein; bei grossen Dingen kommt es weniger darauf an. — Die „Tribüne", welche wegen dieser geringen Zumuthung in solche Entrüstung gerieth, hat u. A. die Trommel gar mächtig für Baruch Hirsch Strausberg gerührt, und diesen Wohlthäter der Menschheit in einem artigen Feuilleton mit der Ueberschrift „Der Mann, der Alles kauft" gefeiert. An der Börse lachte man J. Henschel Söhne aus, denn sie hatten allerdings die Sache ungeschickt angefangen. Man pflegt nämlich dergleichen Couverts nicht offen an die Zeitungen zu adressiren, sondern sie bei Gelegenheit in die Rocktasche des betreffenden Börsen-Redacteurs zu stecken, wo sie dann stets gefunden und nach Wunsch verwandt werden. J. Henschel Söhne, damals noch Neulinge, sind seitdem auch klüger geworden, und überraschten die Börse, nachdem sie eben von einem Sommeraufenthalt in Italien heimgekehrt waren, Herbst 1876 mit einem kleinen Fallissement.

Merkwürdigerweise haben sich nun die Gummiactien weit besser bewährt als ihr ursprünglicher Ruf es erwarten liess; sie gehören heute zu den Industrieactien, die im Course am höchsten stehen.

Fonrobert & Reimann notiren noch ca. 45, Volpi & Schlüter noch ca. 50; und bei Bolle, wo der Vorbesitzer Henry Sachs das Etablissement zurückkaufte, sollen die Actionäre sogar 70 Procent ausgezahlt erhalten. Fürwahr eine Gründung, die sich sehen lassen kann, und die seiner Zeit auch wol eine Empfehlung der „Tribüne" verdient hätte! Fonrobert & Reimann wieder haben sich um das Vaterland verdient gemacht.

Während die Deutsche Industrie in Philadelphia ein so trauriges Fiasco machte, wurde sie, nach Meldung der „National-Zeitung", in Berlin wieder zu Ehren gebracht, und zwar bei dem Feste, welches der Narrenklub „Humor" am 6. August 1876 veranstaltete. An diesem denkwürdigen Tage producirten sich drei Handlungsbeflissene à la Capitän Boyton in Schwimmanzügen, welche die Gummigesellschaft Fonrobert & Reimann angefertigt, und welche das amerikanische Fabrikat durch grössere Dauerhaftigkeit des Stoffs und durch unbedingt wasserdichten Verschluss sehr überragen sollen. „Unsere einheimische Industrie hat einen grossen Triumph gefeiert!" ruft voll Begeisterung die „Nationalzeitung" aus. — Eine Carnevalsgesellschaft hat die Ehre der Deutschen Industrie gerettet. Das ist der Humor davon!

Die bekanntesten Tabaks-Gründungen sind:

Tabaksfabrik, sonst George Prätorius in Berlin. Gegründet 30. Januar 1872 von Robert Beuther, Louis Böger (Gebr. Junge), Moritz Goldstein (Marx & Goldstein), Dr. Gustav Levinstein, Redacteur der „Tabaks-Zeitung" und Heinrich Quistorp. Erste Aufsichtsräthe u. A.: J. Platho (Platho & Wolff), Moritz Treitel. Vorstand: Judas Neumann und später Stadtrath Robert Lauber aus Rochlitz in Sachsen. Actiencapital 450,000 Thaler und 100,000 Thaler Hypotheken. Quistorp, der die Gründung wieder „commissionsweise" besorgte, versicherte in seinem Circular, dass der Preis für die Grundstücke, Fabrikanlagen und Bestände „sehr mässig" fixirt sei. „Es ist die unbedingteste Garantie geboten, dass der hochgeachtete Name George Prätorius in Geschäftskreisen auch in der Folge gewahrt und aus diesem Namen nicht etwa zu Lasten der Actionäre Capital geschlagen werde." Ebenso betheuerten die Zeitungen, dass die Umwandlung des seit 1808 bestehenden Geschäfts mit „pietätvoller Rücksicht auf den Erblasser" (George Prätorius) geschehen, und eine „lucrative" Verzinsung zweifellos sei. Quistorp der Grossmüthige gewährte auf 5 Actien seiner Vereinsbank, die damals ca. 160 notirten, Eine Tabaks-Actie: „Wir (Quistorp) freuen uns, auch bei dieser Gelegenheit wieder für Sie eine Vergünstigung gesichert zu haben . . ." Einen schneidenden Gegensatz zu diesen fetten Verheissungen bilden die magern Dividenden, die bisher 4, $2^{1}/_{2}$, $2^{3}/_{4}$ und resp. $2^{3}/_{4}\%$ betrugen, und den Cours der Actien schon bis 45 sinken liessen.

Deutsche Tabaks-Actiengesellschaft, vormals W. Brunzlow & Sohn. Auch ein altrenommirtes Geschäft, das am 26. October 1872 von Oscar Hainauer, Ferd. Jaques, Hermann Reimann, Paul Calmus, Theodor Munk und Hugo Fuchs gegründet wurde. 600,000 Thaler Actien und 100,000 Thaler Hypotheken. Das erste Geschäftsjahr schloss mit einer Dividende von $3^{1}/_{2}\%$, und dann trat man in Liquidation; was indess blosser Hocuspocus ist, denn die Gründer waren die Actien glücklicherweise nicht los geworden. Angeblich kauften nun das Etablissement: Salomon Lachmann, Eduard Hirschberg und Habakuk Lachmann, und es bildete sich eine neue Gesellschaft, die sich mit einem Grundcapital von 200,000 Thalern beschied. Auch diese Actien sollen sich noch in den Händen der ersten Zeichner befinden, und möge das Publikum vor ihnen immer bewahrt bleiben!

Tabaksgesellschaft Union, vormals Leopold Kronenberg in Warschau und Dresden. Gegründet Decbr. 1871 von der Berliner Handelsgesellschaft und der Sächsischen Creditbank in Dresden mit 1,100,000 Thaler Actien!! Aufsichtsrath: Abgeordneter Advocat Hermann Schreck in Pirna, Advocaten, Hermann Oehme und Dr. Stein I. in Dresden, Anton Laski und Adolf Wenzel (Samuel Anton Fränkel) in Warschau, August Wolf in Dresden, Mankiewicz & Co. in Hamburg. 11% wurden den Actionären versprochen, und sie erhielten 1872 — 9°‚₀ und 1873 — 5°‚₀. Die beiden letztjährigen Dividenden waren 0. Cours?

Sächsische Tabaksfabriken, vormals A. Collenbusch in Dresden und Frankenberg. Gegründet März 1872 mit 300,000 Thaler Actien. Die Vorbesitzer F. A. Collenbusch und E. F. Friedrich behielten die Leitung und übernahmen einen Posten Actien. Verwaltungsrath: Robert Thode & Co., Georg Stiebel (Geraer Bank-Agentur), Advocat Dr. Gustav Lehmann, Rudolf Völcker, Heinrich Kloss und Adolf Graf in Dresden. Dividenden pro 1874 und 1875 je 6%. Cours ca. 80.

Tabak- und Cigarrenfabrik, vormals Gustav Müller & Co. in Dresden. Gegründet März 1872 mit 300,000 Thaler Actien. Der Vorbesitzer übernahm die Leitung und ein Drittel des Actiencapitals. Aufsichtsrath: C. W. Meyer und Georg Moritz Weber (Eduard Rocksch Nachfolger), Victor Blachstein und Abgeordneter, Advocat Emil Lehmann in Dresden. Trat Februar 1875 in Liquidation, und zahlte October 1876 den Actionären abschläglich 25°‚₀ heraus.

14*

Dressler'sche Cigarren- und Cigarettenfabrik in Dresden, mit 350,000 Thaler Actien. Trat Mai 1876 in Liquidation. Cours ca. 40.

Tabak- und Cigarrenfabriken, früher A. M. Ritter in Leipzig. Gegründet November 1872 von der Dresdener Handelsbank mit 300,000 Thaler Actien und 25,000 Thaler Hypotheken. Herr Moritz Ritter behielt die Leitung und übernahm 100,000 Thaler Actien. Schon 1873 schloss mit Verlust, und man entschied sich für Auflösung der Gesellschaft.

Actien-Cigarren- und Tabaksfabrik in Ansbach. Trat Ende 1875 in Liquidation.

Bei Gründung der Tabaksfabrik von Leopold Kronenberg ereignete sich der ungeheuerliche Fall, dass die „Berliner Börsen-Zeitung" das Unternehmen einer scharfen Kritik unterzog und das Publikum gewissermaassen davor warnte. Vermuthlich haben die Gründer die Einsendung der redactionellen Notiz vergessen, oder es fehlte die gebräuchliche Beilage, oder aber dieselbe war nicht genügend befunden. Gleichviel, die sonst Jedermann so gefällige „Berliner Börsen-Zeitung" versagte diesmal ihre Empfehlung, und die neuen Tabaks-Actien mussten es büssen. Sie konnten an der Berliner Börse nie rechten Cours erlangen, und sie notirten fast immer „Brief".

Bei den in Dresden gegründeten Tabaksgesellschaften wurden als Aufsichtsräthe zwei Advocaten genannt, die beide auf den nicht ungewöhnlichen

Namen „Lehmann" hören: Dr. Gustav Lehmann und
Landtags-Abgeordneter Emil Lehmann. Beide sind
bei zahlreichen, vorwiegend faulen Gründungen betheiligt, Herr Emil Lehmann jedoch bei den fauleren,
für welche er eine Vorliebe zu haben scheint. Der
begabte Mann hat sich auch als Schriftsteller bekannt
gemacht und u. A. eine Brochüre „Höre Israel!" geschrieben. Es ist dies ein Mahn- und Weckruf des
ebenso frommen wie weltklugen Aufsichtsraths an
seine jüdischen Glaubensgenossen. „Gelobt seist Du,
Ewiger unser Gott, der Du uns diese Zeit erreichen
und erleben liessest!" Mit diesem alten Segensspruch
begrüsst er die neueste Phase der Deutschen Geschichte, wo da regieren Rothschild und Bleichröder,
wo da Gesetze machen Lasker und Bamberger, und
kleidet dann sein Frohlocken in die Worte:

„Was Lessing mit seinem Nathan in hundert Jahren endlich doch zu erreichen hoffte, das ist nun in Erfüllung gegangen.
Nicht Druck, nicht Zurücksetzung, selbst nicht mehr wohlwol-
lende Duldung — nein, volle Gleichberechtigung, gerechte Anerkennung, das ist heutzutage die Losung für Juden und Judenthum. Wohin wir blicken im weiten Reich der Geschichte,
wir finden kein Zeitalter, in dem Beides, in dem Juden und
Judenthum solcher Freiheit, solcher Blüthe sich erfreut hätten.
— „Das Quecksilber am Wärmemesser der Bildung
sind die Juden; und weil unsere Zeit in Bildung und Ge-
sittung weit, weit vorgeschritten ist — darum ist die Freiheit

und Gleichberechtigung der Juden in unseren Tagen und für alle kommenden Zeiten eine gesicherte."

Herr Emil Lehmann ist ein aufgeklärter Jude. Er hält nichts von dem Ceremonial- und Speisegesetz; er verabscheut die Beschneidung, aber keineswegs das Schweinefleisch und die Kalbshinterviertel; er schwärmt für confessionslose Schulen und empfiehlt seinen Glaubensgenossen, sich der christlichen Sonntagsfeier und christlichen Zeitrechnung anzupassen, und sich durch Heirathen mit den Christen zu vermischen. Was er noch vermisst, ist die gesellschaftliche Gleichstellung der Juden, und auch diese müsse errungen werden durch inniges Zusammenhalten der „Kette, die sich über den ganzen Erdenrund hinbewegt, die elektrisch zuckt, sobald Ein Glied verletzt wird", und die auch bereits eine Form angenommen hat durch Stiftung der Alliance Israélite Universelle.

Diese bedeutungsvolle Brochüre ist 1869 erschienen und gewiss in begierige Ohren und Herzen gefallen. Seitdem ist die Macht und der Einfluss der Juden noch so gewachsen, dass sie thatsächlich in Deutschland bereits die Herrschaft ausüben. Sie bekleiden heute die höchsten Staatsämter, sie erfüllen die Richtercollegien und die höheren Lehrämter, sie vermischen sich mit dem Adel und werden selber in den Adelstand erhoben, sie geben in der Presse, in den Parlamenten und in der Gesellschaft den Ton an. Ihre grosse Uebermacht beruht auf ihrem Reichthum. Während die Juden zu allen Zeiten das meiste Geld hatten, weil sie dasselbe stets aufsogen wie ein Schwamm, besitzen sie heute fast alles Geld allein. Das „Milliardengeschäft" der Französischen Kriegscontribution ist hauptsächlich ihnen zu Gute gekommen; der Börsen- und Gründungsschwindel, bei dem sie mit 90 Procent betheiligt sind, und der ihr eigentliches Werk ist, hat ihnen Millionen und Milliarden eingetragen.

Wenn man bedenkt, was die „Volkswirthe" und die Gründer Alles versprochen, und was sie thatsächlich nun geleistet haben; wenn man erkennt, welch kolossale Reichthümer die Juden seit dem Französischen Kriege erworben haben, und wie inzwischen die Christen verarmt sind — so kann man, anknüpfend an die Tabaksgründungen der Herren Gustav Lehmann und Emil Lehmann, wol eine volksthümliche Redensart gebrauchen und ausrufen: Das ist starker Tabak!

Es fehlt an Jod!

Die Handelsberichte eines christlichen Kaufhanses — Börsenspiel auf dem Waarenmarkte — Chemische Gründungen: Schering, Vilter, Farben-Fabrik, Anilin-Farben, Alizarin-Fabrik, Charlottenburger, Köpenicker, Oranienburger, Schönebecker, Gothaer, Corbetha, Mügeln, Union, Ascania, Leopoldshall, Vereinigte Leopoldshall, Stassfurter, Heinrichshall, Hannoversche Ultramarinfabrik, Egestorff's Salzwerke, Oker und Braunschweig, Eisenbüttel, Chinin-Fabrik, Elberfelder Industrie und Alizarin, Chemische Industrie in Köln, Pommerensdorfer Seifen, Bredow n. A., Danziger, Silesia — Schwindelblüthe — Verfälschungen — Dr. Oscar Liebreich's Chloralhydrat und Pepsinwein — Schering's dialysirte Salicylsäure — Ein chemischer Literat — Zwei Börsen-Redacteure: Dr. Heinrich Ebeling und Julius Schweitzer — „Doctor Schweiger" — Herrn Schweitzer's Jubiläum — Die „Verleumdungsära" — Der Verein „Berliner Presse" — Herr Schweitzer klagt — Edle Offenheit des „Berliner Börsen-Courier".

Nicht gänzlich hat es an Stimmen gefehlt, die schon während der Schwindelperiode sich klagend und warnend vernehmen liessen, die darauf hinwiesen, wie sehr die Gründerei das reelle Geschäft gefährde, das Publikum benachtheilige, die allgemeine Sittlichkeit untergrabe — aber diese vereinzelten Stimmen wurden übertönt, erstickt von dem wüsten Chor der Presse, und sie fanden, namentlich wenn sie bestimmte Schäden blosslegen und bestimmte Unternehmungen

kennzeichnen wollten, kaum ein Organ, das ihnen
seine Spalten öffnete, denn alle Blätter, gross und
klein, die Zeitungen jeder politischen Farbe, selbst
die officiösen, hatten sich, schon der kostbaren Inserate halber, in die Dienste der Gründer und der
Börse begeben, deren Interessen sie mit Begeisterung
verfochten, von denen sie mehr oder weniger abhängig waren. Wer damals dem Schwindel entgegentrat,
zu dessen Enthüllung auch die Regierungen nicht das
Geringste thaten, fand nirgends Beachtung, wurde
entweder gar nicht erwähnt oder nebenbei abgefer-
tigt, als Sonderling oder Rückschrittler bezeichnet,
ja selbst verächtlicher Motive bezichtigt. Wer sich
dennoch nicht zurückschrecken, von der Pressecon-
sorteria nicht einschüchtern liess, dem wird ein braver
Muth nicht abzusprechen sein, und wenn seine Be-
mühungen auch vergeblich geblieben sind, so verdient
er wenigstens heute in Ehren genannt zu werden.

Die Droguenhandlung von Gehe & Co. in Dresden,
welche seit länger als einem Vierteljahrhundert besteht, in ihrer Branche mit die grösste des Continents
ist, zugleich eines Weltrufs und eines makellosen
Renommées geniesst, lässt ihren zahlreichen Kunden
alle Halbjahr einen sogenannten Handelsbericht zu-
gehen, in welchem sie die Conjunctur der einzelnen

Artikel bespricht, und zugleich in einer Einleitung
gerade auf der Tagesordnung stehende commercielle
und industrielle Fragen erörtert. Diese Handelsberichte zeigen, was inmitten des jüdischen Schachers
und Wuchers, der die ganze Geschäftswelt angefressen
hat, noch heute ein grosses christliches Kaufhaus ist,
und sie erfüllen wieder mit unwillkürlichem Respect
vor dem Deutschen Kaufmann, der einst das Patri-
ciat unserer Städte bildete. Diese Handelsberichte,
die leider dem grossen Publikum unbekannt bleiben,
von denen neuerdings aber hin und wieder auch die
Zeitungen Notiz nahmen, schlagen alle wirthschaftlichen Themata an, sind eine wahre Fundgrube volkswirthschaftlichen Wissens, unmittelbar der Praxis entnommen, wie man es bei den manchesterlichen „Volkswirthen“, welche die ebenso feile wie bornirte Presse
hinter sich haben, vergebens sucht.

Unermüdlich kämpfen Gehe & Co. gegen die manchesterliche Gesetzgebung und Misswirthschaft an,
sind sie, auch in Petitionen an die Parlamentskörper
und in besondern Brochüren, beeifert, die Uebelstände
in Industrie, Handel und Verkehr aufzudecken und
zweckmässige Reformen in Vorschlag zu bringen.
Gegen die Gründerei und das Treiben der Börsenjobber haben sie sich von vornherein erklärt, und

den Schwindel, noch während er in Blüthe und Ansehen stand, mit einer vernichtenden Kritik begleitet. So schrieben sie in ihrem Handelsbericht vom April 1872:

„Wir können von einem wahren embarras de richesse sprechen, denn mehr hinderlich als förderlich ist dieser plötzliche Capitalüberfluss dem regelmässigen Handel. Er wirkt wie ein Wolkenbruch nach anhaltender Dürre, mehr zerstörend als befruchtend. Da der Boden des reellen Geschäfts den plötzlichen Capitalzufluss nicht aufzunehmen vermag, so sucht sich dieser selbständige Anlagen in Eisenbahnen, Banken, Fabriken. — „Im Geschäftsverkehr spielen die umgewandelten Fabriken meist eine ganz andere Rolle als vorher. Wie der Bauunternehmer anders verfährt als Derjenige, welcher ein Haus zum Selbstbewohnen baut, so wirthschaftet auch eine Geldmacht, die mit Fabriken oder Fabrikantheilen handelt, anders als ein Privatmann, der sich bleibend mit seinem Geschäfte identificirt. — „Industrielle Unternehmungen bieten der Speculation ein sehr ergiebiges Feld. Alle jene der Börse geläufigen Operationen: Ansichziehen der Vorräthe, Verbreiten falscher Nachrichten, deren Widerlegung um so schwerer, als ein Journal nach dem andern seine unabhängige Stellung mit der Eigenschaft eines Werkzeugs bestimmter Finanzkreise vertauscht, willkürliches Aufgreifen und Poussiren, dann ebenso jähes Werfen einzelner Artikel: alle diese Gewohnheiten, welche den Börsenverkehr in den Ruf eines Spieles gebracht haben, greifen mehr und mehr auch im Waarenhandel um sich, und die in den Besitz von Actiengesellschaften übergegangenen industriellen Unternehmungen sind es vornehmlich, welche das Eindringen dieser Börsenpraxis in den Waarenhandel begünstigen. Wol wären die Staatsgewalten im Stande und unseres Dafürhaltens verpflichtet, nicht blos dem Waarenhandel, sondern

auch der Gesammtheit der consumirenden Staatsbürger zu Hülfe
zu kommen. In ihren Händen befinden sich Mittel, das Publikum durch eine gehörig organisirte Statistik aufzuklären. Aber
eine solche Statistik, wozu in England, Holland und den Hanse-
städten ein guter Anlauf genommen, hat leider wenig Aussicht
auf Verallgemeinerung, nachdem in der Statistik des Deutschen
Reiches nicht der praktische Nutzen zum Ziele genommen und
lediglich bürcaukratische Gesichtspunkte die Oberhand gewonnen
haben."

In ihren Handelsberichten aus den Jahren 1872
und 1873 klagen Gehe & Co. wiederholt über die
grossen Schwankungen der Waarenpreise, die jeder
Voraussicht, jeder Combination spotten, die keine
anderen Ursachen haben als Willkür und Börsenjob-
berei. Die moderne Actien-Industrie, anstatt sich
untereinander Concurrenz und dadurch die Preise
billiger zu machen, verbünde sich zu den ungerecht-
fertigtsten rapidesten Preisaufschlägen. Die Actiengesellschaften stürzen sich auf irgend einen Zweig,
monopolisiren denselben, schreiben die Preise vor,
produciren, ohne Rücksicht auf Absatz und Unkosten,
in's Blaue hinein, werfen dann wieder die Preise
und vernichten so jede solide Privatconcurrenz. Gegenüber dem „Schoosskind der allmächtigen hohen Finanz",
dem „goldnen Börsenspiel", sei der reelle Waarenhandel bereits missachtet. Hand in Hand mit der
Actienwirthschaft und von ihr mit erzeugt, laufe die

allgemeine, beständig noch wachsende Vertheuerung aller Dinge; alle gewerblichen und herkömmlichen Schranken seien niedergerissen und das Publikum der entfesselten Geldgier preisgegeben. Selbstverständlich richtet sich die Kritik von Gehe & Co. noch speciell gegen die damals in solcher Unmenge gegründeten chemischen Fabriken, „welche keinen andern als den Geldzweck verfolgen und daher nur auf lohnende Massengeschäfte sich einlassen, auch nur Ablieferungen in den ihnen passenden Quantitäten, Qualitäten und Formen zu der ihnen passenden Zeit machen". Gerade hier zeige sich durch künstliches Seltenmachen eine kolossale Vertheuerung der Producte, namentlich der sogenannten chemischen Stapelartikel, von welchen ein so unentbehrlicher Heilstoff wie Jod in einigen Monaten um das Dreifache des früheren Preises hinaufgeschwindelt sei. Aber die unausbleibliche Ueberproduction werde zeitig genug einen Umschlag herbeiführen, und die Preise könnten leicht billiger werden als sie je zuvor gewesen. Damit würden auch die Dividenden schwinden, welche gegenwärtig so reichlich zur Vertheilung kämen, und die Actionäre hätten schwerlich auf einen dauernden Gewinn zu rechnen.

Wenn Gehe & Co. so eiferten und prophezeieten,

thaten sie es ohne jeden Brotneid, ohne jede Eifersüchtelei; mit voller Unbefangenheit und Wahrheitsliebe, im Interesse ihrer Geschäftsfreunde und des grossen Publikums. Die sündfluthartig anwachsende Actien-Concurrenz vermochte ihrem altbefestigten Geschäft doch keinen Abbruch zu thun; ihre Artikel und Fabrikate blieben, namentlich bei Apothekern und Aerzten, nach wie vor geschätzt und gesucht, während die Producte der Actien-Fabriken viel zu klagen gaben, häufig genug von sachverständigen Kunden nicht „chemisch rein" befunden und deshalb beanstandet wurden. Wol wird die Zumuthung, sich gründen zu lassen, auch an Gehe & Co. herangetreten sein, aber bei ihren Ansichten und Grundsätzen musste jeder derartige Versuch scheitern. Um so bereitwilliger waren viele ihrer Collegen, die in der Regel sich an die Gründer drängten und sich an der Gründung mit vollem Verständniss betheiligten.

Die Zahl der in Actiengesellschaften umgewandelten chemischen und ähnlichen Fabriken ist Legion. Wir lassen die folgenden Revue passiren:

Chemische Fabrik, früher Commerzienrath Ernst Schering in Berlin. Gegründet October 1871 von dem Vorbesitzer und Heinrich Quistorp, sowie von Apotheker H. Augustin, Regierungsrath A. Bühling, Dr. Emil Jacobsen und Commerzienrath Gustav Jürst in Berlin, Stadtrath Julius Holtz in Charlottenburg. Die zuletzt genannten fünf Personen zeichneten das Actiencapital mit 500,000 Thaler, jeder von ihnen hunderttausend Thaler! Später wurden noch 100,000 Thaler Prioritäten ausgegeben, und ausserdem sind 100,000 Thaler Hypotheken vorhanden. Der Vorbesitzer übernahm angeblich die Gründungskosten und behielt die Leitung. 1871 und 1872 entfielen je 8% Dividende, dann nichts mehr. Der Cours, bis ca. 140 getrieben, ist etwa noch 15.

Berliner Chemische Producten- und Dampfknochenmehlfabrik. Dieselbe fabricirt namentlich chemischen Dünger und Leim; sie wurde dem Pächter der Scharfrichterei, Commissionsrath F. W. Vilter für angeblich 606,000 Thaler (!), die Vorräthe nicht miteingerechnet (!!), abgekauft, und September 1872 gegründet von Felix Mamroth, Samuel Caro, Ignatz Hantke, Oscar Kohn, Gustav Scheeffer, Rudolf Noack, Ingenieur Ewald Fr. Scholl. Actiencapital 600,000 Thaler und 175,000 Thaler Hypotheken. Die erste und einzige Dividende war 4¹⁶/₁₀%. Seit Sommer 1875 betrieb eine Partei die Entgründung und setzte sie Februar 1876 durch, was die Actien vollends entwerthete. Liquidatoren: Adolf Löwe und Julius Hahlo. Einen Theil der Grundstücke kaufte der Berliner Magistrat, der eine besondere Neigung zu Geschäften mit nothleidenden Actiengesellschaften hat, etwas eilig und ziemlich theuer für 150,000 Thaler an, was ihm mancherlei Tadel zuzog, und nicht den Actionären, sondern nur den Entgründern zu Gute kam. Dafür verehrte Herr Vilter dem Märkischen Provinzial-Museum das Richtbeil und Richtschwert, womit 1720 die Räuber und Gauner ihren Lohn erhielten. In Betreff der sehr verdächtigen Gründung hat zwar der Staatsanwalt recherchirt, doch ist eine Anklage bisher nicht erhoben. Die Februar 1873 mit ca. 115 bezahlten Actien sind Maculatur.

Chemische Farben-Fabrik in Berlin. Gegründet April 1872 mit 250,000 Thaler Actiencapital von Eduard Mamroth, Julius Sternfeld, Gabriel Hermann Michaelis und Hermann

Lask. Schloss 1874 mit Verlust und trat Mai 1875 in Liquidation.

Actiengesellschaft für Anilin-Fabrikation in Berlin. Verspätete Gründung; Juli 1873 in die Welt gesetzt von Eduard Veit (Robert Warschauer & Co.), Johann Heinrich Albert Ehrenhard, Emil Hallensleben, Dr. Paul Mendelssohn-Bartholdy, Dr. Carl Alex. Martius, Dr. Max Aug. Jordan, Töpke & Leidloff. Actiencapital 340,000 Thaler. Ohne Börsencours.

Alizarin- und chemische Fabrik in Potsdam. Gegründet October 1873 mit 350,000 Thaler Actien von Werner von Lockstädt, Carl Seefeld, Johann Lehmann, Dr. Heinrich Ebeling, Börsenredacteur der „Vossischen Zeitung" in Berlin u. A. Trat schon wieder August 1874 in Liquidation, kam zur Subhastation und wurde dem Cäsar Chaskel für 32,000 Thaler zugeschlagen!

Chemische Fabrik in Charlottenburg, früher Carl Lieber. Gegründet October 1871 von Raphael Eisenmann, Wilh. Eisenmann, Joseph Goldschmidt und Julius Guttentag in Berlin, mit 375,000 Thaler Actien. Erste Aufsichtsräthe: A. Hasse und F. E. Bercht. Directoren: der Vorbesitzer und Theodor Goldschmidt, später Bernhard Roge und Dr. Roseck. Schreckliche Gründung und schreckliche Misswirthschaft! Schon das erste Geschäftsjahr schloss mit 105,000 Thaler Verlust, und man trat in Liquidation, die Bernhard Roge und Wilh. Pfitzinger, Hermann Golde und Carl Häsicke executirten, und bei welcher für die Actionäre natürlich nichts übrig blieb. Die Grundstücke der Gesellschaft wurden 1876 subhastirt. Der Staatsanwalt hat sich mit dieser Gründung jahrelang beschäftigt, ohne dass etwas dabei herausgekommen ist. Nur gegen Bernhard Roge schwebte ein Criminalverfahren wegen Unterschlagung von 3529 Thaler, doch wurde er in zwei Instanzen freigesprochen. Beide Richter führten aus: die Entnahme jener Summe sei zwar rechtswidrig, aber wahrscheinlich ein Rechtsirrthum, der besonders häufig unter Kaufleuten obwalte. — —

Köpenicker Chemische Fabrik, früher R. Lomax. Gegründet Mai 1871 von Eduard Mamroth und Leo Wollenberg in Berlin und Michaelis Breslauer in Posen. Actiencapital 750,000 Thaler und 60,000 Thaler Hypotheken. Erste Zeichner ausser den Gründern: Julius Heinemann in Hannover, Heinrich Hertz in Posen, Rittergutsbesitzer Wilh. Lau in Heyde-Wilaen bei Trebnitz. Aufsichtsrath u. A.: Emil Caro in Berlin. Vorstand: Dr. Emil Meyer in Berlin. Für 1871 entfiel eine künstliche Dividende von 10%; 1872 ergab in Folge einer glücklichen Speculation in Schwefel noch 6%; 1873 — 1%; dann 0. Die chemische Fabrik bekehrte sich zum Tapeten-Druck, zu Schmiede-, Böttcher- und Korbmacherarbeiten! 1875 schloss mit fast 90,000 Thaler Verlust. Derselbe muss jedoch weit grösser sein, denn die einst mit 120 bezahlten Actien notiren noch etwa 1.

Chemische Fabrik Oranienburg, ursprünglich der Preussischen Seehandlung und dann dem Commissionsrath L. Röhr gehörig. Gegründet Juli 1871 von Rauff & Knorr, Samelson & Sackur, S. Frenkel, Stadtrath Otto Kunz und Apotheker Carl Jung in Berlin. Erste Aufsichtsräthe u. A.: L. Krautheim, Professor R. Weber und Rittergutsbesitzer Crüsemann in Berlin. Vorstand: Dr. Ferd. Dronke in Berlin und Dr. Otto Hübner in Oranienburg. Actiencapital 550,000 Thaler und 220,000 Thaler Hypotheken. Dividenden: 1871 — 8, 1872 — $7\frac{1}{2}$%, und seitdem 0. 1873 lieferten die Gründer 120,000 Thaler Actien zurück, 1874 und 1875 wurde das Grundcapital bis auf 215,000 Thaler gemeuchelt. Cours einst 115, jetzt ca. 9.

Chemische Fabrik in Schönebeck, früher Vester & Co. Gegründet October 1872 von Carl Keferstein, David Tobias, Moritz Michels, Julius Pickardt und Julius Hahlo in Berlin, Franz Vester in Schönebeck. Director wurde der Mitvorbesitzer Adolf Pflugmacher in Schönebeck. Actiencapital 325,000 Thaler, aufgelegt bei Zippert & Co. in Berlin, und 50,000 Thaler Hypotheken. Erste und einzige Dividende 5%. Die Gründer

„schenkten" 10,000 Thaler Actien zurück, und das Grundcapital wurde um zwei Drittel gemeuchelt. 1876 trat man in Liquidation, und das Etablissement ward für 70,000 Thaler verkauft. Die Actien notiren ca. 3.

Gotha, Salzsiederei und chemische Fabrik, sonst Louis Engelhard in Gotha. Vorgekauft von Max Schneidemühl, und October 1872 gegründet von der Allgemeinen Depositenbank, von Otto Clement, Jacques Coppel, Nachmann Hirsch Neumann und Dr. Heinrich Ebeling, Börsenredacteur der „Vossischen Zeitung" in Berlin. Actiencapital 200,000 Thaler. Director wurde der Vorbesitzer. Schon Januar 1874 trat man in Liquidation. Liquidatoren: Jacques Coppel und Rechtsanwalt Ludwig Meyn in Berlin, welcher Letztere das Statut der Gesellschaft aufgenommen hatte. Cours einst 110, jetzt ?

Chemische Fabrik und Glashütte zu Corbetha Bahnhof, vormals Louis Neudeck & Co. Angeblich erworben für 355,000 Thaler, und gegründet mit 400,000 Thaler Actien und 100,000 Thaler Prioritäten. Aufsichtsrath: Carl Büttner, Fritz Lüdecke und Franz Pfaffe (Weise & Pfaffe) in Halle, Albert Kühne (J. F. A. Zürn) in Zeitz, Fr. Lösener in Hamburg, M. S. Meyer in Magdeburg. Der edle Vorbesitzer, welcher die Leitung und 100,000 Thaler Actien übernahm, stellte 15% Dividende in Aussicht und verzichtete auf jede Tantième, bevor die Actionäre nicht mindestens 10% erhielten. Leider haben sie nie einen Heller gesehen, und man geht nunmehr daran, drei Viertel der Actien zu meucheln.

Chemische Fabrik Mügeln bei Pirna, Alaunwerk von A. Hayn. Gegründet August 1872, mit 525,000 Thaler Actien und 100,000 Thaler Prioritäten, von Gebrüder Guttentag und M. Schie Nachfolger in Dresden. November 1874 meuchelte man einen Theil des Actiencapitals, 1875 schlug „Actionär" Emil Quellmalz aus Dresden die Verpachtung vor; indess ward die Liquidation beschlossen und das Etablissement dem Gustav Löwig für 170,000 Thaler übereignet. Gegen diesen Kaufvertrag protestirte die Generalversammlung und entschied sich, bei der Staatsanwaltschaft „die strengste Untersuchung der Gründung" zu beantragen.

Union, Fabrik chemischer Producte, früher Commerzienrath Quistorp in Glienken bei Stettin, und Käsemacher & Schäfer in Magdeburg. Gegründet Februar 1872 von Heinrich Quistorp in Berlin, mit 500,000 Thaler Grundcapital. Auf je 5 Actien seiner „Vereinsbank", die damals 160 notirten, gewährte Quistorp der Grossmüthige Eine chemische Actie à 104. Director: der Mitvorbesitzer Hermann Käsemacher in Magdeburg. Vorsitzender des Aufsichtsraths: Apotheker H. Augustin in Berlin. 1874 wurde das Actiencapital um 200,000 Thaler gemeuchelt. Die beiden ersten Dividenden waren 0, die beiden letzten je 2%. Cours noch etwa 30.

Ascania, chemische Fabrik in Leopoldshall bei Bernburg, sonst F. R. Kiesel. Gegründet Juli 1872 von R. A. Seelig in Berlin, und den unglücklichen Actionären mit 505,000 Thaler berechnet. Actiencapital 460,000 Thaler und 100,000 Thaler Hypotheken. Die erste und einzige Dividende für ein Geschäftsjahr von 6 Monaten war $= 6^{3}/_{10}\%$. Mai 1876 wurden vier Fünftel der Actien gemeuchelt. Die edlen Vorbesitzer A. Kiesel und Th. Korndorf haben auf das ihnen „contractlich zustehende Honorar von 5000 Thalern jährlich", sowie auf Verzinsung der für sie eingetragenen Hypothek verzichtet! — — Cours ca. 3.

Chemische Fabrik Leopoldshall, vormals L. W. S. Ziervogel in Stassfurt und Dr. W. Th. Tuchen in Leopoldshall. Gegründet 26. October 1871 von Volkmar & Bendix („Volkswirth" Michael Levinstein) in Berlin. Erste Aufsichtsräthe: Michael Levinstein, Chemiker Max Levinstein, Dr. C. Scheibler und Stadtgerichtsrath, jetzt Kammergerichtsrath Hugo Keyssner in Berlin, M. Fliess in Magdeburg. Actiencapital zunächst 367,000 Thaler. Von demselben übernahmen die Vorbesitzer, welche die Leitung behielten, 100,000 Thaler. Im

Prospect wurden sogleich 15⁰/₀ Dividende für das II. Semester 1871, also für 4 Monate rückwärts, zugesichert, und für das I. Semester 1872 — 12% Dividende berechnet. In solch raffinirter Weise trieb man den Cours bis etwa 130, und machte dann 133,000 Thaler junge Actien, welche zum Theil die „ersten Zeichner" sich vorbehielten! Das Ende war, März 1873, eine Verschmelzung mit der nachfolgenden Gesellschaft, deren Actien heute ca. 8 notiren.

Vereinigte chemische Fabriken zu Leopoldshall, früher **Douglas, Jena & Winterfeld, Dr. Lossen, Wittwe Lücke, Thiemann & Förster.** Gegründet Februar 1872 von Delbrück, Leo & Co. und Volkmar & Bendix in Berlin. Erste Aufsichtsräthe: Commerzienrath Adalbert Delbrück, „Volkswirth" Michael Levinstein, Dr. C. Scheibler, Dr. Emil Meyer und Stadtgerichtsrath, jetzt Kammergerichtsrath Hugo Keyssner in Berlin, M. Fliess in Magdeburg und Commerzienrath Hermann Kühne in Dessau. Die Herren Michael Levinstein, Dr. Scheibler, Rath Keyssner und M. Fliess fungirten also gleichzeitig als Verwaltungsräthe bei zwei Gesellschaften, die einander unmittelbare Concurrenz machten. Noch interessanter ist, dass Herr Ziervogel, der Director von Leopoldshall, nunmehr auch die „Generalleitung" der neuen Gesellschaft übernahm. Man sieht, es geht bei den Actiengesellschaften höchst gemüthlich zu! — Es wurden zunächst 1,600,000 Thaler in 60 procentigen Interimsscheinen aufgelegt, und diese bis etwa 120 getrieben, was einem Course von 133 entspricht. September 1872 kaufte man die Patent-Kali-Fabrik von Ad. Frank an; später, um die Concurrenz zu beseitigen, Alt-Leopoldshall, und endlich noch im April 1873 eine Kohlengrube; wobei man fortlaufend das Grundcapital bis auf 3 Millionen Thaler erhöhte! Daneben figuriren noch 350,000 Thaler Hypotheken!! Nach Verschmelzung der beiden Gesellschaften führten Dr. A. Frank und Max Levinstein die Direction. Die ersten Dividenden betrugen 11 und 3⁰/₀, wurden aber in dieser Höhe nur durch garantirte

Zuschüsse der Vorbesitzer möglich. Für 1873/74 entfiel noch 1%, seitdem 0. Im letzten Geschäftsjahr arbeiteten die 7 chemischen Fabriken bereits mit einer Unterbilanz, die nur durch den Gewinn bei der Kohlengrube ausgeglichen werden konnte, und wird die Gesellschaft wol nur durch die bei ihr interessirten Bankhäuser über Wasser gehalten. Cours etwa noch 8.

Chemische Fabrik vormals Julius Vorster und Dr. Hermann Grüneberg in Stassfurt. Vorgekauft von Hermann Geber in Berlin, und October 1871 gegründet von II. C. Plaut, Rauff & Knorr, Eduard Stahlschmidt, Stadtrath Theodor Risch und Julius Schweitzer, Börsen-Redacteur der „Nationalzeitung" in Berlin, mit 530,000 Thaler Actien und 100,000 Thaler Hypotheken. Erste Aufsichtsräthe u. A.: August Neubauer in Magdeburg, Hermann Rauff und Professor Rudolf Weber in Berlin. Directoren: Friedrich Bettelhäuser, Dr. Emil Pfeiffer und Dr. Bruno Bernhardi in Stassfurt. Die erste und einzige Dividende für ein Geschäftsjahr von 7 Monaten war gleich 8%. September 1874 liess Hermann Geber durch die Vorbesitzer 100,000 Thaler Actien „zurückschenken", um dieselben zu vernichten, da sie für ihn doch keinen Werth hatten; übernahm auch 50,000 Thaler Prioritäten al pari. Trotzdem schloss 1875 76 mit einer neuen Unterbilanz von ca. 270,000 Thaler, weshalb man beschlossen hat, das Grundcapital bis auf 192,000 Thaler zu meucheln. Cours der Actien noch ca. 8. Nach einer Zeitungsnotiz soll der Staatsanwalt endlich eingeschritten sein.

Chemische Fabrik Heinrichshall bei Köstritz, früher H. von Seckendorf. Gegründet August 1871 von der Coburg-Gothaischen Creditgesellschaft und der Geraer Bank. Actiencapital 260,000 Thaler, aufgelegt bei Platho & Wolff und Moritz Löwe & Co. in Berlin. Dazu 85,000 Thaler Hypotheken und 100,000 Thaler Prioritäten. Aufsichtsrath: Bankdirector Eisentraut und Adolf Schwenker in Jena, J. R. Geith und Bankdirector Riemann in Coburg, Otto Schwartzkopff in Magdeburg, früherer Abgeordneter Banquier Friedrich Feustel in Baireuth.

Dividenden: 8, 12, 10, 5 und resp. 7%. Der Cours, einst über
140, war schon gesunken unter 50, und ist jetzt etwa 70.

Hannover'sche Ultramarinfabrik, vormals August und
Georg Egestorff in Linden. Gegründet November 1871 von
H. C. Plaut in Berlin, der Hannoverschen Bank, B. Magnus
und M. C. Sternheim in Hannover, mit 300,000 Thaler Grundcapital und 70,000 Thaler Hypotheken. Die Vorbesitzer übernahmen 100,000 Thaler Actien und behielten die Leitung. Aufsichtsrath u. A.: Director Carl Schanzenbach, Bergcommissar
Strohmeyer, Obergerichtsanwalt Abel, Banquiers Hermann Sternheim und Moritz Magnus in Hannover. Dividenden von 1874
bis 1876: 1, 4 und resp. 4%. Cours ?

Georg Egestorff's Salzwerke, chemische und Farben-
Fabrik in Linden bei Hannover. Gegründet December 1871
von Ephraim Meyer & Sohn und M. J. Frensdorff, Provinzial-
Disconto-Gesellschaft in Hannover. 2 Millionen Thaler Actien-
capital und 700,000 Thaler Prioritäten. Aufsichtsrath: Excellenz
Präsident V. von Alten und Commerzienrath F. Buresch in
Linden, Banquier M. J. Frensdorff, Commerzienrath Louis E.
Meyer und Fritz Hurtzig, Präsident der Handelskammer in
Hannover, Senator Gustav Godeffroy und Ingenieur Chr. Tim-
mermann in Hamburg, die Abgeordneten A. G. Mosle in Bremen
und Obergerichtsanwalt Wilh. Laporte in Hannover. Dividenden
von 1873 bis 1875: je 3%. Cours einst 135, jetzt etwa noch 30.

Chemische Fabriken Oker und Braunschweig. Gegründet September 1871 mit 150,000 Thaler Actien. Direction:
Ernst Hampe, Wilh. Hasenbalg, Dr. Curt Stalmann. Aufsichtsrath: Eberhard Mencke, Commerzienrath Ritter Fr. von Voigtländer in Braunschweig. Cours ?

Chemische Fabrik Eisenbüttel in Braunschweig. Gegründet November 1871 mit 100,000 Thaler Actien. Verwaltungsrath: Commerzienrath Ritter Fr. von Voigtländer, Eberhard Mencke, Hermann Buchler, Dr. August Seyferth und
August Boden in Braunschweig. Erste Dividende 5%. Cours ?

Chinin-Fabrik Braunschweig. Gegründet November 1871 mit 180,000 Thaler Actien. Direction: Hermann Buchler und Dr. Otto Popp. Cours?

Chemische Industrie-Gesellschaft, vormals Gebr. Gessert in Elberfeld. Gegründet Januar 1873 mit 1 Million Thaler Actien und 200,000 Thaler Hypotheken. Die Vorbesitzer, Dr. Julius Gessert und Theodor Gessert behielten die Leitung und übernahmen 700,000 Thaler Actien. Aufsichtsrath: Commerzienrath Wilh. Meckel, Consul Gustav Gebhard, Gustav Platzhoff und Robert Wichelhaus in Elberfeld, Emil Blank in Barmen. Die Actien wurden auch an der Berliner Börse eingeführt und hier gleich mit 116—120% gehandelt. Für das erste Halbjahr 1873 gab es 8% Dividende. 1873/74 schloss mit 33,000, 1874/75 mit 270,000 Thaler Verlust, und Decbr. 1876 wurde die Liquidation beschlossen.

Alizarin- und Anilin-Farben-Fabrik in Elberfeld. Gegründet 1872 mit 480,000 Thaler Actien. Verwaltungsrath: Fr. Wilh. Strücker. Schloss 1874 mit 9300 Thaler Verlust.

Actiengesellschaft für chemische Industrie in Köln. Gegründet Januar 1872 mit 500,000 Thaler Actien. Dazu 455,000 Thaler Hypotheken und Obligationen. Aufsichtsrath: Bankdirector Theodor Movius, Ed. Bennert, Julius Joest, Jacob Löb Eltzbacher und Albano Korte in Köln, Friedrich Grillo und Wilh. Schürenberg in Essen, Rudolf Pönsgen in Düsseldorf. Schloss 1875 mit 81,000 Thaler Verlust, und beabsichtigte nunmehr den theilweisen Verkauf der Realitäten zu Köln und Mülheim.

Pommerensdorfer Seifen- und Chemikalienfabrik in Stettin. Gegründet 1. April 1872 mit 300,000 Thaler Actien. Verwaltungsrath: Dr. Otto Schür, Consul Rud. Scheele, E. Köppe, Banquiers Scheller und Deguer in Stettin. Dividenden?

Ausser dieser scheinen in Stettin noch eine ganze Reihe ähnlicher Gesellschaften gegründet worden zu sein, als: die **Chemische Fabrik Bredow** (C. Metzenthin), **Verein für** chemische Industrie (Joh. Quistorp), Chemische Fabrik in Bollinchen, Chemische Fabrik für Superphosphate in Glienken, Stettiner Fettwaarenfabrik etc., deren Schicksal dunkel ist.

Chemische Fabrik zu Danzig, R. Petschow und Gustav Davidsohn. Gegründet 1870. Aufsichtsräthe: Stadtrath E. Damme, Commerzienräthe R. Goldschmidt und Abgeordneter Th. Bischoff, J. J. Berger und Otto Helm in Danzig. Cours? Silesia, Verein chemischer Fabriken in Breslau. Gegründet Januar 1872 mit 1,880,000 Thaler Actien und 379,000 Thaler Hypotheken. Verwaltungsrath: Moritz Cohn, Siegmund Sachs, Consul L. Molinari, Abgeordneter Rechtsanwalt Freund, Geh. Regierungsrath Prof. Dr. C. Loewig, Geh. Commerzienrath von Kulmitz, Dr. P. von Kulmitz, Oswald von Uechtritz etc. Dividenden von 1873—75: 8, 5 und resp. 5" $_0$. Der Cours war von 120 bis unter 50 gesunken.

Jod fiel noch schneller als selbst Gehe & Co. es erwartet hatten. Schon Anfang 1873 stürzte die Unze von 25 Sgr. auf 9 Sgr., und unmittelbar nach dem Krach gingen auch die Preise aller übrigen Chemikalien reissend herunter. Nur zu kurz war die Schwindelblüthe der neugegründeten chemischen Fabriken gewesen; sie sanken nun ununterbrochen im Course, die grosse Mehrzahl vertheilte keine Dividenden mehr, und nicht wenige lösten sich völlig auf. Von den oben genannten 34 Gesellschaften ist ein starkes Drittel inzwischen verblichen; nur etwa 10 haben noch Börsencours, der nur bei 4 über 15 steht; und nur von 5 ist im letzten Jahre eine Dividendenvertheilung bekannt geworden, die nur bei 1 mehr als 5"/₀ betrug.

„Es ist nur ewige Nothwendigkeit", sagen Gehe & Co. in ihrem Handelsbericht vom September 1876, „wenn sich jetzt nach jenen Jahren scheinbarer beispielloser Prosperität (in Wahrheit aber des Unglücks und der Corruption) das Verhängniss in dem Preisstande der Fabriken und ihrer Producte abwickelt." —

Aeltere Unternehmungen dagegen, die nicht erst der Schwindelperiode ihr Dasein verdanken, fahren trotz der starken Preisrückgänge fort, ihren Actionären gute Reinerträge zu gewähren; so namentlich verschiedene Gesellschaften in Süddeutschland, Oesterreich und am Rhein; ja die chemische Fabrik Pommerensdorf hat auch pro 1875 noch 25"/₀ Dividende vertheilt!

Die Coursverluste, welche das Publikum bei den Actien der chemischen Fabriken erlitten, sind auf nicht weniger denn 20 Millionen Thaler zu schätzen. Neben den Bauvereinen und Baumaterial-Gesellschaften glänzen die chemischen Gründungen als die faulsten und schwindelhaftesten. Aber diese zum grössten Theil in den letzten Zügen liegenden Actiengesellschaften geben auf dem Waarenmarkte noch immer den Ton an, indem sie, wie früher durch künstliches Seltenmachen, jetzt durch sinnloses Preisschleudern der Producte, welche sie selbstverständlich in möglichst geringer Qualität liefern, das reelle Geschäft schädigen. Andererseits übernahmen wieder dieselben Schwindelgesellschaften die Führung der chemischen Industrie auf den Weltausstellungen in Wien und Philadelphia; wo sie z. B. Fabrikate von monströsen Dimensionen ausstellten, die praktisch gar keinen Werth haben und nur kostspielige Schaustücke für Rechnung der unglücklichen Actionäre sind; wo sie durch solche Marktschreierei, nach Versicherung gewisser Zeitungen, „wahre Triumphe" feierten.

Ebenso wird die Verfälschung der Lebens-, Genuss- und Heilmittel, eine Folge der schrankenlosen Gewerbefreiheit und der mangelnden Staatsaufsicht, wesentlich gefördert durch die chemischen Neugründungen der Schwindelära. Diese frevelhafte Verfälschung, die immer weiter um sich greift, des Leibes Nahrung verkümmert, Leben und Gesundheit gefährdet, hat bereits zu einer eigenen schwunghaft betriebenen Industrie geführt, die ganz offen eine lange Reihe von Surrogaten und Artikeln zum Versetzen der verschiedensten Dinge anbietet, so dass z. B. bei Gewürzen, ätherischen Oelen und den im gepulverten Zustande verkäuflichen Waaren die gröbsten Betrügereien gäng und gebe sind.

An die zuerst genannte Gesellschaft, die chemische Fabrik auf Actien, sonst Ernst Schering, knüpfen sich noch ein paar charakteristische Vorgänge, die wir nach den Gehe'schen Handelsberichten wiedergeben. Im Jahre 1869 führte Professor Dr. Oscar Liebreich in Berlin das schon vor drei Decennien erfundene Chloralhydrat als vorzügliches Schlafmittel in den Arzneischatz ein, und übertrug dessen Herstellung zunächst der Fabrik von Dr. Mendelssohn und Dr. Martius, später der Fabrik von Schering. Das Präparat war jedoch so kostbar, dass es nur dem Reichen erschwinglich blieb, der das Pfund mit 80 Thaler, jeden einzelnen Schlaf mit 1 Thaler bezahlen musste. Um es nun auch dem gemeinen Manne zugänglich zu machen, legten sich Gehe & Co. gleichfalls auf die Fabrikation und standen erst davon ab, als der Preis des Pfundes bis auf 1 Thaler herabgegangen war. Dann bezogen sie den Bedarf für ihre Kundschaft wieder aus den von Dr. Liebreich privilegirten Fabriken und von anderen Orten. Dr. Liebreich, der dies nicht wusste, liess das angeblich Gehe'sche, in Wahrheit aber Liebreich'sche Präparat in Fachzeitschriften und Tagesblättern als mangelhaft angreifen; und als es bei einem „hohen Patienten in Sachsen", der bald darauf starb, nicht mehr wirkte, erbot sich Dr. Lieb-

reich selber nach Sachsen zu kommen und das nach
seiner Vorschrift und unter seiner Garantie
dargestellte Chloralhydrat dem „hohen Patienten" in
eigener Person zu verabreichen — ein Anerbieten,
das leider abgelehnt wurde. Dr. Liebreich, der einerseits das unter seiner Aufsicht in der Schering'schen
Fabrik angefertigte Präparat als untrüglich in der
Wirkung empfahl, andererseits in der Berliner klini-
schen Wochenschrift erklärte, dass die Herstellung
des Chloralhydrats in seiner chemischen Reinheit nicht
controlirt werden könne, hat auf eine Anfrage von
Gehe & Co., wie er denn seine Garantie auf den
Etiketten des Präparats verstehe, keine Antwort ertheilt. — Dank einer wunderbar organisirten Reclame
in der Presse des In- wie des Auslandes, kam das
von Dr. Liebreich zuerst monopolisirte Chloralhydrat
schnell in Aufnahme und fand Jahre hindurch reissen-
den Absatz, besonders in England und Amerika, wo
es bald ein Mode- und Luxus-Artikel wurde, der
Herren- und Damenwelt als Selbstbetäubungs- und
Berauschungsmittel diente, und wie man wol sagen
darf, die Körperconstitution und das Nervensystem
einer ganzen Generation geschwächt und zerrüttet
hat. Unter solchen Umständen konnte ein Rückschlag nicht ausbleiben und ist gewiss nicht zu be-

klagen. Die Mode liess das Schlafmittel wieder fallen und das Chloralhydrat fand nur noch Verwendung in der Medicin, wo es aber auch nicht die altbewährten Morphium und Chloroform zu verdrängen vermocht hat.

Der zweite Fall betrifft die Salicylsäure, ein noch jüngeres Präparat, das aber bereits zu einem Universalmittel geworden ist, ebenso stark von der Heilkunst wie von der Industrie und im täglichen Haushalt gebraucht wird. Professor Dr. Kolbe in Leipzig, der es zuerst darstellte, nahm ein Patent darauf und verkaufte dasselbe an Dr. von Heyden in Dresden. Nichtsdestoweniger unternahm auch die Schering'sche Fabrik in Berlin die Herstellung der Salicylsäure, bis ihr die gesetzwidrige Nachahmung durch die Erkenntnisse zweier Instanzen untersagt wurde; worauf sie unverfroren erklärte: sie sei nunmehr genöthigt, „auf legale Weise bereitete rohe Salicylsäure zu kaufen, um daraus ihre chemisch reine, völlig geruchlose, absolut klare und farblos lösliche Säure und deren Salze herzustellen". Was diese Finesse bedeutet, und wie sie nichts weiter bezweckt als eine Täuschung des nicht eingeweihten Publikums, geht aus der Entgegnung des Dr. von Heyden hervor, welche also lautete: „Rohe Salicylsäure wird von

mir gar nicht in den Handel gebracht. Meine
Präparate sind selbstredend ebenfalls chemisch rein,
völlig geruchlos, absolut klar und farblos lös-
lich, aber ausserdem noch absolut frei von Car-
bolsäure, und an meiner umkrystallisirten Salicylsäure giebt es absolut nichts mehr zu dialysiren. —
Die Schering'sche Fabrik bleibt aber dabei, dass sie
dies dennoch thue, und es giebt kein Gesetz, dass ihr
solchen Humbug verbieten könnte, denn sie erdichtet
nur eine Concurrenz mit dem Patentinhaber, die sie
thatsächlich nicht mehr auszuüben wagt.

Die „Chemische Fabrik auf Actien" wurde mit
besonderen Erwartungen begrüsst, und zwar aus verschiedenen Gründen: 1) entstand sie unter den Händen des erfindungsreichen und vielglücklichen Heinrich Quistorp; 2) hatte der Name des Vorbesitzers,
Commerzienrath Ernst Schering, einen guten Klang,
und dieser behielt auch die Leitung; 3) war bei der
Gründung ein Literatus behülflich. Der Letztere
zeichnete sonder Zagen 100,000 Thaler Actien, wiewol er sicherlich nicht 100,000 Groschen besass, und
übernahm die nöthige Empfehlung des neuen Unternehmens in der Presse. Auch rührte er gar artig
die Trommel für Dr. Oskar Liebreich's Chloralhydrat,
für Dr. Oskar Liebreich's Pepsin-Wein und für die

dialysirte Salicylsäure, die alle drei nur in der Schering-
schen Fabrik echt angefertigt würden. Nach der
Versicherung dieses schreibkundigen Mannes ist die
„Chemische Fabrik auf Actien" die solideste und rein-
lichste Gründung von der Welt, und ihr ganzes Malheur (Cours der Actien: 15 Brief) verschulde nur der
kostspielige Neubau, die musterhaft schöne, aber
auch fabelhaft theure Einrichtung.

Ausser diesem, so zu sagen, chemischen Literaten
sind bei den chemischen Gründungen noch zwei Börsen-
Literaten betheiligt: Dr. Heinrich Ebeling bei der
Alizarin- und chemischen Fabrik in Potsdam (S. 224),
sowie bei der Salzsiederei und chemischen Fabrik
Gotha (S. 226), und Julius Schweitzer bei der Stassfurter chemischen Fabrik (S. 229).

Dr. Heinrich Ebeling, seinem Berufe nach, wie
man sagt, klassischer Philologe, fungirte während der
Schwindelperiode als Börsen-Redacteur der „Vossischen
Zeitung", war zeitweise auch am Courszettel der
„National-Zeitung" thätig, gab ausserdem eine Correspondenz mit Börsenbericht in mehren Sprachen heraus, und fand daneben noch Zeit, sich bei einer
langen Reihe der übelriechendsten Gründungen zu
betheiligen. Erst 1875, als der Schwindel sich bereits
erschöpft hatte, und das Unheil längst geschehen

war, stellte ihn die „Vossische Zeitung" zur Disposition. Uebrigens soll er, da er blos Christ ist, bei
all' diesen Gründungen nichts erübrigt haben.

Herr Julius Schweitzer, ein in Breslau verun-
glückter jüdischer Geschäftsmann, redigirt seit 1850 den
Börsentheil der „National-Zeitung", und er rühmt sich,
auch den jetzigen Director im Reichskanzler-Amt,
Wirklichen Geheimen Ober-Regierungsrath Herrn Otto
Michaelis, in seine Wissenschaft eingeweiht, ihn an
der Börse eingeführt zu haben. Herr Schweitzer
gründete mit Hermann Geber und Genossen die berüchtigte Stassfurter Fabrik, und es ist interessant zu
sehen, wie er diese, seine Tochter, in dem eigenen
Blatt, in der tugendsamen „National-Zeitung", dem
Publikum empfahl. In Nr. 490, Bleiblatt, vom 19.
October 1871, übernimmt er zunächst folgende Notiz
aus der Berliner „Bank- und Handelszeitung":

„Neue Actien-Gesellschaft. Die rühmlichst bekannte
Chemische Fabrik von Vorster & Grüneberg zu Stassfurt bei
Schönebeck ist ebenfalls zum Actien-Unternehmen umgewandelt
worden. Durch consortiale Betheiligung ist bereits das Actien-
capital durch die hiesigen Bankhäuser H. C. Plaut und Rauff &
Knorr placirt worden."

In Nr. 510, Beiblatt, vom 31. October 1871 lässt
er sich dann selber also vernehmen:

„Stassfurter chemische Fabrik, vormals Vorster &
Grüneberg zu Stassfurt. Unter dieser Firma hat sich eine
Actien-Gesellschaft gebildet, welche die beiden in Stassfurt gelegenen Fabriken der Herren Vorster & Grüneberg käuflich
übernommen hat. Die letzteren besitzen noch anderweit bedeutende industrielle Etablissements und haben sich zur Ver-
einfachung ihres Geschäftsbetriebes zum Verkauf der beiden,
gut rentirenden Fabriken entschlossen. Die Actien werden zur
Zeichnung aufgelegt werden."

„Die Actien werden zur Zeichnung aufgelegt werden." — Welch ein Edelmuth der Gründer;
welch ein Trost, welch rosige Hoffnung für das liebe
Publikum! Und nun folgt endlich der wichtige ver-
heissungsvolle Tag. Unterm 6. November 1871, in
Nr. 520 der „Nationalzeitung", Beiblatt, meldet Herr
Schweitzer:

„Stassfurter Chemische Fabrik, vormals Vorster &
Grüneberg, Actien-Gesellschaft. Am 7. und 8. Novbr. kommen
von dem 530,000 Thaler betragenden Actiencapital 400,000 Thaler
in Berlin bei den Bankhäusern H. C. Plaut und Rauff & Knorr
zur Subscription. Das betreffende Inserat folgt im Morgenblatt.
Wir bemerken hier Folgendes. Die Verkäufer, die Herren
Vorster & Grüneberg, besitzen auch bedeutende Etablissements
in der Rheinprovinz, deren Vergrösserung ihnen einen Verkauf
der Stassfurter Etablissements wünschenswerth machte. Stassfurt ist der Sitz einer grossen Industrie, welche chemische Fabrikate erzeugt und in den letzten Jahren einen sehr bedeutenden Aufschwung genommen hat. Derselbe stützt sich nicht
allein auf eine grosse Steigerung des Bedarfs in Europa, sondern
auch auf eine Erweiterung des Absatzgebietes, besonders nach

Amerika. Die Preise der chemischen Fabrikate haben sich, der gesteigerten Nachfrage entsprechend, bedeutend gehoben, u. A. für das Hauptproduct Chorkalium von $2^1/_{12}$—$2^1/_6$, auf 3 bis $3^1/_4$ Thaler, je nach der Lieferung, also um ca. 40 Procent. Die Gestehungskosten sind verhältnissmässig wenig gestiegen und waren deshalb die in den letzten Jahren von den Stassfurter Fabriken erzielten Resultate sehr gut. Die von Seiten der Preussischen und Anhaltischen Verwaltung dictirte Erhöhung der Rohsalzpreise bedingt allerdings für 1872 eine Steigerung der Gestehungskosten, derselben sind aber bereits die Preise der Fabrikate gefolgt, so dass sich das vorher bestandene Verhältniss nicht verändert hat. Der eine Artikel Chorkalium, von welchem schon bisher 95,000 Ctr. producirt wurden, sichert nach uns vorliegenden Angaben eine Dividende von 9 bis 10 Procent des Actiencapitals. Auch die sog. Nebenproducte, über welche der Prospect Auskunft giebt, wie Kieserit, Chlormagnesium u. s. w., die in früheren Jahren wegen mangelhafter Verwerthung fast werthlos waren, finden zum Export Nehmer. Die Verhältnisse liegen also hier sehr günstig."

Wenn in solch lobpreisender Weise ein Unternehmen in der grossen, hochachtbaren „Nationalzeitung" empfohlen wird, wer sollte da nicht zeichnen, wer sollte da die Actien nicht kaufen!? Kann man in diesem Falle — und die Fälle lagen stets so — wol von einem thörichten, urtheilslosen Publikum sprechen, das ohne zu fragen, ohne sich zu orientiren, blind gierig darauf los kaufte, nur weil es auf mühelosen Gewinn hoffte; dem ganz recht geschehen, das gar nicht zu bedauern ist, wenn es sich um sein Geld betrogen und ausgeplündert sieht? Fürwahr,

Ihr Herren „Volkswirthe" und Ihr Ritter von der Presse, die Ihr dasselbe Publikum, das Ihr nach allen Regeln der Kunst, mit unendlichem Raffinement verlockt und verführt habt, heute noch schmäht und höhnt, die Ihr die Personen, die Euch jetzt anklagen und zur Rechenschaft ziehen, der „Verleumdung" und „Ehrabschneiderei" bezichtigt — Eure Frechheit entspricht genau Eurer Verschuldung und Niederträchtigkeit!

Eine gleiche staffelförmig aufsteigende Reclame machte Herr Schweitzer in seiner „Nationalzeitung" auch für die „Nienburger Zuckerfabrik", an der er ebenfalls betheiligt ist *). Bei der Stassfurter wie bei der Nienburger Fabrik fungirte er als Präsident des Aufsichtsraths, und man erzählte im Jahre 1872, dass die Posten, welche er als Verwaltungsrath bei verschiedenen Gesellschaften bekleide, ihm eine Tantième abwürfen, von der allein er bequem leben könne. Der Stassfurter wie der Nienburger Fabrik wandte er nach dem Krach, da sie zu stinken begannen, den Rücken, und seinen Rückzug aus der Stassfurter Actiengesellschaft zeigte er in Nr. 457 der „Nationalzeitung", zweites Beiblatt, vom 2. October 1874 mit folgenden,

---

*) Vgl. S. 193.

inzwischen zu klassischer Berühmtheit gelangten Worten an: „An Stelle des ausscheidenden Aufsichtsrathsmitgliedes, des Herrn Dr. **Schweiger**, wurde Herr Ingenieur Böcker aus Duisburg neu gewählt". — Auch die anderen Zeitungen hatten die collegialische Gefälligkeit, statt des wahren Namens **Julius Schweitzer**, den geistreichen Druckfehler „**Doctor Schweiger**" zu übernehmen.

Erst nach geraumer Zeit, als, um mit der „Nationalzeitung" zu reden, die „Verleumdungsära", das heisst auf Deutsch: die Bewegung gegen die Gründer und Gründergenossen, begonnen, kam jener ominöse Druckfehler an den Tag. Am 11. Februar 1876 veröffentlichte die Berliner „Staatsbürger-Zeitung" unter der Ueberschrift „Herr Schweiger" ein Schreiben, das ihr angeblich von einem Leser zugegangen. Derselbe erzählt, wie er in Folge der warmen Empfehlung der „Nationalzeitung" die Actien der Nienburger Zuckerfabrik und der Stassfurter chemischen Fabrik gekauft und dabei seine ganzen Ersparnisse verloren. Aber trotzdem glaube er nach wie vor an die „Nationalzeitung", da sie Herr Lasker, der „grösste Gründerfeind", vor versammeltem Parlament ein „sehr würdiges Blatt" genannt habe, und weil ihr Börsentheil von einem so ausgezeichneten

Manne, wie Julius Schweitzer redigirt werde. An
seinem Unglück, an dem so schmählich tiefen Fall
der Nienburger Zucker- und der Stassfurter chemischen Actien sei nur der ausgeschiedene Präsident
des Verwaltungsraths beider Gesellschaften, Doctor
Schweiger schuld, und nach diesem „gefährlichen
Menschen" habe er lange gesucht, um ihn zur Rechenschaft zu ziehen, bis ihm ein Student, der ein meu-
blirtes Zimmer bei ihm bewohne und ein „arger Com-
munist" sei, nachstehende Auskunft gegeben, die er
freilich nicht recht verstanden habe:

„Geben Sie Sich keine vergebliche Mühe. Herr Schweiger
ist keine Person von Fleisch und Blut; Herr Schweiger ist
der Ueberall und Nirgends der Corruption; Herr Schweiger
ist der echte und rechte Urtypus des Gründerthums, das um
schnöden Gewinnstes willen alles fälscht und zuletzt sich
selbst. Schweiger sind sie alle; alle die „Edelsten und
Besten", denen das Deutsche Volk die „Industrieblüthe" und
den „wirthschaftlichen Aufschwung" verdankt. Haben Sie je
eine Zeit erlebt, wo so viel geschwiegen wird, wie jetzt? Da
ist das Schweigen der sittlichen Entrüstung, das Schweigen der
stillen Verachtung, das Schweigen der vornehmen Würde, das
Schweigen der imponirenden Unschuld, und für euch arme Ge-
schorene auch das Schweigen des Kirchhofs. Und wenn sie
anfangen zu erzählen, dann — schweigen sie erst recht. Dann
erzählen sie ein Langes und Breites von 6—8000 Thaler Gehalt und — schweigen von 6—800,000 Thaler Tantième. Lassen
Sie den Schweiger laufen und schweigen Sie auch über Ihre
riesige Blamage."

Aber diese Enthüllung des Druckfehlers geschah lange nachher, und inzwischen war es Herrn Julius Schweitzer noch beschieden, einen grossen Triumph zu feiern. Fast um dieselbe Zeit, da Herr Dr. Heinrich Ebeling, der Börsenredacteur der „Vossischen Zeitung", von dieser den Abschied erhielt, im Frühjahr 1875, brachte die gutmüthige Tante Voss ein Artikelchen, das also lautete:

„In der nächsten Woche wird hier ein journalistisches Jubiläum gefeiert werden. Am Dienstag, den 20. April, sind es 25 Jahre, dass Dr. J. E. Schweitzer in die Redaction der „National-Zeitung" eintrat, und dass er dieses Blatt in seinem volkswirthschaftlichen und Börsentheil vertritt. Ebenso lange ist Dr. Schweitzer an der Börse als Berichterstatter für die Zeitung, der er angehört, thätig. Er war, wie der „B. Börs.-Cour." bemerkt, der erste und ist jedenfalls der älteste Börsenjournalist Berlins. Während er in den ersten Jahren seiner Thätigkeit auch der einzige blieb, ist die Presse an der Börse jetzt vielleicht durch dreissig oder mehr ihrer Mitglieder vertreten. Der bekannte Geh. Rath Michaelis, der Autor des Bankgesetzes, war vor seiner Berufung ins Ministerium lange Zeit hindurch anfänglich sein Schüler auf finanziellem Gebiete und dann sein Mitarbeiter, Dr. Schweitzer hat sich in dem Viertel-Jahrhundert, während dessen er volkswirthschaftlich thätig war, die allgemeinsten Sympathien erworben; für gewisse finanzielle Specialitäten, besonders für die finanzielle Seite des Eisenbahnwesens gilt er als unbestrittene Autorität. Er hat in den zwei ein halb Jahrzehnten mit der Berliner Börse viel gute uud viel schlimme Zeiten durchlebt, zu allen Zeiten aber blieb er eine allseitig geachtete und beliebte Persönlichkeit. Bereits gestern Abend sollte eine Vorfeier des Jubiläums in engerem Kreise

stattfinden. Die älteren vereidigten Makler der Berliner Börse
hatten ihm zu Ehren ein Festessen veranstaltet, während die
eigentliche Feier dem Jubiläumstage selbst vorbehalten bleibt."

In ähnlicher Weise liessen sich sämmtliche Blätter
Berlins, und, wie es sich ziemt, in züchtiger Bescheidenheit zuletzt, die „Nationalzeitung" selber vernehmen. Sie verzeichnete die Gaben und Ehren, die
ihrem Schweitzer geworden, sie veröffentlichte die
Adressen, die er erhalten. Der Verein der „Berliner
Presse", dem der Jubilar als Schatzmeister angehört,
in dessen Vorstand er sitzt, liess durch eine Deputation ein in blauen Sammet gebundenes, mit einem
silbernen Lorbeerkranz geschmücktes Schriftstück
überreichen, das folgenden Inhalt hatte:

„Hochverehrter Herr und College! Mit dem heutigen Tage
vollenden Sie den langen Zeitraum einer fünfundzwanzigjähri-
gen hochbedeutsamen, journalistischen Thätigkeit auf einem
Gebiete, dessen mächtiger und weittragender Einfluss die grössten gleichwie die kleinsten Verhältnisse des Staates und der
Gesellschaft nicht unberührt lässt. Ihr klarer Blick, Ihr praktisches Verständniss, das durch den Umfang und die Gründ-
lichkeit Ihres Wissens unterstützt wird, haben Ihr Urtheil sehr
bald zu dem einer fachmännischen Autorität erhoben und Ihnen
die Achtung gebietende Stellung errungen, die Sie gegenwärtig
mit Recht behaupten.

Aber während Sie einerseits dem Ansehen und den Anfor-
derungen dieser Stellung gewissenhaft Rechnung tragen, haben
Sie dennoch, so schwer belastet durch eigene redactionelle
Pflichten, zum Vortheil des Vereins „Berliner Presse", dem

Sie seit nunmehr 13 Jahren als Mitstifter desselben angehören, noch eine neue zeitraubende Verbindlichkeit auf sich geladen. Und Sie haben sich so gewissenhaft in jeder Beziehung der Erhaltung und Vermehrung unseres Vermögens unterzogen, dass der Verein sich um so mehr gedrungen fühlt, Ihnen an dem heutigen Tage gleichwie im Allgemeinen seine grösste persönliche Hochachtung, noch im Besonderen seinen wärmsten Dank auszusprechen für Alles, was Sie mit eigenen Opfern für ihn gethan haben. Lassen Sie uns noch hinzufügen, dass dieser Dank nicht nur dem redlichen und geschickten Verwalter unseres Eigenthums gilt, sondern gleichzeitig dem wohlwollenden und liebenswürdigen Genossen, der in der Ausübung seines Ehrenamtes auch die Rücksichten der Humanität nie ausser Acht liess. Möge es Ihnen noch lange vergönnt sein, mit voller Kraft des Geistes und des Körpers Ihre einflussreiche Thätigkeit fortzusetzen und den Verein „Berliner Presse" zu stets erneutem Danke zu verpflichten."

Die Aeltesten der Berliner Kaufmannschaft übergaben nachstehende Adresse:

„Hochgeehrter Herr!

Den unterzeichneten Mitgliedern des Börsen-Kommissariats gereicht es zur grossen Freude, Ihnen zu dem morgenden Tage, an welchem Sie vor 25 Jahren in die Redaction der „National-Zeitung" eintraten, die herzlichsten Glückwünsche darzubringen. Sie haben sich, sehr verehrter Herr, durch den von Ihnen mit grosser Umsicht, Erfahrung und Sachkenntnis redigirten volkswirthschaftlichen Theil der gedachten Zeitung ein grosses Verdienst erworben; wir erkennen dies dankbar an und wünschen von ganzem Herzen, dass die göttliche Vorsehung es Ihnen gestatten möge, noch weitere 25 Jahre auf dem von Ihnen stets so unparteiisch gewanderten Wege wirken zu können, wie wir auch hoffen, dass die angenehmen Beziehungen, die uns mit

Ihnen verbinden, während dieser Zeit stets dieselben bleiben werden.

Wir begrüssen Sie mit der grössten Hochachtung.

Berlin, den 19. April 1875.

G. Dietrich. Fz. Arndt. Wm. Herz. Delbrück. F. Mendelssohn. A. Frentzel. J. Kaufmann. J. E. Meier. R. Hardt. G. Müller. Schwabach. Simonson. Kochhaun. Lewinstein. J. Alexander. Anton Wolff. Fr. Meyer. Carl Meyer. Ed. Helfft. A. Schüler. C. Schwartz. Hirschberg. Güterbock."

Die Mehrzahl dieser Herren hat sich als Gründer ersten Ranges hervorgethan, und ihre Anerkennung war nur eine schuldige, aber gewiss auch eine aufrichtige. Ebenso gratulirte das Statistische Bureau der Stadt Berlin (!); in der Loge Royal York, wo der Jubilar als Meister vom Stuhl waltete, fand ein solennes Essen statt, und sogar die Kapelle des Kaiser Alexander Regiments brachte ein Ständchen dar!!

„Fast unübersehbar war die Zahl der Glückwünsche, darunter auch viele auf telegraphischem Wege eingelaufen"; und der Gefeierte, der in der Gründerära ein kostbares Haus im vornehmsten Stadtviertel angekauft und sich hier fürstlich eingerichtet hat, konnte die Menge der Gratulanten kaum empfangen.

Wie Polykrates von Samos stand Julius Schweitzer an diesem lauen Frühlingsabend auf dem Balkon seines schönen Hauses am Schöneberger Ufer und blickte „mit vergnügten Sinnen" auf das „Westend" von Berlin, auf die stolzen Paläste und herrlichen Villen von Neu-Jerusalem, wo da wohnen seine Glaubensgenossen in eitel Pracht und Fülle. „Doch mit des Geschickes Mächten ist kein ew'ger Bund zu flechten, und das Unglück schreitet schnell". — Auf die goldne Gründerperiode folgte, wie die „Nationalzeitung" sagt, die „schmachvolle Verleumdungsära", und die „Verleumdungsära" hat Herrn Julius Schweitzer aller Ehren und Kränze beraubt. Von den verschiedensten Seiten erhoben sich schwere Anklagen gegen den „Börsen-Hintertheil" der „Nationalzeitung", dass sie um schnödes Geld das Treiben der Gründer unterstützt, das vertrauensselige Publikum getäuscht habe; und Herr Schweitzer kam hart in's Gedränge. Namentlich war es die böse „Staatsbürgerzeitung", welche seit Frühjahr 1876 ein heftiges Gewehrfeuer von Leitartikeln gegen den Ex-Jubilar eröffnete. Sie richtete an den Verein „Berliner Presse" die Frage: ob dieser es nicht für geboten erachte, die Beschuldigungen zu prüfen, welche öffentlich gegen einen seiner Angehörigen, gegen ein Mitglied seines Vorstandes wegen Bestechlichkeit und Betheiligung an blutigen Gründungen erhoben.

Die 1862 gegründete „Berliner Presse“ ist eine Vereinigung, die in den ersten Jahren so ziemlich alle Schriftsteller und Journalisten Berlins umfasste. Mit dem Eindringen des jüdischen Elements, das seit 1866 mehr und mehr die Oberhand gewann, schieden die angesehensten Mitglieder aus, oder sie betheiligten sich doch nicht mehr an den Versammlungen; es blieben die Dii minorum, und die eigentlichen Leiter und Wortführer sind heute Semiten. Nebenbei gesagt, ist dasselbe der Fall mit den sogenannten Journalisten- und Schriftsteller-Tagen, die allsommerlich in irgend einer Stadt Deutschlands gastiren. Der Verein „Berliner Presse“, der für seine Invaliden alljährlich an die öffentliche Mildthätigkeit appellirt, ist heute kaum noch berechtigt sich so zu nennen, denn ihm gehört von den Journalisten und Schriftstellern der Hauptstadt nur ein Bruchtheil an, und die klangvollsten Namen bleiben ihm fern.

Die Zumuthung der „Staatsbürgerzeitung“ setzte den Verein in grosse Verlegenheit; da aber auch andere, namentlich auswärtige Blätter mahnten, konnte er nicht umhin, etwas zu thun und berief eine ausserordentliche Versammlung, die jedoch einen seltsamen Verlauf nahm. Wie einige Journale berichteten, wurde nach kurzer Diskussion zur Tagesordnung übergegangen, weil der Verein „kein Recht und keine Veranlassung" habe gegen Herrn Schweitzer einzuschreiten, um so weniger, als das belastende Material „nicht genügend aufgeklärt" sei. Herr Schweitzer, der auch zugegen gewesen, habe nicht einmal das Wort ergriffen. — So sehr dieser Ausgang im Publikum überraschte: für den Eingeweihten ist er nur zu erklärlich. Herr Schweitzer hatte gar nicht nöthig, sich zu verantworten, denn er sass unter lauter Freunden, unter Berufs- und Stammesgenossen, die eine erdrückende Majorität bildeten. Und wehe diesen, wenn sie ihn zum Reden gezwungen hätten; er würde schöne Dinge erzählt und seinen Richtern brav heimgeleuchtet haben!

Die „Staatsbürgerzeitung" liess sich jedoch nicht abschrecken; sie erklärte, dass Herr Schweitzer ein „. . . . . Gründer und Schweiger" sei, und unternahm es, diese Behauptung in einer neuen Serie von Artikeln nachzuweisen. Auch dann noch schwieg Herr Schweitzer, und auch die „Nationalzeitung" hüllte sich in tiefes Schweigen, bis verschiedene liberale Blätter, wie die „Magdeburgische", die „Augsburger Allgemeine", die „Schlesische", die „Neue Stettiner Zeitung" u. a. ihr klar machten, dass sie es sich und der Presse überhaupt schuldig sei, sich irgendwie zu reinigen. Da endlich entschloss sich die „Nationalzeitung" ihren Schweitzer zur Disposition zu stellen. Am 13. Juni machte Herr Julius Schweitzer bekannt: er werde seine Angreifer verklagen, und er stelle bis zum Austrag der Sache seine Thätigkeit in der Redaction der „Nationalzeitung" ein; und die letztere erklärte mit sichtlichem Grollen: sie verbäte sich „jede Art von Vorschlägen oder Vorschriften" für ihr Verhalten, „wie sie neuerdings an verschiedenen Stellen, allem seitherigen Brauch in der anständigen Presse zuwider, laut geworden sind". Die „Nationalzeitung" erklärte also jene oben genannten, doch recht angesehenen „liberalen" Blätter, die ihr die Leviten gelesen, als gewissermaassen nicht mehr zur „anständigen Presse" gehörig. Die „Staatsbürgerzeitung" aber erwiderte ihr: „Der arrogante Ton eines Pressorgans, das erst durch die stärksten Peitschenschläge nächststehender Parteigenossen aus seinem, den Ruf der Deutschen Presse entehrenden Schweigen hinausgejagt werden konnte, kann uns zu keiner Polemik veranlassen".

Herr Schweitzer hat, wie die „Staatsbürgerzeitung" meldete, gegen diese denn auch wirklich gerichtliche Klage erhoben wegen „verleumderischer, eventuell schwerer, eventualissime einfacher Beleidigung"; es

jedoch auffälliger Weise unterlassen, in den Kreis
der Klage auch diejenigen Artikel des genannten
Blattes zu ziehen, welche ihn resp. die „Nationalzeitung" in einem bestimmten Falle der Bestechlichkeit
bezichtigen. Wie dieser Injurienprocess auch ausfallen mag — die „Staatsbürgerzeitung" kann vielleicht wegen Beleidigung in der Form verurtheilt
werden — die Thatsachen, auf welche es hauptsächlich ankommt, sind actenmässig: — Julius Schweitzer
wie Dr. Heinrich Ebeling, jeder von Beiden Börsen-
redacteur an einem grossen, einflussreichen Blatt,
haben sich an den faulsten Gründungen betheiligt,
und für diese in der ihnen anvertrauten Zeitung eine
schnöde Reclame gemacht. Sie wurden von den Gründern herangezogen, um mit ihren Namen die bösen
Gründungen zu decken, die ohne sie vielleicht gar
nicht zu Stande gekommen, oder doch nicht so schlimm
ausgefallen wären. Sie, die das Publikum belehren,
orientiren, warnen sollten, haben es getäuscht und
ausplündern helfen. Das ist nicht anders, als wenn
der Priester verräth, der Richter stiehlt, der Arzt
vergiftet! Keine anständige ehrliebende Zeitung darf
solch' ungetreue Mitarbeiter auf ihrem Posten be-
lassen, sondern muss sie ohne Weiteres verabschie-
den. Das ist verdammte Pflicht und Schuldigkeit

gegen die Leser, und gewiss noch eine sehr ungenügende Sühne! Für die Zeitungen ist seit dem „Krach" eine trübe Zeit gekommen, und besonders übel daran sind die Börsenblätter, von denen viele schon eingingen, und verschiedene dem Eingehen nahe sind. Es fehlen die Inserate, es fehlen die „Betheiligungen", die ordentlichen Subventionen und die ausserordentlichen Gratificationen, es schwinden täglich die Abonnenten. Zu diesen nothleidenden Börsenblättern gehört auch der „Berliner Börsen-Courier", der, obgleich mit Geschick und Witz redigirt, ein wirklich amüsantes Blatt, doch wahrscheinlich nie mehr als 1000 bis 2000 Abonnenten zählte, jetzt aber bedeutend weniger besitzen soll. Bekanntlich ist sein Inhaber, Herr Georg Davidsohn, zugleich ein unermüdlicher Kämpe für Richard Wagner, aber von der Zukunftsmusik kann er nicht leben; was er in der Gründerperiode verdient, hat ihm, in Folge unvorsichtiger Speculationen, der „Krach" wieder genommen, und gegenwärtig geht das Geschäft so schlecht, dass er's kürzlich für rathsam gehalten, das Journal auf den Namen seines Bruders übertragen zu lassen. Die schwere Noth der schweren Zeit verführte nun den „Börsen-Courier" zu einem Gewaltschritt, der selbst in der

Presse Aufsehen machte, und von der „Vossischen Zeitung", die in solchen Dingen noch immer einen gewissen Anstand herauszukehren sucht, leise gerügt wurde.

Den Kitt, welcher die innige Freundschaft zwischen den Actieninstituten und der Presse dauernd zusammenhält, bilden die sogenannten Gesellschaftsblätter. Jede Actiengesellschaft der letzten Gründerperiode hat bei ihrer Constituirung eine möglichst grosse Anzahl von Zeitungen in das Statut aufgenommen und sich verpflichtet, durch jede derselben ihre Jahresabschlüsse und alle sonstigen Bekanntmachungen ein-, zwei- und dreimal zu veröffentlichen. Diese vielfache Publikation ist ebenso überflüssig als kostspielig; sie geschieht zum Vortheil nicht der Actionäre, sondern der Zeitungsbesitzer. Nach dem Krach aber sind die Actiengesellschaften sparsamer geworden, und gar viele haben mit dem Actiencapital auch die „Gesellschaftsblätter" „reducirt". Sie beschränken sich auf die nothwendigsten Bekanntmachungen, fassen diese möglichst knapp und veröffentlichen sie nicht mehr in 10 bis 20, sondern nur noch in 3 oder 2 Blättern. Daher der grosse Ausfall aller Zeitungen in der Einnahme für Inserate! Um aber die „Reduction" zu bewerkstelligen, ist die Einberufung einer General-

versammlung, ein Beschluss der Actionäre nöthig. Zu
solchem Zwecke schrieb nun der Aufsichtsrath der
chemischen Fabrik Schering eine Generalversammlung aus, doch eins der erwählten „Gesellschaftsblätter", der „Börsencourier", verweigerte die Aufnahme des Inserats, und erklärte mit edler Offenheit: er könne und wolle nicht die Hand bieten zur
Schädigung seiner eigenen Interessen, vielmehr halte
er's für geboten, durch Ablehnung des Inserats den
geplanten Beschluss unmöglich zu machen. Der Aufsichtsrath liess die Weigerung durch einen Notar
feststellen, und die Generalversammlung beschloss
nach dem Antrage, aber der Handelsrichter wies den
Beschluss als illegal zurück, und die obere Instanz
verwarf die dagegen eingelegte Beschwerde; denn
das famose Actiengesetz, das die Actionäre im Uebrigen
jeder Willkür preis giebt, legt den Hauptnachdruck
auf solch unwesentliche und unnütze Formalitäten,
die auf's Peinlichste beobachtet werden müssen. Der
Aufsichtsrath der Schering'schen Fabrik befand sich
in nicht geringer Verlegenheit; bis ihm der Handelsrichter einen Wink gab. An Stelle des rebellirenden
„Börsencourier" wurde als „Gesellschaftsblatt" eine
andere Zeitung erwählt, und nunmehr eine neue Generalversammlung berufen, welche dann erst die Reduction

der Gesellschaftsblätter in legaler Weise beschliessen
konnte. Selbstverständlich haben diese Weiterungen
mancherlei Unkosten verursacht, und jedenfalls verdient die originell-naive Art, mit welcher der „Börsen-
Courier", neben der Wagner'schen Zukunftsmusik, die
„berechtigten Interessen" der Presse verficht, unver-
hohlene Bewunderung.

Textil-Gründungen.

Der manchesterliche Liberalismus und die Bourgeoisie — „Bürgerliche Demokraten" — Politischer und parlamentarischer Humbug — „Interessenvertretung" — Herr Schulze ans Delitzsch und Ferdinand Lassalle — „Entfesseln Sie die Bestie nicht!" — Die Genossenschaftsbanken und ihre Gründungen — Max Hirsch, der nene „König im socialen Reich" — Die Kathedersocialisten und der Verein für Socialpolitik — „Die sociale Frage und der Preussische Staat" — Herr von Treitschke schreibt: „Der Socialismus und seine Günner" — Lasker vermittelt — Der „Congress Deutscher Volkswirthe" und die „Volkswirthschaftliche Gesellschaft" in Berlin — Wie die Socialdemokraten sich mehren — Talente und Künste der Semiten — Ludwig Bamberger's „Arbeiterfrage" und Adolf Samter's „Socialpolitik" — Tuchgründungen: Luckenwalder, Vereinigte Luckenwalder, Martini,Fischer und Schmidt in Sommerfeld, Peitzer, Forster, Langensalzaer, Sächsische, Bautzener, Rheinische, Aachener, Hessische, Schlesische, Bischweiler, Berliner Velvet (BaubankMetropole) — Der Grünberger Quistorp und der Grünberger Krach — Spinnereien und Webereien: Winckelmann, Dannenberger, Société d'impression alsacienne, Beer selige Wittwe, Eilenburger, Kramsta, Erdmannsdorfer, Heydenreich, Solbrig, Meissner Jute, Eckhardt, Braunschweiger Jute etc. — Die Prenssische Seehandlung, ihre Schicksale und Verirrungen, ihre Ankläger und Vertheidiger — Appretur Ullrich, Thiele & Seegers, Gebaner, Gebr. Alexander, Heinrich Körner, Berliner Wollbank, Woll-Import, Central-Wollwäscherei, Uckermärkische Wollbank, Bremer Wollwäscherei — Coursverluste und „betheiligte" Parlamentarier.

„Der regierende Geist unserer Zeit, der moderne Liberalismus, ist der natürliche Sohn der neuen Nationalökonomie. Er hat seine Seele aus Manchester und hier allein ist er sterblich." So sagt Herr Joerg, der bekannte Baierische Archivar und ultramontane Abgeordnete, in dem Vorwort zu seiner „Geschichte

17*

der socialpolitischen Parteien in Deutschland“, einem
sehr unterrichtenden Büchlein, das von der „liberalen“ Presse natürlich todtgeschwiegen ist. Herr Joerg
behauptet also: die gegenwärtig herrschende „liberale“ Partei ist das Product des Manchesterthums,
und sie ist nach ihm folgendermaassen entstanden.

Die Bewegung von 1848 wollte blos eine politische
sein, verlangte hauptsächlich Verfassung und Parlamente; aber bald merkte die besitzende Klasse, dass
nebenher eine sociale Revolution lief und sogar die
Oberhand gewann. Da erschrak sie vor dem „rothen
Gespenst“, vor den „Bassermann'schen Gestalten“,
und sie reichte den Regierungen ihre Hand und
Hülfe zur Reaction. So ist die Bewegung von 1848
als politischer Liberalismus wenig ehrenhaft unter-
legen. Nach ihrer andern Seite aber, als ökonomischer
Liberalismus ist sie entschieden Sieger geblieben.
Noch mehr: die bestehenden Gewalten haben, nach
dem geräuschvollen Vorgange Louis Napoleon's, in
erster Reihe die Förderung der materiellen Interessen
angestrebt, und damit den liberalen Oekonomismus
auf den Thron gesetzt.

Die „liberale“ Partei seit 1848 vertritt nicht sowol den Grund- als den beweglichen Besitz. Ihre
Mitglieder haben sich emporgearbeitet zu reichen

Trägern des grossen Handels, der grossen Industrie, der modernen Capitalwirthschaft. Diese Klasse ist nicht etwa das Deutsche Bürgerthum, welches früher den sogenannten Mittelstand bildete, sondern sie ist der gerade Gegensatz desselben; sie ist entstanden aus der Zerstörung und aus den verwesenden Resten des Bürgerthums, und daher kann sie richtig nur mit dem Französischen Namen der Bourgeoisie bezeichnet werden.

Die liberale Partei, die sich in den Jahren der Reaction sehr gefügig und geschmeidig erwiesen hatte, nahm mit der „Neuen Aera" wieder einen politischen Aufschwung, und namentlich in Preussen zeigte der parlamentarische Kampf eine Erhebung der Bourgeoisie gegen das militärische Königthum. Der „Conflict" wurde 1866 durch einen „Compromiss" beigelegt, der die Bourgoisie auch politisch zur herrschenden Partei erhob, und seitdem ist sie nicht Ein Stand, sondern der Stand überhaupt. Sie nennt Adel und Geistlichkeit — „Junker- und Pfaffenthum", und erklärt dieselben für überwundene Standpunkte; sie bezeichnet die ihr gegenüber stehenden Parteien als Reactionäre, Finsterlinge oder Demagogen, und erklärt sie insgesammt für „Reichsfeinde". Die Bourgeoisie will die Alleinherrschaft. Den Staat möchte sie am liebsten ganz aufheben und in die bürgerliche Gesellschaft untergehen lassen; aber entschieden hasst sie jeden starken Staat. So ungefähr äussert sich Herr Joerg, und jedenfalls entspricht die obige Darstellung den Thatsachen. Als politische Partei hat die Bourgeoisie mehrfach den Namen gewechselt, sich Gothaer, Fortschrittsleute, Nationalliberale, Demokraten genannt: in Wahrheit war es immer dieselbe Kaste. Auch die reine oder „bürgerliche Demokratie", wie sie sich zum Unterschiede von der Socialdemokratie benamste, die kleine „Volkspartei" der Herren Johann Jacoby, Guido Weiss, Ludwig Löwe, Leopold Sonnemann etc. (meistens Juden) gehört zur Bourgeoisie; und die doch gewiss eingeweihte „Nationalzeitung" definirte sie, in ihrer Nummer 314 vom 9. Juli 1873, mit folgenden Worten: „Bürgerliche Demokraten sind Leute mit erheblicher, womöglich auf 10,000 bis 20,000 Thaler steigender Jahresrente, und mit der festen Absicht, diese Jahresrente keinesfalls mit der andern demokratischen Species, der „Socialdemokratie" zu theilen. Bürgerliche Demokraten sind solche, welche keine, auch nicht die raffinirtesten Genüsse des bürgerlichen Lebens sich entgehen zu lassen wünschen, und welche ihrer demokratischen Gesinnung Genüge thun, indem sie ungeheuer auf Regierung und Militarismus schimpfen, aber nur zum Scherz, nicht etwa in der Absicht, dass daran etwas geändert werden möchte, weil es alsdann doch mit der fetten Jahresrente hapern könnte." Zwischen den Nationalliberalen und Fortschrittlern besteht kein anderer Unterschied, als dass jene etwas serviler und gewandter, diese etwas schwerfälliger und phrasenreicher sind. Alles Uebrige ist politisches Gaukelspiel, und der tollste Humbug ist die angebliche Spaltung der Nationalliberalen in einen rechten und linken Flügel, welchen letzteren Herr Lasker commandirt, der sich also auf beide Fractionen stützt, von Nationalliberalen und Fortschrittsleuten gleich sehr verehrt und gefeiert wird. Unbegreiflich ist es daher, wenn im Sommer 1876 die officiöse „Provinzial-Correspondenz" die Fortschrittler heftig angriff und die Nationalliberalen lobend herausstrich. Sofort erklärte die „Kölnische Zeitung", dass der Nationalliberalismus dieselben Ziele verfolge, wie die Fortschrittspartei; und die „Nationalzeitung" äusserte (Nr. 371 vom 11. August 1876) sehr richtig: „Nationalliberale und Fortschrittspartei sind zwei getrennte parlamentarische Gruppen, die man als Parteien bezeichnen mag, wenn man der idealistischen Ansicht ist, dass Parteien vorab durch „Principien" gebildet werden. Die besondere gesellschaftliche Unterlage aber ist der grossen Mehrheit, wenn nicht Gesammtheit der parlamentarischen Fortschrittspartei mit den Nationalliberalen gemeinsam. Es ist das gebildete Deutsche Bürgerthum, die selbständige und selbstbewusste Landbevölkerung eingeschlossen. In den weitaus meisten Wahlkreisen ist die Unterscheidung der beiden Gruppen der grossen liberalen Gesammtpartei gar nicht zum Ausdruck gekommen oder längst verwischt." — Ein gräulicher Humbug war die angebliche Ueberwerfung der beiden Parteien wegen der Justizgesetze, ihre gegenseitige Bekämpfung bei den Wahlen zum Reichstage; und man wird sie schnell genug wieder mit einander gehen sehen.

Was sich dagegen von der Bourgeoisie nicht aufsaugen lassen oder ihr nicht unterordnen will, wird von beiden Fractionen als illiberal verketzert. Fortschritt und Nationalliberalismus eiferten beide gleich sehr gegen die Agrarier und gegen die Handwerkerpartei, als diese für das Parlament eigene Candidaten aufstellten; schalten sie „Ackersocialisten" und „Zünftler" und warfen ihnen — „Interessenvertretung" vor. Die Bourgeoisie, die im Parlament wie in der Presse unausgesetzt die Sonder-Interessen des Capitals verficht, die Interessenvertretung par excellence, kann es nicht ertragen, wenn die von ihr bedrückten Klassen die Interessen der Arbeit und des redlichen Erwerbes geltend machen.

Mit dem Anwachsen der Bourgeoisie, mit dem Floriren der Grossindustrie schwand das Handwerk und der Mittelstand dahin, mehrte sich erschrecklich das Proletariat. Zur Zeit des Frankfurter Parlaments sind aus den Kreisen des Deutschen Bürgerthums 540 Petitionen eingelaufen, welche den Schutz der Versammlung für das gefährdete Handwerk anriefen, und vom 15. Juli an tagte zu Frankfurt einen ganzen Monat lang der grosse Handwerkercongress, welcher „einen feierlichen, von Millionen besiegelten Protest gegen die Gewerbefreiheit einlegte." Als aber die Nationalversammlung sich für das System des liberalen Oekonomismus aussprach, da verkehrte sich in den mittleren Schichten des Volkes die Sympathie in Gleichgültigkeit und Hass, und jetzt konnten auch die Regierungen daran denken, der unbequemen „liberalen" Bewegung die Spitze zu bieten.

1852 erschien dem Kleingewerbe ein Apostel in Gestalt des gemaassregelten Kreisrichters Herrn Schulze aus Delitzsch. Er predigte Sparen und Selbsthülfe, er gründete Vorschuss- und Credit-, Rohstoff- und

Consumvereine. Anfangs betrachtete die Bourgeoisie seine socialen Experimente mit Misstrauen; sobald sie sich aber von der Harmlosigkeit derselben überzeugte, unterstützte sie ihn auf das Bereitwilligste, und als endlich gar Lassalle die Massen aufrief, proclamirte sie Herrn Schulze zum „König im socialen Reich" und verehrte ihm ein grosses Capital als „Nationaldank". Von jeher war die „liberale" Partei bemüht, Staat und Gesellschaft auseinanderzuhalten, das Politische und das Sociale principiell zu trennen. Auch Herr Schulze, wiewol er den „Nationalverein" selber mitgründete, rieth seinen Handwerkern entschieden ab, in diesen einzutreten; sie sollten sich blos mit ihren wirthschaftlichen Angelegenheiten befassen und die Politik als eine ihnen fremde Sache betrachten. Und andererseits rieth er wieder eifrig ab, als der Vorschlag eines allgemeinen Deutschen Arbeitercongresses auftauchte. Dafür wurde gewaltig in „Bildung" gemacht, in Bezirks- und Handwerkervereinen ununterbrochen Vorträge gehalten; heute über Aesthetik, morgen über den Buddhismus, übermorgen über Spektralanalyse; und die Bourgeoisie lieferte die „hochverehrten Lehrer des Volks".

1863, mitten in der Preussischen Conflictszeit, trat als socialer Agitator ein Jude aus Breslau auf, der seinen Namen Lassal in Lassalle französirt hatte, und von sich selber rühmte: „Ich schreibe jede Zeile, bewaffnet mit 'der ganzen Bildung meines Jahrhunderts!" Er gehörte gleichfalls zur Bourgeoisie, war mit den Führern der Fortschrittspartei befreundet und schwur anfänglich auf das „Organ für Jedermann", auf die „Volkszeitung" des Herrn Franz Duncker, in dessen Hause er verkehrte. Plötzlich wandte er sich gegen seine bisherigen Genossen, die er in der verächtlichsten Weise kritisirte. Er sprach von der „geistigen Versimpelung der Bourgeoisie", dass sie all' ihre Gedanken fix und fertig aus der Fabrik der Zeitungen beziehe, welche letzteren sich in den „elendesten Händen" befinden; dass selbst ihre Wortführer „entsetzliche Geisteskrüppel" seien. Den Staatsbegriff der Bourgeoisie nannte er eine „Nachtwächteridee", die den Reichen privilegire und schütze, dagegen den Armen sich selber überlasse und preisgebe. Er klagte die Bourgeoisie an, dass ihre Klassenmoral der kälteste, raffinirteste, mit eiserner Consequenz durchgeführte Egoismus sei, die abscheulichste Herzensverhärtung und Unmenschlichkeit; dass ihr Oekonomiesystem nur ersonnen sei im Interesse des grossen Capitals, zur unbegrenzten Ausbeutung der arbeitenden Klassen. Er betonte Ricardo's ehernes

Lohngesetz, wonach der Arbeitslohn auf die Dauer nicht höher steigt als dass er den nothwendigsten Lebensunterhalt gewährt, und dass es daher lächerlich sei, vom Arbeiter „Sparen" und „Selbsthülfe" zu verlangen. Er forderte für diesen im Gegentheil Staatshülfe und Staatscredit zur Bildung von Productivgenossenschaften, und er forderte als politisches Agitationsmittel das allgemeine und directe Wahlrecht. Er wandte sich an die Arbeiterwelt, die er, im Gegensatz zur Bourgeoisie, als vierten Stand proclamirte, und er machte für diesen alle Rechte und Ansprüche des dritten Standes geltend.

Ferdinand Lassalle und sein Vorgänger Karl Marx, gleichfalls Jude, sind beide aus den besitzenden Klassen hervorgegangen; beide getrieben von dem Ehrgeiz, eine politische Rolle zu spielen. Marx, heute das Haupt der Socialdemokratie in ganz Europa, ist Revolutionär; er träumt von einem Umsturz aller bestehenden Staaten, und hat bei allen socialistischen Aufständen seine Hand im Spiel. Lassalle wollte nur die Demokratisirung des Staats; im Uebrigen war er Preussischer Monarchist, wie dies seine 1859 veröffentlichte Brochüre beweist: „Der Italienische Krieg und die Aufgabe Preussens — eine Stimme aus der Demokratie". In derselben rühmt er noch die Duncker'sche „Volkszeitung", die er später so heftig angriff, als ein echtes Volksblatt; und er geisselt hier seinen nachherigen Freund, Herrn Lothar Bucher, den jetzigen Adlatus des Fürsten Bismarck. Mit Herrn von Bismarck hatte Lassalle in der Conflictszeit eine Unterredung, und dieser soll daran gedacht haben, sich mit der Arbeiterpartei gegen die von ihm so gehassten Fortschrittler zu verbünden. Ferdinand Lassalle, Lothar Bucher und der ehemalige Preussische Märzminister Rodbertus waren einig in der Verurtheilung des Manchesterthums. Auch die beiden Letzteren traten in Beziehung zu dem Leipziger Arbeiterverein, und Bucher gab diesem gegenüber die Erklärung ab, dass die Manchesterweisheit ebensowenig vor der Geschichte wie vor der Praxis besteht. Lassalle gründete den „Allgemeinen Deutschen Arbeiterverein", zu dessen Präsidenten er sich erwählen liess und den er als Diktator beherrschte. Bald jedoch wurde er, wie dies aus seinen Briefen hervorgeht, der socialistischen Rolle müde; er verlor sich in einem Liebesspiel und fiel im Duell um die neue Helena am 31. August 1864. In seinem Testamente hat er Herrn Lothar Bucher eine ansehnliche Jahresrente ausgesetzt und das Autorrecht seiner Schriften übertragen.

Was den eigentlichen Charakter Lassalle's betrifft, so wird darüber eine Stimme aus der Socialdemokratie besondern Glauben verdienen. Bernhard Becker, den der sterbende Agitator selber zu seinem Nachfolger auf dem Präsidentenstuhl bestimmte, sagt u. A.*):

„Lassalle hatte grosse Schwächen und tiefgehende Leidenschaften. Seine mädchenhafte Eitelkeit, verknüpft mit dem Umstande, dass er der fadesten Schmeichelei zugänglich war; sein bis zum unbeugsamen Eigensein gesteigertes herrisches Wesen, welches sich mitunter dem klar vorliegenden Besseren verschloss; seine Genusssucht in Beziehung auf die Frauen, die ihn Alles vergessen und ihm seine Jahresrente von mehr als 5000 Thalern nicht hinreichend erscheinen liess; endlich sein Haschen nach der Beistimmung von Autoritäten, welches sich oft vergriff, und ihm sogar die Bundesgenossenschaft eines Kreuzzeitungs-Wagener, eines ultramontanen Bischofs Ketteler und eines reactionären Professors Huber annehmbar machte: das waren verwundbare Stellen an dem sonst so gut gewappneten Manne, wohl geeignet, die socialdemokratische Partei einigermaassen zur Vorsicht zu mahnen. — „Das Jahr 1848 führte den jungen Lassalle in den Socialismus ein, und das, was er später als Arbeiter-Agitator aufstellte, war blos ein durch die vieljährige Reaction abgeschwächter Nachklang dessen, was 1848 in viel grösserem Maasse zu erreichen gesucht wurde. Lassalle zählte zu den Arbeiterführern, deren es damals viele gab. Wer also glaubt, dass er 1863 gleichsam eine neue Religion gestiftet habe, der kennt eben die Geschichte der letzten dreissig Jahre nicht. — „Würde Lassalle sich nicht mit Frauen aus der Bourgeoisie und Aristokratie herum-

---

*) „Enthüllungen über das tragische Lebensende Ferdinand Lassalle's". Schleiz, 1868.

getrieben, sondern weniger Uebermuth gegen die Töchter des Volks empfunden und daher, wenn er nun einmal heirathen musste (!) sich mit einem Mädchen aus dem Arbeiterstande verehlicht haben, so wäre Alles anders gekommen. Er lebte alsdann wahrscheinlich heute noch. Aber er hatte aristokratische Sitten bei demokratischem Bekenntnisse. Seine inneren Widersprüche richteten ihn zu Grunde. Zwar suchte er sich endlich von der Gräfin Hatzfeld los zu machen; allein er capricirte sich nun darauf, wiederum sich an ein aristokratisches Weib zu fesseln, das ihn zum Narren hielt."

In der That, das eigentliche Motiv, was Lassalle's Lebensgang beherrschte, war Eitelkeit, und sie trieb ihn auch in den Tod. Masslose Eitelkeit, wie sie seinem Volke beiwohnt, liess ihn nacheinander das Verschiedenste ergreifen, sich als Gelehrten, Dichter, Politiker und Agitator versuchen, verleitete ihn zu allerhand Inkonsequenzen und Wandlungen. Was er that und trieb, schrieb und sprach, Alles hatte einen theatralischen Anstrich, Alles war auf den Effect berechnet. Für den Arbeiter besass er ebensowenig ein Herz wie die Bourgeoisie; er sah hochmüthig auf ihn herab und liess seine Launen an ihm aus, er benutzte ihn nur als Mittel für seine ehrgeizigen Zwecke. Dennoch diente er der Sache, war er, obwol ohne Religion und Sittlichkeit, ein Werkzeug in der Hand der Idee. Von grossem Redefluss, erfinderisch in Schlagworten, fehlte ihm doch die populäre

Beredsamkeit, blieb er den Massen zum Theil unverständlich. Ebenso doctrinär und schwerfällig ist er in seinen Schriften, die selbst auf. den Gebildeten wenig Reiz üben. Dagegen überragt er durch Geist und Wissen weit die manchesterlichen „Volkswirthe" und namentlich auch Herrn Schulze-Delitzsch, und in der Geschichte der Wissenschaften wird er neben Marx einen Platz behaupten. Von der „liberalen" Presse übrigens werden Beide, da sie Juden sind, stets mit grossem Respect behandelt.

Lassalle hat die Massen aufgerüttelt, und seitdem ist die socialdemokratische Bewegung nicht mehr zu dämpfen. Nach dem Tode des Agitators drohte der „Allgemeine Deutsche Arbeiterverein" zu verfallen; es bildeten sich verschiedene Secten, die sich erbittert bekämpften; es traten als Arbeiterführer zahlreiche Prätendenten auf, die schamlos gegen einander intriguirten und manch' widerliches Schauspiel boten. Dennoch machte die Agitation reissende Fortschritte; die „Magenfrage" kam nicht mehr von der Tagesordnung. Anfang 1865 wurden in Berlin die „hochverehrten Lehrer des Volks" von den Arbeitern förmlich vorgeladen; man stellte sie wegen des Coalitionsrechts zur Rede, zieh sie geradezu der Lüge, und sie konnten sich vor Misshandlungen nur durch die Flucht retten. Im Abgeordnetenhause trat die conservative Partei für die Forderung der Arbeiter ein, und auch die Regierung zeigte sich ihnen geneigt; auf den Fortschrittsbänken dagegen ertönte ein Jammergeheul über das Bündniss mit den Communisten, durch welches man die „liberale" Partei zerquetschen wolle. Selbst Männer wie Twesten und Waldeck, reine ehrliche Charaktere, geriethen in Besorgniss. „Wir können wol einigen Arbeitern helfen, aber nicht dem Stande", sagte Twesten. „Die Lösung der socialen Frage ist noch nicht an der Zeit", sagte Waldeck. Herr Schulze aber stöhnte: „Entfesseln Sie die Bestie nicht!"

Mit Recht kehrten sich die Arbeiter gegen den „Bildungsschwindel", wobei sie die von den „hochverehrten Lehrern des Volks" empfangene materialistische Weltanschauung gar prächtig verwertheten. Der Lohgerber Hasenclever, später Präsident des „Allgemeinen Deutschen Arbeitervereins", äusserte in einer Vereinsrede zu Solingen: Die ebenbürtige Bildung der Arbeiter kann frühestens in der nächsten Generation, und nur dadurch herbeigeführt werden, dass man dem Volke besser zu essen giebt; der Tisch des Arbeiters müsste so gut sein, wie der des Bourgeois, erst dann ginge es mit der gerühmten

Bildung. — Und das Parteiorgan, der „Socialdemokrat", liess sich also vernehmen:

„Der Kampf der liberalen Bourgeoisie gegen das Christenthum ist zu einer schreienden Inconsequenz geworden. Denn
wer dem Volke den Himmel nimmt, der muss ihm die
Erde geben. — „Ihr erbärmlichen Pharisäer aus den
Freien Gemeinden und dem liberalen Bürgerthum,
die Ihr dem Volk den Trost des frommen Glaubens
entrissen habt: mit dem Himmel ist es vorüber — wir
reclamiren die Erde!"

Ende 1864 gründete Herr Schulze mit seinem
Freunde, Alwin Soergel und mit dem fortschrittlichen
Abgeordneten, Kreisgerichtsrath a. D. Rudolph Parrisius die **Deutsche Genossenschaftsbank** in Berlin,
welche vornehmlich „dem Bedürfniss der auf Selbsthülfe beruhenden Deutschen Erwerbs- und Wirth-
schafts-Genossenschaften nach Bankkredit soviel als
möglich entgegenkommen" sollte. Das Capital, ursprünglich nur 270,000 Thaler, wurde 1868 auf
500,000 Thaler, 1870 auf 850,000 Thaler erhöht, und
dazu eine Commandite in Frankfurt a. M. errichtet.
Seitdem werden die Actien an der Börse notirt, und
obwol das Statut Speculationsgeschäfte der Bank
untersagt, nahm diese an der Schwindelperiode doch
vollen Antheil, betrieb auch sie die Agiotage und die
Gründerei nach allen Regeln der Kunst. 1871 beschlossen Herr Schulze und Genossen das Capital

auf 2 Millionen, 1872 auf 3 Millionen Thaler zu bringen. Beidemal wurden die jungen Actien mit einem hohen Agio ausgegeben; 1872 die 50procentigen Interimsscheine zu 115, was einen Cours von 130 bedeutet, und man trieb sie bis 150, was einem Course von 200 entspricht. Heute gilt dieser 50procentige Interimsschein, der damals mit 100 Thaler bezahlt wurde, nur 40 Thaler, denn die Vollactie notirt etwa 90.

Neben dieser wilden Agiotage vollbrachte die Deutsche Genossenschaftsbank in der Schwindelära noch eine Reihe vorwiegend fauler Gründungen und Emissionen:

1) **Stadtbank** in Berlin. Gegründet Februar 1873 mit 1 Million Thaler Grundcapital, von Alwin Soergel, Otto Soergel, Rudolph Parrisius, Siegmund Weill, Stadtrath Meyer Magnus, Stadtverordneten Joh. Georg Halske, Stadtrath Otto Kunz, Rudolf Bensemann, Ferd. Reichenheim und Ludwig Hache in Berlin. Hatte absolut keinen Zweck, fand keine Beschäftigung und trat Januar 1874 nach grossen Verlusten in Liquidation.

2) **Brauerei Königstadt** in Berlin. Gegründet den 19. Mai 1871 von Alwin Soergel und Anton Securius in Berlin, Johannes Kämpf in Halle. Aufsichtsräthe: Arnold Witkowski, Louis Feig und Heinrich Booss in Berlin, Abgeordneter Stadtrath Hausmann in Brandenburg. „Revisoren": Carl Weber und Otto Penzhorn in Berlin. „Erster Actionär": E. Schlesinger (S. Mossner & Co.) in Berlin. Das Etablissement wurde den unglücklichen Actionären für die kolossale Summe vor

18*

1,050,000 Thaler überwiesen, und die Gesellschaft mit 800,000 Thalern Actien und 412,000 Thaler Hypotheken belastet. December 1872 beschloss man „400,000 bis 600,000 Thaler" neue Actien auszugeben, was nur der heranziehende Krach verhinderte. Director wurde der Vorbesitzer Julius Busse. Für das „erste Geschäftsjahr" von 4 Monaten (!) wurden nominell 10 % Dividende vertheilt, und so die Actien bis 120 getrieben. Jetzt ist der Cours etwa noch 20.

3) **Admiralsgartenbad**, Badeanstalt in Berlin. Gegründet September 1872 von Rudolph Parrisius, Rudolf Bensemann, Baumeister Walter Kyllmann, Dr. med. Wilh. Engmann, Dr. Alex. Jürgens, Dr. Bodinus und Albert Brockhoff, Redacteur der „Berliner Börsenzeitung" in Berlin. Actiencapital 500,000 Thaler und ca. 200,000 Thaler Hypotheken. Dividenden 0. Cours noch etwa 5.

4) **Halle'sche Creditanstalt.** Gegründet August 1872 mit 1 Million Thaler Actien. Aufsichtsrath: Rechtsanwalt a. D. Lau, Simon Lipmann und Adolf Rosenstein in Berlin, Geh. Commerzienrath Stephan (Stephan & Schmidt) in Königsberg i. Pr., Th. Eisentraut, W. Zörn (Zörn & Steinert), H. O. Brandt (Brandt & Lölöff) in Halle, Landesökonomierath Schäper in Wanzleben. Die 40procentigen Interimsscheine wurden mit 104, also zum Course von 110 eingeführt, und für das erste Geschäftsjahr von 4 Monaten (!) nominell $6\frac{1}{2}$ %/0 Dividende vertheilt. 1873 ergab 0, und April 1874 beschloss man die Auflösung.

5) **Rheinisch-Westphälische Genossenschaftsbank** in Cöln. Gegründet März 1872 mit 500,000 Thaler Actien. September 1873 beschloss der Aufsichtsrath die Erhöhung auf 2,600,000 Thaler; doch wurden nur noch 316,000 Thaler genommen. Letzte Dividende 0. Cours einst 110, jetzt ca. 40.

6) **Halle'sche Maschinenfabrik.** (Vgl. S. 89). Actiencapital 300,000 Thaler. Cours ca. 60.

7) **Zuckerfabrik Koerbisdorf.** (Vgl. S. 192). Actien-

capital 900,000 Thaler und 900,000 Thaler Hypotheken. Cours einst 120, jetzt etwa noch 20.

Alle diese Gründungen und Emissionen geschahen unter „Aufsicht" des Herrn Schulze-Delitzsch, der dafür seine Tantièmen bezog, und neben ihm fungirten als „Verwaltungsrath", ausser den bei der Stadtbank genannten Herren Meyer Magnus, Joh. Georg Halske, Otto Kunz, Rudolf Bensemann, Ferd. Reichenheim, auch noch die Abgeordneten Dr. Buhl in Deidesheim und Rechtsanwalt Schenck in Wiesbaden.

Aber nicht genug daran. Um einem schreienden Bedürfniss abzuhelfen, entstand während der Schwindelperiode noch eine zweite Bank für Genossenschaften, die sich genau nach dem Schema der vorigen bildete und sich gleichfalls auf Schulze-Delitzsch'sche Principien berief. Am 10. März 1871 gründeten Jacob Ball, Gustav Thölde, Gustav Röhll, Abgeordneter Dr. Georg von Bunsen und Abgeordneter, Stadtverordnetenvorsteher Dr. Wolfgang Strassmann in Berlin, Julius Kugel (Dicke & Kugel) in Lüdenscheid die **Centralbank für Genossenschaften**, mit 500,000 Thaler Actien. Erste Aufsichtsräthe waren u. A.: Rechtsanwalt Ewald Hecker, welcher das Statut aufgenommen hatte, Wilh. Itzinger (Riess & Itzinger), Salomon Ball, Isidor Blumenthal und Robert Bau-

nann; und als Directoren fungirten noch: Ferdinand
Strahl und Carl Stöter. Die ursprüngliche Bestimmung, welche Speculationsgeschäfte ausdrücklich verbot, wurde bald aufgehoben, der Gesellschaft „freier
Spielraum" gewährt, und nun ging es auch hier an
das Agiotagespiel und an das Gründen.
December 1871 fabricirte man 500,000 Thaler
neue Actien, die à 109 an die Börse gelangten; März
1872 folgte die III. Emission zum Course von 110,
September 1872 die IV. Emission zum Course von
112, und die gesammten drei Millionen Thaler Actien
wurden bis fast 160 getrieben. 1871 entfielen 12,
1872 — 14% Dividende, 1873 — 0. Die Bilanz erwies an Verlust auf Effecten 112,000 Thaler, an Abschreibungen für zweifelhafte Forderungen und Consortialbetheiligungen 280,000 Thaler; und die Actien
stürzten bis ca. 60. Juli 1874 beschloss man die
Auflösung der Gesellschaft, gegen den Willen vieler
Actionäre, und den öffentlichen Verkauf der Grundstücke. Statt dessen schritt man zu einem freihän-
digen Verkauf, und als einer der Aufsichtsräthe
Widerspruch erhob, wurde er, auf Betreiben der
Liquidatoren: Gustav Thölde, Carl Stöter und Ferd.
Strahl aus dem Amte gestossen und mit dem Injurienrichter, ja mit dem Staatsanwalt bedroht!

Von Gründungen und Emissionen leistete diese famose Genossenschaftsbank, ausser der Rheinisch-Westphälischen Genossenschaftsbank, die sie in Gemeinschaft mit der Deutschen Genossenschaftsbank von Soergel, Parrisius & Co. erschuf, noch Folgendes:

1) **Berliner Bauvereinsbank.** Gegründet Februar 1872 von Jacob Ball, Max Mossner, Julius Guttentag, Hermann Geber, Reinhold Alex. Seelig, Julius Wolff jun., Eugen Riess, Wilh. Itzinger, Gustav Thölde, Commerzienrath Gilka und Baurath Waesemann in Berlin. Actiencapital 2 Millionen Thaler. Dividenden von 1872 bis 1875: 11, $2\frac{1}{2}$, $2\frac{1}{2}$ und resp. 0 %. Trat Mai 1876 in Liquidation. Der Cours von 110 sank 1875 bis etwa 25.

2) **Dortmunder Actien-Brauerei,** vormals Herberz & Co. Gegründet September 1872 von R. A. Seelig in Berlin, und den unglücklichen Actionären für 1 Million Thaler, ohne die Bestände, überwiesen! Actiencapital 900,000 Thaler; dazu an 400,000 Thaler Hypotheken!! Aufsichtsrath: Rechtsanwalt Storp in Hagen, Heinrich Mauritz in Iberdingen, Heinrich Herberz in Dortmund, Hermann Gratweil und Ferd. Strahl in Berlin. Von den Actionären wurde eine „Untersuchungscommission" gewählt, und die Gründer resp. Vorbesitzer liessen sich bewegen, eine Summe von 100,000 oder 200,000 Thaler herauszugeben. Trotzdem sank der Cours 1875 bis 7 und ist jetzt — —?

3) **Leipzig-Gaschwitz-Menselwitzer Eisenbahn.** Juni 1872 wurden bei der Centralbank für Genossenschaften und bei Riess & Itzinger 780,000 Thaler fünfprocentige Prioritäts-Stamm-Actien zu $89\frac{1}{2}$ % aufgelegt, und notirten dieselben Ende 1876 etwa noch 60.

4) **Rostocker Zuckerfabrik.** (Vgl. S. 191). 700,000 Thaler Actien und 600,000 Thaler Hypotheken. Cours einst 105, jetzt etwa 0.

5) **Berliner Pappenfabrik.** (Vgl. S. 179). 900,000 Thaler Actien und 250,000 Thaler Hypotheken. Cours einst 120, jetzt etwa noch 60.

6) **Actiengesellschaft für öffentliches Fuhrwesen.** Gegründet März 1873 von Wilhelm Horn, Gustav Röhll, Gustav Thölde, Carl Stöter, Ferd. Strahl und Rechtsanwalt Ewald Hecker in Berlin mit 2 Millionen Thaler Actien. Die 40 procentigen Interimsscheine wurden à 118 aufgelegt, was einen Cours von 125 bedeutet. Dividenden nie. Nachdem das Grundcapital „reducirt", notirt die Vollactie etwa noch 30.

7) **Hagener Gussstahlwerk.** (Vgl. S. 76). 750,000 Thaler Actien und 130,000 Thaler Hypotheken. Cours einst 110, jetzt etwa 5.

8) **Vereinigte Bischweiler Tuchfabriken.** 120,000 Thlr. Actien und 200,000 Thaler Hypotheken. Cours einst 106, jetzt 1 Brief.

Die beiden Genossenschaftsbanken à la Schulze-Delitzsch, und die von ihnen verübten Gründungen und Emissionen kosten den betroffenen Actionären Verluste, die man zusammen auf 12 bis 13 Millionen Thaler veranschlagen darf. Wenn das Publikum hier den Namen der bekannten „hochverehrten" Volksfreunde vertraute, die als Gründer und Verwaltungsräthe auftraten, so ist es gewiss zu entschuldigen und verdient Bedauern. Leider hat es ähnliche Erfah-

rungen auch bei den Schulze'schen Creditvereinen und
sogenannten Gewerbe- und Volksbanken machen müssen,
von denen verschiedene, in Folge von Veruntreuungen,
lüderlicher Wirthschaft und wilder Börsenspeculation,
zusammengebrochen sind. Zwar paradirt Herr Schulze
als „Anwalt der Deutschen Genossenschaften" alljährlich mit grossen Zahlen über die Genossenschafts-
bewegung, die 1875 angeblich 1,360,000 Mitglieder,
mit einem Umsatz von 2600 Millionen Mark, begriff —
aber trotzdem ist die ganze „Selbsthülfe" in Spott
und Verruf gerathen, und Herr Schulze gilt nur noch
für einen socialen Quacksalber. Noch weniger gilt
er als Politiker. Er, der sich einst vermass, er wolle,
„Preussen den Grossmachtskitzel austreiben", und der
1866 declamirte: „Diesem Ministerium keinen Groschen!"
— er ist auch im Parlament ein stiller Mann geworden und lässt seine Bruststimme hier nur noch
selten erschallen. Dafür präsidirt er der „Gesellschaft für Verbreitung von Volksbildung", und neben
ihm wirken im Schweisse ihres Angesichts namhafte
Gründer, wie Oberbürgermeister Miquel, Justizrath
Makower, Dr. Friedrich Kapp, Dr. Friedrich Hammacher etc. Herr Hammacher macht noch speciell in
Frauenbildung und Frauenerwerb; und im Ausschuss
des Letteverein, der ähnliche Zwecke verfolgt, sitzen

Rechtsanwalt Hecker und Herr Julius Schweitzer, der Börsenredacteur der „Nationalzeitung“.*) Wiewol Herr Schulze noch unter den Lebenden wandelt, so herrscht er doch nicht mehr als „König im socialen Reich“, sondern er hat abgedankt und seinen Thron an den jüdischen Fortschrittsmann, Dr. Max Hirsch überlassen. Dieser gründete in Gemeinschaft mit seinem Freunde Franz Duncker, nach dem Vorbild der Englischen Trades-Unions, die Deutschen Gewerkvereine und ernannte sich zum „Verbandsanwalt“ derselben. Als solcher unterstützte er den Ende 1869 ausbrechenden Strike zu Waldenburg in Schlesien. 6000 Bergarbeiter legten die Arbeit nieder, und an 1000 wanderten auf Commando von Max Hirsch aus, der innerhalb seiner Partei für die Strikenden 26,000 Thaler sammelte. Bald waren diese und die eigenen Ersparnisse der Arbeiter verzehrt, und nach etwa sechs Wochen sahen sie sich

---

*) Herr Schweitzer gründete noch 1875, kurz vor seinem Jubiläum, in Verbindung mit Commerzienrath Otto Janke, Makler Martin Stettiner, Rentier Jacques Meyer u. A. die „Berliner Buchdruckerei-Actien-Gesellschaft“. Dieselbe verfolgt den Zweck, Mädchen zu Setzerinnen auszubilden, und da sie reeller Natur ist, hat sie als Grundcapital nur die bescheidene Summe von 27,000 Thalern ausgeworfen. Herr Schweitzer selber zeichnete davon 500 Mark, ist also kein besonderes Risico eingegangen.

genöthigt, mit den Grubenbesitzern Frieden zu
schliessen. Ebenso sympathisch bewies sich Herr
Hirsch, als im August 1872 die 2000 Arbeiter der
Pflug'schen Waggonfabrik austraten (vgl. S. 53); aber
hier wurden nur 2000 Thaler beigesteuert, und daher
war der Strike schon nach vier Wochen zu Ende.
Obwol die Gewerkvereine noch ganz auf manchester-
lichem Boden stehen, und überhaupt sehr harmloser
Natur sind, weshalb sie auch nicht besonders gedeihen, so wurden sie doch von etlichen eingefleischten
„Volkswirthen" als „Zunftgenossenschaften" bezeichnet, die der „gewerblichen Unfreiheit" zuneigen. Auch
Herr Ludwig Bamberger scheint sie in seinem Buche
„Die Arbeiterfrage" (Stuttgart, 1873) nicht mit günstigen Augen zu betrachten, und natürlich tadelt er
die Beihülfe, welche der „Verbandsanwalt" jenen
Strikes zuwandte. Doch Herr Max Hirsch, wenn er
sich auch solche Scherze erlaubt, ist ein echter Manchestermann, für den die „Liberalen" nicht zu fürchten
brauchen. Als er seine Candidatenrede zum letzten
Reichstag hielt, entschuldigte er die Unterstützung jener
Strikes als Jugendstreiche, erklärte er die Erwerbung
der Eisenbahnen durch den Staat für eine „socialistische
Idee" (!), und auch an der Gewerbeordnung wollte
er wenig geändert wissen. Wenn das „Organ für

Jedermann" als Ursache der gegenwärtigen Krisis „das Unheil der Milliarden" bezeichnet, so hat Herr Hirsch, obgleich Mitarbeiter derselben reformjüdischen „Volkszeitung", eine andere Meinung. Er findet einen Zusammenhang zwischen dem Verfall der Industrie und der dreijährigen Dienstzeit, welche den jungen Mann hindere, sich in seinem Fach zu vervollkommnen. — — Wie man sieht, denken die Fortschrittler daran, wegen des Militärbudgets wieder „Conflict" zu spielen. Doch fürwahr, gegen Herrn Hirsch gehalten, war selbst Herr Schulze ein grosser Mann, und man begreift, dass der neue „König im socialen Reich" unter den Arbeitern noch weit geringeren Anklang findet.

Von den „Liberalen" wird die Existenz der „socialen Frage" überhaupt geleugnet, und wenn sie etwa doch vorhanden sein sollte, so glauben sie in den Genossenschaften von Schulze-Delitzsch alles Nöthige, und mit den Gewerkvereinen von Max Hirsch das Aeusserste gethan zu haben. Nicht so die anderen Parteien, welche die Berechtigung der socialen Bewegung und die aus ihr drohende Gefahr nicht verkennen. Herr Wagener, der eigentliche Socialpolitiker der Conservativen, hat zum Theil auf eigene Hand, zum Theil im Auftrage Bismarck's, mit dem

er wol nie die Fühlung verlor, mehrfach einen Kreuz-
zug gegen die Manchesterwirthschaft unternommen,
und dadurch die „liberale" Partei in Wuth und
Schrecken versetzt. 1865 liess er durch den Privatdocenten Dr. E. Dühring, dem man als Lohn eine
Professur in Aussicht gestellt haben soll, eine Denk-
schrift über die socialen Zeitverhältnisse abfassen
und dieselbe hinterher im Druck erscheinen, was zu
einem ärgerlichen Prozesse Veranlassung gab. Im
Parlament hat er die manchesterlichen Freiheiten der
Gewerbefreiheit, der Freizügigkeit, der unbeschränkten
Eheschliessung etc. in ihrer ganzen Blösse enthüllt
und nachgewiesen, dass dieselben nur der Grossindustrie und dem Capital, nicht dem Kleinhandwerker
und dem Arbeiter zu gute kommen. Hauptsächlich
um Wagener zu stürzen, der als Rath im Staatsministerium den Vortrag beim König erhalten sollte, führte
Lasker am 7. Februar 1873 die dreiste Komödie der
„Enthüllungen" auf, indem er ein paar Gründerdilet-
tanten der conservativen Partei an den Pranger stellte,
dagegen mit keiner Silbe der professionellen blutigen
Gründerschaar gedachte, deren sich die vereinigten
„Liberalen" erfreuen. Wagener, als Gründer der
Pommerschen Centralbahn von dem tugendhaften Lasker gebrandmarkt, musste den Abschied nehmen, er-

schien aber im nächsten Jahr, mit seinem Adlatus, Rudolph Meyer, auf dem socialpolitischen Congress zu Eisenach, wo er in ziemlich durchsichtiger Weise als Abgesandter des Fürsten Bismarck auftrat. In Folge dessen erhob die „liberale" Presse von Neuem ein Mark und Bein durchdringendes Zetergeschrei. Die Orgie, welche die Gründer und Börsianer nach dem Kriege mit Frankreich feierten, und bei der die Wortführer und „Volkswirthe" der vereinigten „Liberalen" eine so hervorragende Rolle spielten, erregte selbst im eigenen Lager Bedenken. So schrieb Herr H. B. Oppenheim Ende 1871 in der „Nationalzeitung" (Nr. 573): „Die wirthschaftliche Freiheitspartei hat in neuerer Zeit so glänzende Siege davongetragen (!) und ist der letzten Erfüllung ihres Programms so nahe gekommen (!!), dass den jüngeren Anhängern derselben wol der Kopf schwindeln durfte. Aus diesem Rausch ist eine Doctrin entstanden, welche den Staat in eine Aktiengesellschaft verwandeln und seine grossen Aufgaben an den Mindestfordernden feilbieten möchte. Sie leugnet die sittliche Natur des Staats und betrachtet denselben nur als ein nothwendiges Uebel." Die Regierung hingegen schien kaum zu begreifen, was um sie vorging. November 1871 fanden im Preussischen Handelsministerium Con

ferenzen zur „Besprechung über socialpolitische Fragen" statt, zu denen vorwiegend Manchesterleute,
darunter auch Gründer und Börsianer, wie Dr. Friedrich Hammacher, Commerzienrath Benjamin Liebermann etc., geladen waren, und die selbstverständlich
im Sande verliefen. Dennoch rief jene schamlose
Orgie allmälig eine Opposition hervor, und zwar ging
dieselbe von der Wissenschaft aus. Unsere manchesterlichen „Volkswirthe" sind vorwiegend Journalisten,
die nur das wissen, was sie, Einer vom Andern, gelernt haben; sie bewegen sich ewig in demselben
Gedankenkreise und schwören auf den Stifter der
Freihandelsschule, den sie aber auch nur sehr ober-
flächlich kennen; von eigenen Studien ist bei ihnen
nicht die Rede, und ebensowenig nehmen sie von den
Forschungen Dritter Notiz. Dafür beherrschen sie
die Presse, während die eigentlichen Wissenschafter
die Lehrstühle an den Universitäten inne haben.

Von den Professoren der Nationalökonomie, vornehmlich von den kampflustigen Jüngeren, ging nun
die Opposition gegen die Manchesterwirthschaft und
die Capitalherrschaft aus. Es erschienen, gerade
während der Schwindelperiode, eine Reihe Schriften
von Gustav Schmoller, Adolf Wagner, Hermann Rös-
ler, Gustav Schönberg u. A., die alle mehr oder

weniger für die arbeitenden Klassen gegen die Bourgeoisie eintraten, dem nackten Eigennutz in der Volkswirthschaft sittliche und humane Principien entgegenstellten, und gegen den Missbrauch der „freien Concurrenz" gesetzliche Schranken forderten. Das waren gefährliche Gegner, und Herr H. B. Oppenheim nannte sie sofort „Katheder-Socialisten". In dieser Bezeichnung lag eine Verdächtigung, eine Denunciation: die Lehrer der studirenden Jugend wurden der Regierung als Socialisten denuncirt. In der „Nationalzeitung", wie in der von Herrn Paul Lindau neu gegründeten „Gegenwart", an welcher namentlich Juden und Judengenossen thätig sind, folgten Angriff auf Angriff; Herr H. B. Oppenheim beschuldigte den Professor Adolf Wagner, der aus Ursachen der Wohnungsnoth die Miethsprellerei und den Wucher in Häusern und Baustellen gestreift hatte, sogar des „Communismus" (vgl. S. 156); und Ludwig Bamberger, der gern in Titeln schwelgt*), schrieb in seiner witzig und humoristisch sein sollenden Manier einen Artikel „Die Romantik auf dem Lehrstuhl der Volkswirthschaft" (Nr. 37 und 38 der „Gegenwart" von

---

*) Vgl. „Deutsche Rundschau", Erster Jahrgang 1874/75, Heft 4 „Zur Embryologie des Bankgesetzes", und Heft 6 „Zur Geburt des Bankgesetzes".

1872), in welchem er die „Kathedersocialisten" als Schwärmer und Utopisten hinstellt.

Adolf Wagner's Antwort: „Offener Brief an Herrn H. B. Oppenheim" (Berlin, 1872) ist weniger von göttlicher als von burschikoser Grobheit, aber gerade in dem Tone gehalten, der hier nöthig war. Nur in Einem Punkte geht der Verfasser zu weit, indem er seinen Gegner zu Gunsten von dessen Kameraden herabzusetzen sucht. Bei einem Vergleich mit den Herren Ludwig Bamberger, Alexander Meyer, Braun-Wiesbaden etc. kann H. B. Oppenheim nur gewinnen; er hat etwas Ordentliches gelernt, er beschäftigt sich nicht mit Diesem und Jenem, er ist ausschliesslich schriftstellerisch und auf Einem bestimmten Gebiete thätig, und er zeigt viel mehr Unbefangenheit und Bescheidenheit. Auch ist er in seinen Schriften nicht so blass und so langweilig, wie z. B. Bamberger und Lasker, sondern seine Sprache ist voll Inhalt und Präcision, einfach, klar und flüssig. Von 1861 bis 1864 redigirte er mit Geschick und Umsicht die „Deutschen Jahrbücher", welche in der Hauptsache an gewissen Mitarbeitern zu Grunde gingen, u. A. durch die öden Abhandlungen des damals im Aufstreben begriffenen Herrn Lasker über Verfassung, Rechtsschutz und Polizeigewalt etc. und durch die, ihres

schrecklichen Stiles wegen, geradezu unlesbaren ästhetischen Artikel von J. L. Klein, dem israelitischen
Kraftgenie und jüdischen Shakespeare. H. B. Oppenheim hat nur weniger Glück, weil weniger Dreistigkeit als die Herren Lasker und Bamberger. Diese,
gewissermaassen seine Schüler, sassen längst im Parlament; ihm dagegen gelang es, nach vielen Jahren
des Harrens und Mühens, nachdem er mit der Ge-
duld einer Ameise in unzähligen Wahlkreisen kandi-
dirt hatte, erst 1874, und zwar für das ominöse Ländchen Reuss ältere Linie, in den Reichstag zu dringen;
und hier kaum warm geworden, musste er wieder
hinaus, unterlag er bei den Neuwahlen im Januar
1877 gegen einen obscuren Socialdemokraten. Fürwahr, es liegt in dem Geschick dieses Mannes, der
sich heute von Lasker und Bamberger begönnern lassen
muss, etwas Tragisches!

1871 hielt Professor Adolf Wagner eine Rede
über die sociale Frage auf der sogenannten „kirch-
lichen Octoberversammlung evangelischer Männer",
die alsbald von den Manchesterleuten „Muckercon-
gress" getauft wurde. Herbst 1872 beriefen die
„Kathedersocialisten", wie sie sich nun selber nannten,
ihre Gesinnungsgenossen nach Eisenach — Heinrich
von Treitschke hatte die Einladung mit unterzeichnet —

und October 1873 wurde hier der „Verein für Socialpolitik" gestiftet. Ein bezeichnender Name. Die wirthschaftlichen Fragen sollten nicht mehr, wie die „Liberalen" noch heute predigen, den politischen unter-
geordnet, sondern diesen gleichgestellt und mit ihnen
verschmolzen werden. Doch war der Verein, dem
Gelehrte wie Laien, Männer der Wissenschaft wie
des praktischen Lebens beitraten, von vornherein aus
allen möglichen Parteielementen zusammengesetzt.
Als erster Präsident fungirte Professor Gneist, der
Kautschuckmann; es betheiligten sich an den Debatten
die Gewerkevereinler Max Hirsch und Franz Duncker,
jüdische Advocaten und jüdische Banquiers, dazu hervorragende Gründer, wie Geh. Oberregierungsrath
Dr. Engel und Fabrikbesitzer Wilh. Borchert jun.
aus Berlin, Adolf Samter aus Königsberg i. Pr. etc.
Trotzalledem erregte der „Verein für Socialpolitik" den
Manchesterleuten gewaltiges Grauen, und sie wurden
nicht müde, ihn zu verketzern und zu begeifern.

Anfang 1874, als schon der wirthschaftliche Noth-
stand sich zu regen begann, hielt Professor Gustav
Schmoller aus Strassburg in der Singakademie zu
Berlin einen bedeutsamen Vortrag, dem auch die
Kaiserin beiwohnte: „Die sociale Frage und der
Preussische Staat". Der Redner erklärte sich gegen

19*

die veraltete Theorie, welche Reichthum und Armuth, Luxus und Elend aus der verschiedenen Begabung des Individuums ableiten will, und sagte u. A.:

„War der Griechische Sklave in Rom weniger geschickt, weniger fleissig, weniger gebildet als sein brutaler unwissender Herr? Sind heute etwa die besitzenden Klassen die ausschliesslich begabten? — „Nein, der historische Ursprung der socialen Klassen ist, wie der Beginn der Geschichte überhaupt, die Gewalt. — „Die sociale Bewegung, welche in Frankreich die Revolution von 1789 herbeiführte, ist in Deutschland nicht eingetreten. Und das verdankt man in erster Linie dem Preussischen Staat und der socialen Politik seiner grossen Könige. Sie haben den Bauernstand vor Misshandlung, vor Vertreibung von seiner Scholle geschützt, ihm ein festes Recht an sein Grundeigenthum verliehen, ihn von Lasten und Frohnen befreit. Zwei Jahrhunderte lang hat die Staatsgewalt um diese grossen Ziele mit den höheren Klassen gerungen, und hierdurch den kleinen Grundbesitz gerettet, und damit wahrscheinlich unsere ganze sociale Zukunft. Auch auf dem Gebiet des städtischen und gewerblichen Lebens war die Thätigkeit des König- und Beamtenthums ein Kampf gegen die Klassenherrschaft der Besitzenden, ein kühnes Eintreten für gleiches Recht und gleiche Besteuerung, für Beseitigung aller Privilegien, für Hebung der kleinen Leute. Für sie wurden Häuser gebaut und Schulen errichtet; dem Spinner und Weber verschaffte man Rohstoff, Credit und Absatz. Millionen und aber Millionen wurden von der Zeit des Grossen Kurfürsten bis zum Tode Friedrich des Grossen in einer Weise ausgegeben, welche gewisse Schultheorien der Gegenwart so gut wie manch Anderes als socialistisch bezeichnen müssten, wenn sie überhaupt eine Kenntniss von der historischen Entwickelung des Preussischen Staats hätten. — „Das unerschöpfliche Capital von Liebe und Vertrauen, welches das Preussische Königthum noch heute in der breiten Masse des Volkes besitzt, hat seine Wurzeln nicht sowol in der Deutschen Politik der Hohenzollern — denn für diese haben doch mehr nur die Gebildeten Sinn — als in der eben geschilderten Socialpolitik."

Dieser Altpreussischen Socialpolitik stellt Schmoller die von den „Vereinigten Liberalen" eingeführte Neudeutsche Manchesterpolitik gegenüber, die er gar treffend also charakterisirt:

„Das wirthschaftliche Ideal der neuen Zeit glaubte man erreicht, wenn man formale Rechts- und Steuergleichheit, Freiheit des Grund und Bodens, des Erwerbs und der Niederlassung erkämpft habe. Man erwartete, nun könne sich Jeder selbst weiter helfen. Wenn irgendwo Tausende von Proletariern in unruhige Gährung kamen, so beschloss man, das Schornstein-, das Schank-, das Apothekergewerbe sei noch nicht frei genug. Die dumpfen Klagen, die aus dem socialen Missbehagen entsprangen, suchten die rein politischen Führer durch Ausdehnung des Wahl-, des Vereins-, des Versammlungsrechts zu beschwichtigen."

Aus der Manchesterpolitik, so etwa fährt Schmoller fort, aus dem Materialismus und Egoismus der Besitzenden, ist die heutige sociale Frage erwachsen, die Erbitterung des vierten Standes. Und das Gründertreiben, der offenbar unredliche Erwerb grosser Vermögen, musste das Rechtsgefühl der Massen vollends erschüttern. Wol kann das Königthum nicht mehr direct die Führung der unteren Klassen übernehmen, aber die Regierung muss in dem Kampfe zwischen Capital und Arbeit eine neutrale Stellung behaupten, und sie muss sich energisch gegen den übergrossen Einfluss stemmen, den in den Parlamenten wie in der Presse die grossen Privatbahnen, die grossen Banken und Aktiengesellschaften, die grosse Industrie mit ihren bezahlten, wohlgeschulten Agenten einnehmen. Den Gefahren der socialen Zukunft kann nur dadurch die Spitze abgebrochen werden, dass das König- und Beamtenthum, ergänzt durch die besten Elemente des Parlamentarismus, die Initiative zu einer grossen socialen Reformgesetzgebung ergreift. Wie es dem Königthum gelang in zweihundertjährigem Kampfe den dritten Stand zu retten und zu heben, so muss es jetzt den Streit des vierten Standes mit den übrigen Klassen schlichten, den vierten Stand wieder harmonisch in den Staats- und Gesellschaftsorganismus einfügen.

Wol war diese Rede freimüthig, aber auch ebenso loyal und patriotisch; wol athmete sie warme Theilnahme und treues Verständniss für das Wohl der arbeitenden Klassen, aber auch ebenso edle klassische Ruhe und volle wissenschaftliche Unbefangenheit.

Während nun sonst über die Vorträge in der Singakademie von der gesammten Presse regelmässig berichtet wird, beobachteten die „liberalen" Blätter diesmal tiefes Schweigen. Dafür erschien die Rede gedruckt im Aprilheft der von Treitschke und Wehrenpfennig herausgegebenen „Preussischen Jahrbücher", auch die Zeitschrift „Neuer Socialdemokrat" brachte einen theilweisen Nachdruck, und nun brach der Sturm los. Bamberger und Genossen schrieen, es sei das eine socialistische Brandrede; die liberale Presse schalt den Verfasser einen „Tempelschänder im socialen Reich" und rief den Cultusminister an; ja „einzelne Stimmen schienen sehr geneigt, den Aufsatz dem Vaterauge der Staatsanwaltschaft zu empfehlen". Das Stärkste aber that Herr Professor Heinrich von Treitschke. Wahrscheinlich auf Andrängen der Manchesterleute, und um denselben eine Sühne zu gewähren, unternahm er's, seinen Freund und langjährigen Mitarbeiter, Gustav Schmoller, in denselben „Preussischen Jahrbüchern" abzukanzeln und förmlich zu verleugnen. Zu diesem Zwecke veröffentlichte er im Juli- und Septemberheft (1874) seiner Zeitschrift zwei Artikel unter dem famosen Titel „Der Socialismus und seine Gönner".

Herr von Treitschke hat seine Carrière weniger als Gelehrter und Professor, denn als Festredner und Journalist gemacht, und man darf seine ganze Thätigkeit eine deklamatorische nennen. Alle seine Reden und Schriften sind von schöner Form, idealem Schwunge und reichem Schmucke, und sie haben für die Menge viel Hinreissendes; aber dieser hohe getragene Ton, diese Fülle von Bildern und Sentenzen müssen auf die Dauer doch ermüden und abspannen, und im Verhältniss dazu bietet der Verfasser zu wenig Positives; seine eigentliche Force sind pompöse Worte und blendende Redensarten. Ja, es geschieht ihm wol, dass er mehr sagt und Anderes sagt, als er eigentlich sagen will und sagen sollte, dass er in blindem Eifer weit über das gesteckte Ziel hinausschiesst, das Gegentheil beweist und sich selber schlägt. Einen Belag dafür bieten die Artikel „Der Socialismus und seine Gönner".

Herr von Treitschke, der November 1871 in einer Parlamentsrede das Schwinden idealer Gesinnung beklagte, und ziemlich deutlich auf das Treiben der Gründer und Börsenschwindler hinwies; der Herbst 1872 die Einladung der „Kathedersocialisten" zur ersten Eisenacher Conferenz mitunterschrieb, äussert sich über diesen Punkt auch noch in jenen Artikeln nicht anders wie Gustav Schmoller, gegen den er eifert. Man höre:

„Unser Bürgerthum hat viel, sehr viel verloren in den letzten Jahren, hat den verlockenden Versuchungen einer Epoche fieberischer Speculation wenig Stand gehalten; viele neue Vermögen sind entstanden, von unsauberen Händen durch verwerfliche Mittel angesammelt, und in einem Theile der Presse tritt die feile Habgier dieser Kreise, der Shylocks-Charakter der schlechteren Elemente unseres Judenthums oft in hässlicher Gemeinheit auf. — „Unter allen socialen Uebelständen der Gegenwart hat keiner die öffentliche Meinung so leidenschaftlich erregt, wie die ungeheueren Schwindelgeschäfte des associirten Capitals. Auch heute, nach dem grossen Zusammenbruch, fühlt sich das beleidigte öffentliche Rechtsgefühl keineswegs befriedigt. Eine gründliche Geschichte dieser Zeit des Fiebers wäre ein Verdienst um die Gesellschaft; das Deutsche Gewissen sträubt sich dawider, jenes schmähliche Treiben im Lethe zu versenken, wie die satten Gründer behaglich schmunzelnd verlangen. Die ärgsten Sünder haben den Kopf längst aus der Schlinge gezogen, und unser Strafrecht bietet nur ungenügende Waffen; musste doch so eben erst eine Entscheidung des Obertribunals eingeholt werden, um den einfachen Grundsatz festzustellen: ein Gründer ist des Betruges schuldig, wenn er den Werth der für die Gesellschaft angekauften Gegenstände zu hoch angegeben hat! — „Gewiss beginnt das weltbürgerliche Grosscapital kühne Gründungen nur bei der Aussicht auf grossen Gewinn, wie so eben Herr Löwenfeld mit preiswürdiger Unbefangenheit eingestanden hat; aber dann muss auch das Publikum im Stande sein', die Grösse dieses Gewinns und den wahren Charakter seiner uneigennützigen Wohlthäter kennen zu lernen. — „Die Uebermacht des Grosscapitals zeigt sich sehr auffällig in unserm Steuerwesen; es bleibt die Aufgabe der Finanzpolitik die ungeheueren und so oft völlig unproductiven Gewinnste des Börsenspiels einer wirksamen Besteuerung zu unterwerfen."

So scharf verurtheilt Herr von Treitschke die Schwindelära, und so unbedingt spricht er von der „Uebermacht des Grosscapitals". Aber in demselben

Athemzuge entschuldigt er auch wieder die Gründer,
ganz in der Weise der Börsen-Advokaten und manchesterlichen „Volkswirthe", durch die unermessliche
Dummheit des Publikums; lobt er die Presse, dass
alsbald nach den Gründungen „überall in der öffentlichen Meinung, eine sehr nachdrückliche Reaction
des sittlichen Gefühls erwachte, dass die feilen Börsenblätter allgemeiner Verachtung verfielen"*); fragt er
sehr unwillig: „Wann hat denn jemals in Preussen eine
wirthschaftliche Klasse den Staat für sich ausgebeutet,
seit die Hohenzollern den chernen Felsen ihres König-
thums errichteten?" Tröstend versichert er: „Politisches Talent und politischer Ehrgeiz finden sich
auffällig selten unter den Emporkömmlingen der Börse.
Wir haben die Gerechtigkeit unserer Gesetzgebung
sorgsam zu behüten vor dem weitverzweigten mittel-
baren Einfluss des Grosscapitals; eine Herrschaft des

*) Wo, Herr von Treitschke, war das, als Sie Juli und
September 1874 diese Artikel schrieben, bereits geschehen?
Erst December 1874 begann die „Gartenlaube", als das erste
und einzige Blatt von Bedeutung, den Gründern und Gründergenossen auf den Leib zu rücken, und alsbald schrie die „liberale" Presse, schrieen die Führer der liberalen Partei über
„Verleumdung", predigten Bamberger, Miquel und Lasker gegen
das „Delatorenthum", und die „feilen Börsenblätter", die nach
wie vor ihren Einfluss behaupten, verlangten drohend das Einstellen der „Gründerhatz"!

Geldbeutels aber steht für Deutschland nicht in
naher (!) Aussicht."

Herr von Treitschke, der sich in dem Streite
zwischen Manchesterleuten und Kathedersocialisten
zum Richter aufwirft, steht noch ganz auf man-
chesterlichem Boden, und nimmt in allen wesentlichen Punkten für das Manchesterthum Partei. „Der
natürliche Gang der modernen Grossindustrie führt
zur Bildung grosser Vermögen", spricht er gelassen.
Er erklärt sich überhaupt gegen die „sociale Frage"
— „diesen marktschreierischen Ausdruck neunapo-
leonischer Erfindung"; er verwirft die Bezeichnung
„Bourgeoisie", und will auch nichts von einem „vierten
Stande" wissen, wenigstens nichts von einer „Emancipation" des vierten Standes, die nach seiner Meinung längst durchgeführt ist. Die bürgerliche Gesellschaft ist eine Klassenordnung, die nicht aufgehoben
werden kann — und damit Basta! Der Satz: der
historische Ursprung der socialen Klassen ist die
Gewalt — sei ein socialistisches „Brandwort"; der
Ausdruck „die enterbten Klassen" sei „den Strassen-
reden der Socialdemokratie entlehnt' — und darum
nennt Herr von Treitschke seinen bisherigen Freund,
Gustav Schmoller, einen „Gönner des Socialismus".
„Die Deutsche Socialdemokratie ist wirklich so schwarz,

wie sie von der Mehrzahl der gebildeten Blätter ge-
schildert wird", ruft er aus. „Neid und Gier sind die
Hebel, welche sie einsetzt, um die alte Welt aus den
Angeln zu heben, sie lebt von der Zerstörung jedes
Ideals." Ihr Glaube sei der einer Hure; ihre Mittel
bodenlose Gemeinheit, grinsende Frechheit, hündische
Schmeichelei und freche Wühlerei. Sobald im Parlament ein Socialdemokrat spricht, „erfülle ein durch-
dringender Petroleum-Geruch das hohe Haus" u. s. f.
— Was Wunder, wenn der in Hamburg erscheinende
„Socialdemokrat" erwiderte: Herr von Treitschke sei
ein „Schwachkopf", der gerechter Weise niemals
hätte „studiren" dürfen! Im Uebrigen bezeugte selbst
die Duncker'sche „Volkszeitung" den socialdemokratischen Blättern, dass diese, gegenüber dem wüsten
Geschimpfe des aristokratischen Professors, einen
massvollen Ton bewahrt hätten.

Herr von Treitschke leidet an dem Fehler, sich all-
zusehr für das Mächtige und Herrschende zu begeistern,
wobei er dann nicht selten die Haltung verliert und
völlig tactlos werden kann. Schon Jakob Venedey hat
ihm nachgewiesen, dass er 1864 die Einverleibung
Schleswig-Holsteins für unmöglich erklärte, 1865 diese
Annexion begeistert predigte, und 1866 mit Gewalt auch
noch sein engeres Vaterland Sachsen annectiren wollte.

In seiner Brochüre „Die Zukunft der Norddeutschen
Mittelstaaten" schreibt er über den König von Hannover:
„Wenn die Blindheit, statt die Seele des geschlagenen
Mannes zu adeln und zu vertiefen, ihm selber eine
Quelle der Lüge und des Hochmuths wird, dann ist es
sündlich, des Blinden zu schonen." — Wohl! antwortet
ihm Venedey; dann will ich auch nicht schonen „den
tauben Junker im Professorenrocke, genannt
Heinrich von Treitschke". Ja, Herr von Treitschke
führt seit Jahren dasselbe „Gaukelspiel" auf, was er
so grausam Georg V. vorwarf. Er kann nicht hören,
was um ihn vorgeht, er hat das Unglück stocktaub
zu sein, und doch lässt er sich regelmässig in den
Reichstag wählen und hält hier lange Prunkreden,
von denen er selber kein Wort vernimmt, und die
auch dem Zuhörer immer unverständlicher werden,
geradezu Unbehagen und Qual bereiten! Herr von
Treitschke ist fast an jedem persönlichen Verkehr
behindert, und doch will er die Bedürfnisse des Volks,
die Lage der arbeitenden Klassen, den Streit der
Parteien kennen!

Nachdem er in jener Schrift die Kathedersocialisten tüchtig verarbeitet hat, findet er plötzlich,
dass zwischen ihnen und den Manchesterleuten „ein
tiefer principieller Gegensatz nicht mehr besteht";

und er erklärt: beide Richtungen sind bestimmt, „sich
zu ergänzen, nicht einander zu bekämpfen". Man
solle nur hübsch die Fühlung behalten mit den besitzenden Klassen, auf ihre Stimmungen und Vor-
urtheile die gebührende Rücksicht nehmen. Sehr
treffend erwidert ihm Gustav Schmoller: Dann könnten
wir über unsere Schriften das Motto setzen: „Wasch
mir den Pelz, aber mach mich nicht nass!" — Doch
was geschah! Die „Kathedersocialisten", die solch
gute Anläufe genommen, machten auf ihrem letzten
Vereinstage, October 1875, in Eisenach völlig Halt
und folgten dem Rath des Herrn von Treitschke,
indem sie mit den Manchesterleuten entschieden
„Fühlung" nahmen, und die jüdische „Schlesische
Presse" meldete das freudige Ereigniss der Welt
mit folgenden Worten:

„Angesichts des Resultats des diesjährigen volkswirthschaftlichen Kongresses in München und des Auftretens Dr.
Rudolph Meyers in Eisenach, wurde im Ausschuss des Vereins
für Socialpolitik die Zweckmässigkeit eines Zusammengehens
mit dem Ausschusse des volkswirthschaftlichen Kongresses in
der Zollfrage erörtert und schliesslich beschlossen, diesem
Ausschusse mitzutheilen, der Verein für Socialpolitik beab-
sichtige, seine nächstjährige Jahresversammlung (1876) ausfallen zu lassen und seine Mitglieder würden den nächst-
jährigen volkswirthschaftlichen Kongress besuchen, falls der
volkswirthschaftliche Kongress im Jahre 1877 ausfalle und die
Mitglieder seines Ausschusses an der für dieses Jahr in Aus-

sicht genommenen nächsten Jahresversammlung des Vereins
für Socialpolitik theilnehmen würden. Auch für die späteren
Jahre sollten beide Versammlungen Jahr für Jahr alterniren.
Diesem Vorschlage des Eisenacher Ausschusses wurde von den
Berliner Mitgliedern des ständigen Ausschusses des Kongresses
Deutscher Volkswirthe zugestimmt. Das Hauptverdienst um
die Herbeiführung dieses Resultates gebührt Lasker, der durch
seine persönliche Bekanntschaft und seine Stellung in wirthschaftlichen Fragen die zum Vermitteln geeignetste Persönlichkeit war. Im Auftrage des Eisenacher Ausschusses führte
Prof. Brentano in Breslau mit Lasker die Verhaudlung,
und Lasker setzte sich mit Braun und den übrigen
Leitern des volkswirthschaftlichen Kongresses in Verbindung.
In wenigen Tagen wird der Beschluss des Vereins für Socialpolitik von dessen Präsidenten Nasse dem ständigen Ausschusse
des volkswirthschaftlichen Kongresses officiell mitgetheilt und
von diesem angenommen werden.“

Ja, der grosse unvermeidliche Lasker übernahm
die Vermittelung und führte sie durch, wie er denn
auch stets mit Glück vermittelt, wenn z. B. seine
Freunde Ludwig Bamberger, Eugen Richter etc. durch
unbedachte Aeusserungen in die Gefahr kommen, sich
vor die Mündung einer Pistole zu stellen. Er ist
wirklich zum Vermitteln die „geeignetste Persönlichkeit“, er macht alle Compromisse, und er weiss Alles,
was dem Manchesterthum unbequem und bedrohlich
wird, aus der Welt zu schaffen.

Mit jenem Beschlusse hat sich der „Verein für
Socialpolitik“ selber für todt erklärt, und er ist auf-

gegangen in dem „Congress deutscher Volkswirthe", dem der grosse Gründer Dr. Karl Braun präsidirt, und der sich in der Hauptsache aus Gründern und Gründergenossen, wie Bamberger, Hammacher, Kapp, Geh. Commerzienrath Stephan etc. zusammensetzt. Dasselbe ist der Fall mit seinem Ableger, der „Volkswirthschaftlichen Gesellschaft" in Berlin, wo das krasseste Manchesterthum seinen Ausdruck findet. „Die volkswirthschaftliche Gesellschaft hat sich von jeher für das freie Walten aller wirthschaftlichen Kräfte erklärt", sprach in der Sitzung am 25. October 1873 Herr Alexander Meyer, und er behauptete damals kühn: die Krisis in Amerika sei in einem Zeitraum von kaum drei Wochen vorübergegangen, ohne schmerzliche Spuren zu hinterlassen — blos, weil die Regierung sich nicht eingemischt habe. Herr David Born, Gründer des „Landerwerb und Bauverein auf Actien" — Cours einst 200, jetzt ca. 15 — meinte: die grosse Calamität sei durch die Spielsucht des Volkes verschuldet. Herr Otto Hübner, vielfacher Gründer, pries die Actiengesellschaften, ohne welche „unsere heutige Entwickelung" (!) nicht möglich gewesen wäre. In der Sitzung vom 21. Febr. 1874 plaidirte Herr Kammergerichtsrath Hugo Keyssner, gleichzeitiger Aufsichtsrath der beiden mit einander concurrirenden chemischen Fabriken Leopoldshall und Vereinigte Leopoldshall (Vergl. S. 227 ff.) für Aufrechterhaltung des famosen Actiengesetzes vom 11. Juni 1870; und er fand lebhafte Zustimmung bei Dr. Eduard Wiss, dem Gehülfen von Heinrich Quistorp, sowie bei einem Herrn Neumann, der sich ebenfalls gegen eine Aenderung der Gesetzgebung erklärte und feierlich versicherte: nur eine „grössere volkswirthschaftliche Bildung" könne das Publikum vor Schaden bewahren. — Bildung, „Bildungsfortschritt" sind vorzugsweise den manchesterlichen „Volkswirthen" eigen, und darum bilden diese auch, wie der „Volkswirth" der „Vossischen Zeitung" (No. 172 de 1876) rühmte, die „gesellschaftliche Elite", den „neuen Hochadel des geistig und namentlich politisch-ökonomisch thätigen Europa's", den weltberühmten Cobden-Club in London, als dessen Mitglieder er u. A. Juden und Gründer aller Länder herzählt.

Leider will die Pflege und Verbreitung der „volkswirthschaftlichen Bildung" nichts helfen gegen die Socialdemokraten, die der Bourgeoisie immer drohender auf den Leib rücken. Mit dem allgemeinen und directen Wahlrecht, das 1866 Graf Bismarck den „Liberalen" an den Kopf warf, und das Herr von Treitschke als einen der beiden Fehler bezeichnet, welche der grosse Staatsmann überhaupt begangen, hatten die Arbeiter erreicht, was Lassalle für sie verlangt, drangen sie in den Reichstag, und mit jeder Neuwahl erscheinen sie hier zahlreicher. Wol schrie ihnen am 8. November 1871 Herr Lasker zu: Nur die Feigheit der Bourgeoisie von Paris hätte die Herrschaft der Commune ermöglicht; wollten die Socialdemokraten in Berlin oder sonstwo in Deutschland ein ähnliches Schauspiel aufführen, der „redliche und besitzende Bürger" würde sie „mit Knütteln todtschlagen"! Aber hinterher bekam der tapfere Volkstribun Angst, und strich das Todtschlagen mit dem Knüttel aus dem stenographischen Bericht. Auch im Parlament sind die Socialdemokraten bereits gefürchtete Leute, und die „Liberalen" 'erfasst ein Grauen vor dem allgemeinen Stimmrecht. Die grossen Kriege von 1864, 1866 und 1870 behinderten die Ausbreitung der Socialdemokratie; dafür haben die politischen und gerichtlichen Verfolgungen, welche sie seitdem erlitten, namentlich aber das schamlose Treiben der Gründer und Börsianer, die Ausplünderung des Volkes und die darauf folgende wirthschaftliche Krisis sie ausserordentlich genährt und mächtig anwachsen lassen. Auf die Gründungsperiode folgte nicht die „Verleumdungsära", wol aber folgten auf die Gründer und Schwindler die — Socialdemokraten, und sie bezeichnen die natürliche Reaction.

Obwol das Manchesterthum und der Nationalliberalismus, zu denen sich die übergrosse Mehrzahl der Gründer und Börsianer bekennt, die eigentliche Religion der Juden bilden, so recrutiren sich doch aus dem auserwählten Volke auch die Führer aller übrigen politischen und socialen Parteien. Professor Stahl, von dem die Alt-Conservativen noch heute zehren, war ein Semit. Der Grossindustrielle und Grosskaufmann Friedenthal, der sich als Häuptling der Freiconservativen auf die Ministerbank schwang, ist jüdischer Abkunft. Lasker und Bamberger, die Anführer der Nationalliberalen; Max Hirsch, der gegenwärtige „König im socialen Reich"; Löwe-Calbe, der ehemalige Fortschrittsmann, der heute unter den Schutzzöllnern eine Rolle spielt; Sonnemann, der Sprecher der Volkspartei; Marx und Lassalle, die Stifter der Socialdemokratie — sie gehören sämmtlich der semitischen Race an. Als Redner der Arbeiter, als Redacteure der socialistischen Presse wirken mehrfach Juden. Ein und dieselbe jüdische Familie liefert Agitatoren verschiedener Parteien, ja verschiedener

Nationen. Nathan Schlesinger, ehemals der Schrecken der Berliner Bezirksvereine, dient jetzt unter Max Hirsch bei den Gewerkvereinen; während sein Vetter, Alexander Schlesinger, als Reiseprediger der Socialdemokraten umherwandert. Ludwig Bamberger sass im Deutschen Reichstag und fertigte das Münz- und Bankgesetz an, während sein Vetter, Karl Bamberger, in der Französischen Nationalversammlung als Preussenfresser debütirte.

Eine ebenso erstaunliche Vielseitigkeit wie die Race, zeigt auch die einzelne Persönlichkeit. Jüdische Gründer und Banquiers beschäftigen sich gleichzeitig mit Lösung der socialen Frage. Ludwig Bamberger schrieb nicht nur über „Reichsgold“ und die Reichsbank, über „Berlin in Paris“ und das Leben Jesu von Renan (!) — er verfasste auch, wie schon früher erwähnt, ein Buch: „Die Arbeiterfrage“. „Eine sociale Frage“, sagt er in der „Vorbetrachtung“, existirt vernünftigerweise nur für Den, welcher auch eine sociale Antwort kennt.“ Dennoch hat auch Herr Bamberger für seine „Arbeiterfrage“ keine „Antwort“, und das Ergebniss seiner ebenso verworrenen wie langstieligen Untersuchungen ist etwa, dass es eine Arbeiterfrage überhaupt nicht giebt, dass sie nur von böswilligen Leuten, wie Kathedersocialisten, Gewerkvereinlern und Social-

demokraten erfunden ist. Ludwig Bamberger hat
sich also die Sache leicht gemacht. Von ähnlicher Beschaffenheit ist Herrn Adolf
Samter's „Social-Lehre" (Leipzig, 1875). Der gleich-
falls jüdische Verfasser war 1848 Besitzer einer Buchdruckerei zu Königsberg i. Pr., und gab damals einen
„Politischen Monatskalender" à 1 Sgr., sowie die
„demokratische" „Neue Königsberger Zeitung" heraus.
Später wurde er Banquier, und während der Schwindelära hat er, in Verbindung mit den Geheimen
Commerzienräthen Moritz Simon und Emil Stephan,
Ostpreussen mit einer Menge von Gründungen bedacht, die überwiegend sehr anstössigen Charakters
sind, und von denen etliche auch die Staatsanwaltschaft beschäftigt haben. Schon 1872, mitten in der
Gründungsepoche, schrieb er „Die Reform des Geld-
wesens", und nach dem „Krach" entfaltete er eine
reiche schriftstellerische Thätigkeit. Seinem Bildungs-
grade nach steht er auf Einer Stufe mit Wilhelm
Oechelhäuser (vgl. S. 161 ff.), seine Bücher sind in
der Hauptsache Lesefrüchte, sein philosophisch sein
wollender Stil ist ein ganz unverdaulicher Jargon.
Schwerlich giebt es einen Menschen, der die ganze
„Social-Lehre", 25 Bogen engen Drucks in Gross-
octav, durchgelesen hat; die meisten werden sich mit

der „Schlussbetrachtung" begnügen, die $3\frac{1}{2}$ Seiten
umfasst, und aus der man ungefähr entnehmen kann,
was der Verfasser denn eigentlich will. Die ersten
10 Sätze zusammengezogen, würden mit seinen eigenen
Worten also lauten: „Arbeit und Besitzthum gehören
zusammen, sie sind durch das gewaltsame Gebahren
der Menschen auseinandergerissen; diese Scheidung
hat sich bis auf die Gegenwart erhalten, ist aber mit
der neuen Gesellschaftsordnung unverträglich und hat
in derselben zu schwinden." — Herr von Treitschke,
der diese Schrift den Kathedersocialisten entgegen-
hält (!), meint ganz ernsthaft: „Hier wird ein berech-
tigter menschenfreundlicher Gedanke in irreführender
unwissenschaftlicher Form ausgesprochen; es fehlt
die klare Begrenzung, welche dem Postulate erst
Sinn und Halt giebt". — — Der Autor selber schliesst
folgendermaassen: „Mit Blut und Thränen ist das
Leben der Einzelnen, wie der Menschheit getränkt,
aber der ewige Fortschritt, der sich bekundet, lässt
die Drangsale zurücktreten und auch die socialen
Leiden der Gegenwart in weniger grellem Lichte erscheinen." Wie rührsam und erbaulich sich das in
dem Munde eines Gründers ausnimmt! — Herr Adolf
Samter ist endlich auch Mitarbeiter der Paul Lindau-
schen „Gegenwart"; er hat in derselben kürzlich das

Rau-Wagner'sche Lehrbuch der politischen Oekonomie recensirt, und hoffentlich damit auch Herrn von Treitschke seine „Wissenschaftlichkeit" bewiesen.

So sehen wir die vereinigten „Liberalen", und vornehmlich die „liberalen" Juden, auf den verschiedenen Gebieten, in den verschiedensten Rollen und Verwandlungen thätig; und jetzt wollen wir uns wieder zu ihrem eigentlichen Werke, zu den Gründungen wenden.

Nach der Eisen- und Stahlindustrie war es hauptsächlich die sogenannte Textil-Industrie, welche die Gründer anzog, und die sie durch ihre Unthaten gleichfalls ruinirt haben. Von den zahllosen Etablissements, die ihnen hier zum Opfer fielen, behandeln wir zunächst die Tuchfabriken und nennen folgende:

Luckenwalder Tuch- und Buckskin-Fabrik, sonst C. F. Boenicke. Gegründet November 1872 von Isidor Mamroth, Gustav Mamroth, Louis Sachs und Maximilian Adler in Berlin, Gustav Boenicke, Albert Boenicke, Carl Boenicke, Hermann Boenicke und Stadtverordneten Heinrich Birner in Luckenwalde. Carl und Gustav Boenicke, die Söhne des Vorbesitzers, übernahmen die Leitung. Actiencapital 440,000 Thaler, December 1875 auf 406,000 Thaler reducirt, und 160,000 Thaler Hypotheken. Zunächst wurden nur 220,000 Thaler Actien ausgegeben, und als diese bis etwa 125 % getrieben, 220,000 Thaler „junge Actien" fabricirt, welche wieder die Gründer zeichneten. Letzte Dividenden 1⁰/₀ und 0. Cours etwa noch 40.

Vereinigte Luckenwalder Tuchfabriken, früher **Emisch & Schlüter, Gebr. Münnich & Co.** und **Gustav Laue.** Gegründet November 1872 von Beer & Herzberg, Aron Neumann und der Allgemeinen Depositenbank in Berlin. Actiencapital 570,000 Thaler und ca. 75,000 Thaler Hypotheken. Aufsichtsräthe resp. „Revisoren": Hofrath Moritz Alberts, Hermann Leubuscher, Geh. Kanzleirath Dr. Georg Kurs. Dividenden nie. Juli 1875 wurde die Hälfte der Actien gemeuchelt. Cours ca. 2.

Sommerfelder Tuchfabrik, vormals Ad. Martini & Sohn. Gegründet September 1872 von Carl Miether, Leo Wollenberg, Julius Sternfeld und Gabriel Hermann Michaelis in Berlin, Carl Martini und Adolf Martini in Sommerfeld. Aufsichtsräthe: Gustav Bath und Hugo Mamroth in Berlin. Actiencapital 900,000 Thaler (!) und 200,000 Thaler Hypotheken!! Die erste Emission betrug nur 360,000 Thaler, aber schon nach 4 Monaten beschloss man den Zukauf der Fabriken von Paulig & Sohn und Paulig & Weise, und fabricirte zu diesem Zweck 540,000 Thaler neue Actien. Die erste und einzige Dividende für das Geschäftsjahr von 3 Monaten (!), welche man auf 12½ % normirte, war eine blosse Lockspeise, um die Actien zu treiben, die dann auch bis 130 hinaufgingen. Heute ist der Cours etwa 10.

Sommerfelder Tuchfabrik, früher August Fischer und Martin Fischer. Gegründet September 1872 von den Vorbesitzern, der Börsenbank für Maklergeschäfte, Hermann Geber und Consorten in Berlin. Vorsitzender des Aufsichtsraths: Julius Pickardt in Berlin. Actiencapital 400,000 Thaler und 100,000 Thaler Hypotheken. Dividenden nie; wiewol der Prospect 11½% vorrechnete, und die Herren Fischer für die ersten drei Jahre mindestens 8% garantirten. October 1875 wurde die Hälfte der Actien gemeuchelt. Cours etwa noch 10.

Neue Sommerfelder Tuchfabrik, vormals Friedrich Schmidt & Co. Gegründet Februar 1873 von Hermann Zapp

in Frankfurt a. O. und Berlin, Franz Harenburg in Fürstenwalde, Hermann Richard Schreiber (F. E. Schreiber Söhne) in
Berlin, Robert Paulig und Friedrich Weise in Sommerfeld.
250,000 Thaler Actien und 50,000 Thaler Hypotheken, Dividenden: 5, 2 und $1^{1}/_{2}$ %. Ohne Börsencours.

Niederlausitzer Tuchfabrik in Peitz, mit 200,000
Thaler Actien. Aufsichtsrath: A. G. Böttcher. Directoren:
Ernst Trauschke und A. Planmann. Dividende pro 1874 — $4^{1}/_{2}$%.
April 1876 in Liquidation.

Tuchfabrik zu Alt-Forst i. L., vormals G. Thomas.
Gegründet Januar 1873 von Wilhelm Wolff und Dr. med.
Philipp Herzberg in Berlin, Martin Herzberg, Carl Thomas
und Friedrich Thomas in Forst. Vorstand: der Mitvorbesitzer Carl Thomas, welcher ein hohes Gehalt bezieht. „Erste
Revisoren": Alexander Dietz und Albert Tepper in Berlin.
Actiencapital 340,000 Thaler und 100,000 Thaler Hypotheken;
wogegen der wirkliche Werth der Fabrik höchstens 60,000
Thaler betragen soll. Die Vorbesitzer, Gebrüder Thomas,
garantirten für fünf Jahre eine Dividende von 8%, die auch
bis incl. 1875 durch Zuschüsse, die sie leisteten, ermöglicht
wurde, aber weiterhin nicht mehr zu erwarten ist. Unter
solchen Umständen dürfte der Werth der Actien ein sehr
fraglicher sein, und das Etablissement an Gebrüder Thomas,
denen eben jene Hypothek gehört, nächstens zurückfallen. Die
letzten Generalversammlungen waren sehr stürmischer Natur.

Tuchfabrik Langensalza, vormals Graeser Gebr. & Co.
Gegründet October 1872, mit 600,000 Thaler Actien und
100,000 Thaler Hypotheken, von dem Sächsischen Bankverein
in Dresden und von Robert Thode & Co. in Berlin und
Dresden. Die Vorbesitzer: Heinrich, Julius und Bruno Gräser
behielten die Leitung. Aufsichtsrath: Max Berg in Göttingen,
Franz Jokusch in Gotha, Fr. Hahn in Langensalza, Georg
Arnstädt und Fr. Wiedemann in Dresden. Die erste und
einzige Dividende für 9 Monate rückwärts und 3 Monate vor-

wärts betrug 8%, war also künstlich gemacht. Während die Actien gleich mit 103 eingeführt wurden, stehen sie heute etwa noch 15.

Sächsische Tuchfabrik, vormals Commerzienrath Fedor Zschille in Grossenhain. Gegründet December 1871 mit 350,000 Thaler Actien, wovon Herr Zschille sich 150,000 Thaler „reservirte". Emissionshäuser: Julius Alexander und Gebr. Meyer in Berlin. Aufsichtsrath: Geh. Hofrath Kohl und Commerzienrath Keller in Chemnitz, August Groos in Grossenhain, Rosenkrantz junr. (Georg Meusel & Co.) in Dresden, Ernst Meyer (Gebr. Meyer) in Berlin, H. Bodemer in Naundorf bei Grossenhain, L. Grossmann-Herrmann in Bischofswerda. Für das erste Geschäftsjahr von $4\frac{1}{2}$ Monaten wurde eine Dividende von 12% fabricirt, und so die Actien bis 130 getrieben. 1873 entfielen $5\frac{1}{2}$, 1874 — 2%, 1875 und 1876 — 0. Der Cours ist etwa noch 20.

Bautzener Tuchfabrik und Kunstmühle, vormals C. G. Mörbitz. Gegründet März 1872 von Günther & Rudolph in Dresden, mit 650,000 Thaler Actien. Aufsichtsrath: Stadträthe Reinhardt und Rudolf Heydemann, Kaufmann Kohl, Carl Mörbitz und Advocat Tietze zu Bautzen, Albert Katz in Görlitz. Letzte Dividenden 0 und resp. $2\frac{1}{3}$%. Cours ca. 30. — Juni 1876 wurde der Director Huschke wegen Unterschlagung zu einem Jahr Gefängniss, verschiedene andere Beamte der Gesellschaft zu Freiheits- und Geldstrafen verurtheilt.

Rheinische Tuchfabrik in Aachen. Gegründet 1873 mit 480,000 Thaler Actien, welche zu 105 (!) ausgegeben wurden, und mit 105,000 Thaler Hypotheken. Vorsitzender des Aufsichtsraths: Th. Nellessen. 1873 betrug der Gewinn 10,700 Thaler, dazu zahlte Jacob Lippmann 18,000 Thaler, und so vertheilte man 6% Dividende an die Actionäre. Für 1875 erhielten sie $7\frac{1}{4}$%. Cours ?

Aachener Tuchfabrik, vormals Schöller & von Alpen.

Gegründet 1873 durch W. von Lockstädt & Resag in Berlin mit 430,000 Thaler Actien und 21,000 Thaler Hypotheken. Directoren: Erich Schöller und Ulrich von Alpen. Aufsichtsrath: Commerzienrath Robert Schöller (Joh. Peter Schöller) in Düren, C. Mehler (Nolten & Mehler), Georg Printz und Advocat-Anwalt Dr. Käuffer in Aachen. Die 50procentigen Interimsscheine wurden mit 105 aufgelegt, was einem Course von 110 entspricht. Dafür hiess es im Prospect: Die Vorbesitzer garantiren für fünf Jahre eine Dividende von mindestens 10%; sie gestatten, obwol der Kaufpreis (450,000 Thaler!!) keineswegs die Taxe erreicht, nicht den geringsten Aufschlag, und tragen sämmtliche Gründungsunkosten allein. — Schöne Aussichten, aber es kam anders! Das erste und einzige Geschäftsjahr schloss mit 108,000 Thaler Verlust, und Niemand dachte daran, die garantirte Dividende auszuzahlen. Juli 1874 wurde von Alpen als Director entsetzt, und man trat in Liquidation; worauf 1000 Stück Actien „zurückgeschenkt" sein sollen. Das Etablissement selber erstand October 1875 der Vater des Mitvorbesitzers und Vorsitzende des Aufsichtsraths, Commerzienrath Schöller, der, wie es scheint, sich nach Frankfurt a. M. zurückgezogen hat, für ganze 40,000 Thaler! Wie die Zeitungen meldeten, ist die Staatsanwaltschaft endlich doch eingeschritten.

Hessische Tuchfabrik in Wanfried an der Werra. Gegründet November 1872 mit 350,000 Thaler Actien, die März 1873 Windtaus & Brodtmann an der Berliner Börse zum Course von 105 einführten. Schon October 1873 brach der Concurs aus, und es stellte sich nun heraus, dass die Gründer resp. ersten Zeichner auf das ganze Actiencapital keinen Pfennig eingezahlt hatten!

Schlesische Tuchfabrik Jer. Sig. Förster & Co. in Grünberg; Commandit-Gesellschaft auf Actien. Gegründet 1. Juli 1870. Persönlich haftende Gesellschafter: Friedrich Förster jun., August Förster, und später, als die Gesellschaft thatsächlich schon zahlungsunfähig war, Gustav Grawitz. Aufsichtsrath: Director Fromberg vom Schlesischen Bankverein und Max Alexander (Gebrüder Alexander) in Breslau, Abgeordneter Consul Gustav Müller (G. Müller & Co.), Hermann Bein und Ignatz Leipziger in Berlin. Actiencapital schliesslich 2 Millionen Thaler und 310,000 Thaler Hypotheken! Die erste Emission betrug 1 Million Thaler; um die Fabrik unausgesetzt zu vergrössern, sowie um andere Etablissements zuzukaufen, wurden November 1872, nachdem der Cours bereits 130 gewesen, eine Million Thaler junge Actien fabricirt. Für 1871 erhielten die Actionäre $9\frac{1}{2}$, für 1872—11%, und dann nichts mehr, weder Dividende noch Capital. Nicht nur die Verquickung mit dem Niederschlesischen Cassenverein, dessen Chef derselbe Fr. Förster jun. war, sondern auch eigene Verschuldigung, masslose Speculation und grobe Misswirthschaft, brachten die Gesellschaft zu Fall. Nach verzweifelter Gegenwehr brach October 1875 der Concurs aus, den das Gericht um 6 Monate zurückdatirte. Die angemeldeten Forderungen erreichten die Höhe von $1\frac{2}{3}$ Millionen Thaler. August Förster, der, ebenso wie sein Bruder, Friedrich Förster, inzwischen wegen Etiquettenfälschung bestraft worden, und Gustav Grawitz boten den Gläubigern für je 1000 Thaler — $1\frac{1}{4}$ Thaler resp. 15 Groschen, und das Kreisgericht Grünberg bestätigte diesen famosen Accord. Die beiden obern Instanzen dagegen hoben ihn aus Gründen der öffentlichen Ordnung wieder auf. In dem Subhastationsverfahren ging das ursprüngliche Etablissement der Schlesischen Tuchfabrik, auf welchem allein für den Schlesischen Bankverein 300,000 Thaler Grundschuldbriefe standen, an diesen für 150,000 Thaler fort, welches überhaupt das einzige Gebot war.

Vereinigte Bischweiler Tuchfabriken im Elsass. Acht Fabriken, deren Besitzer „für die französische Nationalität optirten", wurden zu einem verhältnissmässig sehr billigen Preise durch Beer & Herzberg in Berlin vorgekauft, und 26. August 1872 gegründet von Benno Beer und Commerzienrath Louis

Pollack in Berlin, Ferdinand Schönheimer und Reichstagsmitglied Professor Dr. Carl Birnbaum in Leipzig etc. Das Actiencapital mit 1,200,000 Thaler legten auf der Schönheimer'sche Baukverein in Leipzig und die Centralbank für Genossenschaften in Berlin (Gustav Thölde). Dazu kommen noch 200,000 Thaler Hypotheken. Im Prospect hiess es: Herr Scheuerle aus Bielitz, „bekannt durch seine geistvollen Essays über das Wollengewerbe" und Herr Winkel aus Düren, bisher Director der Johann Peter Schöller'schen Fabrik daselbst, übernehmen die Leitung. — Aufsichtsrath: Bürgermeister Carl Weiland in Lambrecht (Pfalz). Den unglücklichen Actionären wurden die Fabriken mit 980,000 Thaler berechnet; doch bewilligten die Gründer resp. Vorkäufer hinterher einen Nachlass von ca. 160,000 Thalern, weil nämlich der Prospect falsche Angaben enthält. Aus diesem Grunde verweigerten auch Mannheimer Kaufleute die Abnahme der gezeichneten Actien und gewannen ihren Prozess in zwei Instanzen. Die Betriebsresultate waren sehr traurig: 1873 schloss mit 61,000, 1874 mit 218,000, 1875 mit 290,000 Thaler Verlust. Schon 1875 strebte man die Liquidation an, und lud zu diesem Zwecke die Actionäre, die meistens im östlichen Deutschland sitzen, nach Bischweiler in das Hotel „Zum Ochsen". Indess wurde die Auflösung noch verschoben, und einstweilen die Hälfte der Actien gemeuchelt. Eine Klage, welche die Gesellschaft wider die Gründer auf Zurückerstattung von etwa 550,000 Thalern richtete, führte zu einem Vergleiche, wonach die Verklagten ca. 66,000 Thaler herausrückten. Aber auch einzelne Actionäre erhoben solche Ansprüche. Meistentheils wurden die Kläger, weil nicht Privatpersonen, sondern Geschäftsleute und Speculanten, endgültig abgewiesen; andere Prozesse dagegen sind vom Reichsoberhandelsgericht kürzlich zu Ungunsten der Gründer entschieden und diese zur Rückzahlung von Capital und Zinsen verurtheilt. — Die zuerst mit 104—106 notirten Actien sind inzwischen bis 1 Brief gesunken.

Welchen Nutzen diese Gesellschaft geschaffen, und welchen Segen die Gründungen überhaupt gewähren, geht aus einer Correspondenz hervor, welche die „Karlsruher Zeitung" Januar 1876 brachte, und die also lautet: „In dem durch seine Tuchfabrikation bekannten Orte Bischweiler ist nunmehr die seit längerer Zeit befürchtete Calamität der Einstellung der Arbeiten in den Spinnereien der „Vereinigten Bischweiler Tuchfabriken" eingetreten und dadurch eine Zahl von mehreren Hundert Arbeitern brodlos geworden. Die Arbeitseinstellung ist um so bedauerlicher, als sie die Folge eines gewissenlosen Gründerschwindels ist, welcher durch aus Altdeutschland herübergekommene Speculanten in's Werk gesetzt wurde. Nach den Ereignissen des Krieges verkauften die bisherigen Besitzer der ausgedehnten Spinnereien ihre Etablissements etc. an eine Deutsche Gesellschaft zu einem Spottpreise, und von dieser wurden die Fabriken demnächst an ein Consortium um einen Preis weiterverkauft, der eigentlich von vornherein jedes Emporkommen dieses Industriezweiges auch bei dem besten Willen der neuen Erwerber unmöglich machte. Die verdienstlosen Arbeiterfamilien werden gegenwärtig theils aus privaten, theils aus öffentlichen Mitteln unterstützt, und ist wenigstens für den Augenblick der drückendsten Noth vorgebeugt. Der früher so betriebsame Ort mit mehr als 1300 Wohnhäusern, welcher noch im Jahre 1871 mit 9200 Seelen bevölkert war, ist jetzt öde und still und hat alle Aussicht, in nächster Zeit auf die Hälfte der früheren Einwohnerzahl herabzusinken." Nach einer Mittheilung des „Berliner Börsen-Courier" soll endlich der Staatsanwalt eingeschritten sein und gegen die Gründer die Voruntersuchung beantragt haben.

Berliner Velvetfabrik, Gegründet Mai 1873, mit 650,000 Thaler Actien und 200,000 Thaler Hypotheken, von Eugen Dzondi (Robert Thode & Co.), Gustav Noah, Adolf Gans, Martin Mengers und Ingenieur Friedrich Carl Glaser in Berlin. Dividenden nie. An der Börse werden die Actien nicht notirt.

Die Berliner Velvetfabrik ist eine verspätete Gründung, die gerade in den Tagen des „Grossen Krachs" zur Welt kam, und eine natürliche Tochter der Baubank Metropole in Berlin. Diese, ihre Mutter, wurde acht Monate früher (October 1872) geboren, und waren die Gründer: Julius Samelson (Samelson und Sackur), Louis Feig, Louis Landsberger, Gustav Noah, Eduard Neisser, Albert Neisser, Baumeister Nicolas Becker und Stadtverordneter Leopold Ullstein in Berlin, welche die Jungfer „Metropole" mit 500,000 Thaler Actien und 200,000 Thaler Hypotheken ausstatteten. Als Aufsichtsräthe fungirten die vielgenannten Herren Hermann Gratweil und Julius Pickardt; und Director wurde Ernst Räb, der sich alsbald einen Namen erwarb. Er war gebildet in einem Schulze-Delitzsch'schen Consum-Verein, und dann Geschäftsführer bei Franz Duncker, mit welchem zusammen er das „Sonntagsblatt", die belletristische Beilage zur „Volkszeitung" herausgab. In dieser Stellung lernte er Herrn Ullstein kennen, der dem „Organ für Jedermann" das Papier lieferte, und auf Herrn Ullstein's Empfehlung, der sein Talent erprobt hatte, ward er zum Director der „Metropole" ernannt. „Metropole" ging mit grossem Geräusch in Scene und machte, noch kurz vor dem Krach, ausserordentliches Glück. Ihre 40procentigen Interimsscheine stiegen bis fast 150, was einem Course von 225 entspricht, und die Gründer strichen schmunzelnd das kolossale Agio ein.

Die Errungenschaften seiner Principale liessen Herrn Räb nicht schlafen, und er begann ihnen nachzueifern. Schon früher hatte er mit einigem Erfolg in Häusern speculirt, nun speculirte er an der Börse, aber leider auch in Actien der „Metropole", und zum grossen Theil mit fremdem Gelde, das er Verwandten, Bekannten und der eigenen Bank entnahm. Der „Krach" machte durch seine Speculationen einen dicken Strich, er fühlte sich auf der Villa, die er sich vor den Thoren Berlin's erbaut hatte, nicht mehr behaglich und zog sich nach Amerika zurück. „Metropole" verlor an ihm eine runde Summe, und zu den vielen Personen, die er sonst geschädigt hatte, soll auch Franz Duncker gehören. Existenzen wie Ernst Räb schossen in der Schwindelperiode gleich Pilzen herauf, und sie sind das nothwendige Product derselben. Solche Unterschlagungen und Diebstähle, Seitens der Directoren, Cassirer, Commis, Boten etc. waren bei den Actiengesellschaften fast die Regel, denn das Gut der Actionäre galt für herrenlos, und jene Beamten thaten nur im Kleinen, was die Gründer im Grossen machten.

Ernst Räb ist in Schimpf und Schande verschollen, aber sein Protector, Herr Leopold Ullstein, lebt als reicher Mann auf seiner Villa im Thiergarten und geniesset aller Ehren. Nachdem er u. A. Bauverein Friedrichshain und Baubank Metropole, Berliner Papierfabrik und die Modenzeitung „Bazar" gegründet hatte; nachdem die bösen Tage des Grossen Krachs und der schweren Krisis gekommen waren, richtete Herr Ullstein unterm 28. Juni 1874 ein Schreiben an den Handelsrichter, worin er sagt: Ich habe mich entschlossen, meine Betheiligung an den verschiedenen Actiengesellschaften aufzugeben. — Seitdem lebte Leopold Ullstein nur noch dem öffentlichen Wohl; in der Berliner Stadtverordnetenversammlung, deren einflussreiches und beredtes Mitglied er zwar, kämpfte er wacker für die Interessen der Bürgerschaft, und sah bei allen Ausgaben und Forderungen dem splendiden Magistrat scharf auf die Finger. Sehr gleichgültig ist es ihm dagegen, dass die Vollactie der „Metropole" heute etwa 8 Brief steht, und dass Berliner Papierfabrik im Courszettel seit längerer Zeit mit zwei inhaltsschweren — — Gedankenstrichen notirt wird. Als jedoch bei den letzten Neuwahlen zur Stadtverordnetenversammlung hin und wieder die gründerische Vergangenheit der Candidaten untersucht wurde, erhob sich gegen Herrn Leopold Ullstein eine sehr heftige Opposition, und er erhielt, trotz aller Anstrengungen, kein Mandat mehr.

Metropole besass von den Actien der von ihr mitgegründeten Berliner Velvetfabrik mehr als die Hälfte, ganze 350,000 Thaler, und dieser grosse Posten lag ihr wie ein Stein im Magen, bis es ihr im Herbst 1876 gelang, sich des Ballastes zu entledigen.

Grünberg i. Schl., ein Städtchen von etwa 12,000 Einwohnern, ist von altersher durch seinen Weinbau bekannt, und hat neuerdings noch einen andern Ruf erlangt. Während der Schwindelperiode trat hier verhältnissmässig eine Unmenge von Gründungen in's Leben, und alle diese Gründungen waren das Werk eines einzigen Mannes, des Kaufmanns Friedrich Förster jun., der damals den Titel „Commerzienrath" erhielt.

Seit fast 100 Jahren bestand die Firma Jer. Sig. Förster, welche Tuchfabrikation und Tuchhandel betrieb. Es ist mehrfach behauptet worden, dieselbe sei schon 1857 bankerott gewesen; thatsächlich hat sie damals und später nicht unbedeutende finanzielle Schwierigkeiten zu überwinden gehabt. Trotzdem stand die Familie Förster in hohem Ansehen und übte in Grünberg und Umgegend einen grossen Einfluss. Mai 1870 zog sich der Chef, Geheime Commerzienrath Förster, theilweise vom Geschäft zurück, die Tuchfabrik ward in eine Commanditgesellschaft auf Actien verwandelt, und als persönlich haftende Gesellschafter derselben traten die beiden Söhne, Friedrich und August Förster ein. März 1871 wurde auch der schon früher begründete **Niederschlesische Cassenverein** in eine Commanditgesellschaft auf Actien umgeschaffen, und persönlich haftender Gesellschafter war gleichfalls Friedrich Förster. Er war drittens nun auch Mitgesellschafter der alten Firma Jer. Sig. Förster, die merkwürdigerweise bestehen blieb, und, wie es scheint, nur zu dem Zweck, um ihm bei seinen unendlichen Finanz- und Wechseloperationen zu dienen.

Friedrich Förster jun. wollte Grünberg durchaus zur „Weltstadt" oder doch wenigstens zu einer Industriestadt ersten Ranges erheben, und so gründete er ein Dutzend Gesellschaften, die zum Theil einander Concurrenz machten, wie die verschiedenen Tuchfabriken, zum Theil für das Städtchen sehr überflüssig waren, wie der Actienbauverein und die Omnibusgesellschaft. „Gegen den Schaffens- und Schöpfungsdrang des Commerzienraths Förster anzukämpfen, war fast unmöglich", sagt einer seiner Mitarbeiter, Herr Carl Triepel, Procurist des Niederschlesischen Cassenverein, in einer Brochure. „Aus einer Idee entsprang die andere; ein Unternehmen rief das andere hervor, und ehe man recht wusste, wie es zugegangen, war der Cassenverein bei jedem derselben engagirt."

— Und an einer andern Stelle: „Man trieb in Grünberg einen förmlichen Förster-Cultus. Die Ansicht, dass jedes Unternehmen des Commerzienrath Friedrich Förster prosperiren müsse, galt in Grünberg gewissermaassen als Dogma, und Jeder würde verketzert worden sein, der nicht an dasselbe geglaubt hätte". Und dann wieder, als er von gewissen Concurrenzgründungen und der masslosen Ausdehnung der Geschäfte spricht: „In der That, wenn man sich heute mit kaltem Verstande diese Widersprüche klar macht, muss man bekennen, dass man damals, wie alle Anderen, als Sehender blind und als Nüchterner berauscht gewesen sein muss." — — Herr Triepel, obgleich ein grosser Bewunderer Fr. Förster's, und bei dessen Gründungen vielfach „betheiligt", muss doch zugeben: „Die Hauptursache des Zusammenbruchs der Förster'schen Unternehmungen liegt in der übertriebenen Ausdehnung derselben. Ihr Schöpfer wollte mit verhältnissmässig geringem Capital dasselbe erreichen, was sonst nur einer Capitalmacht ersten Ranges möglich ist. Die gleichzeitige Stellung des Commerzienraths Friedrich Förster, als persönlich haftender Gesellschafter der Tuchfabrik und des Cassenverein, sowie als Chef der Firma Jer. Sig. Förster, musste zu argen Verwickelungen, zur verderblichen Verschmelzung der entgegenstehendsten Interessen führen."

Als Chef dieser drei Firmen, die sich gegenseitig auf das Bereitwilligste mit Accepten und Giros unterstützten, fabricirte Fr. Förster ununterbrochen Wechsel, die zusammen sich auf Millionen Thaler beliefen, war er unermüdlich in Gründungen, Consortialbetheiligungen und Börsenoperationen. Fast bei allen Gesellschaften, die er ausbrütete oder „finanziirte", war er wieder selber als erster Zeichner, Vorstand oder Aufsichtsrath betheiligt, oder er war mit den Vorständen, Aufsichtsräthen etc. verwandt oder verschwägert, oder er machte mit diesen persönlich Geschäfte, die stets zum Unheil der von ihm geleiteten Institute ausschlugen. Er speculirte in Actien der eigenen Gesellschaften, die er, um den Cours zu treiben oder zu halten, für eigene Rechnung in grossen Posten aufkaufte; er liess die Procuristen und Beamten des Cassenverein und der Tuchfabrik speculiren; er befasste sich mit Speculationen und Operationen, die weitab seines eigentlichen Wirkungskreises lagen, aber gar direct gegen seine Stellung und seine Pflichten verstiessen, weshalb er auch im Geschäftsbericht von 1872 das Gegentheil versicherte. So finanziirte er die Thonwaaren- und Chamottefabrik von Tiedemann,

Runge & Co. in Charlottenburg, blos weil Frau Tiedemann eine geborene Grünbergerin war; und gewährte
einem Herrn von Lepel, Aufsichtsrath des Cassenvereins, einen Credit zum Ankauf des Schlosses Schön-
holz bei Berlin; zwei Geschäfte, welche dem Cassenverein über 200,000 Thaler kosteten. So bildete er
November 1872 mit demselben Herrn von Lepel ein
Consortium zur Uebernahme von 500,000 Thaler
junger Actien der Schlesischen Tuchfabrik. Das Consortium kaufte alle Stücke, die zu Markt kamen,
zum Durchschnittspreise von 124 auf, bis es endlich
wahrnahm, dass nicht das Publikum, sondern die
eigenen Aufsichtsräthe der Tuchfabrik die Haupt-
verkäufer waren, denen also Herr Förster wider Willen
die neuen Actien mit einem Agio von 24% abnahm.
Ein neues Beispiel, wie der Christ stets von den Juden
„geleimt“ wird; und ein Beweis, dass bei Lichte besehen, der geniale Herr Fr. Förster jun. seiner Stellung
eigentlich gar nicht gewachsen war.

Die Aufsichtsräthe des Cassenverein, zum Theil
Verwandte und gute Freunde, machten ihm keine
Schwierigkeiten; sie kamen nur, wenn Fr. Förster sie
einlud, und sie begnügten sich mit dem, was er ihnen
mittheilte. Die Aufsichtsräthe der Tuchfabrik waren
ebenso nachsichtig, und mehr auf ihren persönlichen

Vortheil als auf den der Gesellschaft bedacht. Zwei derselben nöthigten, wie Herr Triepel erzählt, die Tuchfabrik zum Ankauf der Etablissements von Gebhard & Wirth in Sorau, die sie selber ursprünglich zum Zwecke einer Gründung erworben hatten, nun aber, da die Schwindelperiode zu Ende ging, wieder los sein wollten. Vergeblich sträubte sich Fr. Förster, weil er mit Recht fürchtete, die Mittel der Tuchfabrik sehr zu schwächen: die beiden Herren beseitigten seine Weigerung, indem sie gelobten, ihn nicht in Verlegenheit kommen zu lassen. Selbstverständlich vergassen sie ihre Zusage, und einer von ihnen der „Chef eines grossen Schlesischen Bankinstituts", zwang die Tuchfabrik sogar, ihm zur Sicherstellung seiner Forderung eine Hypothek von 300,000 Thaler zu bestellen. Kaum hatte er diese in Händen, als er die Tratten der Tuchfabrik unter Protest zurückgehen liess, und dadurch den ersten Anstoss zum Fall der Gesellschaft gab. Derselbe „Aufsichtsrath" behielt später eine Rimesse von 8000 Pfund Sterling widerrechtlich ein, und als Fr. Förster den Casus zur Sprache bringen wollte, drohte man ihm: „man werde ihn und seine Familie zertreten, wenn er ein Wort über diese Sache verliere". Derselbe „Aufsichtsrath" erstand schliesslich das ursprüngliche

Etablissement der Tuchfabrik für das von ihm geleitete „grosse Schlesische Bankinstitut" um 150,000 Thaler, während auf jenem Etablissement für dieses Bankinstitut 300,000 Thaler Grundschuldbriefe eingetragen waren.

Folgendes sind nun die Fr. Förster'schen „Schöpfungen", wie Herr Triepel sie nennt:

1) **Vereinsfabrik Fallier**, Tuchfabrik in Grünberg. „Geschäftsführende Gesellschafter": Friedrich Förster jun. und Emil Paulig. Hatte bei nur 20,000 Thaler Einzahlung, 500,000 Thaler Schulden contrahirt!!

2) **Züllichauer Vereinsfabrik**, Tuchfabrik. „Geschäftsführende Gesellschafter": Friedrich Förster jun. und August Förster. Hatte 250,000 Thaler gekostet, und ist in der Liquidation für 53,000 Thaler fortgegangen.

3) **Saganer Vereinsfabrik**, Tuchfabrik. Actiencapital 150,000 Thaler, hauptsächlich von Fr. Förster jun. gezeichnet. Kostet dem Cassenverein einen Verlust von ca. 100,000 Thalern.

4) **Schlesische Tuchfabrik** in Grünberg (S. 315). Persönlich haftende Gesellschafter: Fr. Förster jun. und August Förster. 2 Millionen Thaler Actien, welche einst 130 notirten und jetzt werthlos sind. Dazu etwa $1^2/_3$ Million Thaler Schulden.

5) **Niederschlesischer Cassenverein** in Grünberg. Persönlich haftender Gesellschafter: Fr. Förster jun. Directoren resp. Procuristen: G. von Buchholtz (Schwager von Förster), Carl Triepel etc. Verwaltungsrath: August Förster, Robert Eichmann (Schwager von Förster), Martin Sommerfeld, Emil Paulig, Fr. Rätsch, Ed. Seidel, Sigismund S. Abraham. 1 Million Thaler Actien, welche einst über 130 standen, sind werthlos. Unter den ersten Zeichnern befinden sich: Louis

Grossmann (Schwager von Förster) und A. von Lepel in Berlin. Februar 1873 beschloss man 1 Million Thaler neue Actien auszugeben, was der Krach glücklicherweise verhinderte. Bei der Zahlungseinstellung im November 1873 waren über 1 Million Thaler Schulden vorhanden.

6) Wollwaschanstalt von Grossmann, Stephan & Co. in Grünberg mit 120,000 Thaler Capital, von welchem der Cassenverein etwa die Hälfte verloren hat.

7) Rothenburger Wollwasch-Anstalt Despa & Co. Begann schon wenige Monate nach der Gründung zu schwanken und kostet dem Cassenverein und der Tuchfabrik gleichfalls Verluste.

8) Thonwaaren- und Chamottefabrik von Tiedemann, Runge & Co. in Charlottenburg. Gerieth in Concurs und brachte dem Cassenverein eine Einbusse von 170,000 Thalern.

9) Grünberger Baufabrik von Rudolf Veit. „Stiller Theilnehmer": Fr. Förster jun. Gerieth in Concurs und kostet dem Cassenverein einen Verlust von etwa 130,000 Thalern.

10) Grünberger Baugesellschaft. Verwaltungsrath: Friedrich Förster jun. Actiencapital 100,000 Thaler, welches zum grössten Theil verloren ist.

11) Grünberger Bierbrauerei und Spritfabrik. Actiencapital 150,000 Thaler. Gerieth in Concurs.

12) Omnibus- und Droschken-Verein in Grünberg, mit 25,000 Thaler Capital, das hauptsächlich von Fr. Förster jun. gezeichnet, und zum grössten Theil verloren ist.

13) Niederschlesische Maschinenbauanstalt in Grünberg und Görlitz (S. 88). Verwaltungsrath: Friedrich Förster jun., Louis Grossmann (Schwager von Förster), Carl Triepel, Conrad Schiedt etc. Actiencapital 500,000 Thaler, zum grössten Theil von der Familie Förster, von Carl Triepel und A. von Lepel gezeichnet. Gerieth in Concurs.

Friedrich Förster jun. galt als die Vorsehung, als der Wohlthäter Grünberg's, und selbst nachdem Tausende durch ihn unglücklich geworden, gab es dort Leute, die fortfuhren, ihm und seiner Familie Ovationen darzubringen*), die noch heute behaupten, er sei nur der Rachsucht eines „persönlichen Feindes" zum Opfer gefallen. Im Mai 1873 hatte Wien, im November desselben Jahres Grünberg seinen „Krach". 800 Personen aus Stadt und Umgegend, meistens kleine Handwerker, Häusler, Kutscher, Wittwen, unverheirathete Frauenzimmer, belagerten das Gebäude des Cassenvereins, wo sie ihre langjährigen, sauer erworbenen Sparpfennige angelegt hatten. Die Einschüsse, oft nur 100, 25 oder 20 Thaler, beliefen sich zusammen auf 650,000 Thaler, von denen die Hälfte, weil ohne jede Deckung, gänzlich ausfallen wird. „Zu spät, sagt Herr Triepel, machte man die Erfahrung, wie gefährlich gerade derartige verzinsliche Einlagen werden können, wenn man dieselben zur Unterstützung der Industrie verwendet." Er meint, gefährlich für das Bankinstitut; aber doch wol noch gefährlicher für die armen vertrauensseligen Einleger!

---

*) August Förster, obwol im Concurse befindlich und wegen Etiquettenfälschung bestraft, wurde zum Mitglied der Grünberger Handelskammer erwählt!

Der leidenschaftliche Gründer und Speculant Friedrich Förster jun. heisst jetzt im Volksmunde der „Actien-Fritze". Aber man kann ihn auch den „Quistorp Grünberg's" nennen, denn er zeigt mit dem Berliner Quistorp eine grosse Wahlverwandtschaft. Auch er war bei all' seinen „Schöpfungen" mehr oder weniger persönlich „betheiligt", und er hatte sie alle zu einem unentwirrbaren Rattenkönig verknotet, so dass schliesslich immer eine Gesellschaft die andere in den Concurs riss. Auch er hat namenloses Unheil angerichtet, einen ganzen Landstrich ausgeplündert. Selbst Herr Triepel sagt, dass um dieses Einen Mannes willen, „eine Menge grosser und kleiner Firmen ihre Zahlungen haben einstellen müssen, und die jüngst noch blühende Industrie Grünberg's auf Jahre hinaus vernichtet, der Wohlstand seiner Bürger aber total untergraben ist".

Eine Anzahl der betrogenen Einleger hat sich zusammengethan, um die Aufsichtsräthe, sowie den spätern Liquidator des Cassenverein, August Lübke in Berlin, im Wege des Prozesses für ihre Verluste verantwortlich zu machen. Im Laufe des Jahres 1876 ist auch die Staatsanwaltschaft wegen verschiedener Fr. Förster'scher „Schöpfungen" eingeschritten, doch verlautet nichts über das Resultat der Massnahmen.

Wir kommen zu den übrigen Webereien und Spinnereien:

Berliner Kammgarn - Spinnerei, vormals Friedrich Christian Winckelmann und Carl Heinrich Ludwig Schwendy. Gegründet 1. November 1871, mit 480,000 Thaler Actien und 150,000 Thlr. Hypotheken, von Max Geim und Louis Löwenherz (Berliner Wechslerbank), Julius Guttentag (Gebr. Guttentag, Louis Liepmann (David Liepmann), Gustav Frenkel und dem Vorbesitzer Fr. Chr. Winckelmann in Berlin. Directoren: Arthur Winckelmann und Clemens Winckelmann. Aufsichtsräthe u. A.: Hermann Reimann (F. W. Reimann), Gustav Frenzel, Julius Liepmann und Commerzienrath Hermann Egells in Berlin. Die erste und einzige Dividende für das um 10 Monate zurückgeschrobene Geschäftsjahr betrug 7½ %. Cours Ende 1876 etwa 10.

Dannenberger'sche Kattunfabriken, vormals Benjamin, Louis und Georg Liebermann in Berlin. Gegründet October 1872 von der Preuss. Boden-Credit-Actienbank und ihrer Tochter, der Preuss. Credit-Anstalt (Richard Schweder und Landrath a. D. Alfred Jachmann), von Geh. Commerzienrath Benjamin Liebermann, Kammerherrn Louis von Prillwitz und dem Abgeordneten, Geh. Oberregierungsrath und Director des Königl. Preuss. Statistischen Büreaus, Dr. Ernst Engel in Berlin. Vorstand: Chemiker Nicolaus Heinrich Schiffert. Der angebliche Uebernahmepreis war 2½ Millionen Thaler (!), ohne die Kupferwalzen und die Vorräthe, welche extra bezahlt wurden!! Actiencapital 2,900,000 Thaler und 500,000 Thaler Hypotheken!!! Herr Engel hat 50,000 Thaler Actien gezeichnet. — — Die Vorbesitzer Liebermann übernahmen 850,000 Thaler Actien und zahlten an die Gesellschaft 70,000 Thaler als angeblichen Gewinn pro IV. Quartal 1872 heraus. Eine Lockspeise für die unglücklichen Actionäre! Die Gründung war so grausam, dass Herr Richard Schweder die Einführung der Actien an der Börse bis zum März 1873 verzögerte, wo es nun einen argen Scandal gab, bei welchem der Procurist der Preuss. Boden-Credit-Actienbank und der Adjutant Schweder's, Herr Wilhelm (Wolf) Paradies in grosse Gefahr gerieth und sich nur durch eilige Flucht errettete. Die Israeliten, welche Schweder mit „Cattun" „betheiligt" hatte, und die jetzt „Cattun" „abnehmen" sollten, geriethen, ob des ihnen drohenden Verlustes in eine Berserkerwuth, denn es lag hier der eigenthümliche Fall vor, dass die Juden sich untereinander betrogen hatten. Eine ganze Reihe der Biedermänner liess sich auf Abnahme des „Cattun" verklagen, und einige gewannen auch den Prozess, wegen der bei der Gründung vorgekommenen „Unlauterkeiten".

Unter Andern hatte ein Stuttgarter Bankhaus 10,000 Thaler Actien consortialiter zum Course von 92 gezeichnet, und darauf 1000 Thaler angezahlt. Als es, nach dem Fiasco an der Berliner Börse, 9600 Thaler abnehmen sollte, verweigerte es solches, und Herr Schweder liess die Actien durch einen Makler verauktioniren, der dafür nur 40³/₄ % erzielte. Nun wurde gegen das Stuttgarter Bankhaus auf Erstattung von 4447 Thaler geklagt, aber die Klage abgewiesen, weil die Preussische Boden-Credit-Actien-Bank stets nur das Actiencapital mit 2,000,000 Thaler bezeichnet hatte, während es in Wirklichkeit 2,900,000 Thaler betrug. Der Richter stellte fest, dass die Bank dolose gehandelt, und Herr Richard Schweder wurde in drei Instanzen auch noch zur Zurückzahlung der abschläglich erhaltenen 1000 Thaler verurtheilt.

Das erste Geschäftsjahr ergab, hauptsächlich durch den Zuschuss der obigen 70,000 Thaler, eine Dividende von 6%, und für den Vorstand 4600 Thaler Tantième! Für 1874 erhielten die Actionäre 1 %, für 1875 und 1876 — 0. Cours noch ca. 15.

Société d'impression alsacienne, Stoffdruckerei, vormals Frank und Boeringer zu Mühlhausen im Elsass. Gegründet März 1873 mit 1 Million Thaler Actiencapital, von Hugo

Hermann Bodstein, Hirsch Beer sen., Georg Boer und Rudolf
Molenaar in Berlin, Heinrich Alexander in Hamburg etc. Be-
triebs-Resultate sind nicht veröffentlicht. Ohne Börsencours.
**Schlesische Wollwaarenfabrik, vormals Joseph Beer
seelige Wittwe in Liegnitz.** Gegründet Januar 1872 von
den Vorbesitzern Beer, von Hermann Geber, Rauff & Knorr
in Berlin, Ferd. Schönheimer in Leipzig etc. Actiencapital
530,000 Thaler. Aufsichtsrath: Hermann Leubuscher, Moritz
Michels, Julius Pickardt und Ed. Herzberg in Berlin, Max
Beer in Liegnitz, Dr. Salo Feige in Breslau. Director: Feodor
Beer. Im Prospect stellten die Vorbesitzer eine Dividende
von 15 bis 20% in Aussicht, und garantirten für drei Jahre
8%; erfüllten diese Garantie aber nur im ersten Jahr, verweigerten weitere Zahlungen und liessen sich, mit Hülfe der
übrigen Gründer, gegen eine Abfindung von 10,000 Thalern
lossprechen. Einzelne Actionäre strengten die Klage an,
drangen aber nicht durch. Das Stadtgericht Berlin wies sie,
als zum Prozesse nicht legitimirt, einfach ab. Das Kreisgericht Liegnitz dagegen verurtheilte die Verklagten, welche
den gewöhnlichen Einwand der Gründer erhoben: der Prospect
sei ohne ihr Wissen und ohne ihre Zustimmung erlassen —
zur Zahlung, falls sie diese ihre Behauptung nicht eidlich erhärteten. „Die Generalversammlung ist nur Organ der Actiengesellschaft als solcher", führte der erste Richter aus, „nicht
der einzelnen Actionäre in ihrem Gegensatz zur Gesellschaft,
und es kann daher die Generalversammlung auch nur über
Rechte der Gesellschaft, nicht über Einzelrechte der Actionäre
gültig beschliessen." Das Liegnitzer Kreisgericht verwarf also
den Hocuspocus der Generalversammlungen, die stets von den
Gründern geleitet und beherrscht werden, und nahm sich der
schutzlosen Actionäre an. Aber was geschah! Das Appell-
gericht Glogau stiess diese Entscheidung wieder um und entschied in Uebereinstimmung mit dem Berliner Stadtgericht
der Einzelactionär ist durch die Beschlüsse der Generalver-

sammlung gebunden, die hier auf die garantirte' Dividende
verzichtet hat. — So entgegengesetzt lauten gar häufig die
Rechtsanschauungen und Urtelssprüche der Gerichte; namentlich in Gründersachen, wo die Richter hin- und herschwanken,
und bis vor Kurzem, in Civil- wie in Criminalprozessen,
meistens gegen die Actionäre entschieden.

December 1874, als der Cours 15 Brief stand, wurden
zwei Drittel der Actien gemeuchelt, Juni 1876 die Liquidation
beschlossen, und dann kaufte das Etablissement um ein
Billiges der frühere Director und Mitvorbesitzer, Feodor Beer,
in Gemeinschaft mit dem bisherigen Aufsichtsrath, Dr. Salo
Feige.

Hirsch Beer sen., der Vater von Feodor Beer und Beer &
Herzberg in Berlin, der Schwiegervater des Ferdinand Schönheimer'schen Bankvereins in Leipzig, ist ein alter bemooster
Gründer, u. A. auch bei den Bischweiler Tuchfabriken und
der Société d'impression alsacienne betheiligt.

Eilenburger Kattun - Manufactur, vormals Robert
Schwerdtfeger und Hermann Thikötter in Eilenburg, welche
die Leitung behielten, und im Prospect 17½ % Dividende
vorrechneten. Actiencapital 300,000 Thaler und 100,000 Thaler
Hypotheken. Gegründet Anfang 1873 von den Vorbesitzern
und von der Halle'schen Credit-Anstalt. Aufsichtsrath: H. R.
Michaelis, Albert Levin und William Daus in Berlin, Richard
Michaelis und Theodor Eisentraut in Halle a. S., Bürger-
meister Emil Schrecker in Eilenburg, Banquier H. Pückert in
Leipzig. Die Actien wurden u. A. aufgelegt bei der Nord-
deutschen Grundcreditbank in Berlin und bei Stephan &
Schmidt in Königsberg i. Pr. Dividende pro 1875/76 — 2%.
Cours etwa noch 20.

Schlesische Leinenindustrie, vormals C. G. Kramsta &
Söhne in Freiburg i. Schl. Gegründet November 1871 von
der Deutschen Unionbank in Berlin, dem Schlesischen Bankverein und Gebrüder Guttentag in Breslau. Actiencapital

3,600,000 Thaler!!! Davon übernahmen die Vorbesitzer, Georg von Kramsta und Emil Wuthe in Breslau, 1 Million Thaler. Aufsichtsräthe: Commerzienrath J. Friedenthal (Gebr. Friedenthal), Moritz Cohn (Gebr. Guttentag) und Director Fromberg (Schlesischer Bankverein) in Breslau, Julius Kauffmann (Meyer Kauffmann) in Tannhausen (Schlesien), Louis Liebermann (Liebermann & Co.), Julius Reichenheim (N. Reichenheim & Sohn) und Abgeordneter, Stadtrath Adolf Hagen in Berlin, Abgeordneter Dr. Egmont Websky (E. Websky & Hartmann) in Wüste-Waltersdorf (Schlesien), und die Vorbesitzer Georg von Kramsta und Emil Wuthe. Für diese überaus theuere Gründung machten eine ganz besondere Reclame die „Nationalzeitung" in Berlin und die „Breslauer Zeitung". Die Herren Aufsichtsräthe haben sich, falls die Dividende 5% erreicht, vorweg 5% Tantième zugesichert, und betrug dieselbe von 1872 bis 1875, bei 10, 9, 7½ und resp. 8% Dividende — 15,000 bis 20,000 Thaler im Jahr, was also pro Mann ein Trinkgeld von fast 2000 Thalern jährlich ergab. 1876 entfielen nur 5⅓% Dividende, und als Douceur für den Aufsichtsrath nur 9600 Thaler. Dagegen wurden die Actionäre mit der Nachricht überrascht, dass man für sie die Villa des Herrn von Kramsta in Freiburg angekauft habe! Cours einst 120, jetzt noch ca. 60.

Erdmannsdorfer Spinnerei in Schlesien, früher der Preussischen Seehandlung gehörig, und gegründet September 1872 von Robert Thode & Co. und der Preussischen Credit-Anstalt (Richard Schweder) in Berlin, welche 1½ Million Thaler Actien zum Course von 103½ (!) auflegten, und ausserdem 1 Million Thaler Prioritäten fabricirten, die der Seehandlung verpfändet sind. Aufsichtsräthe u. A.: Geh. Commerzienrath Emil Stephan, und Geheimer Oberfinanzrath Scheller in Berlin, „Generaldirector" Kolb in Viersen und Commerzienrath Richter in Muskau. Im Prospect heisst es: „Nach den eigenen Aeusserungen Seiner Excellenz des Herrn

Finanzministers (Camphausen) in der Kammer, war das Durchschnittserträgniss, nach sehr hoch bemessenen Abschreibungen, 8% des gesammten benutzten Capitals." — Die neue Gesellschaft vertheilte für das erste Geschäftsjahr von 3 Monaten (!) 9%, 1873 — 7% Dividende und 13,800 Thaler Tantièmen! 1874 gab es 4, 1875 — 1% Dividende. 1876 soll nach den Meldungen der Börsenblätter mit grossem Verlust abschliessen. Cours noch ca. 15.

Sächsische Nähfadenfabrik, vormals Rudolf Heydenreich bei Chemnitz. Gegründet Februar 1872 von M. Schie Nachfolger in Dresden mit 850,000 Thaler Actien, welche auch Bein & Co. in Berlin und Becker & Co. in Leipzig auflegten. Dazu 150,000 Thaler Hypotheken. Der Vorbesitzer übernahm einen Posten Actien und trat in den Aufsichtsrath, dem noch angehörten: Geheimer Hofrath Kohl, Geh. Commerzienrath Richard Hartmann, Commerzienrath Max Hauschild und Alexander Wiedemann in Chemnitz, Franz Hachez in Dresden, F. W. Duerfeld in Zschopau. Vorstand: V. Duerfeld. Dividenden: 9, 8, 5% und 0. Der frühere Director, welcher entlassen wurde, hatte auch pro 1875/76 einen Gewinn von ca. 55,000 Thalern herausgerechnet, wogegen sein Nachfolger 33,000 Thaler Verlust feststellte. Grosse Uregelmässigkeiten wurden kund, und einige Actionäre beabsichtigten, den Vorbesitzer regresspflichtig zu machen. Cours einst 110, jetzt ca. 25.

Sächsische Kammgarnspinnerei, früher C. F. Solbrig in Harthau bei Chemnitz. Gegründet September 1871, mit 680,000 Thaler Actien und 150,000 Thaler Hypotheken, von M. Schie Nachfolger in Dresden, Bein & Co. und Julius Alexander in Berlin. Director: Fr. Aug. Solbrig. Vorsitzender des Aufsichtsraths: Advocat Hermann Weber I in Chemnitz. Dividenden: 12, 5, 0, 2⅓ und 0%. 1875/76 schloss mit ca. 50,000 Thaler Verlust. Cours einst 120, jetzt ca. 20.

Deutsche Jute-Spinnerei und Weberei in Meissen. 400,000 Thaler Actien und 200,000 Thaler Prioritäten. Aufsichtsrath: Gustav Schmidt, Hugo von Boddin, Emil Quellmalz, Ernst Justus Burckhardt. Dividenden 0.

Sächsische Wollgarnfabrik, vormals Gebrüder Eckhardt in Grossenhain. Gegründet Februar 1872 mit 350,000 Thaler Actien. Vorstand: Eduard Eckhardt. Aufsichtsrath: Finanzprocurator Gustav Lorenz und Fabrikbesitzer August Zschille in Grossenhain, Geheimer Hofrath Kohl in Chemnitz, M. Schie Nachfolger in Dresden, Gebrüder Alexander in Breslau, Julius Martin Friedländer in Berlin. 1875 liquidirte man, und zu den Liquidatoren gehörte Herr Emil Quellmalz in Dresden. Die Liquidation ergab pro Actie — 1 Thlr. 10 Sgr., und Herr Eduard Eckhardt, der das Etablissement wieder übernahm, war so edel, jedem Actionär noch 10 Thaler extra zu „schenken"!

Braunschweigische Actiengesellschaft für Jute- und Flachs-Industrie. Gegründet 1868 mit 750,000 Thaler Actien. Aufsichtsrath: O. Häusler, Ritter Friedrich von Voigtländer und Ferd. Ebeling in Braunschweig, F. Dubbers in Bremen, Julius Nelke (A. Paderstein) in Berlin. Letzte Dividenden 0. Cours einst 112, jetzt ?

Dunkel ist das Schicksal folgender Gesellschaften, insofern die Börsenzeitungen ihrer nicht mehr erwähnen, und sie von den Courszetteln entweder verschwunden sind, oder auf denselben überhaupt nie figurirten:

Chemnitzer Seiden- und Seiden-Shoddy-Spinnerei in Erfenschlag. Gegründet März 1870 mit 300,000 Thaler Actien, von Commerzienrath E. A. Krause und L. Eichborn („Effecten-Licitations- und Disconto-Bank") in Berlin, Rechtsanwalt Richard Schanz in Dresden.

Sächsische Floretseiden-Spinnerei zu Falkenau bei

Chemnitz. Vorsitzender des Aufsichtsraths: Commerzienrath Fedor Zschille in Grossenhain.

Niederrheinische Flachs-Spinnerei, früher Mevissen und Koch in Dülken. Gegründet September 1871 mit 600,000 Thaler Actien.

Kunstwollfabrik von Kückelhaus & Co. und Baumwollen-Spinnerei von Troost & Co. in Louisenthal bei Mülheim a. d. Ruhr. Gegründet 1872 mit 425,000 Thaler Actien. — Die 1856 von dem Abgeordneten Dr. Hammacher und Genossen gegründete Louisenthaler Druckerei, Weberei und Spinnerei gerieth in Concurs.

Dresdner Nähmaschinen-Zwirn-Fabrik. Gegründet December 1871 mit 150,000 Thaler Actien, welche Lüder & Tischer in Dresden auflegten. Direction: Wilh. Eichelt und Albert Greve. Aufsichtsrath: Advocat Max Zwicker in Dresden. 1873 keine Dividende.

Maschinenbandweberei zu Johanngeorgenstadt, vormals Max Unger. Gegründet Juli 1871 mit 225,000 Thaler Actien, aufgelegt bei Hammer & Schmidt in Leipzig und M. Schie Nachfolger in Dresden. Den Prospect, welcher 10—14% Dividende versprach, hatten unterzeichnet: Commerzienrath Breitfeld, Stadtrath Wilh. Kircheisen, C. G. Dörffel Söhne in Eibenstock, Advocat Bornemann, Georg Claus und Stadtältester Franz Wilisch in Schneeberg.

Seilerwaarenfabrik in Wurzen. Gegründet April 1872 mit 250,000 Thaler Actien, von der Geraer Bank, von J. G. A. Seyffert, Advocat Carl Ludwig Langbein und Fr. Krietsch sen. in Wurzen, Joh. Fr. Aug. Schütz, Gustav Goetze und Richard Fränkner in Leipzig, H. H. Bodstein, Director der Allgemeinen Deutschen Handelsgesellschaft in Berlin.

Mechanische Flachsspinnerei in Tilsit. Gegründet September 1871 mit 235,000 Thaler Actien, welche Helfft Gebrüder in Berlin auflegten.

Insterburger Actien-Spinnerei. Gegründet April 1871

mit 275,000 Thaler Actien. Directoren: B. M. Weinstein und Julius Blechschmidt in Insterburg. Verwaltungsrath: Geh. Commerzienrath Moritz Simon (Simon Wittwe Söhne), Adolf Samter und Carl Jacob in Königsberg i. Pr., Abgeordneter Rittergutsbesitzer von Simpson-Georgenburg etc. Für das erste Geschäftsjahr von 7 Monaten (!) wurden 5³/₄ Thaler als 9⁰/₇ % Dividende vertheilt. 1876 schloss mit 17,000 Thaler Verlust.

Elbinger Dampfspinnerei. Gegründet 1872 von dem Geh. Commerzienrath Moritz Simon (Simon Wittwe Söhne) in Königsberg i. Pr.

Hagenauer Spinnerei und Weberei, früher Horstmann & Co. zu Hagenau im Elsass. Gegründet October 1872 mit 200,000 Thaler Actien, von dem früheren Abgeordneten, Consul Gustav Müller, Ismar Neumann und Max Altmann (Neumann & Co.) und Louis Lübke in Berlin.

Weissthaler Actien-Spinnerei, früher A. H. Reimann zu Weissthal-Kockisch in Sachsen. Verspätete Gründung, noch Juni 1875 gewagt von August Hermann Reimann (F. W. Reimann), Paul Calmus etc. in Berlin. Grundcapital 200,000 Thaler.

Die Gründung der Erdmannsdorfer Spinnerei, bis dahin der Preussischen Seehandlung gehörig, und das traurige Schicksal dieser Gründung liefern wieder ein schlagendes Beispiel von dem unheilvollen Treiben der manchesterlichen „Volkswirthe" im Parlament.

Die Seehandlung, ein seit 1772 bestehendes Staatsinstitut, besass eine Reihe von industriellen Etablissements, die sich mehr oder weniger in blühendem Zustande befanden, und durchweg eine gute Rente abwarfen. Trotzdem oder gerade deswegen verlangten die „Volkswirthe" die Veräusserung dieser

Etablissements, indem sie bald die Erträge für zu
gering erklärten und nachdrücklichst versicherten, ein
Privatbetrieb müsse ungleich höhere Gewinne erzielen,
bald ihren alten unsinnigen Lehrsatz wiederkäueten:
der Staat als solcher dürfe sich mit dergleichen nicht
befassen, dürfe selber weder Gewerbe noch Handel
treiben. Leider vermochte die Regierung, in der.
ja selber Manchesterleute sitzen, diesem Andrängen
nicht zu widerstehen, und so musste die Seehandlung
ein Etablissement nach dem andern abstossen. Besonders nachgiebig erwies sich der Finanzminister
Herr Camphausen, und als die parlamentarischen
„Volkswirthe“ in der Session von 1871, also mitten
in der Schwindelperiode, stürmischer denn je forderten, die Regierung möge mit dem „unergiebigen“
Besitz der Seehandlung reinen Tisch machen, entschloss
sich der Minister auch die Erdmannsdorfer Spinnerei
zu opfern. Nach einer Mittheilung der „Neuen Börsenzeitung“ sollten Käufer, „die des Gründens verdächtig
sind“, nicht zugelassen werden, aber gerade professionelle Gründer erhielten den Zuschlag: Robert
Thode & Co. und die Preussische Boden-Credit-Actien-
Bank (Richard Schweder). Welchen Preis sie gezahlt,
ist nicht einmal dem Landtag genau bekannt geworden, aber Herr Sonnemann aus Frankfurt a. M.,

der zu den „Wissenden" gehört, versicherte am
4. April 1873 im Deutschen Reichstag, der Gründer-
verdienst sei ein so grosser gewesen*), dass der Regierung die Pflicht obgelegen hätte, die Kaufsumme
zu veröffentlichen, und da sie dies nicht gethan, so
treffe sie der Vorwurf, dazu beigetragen zu haben,
um „das Publikum täuschen zu lassen". Trotz des
enormen Gründeraufschlages wurden die Actien zum
Course von 103½ aufgelegt!

Nicht nur, dass die Regierung den Raub an den
unglücklichen Actionären ruhig geschehen liess, sie
erwies sich den Gründern auch in anderer Weise
gefällig. Ausser 1½ Millionen Thaler Actien fabricirten Thode und Genossen noch 1 Million Thaler
Prioritäten, und diese belieh die Seehandlung, für
welche auf dem verkauften Etablissement eine Cau-
tions-Hypothek eingetragen wurde. Während die
Erdmannsdorfer Spinnerei unter fiscalischer Verwaltung, bei „sehr hoch bemessenen Abschreibungen",
durchschnittlich 8% Reinertrag abwarf, hat die mit
2½ Millionen Thaler belastete Actiengesellschaft

---

*) Nach einer Version zahlten die Vorkäufer 950,000 Thlr.,
und sie brachten das Etablissement in die Actiengesellschaft
für 1,250,000 Thaler ein, aber ohne die „Vorräthe"! Die Beute
der Gründer würde also auf 400,000—500,000 Thaler, gleich
50%, zu veranschlagen sein!!

pro 1875 nur 1% Dividende vertheilen können, und
1876 soll sogar mit grossem Verlust schliessen. Daher
sind die Actien bis etwa 15 gesunken, daher wird
die Seehandlung, wegen weiterer Belassung des Lom-
barddarlehns, neuerdings schwierig, und leicht kann
sie in die Lage kommen, das Etablissement wieder
zurücknehmen zu müssen.

Man sollte nun glauben, solch skandalöse Vorgänge würden die „Volkswirthe" etwas einschüchtern.
Aber weit gefehlt! Noch am 2. März 1876 forderte
der fortschrittliche Abgeordnete, Kaufmann Louis
Uhlendorff aus Hamm in Westphalen, unter Vorfüh-
rung derselben stereotypen Phrasen, frank und frei den
Verkauf der Bromberger Mühlen, welche gleichfalls
der Seehandlung eignen; und der Regierungscom-
missar, anstatt den Herrn mit einem Hinweis auf
das Schicksal der Erdmannsdorfer Spinnerei ordentlich abzutrumpfen, antwortete nur schüchtern: Die
Regierung sei zwar principiell durchaus nicht gegen
den Verkauf, aber einstweilen müsse derselbe auf
Einspruch des Handelsministers, im Interesse der
Flösserei und Schifffahrt, die sonst sehr geschädigt
würden, noch unterbleiben.

In derselben Sitzung hatte Herr Eugen Richter
den Muth, den Finanzminister Camphausen ausdrück-

lich zu beloben, dass dieser „den Kreis der Geschäfte der Seehandlung verringert durch die Veräusserung der Erdmannsdorfer Spinnerei", und dass er „die Auflösung der Berliner Leihanstalten in Anregung gebracht". Herr Camphausen ist der constitutionelle Musterminister der vereinigten „Liberalen", und dem Verlangen der parlamentarischen „Volkswirthe" gemäss, wollte er mit dem Schlusse des Jahres 1875 die Königlichen Leihämter in Berlin, die auch unter Verwaltung der Seehandlung stehen, aufheben und sie der Stadt überlassen. Aber die städtischen Behörden verweigerten die Uebernahme, und der grosse Volkstribun Eugen Richter erklärte in der Stadtverordneten-Versammlung: die Leihämter dienten vorzugsweise dem Leichtsinn. Auf ein Haar hätten die armen kleinen Leute ihre letzte Zufluchtsstätte verloren, wären sie den in Berlin wie Ungeziefer sich mehrenden Blutsaugern von Pfandscheinschiebern und Rückkaufshändlern auf Gnade und Un- gnade überantwortet worden — da erbarmte sich ihrer die Regierung und liess die Leihämter einst- weilen noch fortbestehen. Doch Herr Eugen Richter ist ein „Volkswirth" von unerschütterlichen Grund- sätzen, und deshalb fügte er dem Lobspruch, den er dem Finanzminister ertheilte, die Mahnung bei: „Ich

wünsche, dass die Auflösung (der Leihämter) im Interesse der Berliner Bevölkerung sich möglichst bald
vollziehe" — indess Herr Camphausen scheint dieser
Mahnung neuerdings doch nicht mehr nachkommen
zu wollen.

An jenem Tage fand gegen die Seehandlung überhaupt, die als Bankinstitut den jüdischen Banquiers
ein Dorn im Auge ist, ein neuer grosser Ansturm
statt. Aber die Rollen waren gewechselt. Früher
hatten Lasker und Eugen Richter die Seehandlung,
als gemeinschädlich und verfassungsgefährlich, scharf
bekämpft, und es durchgesetzt, dass der Finanzminister das Capital derselben reduciren musste;
doch heute vertheidigten sie Beide die Sechandlung
mit allem Aufgebot christlicher und jüdischer Dia-
lektik. Den Angriff leitete der Mecklenburgische
Ritter, Herr von Kardorff, der Vertraute des Herrn
Gerson von Bleichröder, dem er bei verschiedenen
grausam grossen Gründungen geholfen, und um des-
sentwillen er sich auch vom Freihandel zum Schutzzoll bekehrt hat. Aus zärtlicher Liebe zu der nothleidenden Laurahütte, einer natürlichen aber schreck-
lich missrathenen Tochter des Herrn von Bleichröder,
die Herr von Kardorff aus der Taufe gehoben, schwärmte
dieser wandelbare Edelmann für das Fortbestehen

der Eisenzölle, und aus dankbarer Verehrung für
Laura's tiefbekümmerten Vater agitirte er für die
Aufhebung der Seehandlung, welche er vor kaum
drei Jahren gegen die Herren Lasker und Eugen
Richter gar hoch gerühmt und gepriesen, weil dieselbe inzwischen Herrn von Bleichröder zu Gunsten
der Disconto-Gesellschaft vernachlässigt hatte. Um
dies zu verstehen, muss man Folgendes wissen:

Ehe Herr Camphausen das Finanzministerium
erhielt, war er bekanntlich Präsident der Seehandlung.
Schon damals stand er zur Disconto-Gesellschaft in
freundschaftlichen Beziehungen, und nachdem er Minister geworden, bewies er ihr noch grössere Gunst.
So liess er ihr 1872, während des Gründungsschwindels, durch die Seehandlung aus den Beständen des
Staatsschatzes drei Millionen Thaler gegen $2^{3/4}\%$
Zinsen und ohne Unterlage vorstrecken! Ein Freund-
schaftsstück, das denn doch die Amtsbefugniss des Herrn
Ministers weit überschritt und das für ihn sehr gefährlich hätte ablaufen können!! Diese unerlaubte
Zuwendung von Staatsgeldern an die Disconto-Gesellschaft, die damals theils auf eigene Hand, theils in
Verbindung mit Gerson Bleichröder leidenschaftlich
der Gründerei oblag, verletzte das zartbesaitete Ge-
müth des Letzteren gar sehr, und brachte die beiden

Kameraden etwas auseinander. Ebenso bestand eine gewisse Rivalität zwischen der Seehandlung und der Preussischen Bank, deren Präsident, Herr von Dechend, nicht dem Finanzminister, sondern dem Handelsminister untergeben war. Herr Camphausen hat sich wiederholt mit den Massnahmen der Hauptbank nicht einverstanden erklärt, und andererseits wurden wieder Klagen laut, dass die Seehandlung die Disconto-Politik der Hauptbank gefährde und durchkreuze. Nachdem die Preussische Bank, Dank Herrn Ludwig Bamberger, in die Reichsbank umgewandelt, tritt jene Rivalität noch schärfer hervor, erschallen diese Klagen noch lauter. An jenem Tage gab ihnen nun namentlich Herr von Kardorff beredten Ausdruck; er verstieg sich zu der Behauptung, dass „zu der grossen Ueberspeculation" (soll heissen: Gründungswuth) der Schwindeljahre hauptsächlich die Seehandlung mit beigetragen habe, und dass die selbständige Existenz derselben neben der Reichsbank gar nicht zu dulden sei. Ihm secundirte Herr Professor Nasse aus Bonn, ein sehr blasser, noch stark im Manchesterthum steckender „Kathedersocialist", der gleichfalls für Aufhebung der Seehandlung plaidirte, und es für weiser und constitutioneller hielt, disponible Staatsgelder der Reichsbank, wenn auch nöthigenfalls zinslos (!) zu über-

weisen. Der conservative Abgeordnete von Wedell-
Malchow wollte die Seehandlung nicht aufheben, sondern ihr nur die Betheiligung an Consortialgeschäften
untersagen; und obwol dieser Herr auch bei mehren
Gründungen thätig gewesen ist, so verdient seine Rede
doch volle Beachtung.

Er warf der Seehandlung mit Recht vor, dass sie
ihren Charakter als Staatsinstitut compromittirt habe,
indem sie bei den fragwürdigsten Gründungen und
Emissionen von S. Bleichröder, der Disconto-Gesellschaft und Anderen Hülfe leistete, als Agent und
Commissionär der grossen Gründerhäuser auftrat,
und dadurch ebensowohl das Publikum wie das
Reich geschädigt hat. Beispielsweise war die Seehandlung in der Schwindelperiode consortialiter betheiligt an den Russischen Centralbodencreditpfand-
briefen, an den Actien und Obligationen der Gott-
hardbahn, an den Prioritäten von Halle-Sorau-Guben
und Hannover-Altenbecken, an den Actien des Bergwerks Gelsenkirchen und an den Partial-Obligationen
der Dortmunder Union — lauter Papieren, die heute
mehr oder weniger anrüchig sind, und die fast alle
am Course so erschrecklich verloren haben. Gelsenkirchen, noch kurz vor dem Krach verübt, bezeichnet
den Gipfel der Agiotage. Die 50procentigen Interims-

scheine wurden à 118% ausgegeben, also zum Course von 136, und alsbald getrieben bis 175, was einem Course von 250 entspricht. Da das Grundcapital 4½ Millionen Thaler beträgt und die Vollactie heute nur noch etwa 80 notirt, ist das Publikum bei dieser einzigen Gründung um 4—5 Millionen Thaler geprellt. Die Partial-Obligationen der famosen Dortmunder Union in Höhe von 6 Millionen Thaler fanden an der Börse kein Unterkommen mehr, und die Seehandlung hat sie beliehen, kann aber dabei sehr zu Schaden kommen, da die ganze „Union" schwerlich so viel werth ist wie die bestellte Hypothek. Die Seehandlung hat dem Reichsinvalidenfonds die Unmasse ungarantirter Eisenbahnprioritäten zugeführt, die heute kaum verkäuflich und überhaupt von zweifelhaftem Werthe sind; und selbst Herr Eugen Richter äusserte in jener Sitzung, sie habe aus Freundschaft für ihre Consortien etwas theuer gekauft, und sie hätte vielleicht andere Papiere besorgt, wäre sie nicht bei Halle-Sorau-Guben und Hannover-Altenbecken selber betheiligt gewesen. Alle diese Consortialbetheiligungen, Lombardgeschäfte und die Ankäufe für den Reichsinvalidenfonds waren zumeist Liebesdienste, welche die Seehandlung der Disconto-Gesellschaft der Herren von Hansemann und Miquel er-

wies, und theils das Publikum, theils der Staat haben
die Unkosten tragen müssen.

Alle Parteien, alle Redner, auch die Herren Lasker und Eugen Richter, waren einig in der Verurtheilung der Seehandlung; Niemand mochte sie von
den begangenen Sünden freisprechen, das ganze Haus
gab schweigend zu, dass sie sich in schlechter Gesellschaft bewegt und durch ihre Aufführung auch
die Regierung in üblen Geruch gebracht hat. Die
Vertheidigung des Regierungscommissars, „vorbehalt-
lich einer bessern Einsicht seines hohen Herrn Chefs“,
war matt; und der „hohe Herr Chef“, Minister Camphausen, wusste eigentlich auch nichts weiter zu sagen,
als dass er auf die „Verleumdungsära“ anspielte und
schwermüthig fragte: „Was ist denn noch überhaupt
in neuerer Zeit gegen Klagen und Verdächtigungen
geschützt gewesen? War das irgend ein Institut,
war das irgend eine Person?“ — — Das rührte die
vereinigten „Liberalen“, und wiewol Herr Eugen
Richter die Seehandlung „eine Sparbüchse für Staats-
streiche“ nannte, ein Mittel, wodurch „das Ministerium
ohne Genehmigung des Landtages sich Geld verschaffen kann“ — so stimmten sie doch, gegen ihre
eigene Ueberzeugung und gegen ihre eigenen Wünsche,
für das Fortbestehen der Seehandlung in ungeschmä-

lerter Competenz, bloss um, wie sie erläuterten, dem
Finanzminister kein Misstrauensvotum geben zu lassen.

Herr Camphausen bewies sich wieder als der constitutionelle Musterminister, indem er äusserte: „Die
Seehandlung ist eine der Eigenthümlichkeiten des
Preussischen Staatswesens, und wenn mir die Aufgabe
gestellt würde, diese Eigenthümlichkeit rein aus philosophischen Gründen begründen zu sollen, wenn mir
die Pflicht auferlegt würde, die absolute Nothwendigkeit nachzuweisen, dass der Staat ein solches Institut haben müsse, dann würde ich vor dieser Aufgabe zurückschrecken." Herr Camphausen schien
durchblicken zu lassen, dass eine Aufhebung oder
doch Umgestaltung der Seehandlung wol in späterer
„ruhigerer" Zeit erfolgen könne; und namentlich das
gewann ihm die Stimmen der vereinigten „Liberalen".
Aber auch dazu dürfte nicht die geringste Aussicht
sein. Die Regierung würde sehr unvorsichtig handeln,
wollte sie, zumal jetzt, wo sie schon die Preussische
Bank geopfert hat, auch noch die Seehandlung eingehen lassen. Die Seehandlung ist der Banquier des
Staats, der ihm zu allen Zeiten die grössten Dienste
geleistet, der ihm bei Anleihen, Finanzoperationen etc.
stets rathend und helfend zur Seite gestanden hat.
Ohne die Seehandlung wurde die Regierung, z. B.

bei einem Conflict mit dem Parlament, schachmatt
gesetzt werden können, in die drückendste unwür-
digste Abhängigkeit von der Bamberger'schen Reichsbank gerathen, die thatsächlich von einem, vorwiegend
aus Juden und Judengenossen zusammengesetzten
„Centralausschuss", von dem Sanhedrin oder Hohen
Rathe zu Neu-Jerusalem regiert wird. Zwischen
beiden Instituten besteht ein himmelweiter Unterschied. Die Seehandlung ist eine Deutschconserva-
tive Staatsanstalt, die Reichsbank dagegen ist blos
eine Semitisch-nationalliberale Actiengesellschaft, die
auch eines schönen Tages krachen und liquidiren kann.

Eine dritte Gruppe von Gründungen bilden die
nachstehenden Gesellschaften:

Appretur, Decatur und Färberei, vormals C. G. Ullrich
in Berlin. Gegründet November 1871 von Isidor Mamroth,
Oscar Mamroth, Ferdinand Oppenheim (Oppenheim & Co.)
und dem Abgeordneten, Geh. Admiralitätsrath Theodor Jacobs
in Berlin, mit 130,000 Thaler Actien und 100,000 Thaler
Hypotheken. Für das erste Geschäftsjahr von drei Monaten (!)
wurden künstlich $2^{1}\!/_{2}$ Thaler pro Actie vertheilt, und dies als
10procentige Dividende bezeichnet!! 1872 und 1873 gab es 0,
1874 — 2 und 1875 endlich 5⁰⁄₀. Die Actien, einst 115, waren
1873, wo man bereits die „Entgründung" versuchte, unter 40
gesunken, und haben sich inzwischen wieder bis ca. 55 erholt.
Von Seiten der Staatsanwaltschaft sind Recherchen angestellt
worden, die jedoch zu einer Anklage nicht geführt haben.
Gleich nach Gründung der Gesellschaft eröffnete der

Bruder des Vorbesitzers eine ähnliche Anstalt, und suchte die
früheren Kunden anzulocken, worauf sich zwischen beiden
Etablissements ein Wettkampf um den Kutscher des alten Geschäfts entspann, den die „Neue Börsenzeitung" gar ergötzlich
folgendermaassen schilderte:

„Eine Appretur und Decatur, kürzlich mit vielen Mühen
in eine Actien-Gesellschaft verwandelt, und jetzt auch nur
deshalb Actien-Gesellschaft, weil die früheren Privat-Besitzer
Haupt-Actionäre sind, hat schon Mühe gehabt, einen Director
zu kriegen, da der alte Besitzer bekanntlich von der Leitung
zurückgetreten ist, und der Bruder desselben gleichfalls nicht
nur abgelehnt, sondern obendrein ein Concurrenz-Geschäft in
unmittelbarer Nähe der alten Firma etablirt hat. Schwerer
aber noch war es den alten Kutscher an die alte Appretur zu
fesseln. Wenn so ein Kutscher mal in's Steigen geräth, ist
er rapider als Lombarden, wenn sich für sie ein Hausse-Con-
sortium gebildet hat. Der Concurrenz-Appreteur, wohl ein-
sehend, dass ein guter Kutscher der eigentliche Director einer
alten Appretur ist, und durch seine Kenntniss der Kundschaft
und dergl. für ein neues Unternehmen von grossem Nutzen
sein müsste, liess die Sirenentöne einer Gehaltserhöhung er-
klingen, statt 15 Thlr. bot er 20 Thlr. Monatslohn. Der
alten Appretur wiederum musste Alles daran liegen, dem
neuen Director den alten Kutscher zu erhalten, sie überbot
daher den Concurrenten und bewilligte 25 Thlr. Dieser setzte
nun 30 Thlr. auf die Karte des Kutschers, was wiederum ein
Gebot von 35 Thlr. Seitens der Gegenpartei zur Folge hatte.
Und so weiter. Der Rosselenker wurde so durch zwei sich
reibende feindliche Elemente auf ein monatliches Gehalt von
60 Thlr. hinaufgeschraubt, und zwar blieb zu diesem Preise
die alte Appretur Régarde über den Kutscher. 60 Thlr. sind
für einen Kutscher eine ziemliche Courssteigerung, und was
Ullrichs Kutscher hier vollbracht hat, das kann Lehmann's
Kutscher nicht."

Die Anspielung auf „Lehmann's Kutscher" ist in Berlin allgemein verständlich, aber für Auswärtige leider nicht übersetzbar. Das Geschichtchen dagegen ist eins unter hundert Beispielen, dass die Lohnsteigerungen und die Strikes, Seitens der Arbeiter und Bediensteten, eine nothwendige Folge der Gründungen waren, und von den Actiengesellschaften systematisch genährt und selber betrieben wurden.

Kunst- und Schönfärberei, vormals Thiele & Seegers in Rummelsburg bei Berlin. Gegründet September 1872. Das Actiencapital mit 323,000 Thaler wurde aufgelegt von Albert Hoffmann & Co. in Berlin, Rossstrasse 6. Dazu 97,000 Thaler Hypotheken. Aufsichtsrath u. A.: Consul Lesenberg in Rostock. Im Prospect rechneten die Vorbesitzer, welche die Leitung behielten und 60,000 Thaler Actien übernahmen, 15½% Dividende vor, und garantirten auf drei Jahre mindestens 10%. Von dieser Verpflichtung liessen sie sich in der Generalversammlung am 7. Mai 1875, wo die wirklichen Actionäre heftig opponirten, entbinden, und zugleich beschloss man, die Hälfte der Actien zu meucheln, um so die grossen Verluste zu decken. Letzte Dividenden 0. Cours auch 0.

Stückfärberei, Appretur und Maschinenfabrik, früher Stadtrath Gebauer in Charlottenburg. Gegründet August 1872 von dem Vorbesitzer, welcher die Leitung behielt, von Isaac Simon (Gebrüder Simon), Commerzienrath Victor Ludwig Wrede, Paul Gravenstein und Bank-Assessor Hermann Löwenfeld in Berlin, Geh. Regierungs-Baurath August von Derschau in Charlottenburg. Aufsichtsrath u. A.: Hermann Richter in Berlin. Uebernahmepreis 650,000 Thaler, ohne die Vorräthe! Actiencapital 650,000 Thaler, welches die Centralbank für Industrie und Handel zum Course von 102 auflegte! Dazu 200,000 Thaler Hypotheken!! Erste und einzige Dividende 5%. Cours etwa noch 10.

Färberei und Appretur, früher Gebrüder Alexander in Schönweide bei Berlin. Gegründet October 1871, mit

430,000 Thaler Actien und 100,000 Thaler Hypotheken, von R. A. Seelig, Hermann Frenkel (S. Frenkel), Julius Friedländer, Jacob Landsberger, Leopold Ring, Siegmund Sobernheim und Adolf Sobernheim in Berlin. Erster Revisor: Hermann Leubuscher in Berlin. Director: der Vorbesitzer Elias Alexander (Gebr. Alexander) in Berlin. Erste und einzige, dazu künstliche Divende 6%. December 1874 begann die „Entgründung", und das Etablissement sollte vor dem Notar Hecker freihändig verkauft werden. Doch fand sich nur Ein Bieter, und derselbe offerirte 105,000 Thaler, was nach Abzug der Hypotheken, etwa 2% für die Actie ergeben haben würde.

Färberei und Appretur, vormals Heinrich Körner in Chemnitz. Gegründet März 1872 mit 400,000 Thaler Actien und 50,000 Thaler Hypotheken. Der Prospect begann höchst schwungvoll: „In Chemnitz, dem Deutschen Manchester etc.", und nannte als Aufsichtsräthe: Leopold Hadra und M. S. Meyer jun. in Berlin, Rudolf Körner (Beyer & Körner), Bruno Sieler und Hermann Breyer in Chemnitz. Von dem Actiencapital, welches die Weimarische Bank und die Geraer Bank auflegten, übernahm der Vorbesitzer, Oscar Körner, 80,000 Thaler, und er behielt auch die Leitung. Die erste Dividende von 7% war gemacht; die zweite und letzte betrug 4%. Um den rasch gesunkenen Cours wieder zu heben, veröffentlichte die Direction, die sich im Uebrigen durch mancherlei Unglücksfälle auszeichnete, periodisch eine vergleichende Uebersicht der gefärbten und appretirten Stücke — einer der zahllosen Kniffe, durch welche man das Publikum zum Anbeissen zu verlocken suchte. Nachdem das Grundcapital um die Hälfte gekürzt ist, notiren die Actien etwa noch 15.

Stückfärberei in Elberfeld. Gegründet März 1872 mit 500,000 Thaler Actien. Verwaltungsrath: August Prisack, Eduard Gebhard, Hermann Boeddinghaus, Hermann Dillenberg, Georg Cohnitz und Albert Kaufmann.

Berliner Wollbank und Wollwäscherei. Entstand

durch Vorkauf des Geschäfts von Alexander Krüger und verschiedener Grundstücke von Siegfried Lövinson, welche Beiden die Gesellschaft December 1871 gründeten in Gemeinschaft mit: Louis Lövinson, Ferd. Jäger, Robert Kemnitz, Hermann Schomburg, Otto Nitze, Director der Rumänischen Eisenbahngesellschaft und Eduard Nitze in Berlin. Actiencapital 250,000 Thaler, welche H. Hirschberg, Spandauer Brücke 7, auflegte. Dazu 193,000 Thaler Hypotheken. Directoren: Alexander Krüger und Ed. Nitze. Aufsichtsrath: Freiherr Otto von Schleinitz. Die Actien, welche einst 112 standen, haben jeden Cours verloren, und Seitens der Staatsanwaltschaft ist eine Untersuchung vorgenommen.

Der Mitgründer Ferd. Jäger, jetzt in Wiesbaden, richtete an den Verfasser dieses Buches einen Brief, worin er sagt: Erst kürzlich aus Amerika zurückgekehrt, wurde ich in der Freimaurerloge von Siegfried Lövinson zu dem Unternehmen überredet, vertraute auf sein Bruderwort, und habe, vielleicht der Einzige, die gezeichnete Summe voll eingezahlt. Als ich später die Handlungsweise der Directoren und Aufsichtsräthe nicht billigen wollte, hat man mich aus dem Verwaltungsrath gestossen. — Wenn die Erzählung wahr ist, so beweist sie nur, dass selbst in gewissen (Simultan-) Logen Gründungen betrieben wurden, und dass auch Freimaurer und Bundesbrüder einander „geleimt" haben.

Woll-Import-Gesellschaft in Berlin. Gegründet April 1872 von Julius Nelke (A. Paderstein), Eduard Freiherr von der Heydt, Abgeordneten Richard Hardt (Hardt & Co.), Franz Mendelssohn (Mendelssohn & Co.), Adalbert Delbrück, Ernst Hergersberg, Hugo Oppenheim (Robert Warschauer & Co.), Wilhelm Rhodius, Hermann Wallich und Abgeordneten Dr. Georg Siemens (Deutsche Bank), Nahum Joseph, Gustav Ebel, Philipp Henschel (Berliner Producten- und Handelsbank), Georg Fraustädter und Albrecht Witte (Internationale Handelsgesellschaft) in Berlin, Conrad Gädecke (Johann Conrad Jacobi)

23*

in Königsberg i. Pr., Commerzienrath Samuel Salomon in Schwerin (Mecklenburg). Actiencapital 1 Million Thaler. Hat liquidirt, und dürfte das eingezahlte Grundcapital verloren sein.

Landwirthschaftliche Central-Wollwasch-Actien-Gesellschaft in Berlin. Gegründet April 1873 von dem Privatschreiber Richard Seydler in Berlin, der sich „Doctor" und „Professor" nannte, in Gemeinschaft mit dem Kaufmann Hildebrandt verschiedene sehr übel berüchtigte Gründungen, wie „Hypothekar-Credit- und Baubank", „Actiengesellschaft für öffentliches Fuhrwesen in Potsdam", „Provinzialbaubank" etc., verbrochen hat, und 1874 ebenso wie sein Cumpan, zu 1½ Jahren Gefängniss verurtheilt wurde. Als Mitgründer nennt das Statut: Rittergutsbesitzer Paul Sommer auf Grunau, Hartwig von Behr-Negendank auf Lübschin, Emil Sommer, Rudolf Noack, Paul Bischoff, Bruno Weimann, Louis Benkendorff, Anton Hildebrandt und Oberst z. D. Hermann von Gleissenberg in Berlin. Actiencapital 300,000 Thaler. 1874 wurde die Liquidation beschlossen, und 1875 die nothwendige Subhastation der Grundstücke verfügt.

Uckermärkische Wollbank und Wollwäscherei in Prenzlau. Gegründet Mai 1872 mit schliesslich 120,000 Thaler Actien. Aufsichtsrath u. A.: Wilhelm Flügge in Prenzlau und Abgeordneter, Ritterschaftsrath von Wedell-Malchow. Letzte Dividende 0.

Bremer Wollwäscherei. Gegründet März 1872 mit 200,000 Thaler Actien. Dividenden von 1873 bis 1875: 0, 0 und resp. 6%.

Die Coursverluste, welche das Publikum bei den Textil-Gründungen erfahren, sind auf etwa 25 Millionen Thaler zu schätzen; bei den chemischen Fabriken betrugen sie etwa 20 Millionen Thaler, bei den Gas-, Papier-, Zucker-, Glas-, Leder-, Gummi- und

Tabaksfabriken etwa 30 Millionen Thaler, zusammen also ca. 75 Millionen Thaler.

Eine stattliche Anzahl von Parlamentariern ist bei diesen Gründungen thätig und behülflich gewesen, hat sie entweder mitverfasst oder sie doch durch Hergeben ihres Namens dem Publikum empfohlen, und wurden in den letzten drei Capiteln folgende Herren genannt: Guido, Graf Henckel von Donnersmarck, Geheimer Admiralitätsrath Theodor Jacobs, Justizrath Dr. Carl Braun (Wiesbaden) und Geheimer Oberregierungsrath Dr. Ernst Engel in Berlin, Stadtrath Reinhard Fröhner in Dresden, Rechtsanwalt Rudolf Thiel in Bautzen, Freiherr Ernst von Eckardstein-Proetzel, Rechtsanwalt Wölfel in Merseburg, Hermann Zuckschwerdt in Magdeburg, Advocat Hermann Schreck in Pirna und Advocat Emil Lehmann in Dresden, Banquier Friedrich Feustel in Baireuth, A. G. Mosle in Bremen, Obergerichtsanwalt Wilh. Laporte in Hannover, Commerzienrath Theodor Bischoff in Danzig, Rechtsanwalt Freund in Breslau, Kreisrichter a. D. Schulze-Delitzsch, Kreisgerichtsrath a. D. Rudolf Parrisius in Berlin, Stadtrath Hausmann in Brandenburg, Dr. Buhl in Deidesheim, Rechtsanwalt Schenck in Wiesbaden, Dr. Georg von Bunsen, Stadtverordnetenvorsteher Dr. Wolfgang Strassmann und

Consul Georg Müller in Berlin, Professor Dr. Carl Birnbaum in Leipzig, Stadtrath Adolf Hagen, Kaufmann Richard Hardt und Dr. Friedrich Hammacher in Berlin, Dr. Egmont Websky in Wüste-Waltersdorf, Rittergutsbesitzer von Simpson-Georgenburg, Ritterschaftsrath von Wedell-Malchow.

Fast alle diese Herren bekennen sich zur „liberalen" Partei, nur die beiden letzten sind Conservative. Einige wenige sind inzwischen ausgeschieden, die meisten sitzen noch im Parlament, und sie wurden trotz der Anklagen, die man öffentlich gegen sie erhob, wiedergewählt; ja etliche Gründer und Gründergenossen erhielten erst bei den letzten Neuwahlen ein Mandat. Ist das nicht Wasser auf die Mühle der Socialdemokraten, weil der schlagendste Beweis von der tiefen Corruption in unserem öffentlichen Leben? Was Wunder, wenn da die neue Lehre der Herren Bebel und Liebknecht von den Massen wie ein Evangelium begrüsst wird!

Die Wohlthäter der Gesellschaft.

Von den Gründer-Advocaten — Wesbalb der Schwindel von 1870—1873 blu-
tiger als alle früheren war — Der neue Thurm zu Babel — „Betheiligung"
der Makler, der Presse und der Banquiers — Die „Depots" und die Wäsche-
rinnen — Gründungen für Baumaterial: Berliner Holzcomptoir, Potsdamer
Holzfactorei, Anhaltische Holzfactorei, Herzfelder, Dresdener und Frankfurter
Dampfziegelei, Birkenwerder, Centralfactorei — City, Centralbank für Bauten,
Ostend, Südend und Cottage — Eduard Mamroth — Antonienhütte, Oderwerke,
Tippelskirchen, Greppiner Werke, Wusterwitzer Ziegelei, Cementfabriken —
Deutsche und Sächsische Holzindustrie, Fassfabrik Wunderlich, Neustädter
Baroque-Rahmen, Breslauer Möbel, Rathenower und Berliner Holzarbeit,
Renaissance — Telegraphenbau und Telegraphenbedarf — Ofenfabriken
von Dankberg, Arneburg, Keppler und Teichert — Berliner, Schlesisches und
Tiefenfurter Porcellan, Bunzlauer Geschirr, Thon- und Chamottewaaren —
Metallindustrie, Optische Industrie, Hufbeschlag, Spinn & Sohn, Stobwasser,
Neuss, Mosgau, Neue Berliner Messingwerke — Herr Christian Wilh. Bor-
chert und Herr Dr. Engel lösen endgültig die sociale Frage — Bernsteingesell-
schaft, Westphälische Marmorwerke, Thüringischer Schiefer, Westphälischer
Draht, Westphälische Union, Deutsche A. G. für Bergbau und Dortmunder
Bergbau — Mühlen - Kaiserhof, Hotel du Nord — Bäder: Nudersdorf,
Jastrzemb, Chrysopras, Liebenstein, Heiligendamm, Heringsdorf, Rothenfelde
und Salzungen — Baltischer und Norddeutscher Lloyd, Central-Tauerei, Elb-
schiffahrtscomptoir, Möbel-Transport, Packetgesellschaft, Grosse Berliner
Pferdebahn — Deutsches Kunstinstitut, Oelfarbendruck Borussia, Bazar,
Deutsche Buchhändlerbank — Sport - Das Alte Testament zu Pferde —
Fischereigesellschaft Weser und Emder Häringstischerei, Berliner Molkerei,
Breslauer Oelfabriken — Herrschaft Stolzenburg, Vietmannsdorf, Altmär-
kische, Ostpreussische und Pommersche Industrie, Deutsch-Ungarische, Kalker,
Rheinisch-Westphälische und Bergisch-Märkische Industriegesellschaft —
Tivoli, Kroll, Friedrich-Wilhelm-Strasse, Flora und Passage — Aron Hirsch
Heymann — Berliner Viehmarkt — Magistrat und Stadtverordnete zu Berlin
— Berliner Neustadt — Neue Berliner Pferdebahn — Stadtrath Hagen und
die Deutsche Unionbank — Städtische Irrenanstalt — Geschäfte mit Her-
mann Geber — Kostspielige Verwaltung — Die Kanalisation und die Riesel-
felder — Schuldenlast und Steuerschraube — Der Rechenkünstler der
„Vossischen Zeitung".

„Es hat Gründer und Börsenjobber in der Allonge-
perücke und mit dem Haarbeutel gegeben. Der Schwin-

delgeist der Unternehmer, die Leichtgläubigkeit der Actionäre, die Erwerbs- und Genusssucht der Massen — das Alles ist immer wieder dagewesen, bei der Tulpenmanie in Holland 1634, wie in der Rue Quincampoix zu Paris unter Law, und in der Coal Hole zu New-York vor dem „Schwarzen Freitag". — Diese tiefsinnigen Worte gehören dem „Volkswirth" der „Vossischen Zeitung", und sie entfahren ihm bei einer Besprechung der „Geschichte der Handelskrisen" von Max Wirth, welches Buch er der „Römischen Geschichte" von Mommsen gleichstellt, während er den Verfasser als „Publicist, Volkswirth, Historiker und Statistiker" mit überströmender Feder feiert. Aehnlich äusserte sich Justizrath Lesse im Deutschen Reichstag am 4. April 1873, als der fürchterliche Gründertödter Lasker den zweiten Theil seiner „Enthüllungen", diesmal ohne Namen zu nennen, zum Besten gab. Herr Lesse, der das Actiengesetz mit verfasst hat, war natürlich gegen eine schleunige Reform desselben, und er meinte, dass Deutschland schon 1857 eine „vielleicht ebenso schlimme" Krisis erlebt habe, dass aber der Gründungsschwindel in England von 1862 bis 1866 ein weit, weit grösserer gewesen sei.

Es kann nicht befremden, dass die Presse und

die „Volkswirthe" jetzt als Vertheidiger der Gründer
und Börsianer auftreten, dass sie das entsetzliche Unheil, welches sie mit angerichtet haben, möglichst zu
verkleinern und als eine Naturnothwendigkeit hinzustellen suchen. — Was wollt Ihr denn?! rufen sie
mit tugendhafter Entrüstung, mit sittlichem Abscheu
den „Delatoren" und „Verleumdern" zu. Kennt Ihr
die Geschichte? Habt Ihr nie gehört von dem Tulpen-
schwindel in Holland, von der Compagnie d'Occident
in Frankreich, von der Südseegesellschaft in England? Gründerperioden sind krankhafte Zeitströmungen,
die das Publikum epidemisch ergreifen, und sie werden
wiederkehren! Herrscht denn die wirthschaftliche
Krisis allein in Deutschland, wüthet sie nicht in ganz
Europa und über den Erdball hin?!

So wissen diese Leute die Geschichte für ihre
Zwecke zurecht zu schneiden, die Thatsachen zu ver-
tauschen und zu unterschlagen. Aber positive Zahlen
beweisen, dass zu keiner Zeit und in keinem Lande
soviel Gründungen entstanden sind als von 1870 bis
1873 in Deutschland — an 1300 Actiengesellschaften;
dass die Cours- und Vermögensverluste, welche das
Publikum erlitten, nie und nirgends eine so kolossale
Summe erreichten, wie heute in Deutschland — etwa
1500 Millionen Thaler. Gegen die zeitige Krisis ge-

halten, war die von 1857 nicht der Rede werth; sie ging schnell vorüber, während die gegenwärtige nun schon vier Jahre anhält, und ihr Ende noch gar nicht abzusehen ist. In England, in Frankreich, in Nordamerika, ja selbst in Oesterreich hat der Schwindel immer nur gewisse Kreise ergriffen und geschädigt, und es handelte sich dort in der Hauptsache jedesmal nur um eine Börsenkrisis, während bei uns Handel und Wandel, Gewerbe und Industrie, alle Geschäfte und Werkstätten, gross und klein, darnieder liegen, weil nämlich die Gründer und Börsianer das ganze Volk von oben bis unten ausgeplündert haben.

Die Gründungen von 1870 bis 1873 waren so zahlreich und so bösartig wie in keiner andern Periode. Je länger der Schwindel währte, desto zahlreicher und bösartiger wurden sie; die meisten und die blutigsten datiren aus der zweiten Hälfte 1872 und aus Anfang 1873. Der Wiener „Krach" brachte natürlich einen grossen Rückschlag, aber in Deutschland hörte das Gründen damit noch lange nicht auf; es ging, wenn auch schwächer, das ganze Jahr hindurch fort, und selbst 1874, ja noch 1875 tauchen vereinzelte Gründungen auf, weil man immer wieder auf ein baldiges Ende der Krisis, und dann auf eine Fortsetzung des Schwindels hoffte.

Die Actien der Gründungen von 1870 bis 1873 auf einandergeschichtet, müssten einen Berg ergeben, gegen den der Montblanc wie ein Zwerg erscheinen würde. Wo soll diese Papiermasse hin? riefen selbst die Börsenzeitungen, wenn ein Windstoss sich erhob und der Papier-Chimborasso in's Schwanken kam. Sogar Herr Julius Schweitzer von der „Nationalzeitung" warnte vor dem allgemeinen „Optimismus" und entschuldigte seinen „Pessimismus" — zwei Schlagwörter, die in jedem seiner philosophischen Börsenartikel wiederkehren. Aber das waren und blieben allgemeine Redensarten, um den Schein zu retten, um sich für spätere Zeiten den Rücken zu decken. Im Besonderen empfahl man jedes Unternehmen; nur zuweilen, wenn die Gründung gar zu scandalös sich anliess, oder die Gründer obscure Leute waren, von denen man nichts zu fürchten und wenig zu hoffen hatte, fielen die Börsenblätter darüber her und schlachteten sie als Schuld- und Sühnopfer ab. Aber die „Nationalzeitung" war, um dergleichen mitzumachen, zu „anständig" und zu vornehm; sie lobte Alles und Jedes, und wo sie durchaus nicht loben konnte oder wollte, da schwieg sie lieber.

Es kostete Zeit und Umwege, viele List und Ränke, bis diese Millionen Actien allmälig in die

Hände des Publikums gespielt waren. Ein Consortium übernahm das neue Papier vom andern, und das letzte brachte es an die Börse, wo es Wochen- und Monatelang von Agenten und professionellen Jobbern „gegeben" und „genommen", künstlich getrieben wurde. Auch die Makler, die nur die Geschäfte vermitteln, aber nicht selber speculiren sollen, wurden mit „Posten", d. i. grösseren Summen „betheiligt", und „interessirten" sich nun für das Papier. Ebenso erhielten die Vertreter der Zeitungen, jeder einige Actien gratis oder zu niedrigerm Course, damit sie die nöthige Reclame machten. Hauptsächlich aber suchte man die Banquiers zu gewinnen, indem man ihnen „Bonificationen" von 5 bis 20 Procent bewilligte. Die Banquiers empfahlen dann das Papier dringend ihren Kunden, und liessen es durch Geschäftsfreunde und Agenten über die Provinzen, in jedem Städtchen und Dörfchen vertreiben. Nur Börsianer und Speculanten von Fach zeichneten die neuen Actien, das Publikum musste erst durch die Presse und durch die Banquiers eingefangen werden. Auch musste es mit seinen Papieren häufig wechseln, sonst hätten die Hunderte von Banquiers, die sich in der Schwindelperiode neu aufthaten, nicht existiren können. Sobald das Effect um ein paar Procente stieg, rieth

der Banquier eifrig, zu „realisiren", den Gewinn ein-
zustecken und ein anderes „steigerungsfähiges" Papier
zu kaufen, das er gewöhnlich wieder auf Lager hatte.
Er drang dem Kunden Vorschüsse auf, gewährte ihm
ein laufendes Conto, und behielt die Actien als Unterpfand. Fielen dieselben im Course, trat eine Baisse
ein, so verlangte er „Deckung", und wenn sie nicht
beschafft werden konnte, verkaufte er das „Depot".
So wurden harmlose Privatleute systematisch zum
Speculiren verführt, nach und nach um ihr ganzes
Vermögen gebracht.

Von allen Börseneffecten sind die Industriepapiere
die fragwürdigsten, aber gerade sie, gerade die faulsten
von ihnen, gingen in die Hände des kleines Mannes
über. Nach den Lasker'schen „Enthüllungen" brachte
die jüdische „Volkszeitung" ein Feuilleton, welches
gar rührsam von einer armen Wäscherin erzählte,
die ihre Sparpfennige in einer Actie der vom
Fürsten Putbus gegründeten Berliner Nordeisenbahn
angelegt und nun Alles eingebüsst hatte. Allein
Wäscherinnen und Wittwen, Kutscher und Hausknechte
pflegten nicht Eisenbahnpapiere, sondern Industrie-
sachen zu kaufen, z. B. den Neptun der Herren
Dr. Braun und Dr. Engel, die Steinhäuser Hütte des
Herrn Dr. Hammacher, die Dortmunder Union des

Herrn Miquel, den Lindenbauverein des Herrn von
Bonin, und ähnliche Actien, weil dieselben weit be-
kannter und beliebter waren, in den Zeitungen und
von den Banquiers weit mehr angepriesen wurden.

Die populärsten Gründungen waren wol die Bauvereine, für welche Presse und „Volkswirthe" die
grösste Reclame machten. Sie wurden als edle menschenfreundliche Unternehmungen, als ein Rettungs-
mittel gegen die Wohnungsnoth gefeiert und fanden
beim Publikum volles Vertrauen. In Berlin war ihre
Zahl bald Legion, aber auch in allen anderen Grossstädten schossen sie lustig empor, und schliesslich
war selbst keine Mittelstadt ohne einen oder mehre
Bauvereine auf Actien. Ebenso entstanden zahlreiche
Gesellschaften für Baumaterial, von denen einige Holzhandel trieben, andere Ziegel, Kalk, Cement und dergleichen producirten. Auch sie wurden mit den besten
Hoffnungen begrüsst, und ihre Actien fanden willige
Aufnahme und grosse Courssteigerungen. Wir beschränken uns darauf, folgende vorzuführen.

Berliner Holz-Comptoir. Gegründet März 1872 von Fr.
Wilhelm Schramm, Wolf Hermann, Carl Wilhelm Eger, Benny
Wolff, Maria Wilh. Theodor Müller, Th. Ferd. Schönemann,
Th. Ferd. Mencke, Carl Coppel, Moritz Löwe, Albert Jonas,
Landwirth Julius Taddel, Baumeister Fr. Koch, Dr. Gustav
Lewinstein, Justizrath Otto Lewald und Abgeordneten, Geh.

Admiralitätsrath Jacobs in Berlin, Albert Fr. Kogge in Charlottenburg, Otto Heinrich Sasse zu Neustadt-Eberswalde. 2 Millionen Thaler Actien und 150,000 Thaler Hypotheken. Aufsichtsrath u. A.: Bankdirector Eisentraut in Gera. Dividenden 8, 8, 6, 6% und — 0. Cours einst 125, jetzt noch ca. 40.

Potsdamer Holz-Factorei, sonst Gebrüder Saran. Gegründet September 1872 von Heinrich Quistorp in Berlin, mit 500,000 Thlr. Actien, wovon der Vorbesitzer Ferd. Saran angeblich 300,000 Thlr. übernahm. Aufsichtsrath: Rechtsanwalt Engels, Kallabis, Julius Köppen und E. Peltzholtz in Potsdam. Dividenden von 1872 bis 1875: 16, 6, 6 und resp. $5^2_3°/_0$. Cours einst 145, jetzt ca. 60.

Berlin-Anhaltische Holz-Factorei. Gegründet März 1873 von Martin Fränkel, Siegfried Lövinson, Louis Lövinsohn, Adolf Ellenburg, Robert Kemnitz und Freiherrn Otto von Schleinitz in Berlin, mit 200,000 Thaler Actien. Verspätete Gründung; schon October 1873 ward die Auflösung beschlossen.

Herzfelder Dampfziegelei bei Berlin, früher dem Lehnschulzen A. Schultz gehörig. Gegründet November 1872 von Moritz Bamberger, Louis Schwartz und Wolfram Meyer in Berlin. 300,000 Thaler Actien und 50,000 Thaler Hypotheken. Im Prospect war das Actiencapital nur mit 250,000 Thlr. angegeben, und wurde dasselbe aufgelegt bei Wolfram Meyer in Berlin und bei Meyer & Gellhorn in Danzig. „Technischer Leiter": der Vorbesitzer, und ausserdem bildeten den „Vorstand": Justizrath Slevogt, Kreisbaumeister Wendt und Salomon Lewin in Berlin. Bamberger und Meyer garantirten für die nächsten 2 Jahre eine Dividende von mindestens 6%, und dem Prospect war ein Gutachten des Regierungs- und Bauraths C. Schwatlo und des Kreisbaumeisters Carl Wendt beigefügt, das einen Reingewinn von jährlich 44,000 Thaler, also eine Verzinsung von ca. 16% vorrechnete. Die Bilanz für 1873 schloss mit 5000 Thaler Verlust, während einer der Aufsichtsräthe 17,000 Thaler Gewinn feststellen wollte, aber dafür von seinen Collegen aus dem Tempel geworfen wurde. Zu diesen skandalösen, öffentlich geführten Streitigkeiten und gegenseitigen Beschuldigungen kamen Prozesse gegen die Gründer wegen der Dividendengarantie und wegen der nicht abgenommenen Actien mit 50,000 Thaler. October 1876 ward der Concurs eröffnet, und die März 1873 mit 110 bezahlten Actien sind werthlos. Der Staatsanwalt hat recherchirt, aber wie es scheint, ohne Erfolg.

Dresdener Dampfziegelei in Alt-Striessen. Als Verfasser nannte die „Allgemeine Börsenzeitung" den Stadtverordneten Rechtsanwalt Ludwig Meyn und die Gebrüder Emil Cohnfeld und Eugen Cohnfeld in Berlin. (Emil Cohnfeld war Herausgeber des „Berliner Figaro", zu dessen Begründung Hermann Geber das Geld gegeben hatte.) Die sehr unbedeutende Ziegelei wurde Sommer 1873 angeblich für 192,000 Thaler erworben, und die neue Gesellschaft mit 275,000 Thaler Actien und 162,000 Thaler Hypotheken etablirt. Doch verweigerte die Dresdener Börse die Einführung des Papiers, und in Berlin sollen Actien ohne Dividenden-Coupons coursirt haben! Schon November 1874 musste der Betrieb eingestellt werden, und das mit 437,000 Thalern belastete Etablissement ging Herbst 1875 in der gerichtlichen Subhastation für noch nicht 26,000 Thaler an den Vorbesitzer, Ernst Friedrich zurück. Im August 1876 soll der Berliner Staatsanwaltschaft gegen die Gründer eine 120 Bogen lange Denunciation zugegangen sein, und die Untersuchung jetzt in Dresden schweben.

Frankfurter Dampfziegelei in Frankfurt a. O. Gegründet Februar 1873 von W. von Lockstedt & Resag in Berlin, die das verfallene Etablissement den Actionären für 249,000 Thlr. aufhalsten. Aufsichtsräthe: Rittergutsbesitzer von Suckow, Rentier C. Brandes und Banquier Sorsky in Berlin. 1875 wurden 28,000 Thaler Actien „zurückgeschenkt", 1876 der Concurs eröffnet.

Birkenwerder, Gesellschaft für Baumaterial in Berlin.

Gegründet März 1872 von Georg Beer und Max Munk, und den unglücklichen Actionären für die kolossale Summe von 890,000 Thaler überwiesen. 560,000 Thaler Actien und 410,000 Thaler Hypotheken. „Erste Zeichner": Aron Hirsch Heymann, A. H. Heymann & Co., Paul Munk, Max Munk, Georg Beer, Baumeister Walter Kyllmann, Director Wilh. Kremser und die Vorbesitzer: Commerzienrath Oscar Krause in Berlin und Wilh. Borgfeldt in Birkenwerder. Vorsitzender des Aufsichtsraths: Gotthold Heymann; Vorstand: Franz Pernet in Berlin. Für das erste Geschäftsjahr von 9 Monaten entfielen 11% Dividende und 5600 Thaler Tantièmen; von 1873 bis 75: 4, 2 und resp. 0%. Cours einst 115, jetzt etwa noch 5.

Centralfactorei für Baumaterial in Berlin. Gegründet December 1872 von Eduard Mamroth, Hugo Mamroth, Jos. Wilh. Bergmann, Heinrich Wilhelm Bergmann, Leo Wollenberg, Ignatz Hantke, Amandus von Lieben, Stadtrath Dr. Aloys Stort, Paul Emil Rosenfeld, Louis Fonrobert, Maler Carl Sievers in Berlin. 650,000 Thaler Actien und 250,000 Thaler Hypotheken. Eine Gründung, die noch kurz vor dem Krach das Publikum ausserordentlich anzapfte. Die mit 106 eingeführten Actien gingen in ein paar Monaten bis 220, während sie heute etwa 10 stehen. Gleich das erste Geschäftsjahr schloss mit einem grossen Verlust, da der Vorstand, Baumeister Hilke, sich bei Mauersteinen, die er auf Lieferung kaufte, arg verspeculirte.

Fast dieselben Personen, nämlich Eduard und Hugo Mamroth, Joseph und Heinrich Bergmann, von Lieben, Rosenfeld, Fonrobert, Hilke, Dr. Stort, Georg Sievers und Carl Sievers gründeten am selben Tage die

Baugesellschaft City in Berlin mit 600,000 Thlr. Actien, welche damals bis 175 getrieben wurden und dann bis circa 8 sanken.

Die Mutter beider Gesellschaften war die am 1. März 1872 errichtete

Centralbank für Bauten in Berlin. Gründer: Geh. Admiralitätsrath Wandel, Dr. A. Stort, Ferd. Oppenheim, Leo Wollenberg, Heinrich Bergmann, Ignatz Hantke, Isidor Mamroth und Hugo Mamroth. Actiencapital schliesslich 5 Millionen Thaler. Cours einst 420, jetzt etwa noch 12. Diese sehr fruchtbare Mutter setzte ausserdem noch folgende Kinder in die Welt: Baugesellschaft **Ostend** in Berlin. Geboren am 5. Octbr. 1872. Pathen: Maurermeister August Siecke, Heinrich Bergmann, Emil Rosenfeld, Redacteur Alexander Hoffers, Stadtverordneter Dr. Carl Erich. 300,000 Thaler Actien. Cours einst 120, jetzt 0.

Baugesellschaft **Südend** in Berlin. Geboren am 13. August 1872. Pathen: Samuel Heinrich Ellon, Georg Neumann, David Tobias, Robert Peters, Wilh. Gumpertz in Berlin. 850,000 Thaler Actien. Cours einst 125, jetzt 0.

Baugesellschaft **Cottage** in Berlin. Geboren am 25. October 1872. Pathen: Dr. Theodor Eulenstein in Dresden, Architect Heinrich Kaiser, Fabrikant Hermann Blume, Leopold Löwy und August Waldmann in Berlin. 500,000 Thaler Actien. Cours 0. Diese ehemalige Villen-Colonie ist inzwischen wieder Schafweide geworden, und es gedeiht hier üppig die Wucherblume, seit dem Krach auch „Gründerblume" genannt. Die Grundstücke wurden zur nothwendigen Subhastation gestellt, und zu diesem Zwecke auf 44,000 Thaler taxirt.

Ausserdem hat die Centralbank für Bauten verübt: Pinneberger Union (Vgl. S. 126) und Eisengiesserei Rockstroh (Vgl. S. 108), sowie endlich fünf andre „Centralbanken" in Nürnberg, in München, in Stuttgart, in Carlsruhe und in Frankfurt a. M., die alle keine Beschäftigung fanden und daher liquidiren mussten.

Der Vater der Centralbank und der eigentliche Urheber all' dieser bösen Gründungen ist **Eduard Mamroth** in Berlin, auch noch betheiligt bei Neptun (Vgl. S. 173) sowie bei der Ostdeutschen Bank und bei der Ostdeutschen Wechslerbank in Posen. Herr Eduard Mamroth kostet dem Publikum viele Millionen, ist aber selber ein reicher Mann geworden.

Antonienhütte zu Coswig im Anhaltschen; Thonwaaren, Ziegelei und Kohlenabbau, vormals Grosse, Schreyer & Co. Gegründet auf 350,000 Thaler Actien von: Adolf Salomon, Jacob Meyer und Stadtrath Meyer Moritz Stadthagen in Berlin. Vorstand: Wilhelm Bauer und Gotthilf Salomon in Berlin, Samuel Schreyer in Coswig. 1873 schloss mit 21,500 Thaler Verlust, 1876 wurden die Grundstücke der Gesellschaft zur Subhastation gestellt.

Vereinigte Oderwerke für Baubedarf und Braunkohlen bei Schwedt a. O., vormals Freiherr von Werthern. Gegründet Juni 1872 mit 150,000 Thaler Actien und 60,000 Thlr. Hypotheken. Als Aufsichtsräthe nannte der Prospect: Freiherr von Werthern, Jacques Coppel, Otto Clement, Nachmann Hirsch Neumann, Baumeister E. Titz, Ingenieur R. Henneberg (Rietschel & Henneberg) und Dr. H. Ebeling, Börsen-Redacteur der „Vossischen Zeitung" in Berlin. Vorstand: Freiherr von Werthern, Abraham Henoch und Theodor Morgenstern in Berlin. Die Actien, zuerst mit 102—106 notirt, verloren bald jeden Cours und sind völlig werthlos. Schon 1873 ward die Auflösung beschlossen, 1874 folgte die nothwendige Subhastation, und 1875 wurde ein Untersuchungsverfahren eingeleitet, über dessen Resultat aber bisher nichts verlautete.

Vereinigte Werke auf Tippelskirchen bei Calbe a. d. Saale: Ziegelei, Steinbruch und geplante Bier-Brauerei. Gegründet Mai 1872 mit 350,000 Thaler Actien, welche Libbert und Hirsch in Berlin, B. Gutmann in Dresden, M. S. Meyer in Magdeburg u. A. zum Course von 105 auflegten. Aufsichtsrath: Th. Oscar Ulrich in Dresden, Chr. W. Rande in Giebichenstein, Louis Ehrenberg in Halle a. S., F. L. H. Härter, Fr. Ad. Schweter und W. H. Wiesel in Leipzig. Vorstand: Gottlieb Gaeschke in Tippelskirchen. Im Prospect wurden 30°/₀ in Aussicht gestellt, 15% als Minimum vorgerechnet, und 9% garantirt. Aber schon Juli 1873 brach der Concurs herein.

Greppiner Werke bei Bitterfeld; Braunkohlengrube, Dampfziegelei und Thonwaarenfabrik, früher C. A. Stange in Dessau. Gegründet November 1871 von Ferd. Jaques, Baurath Hermann Waesemann, Baurath Ludwig Quassowski, Baumeister Fr. Koch und Stadtrath Rudolf Pohle in Berlin. Aufsichtsrath u. A.: Rechtsanwalt Hecker, welcher das Statut aufgenommen. „Revisoren": Bernhard Maywald und Hermann Leubuscher in Berlin. 660,000 Thaler Actien, 200,000 Thaler Prioritäten und 150,000 Thaler Hypotheken. Der Vorbesitzer Stange blieb „mit einem bedeutenden Capital betheiligt" und übernahm die Leitung. 1872 entfielen 9½% Dividende, 1873 — 9% Dividende und 12,300 Thaler Tantièmen, 1874 schloss mit 41,000 Thaler Verlust. Cours einst 125, jetzt noch ca. 10. Baurath Wäsemann, ein mehrfacher Gründer, ist der Erbauer des Berliner Rathhauses, und man nannte ihn unter den hochverdienten Männern, deren Relief-Portraits die Façade des stolzen Gebäudes schmücken sollten.

Heegermühle, Ziegelei bei Berlin. Gegründet Mai 1872 von Robert Baumann, Julius Heyne, Eduard Abel, Hermann Samuel, Albert Rathenau, Ignatz Witkowski und Julius Valentin in Berlin, mit 350,000 Thaler Actien und 100,000 Thaler Hypotheken. Vertheilte für das erste Geschäftsjahr von 8 Monaten eine Dividende von nominell 10%, schloss 1873 mit 14,000 Thaler Verlust und trat März 1875, nachdem das Grundstück bereits subhastirt worden, in Liquidation. Für die Actionäre sollen etwa 2% übrig bleiben. Seit Herbst 1874 schwebt ein Untersuchungsverfahren wider „Unbekannt"!

Wusterwitz-Rathenower Ziegelei. Gegründet September 1873, mit 200,000 Thaler Actien und 72,000 Thaler Hypotheken, von Dr. Carl Assmann, Theodor Hildebrandt, Daniel von der Heydt, Rechtsanwalt Franz Lorek in Berlin etc. Dividenden sind nicht bekannt geworden. Der Staatsanwalt hat wiederholt recherchirt.

Märkische Portland-Cementfabrik bei Zossen, früher H. G. Klau. Gegründet 1. Juli 1870, mit 400,000 Thaler Actien, von dem Abgeordneten Consul Gustav Müller, dem Baurath James Hobrecht und dem Baumeister Wilhelm Boeckmann in Berlin. Unter den ersten Zeichnern befinden sich: die Abgeordneten Dr. Fr. Hammacher in Essen und L. A. Jordan in Deideshcim, Geh. Finanzrath Hasselbach und Regierungsrath von Kathen, Hermann Kremser in Berlin, J. Marx-Hansemann in Bonn etc. Novbr. 1873 fand die Vereinigung mit der folgenden Gesellschaft statt.

Märkische Cementfabrik. Gegründet August 1873, mit 150,000 Thaler Actien, von Consul Gustav Müller, Nathan Schlesinger, Hermann Kremser und Julius Caro in Berlin. Auch diese Gesellschaft erwies sich nicht lebensfähig und beschloss Januar 1876 ihre Auflösung.

Hermsdorfer Cement, Verblendziegel und Thonwaaren, früher Lessing, bei Berlin. Gegründet October 1871 von der Berliner Wechslerbank und Julius Alexander in Berlin, mit 425,000 Thaler Actien und 223,000 Thaler Hypotheken. Verwaltungsrath: Dr. Ziurek, Rittergutsbetitzer Leopold Lessing, Commerzienrath L. Schwartzkopff, Adolf Abel, G. Kerting, Director Heimann und Dr. Girau; Vorstand: Stadtbaurath Gerstenberg in Berlin. Erste und einzige Dividende für ein Geschäftsjahr von 2 Monaten (!) 5°/₀. Jedes folgende (volle) Jahr schloss mit grösserem Verlust, und verschiedentlich ward die Liquidation beantragt, zumal es fortlaufend an Geld fehlte, aber die Gesellschaft entschied sich, weiter zu vegetiren. Die Actien haben jeden Cours verloren.

Portland-Cementfabrik Bredow bei Stettin. Errichtet Juli 1871. „Gründungs-Comité": E. Aren, Gutsbesitzer Ferd. Gräber, Stadtrath Reinh. Schöpperle und Justizrath Dr. Zachariä in Stettin. 300,000 Thaler Actien, aufgelegt bei Scheller & Degener in Stettin und bei Joseph Leipziger in Berlin; dazu 50,000 Thaler Hypotheken. 12 bis 15°/₀ Dividende wurden versprochen, und März 1873 die Vermehrung des Actiencapitals um 150,000 Thaler beantragt. Verwaltungsräthe: C. F. Bävenroth und von Köller. Dividenden pro 1874 und 1875 — 0. Cours?

Bohlschau, Portland-Cementfabrik bei Danzig. Assessor a. D. Schulze-Billerbeck überliess der im August 1871 constituirten Gesellschaft 340 Morgen Land und eine „Wasserkraft von 220 Pferdekräften", wodurch „gegen die Anwendung von Dampfkraft" eine Summe von 15,000 Thalern pro Jahr erspart werden sollte, für den Preis von 128,000 Thaler. Gründungscomité: Stettiner Vereinsbank, Stadtrath Olschewski (Gebrüder Baum) in Danzig, Kammerherr Graf von Keyserling-Neustadt, Landrath Vormbaum in Neustadt. Actiencapital 300,000 Thlr. Verwaltungsräthe: von Blankensee, W. Schumann in Stettin. Wiewol der Prospect an Dividende „einige dreissig Procent" erwarten liess, scheinen die Actionäre bisher noch nichts erhalten zu haben. Dagegen schritt man 1875, um Betriebsmittel zu beschaffen, zur Ausgabe von Grundschuldbriefen.

Ausserdem bildete sich gleichfalls im Sommer 1871 eine zweite **Portland-Cementfabrik-Actiengesellschaft** in Danzig, mit 90,000 Thaler Actien und 35,000 Thaler Hypotheken. Verwaltungsrath: H. Pape, P. Rempel, L. Liepmann, Baurath Licht, Bankdirector Schottler. Weiteres ist nicht bekannt geworden.

Ebenso wie die Bauvereine, dienten auch die Baumaterialgesellschaften nur der wildesten Speculation, vertheuerten sie die Wohnungen und die Baukosten unglaublich. Die Centralfactorei der Herren Mamroth und Genossen kaufte auf Lieferung 25 Millionen Mauersteine und verlor daran 107,000 Thaler. Das Tausend Ziegel mittlerer Qualität kostete in der Schwindelzeit 25 bis 30 Thaler und ist seitdem bis

6 Thaler gesunken. Selbstverständlich können bei
solchem Preise die so theuer gegründeten Ziegeleien
nicht bestehen, und da sie überhaupt kaum noch
Absatz finden, haben die meisten den Betrieb einstellen müssen. Allein an der Berliner Börse wurden
die Actien von fast 100 Bauvereinen und Baumate-
rialiengesellschaften gehandelt, ihre Anzahl in ganz
Deutschland wird an 200 betragen haben, und die
Coursverluste des Publikums sind hier auf ca. 150
Millionen Thaler zu schätzen.

Wir kommen zu den Gründungen der Holz-, Thon-,
Porcellan- und Metallindustrie, die ein ähnliches Bild
der Verwüstung bieten.

Deutsche Holzindustrie (Dampfschneidemühle), früher
Basch & Rosenthal in Landsberg a, W. Gegründet März 1873
von Siegfried Basch in Landsberg, Moritz Rosenthal, Salomon
Wolff, Siegmund Kapferer, Marcus Engel, „Generaldirector"
Fr. Waltz und Geh. Regierungsrath Dr. Carl Esse in Berlin,
mit 300,000 Thaler Actien, welche à 105—107 eingeführt wurden,
und 105,000 Thaler Hypotheken. Das erste Geschäftsjahr ergab
1½% Dividende; Mai 1875 ward die Auflösung beliebt und zu
Liquidatoren ernannt: Moritz Rosenthal, Siegmund Kapferer
und Robert Kemnitz. Als Verlust führte die letzte Bilanz ca.
180,000 Thaler an, doch dürften die Actien werthlos sein. Der
Staatsanwalt hat recherchirt.

Sächsische Holzindustrie zu Rabenau bei Dresden. Gegründet Mai 1869 mit zuletzt 316,000 Thaler Actien. Verwaltungsrath: Otto Seebe, Consul G. A. Hofmann, Advocat Hippe

und Rentier Otto in Dresden, Professor Pressler in Tharandt. Dividende pro 1875/76 — 0. Cours?

Fassfabrik Wunderlich. Entstand im Juli 1872 durch Ankauf der Böttcherei von Eduard Wunderlich in Zwickau, welche der neuen Gesellschaft mit 240,000 Thaler überwiesen wurde, worauf man eine zweite Werkstätte in Berlin aufschlug und eine dritte in Wolgast anzulegen versuchte, bei welchem Versuche es jedoch blieb. Die Gründer waren: Heinrich Quistorp, Wilhelm Koch, Moritz Goldstein, Bierdirector Armand Knoblauch und Julius Meyer Lehmann in Berlin, Ingenieur Otto Büsing in Charlottenburg. Actiencapital 300,000 Thaler. Als Vorsitzender des Aufsichtsraths fungirte der frühere Abgeordnete, Regierungsrath Wilhelm Jungermann in Berlin; und die Direction übernahmen der Vorbesitzer Eduard Wunderlich und Wunderlich jun. Das erste Geschäftsjahr warf 12% Dividende ab, dazu für den Aufsichtsrath 3000, für den Vorstand 9000, für die Beamten 3000, und für den Arbeiterunterstützungsfonds 1500 Thaler. Quistorp war in solchen Dingen immer nobel, freilich auf Kosten der Actionäre, und er vergass nie der Beamten und Arbeiter. 1873/74 brachte nur einen Reingewinn von 1778 Thaler, worauf Eduard Wunderlich eine Erholungsreise nach Italien unternahm, und an seiner Stelle der Mitgründer Wilh. Koch die Direction führte. 1874/75 schloss mit grossem Verlust, man trat in Liquidation und überliess das Geschäft an Wilh. Koch. Ernst Wunderlich, gegen den die Gesellschaft gerichtliche Schritte einschlug, wurde angeklagt wegen unterlassener Anmeldung des Concurses und wegen Aufstellung einer falschen Bilanz, aber nur zu 100 Thalern Geldbusse verurtheilt! Die Actien, welche einst 115 notirten, sind werthlos.

Neustädter Baroque-Rahmen und Rohleisten in Berlin und Neustadt-Eberswalde. Noch im November 1873 mit 150,000 Thaler Actien gegründet. Vorstand: Fr. Wilh. Minck in Neustadt-Eberswalde und Alexander Lange in Berlin. Ohne Börsencours. Der Staatsanwalt ist eingeschritten.

Breslauer Möbel-, Parquet- und Holzbau, vormals Gebrüder Bauer und Fr. Rehorst. Gegründet November 1871
mit 1 Million Thaler Actien. Aufsichtsrath: Stadtrichter a. D.
Friedländer, Emil Friedländer, Siegmund Sachs, Max Alexander,
Robert Caro, Justizrath Friedensburg, Baurath Lüdecke und
„Generaldirector" Schmieder in Breslau, Abgeordneter Rittergutsbesitzer Elsner von Gronow. Vorstand: Ernst Bauer und
Otto Bauer. Dividenden: 1874 — 1%, 1875 — 0. Cours einst
115, jetzt noch etwa 30.

Rathenower Fabrik für Holzarbeit (Tischlerei), vorm.
W. Köhler jun. Gegründet Februar 1872, mit schliesslich
260,000 Thaler Actien, von Heinrich Reh, dem berühmten Director der Societätsbrauerei in Berlin. Aufsichtsräthe: Rechtsanwalt Schultze in Rathenow, C. A. Arndt und Joh. Gottlieb
Mäcker in Berlin. Director: der Vorbesitzer Wilhelm Köhler.
Für 1872 entfielen 20% Dividende, worauf das Actiencapital
verdoppelt und der Cours bis 165 getrieben wurde; 1873 erhielten die Actionäre 12%, 1874 und 1875 schlossen mit Verlust. Man schritt zur Auflösung, und die „Direction" erbot
sich, das Etablissement gegen Herauszahlung von $2^{1}/_{4}$% zu übernehmen!

Actiengesellschaft für Holzarbeit (Parquets) in Berlin.
Gegründet Mai 1869 von den Abgeordneten, Freiherr Ernst
von Eckardstein-Prötzel und Consul Gustav Müller in Berlin, Commerzienrath Johannes Quistorp in Stettin. Aufsichtsräthe u. A.:
Banquier Albert Kämpf und Commissionsrath Louis Cahnheim
in Berlin. Director: Hermann Simon. Das Actiencapital betrug ursprünglich nur 200,000 Thaler, wurde aber in der
Schwindelperiode auf 1,000,000 Thaler gebracht. Dazu 180,000
Thaler Hypotheken. Dividenden von 1870—1875: $6^{1}/_{2}$, $10^{1}/_{2}$
$12^{1}/_{2}$, 7, 5 und resp. 0%. 1872 bis 1874 entfielen für den
Director sowie für den Verwaltungsrath hohe Tantièmen. Cours
einst 115, jetzt etwa noch 15.

Renaissance (Geschnitzte Möbel) in Berlin. Bestand schon seit 1861 und machte, bei einem Capital von 100,000 Thaler, gute Geschäfte; wurde aber im Juni 1872 mit 500,000 Thaler Actien gegründet von: Siegfried Lövinson, Ernst Heene, Hermann Schomburg und dem Abgeordneten, „Professor der Nationalökonomie" Dr. Julius Frühauf in Berlin. Als Aufsichtsräthe fungirten u. A.: Dr. Moritz Lövinson, Dr. A. Jacobius, H. Hirschberg, F. Jäger, Simon Lipmann, „Generaldirector" Fr. Waltz, Baurath E. Römer, Otto Nitze, Director der Rumänischen Eisenbahngesellschaft, Director Herbig und Abgeordneter, Geh. Admiralitätsrath Jacobs in Berlin. Directoren: die bisherigen Geschäftsinhaber: Louis Lövinson, Siegfried Lövinson und Robert Kemnitz. Gleich im Prospect, wo obenan der Name des Abgeordneten und „Volkswirths" Professor Frühauf prangte, wurden 14 % Dividende zugesichert, und auf Grund eines Rechenkunststücks wurden sie, dem Namen nach, auch bezahlt, d. h. blos für sechs Monate und nach Abzug von 5 % Zinsen, welche die eingefangenen Actionäre für drei Monate rückwärts erlegen mussten. Um dieses Blendwerk von Dividende zu ermöglichen, sollen auf Verlangen des Simon Lipmann, der die Unterbringung der Actien besorgte, 30,000 Thlr. von den Vorbesitzern zugeschossen sein. Dafür wusste man sich in anderer Weise zu entschädigen. Die Directoren bewilligten sich hohe Gehälter, und einer von ihnen, Siegfried Lövinson, verkaufte an die beiden anderen, d. h. an die neue Gesellschaft, die Grundstücke Holzmarktstrasse 8, 9 und 10, welche er wenige Monate zuvor um 160,000 Thaler erworben, für 280,000 Thlr., also mit einem Aufschlag von 120,000 Thlr. Im Prospect war die Kaufsumme nur mit 150,000 Thaler angegeben, und die auf den Häusern lastende Hypothek verschwiegen. Alsbald kauften die drei Directoren vereint ein Bauterrain im Norden der Stadt, welches dem Commerzienrath Grüson in Magdeburg gehörte, und diesem 15,000 Thaler gekostet hatte, für die Gesellschaft um 289,000 Thaler an. Es war dies, wie der Geschäftsbericht ganz offen bekennt, ein blosser

Speculationskauf; man speculirte, dass die Berliner Stadtbahn die Häuser in der Holzmarktstrasse acquiriren müsse, was sie aber nicht that, und so blieb man mit dem grossen Areal am Norduſer sitzen. Das zweite Geschäftsjahr ergab nur 2 % Dividende, und 1874 schloss mit 112,000 Thaler Verlust. Zur Entschädigung erhielten die Actionäre eine saubere Karte von den Baustellen am Nordufer — eine sehr abgelegene, unheimliche Gegend, zwischen Gefängnissen, Besserungsanstalten, Petroleummagazinen, Lazarethen und Kirchhöfen. An Hypotheken sind nicht weniger denn 380,000 Thaler vorhanden, und darum notiren die einst von der Norddeutschen Grundcreditbank mit 103 ausgegebenen Actien nur noch etwa — 3.

Während aber die Gesellschaft verkümmerte, wurde Director Siegfried Lövinson ein reicher, vornehmer Mann. Auf vielen schönen Häusern in der Wilhelmsstrasse, Dorotheenstrasse etc. zu Berlin las man in goldenen Buchstaben seinen Namen, und dazu erstand er als Sommerresidenz Park und Schloss Steglitz bei Berlin, das er mit lauter geschnitzten Möbeln ebenso geschmackvoll wie comfortable ausstattete. Erst auf der Generalversammlung am 20. December 1875 kam es zu „Enthüllungen". Für den weislich abwesenden Siegfried stellte sich kühnlich Louis Lövinson in die Schranken; er verglich die Führer der Opposition mit dem Massenmörder Thomas, der die furchtbare Explosion in Bremerhaven herbeiführte, und er schrie: Die „Renaissance" sei ihm wie eine Tochter an's Herz gewachsen und er werde sie, trotz aller Dolchstösse der Ankläger, zu schützen wissen. Er zeigte sich um so tapferer, als ihm eine Schaar von Genossen und Verbündeten zur Seite stand, und mit diesen stimmte er die Opposition nieder. Aber die Besiegten riefen den Staatsanwalt an, und seitdem schwebt die Untersuchung.

Internationale Telegraphenbauanstalt, früher Wilh. Horn in Berlin. Gegründet Januar 1872 von Eduard Abel, Robert Baumann, Julius Heyne, Heinrich Valentin, Hermann Samuel,

Geh. Rechnungsrath Ludwig Bernhard und Bauinspector Eduard Thiele in Berlin; mit 350,000 Thaler Actien, aufgelegt bei der Berliner Maklerbank à 103. Director: der Vorbesitzer Wilh. Horn. Vertheilte pro 1872 — 5 % Dividende, und beschloss, weil nicht lebensfähig, im Mai 1874 die Auflösung. Liquidatoren: Julius Hahlo, Julius Herz und Ingenieur Julius Meyer in Berlin. Für die Actionäre scheinen nur 6 % übrig geblieben zu sein.

Actiengesellschaft für Telegraphenbedarf, vormals Hermann Schomburg in Moabit bei Berlin. Gegründet Januar 1872, mit 400,000 Thaler Actien, wovon aber nur 220,000 Thaler ausgegeben, und 144,000 Thaler Hypotheken, von Siegfried Lövinson, Robert Kemnitz und Rathszimmermeister Rudolf Hosemann in Berlin. Vorstand: der Vorbesitzer und Paul Hosemann. Zu den Aufsichtsräthen gehörten noch: Eisenbahndirector Otto Nitze und Telegraphendirector H. Schulz' in Berlin. Von 1872 bis 1875 entfielen au Dividenden: 8, 6, 6 und resp. 5 1/2 %. Cours?

Dankberg'sche Ofenfabrik in Berlin. Gegründet September 1872 mit 500,000 Thaler Actien und 215,000 Thaler Hypotheken! Als ersten Unterhändler bezeichnete die „Neue Börsen-Zeitung" Herrn Jean Fränkel; der Aufschlag soll über 200,000 Thaler betragen haben. Die Actien wurden zu Markt gebracht von A. H. Heymann & Co., welche auch den Prospect unterzeichnet haben; und als Gründer traten auf: Paul Munk, Max Munk, Leopold Hadra, Eduard Hänseler, Bildhauer C. L. Dankberg, Baumeister Adolf Heyden etc., sämmtlich in Berlin. Aufsichtsräthe: Max Heymann und Franz Pernet in Berlin. Erste Dividende 3%, wozu die Vorbesitzer 10,000 Thlr. beisteuerten. 1874 gab es noch 2 %, 1875 — 0. Cours einst 110, jetzt etwa noch 5.

Ofenfabrik Arnebnrg bei Stendal, dem Rittergutsbesitzer H. Schwenke gehörig. Gegründet Mai 1872 von dem Freiherrn von Werthern, von Carl Graeper, Julius Ende und Emil Markau in Berlin, mit 150,000 Thaler Actien und 100,000 Thaler

Hypotheken Erste Dividende 5%, dann 0. Bei der letzten Generalversammlung wurden die „Vertreter der Presse" nicht mehr hineingelassen. Cours circa 1.

Keppler's'sche Ofenfabrik in Stettin. Gegründet Februar 1872 mit 150,000 Thaler Actien und 300,000 Thaler Hypotheken. Direction: Georg Keppler. Aufsichtsräthe: Oberregierungsrath Gustav Seelmann, welcher jedoch auf Anweisung seiner vorgesetzten Behörde wieder ausscheiden musste; Bankdirector Ludwig Hindersin, Hermann Reinhardt, Ernst Böttcher und Fr. Marggraf in Stettin. Letzte Dividende 0. Im Mai 1876 wurden die der Gesellschaft gehörigen Grundstücke für 36,000 Thaler verkauft.

Sächsische Ofen- und Chamottewaarenfabrik in Cölln bei Meissen, vormals Ernst Teichert. 800,000 Thlr. Actien, aufgelegt im October 1872 à 106 bei M. Schie Nachfolger und Gebr. Guttentag in Dresden. Dazu 50,000 Thaler Hypotheken. Dividende pro 1874 und 1875 je 4 %. Cours etwa 40. Herr Teichert, der Vorbesitzer, behielt die Leitung, und „schenkte" Anfang 1875 der Gesellschaft 50 Actien.

Berliner Porcellan-Manufactur (Ad. Schumann). Verkauft von Eduard Appelhans und Albert Zäpernick, und Februar 1871 gegründet von: Hofrath Moritz Alberts, Bernhard Lucae, Aug. Sponholz, Samuel Falk (Heinitz & Falk), Carl Uno (Dahlmann & Uno) und Ludwig Pollborn in Berlin, mit 300,000 Thaler Actien und 150,000 Thaler Hypotheken. Im Prospect wurden „über 12 % Dividende" vorgerechnet und bis 1873 gezahlt: 10, 8 und resp. 6 %. Später gab es 0, und die früher im Privatbesitz so blühende Fabrik arbeitet nur noch mit Verlust. Cours etwa 15.

Schlesische Porcellan- und Steingut-Manufactur, vormals F. X. Matthiessen in Tiefenfurt bei Bunzlau. Gegründet August 1872, mit 200,000 Thaler Actien und 100,000 Thaler Prioritäten. Der Vorbesitzer behielt die Leitung, und als Aufsichtsräthe wurden genannt: G. R. Besser in Berlin, C. G. Schüller in Tiefenfurt, Stadtrath Haucke sen. in Zittau, Rittergutsbesitzer Richard Sporleder auf Kostemke. 1873 — 7 % Dividende; dann 0. Cours einst 110, jetzt etwa noch 10.

Tiefenfurter Porcellan- und Chamottewaarenfabrik, vormals Carl Raedisch. Gegründet September 1872 von der Communalständischen Bank in Görlitz mit 175,000 Thaler Actien, aufgelegt bei S. Abel jr. in Berlin, und mit 60,000 Thlr. Hypotheken. Der Vorbesitzer übernahm 25,000 Thaler Actien und behielt die Leitung. Aufsichtsräthe: H. F. Hecker, Th. Roeder und Baumeister Fischer in Görlitz, H. Engelhardt in Lauban. 10—15 % Dividende wurden versprochen und für das erste Geschäftsjahr 7½ % gezahlt, dann nichts mehr. Herbst 1875 legte der Aufsichtsrath sein Amt nieder, keiner der anwesenden Actionäre wollte sich wählen lassen. Man erkor drei Abwesende, in der Hoffnung, dass sie annehmen würden, und legte je 10 Actien zu Einer zusammen.

Bunzlauer Geschirr-, Oefen- und Thonröhrenfabrik, vormals Lepper & Küttner. Vorgekauft von Siegmund Löwy in Berlin und gegründet November 1872 mit 25,000 Thaler Hypotheken und 200,000 Thaler Actien, welche Alwin Philipp an die Börse brachte. 1874 — 2 % Dividende. Da es an Betriebsmitteln fehlte, trat man Januar 1877 in Liquidation.

Pommer'sche Chamottewaarenfabrik in Podejuch bei Stettin, vormals Toepke & Seehausen. Gegründet November 1872 mit 150,000 Thaler Actien und 45,000 Thaler Hypotheken. Als Aufsichtsräthe nannte der Prospect: Dr. G. Weissenborn, G. Bergschmidt, S. A. Eppenstein, A. Martin und Baumeister Emil Gette in Berlin, Professor Dr. H. Hellriegel zu Dahme. Gerieth schon October 1874 in Concurs.

Muskauer Thonwaaren, vormals Bergschmidt, Schlieben & Hentschel. Gegründet Februar 1874 von den Vorbesitzern u. A., zusammen von 18 Personen, unter denen sich auch ein „Fräulein" befindet, mit 150,000 Thlr. Actien. November

1874 schritt der Staatsanwalt ein, und October 1876 brach der Concurs aus.

Deutsche Thonröhren- und Chamotte-Fabrik zu Münsterberg in Schlesien. Errichtet September 1874 von Heinrich Quistorp, der sich in öffentlicher Versammlung selber einen Gründer aus Leidenschaft und Ueberzeugung nannte; gegründet, während er sich noch im Concurs befand, von ihm und Carl Adolf Brandt in Berlin, Carl Winckler in Rostock, Oscar Freund in Breslau, Hauptlehrer Emil Mehlhose in Berlin etc. Actiencapital 275,000 Thaler. Natürlich ohne Börsencours.

Metall-Industrie, Bleiröhren und Messingwaaren, vormals Ernst Bucholt & Hahn in Berlin. Angekauft für 200,000 Thlr. und December 1872 gegründet von Carl Seefeld, Leopold Cohn, Nachmann Hirsch Neumann und Dr. Heinr. Ebeling, Börsen-Redacteur der „Vossischen Zeitung" in Berlin. Actiencapital 300,000 Thlr.; dazu 48,000 Thlr. Hypotheken und 125,000 Thlr. Prioritäten. Directoren: der Vorbesitzer Max Jasper Hahn und Joh. Aug. Oscar Hahn. Wie eine Zeitungsreclame verkündete, nahm die Gesellschaft „Stellung zur Kanalisation von Berlin", welche „das Gebiet ihrer Thätigkeit sehr vortheilhaft berührte". A conto dieser Position warf sie für das erste Geschäftsjahr eine Dividende von $3\frac{1}{2}$ % aus, zahlte dieselbe aber nicht, und beschloss Mai 1874 ihre Auflösung.

Optische Industrie (Brillen), vormals Commerzienrath Emil Busch in Rathenow. Gegründet October 1872 von H. Quistorp in Berlin. Actiencapital 275,000 Thaler und 100,000 Thaler Hypotheken. Dividenden: 9, 5, 4 und resp. 3 %. Cours einst 115, jetzt ca. 20.

Deutsche Gesellschaft für Hufbeschlag (Hufnägel), vormals Möller, Schreiber & Co. in Berlin. Gegründet nach dem „Krach", August 1873, von Commerzienrath Hermann Egells, Heinrich Cohn, Anton Cohn, Julius Cohn, Hermann Mortzfeld, Hugo Möller und Julius Möller in Berlin, Clemens

Ewald Schreiber in Neustadt-Eberswalde. Actiencapital 500,000 Thaler! Dividenden? — Ohne Börsencours.

Broncewaaren und Zinkguss, vormals J. C. Spinn & Sohn in Berlin. Gegründet August 1872 mit 300,000 Thaler Actien und 125,000 Thaler Hypotheken. Otto Spinn verkaufte für 284,000 Thlr. an Carl Black, und dieser für 384,000 Thlr., also mit 100,000 Thaler Aufschlag, an die Gesellschaft, welche ihr Dasein folgenden Herren verdankt: Otto Wendland, Fritz Beermann, Mosca d'Israeli, August Kilz, Ferdinand Vogts, Hermann Würz, Amand Bloch, Hüttendirector Hellmuth Förster und Professor Martin Gropius in Berlin. Die erste, wol künstliche Dividende betrug 10 %, 1874 gab es noch 6 %, und dann 0. Cours einst 130, jetzt etwa noch 30.

Lampenfabrik Stobwasser in Berlin. Gegründet October 1871 von Max Munk und Emil Heymann in Berlin. „Erste Zeichner": Aron Hirsch Heymann, Meyer Cohn, Mendel Cohn, Sigismund Süssmann, Paul Munk, Joseph Pincuss, Max Kruse, August Jacobs, Anton Wolff (Hirschfeld & Wolff), Director Gustav Dittmann, Justizrath Carl Drews und Commerzienrath Gustav Stobwasser in Berlin. „Erste Revisoren": Siegmund Heydenreich und Gustav Kutter in Berlin. Als Aufsichtsräthe fungirten auch noch: H. Reimann und Julius Ebbinghaus in Berlin. Im Prospect hiess es: „Das Geschäft wirft bei dem Ankaufspreis von 650,000 Thaler schon jetzt einen Nutzen von über 10 % ab, und wird sich der Gewinn noch erhöhen." Für Erwerbung der Vorräthe und als Betriebscapital (!) waren — 350,000 Thaler, zusammen also — 1,000,000 Thaler ausgeworfen. Unter diesen so kolossal bezahlten „Vorräthen" soll sich ein ganzer Bodenraum mit veraltetem, mehr oder weniger unbrauchbar gewordenem Lampengeschirr etc. befunden haben. Von dem Actiencapital mit 800,000 Thalern übernahm der Vorbesitzer Stobwasser 200,000 Thaler, und ausserdem blieb eine Hypothek von 200,000 Thaler für ihn stehen. Die Dividende war nie höher als 6 %, und betrug pro 1875/76 nur 4%; trotzdem

bewilligte der Aufsichtsrath sich 2125 Thaler Tantième! Cours
noch etwa 30.

Wagenfabrik Neuss in Berlin. Gegründet August 1872
von dem Vorbesitzer Joseph Neuss, dem Bierdirector Hermann
Gratweil, dem Gummidirector Jules Fonrobert, dem Hotelbesitzer
Jul. Alex. Hendtlass, dem Dr. Alexis Bertram und dem Banquier Ferd. Jaques in Berlin. 600,000 Thaler Actien und
150,000 Thaler Hypotheken. Die erste Dividende betrug nominell 13 %, sank 1873 auf 4 % und hörte dann völlig auf, weshalb auch die Actien nur noch etwa 10 notiren. Seitdem die
Gründer nicht mehr auf Gummi fahren, ist der Begehr nach
Luxuswagen sehr gering. Herr Joseph Neuss aber vergnügte
sich mit dem Commando einer Dampffähre in Swinemünde,
wo er im Sommer 1876, wie die Zeitungen meldeten, das Leben
der Passagiere in grosse Gefahr brachte.

Silberwaarenfabrik Mosgau in Berlin. Vorgekauft von
Paul Munk für 450,000 Thaler, und October 1872 den unglück-
lichen Actionären überwiesen für 750,000 Thaler, also mit
300,000 Thaler Aufschlag. Die Gründer waren: A. H. Hey-
mann & Co. (Gotthold und Max Heymann), Sachs & Edinger
Aron Hirsch Heymann, Emil Mosgau, Reinhold Mosgau, Max
Munk, Rudolf Seidel (H. A. Jürst & Co.), Ignatz Witkowski,
Dr. Anton Daffis, Verlagsbuchhändler Theodor Heymann und
Geh. Finanzrath Eugen Kühnemann in Berlin. Actiencapital
700,000 Thaler und 180,000 Thaler Hypotheken. Vorstand: Emil
Mosgau und Reinhold Mosgau, später der Vorbesitzer Franz
Mosgau. Als Aufsichtsräthe fungirten u. A. noch: Louis Sachs
und David Hirschfeld in Berlin. Für das erste Geschäftsjahr
wurden nominell 8 % Dividende vertheilt, 1873 entfiel 1 %,
1874 und 1875 — 0, und 1876 geschah die Auflösung. Dieselbe
ward einfach von den Gründern und ihren Verbündeten beschlossen, welche zu diesem Zwecke grosse Posten der schon
bis 3 Brief gesunkenen Actien bereit hielten.

Paul Munk vertrat	1000 Stimmen.
und für Max Munk	150 ,,
A. H. Heymann & Co.	498 ,,
Sachs & Edinger	129 ,,
Dr. Daffis	52 ,,
Franz Mosgau	119 ,,
Emil Mosgau	100 ,,
Reinhold Mosgau	5 ,,
Georg Beer für Meyer Cohn . .	260 ,,
David Hirschfeld	327 ,,

zusammen 2640 Stimmen.

Die Opposition dagegen besass nur 108 Stimmen. Gegen die Auflösung protestirte Isidor Itzig, übrigens auch ein mehrfacher Gründer, indem er in einer Eingabe an den Handelsrichter behauptete: Die Bilanzen seien sämmtlich falsch, bei der Gründung sei kaum der vierte Theil des Actiencapitals vorhanden gewesen, und die Liquidation geschehe nur, weil Franz Mosgau billig zurückkaufen wolle. Jedenfalls hatte Isidor Itzig, der plötzlich verstummte, in dem letzten Punkte Recht: der Vorbesitzer Franz Mosgau, für welchen eine Hypothek von 140,000 Thaler eingetragen war, erhielt das Geschäft um ein Butterbrod zurück, und die Actionäre haben eine Quote von 5 bis 6 % zu erwarten. Als Liquidatoren walteten zuerst: David Hirschfeld, Samson Sklower und Commerzienrath Salomon Weigert; später Julius Herz und Dr. juris Emil Lehmann in Berlin. Eine Anzahl von Actionären beabsichtigte, eine Civilklage gegen die Gründer anzustellen. Weil aber der Prospect grobe Unwahrheiten enthält und wesentliche Dinge verschweigt, z. B. gewisse Belastungen der Gesellschaft und der ihr überwiesenen Grundstücke, ist auch die Staatsanwaltschaft eingeschritten.

Neue Berliner Messingwerke, sonst Wilh. Borchert jr. Gegründet März 1873 von dem Vorbesitzer, sowie von dem

Abgeordneten, Geh. Oberregierungsrath Dr. Ernst Engel, Louis Caplick, Bernhard Lucae und Ernst Wartenberg in Berlin. Actiencapital 850,000 Thaler und 150,000 Thaler Hypotheken. Dividenden: 10, 8 und resp. 10 %. Cours 120—130.

Ende 1867 erliess Herr Christoph Wilhelm Borchert in Berlin einen gedruckten Brief „An meine Beamten und Arbeiter", worin er ihnen kund that: Ich, meines Wissens der Erste in Deutschland, will nach dem Vorbilde der Englischen Industrial Partnerships den Reingewinn meiner Fabrik und auch diese Fabrik selber mit Euch theilen, Euch, wenn Ihr wollt, Alle aus Arbeitern zu Fabrikbesitzern emporheben. Ich schätze den Werth meiner Fabrik auf 300,000 Thaler, zerlege diese Summe in 6000 Antheilscheine à 50 Thaler, und überlasse Euch nun, sämmtliche Antheilscheine nach und nach käuflich von mir zu erwerben. — Dieses weiter ausgeführte wundersame Schriftstück hatte Herrn Dr. Engel zum Verfasser; er liess es in dem Berliner städtischen Jahrbuch für 1868 abdrucken und schrieb dazu:

„Es kann nicht fehlen, dass dieses System rasch Verbreitung finden werde, denn es ist ebenso praktisch wie wissenschaftlich richtig, und es ist sofort und überall ausführbar. Es ist aber auch eminent politisch. Der Unterschied zwischen Arbeitgeber und Arbeitnehmer wird nach und nach beseitigt, und damit wird auch der fast künstliche Gegensatz zwischen Bourgeoisie und Proletariat aufgehoben. Jedem Arbeiter wird die Aussicht auf Capitalansammlung geöffnet, jeder ist, obgleich

25*

Arbeiter, doch auch Arbeitgeber und Mitbesitzer seiner Werk-
statt. — — „So ist denn die sociale Frage keine Frage
mehr, die Anhäufung von Arbeitermassen in den grossen Städten
keine Gefahr mehr, sondern eine Wohlthat; denn so viel Arbeiter, so viel kleine Eigenthümer, so viel treue, strebsame Bürger,
so viele wahre Freunde des unbeweglichen und beweglichen
Besitzes, und darum auch ebensoviel Vertheidiger der öffentlichen Ordnung." — —

Herr Dr. Engel, der, wie es scheint, in der Wissenschaft wie im geschäftlichen Leben ein liebenswürdiger Sanguiniker ist, und den neutestamentlichen
Glauben besitzt, der da Berge versetzt, versicherte
in einer feierlichen Sitzung der Juristischen Gesellschaft zu Berlin, in Gegenwart des Kronprinzen von
Preussen: durch die edle That des Herrn Christoph
Wilhelm Borchert sei nunmehr die endgültige Lösung
der socialen Frage erfolgt.

Wie man sieht, war die Geschichte nur eine Varia-
tion des alten Schulze-Delitzsch'schen Liedes vom
Sparen der Arbeiter und von ihrer Selbsthülfe; und
die Presse versuchte, sich dafür zu begeistern. Aber
trotz aller Reclame fand der Vorgang wenig Nachahmung, er erregte bei Herren wie bei Arbeitern nur
Lachen, und auch die Engel-Borchert'sche Gesellschaft liess bald nichts mehr von sich hören.

Da kam die Schwindelära. Herr Borchert hatte
sich inzwischen auch noch ein Bankgeschäft zugelegt

und dabei Geschmack am Gründen gefunden. April
1871 gründete er mit Otto Harlan, H. W. Bassenge & Co.,
M. Schie Nachfolger, Philipp Elymeyer und der Sächsischen Lombardbank in Dresden, mit Rudolf Hartwig in Fürstenwalde, Emil Brebeck, Carl Homburg,
Eduard Nesselmann, Gustav Schwendy, Rechtsanwalt
Riemann und Geh. Regierungs- und Baurath Nietz —
die **Berliner Lombardbank***), berüchtigten Angedenkens, deren Actien einst 110 standen und heute
4 stehen, und die seit Jahren die Staatsanwaltschaft
beschäftigt. Frühling 1873 folgte die Gründung der
Messingfabrik, die also doch nicht Miteigenthum der
„Beamten und Arbeiter" geworden war, sondern nach
wie vor Herrn Borchert allein gehörte. Wieder leitete ihn die reine Menschenliebe; „ohne directe Nach-

---

*) Actiencapital 500,000 Thaler. Als „erster Zeichner"
figurirt u. A. noch: Director August Zimmermann in Berlin.
Vorstand: August Waldmann und Dr. Julius Hensel in Berlin.
Für 1871 erhielten die Actionäre eine Art „Bauzinsen" mit
5⁰/₀; für 1872 wurden 11¹/₄⁰/₀ Dividende vertheilt, weil die Bank
beim Verkauf eines Grundstücks 133,000 Thaler profitirt zu
haben glaubte. Doch erwies sich dieser Glaube als Aberglaube,
indem der splendide Käufer hinterher nicht Zahlung leistete.
Die Gesellschaft beschloss September 1874 ihre Auflösung und
wählte zu Liquidatoren: Hugo Vetter, Alfred Peters und Paul
Kucke in Berlin. Dem Director Dr. Hensel ward die Decharche
verweigert, und gegen ihn die gerichtliche Untersuchung eingeleitet.

kommen", wie es in den Zeitungsreclamen hiess, wollte er sich allmälig vom Geschäft zurückziehen, den Vortheil dem Publikum gönnen; doch berechnete er die kleine unbedeutende Fabrik, die er vor fünf Jahren auf 300,000 Thaler geschätzt hatte, der neuen Actiengesellschaft jetzt mit 1 Million Thaler! Im Uebrigen behielt er in seiner Eigenschaft als „Vorsitzender des Aufsichtsraths" die Oberleitung, und bestellte den Mitgründer, Dr. Engel, zum Vicepräsidenten. Wie bei den Schulze-Delitzsch'schen Genossenschaftsbanken handelte es sich auch in diesem Falle um eine Gründung unter social-politischer Flagge, zum Besten der arbeitenden Klassen. Indess hatten die Gründer sich verspätet, denn alsbald trat der Krach herein. Trotzdem wurden die Actien, noch im Juli 1873, an der Börse mit 130 eingeführt, und zu diesem hohen Course und darüber lebhaft gekauft. Während alle andern Papiere bodenlos stürzten, blieben Messingactien unerschüttert, und die Notiz lautete bis heute „bezahlt und Geld", ja häufig blos „Geld", d. h. begehrt, aber gar nicht zu haben. Fortlaufend gab es gute Dividenden und es wird sogar, noch von Aufstellung der Bilanz, regelmässig eine Abschlags- (Zins-) Dividende gezahlt. In der That eine seltene Gesellschaft! Wahrscheinlich aber waren die Actien

nicht mehr unterzubringen, und sie befinden sich zum
weitaus grössten Theil wol noch in den Händen des
Herrn Borchert, der also Dividenden und Super-
dividenden in der Hauptsache an sich selber zahlt.
Als „Capitaleinlagen der Arbeiter" figuriren in der
Bilanz nur ca. 7000 Thaler, gewiss eine sehr bescheidene Summe, und es bleibt fraglich, ob diese Arbei-
ter-Capitalisten auch Actionäre, oder ob sie blos Gläubiger sind.

Ueber das Partnershipsystem, das man auch für
das landwirthschaftliche Gewerbe empfohlen hat,
äusserte sich in einem öffentlichen Vortrage sehr ab-
fällig der nationalliberale Abgeordnete, Generalsecre-
tair Dr. Thiel, welcher zu dem landwirthschaftlichen
Minister, Herrn Friedenthal in vertraulichen Beziehungen steht. „Der niedere Kulturzustand unserer
Arbeiterbevölkerung im Allgemeinen", so sagte er
nach der „Nationalzeitung", „welcher jedem Einzelnen
den Zug aufprägt, auf Kosten seiner Mitarbeiter zu
faulenzen', und welcher nur zu oft dahin führt, dass
der sauer verdiente Wochenlohn ohne Rücksicht auf
die allernächste Zukunft am Sonnabend und Sonntag
verprasst wird, dieser Kulturzustand ist unempfäng-
lich für den Reiz einer Prämie, welche erst nach
Jahr und Tag fällig wird, und von dem guten Willen

aller Mitarbeiter, sowie von ganz unberechenbaren Naturereignissen abhängig ist." Ohne Frage sind das ebenso ungerechte wie unverständige Worte. Die Gewährung einer Tantième kann dem Arbeiter nicht gleichgültig sein, sie wird ihn auch sittlich heben und ihn an den Besitzer fesseln, aber sie darf nicht, wie bei den Spielereien à la Engel, blos in der Luft schweben und sie muss in jedem Falle von einigem Belang sein. Neuerdings hat der Stadtverordnete Keilpflug in Berlin, Inhaber einer Cigarrenfabrik, sich erboten, den Reingewinn seines „Detailgeschäfts" mit den Arbeitern zur Hälfte zu theilen, und wenn dieses Arrangement ehrlich gemeint ist, kann es gute Früchte tragen. Nur wirkliche Opfer, Seitens der Besitzenden, Opfer an Vorrechten und Gütern, kann das Loos der arbeitenden Klasse verbessern, kann die socialdemokratische Bewegung, die unsere ganze Zeit beherrscht und sich immer drohender erhebt, mässigen und sänftigen.

Eine dritte Gruppe bilden die folgenden Gesellschaften:

Preussische Bernstein-Actiengesellschaft in Berlin und Ostpreussen. Gegründet October 1871, mit 2 Millionen Thaler Actiencapital, von Adolf Levien, Isidor Oelsner (Berliner Bankverein), Berthold Bensemann, Benoit Oppenheim (R. Oppenheim & Sohn), Friedrich Meyer (E. J. Meyer) und Commerzienrath Adalbert Delbrück in Berlin, Max Sonnenburg in Wien. Zweck: Ausbeutung von Bernstein und Handel mit Bernstein. Directoren: Moritz Becker in Königsberg i. Pr. und Abgeordneter Dr. Friedrich Kapp in Berlin. Die beiden eng befreundeten „Volkswirthe" Carl Braun (Wiesbaden) und Fr. Kapp pflegen sich literarisch und geschäftlich zu unterstützen. Der Eine recensirt immer die Bücher des Andern, schreibt darüber lange Abhandlungen in die „Nationalzeitung", in die Paul Lindau'sche „Gegenwart" etc. So reiste auch Carl Braun im Sommer 1872 längs der Ostpreussischen Bernsteinküste umher und veröffentlichte darüber in der „Nationalzeitung" sehr lehrsame Feuilletons. Trotzdem wollte sich die Börse für die Preussische Bernstein-Actiengesellschaft nicht erwärmen, und so trat diese in Liquidation.

Westphälische Marmorwerke zu Allagen bei Soest, früher **Prang & Co.** Vorgekauft von Hermann Geber, und März 1872 den unglücklichen Actionären mit einem riesigen Aufschlag, für nicht weniger denn 625,000 Thaler überwiesen; während der Prospect diesen Preis einen „beispiellos billigen" nannte, herbeigeführt durch „eine eigenartige Verkettung von Umständen": „Einer der bisherigen Besitzer, der Chef der Firma, hat nämlich seinen Wohnsitz in Java", weshalb er ausscheiden wollte. Die edlen Gründer waren: Isidor Platho, Eduard Bercht, R. A. Seelig und Eduard Stahlschmidt in Berlin, Johann Baptist Prang in Allagen, Gustav Siegel in Magdeburg, Bernhard Hüffer in Leipzig. Ausserdem nannte der Prospect als Aufsichtsräthe noch: Landschaftsrath F. Lehmann, „Generaldirector" Julius Müller, Baurath Wäsemann, Baumeister Nicolas Becker, Architect Paul Rasche, Bildhauer Professor Gustav Blaeser, Mitglied der Akademie der Künste, und Dr. phil. Adolf Widmann in Berlin. Es war dies also eine artistisch-philologische Gründung, die Künstler und Gelehrte dem Publikum darboten. Doch um so trauriger gestaltete sich das Resultat: die 725,000 Thlr.

Actien gaben nie einen Heller Dividende, und der Cours schwankt zwischen 1 und 0. Als Directoren fungirten der Mitvorbesitzer J. B. Prang, Dr. Widmann und der Mitgründer Siegel, welcher letztere, wie der Aufsichtsrath mittheilte, entlassen wurde, weil er „irrationell" gewirthschaftet hatte. Hiergegen protestirte Herr Siegel öffentlich und behauptete, er sei freiwillig gegangen und man habe ihn dringend gebeten zu bleiben, ja ihn überreden wollen, die Marmorwerke in Pacht zu nehmen. Jedenfalls ist die Lage der Gesellschaft unter seinem Nachfolger nicht besser geworden; auch 1875/76 schloss wieder mit Verlust.

Thüringische Schiefer-Bergbau-Actiengesellschaft bei Gräfenthal in Sachsen-Meiningen. Erworben vom Fabrikanten Rossbach für angeblich 350,000 Thaler, und September 1872 gegründet von Nachmann Hirsch Neumann, Otto Clement, Ingenieur Rudolf Henneberg und Dr. Heinrich Ebeling, Börsenredacteur der „Vossischen Zeitung" in Berlin, mit 400,000 Thaler Actien, welche Abraham & Meyer in Berlin auflegten. Dem Prospect waren zwei sehr empfehlende Gutachten von dem Geh. Bergrath Professor Bernhard von Cotta in Freiberg und dem Bergassessor Dr. Kosmann in Berlin beigefügt, und weiterhin hiess es: „Zu den allgemeinen Motiven, welche zu der Umwandlung berechtigen, kommt hier noch ein eminent volkswirthschaftliches Interesse: unser Deutsches Vaterland in dem wichtigen Dachschiefer unabhängig zu machen von dem Monopol Englands." — Aufsichtsräthe: G. A. Breusing und Baumeister Felber in Coburg, sowie Rechtsanwalt Meyn in Berlin, vor dem das Statut verlautbart war. Director: Heinrich Rossbach in Oeslau. Dividenden gab es nie, 1876 beschloss man endlich die Auflösung, und die Actien waren stets Maculatur. Wie Herr Sonnemann der „Wissende" im Reichstag äusserte, soll das gegründete Object etwa den Werth von 4000 Thalern haben. Der Staatsanwalt ist nicht eingeschritten.

Westphälischer Draht-Industrieverein (Draht-Fabrik), vormals Hobrecker, Witte & Herbers in Hamm. Gegründet November 1872 von der Berliner Handelsgesellschaft, mit 2,000,000 Thaler Actien und 500,000 Thaler Prioritätsobligationen! Vorsitzender des Aufsichtsraths: Geh. Commerzienrath W. Conrad in Berlin. Aufsichtsräthe resp. Revisoren: Wilhelm Nolte und Julius Ebbinghaus in Berlin. Vorstand: Stephan Hobrecker und Hermann Hobrecker in Hamm. Obgleich der angebliche Kaufpreis von $2\frac{1}{2}$ Millionen Thaler den eigentlichen Werth des Etablissements drei bis viermal überstieg, wurden die Actien doch mit einem kolossalen Agio, à 125 ausgegeben, und Frühjahr 1873, kurz vor dem „Krach", bis fast 140 getrieben. Die erste Dividende von 12% war künstlich gemacht (Aufsichtsrath, Vorstand und Beamte berechneten sich 27,800 Thlr. Tantième!); 1873/74 schloss mit 195,000 Thaler Verlust, den die Vorbesitzer deckten; 1875 erhielten die Actionäre 3%, Aufsichtsrath, Vorstand und Beamte 7150 Thaler; zugleich ward die Aufnahme einer Anleihe von 250,000 Thaler beschlossen; 1876 gab es nur noch $1\frac{1}{2}$%. Eine Filiale, die man abenteuerliche Weise in Riga aufschlug, stiess dem Fass vollends den Boden ein, und der Cours war schon bis etwa 30 gesunken. Wie es scheint, soll das Etablissement im Wege der „Entgründung" wieder den Vorbesitzern in die Hände gespielt werden.

Westphälische Union, Bergbau, Eisen- und Drahtindustrie in Hamm. Gegründet Febr. 1873 durch R. A. Seelig in Berlin. Hermann Geber in Berlin und Consorten kauften vor: 1) die Fabrik von Cosack & Co. in Hamm; 2) das Hüttenwerk von Ed. Schmidt in Nachrodt; 3) das Puddlings- und Walzwerk von A. & T. Linhoff in Lippstadt — welche der neuen Gesellschaft für 3,025,000 Thaler überwiesen wurden. Im April 1873 wurden noch zugekauft 4) die Werke von Fr. Thomée in Werdohl und Uetterlingsen für angeblich 1,250,000 Thaler, auch ein Zweiggeschäft in Petersburg errichtet. Actiencapital $4\frac{1}{2}$ Millionen Thaler (!), aufgelegt durch die Provinzialgewerbebank (Martini) in Berlin zu 112!! Dazu 1,150,000 Thaler Hypotheken und 750,000 Thaler Prioritäten. Vorstand: „Generaldirector"

Ernst. Aufsichtsräthe: Commerzienrath Wintzer, „Generaldirector" der Georgs-Marienhütte bei Osnabrück, Commerzienrath Schlittgen, Dr. Wilhelm Rentzing, Siegfried Filehne, Hermann Gratweil und Wilhelm Eschmann in Berlin, A. Linhoff und Theodor Linhoff in Lippstadt, Heinrich Thomée jun. in Werdohl, Abgeordneter Dr. Feodor Goecke (specieller Freund des Abgeordneten Dr. Friedrich Hammacher) und Theodor Böninger in Duisburg, Justizrath von Briesen in Hagen, Albert de Gruyter in Ruhrort, Dr. Adolf Lasard in Berlin. Gleich das erste Geschäftsjahr schloss mit 526,000 Thaler Verlust, worauf Hermann Geber, R. A. Seelig und Ed. Stahlschmidt in Berlin für 1,130,000 Thaler Actien „zurückschenkten". Die Vorbesitzer dagegen verweigerten eine solche Schenkung. Cours etwa noch 5.

Deutsche Actiengesellschaft für Bergbau-, Eisen- und Stahlindustrie in Berlin. Nach dem Statut, das weder Datum noch Unterschriften trägt, aber in der Strausberg'schen Druckerei, Unter den Linden 17 (später „Lindenbauverein") angefertigt ist, erwarb die neue Gesellschaft: 1) das Neustädter Hüttenetablissement bei Hannover; 2) verschiedene Steinkohlenbergwerke bei Langendreer und Bochum; 3) die Eisensteinbergwerke im Siegener Lande und am Harz — von Baruch Hirsch Strausberg, genannt Dr. Strousberg, für die Kleinigkeit von 5½ Millionen Thaler. Mitte März 1872 veröffentlichten die Zeitungen den Prospect, welcher das Grundcapital auf 6 Millionen Thaler festsetzte, wovon 4 Millionen Thaler Actien und 2 Millionen Thaler Hypotheken, und für die Actionäre mindestens 10% Dividende vorrechnete. Als Directoren nannte dieser Prospect: Daniel Hilgenstock und Eduard Blass in Dortmund, Dr. Hermann Pauly in Siegen; als Verwaltungsräthe: Justizrath Karsten, Anton Wolff (Hirschfeld & Wolff), Martin Frege (Frege & Co.), Dittmar Leipziger (Joseph Leipziger) und Paul Kuszynski (Louis Kuszynski) in Berlin. In den redactionellen Notizen der Börsenblätter wurde Dr. Strousberg als Vorsitzender des Verwaltungsraths, Justizrath Karsten als Vicepräsident, und als siebentes Mitglied Amand Bloch in Berlin bezeichnet. Hirschfeld & Wolff emittirten zunächst 2,650,000 Thaler Actien, und diese erhielten für das erste Geschäftsjahr von drei Monaten (!) nominell die versprochenen 10% Dividende. Dann brachte man den Rest der Actien auf den Markt, und der Cours stieg Februar 1873 bis etwa 130, worauf Louis Kuszynski „vorläufig" 1 Million Thaler neue Actien à 102 auflegte. Die betreffende Bekanntmachung datirt vom 26. März 1873 und ist unterzeichnet: „Der Aufsichtsrath. Karsten. D. Leipziger. Anton Wolff." Man hatte die edle Absicht, noch eine sechste Million Thaler Actien zu fabriciren, doch nun trat der „Krach" ein, und die Scene veränderte sich vollständig. Die Bilanz für das zweite (volle) Geschäftsjahr 1. Juli 1872 73 wies, trotz 2,458,000 Thlr. Hypotheken (!!), einen Reingewinn von 288,000 Thaler auf, und warf für die glücklichen Actionäre 5% Dividende aus; aber es fehlte an Casse, und die Coupons sollten eingelöst werden, sobald eine Hypothek auf der böhmischen Herrschaft Zbirow fällig wurde, welche bekanntlich dem Wunderdoctor Strausberg gehörte, aber in Concurs gerieth und mit Schulden überlastet ist, so dass jene Hypothek sicher ausfällt. Was nun folgt, ist so wunderbar, dass es fast unglaublich klingt, nämlich in einem Staate wie Preussen, der sich von jeher durch seine prompte Justiz auszeichnete.

Man verkaufte die Neustädter Hütte und die Siegener Eisensteingruben mit grossen Verlusten an Strausberg zurück, meuchelte neun Zehntel der Actien, und bildete Juni 1874 ein neues Unternehmen, die **Dortmunder Bergbaugesellschaft,** welche sich auf die Ausbeute von Steinkohlen und Coaks beschränkte, und ausser den übrig gebliebenen 472,000 Thaler alten für 628,000 Thaler neue Actien ausgab, also sich mit einem Grundcapital von 1,100,000 Thalern constituirte. Dazu traten über 700,000 Thaler Hypotheken. Trotzdem, und obgleich die neue Gesellschaft noch die Steinkohlenfelder bei Langendreer

abstiess, gebrach es auch ihr an „Betriebsmitteln", befand auch
sie sich stets in Geldnöthen, und sie vermochte ebensowenig
eine Dividende zn vertheilen. Um den Grubencomplex bei Langendreer verkaufen zu können, musste sie an die Rumänische
Eisenbahngesellschaft, für welche Strausberg auf seinen ehemaligen Besitzungen eine Gesammthypothek bestellt hatte,
200,000 Thaler herauszahlen, und ebenso wurden die Ueberschüsse des letzten Jahres zur Deckung von „Schulden" verwendet.

Da der ursprüngliche Prospect in den thatsächlichen Angaben über die Finanzverhältnisse, in der Rentabilitätsberech-
nung und in den Kostenanschlägen grobe Unwahrheiten
und schmähliche Täuschungen enthält, wandte sich ein
Theil der Actionäre an die Staatsanwaltschaft, und diese eröffnete auch wirklich ein Untersuchungsverfahren wider „Unbekannt" — wie bei den betrügerischen Gründungen das
Rubrum meistens lautet. Aber Herr Karsten und Genossen
erklärten einfach: der Prospect sei kein officielles Actenstück,
vielmehr ebenso wie alle sonstigen Bekanntmachungen ohne
ihr Wissen und ohne ihren Willen erlassen — und bei
dieser wundersamen Entschuldigung hatte es sein Bewenden.
Der Staatsanwalt gab den betrogenen Actionären auf, das Gegentheil zu beweisen, und da sie dies nicht vermochten, wurden die
Acten weggelegt. Herr Karsten und Genossen haben aber
thatsächlich gegen 5 Millionen Thaler Actien ausgegeben, sie
fungirten nach wie vor in ihren Aemtern, und sie bildeten auch
den Aufsichtsrath der neuen Gesellschaft. Der Scandal war
so gross, dass selbst die Börsenblätter Lärm schlugen, aber ein
neugewähltes Aufsichtsrathsmitglied, Eisenbahndirector Gustav
Schmidt in Magdeburg, schrieb einem der ruinirten Actionäre
zum Troste: jene Blätter wollten nur Geld erpressen, und Herr
Karsten habe bereits die Staatsanwaltschaft angerufen. Von
der Gründung selber sagt Herr Schmidt wörtlich: „Die Irrgänge
der Strousberg'schen Finanzwirthschaft sind so verschlungen,

dass kein anderer Sterblicher, der sie nicht mitgemacht hat, sich hindurchfinden kann." — Fürwahr, diese Geschichte ist himmelschreiend!

Einige Gesellschaften übernahmen Mühlenwerke, verwalteten Gasthöfe und Bäder, wobei aber die Actionäre auch sehr schlecht fuhren.

Dresdener Mühlen, früher Königs- und Walkmühle von E. Kittler. Gegründet November 1871 mit 300,000 Thaler Actien. Verwaltungsrath: Advocat Dr. Gustav Lehmann, M. Schie Nachfolger, C. Knoop, Carl Schlossmann, Hotelier Kayser und Eduard Kittler in Dresden. Direction: Joh. Bernh. Kittler. Dividenden von 1873 bis 1875: 4, 5 und resp. 2%. Cours ca. 90.

Märkische Mühlen zu Witten a. Ruhr, mit 200,000 Thlr. Actien. Aufsichtsrath: H. Hemmer, W. von Born, C. Humperdinck, O. Wuppermann, W. v. Recklinghausen. 1873 entfielen 12% Dividende, für 1875 — 0.

Schöpfurther und Steinfurter Mühlen, früher Scholimsche Erben, am Finnowcanal. Gegründet November 1872, mit 200,000 Thaler Actien und 76,000 Thaler Hypotheken, von Humphrey Davy, Carl Weinstein, Heinrich Wisotzky und Baumeister Carl Reiche in Berlin, Otto Fröhlich in Hannover, Lucian Lewandowsky in Königsberg i. Pr., Wilhelm Herschel in Dresden. Dividende pro 1873 — 5%, pro 1874 — 0.

Pinnauer Mühlen bei Wehlau in Ostpreussen. Gegründet December 1871 von der Königsberger Vereinsbank mit 550,000 Thaler Actien und 200,000 Thaler Hypotheken. Aufsichtsrath: Geh. Commerzienrath Emil Stephan (Stephan & Schmidt), Commerzienrath Andersch, Conrad Gaedecke (Joh. Conrad Jacobi), H. Hirschfeld (Gebr. Hirschfeld & Graf), Ludwig Leo (Marcus Cohn & Sohn), Franz Schrötter (v. Gyczki & Schrötter), Moritz Stettiner, Fritz Wien (Ernst Castell) und

Otto Willert in Königsberg i. Pr., Mühlenbesitzer Lipmann in Rosslau. Sogar der Börsenreferent der von Moritz Simon gegründeten „Königsberger Hartungschen Zeitung" erklärte, dass es am besten sei über diese Mühlengründung und über den Vertrieb der Actien zu — schweigen. Cours ?

Stralsunder Dampfmühlen. Gegründet April 1872 mit 500,000 Thaler Actien und 112,000 Thaler Hypotheken! Als Aufsichtsräthe nannte der Prospect: Commerzienrath Otto Holm, E. J. Matthies und Otto Siebe in Stralsund, Emil Latz, Hermann Löwenherz und Siegfried Sobernheim in Berlin; später fungirten noch Otto Kaufmann von der Makler-Vereinsbank in Berlin und Rechtsanwalt Schömann in Wolgast, und als Vorsitzender des Aufsichtsraths waltete Justizrath Karsten in Berlin. Der Vorbesitzer, Hermann Lehl übernahm angeblich 150,000 Thaler Actien, behielt die Leitung, stellte 15 bis 20% Dividende in Aussicht, garantirte für zehn Jahre je 8%, und hinterlegte als Sicherheit 210,000 Thaler. Für 1872 wurden die garantirten 8% gezahlt, indem Lehl 9000 Thaler zuschoss; 1873 gab Lehl 20,000 Thaler her, berechnete aber sich und dem Aufsichtsrath 4000 Thaler Tantième, und die Actionäre erhielten nur 4%; 1874 schoss Lehl 5000 Thaler zu, es entfielen noch 2300 Thaler Tantième und wieder 4% Dividende; für 1875 gab es nichts mehr. In den Statuten fand sich kein Wort über die Dividendengarantie, und Lehl liess sich von derselben ausdrücklich entbinden. Ein Actionär klagte und erstritt in drei Instanzen, dass ihm für 1873 volle 8% gezahlt werden mussten, aber in Betreff der folgenden Jahre scheinen die Manipulationen des Aufsichtsraths unanfechtbar zu sein. Die von Meyer Ball in Berlin mit 102 aufgelegten Actien notiren noch etwa 20.

Berliner Hotel-Gesellschaft (Kaiserhof). Gegründet 1872 von Commerzienrath Adalbert Delbrück, Freiherrn Eduard von der Heydt, Gustav Kutter, Berthold Bensemann (Berliner Bankverein), Abgeordneten, Oberbürgermeister Kieschke und Stadt-

rath Risch (Deutsche Baugesellschaft), Abgeordneten Dr. Georg
Siemens (Deutsche Bank). „Revisor": Abgeordneter Dr. Friedrich
Kapp. Actiencapital 2 Millionen Thaler; dazu 500,000 Thaler
Hypotheken und 700,000 Thaler Prioritäten! Kaum eröffnet,
brannte das „Riesenhotel", in Folge lockerer Bauart, am 10. Oct.
1875 zum grossen Theile ab, was der städtischen Feuer-Casse
177,000 Thaler Entschädigung kostete. Zu einer Dividende ist
es noch nicht gekommen. Ende 1876 bewilligte die Preussische
Boden-Credit-Actienbank (jetziger Dirigent: Geh. Commerzienrath Emil Stephan) dem „Kaiserhof" eine unkündbare Hypothek von 1 Million Thaler, was ein sehr gewagtes Stück
sein dürfte. Die Actien haben keinen Börsencours.

Hotel du Nord in Köln. Gegründet September 1872 von der
Deutschen Unionbank in Berlin. Verwaltungsrath: Heinrich Stein
Advocat-Anwalt Robert Esser II, Jacob von Kaufmann-Asser
und Baurath Raschdorf in Köln, Commerzienrath Wilh. Herz
in Berlin. 900,000 Thaler Actien, aufgelegt mit 102¹₂. Dazu
378,000 Thaler Hypotheken. Sommer 1876 nahm der Vorbesitzer
Friedrichs, der auch die Leitung behalten hatte, den Gasthof
für 700,000 Thaler zurück.

Braunkohlen-Bergbau und Bad Nudersdorf bei Witten-
berg. Gegründet März 1872 von Hans Emil von Oppenfeld
(M. Oppenheim's Söhne), Generalconsul z. D. L. P. Spiegelthal,
Otto Moeser, „Rechtsconsulent der Gesellschaft", und dem
Eichungsinspector und Stadtverordneten Dr. Bernhard Kosmann
in Berlin, mit 600,000 Thaler Actien. Die Braunkohlengruben
gewährten keine nennenswerthe Ausbeute, die Ziegelei kam ins
Stocken, und die Badegäste blieben aus. Schon im November
1873 brach der Concurs herein, der indess beseitigt wurde,
worauf man die Auflösung beschloss. Als Liquidator fungirte
Dr. Albert Jausel in Berlin, und die Actionäre erhielten etwa
5¹₂⁰₀ zurück.

Nach der „Neuen Börsen-Zeitung" hatte Herr von Oppenfeld
das Gut um 100,000 Thaler vorgekauft, es für 520,000 Thaler

der Gesellschaft überlassen, und erstand es dann wieder aus der Subhastationsmasse um ein Billiges. Auf Antrag des Staatsanwalts schwebte ein Untersuchungsverfahren; doch wurden schliesslich nur die beiden Directoren: Dr. Kosmann und Berg-beamter Knaut, weil sie den Concurs nicht rechtzeitig ange-meldet, zu zwei resp. zu einer Woche Gefängniss verurtheilt.

Bad Königsdorff-Jastrzemb in Schlesien. Gegründet November 1868 mit 250,000 Thaler Actien. Persönlich haftender Gesellschafter: Eugen Heymann in Breslau. Verwaltungsrath: H. Hinrichs, M. Cohn (Gebr. Guttentag), Bürgermeister a. D. Fritze, Geheimrath Professor Dr. Lebert und Justizrath von Wilmowski in Breslau, Landrath und Herrschaftsbesitzer Brauns, Abgeordneter Victor Herzog von Ratibor. August 1876 wurde der Concurs eröffnet.

Chrysopras, Bad und Kurhaus zu Blankenburg in Thü-ringen. Gegründet Juni 1872 mit 300,000 Thaler Actien, auf-gelegt bei F. E. Schreiber Söhne in Berlin. Verwaltungsrath: Rentier C. F. Bernhardt, Baumeister F. Waldeyer, Bürger-meister Dr. Hopf und Hauptmann a. D. Lambrecht in Blanken-burg. Versprach für die zweijährige Bauzeit 6% Zinsen, und später 11—12% Dividende, beschloss aber, weil die Actien nicht unterzubringen waren, schon December 1872 die Auf-lösung.

Bad Liebenstein, früher dem Herzog von Meiningen ge-hörig, und gegründet Juni 1872 mit 210,000 Thaler Actien, welche David Liepmann in Berlin auflegte. Dazu ca. 111,000 Thaler Hypotheken. Für 1874 gab es 1%, für 1875 bereits 1 1/2% Dividende. Ohne Börsencours.

Seebad Heiligendamm bei Doberan in Mecklenburg. Ver-spätete Gründung, die erst kurz vor dem „Krach" das Licht der Welt erblickte, und von folgenden Herren aus der Taufe gehoben wurde: Louis Fonrobert, Dr. Theodor Eulenstein, Justizrath Felix Prinker, Rittmeister Baron Adolf von Thiel-mann, Rittmeister Feodor André, Rittmeister Max von Katte,

Rittmeister Otto von Kahlden, Director Heinrich Bergmann und Architect Heinrich Kayser, Abgeordneter Graf Johannes von Renard und Abgeordneter Prinz Carl zu Hohenlohe-Ingelfingen in Berlin, Director Ludwig Karrig in Schwerin. Actiencapital 1 Million Thaler und 250,000 Thaler Hypotheken. Zu den Aufsichtsräthen gehörten auch: Ferd. Jaques, Eduard Jaques, Abgeordneter Victor Herzog von Ratibor und Ludwig von Kaufmann (Jacob Landau) in Berlin. 1873 entfielen pro Actie 2 Thaler, 1875 — $1^2/_3$ Thaler, und befindet sich der grösste Theil des Papiers wol noch in den Händen der Gründer.

Seebad Heringsdorf bei Swinemünde. Gegründet Februar 1874, also gleichfalls sehr verspätet, mit 150,000 Thaler Actien. Vorstand: Baumeister Julius Hennicke in Berlin, Dr. Hugo Delbrück und Albert Schlutow in Stettin. Ohne Börsencours.

Rothenfelder Salinen- und Soolbad. Gegründet April 1872 mit 200,000 Thaler Actien. Vorstand: J. M. Simmersbach. Verwaltungsrath: Albert Lohmann und L. Hauf zu Witten, Heinrich Schüchtermann in Dortmund, Fr. Rüping in Gedern, A. G. Meyer in Melle, C. Henrici in Osnabrück. Im ersten Geschäftsjahr entfielen $5^1/_2\%$ Dividende, 1873 und 1874 — 0.

Saline und Soolbad Salzungen. Gegründet September 1872 durch die Preussische Creditanstalt (Richard Schweder) in Berlin. Vorgekauft für 830,000 Thaler und der neuen Gesellschaft überwiesen für 1,350,000 Thaler, also mit 520,000 Thaler Aufschlag; worauf man 1,500,000 Thaler Actien fabricirte und dieselben Januar 1873 zu $102^1/_2$ an die Börse brachte! Noch im selben Jahre stürzte der Cours bis ca. 25. Die Leitung übernahm Dr. H. Hoffmann, und als Aufsichtsräthe resp. „Revisoren" fungirten u. A.: R. Hertel, W. Paradies, L. Paradies, J. Schwerdt, Bankdirector Lübke (Mitteldeutsche Creditbank in Meiningen), M. Goldstein, Commissionsrath Ad. Hausmann. An Dividenden entfielen von 1873—1875: $2^{13}/_{16}$, $3^1/_3$ und resp. $3^5/_6$ Procent.

26*

Als gegründet wurden auch noch genannt: Bad Kahlberg bei Elbing und Saline Königsborn. Um letztere concurrirten angeblich der Wunderdoctor Strausberg und Fr. Grillo in Essen, während Marcus aus Kamen für 290,000 Thaler den Zuschlag erhielt. Bad Kreischa gerieth in Concurs, Augustusbad sollte verpachtet werden, Kalibergbau und Saline Kalusz schloss 1874 mit 780,000 Gulden Verlust und trat in Liquidation, Alexandrinenbad bei Freienwalde a. O. ging Ende 1876 für 15,000 Thaler fort, Freienwalder Bad- und Immobiliengesellschaft, von S. Heinrich Philippson und Hermann Geber mit 500,000 Thaler Actien gegründet, musste von Letzterem zurückgenommen werden. Aehnlich ging es mit den Gasthöfen, von denen Badhotel in Konstanz sich für insolvent erklärte, Blasewitzer Park-Hotel in Liquidation trat und zum Verkauf gestellt wurde, während Hotel Bellevue in Dresden pro 1875 — 5%, pro 1876 nur noch 3½% Dividende abwarf. Wenn irgendwo, ist die Actiengesellschaft auf diesen Gebieten unvortheilhaft, und ein Privatbetrieb stets weit rentabler. In den Actienhotels und Actienbädern pflegt Alles theurer und schlechter zu sein. Höchst interessant war es zu beobachten, wie die gegründeten Bäder alsbald mit Juden überschwemmt wurden, während die Geburts- und Beamtenaristokratie sich mehr und mehr zurückzog.

———

Von den gleichfalls sehr zahlreich entstandenen Transportgesellschaften nennen wir hier nur:

Baltischer Lloyd in Stettin, Dampfschiffs-Verbindung zwischen der Ostsee und Amerika. Gegründet September 1870 mit 650.000 Thaler Actien. die März 1872 durch Heinrich Quistorp in Berlin auf 2 Millionen Thaler vermehrt wurden. Kurz vorher empfahlen die „Ostsee-Zeitung" in Stettin und andere Blätter das Unternehmen als ein im grossen Aufschwunge begriffenes und sehr zukunftsreiches. Verwaltungsräthe: Abgeordneter Dr. H. Dohrn, Commerzienrath Joh. Quistorp, C. Fraude, A. Weylandt, T. R. Oswald, Carl Arlt, Carl Fr. Braun, W. Schliemann, R. Abel, C. Domcke in Stettin. 1872 und 1873 schlossen mit grossen Verlusten und sank der Cours bis ca. 20. April 1876 beschloss man die Auflösung.

Norddeutscher Lloyd in Bremen. Besteht schon seit 1856, erhöhte gleichfalls in der Schwindelperiode sein Grundcapital, und litt später unter grossen Verlusten und unter dem Drucke einer unsinnigen Concurrenz, welche die verschiedenen Dampfer-Linien einander machten. Actiencapital schliesslich 6,600,000 Thaler und 3,000,000 Thaler Prioritäten. Aufsichtsrath: Abgeordneter H. H. Meyer in Bremen. Dividende pro 1875 — 0. Der Cours der Actien ist seit 1872 enorm gefallen.

Central-Actiengesellschaft für Tauerei (Kabel-Dampf-Schleppschifffahrt) in Köln. Gegründet December 1871 vom Schaaffhausen'schen Bankverein daselbst, mit 1,200,000 Thaler Actien. Verwaltungsrath: Th. Deichmann, Theodor Movius, Eugen Langen, Emil vom Rath und Robert Peill in Köln, Hermann Becker in Mülheim a. Ruhr, Julius Brockhoff in Duisburg, Baron Friedrich von Holstein, Kaiserlich Deutscher

Botschafts-Secretair in Paris. Nach einer Zeitungsnotiz 1876 verschmolzen mit der **Ruhrort-Mülheimer Dampfschlepp-schifffahrts-Gesellschaft**, gegründet März 1872 mit 700,000 Thaler Actien (Aufsichtsrath: Geh. Commerzienrath Hugo Haniel in Ruhrort); und sollten die beiderseitigen Actien zu je $66^2/_3\%$ angerechnet werden.

Speditions- und Elbschifffahrts-Comptoir, vormals Carl Fritsche zu Schönebeck. Gegründet December 1872 von der Magdeburger Wechsler- und Discontobank, mit 180,000 Thaler Actien und 100,000 Thaler Hypotheken. Scheint aus einem Speicher zu bestehen und vertheilte pro 1874 — 5% Dividende; 1875 wollte man das Actiencapital „reduciren".

Möbel-Transport in Berlin. Gegründet November 1872 von Gustav Borchardt, Carl Jacob, Simon Schüler, Isidor Kadisch, Ferd. Vogts, Moritz Eduard Meyer, Albert Meyer. Aus einem Fuhrgeschäft, das sie mit 5750 Thaler bezahlten, und aus dem Grundstück Köpenicker Strasse 127 machten die Gründer eine Gesellschaft mit 250,000 Thaler Actien und 100,000 Thlr. Hypotheken! Albert Meyer, Bruder von Moritz Ed. Meyer und im Geschäft bei Ferd. Vogts, liess sich zum Director der neuen Gesellschaft ernennen, als welcher er 3000 Thaler Gehalt bezog, aber wenig genug zu thun hatte. Mai 1874 legte er sein Amt nieder, wurde Aufsichtsrath und trat April 1875 aus, worauf er December 1875 in einer Eingabe an den Handelsrichter sich als unglücklichen verführten Actionär gerirt, auch den Vorsitzenden des Aufsichtsraths, Gustav Borchardt, sowie den amtirenden Notar gewisser Unregelmässigkeiten beschuldigt. Ebenso rührend ist der Geschäftsbericht, welchen der Mitgründer Ferd. Vogts Frühjahr 1875 erstattete, und in welchem er ausdrücklich sagt: „Hauptsächlich aber, und das ist der Krebsschaden der Gesellschaft, ist unser Grundstück zu theuer." Der Prospect hatte eine Dividende von 15% „in sichere Aussicht" gestellt, doch gab es pro 1873 nur 2%, 1874 und 1875 — 0, worauf der Cours bis circa 15 sank. Erst nachdem 75,000 Thaler Actien gemeuchelt, konnte für 1876 wieder eine Dividende vertheilt werden, und betrug dieselbe 1³/₅%. Als Aufsichtsräthe fungirten noch: Robert Macks, Rechnungsrath Rudolf Müller und Rechtsanwalt Ewald Hecker, welcher das Statut aufgenommen hat. Der Staatsanwalt ist eingeschritten.

Norddeutsche Packet-Beförderungs-Gesellschaft. Gegründet Juni 1869 von den Spediteuren Ed. Reinecke in Leipzig, Louis Henze und H. Vallette in Berlin, von Hermann Paderstein in Bielefeld, Ferd. Randel in Halle a. S., Hofrath Robert Kleinschmidt in Leipzig und Geh. Finanzrath Eugen Kühnemann in Berlin. Actiencapital 500,000 Thaler. Wollte in echt manchesterlicher Weise der Reichspost Concurrenz machen, kam aber kläglich zurück und liquidirte schon Januar 1871. Zu den Liquidatoren gehörten auch: Theodor Lassally und der unvermeidliche Hermann Geber.

Grosse Berliner Pferde - Eisenbahn. Wie aus einer Beschwerde des damaligen Oberbürgermeisters Seydel vom 13. November 1871 an das Ministerium erhellt, stritten um die Concession zwei Parteien. Magistratus wollte sie dem Regierungs-Assessor Plewe und dem Dr. Martin Ebers ertheilen, wogegen das Polizeipräsidium durchaus den Joseph Pincuss verlangte. Schliesslich vereinigten sich die feindlichen Brüder, und es traten ausser ihnen als „erste Zeichner" auf: Director Gustav Dittmann, Generalconsul Hermann Kreismann, Geh. Kanzleirath Dr. Georg Kurs. Aufsichtsräthe: Michael Simonsohn, Sigismund Samuel, Buchhändler Alexander Duncker, Stadtrath Risch, Regierungsrath Otto Windmüller, Moritz Hirsch. Actiencapital schliesslich 3 Millionen Thaler. Obwol von professionellen Gründern verfasst, gehört diese Gesellschaft doch zu den wenigen aus der Schwindelperiode, die einem wirklichen Bedürfniss entsprachen, weshalb sie auch guten Fortgang nimmt. Eine Linie nach der andern wird fertig gestellt, die Wagen sind stets überfüllt, und die Passagiere lassen sich, sitzend und stehend, wie Heringe zusammenpressen, ohne dagegen zu murren. Die bisherigen Dividenden waren nur mässig: 1874 — $4^3/_4$ und 1875 — $6^1/_4$%. Trotzdem behauptet sich der Cours in Höhe von etwa 110.

Verschiedene Gesellschaften widmeten sich der Kunst, der Literatur, dem Sport und der geselligen Vereinigung.

Deutsches Kunstinstitut in Berlin. Verspätete Gründung, die sich erst im Juni 1873 an den Tag wagte. Emil Pfeiffer verkaufte sein „Kunstinstitut" an die neue Gesellschaft für 134,000 Thaler, und Arwed Römer sein „Kunstgemälde-Magazin" für 86,000 Thlr., worauf man das Actiencapital auf 250,000 Thlr. festsetzte. Ausser den Herren Pfeiffer und Römer, die den neuen Vorstand bildeten, waren die Gründer: David Schwoeder, Louis Simon, Buchhändler Richard Lesser etc. An der Börse sind die Actien nie notirt worden, doch scheint die Gesellschaft noch zu existiren.

Borussia, Oelfarbendruck-Gemälde-Verein in Berlin. Gegründet November 1871, mit 150,000 Thaler Actien, von Isidor Danziger, Paul Reschke und dem Stadtverordneten Dr. Erich in Berlin. Erste Zeichner u. A.: Louis Simon, Maximilian Rasch und David Schwoeder in Berlin. Vorstand: Paul Reschke. Bald nach der Constituirung schrieb die „Neue Börsenzeitung": „Als eine jener vielen kleineren Actiengesellschaften, denen es weniger um die Actionäre als um den Gewinn der Verwaltungsclique zu thun ist, wird uns die „Borussia", Oelfarbendruck-Actiengesellschaft in Berlin, denuncirt. Die definitiven Stücke derselben sind noch nicht ausgegeben und schon macht das Directorium in der Weise flau, dass es für voll eingezahlte Interimsscheine nur noch $66^2/_3$% bietet." Das „Directorium" fixte also die eigenen Actien, was freilich auch bei sehr vielen anderen Gesellschaften vorkam. Unterm 4. April

1873 versandte die Gesellschaft ein Circular, das u. A. folgende Sätze enthielt: „Das erste Geschäftsjahr hat 10%, Dividende ergeben. Pro 1873 können wir schon jetzt 15% Dividende garantiren. Die Actien werden nächstens mit 110 an der Börse eingeführt. Wir bieten Ihnen und Ihren Bekannten al pari Beträge bis 500 Thaler an." Einer der Aufsichtsräthe, Professor Ferd. Bellermann, legte hierauf sein Amt nieder, weil man ohne sein Wissen und gegen seinen Willen unter jenes Circular seinen Namen gesetzt hatte. Mai 1875 ward die Auflösung beschlossen und zum Mitliquidator der bisherige Director, Paul Reschke, erwählt, der jedoch zurücktreten musste, da er inzwischen in Concurs gerieth. Was den eigentlichen Charakter der Gesellschaft betrifft, so richtete ein Actionär aus Lindau am Bodensee ein Schreiben an den Verfasser dieses Buchs, das hier im Auszuge stehen mag: „In den Kriegsjahren 1870/71 sandte der Oelfarbendruck-Gemälde-Verein „Borussia" Loose auf seine Gemälde hierher mit der Bestimmung, dass die Hälfte des Reinertrages dem Deutschen Invalidenfonds zufallen solle. Dieser patriotische Gedanke zündete auch bei uns, und soviel mir noch erinnerlich, konnte eine namhafte Summe dem genannten Fonds zugeführt werden. Zu Anfang 1873 erhielt ich — wahrscheinlich auch noch Andere hier — eine Einladung, dem Verein als Actionär beizutreten. Es hiess in derselben, dass die Actien in Süddeutschland, um das Unternehmen bekannt zu machen, zum Paricourse abgegeben würden, dagegen an der Berliner Börse zu 110 zur Einführung kämen, da für das laufende Jahr ein Reingewinn von 15 % garantirt werden könne u. s. w. Die Namen unter dieser Einladung: Dr. Erich, Professor Bellermann u. s. w. hatten einen guten Klang, ich übernahm fünf Actien à 100 Thaler und 5 % Zinsen, zahlte baar ein und damit war die Angelegenheit erledigt. Weder Abrechnung noch Zinsen, auch nicht die für das erste Jahr garantirten, habe ich seitdem erhalten. Eine nichtssagende Antwort kam mir zu Anfang 1874 auf eine Anfrage zu, seitdem sind meine Briefe gänzlich unbeantwortet geblieben. Verschiedene Briefe an Berliner Banquiers wurden dahin beantwortet, dass die Actien garnicht bei der Berliner Börse eingeführt seien, und daher eine Auskunft nicht gegeben werden könne. Ich vermag kaum zu glauben, dass unter dem Deckmantel des Patriotismus hier ein Schwindelgeschäft vollführt wurde."

Bazar - Actien - Gesellschaft in Berlin. Die bekannte Modenzeitung, welche ihren Begründer zum Millionär gemacht und ihm, als Anerkennung für seine „patriotischen Verdienste", den Charakter „Geheimer Commerzienrath" und die Erhebung in den Adelstand eingetragen hat, wurde October 1871, auf Veranlassung des Buchhändlers Albert Hofmann, in ein Actienunternehmen umgewandelt. Herr von Schäfer-Voit wollte sich zuerst nicht gründen lassen, aber der vielgewandte und hochindustriöse Verleger des „Kladderadatsch" wusste ihn zur Raison zu bringen, und zwar in wahrhaft genialer Weise. Nachdem die gütlichen Unterhandlungen gescheitert, kündigte Herr Hofmann plötzlich ein Concurrenzblatt an unter dem verführerischen Titel „Die elegante Welt", und engagirte dafür das gesammte Redactions- und Expeditions-Personal des „Bazar", von der technischen Chef-Redactrice und dem belletristisch-poetischen Chef-Redacteur bis herab zum jüngsten Laufburschen. Als Herr von Schäfer-Voit an einem regnerischen Herbstmorgen erwachte, fand er sich von all' seinen Getreuen verlassen, und musste sich nun, wohl oder übel, seinem von Figur nur kleinen, aber an Ingenium sehr grossen Gegner ergeben. „Die elegante Welt", von der inzwischen ein paar Nummern erschienen waren, ging wieder ein, der „Bazar" versammelte um sich die alten Mitarbeiter und wurde mit diesen das Eigenthum der Gründer. Als solche nennt das Statut: Julius Schiff, Julius Weissenburger, Oscar Hainauer, Hermann Herz, Leopold Ullstein, Paul Markwald, Commerzienräthe Moritz Gerson und Wilhelm Herz, Abgeordneter Stadtrath Adolf Hagen und Buchhändler Albert Hofmann in Berlin etc. Herr von Schäfer-Voit erhielt

einen kolossalen Preis — 400,000 bis 500,000 Thaler, wie man
sagt; aber die Gründer überwiesen den „Bazar" der neuen
Gesellschaft für 850,000 Thaler, also ungefähr um das Doppelte.
Trotzdem kamen die Actien, die zunächst durch die Hände
mehrerer Consortien gingen, zu etwa 110 an die Börse und
wurden getrieben bis circa 140. Eduard von Hartmann, der
Actien-Philosoph, machte für diese Gründung in einem Feuilleton
der „National-Zeitung" (Vgl. S. 150) noch besondere Reclame,
indem er sagte: „Man denke z. B. an die Modezeitung „Bazar",
die von einer Actiengesellschaft kürzlich für die Summe von
850,000 Thaler erworben wurde. Diese Summe steht ausser
allem Verhältniss zum reellen Capitalswerth des Unternehmens
und erscheint so als völlig schwindelhaft; wenn man aber
diese Zahlung als den Rentenkauf eines jährlichen Reingewinns
von circa 160,000 Thaler betrachten darf, so erscheint sie sehr
gering." — — Obgleich bisher, ausser hohen Tantièmen für
Aufsichtsrath, Vorstand und Beamte, an Dividenden 10, 10 ½,
10, 8 ½ und resp. 8 ½ % vertheilt wurden, so ist der Cours
doch bis etwa 90 gesunken. Und mit vollem Recht. Das
eigentliche Object, mit dem ungeheuren Preise von 850,000
Thaler angerechnet, besteht aus der Firma, und diese hat
doch nur einen sehr relativen Werth. Wenn die Abonnenten-
zahl sich mindert, und naturgemäss muss sie sich mindern;
wenn ein Concurrenzblatt auftritt, und es existiren bereits
Blätter, die dem „Bazar" eine sehr bedrohliche Concurrenz
machen — so schwindet auch der Werth, und er kann
völlig verschwinden. Herr Albert Hofmann, welcher Director
der Gesellschaft ist und als solcher ein hübsches Taschen-
geld bezieht, scheint die Sache auch für problematisch
zu halten; denn im Sommer 1876 beantragte er die Herabsetzung der Caution, die er in Bazar-Actien geleistet hat,
von 10,000 Thaler auf 10,000 Mark! Sollte das nichts zu bedeuten haben?

Deutsche Buchhändlerbank in Berlin. Gegründet Februar 1872 von Robert Baumann, Friedrich Rennemann und Rudolf Mosse in Berlin, den Buchhändlern Wilhelm Moeser sen. und Wilhelm Moeser jun., Paul Parey und Albert Cohn (A. Ascher & Co.) in Berlin, Friedrich Luckhardt und Wilhelm French (Joh. Fr. Hartknoch) in Leipzig, dem Abgeordneten Dr. Carl Braun (-Wiesbaden) und dem früheren Abgeordneten Dr. Julius Faucher in Berlin. Die beiden Letzteren wollten dem Unternehmen „theils mit Capital, theils mit ihrem sachkundigen Beirath zur Seite stehen". Als bei der Gründung betheiligt nannte die „Neue Börsenzeitung" auch noch den Buchhändler Carl Rümpler in Hannover. Die Bank sollte ein Credit-Institut für den Deutschen Buchhandel, mit dem Betrieb aller buchhändlerischen und verwandten Geschäftszweige sein. Insbesondere bezweckte man: 1) Centralisation des Commissions- und Creditgeschäfts; 2) Betrieb aller buchhändlerischen und verwandten Geschäftszweige; 3) Gründung von Actiengesellschaften ähnlicher Art; 4) Ankauf einschlägiger Etablissements; 5) Betheiligung bei anderen Gesellschaften dieser Branche. Ein fabelhaft grossartiges Programm, zu dessen Realisirung das Actiencapital von nur 1 Million Thaler kaum ausgereicht haben würde. Indess kam es noch vor Eröffnung des Geschäfts schon zu einem Schisma. Der Aufsichtsrath entsetzte die beiden Directoren Luckhardt und French ihres Amts, und diese erklärten öffentlich, sie seien nur deshalb verabschiedet worden, weil sie „aus guten Gründen gegen den Ankauf der Firma A. Asher & Co. Protest eingelegt" hätten. Damit erreichte die grossartige Buchhändlerbank ihr Ende, glücklicherweise ohne das Publikum gekränkt zu haben; aber bei solchen Gründungen ist schon der Versuch strafbar.

West-Club in Berlin. Errichtet December 1872 von Salomon Lachmann, Adolf Salomon, William Schönlank, Julius Jacoby, Geh. Admiralitätsrath Ernst Gäbler etc. Charakteristisch für die Hauptstadt des Deutschen Reiches ist, dass dieser Club, welcher die Gesellschaft des vornehmsten Stadtviertels vor dem Potsdamer und Anhalter Thore vereinigen sollte, in der Hauptsache von Juden und Gründern in's Leben gerufen wurde.

Tattersall-Actien-Gesellschaft in Berlin. Concessionirt 1868. Verwaltungsrath: Abg. Graf Johannes von Renard, Abg. von Bethmann-Hollweg auf Runowo, Graf von Lehndorf-Steinort etc.

Unions-Gestüt Hoppegarten in Berlin. Gegründet Mai 1870 von den Abgeordneten Victor, Herzog von Ratibor und Graf von Renard, von Wilhelm Herz und Adolf Abel in Berlin. Februar 1875 wurde die Auflösung beschlossen.

Berliner Reit-Institut in Berlin. Gegründet December 1872 von Felix Meyer, Hans von Adelson, Oscar Bennewitz, Samuel Heinrich Ellon, Justizrath Hermann Riem, Regierungsassessor a. D. George Magnus, Rittergutsbesitzer Dr. Emil Eschwe, James Saloschin etc. Schloss 1873/74 mit circa 10,000 Thaler Verlust, und wurde October 1875 an den bisherigen Betriebs-Director verpachtet.

Die vier letzten Gesellschaften waren blos Privatgründungen, und ihre Actien sind nie in's Publikum gekommen. Es ist nur interessant zu sehen, wie hier hoher Adel und hohe Finanz sich die Hände reichen, wie die Börse auch in noblen Passionen macht. Der sogenannte „Millionen-Club" in Berlin, wo in der Schwindelperiode nur Millionäre aufgenommen und blosse Fünfmalhunderttausendthaler-Männer schroff zurückgewiesen wurden, sah als Gäste häufig Grafen und Herzoge bei sich, und umgekehrt bewegten sich in den adligen Casinos auch reiche Börsianer und Semiten. Auf den Rennen zu Hoppegarten gehörten

Freiherr von Oppenheim und Herr von Oppenfeld zu
den Matadoren, und auch der grosse Gründer R. A.
Seelig hat hier manchen Preis gewonnen. Derselbe
hielt sich einen kostbaren Marstall, hat denselben
nach dem Krach aber wieder abgeschafft. Die Allee
im Thiergarten, welche nach dem Siegesdenkmal führt,
hiess damals im Volksmunde „Gründer-Allee", denn
hier fuhren die Gründer in Equipagen mit Gummi-
rädern, hier trabten sie, mehr zu Anderer, als zu
ihrem eigenen Vergnügen, auf den edelsten Rossen.
Die Börse beritten, das Alte Testament zu Pferde —
welch ein wundersamer Anblick! Und nicht selten
passirte ein Unglück. Einer der gewaltthätigsten
Gründer stürzte mit dem Pferde und wurde zu Tode
geschleift, vor den Augen seiner Gattin, die ihn an
einem Frühlingsmorgen auf einem Spazierritt begleitete.

Um die Berliner täglich mit frischen Seefischen
zu versehen, gründete Strausberg, wie er in seinen
Memoiren erzählt, in Verbindung mit Ferdinand Jaques
in Berlin, Commerzienrath Albert Cohen in Hannover,
den Abgeordneten, Rittergutsbesitzer E. F. Adickes
auf Heuhausen, Consul F. Lentz in Geestemünde u. A.
die **Fischereigesellschaft Weser** in Bremerhaven

auf 300,000 Thaler Actien. Einen nicht minder löblichen Zweck verfolgte die **Emder Häringsfischerei,** gegründet April 1872 mit 100,000 Thaler Actien, von den Abgeordneten Dr. Georg von Bunsen in Berlin, Bernhard Brons in Emden und W. van Freeden in Hamburg. Leider sind beide Unternehmungen dem Publikum nicht zu gute gekommen. Obwol 1875 an der Deutschen Meeresküste soviel Heringe gefangen wurden, dass grosse Mengen dort verdarben, weil es an dem nöthigen Salze fehlte, wurde der Preis in Berlin nicht billiger, und überhaupt sind Fische in den letzten Jahren immer theurer geworden — Dank der Regierung, welche 1874, schon während der Krisis, noch die Eisenbahnfrachtsätze erhöhen liess, Dank dem wucherischen Zwischenhandel, welcher namentlich die Bedürfnisse des kleinen Mannes um Hunderte von Procenten vertheuert, und Dank auch der Berliner Polizei, welche zu Gunsten der Krämer und Höker, den Verkauf von Heringen in den Flusskähnen verbot. Es geht eben Alles bei uns nach manchesterlichen Grundsätzen!

Ferner verzeichnen wir noch:

Berliner Molkerei. Gegründet April 1872 von Rittergutsbesitzer Dr. Max Bauer, Commerzienrath Meyer Cohn, Julius Alexander, Justizräthe Gustav Wolff und J. J. Geppert, Dr. Otto Hübner, Dr. Wilhelm Abegg, Bierdirector Robert

Rhens etc. Actiencapital 200,000 Thaler, wofür nach Mittheilung der Zeitungen, 470 Milchkühe aufgestellt werden sollten,
so dass jede Kuh den Actionären ca. 425 Thaler kostete. Die
„Neue Börsenzeitung" äusserte denn auch: „Es giebt hier viele
Actiengesellschaften, welche ebenso viele Milchkühe aufstellen,
als sie Actionäre haben." April 1876 wurden die Kühe in aller
Stille geschlachtet, und die schönen Ställe zur Vermiethung
ausgeboten. „Etwa für Actionäre?" fragte die „Allgemeine
Börsenzeitung". Trotz dieses unglücklichen Ausganges wurde
eine kleine Nachgründung versucht. Wie Dr. Eduard Wiss,
der Gehülfe von Heinrich Quistorp, im „Berliner Tageblatt"
mittheilte, wollte man 100 Milchkühe für 15,000 Thaler, diesmal also das Stück für nur 150 Thaler anschaffen, die Aufsicht der „Deutschen Gesellschaft für öffentliche Gesundheitspflege" übertragen, und den Liter Milch für 4 Sgr. in's Haus
liefern. Ob der verlockende Plan zur Ausführung gekommen,
ist nicht bekannt geworden. Wol aber ist Dr. Max Bauer, der
Gründer und Exdirector der Molkerei, wiederholt als Veran-
stalter von Theatervorstellungen zu wohlthätigen Zwecken auf-
getreten, wozu er beim letzten Mal einen schönen Prologus
gedichtet, und denselben in eigener Person von der Bühne herab
mit Empfindung vorgetragen hat.

Vereinigte Breslauer Oelfabriken. Bildete sich im Mai
1872 durch Vereinigung der Etablissements von Moritz Wer-
ther & Sohn, Schottländer & Oliven, Franck & Sohn, Jonas Lipmann, Emanuel Freyhan, M. H. Schäfer, Joseph Weigert, Julius
Schottländer (lauter Israeliten), mit einem Actiencapital von
2,200,000 Thalern, das der Schlesische Bankverein in Breslau,
S. Abel jr. und die Berliner Producten- und Handelsbank auflegten. Das erste Geschäftsjahr ergab 10% Dividende, das
zweite 8%, und an Tantièmen für Aufsichtsrath und Direction
11,500 Thaler, das dritte 5% Dividende und 8000 Thaler Tantièmen. Durch Rückkauf von 200,000 Thaler Actien erzielte man
einen „Coursgewinn" von 58,000 Thaler! Für 1875/76 erhielten

die Actionäre nur 1⁰ ₀ Dividende, und der Cours, der einst 110 war, sank bis 40. In Berlin besteht eine Filiale, die auch Bankgeschäfte machte und im Sommer 1873 eine tüchtige Schlappe erlitt, worauf sie sich auf Oel- und Mehlhandel beschränkte; doch hat sie im letzten Jahre wieder über 17,000 Thaler verwirthschaftet und deshalb in der Generalversammlung heftige Angriffe erfahren.

Einige Gesellschaften erwarben Güter, Wälder und ländliche Besitzungen, um dieselben in jeder möglichen Weise auszunutzen; andere bildeten mit einem ganz allgemein gehaltenen und gewissermaassen unendlichen Programm, sogenannte „Industrievereine" und „Industriegesellschaften", die nach dem Vorbilde des berüchtigten Credit mobilier in Paris, hauptsächlich Börsenspeculationen und Gründungsgeschäfte betrieben, und die man gleichfalls als „Gründungen zur Gründung von Gründungen" definiren kann.

Actiengesellschaft zur Verwerthung der Herrschaft Stolzenburg in Pommern. Durch Subhastation in den Besitz der Sächsischen Hypothekenbank in Leipzig übergegangen, und von dieser, nachdem sie selber bankerott geworden, an Alfred List in Leipzig, Eduard Marwitz in Angermünde, Hermann Bein und Carl Kiesel in Berlin verkauft, welche nun, in Verbindung mit Dr. Kilian Steiner in Stuttgart, Eduard Herzberg in Cöthen, Moritz Muszkat in Frankfurt a M. und Rittergutsbesitzer Hermann Schwenke zu Petershain in der Niederlausitz, eine Actiengesellschaft mit 1¹/₂ Millionen Thaler Grundcapital errichteten. Bis Ende 1876 hatten die Actionäre etwa 56% zurückerhalten.

Industrieverein Vietmannsdorf. Gegründet Januar 1873,

zum Zwecke der Ausbeutung etlicher Rittergüter im Kreise Templin, von: Dittmar Leipziger, Amand Bloch, Paul Potocky-Nelken, Gustav Bartz, Hermann Würtz, Paul Hoffmann, Gustav Dittmann, Ed. Kozuszek und Justizrath Lorenz Karsten in Berlin, Baron Carl August Robert von Stein auf Vietmannsdorf. 320,000 Thaler Actien, welche mit 101—103 an die Börse gebracht wurden, aber nur schwachen Anklang fanden, weshalb man im April 1874 die Auflösung beschloss.

Altmärkische Industriegesellschaft in Arneburg. Entstand im April 1873 mit der Absicht, eine Ziegelei, eine Dampfmühle und Landwirthschaft zu betreiben; und waren die Gründer: Jacob Landsberg, Julius Landsberg, Ernst Roy, Wilhelm Leviussohn und Freiherr Albert von Werthern in Berlin, Carl Seyfert in Arneburg. 250,000 Thaler Actien, welche man mit 103 an der Börse einzuführen versuchte. Dazu 85,000 Thaler Hypotheken. Schloss 1873 und 1874 mit Verlust, und so kam es zur Auflösung. Liquidatoren: Theodor Remin in Arneburg und Max Titel in Berlin.

Ostpreussischer Industrieverein in Memel. Führte sich März 1873 ein und verkündete als Zweck: „Erwerb von Grundstücken und Fabriken, Erbauung und Betrieb von Fabriken, sowie Ausführung und Vermittelung von kaufmännischen Geschäften". Ein sehr weitgehendes Programm, zu welchem das Actiencapital von 200,000 Thaler in keinem Verhältnisse stand. Beschloss schon Mai 1874 die Auflösung und erwählte zu Liquidatoren: Hermann Grübs, Wilh. Koch und Albert Ludewig in Berlin, bekannt als Gehülfen von Heinrich Quistorp.

Pommerscher Industrieverein. Gegründet Juni 1872 mit 150,000 Thaler Actien. Betrieb eine Ziegelei, eine Mühle und eine chemische Fabrik in Wolgast, und vertheilte pro 1873 — 6% Dividende. Director: Commerzienrath Johannes Quistorp in Stettin. Verwaltungsrath: H. Chr. Burmeister, August Horn, Hermann Schwarz, Wilh. Walther und Hermann Weinreich in Stettin, Heinrich Quistorp in Berlin.

Deutsch-Ungarischer Wald-Industrieverein. Gegründet März 1872 von Jacob Löwendahl in Halle, Marcus Löwendahl und Joachim Hammerschlag in Wien, Levi Marcus in Cöln, Otto Kaufmann, G. Müller & Co. und Justizrath Lorenz Karsten in Berlin. Von dem Actiencapital mit 1,200,000 Thaler zeichneten Karsten, Kaufmann, Marcus, Hammerschlag und Marcus Löwendahl je 120,000 Thaler, G. Müller & Co. 240,000 Thaler und Jacob Löwendahl 360,000 Thaler. Indess ward schon im December 1873 die Auflösung beschlossen.

Kalker Industrie - Gesellschaft. Actiencapital 800,000 Thaler. Aufsichtsrath: Justizrath M. A. Herbertz, Philipp Kayser, Jacob von Kaufmann-Asser und Bankdirector E. Königs in Cöln, Commerzienrath Albert Poensgen in Düsseldorf, „Generaldirector" Martin Neuerburg in Kalk. Vorstand: Peter Leister in Cöln. 1873 betrug die Dividende 0, 1874 schloss mit Verlust und 1875 trat man in Liquidation. Martin Neuerburg, ein vielfacher Gründer, wurde bekanntlich wegen Untreue zum Nachtheil der Bergwerksgesellschaft „Germania" in Kalk, nachdem er in erster Instanz freigesprochen, in der Appell-Instanz zu zwei Monaten Gefängniss verurtheilt; und nach Meldung der Zeitungen hat der Staatsprocurator zu Cöln auch die Anklage gegen die Gründer der Kalker Industriegesellschaft erhoben.

Rheinisch-Westphälische Industrie-Gesellschaft. Gegründet October 1871 durch den A. Schaaffhausen'schen Bankverein mit 2 Millionen Thaler Actien. Vorstand: J. H. Andly, G. Hicking, H. Schülke. Aufsichtsrath: Friedrich Grillo, Ludwig von Born und Kreisrichter a. D. W. Heyland in Essen, Th. Movius, Commerzienrath Victor Wendelstadt, Th. Deichmann, Jacob Löb Eltzbacher, Jean Marie Heimann, Advocat-Anwalt Robert Esser II. und Jul. Joest in Cöln, Wilh. von Born in Dortmund, H. Mönting in Gelsenkirchen. Eine wahre Speculationsgesellschaft, die Bauterrains parcellirte, Strassen und Häuser anlegte, Ziegeleien, Kalköfen und Cementfabriken errichtete und Holzhandel betrieb; die verschiedene Gründungen vollbrachte, wie die Gelsenkirchen-Schalker Gas- und Wasserwerke, die Rheinische Papierfabrik in Neuss etc.; die sich bei den verschiedensten Gründungen und Gesellschaften betheiligte, wie bei der Essener Bierbrauerei, der Schalker Kesselfabrik, der Schalker Glas- und Spiegelmanufactur, der Gesellschaft für chemische Industrie in Cöln und bei zahlreichen Bergwerken; die Grubenfelder ankaufte, daraus Gewerkschaften bildete und davon Kuxe verkaufte; und die endlich auch noch in Actien speculirte, z. B. in denen der famosen Dortmunder Union. Für das erste Geschäftsjahr entfielen nominell 35% Dividende und 44,600 Thaler Tautièmen! In den folgenden Jahren aber erhielten die Actionäre 0, und 1875 schloss mit circa 864,000 Thaler Verlust. Während einst die 40procentigen Interimsscheine bis 180 getrieben wurden, was einem Course von 300 entspricht, notirt die Vollactie jetzt etwa noch 10. Der Staatsanwalt ist angerufen.

Bergisch-Märkische Industrie-Gesellschaft in Barmen-Elberfeld. Entstand November 1871 durch den Barmer Bankverein, und bezweckte, wie es im Prospect hiess, „im Allgemeinen die Förderung der Industrie, der Bauthätigkeit und die bankmässige Verwerthung ihrer Mittel". Actiencapital 1½ Millionen Thaler. Vorstand: Emil Blank und Mathias Hinsberg in Barmen. Aufsichtsrath: C. L. Wesenfeld, Consul Gustav Gebhard und Carl Siebel in Barmen, Ewald Caron in Rauenthal, Commerzienrath Asbeck in Hagen, Heinrich Stein und Advocat-Anwalt Robert Esser II in Cöln, Cäsar Schöller (Leopold Schöller & Söhne) in Düren, Aug. de Weerth jun. und Walther Simons (Joh. Simons Erben) in Elberfeld, Geh. Commerzienrath Moritz Simon in Königsberg i. Pr. Ausserdem nannte die „National-Zeitung" als Mitgründer noch: Bankdirector Fischer, Heinrich Heegmann und Oberbürgermeister Bredt in Barmen, Justizrath Fay in Cöln und Abgeordneten, Consul Gustav Müller in Berlin. Die Gesellschaft betheiligte sich bei

Gründung zweier Creditanstalten und mit Capital bei mehren industriellen Unternehmungen, wobei sie mancherlei Verluste erlitt, und sie speculirte auch in Bauterrains. An Dividende wurde 1872 — 10½°/₀ und 17,500 Thaler Tantièmen bezahlt; 1873—1875 erhielten die Actionäre 4, 7 und resp. 6%. Die von G. Müller & Co. an der Berliner Börse eingeführten Actien standen einst ca. 140. heute ist der Cours etwa noch 65.

Von der Presse und von den „Volkswirthen" wurden die Gründer als die Wohlthäter der Gesellschaft gefeiert, und sie ernteten besonderen Ruhm, indem sie es unternahmen, die grossen Städte mit Prachtbauten, öffentlichen Localen und gemeinnützigen 'Anstalten zu bereichern. In Hannover wurde October 1871 das Vergnügungsetablissement **Tivoli** in eine Actiengesellschaft umgewandelt, an deren Spitze traten: Polizeipräsident von Brandt, Oberhofbaurath Molthan, Steuerrath Stock, Commerzienrath Rümpler, Obergerichtsanwalt Abel, Commissionsrath Röpke und Jacob Eberle in Hannover, Joseph Goldschmidt 'in Berlin. In Berlin versuchten Stadtrath Rudolf Pohle, Freiherr Adolf von Thielmann und Bierdirector Hermann Gratweil das **Kroll'sche Etablissement** im Thiergarten auf 500,000 Thaler Actien zu gründen, was aber schon an dem Umstande scheiterte, dass der Grund und Boden dem Fiscus gehört. Ebenso kam nicht zu Stande die projectirte **Friedrich Wilhelm-**

Strasse, so getauft nach dem Kronprinzen, da die Behörden aus sehr berechtigten Gründen die Bauerlaubniss versagten; aber dieser blutige „Lindenbauverein" (vgl. S. 60) der Herren Paul Munk, Georg Beer, Emil Heymann, Georg von Bonin etc. kostet den unglücklichen Actionären einen Verlust von etwa 2 Millionen Thaler.

Dagegen traten wirklich in's Leben „Flora" und „Passage", die aber beide eine nicht minder scandalöse Geschichte haben, und bei denen die Actionäre gleichfalls in der schändlichsten Weise ausgeplündert wurden.

Flora, „Vergnügungslocal ersten Ranges, mit Sommer- und Wintergarten, Palmenhaus" etc. in Charlottenburg bei Berlin. Bildete sich im August 1871. Die Vorkäufer waren: Rittergutsbesitzer J. A. W. Carstenn (bald hernach geadelt) und Dr. Martin Ebers; und als Gründer nannten sich öffentlich: Fürst zu Putbus, Polizeipräsident von Wurmb, Hofgartendirector Jühlke, Oekonomierath Noodt, Geh. Commerzienrath F. W. Krause (bald hernach geadelt), Consul H. Kreismann, Legationsrath Freiherr von Steffens, Rittergutsbesitzer Ludwig Ebers und Regierungsassessor G. A. Plewe. Actiencapital 800,000 Thaler; dazu an 1 Million Thaler Prioritäten und Hypotheken! Als Directoren fungirten u. A.: Dr. Martin Ebers, Ferdinand Scheibler, Dr. Alexander Jacobius, Wilh. Salamonski; als Cassirer: Dr. Albert Jausel; als Aufsichtsräthe: Stadtrath Apotheker Julius Holtz, Moritz Eisner, Julius Pickardt, Stadtrath Dr. Wöniger, Dr. Alexander Meyer, Regierungsrath A. Bühling. Der Prospect hatte 12% Dividende verheissen, aber in Folge der unverschämten Gründerbeute, der schrecklichen Bau- und Verwaltungsunkosten und der geradezu verbrecherischen Wirthschaft schloss, als das Etablissement endlich halb fertig geworden, jedes Betriebsjahr mit grösserem Verlust. Schon Frühjahr 1875 verlas in der Generalversammlung Dr. Alexander Meyer einen Revisionsbericht, der die bösartigsten Dinge aufdeckte, aber dieser Bericht wurde nicht dem Staatsanwalt übergeben; er sollte, wie Herr Pickardt später erklärte, „nur als Material eines Prozesses resp. Vergleiches mit den Gründern, Directoren und Aufsichtsräthen benutzt werden". Weil man eine Rettung noch für möglich hielt, bewilligte die Regierung die Veranstaltung einer Lotterie im Betrage von 250,000 Thalern, aber der Ertrag ist wieder in spitzbübische Hände gefallen, und die Loosinhaber sind in derselben schamlosen Weise betrogen worden wie die Actionäre. Herr J. A. W. Carstenn, der die „Flora" ins Leben gerufen, wurde auch ihr Todtengräber. Auf seinen Antrag, wegen einer für ihn bestellten Hypothek, erfolgte die gerichtliche Subhastation und Administration des Etablissements, und es brachte nur 425,000 Thaler, so dass nicht nur die Actionäre, sondern auch die Inhaber der Prioritäten leer ausgingen, in Summa $1\frac{2}{3}$ Millionen Thaler ausfielen. Wie es sich herausstellte, besass die Flora nur noch die nackten Wände; das ganze Inventar, alles Trink-, Ess- und Kochgeschirr, ja die Oefen, die Tapeten, die Gas- und Wassereinrichtung, sogar die Blumen, die Palmen und das Gartengitter waren entweder nur geliehen oder doch verpfändet. Ein solcher Scandal ist noch nicht dagewesen! Einer der Actionäre behauptete in öffentlicher Versammlung, dass nicht 800,000 sondern 900,000 Thaler Actien ausgegeben sind, dass die „ersten Zeichner" riesige Summen gezeichnet und nur $1°/_0$ eingezahlt haben, dass die Geschäftsbücher von falschen Eintragungen wimmeln, und dass an Mitglieder der Presse mehre Tausend Thaler Schweigegelder und grosse Summen für Reclamen gezahlt sind. Der Staatsanwalt soll eingeschritten sein, und neuerdings versucht man eine Nachgründung, indem man die ausgeplünderten Actionäre zu neuen Einzahlungen bewegen will!

Passage, Unter den Linden in Berlin. Gegründet März 1870 von Aron Hirsch Heymann, Carl Egells, Meyer Cohn, Hermann Reimann (F. W. Reimann), Gustav Stobwasser, Justizrath Drews, Kammerherr Louis von Prillwitz, zu denen später noch Georg Beer und Paul Munk traten. Der Prospect, welchen auch E. G. zu Putlitz, Erbmarschall der Kurmark Brandenburg, unterzeichnet hat, versprach u. A. ein elegantes Theater, ein Hotel von hundert Zimmern, ein Café chantant etc., und stellte für die erste Zeit 12% Dividende in Aussicht, die bei einer „anscheinend unvermeidlichen Steigerung der Miethe sich erhöhen muss" — lauter Dinge, welche die Gründer den Actionären schuldig geblieben sind. Actiencapital 2 Millionen Thaler; dazu ca. 1,400,000 Thaler Hypotheken und Obligationen. „Revisor": Dr. Max Bauer. Die Gründer resp. Aufsichtsräthe hatten privatim Meinhardt's Hotel, Unter den Linden 32, für 500,000 Thaler angekauft und halsten es später der Passage-Gesellschaft für ca. 637,000 Thaler auf; auch machten sie den Versuch ihr ein Weinlager zu octroyiren, das sie zunächst gleichfalls für eigene Rechnung erworben hatten. Wegen dieser beiden Objecte gab es innerhalb des Aufsichtsraths selber Streit und Hader, machten die Herren sich untereinander bittere Vorwürfe. Noch stürmischer gestalteten sich die Generalversammlungen, wo die ausgebeutelten Actionäre schwere Anklagen erhoben, aber einfach niedergestimmt wurden. Lange standen die Läden, die Geschäftslocalitäten, die Festsäle und die Restaurants leer, und die projectirten Miethen mussten bedeutend herabgesetzt werden. An Dividenden gab es 1874 — $\frac{1}{2}$%, 1875 — 1%. Der Cours, einst 140, ist etwa noch 20.

Ein wahrer Gründerpatriarch ist Aron Hirsch Heymann, das Haupt einer Gründerfamilie; auch seine Söhne Gotthold, Max und Emil, sowie sein Schwiegersohn, Meyer Cohn, sind namhafte Gründer.

1870 überliess Aron Hirsch Heymann sein Bankgeschäft an Gotthold und Max Heymann und widmete die Musse seines Alters der Gründerei. Er und seine Nachkommenschaft gehören zu dem Gründerringe, dessen eigentliche Seele **Paul Munk** ist, und der ausserdem noch viele Helden umfasst, wie Georg Beer, Gustav Markwald, Hermann Reimann, Hermann Egells, Carl Egells, Gustav Stobwasser, Leopold Hadra, Ascher Salinger, Joseph Pincuss, Carl Coppel, Richard Schweder, Kammerherr Louis von Prillwitz, Excellenz Gustav von Bonin etc. etc.

Zum Schlusse behandeln wir ein „gemeinnütziges" Gründerwerk, an das sich mancherlei Interessen und Intriguen knüpfen, und das in jüngster Zeit wieder viel von sich reden machte. Es ist der

Berliner Viehmarkt. Erbaut von Baruch Hirsch Strausberg, genannt Dr. Strousberg, der schon im Sommer 1871 von London aus eine Gründung mit 400,000 Pfund Sterling versuchte, die aber missglückte. Als Verwaltungsräthe nannte der damalige Prospect: Regierungs-Assessor G. A. Plewe und Geh. Finanzrath Carl Siebold, und die Subscription sollte bei Platho&Wolff erfolgen. Nach diesem Fiasco wurde das Etablissement vorgekauft von Michael Simonsohn, und Februar 1872 gegründet von Leopold Hadra und Moritz Hirsch, mit 2,000,000 Thlr. Actien, wozu noch 1,500,000 Thlr. Hypotheken traten! „Erste Zeichner": Joseph Pincuss, Dittmar Leipziger, Amand Bloch, Paul Munk, Buchhändler Alexander Duncker, Stadtrath Theodor Risch, Baumeister Friedrich Koch, Leonhard'Martin Ahrens, Professor Dr. Eduard Albrecht, Regierungsassessor Plewe. „Revisoren": Leopold Pincson, Leopold Friedländer, Franz Reschke. In der Hauptsache waren also hier dieselben Personen thätig, welche bei der Grossen Berliner Pferdebahn und zum Theil auch bei der famosen „Flora" Gevatter standen. Für die neue Gesellschaft machte eine starke Reclame die „Nationalzeitung", indem sie im redactionellen Theil (Nr. 154 de 1872) einen Auszug aus einer bei Dr. Langmann erschienenen Broschüre gab, der also schloss: „Ein — um mit den Worten des Berliner Magistrats zu sprechen — so praktisch und umsichtig ausgeführtes und verwaltetes Unternehmen bietet die Garantie für einen glänzenden materiellen Erfolg für die Actionäre in sich selbst." — Als vorläufige Dividende stellte der Prospect 6 $\frac{1}{4}$ % in Aussicht, aber für 1872 gab es nur 2 $\frac{1}{2}$ %, und von 1873 bis 1875: 5, 6 und resp. 4 %. Trotzdem wurden pro 1875 an Verwaltungsrath, Vorstand und Beamte über 8000 Thaler Tantième bezahlt. Die mit 103—104 an der Börse eingeführten, und Frühjahr 1873 bis 112 getriebenen Actien notiren etwa noch 50. Wie Strausberg in seinen Memoiren erzählt, haben die Vorkäufer resp. Gründer eine halbe Million Thaler au „Provision verdient", „und doch hat das Publikum", wie er wörtlich sagt, „ein gutes Geschäft gemacht". — —

Bei der ungeheuern Hypothekenbelastung ist das Schicksal der Viehmarktsgesellschaft sehr problematisch, weshalb sie mit aller Macht dahin strebte, das Etablissement von der Stadt Berlin ankaufen zu lassen. Der Magistrat war dazu auch geneigt, trat aber zurück, als man angeblich die Summe von 4 $\frac{1}{2}$ Millionen Thaler verlangte — d. h. pro Actie etwa 150%, während der Cours, mit Rücksicht auf die schwere Gründerbeute und die sonstigen Ueber-

vortheilungen, nur ca. 50 ist. Die Stadt Berlin will
jetzt selber einen Viehmarkt mit Schlachthaus anlegen, und der Magistrat hat zu diesem Zwecke, mit
Zustimmung der Stadtverordneten, ein Terrain bei
Friedrichsberg von dem Bauverein „Berliner Neustadt"*) ziemlich theuer erworben, und dadurch den
Gründern dieser Gesellschaft einen Ballast abge-
nommen. Darob grosses Geschrei der Viehmarkts-
gesellschaft, lange Artikel voll sittlicher Entrüstung,
Anklagen und Verdächtigungen in der „Berliner Börsenzeitung" und anderwärts. So las man: Es handle
sich bei Anlage des städtischen Viehhofs um eine
neue Gründung, bei der die materiellen Interessen
verschiedener Stadtverordneten und anderer Personen eine Rolle spielen. Diese Insinuation ist insofern nicht 'ganz unmotivirt, als der Beschluss zum
Ankauf des obigen Terrains von der Stadtverordnetenversammlung in geheimer Sitzung und nur mit

---

*) **Berliner Neustadt**, eine Parcelle weit vor den Thoren,
dem Banquier Albert Hackel (M. Borchardt jun.) für angeblich
2,372,000 Thaler abgekauft, und kurz vor dem Krach gegründet
von: Baron Wilhelm von Eckardstein-Loewen, Bank-Assessor
Hermann Löwenfeld, Anton Wolff, Regierungs- und Baurath
Friedrich Keil. Actiencapital 2 Millionen Thlr. und 743,000 Thlr.
Hypotheken!! Aufsichtsräthe: Carl Coppel, Paul Gravenstein,
Franz Borchardt. Die Actien konnten glücklicherweise nicht
mehr untergebracht werden.

einer einzigen Stimme Majorität gefasst wurde; auch bald darauf eine Gründung in's Leben trat, die sich eng an den projectirten Viehhof anschloss.

Herr Ernst Gerth, von Beruf Hutmacher, einer der Wortführer in der Stadtverordnetenversammlung und ein Hauptbeförderer des städtischen Viehhofs, reiste auf Kosten der Stadt nach Paris, um dort die Strassenreinigung zu studiren, und benutzte seine Anwesenheit zu einem kleinen Privatgeschäft. Er hatte die Concession zu der Neuen Berliner Pferdebahngesellschaft erworben, und nach seiner Rückkehr wurde diese, am 31. Juli 1876, in Verbindung mit Pariser Banquiers, auf 666,000 Thaler Actien gegründet. Als erste Zeichner fungiren die Stadtverordneten Ernst Gerth und Bendix Bernhardt und der Stadtrath Friedrich Romstädt, und in den Aufsichtsrath trat ein Herr Hermann Lehmann, der sich daneben als Comte de Barranca bezeichnete; ein Grafentitel, der bis dahin in Berlin noch nicht gehört war und das Publikum fast in Aufruhr versetzte. Die neue Pferdebahngesellschaft erbaut u. A. eine Linie nach dem projectirten Viehhof, und daraufhin brach in der Presse ein Sturm los. Sogar die „Nationalzeitung", wahrscheinlich von der alten Viehmarkts-Gesellschaft animirt, fragte entrüstet: wie Stadtverordnete und Magistratsmitglieder als solche gründen dürfen, wie sie „ihre amtliche Thätigkeit mit ihrer geschäftlichen in Einklang bringen" wollen. Herr Gerth verantwortete sich in öffentlicher Versammlung, indem er nach der „Vossischen Zeitung" sagte: Er habe sich bei Leibe nichts Böses gedacht, und noch keinen Heller verdient, sondern nur Gutes beabsichtigt und den feiernden Arbeitern Beschäftigung verschaffen wollen. Im Uebrigen werde er „eher zwei Stunden früher aufstehen und drei Stunden später schlafen gehen", als dass er seine Pflichten als Stadtverordneter vernachlässigen sollte. Leider ward diese Entschuldigung nicht gewürdigt; die alte Viehmarkts-Gesellschaft brachte das ganze umliegende Stadtviertel in Aufrubr, und bei den Neuwahlen zur Stadtverordnetenversammlung unterlag Herr Gerth gegen den Viehcommissionär Talke. Der Wahlact war so tumultuarisch und so blutig, dass die Regierung einen neuen anordnete, und diesmal siegte Herr Gerth, aber unmittelbar darauf erhoben gegen ihn die Anhänger der Viehmarkts-Gesellschaft einen tausendstimmigen Protest, und auch seine Wahl ward cassirt. So sehen wir, um der Gründer willen und von diesen angeführt, Berlin bereits in verschiedene Lager gespalten, die einander mit Mund und Hand befehden und sich förmliche Schlachten liefern.

Die städtischen Behörden von Berlin bieten ein eigenthümliches Bild. Der Vorsteher der Stadtverordneten, Dr. Wolfgang Strassmann, jetzt auch Abgeordneter, ist Jude und Gründer; die Majorität der Versammlung bilden Semiten und Gründer, und es herrscht hier eine wahre Cliquenwirthschaft, insofern alle Beschlüsse von der sogenannten „Fraction" oder dem „Berg" schon im Voraus, hinter den Coulissen abgemacht werden. Ebenso sitzen im Magistrat, der in der Schwindelära ein starkes Contingent von Gründern stellte, noch heute zahlreiche Gründer und Aufsichtsräthe von Actiengesellschaften, und erst kürzlich ist wieder ein professioneller Gründer hineingewählt worden. Herr Adolf Hagen, der fortschrittliche Abgeordnete, der 1862 durch seinen Antrag auf grössere Specialisirung der Etats das Ministerium der „Neuen Aera" stürzte — der berühmte „Conflicts-

Hagen" legte 1871 seine Stelle als Kämmerer von Berlin
nieder und wurde Director der Deutschen Union-
bank*), welche eine lange Reihe von Gründungen verübte, und als es nichts mehr zu gründen gab, ihre
Auflösung beschloss. Anstatt sich nun mit den
Summen, die ihm ein glänzender Gehalt und noch

---

*) **Deutsche Unionbank** in Berlin. Gegründet 1. März 1871
von Arthur von Mayer, Dr. Phillipp Mauthner, Dr. Max Strauss
(„Unionbank"), Dr. Emil Berend und Paul Schiff in Wien,
F. W. Krause (bald hernach geadelt), Julius Nelke (A. Pader-
stein), Julius Schiff, Benjamin Liebermann und Commerzienrath
Wilh. Herz in Berlin, Jacob von Kaufmann-Asser in Cöln und
Abgeordneter Dr. Fr. Hammacher. Von dem Actiencapital mit
12 Millionen Thaler hatte letzterer 175,000 Thaler gezeichnet.
Aufsichtsräthe u. A.: Abgeordneter Dr. Carl Braun-Wiesbaden.
Vorstand: Adolf Hagen, Julius Weissenburger, Wilh. Kopetzky,
Richard von Kaufmann-Asser. Die 50procentigen Interimsscheine
wurden mit 103 emittirt und bis ca. 140 hinaufgetrieben, was
einem Course von 180 entspricht; 1873 sank die Vollactie bis
ca. 68. An Gründungen und Emissionen vollbrachte die Bank:
Mecklenburg-Schwerinscher Bodencredit, Deutsche Eisenbahn-
bau-Gesellschaft (!), Steinhauser Hütte (!), Leipziger Vereins-
bank, Leinenindustrie Kramsta, Ostsibirische Handelsgesellschaft,
Austro-Türkische Credit-Anstalt(!), Rheinische Baugesellschaft(!),
Deutsche Hypothekenbank, Maschinenbau Weser in Bremen,
Hôtel du Nord in Cöln, Oberschlesisches Eisenwalzwerk (!),
Bazar, Wittener Gussstahl (!), Stettiner Vereinsbank, Chemnitzer
Bankverein, Essener Creditanstalt, Oesterreichische Eisenbahn-
bau-Gesellschaft, Banca generale in Rom, Deutsch-Italienische
Bank, Erzgebirgische Eisen- und Stahlwerke etc. etc. Nach
dem Krach verspeiste die Deutsche Unionbank: die Commissions-

glänzendere Tantièmen eingetragen, still in's Privatleben zurückzuziehen, fühlte Herr Hagen das Bedürfniss, sich zu rehabilitiren und bewarb sich wieder
um eine Anstellung im Communaldienst. In Charlottenburg fiel er als Candidat um den Bürgermeister-
posten durch, aber in Berlin ward er von der „Fraction"
der Stadtverordneten zum Stadtrath erwählt, nachdem er auf einen Sitz im Reichstag zu Gunsten von
Dr. Max Hirsch verzichtet hatte. Die Berliner Stadtverordneten sind in solchen Dingen eben unbefan-
gener und aufgeklärter; die Regierung aber hätte
die Wahl des Herrn Hagen nimmer bestätigen sollen.

Einen ähnlichen Streitpunkt bildet die Errichtung
der städtischen Irrenanstalt, auf welche die armen
Kranken unter den Dächern des Arbeitshauses, im
Volksmunde Ochsenkopf geheissen, hinter vergitter-
ten Fenstern, nun schon viele Jahre warten. Der
Magistrat wollte zu diesem Zwecke ein Terrain wieder
von einer Actiengesellschaft ankaufen, von dem „Lichter-

und Maklerbank, die Generalbank für Maklergeschäfte, die Berliner Wechslerbank und den Paderstein'schen Bankverein, welche
in Liquidation traten, beschloss Januar 1876 ihre eigene
Auflösung und liess sich nun verspeisen von der „Deutschen
Bank" des Herrn Ludwig Bamberger. An den Actien der Unionbank hat das Publikum 8—10 Millionen Thaler, an ihren Gründungen und Emissionen allermindestens 25 Millionen, zusammen
also etwa 35 Millionen Thaler verloren.

felder Bauverein"*), dessen Direction der „Volkswirth"
David Born führt; und die „Vossische Zeitung", die
mit Herrn Born befreundet zu sein scheint, empfahl
diesen Ankauf, obwol die Baufläche eine wasserlose
Sandwüste in der Nähe des Militairschiessplatzes und
der berüchtigten Rieselfelder von Osdorf ist. Dagegen verlangten die Pferdebahn-Interessenten in der
Stadtverordnetenversammlung, dass die Irrenanstalt
auf dem städtischen Gebiet von Dalldorf erbaut werde,
das aber wieder zu feucht, nämlich sumpfig ist. So
drohte den irren Berlinern von der einen Seite die
Malaria, von der andern Seite die Pestilenz, und
neuerdings hat man sich für die Malaria entschieden.

Der Berliner Magistrat macht am liebsten Geschäfte mit
Gründern und hilft auch Gründern gern aus der Noth. Hermann Geber, der grosse Gründerhäuptling, hat in der Schwindelperiode die sogenannten Dammmühlen vom Fiscus erkauft und
will dafür 670,000 Thaler gezahlt haben. Gewiss eine mehr
als anständige Summe, die auch mit beigetragen hat zu den
„Ueberschüssen" des Herrn Finanzministers Camphausen. Geber
kaufte natürlich auf Speculation, ist nun aber mit den Grund-

---

*) **Lichterfelder Bauverein**, gegründet Anfang 1872 von
J. A. W. Carstenn (bald hernach geadelt), Johannes Otzen, Carl
Coppel, Gustav Markwald, Paul Munk, Georg Beer, Martin
Levy in Berlin, Julius Rohde in Hamburg, mit 1 Million Thaler
Actien. Dividenden seit 1873 — 0. Cours, bei 90 % Einzahlung,
einst 126, heute etwa noch 12. „Volkswirth" Born hat hier
einige „Modell-Villen" erbaut.

stücken sitzen geblieben uud offerirt sie der Gemeinde Berlin.
1875 forderte er 800,000 Thaler, und Magistratus fand den Preis
sehr mässig, aber die Stadtverordneten, unter Führung des Herrn
Gerth, lehnten mit grosser Majorität pure ab. 1876 verlangte
Geber nur noch 735,000 Thaler, und der Magistrat rieth dringend,
doch ja zuzugreifen, aber die Stadtverordneten verharrten bei
ihrer Weigerung. Wenn die Commune warten mag, wird Geber
noch viel billiger werden. Indess hat er auch in der Stadtverordnetenversammlung bereits eine starke Partei gewonnen,
und einer seiner früheren Gegner, der nun freilich ausgeschiedene Herr Leopold Ullstein, betonte letztlich: Hermann Geber
habe doch grosse Verdienste um die Verschönerung Berlins.
Wahrscheinlich meinte Herr Ullstein: die Centralstrasse, den
Stadtpark mit dem Thalia-Theater, den Skating-Rink im alten
Hofjäger, das auf dem Papier stecken gebliebene Palais Royal,
aus dem nun eine „Neue Hotelgesellschaft" werden soll — aber
er vergass, was das alles für blutige Gründungen sind und
wieviel Tausende von Actionären dabei ihr gutes Geld eingebüsst haben.

Schon lange war die Verwaltung der Stadt Berlin
eine sehr kostspielige, seit dem Gründungsschwindel
aber ist auch hier eine geradezu verschwenderische
Misswirthschaft eingerissen, und die Ausgaben wachsen
von Jahr zu Jahr in's Ungeheuerliche. Als 1865
zwei Deputirte des Magistrats, wenn wir nicht irren,
zum Zwecke der Markthallen die Europäischen Haupt-
städte bereisten, und nach ihrer Heimkehr etwa 700
Thaler für verbrauchte Glacéhandschuhe und dergleichen liquidirten — da ging durch die Einwohner-
schaft ein Schrei der Entrüstung. Was aber bedeuten

diese 700 Thaler gegen die kolossalen Summen, welche
in den letzten sechs Jahren ununterbrochen verlangt
und bewilligt wurden? Was kosten nicht allein die
zahllosen neuerbauten Gemeindeschulen, die von aussen
wahre Paläste sind, aber durch Zugluft und mangelhafte Heizeinrichtungen die Gesundheit der Lehrer
wie der Schüler gefährden! Indem die Gemeinde das
Schulgeld aufhob und den Unterricht gratis ertheilen
lässt, begünstigte sie das Hereinströmen von mittellosen
Arbeitermassen, die jetzt der Stadt zur Last fallen
und das Armenbudget furchtbar anschwellen machen.
Trotz der schweren Noth der Zeit forderte der Magistrat 1,000,000 Mark zur Niederlegung der Schloss-
freiheit, forderte er 20,000 Mark blos zu Bauskizzen
für den neuen Viehhof, lässt er das Strassenpflaster
drei- bis viermal kurz hintereinander aufreissen, so
dass im Interesse des öffentlichen Verkehrs gar die
Polizei einschreiten muss, kaufte er ohne Noth und
für schweres Geld wiederholt Terrains an, die er
hinterher nicht einmal verwerthen konnte, will er mit
Gewalt Markthallen errichten, obwol ein solcher Versuch bereits kläglich gescheitert ist, und das neue
Project in der Bevölkerung auf entschiedenen Widerspruch stösst, da man die freien Plätze, an denen
Berlin ohnehin arm ist, nicht verbauen und die Lebens-

mittel sich nicht noch mehr vertheuern lassen will.
Hand in Hand mit solcher Verschwendung, geht die
Unordnung in den Geschäften, die Rücksichtslosigkeit
gegen das Publikum, worüber die kleinen, nicht an-
gegründeten Zeitungen fast täglich zu klagen haben.
Das Non plus ultra aller Experimente ist aber
die Kanalisation von Berlin, welche die Volksstimme
bereits als eine Gründung der Gebrüder Hobrecht
(Oberbürgermeister und Baurath) bezeichnet, und die
thatsächlich die schlimmsten Befürchtungen wachruft.
Selbst Männer der Wissenschaft bezweifeln, dass sie
zweckentsprechend und für ganz Berlin überhaupt
durchführbar ist; gar Viele prophezeien, dass sie
den Gesundheitszustand der Bevölkerung nicht verbessern sondern verschlechtern, ja endemische Krankheiten und Seuchen erzeugen werde. An den verschiedensten Orten hat sie bereits ekelhafte Ver-
stopfungen und Ueberschwemmungen herbeigeführt,
verschiedene Häuser arg beschädigt und in die Gefahr des Einsturzes gebracht, und der „Kanalisations-
jammer" ist in den Tagesblättern eine stehende Rubrik.

Die Rieselfelder von Osdorf hält Herr Baurath Hobrecht
gewissermaassen unter Verschluss und macht hier die Honneurs,
wenn mit seiner Erlaubniss Besuch kommt. Im Frühling 1876
empfing er die Väter der Stadt und zeigte ihnen die Bäche
und Flüsse, Tümpel und Seen mit würzig duftender Riesel-

jauche, aber bei ihrer Heimkehr mussten die resp. Stadtverordneten und Stadträthe erst ausgeräuchert werden, und noch wochenlang wurden sie von ihren Frauen und Töchtern mit äusserstem Misstrauen betrachtet. Im holden Mai empfing Herr Hobrecht den „Südclub", liess vor ihm Fontainen mit dunklen Flüssigkeiten spielen und zeigte ihm die Beete, wo da wachsen sollen Salat und Erdbeeren, Rüben und Spargel, Blumenkohl und exotisches Gemüse. Auf den Rieselfeldern von Osdorf und Friederikenhof veranstalteten die Väter der Stadt eine Communal-Jagd und erschossen etliche Hasen, die sie mitgebracht hatten. Aber die benachbarten Ortschaften erhoben ein grosses Geschrei, dass die Rieselfelder zu stark röchen und ihnen die Luft verpesteten, und der Amtsvorsteher hatte ein Einsehen und nahm die Berliner Kanalisation in Strafe, und der Kreisausschuss bestätigte das weise Urtel. Baurath Hobrecht, der nebenbei auch ein grosser Redner ist, will die im Glauben Schwachen stärken und trösten, und beruft sich immer auf die Rieselfelder bei Danzig, aber diese liegen kluger Weise in einer Gegend, wo keine Menschen wohnen; im Uebrigen stinken auch sie entsetzlich und bilden bereits eine einzige grosse Pfütze. Die Rieselfelder bei Berlin kosten bisher etwa 1 Million Thaler, und doch sind sie erst für den dritten Theil der Häuser ausreichend. Die Kanalisation, für die sich namentlich auch der Volkstribun Eugen Richter begeisterte, ist zusammen auf 9 Millionen Thaler veranschlagt, hat aber schon 7½ Millionen Thaler in Anspruch genommen und wird gewiss noch manche Million verschlingen. Dazu kommt nun weiter der Anschluss der Häuser, der für jedes Grundstück Zwangspflicht ist, und dessen Kosten der Besitzer tragen muss. Der Anschluss an die Kanalisation wird mindestens soviel als diese selber kosten, und man schätzt daher die Gesammt-Ausgabe auf 22 bis 25 Millionen Thaler.

Was Wunder, wenn bei solcher Wirthschaft die Schuldenlast der Stadt Berlin lawinenartig wächst!

Nach der „Vossischen Zeitung" betrug dieselbe 1866 etwa 4 Millionen Thaler, 1872 schon 8 Millionen Thaler und Ende 1876 — 27 Millionen Thaler, so dass sie seit 10 Jahren um 23 Millionen Thaler oder fast um das Sechsfache gestiegen ist. Wie alle Europäischen Staaten, geht, in Folge der Juden- und Gründerherrschaft, auch die Stadt Berlin mit reissender Schnelle der Verschuldung und Verarmung entgegen. Die Ausgaben für 1877 sind um 1,600,000 Thaler höher als 1876, zusammen auf rund 12,600,000 Thaler veranschlagt. Während die Staatssteuern schwer drücken, sind die Communalabgaben geradezu unerschwinglich, was die zahllosen Executionen des letzten Jahres beweisen, wo der Executor des Magistrats auch nicht das letzte Bettstück der Wittwe, nicht den Dienstfrack des Kellners verschonte. Die 1870 neben der Miethssteuer eingeführte Gemeindeeinkommensteuer beweist sich in Wahrheit als eine Schraube ohne Ende. 1870 betrug sie $33^1/_3\%$, 1871 — 50%, 1876 — 60%, und für 1877 sollte sie plötzlich auf 110% erhöht, von ca. 2 Millionen auf $3^2/_3$ Millionen Thaler gebracht werden. In Erwägung des allgemeinen Nothstandes bewilligten die Stadtverordneten jedoch nur 80%, wonach also die Steuer um ein ganzes Drittel gesteigert ward. Im Widerspruch zu diesen blanken Thatsachen bewies die „Vossische Zeitung" in ihrer Nummer vom 18. November 1876 mit Zahlen, dass die Communalsteuern in Berlin während der letzten Jahre eine sehr erhebliche Herabsetzung erfahren hätten, weil ja die Mahl-, Schlacht- und Wildpretsteuer weggefallen sind. Dies talmudistische Rechenexempel erinnert an den Abgeordneten Löwe-Calbe, der auf einer Soirée beim Reichskanzler behauptete: ihm koste das Brod jetzt 20% weniger als früher. „Ei, das muss man sich merken!" soll Fürst Bismarck ausgerufen haben. „Bei welchem Bäcker kaufen Sie denn?"

Nachtrag.

Auf Beschwerde des Berliner Magistrats hat der Oberpräsident in Potsdam die von der dortigen Regierung cassirte Wahl des Herrn Gerth für gültig erklärt, dieser ist in die Stadtverordnetenversammlung wieder eingetreten, und von dem Vorsteher, Dr. W. Strassmann (Gründer der Centralbank für Genossenschaften) in feierlicher Anrede mit herzlichen Worten begrüsst worden. Ebenso warm nahm sich Herr Strassmann seines Collegen, des Stadtverordneten Otto Kaufmann, eines vielfachen Gründers, an.

Die Presse im Dienste der Börse und der Gründer.

„Leute, die ihren Beruf verfehlt haben" — Liberale Waschzettel-Fabriken — Literarische Handwerker und Geschäftsleute — Kuppelei und Unzucht im Inseratentheil — Die Verjudung der Presse — Börsen-Rathgeber — Berliner Börsenzeitung — Neue Börsenzeitung — Saling's Börsenblatt — New-Yorker Handelszeitung — Königsberger Hartung'sche und Ostpreussische Zeitung — Breslauer Zeitung — Die Schlesische Presse und Meyer der Erste — „Frisches Blut" — Dresdener Blätter — Allgemeiner Anzeiger und Rheinische Zeitung — Spener'sche Zeitung — Norddeutsche Allgemeine — Die „Post" und Dr. Friedenthal — Inseraten- und Reclamentarif — Kölnische Zeitung — Die Frankfurter Zeitung und Herr Sonnemann — Danziger Zeitung — Kreuzzeitung — Die „Tribüne" und Baruch Hirsch Strausberg — Paul Lindau's „Gegenwart" — Das Jubiläum eines jüdischen Bankhauses — Vossische Zeitung — „Ein verleumdetes Jahr" — Nationalzeitung — Benda Wolff und Julius Schweitzer, Ed. Lasker und Fr. Dernburg — „Stolz will ich den Spanier!" — Keine Verluste, nur Cours-Differenzen — Bilder und Gleichnisse — „Zur Geschichte der Verleumdungsära" — Der Schützling officiöser als sein Gönner — Pressbetheiligungen — Der Börsenreporter im Negligé — Moralisches Löwengebrüll — Journalisten und Zeitungen als Gründer — Revolverpresse und Kanonenpresse — Die „Gründerhatz" und Dr. Julian Goldschmidt — Die Spiessgesellen zanken sich — Central-Annoncen-Bureau — Warum die Börse Alles zuerst erfährt — Wolff's Telegraphen-Bureau — Telegraphengesellschaften.

Wenngleich die Deutsche Presse unter ihren Europäischen Schwestern mit die jüngste ist, in der Hauptsache erst seit 1848 datirt, zeigt sie doch, in moralischer wie intellectueller Hinsicht, bereits einen erschrecklichen Verfall. Zwar hatte sie nie das Ansehen und die Bedeutung z. B. der Englischen oder der

Französischen Presse, aber sie stand bis 1866 doch
ungleich geachteter da, und ihre Leistungen waren
weit erheblicher. Ihre Mitarbeiter waren früher vorwiegend studirte Leute, heute bilden diese nur noch
eine kleine Minderheit. Während der sogenannten
Reactionszeit recrutirte sich die Presse aus Juristen,
Philologen, Theologen, Privatdocenten etc., die entweder politisch gemassregelt oder ihrer liberalen Gesinnung wegen verdächtig waren, und auf eine Anstellung nicht zu rechnen hatten. Heute bewerben
sich alle akademisch Gebildeten wieder um ein Staats-
amt; ein grosser Theil ist während der Schwindelperiode in die Dienste der Geld-Institute und Actiengesellschaften getreten, und für die Presse bleibt nur
der Abhub, der Ausschuss. Heute hat das Wort des
Herrn von Bismarck, welches die Journalisten als
„Leute, die ihren Beruf verfehlt haben“, als „catili-
narische Existenzen“ hinstellte, weit mehr Berechtigung als vor 15 Jahren, da er es aussprach. Früher
suchten die Parlamentarier, selbst Gesandte und
Minister, die Zeitungsmitarbeiter auf, heute laufen
diese jenen Herren nach, um Neuigkeiten und In-
formationen zu erhaschen, und lassen sich dafür mit
Fusstritten regaliren. In Frankreich öffnen sich dem
Journalisten alle Kreise, er wird dort Präfect und

Minister; während er z. B. in Preussen, wenn er der Regierung dient, analog den Schreibern bei den Hofämtern, den Titel „Hofrath" erhält, und allenfalls mit dem Kronenorden fünfter Klasse bedacht wird. In Deutschland ist der Journalist ohne jede gesellschaftliche Stellung; zwar zieht man auch bei uns zu Festivitäten die Presse heran, und widmet ihr Toaste, aber nur, weil man sie fürchtet oder sie benutzen will; insgeheim hasst und verachtet man sie, und lässt es das einzelne Mitglied auch häufig genug empfinden. Sogar das „Weltblatt", die „Kölnische Zeitung", beklagte sich, dass man bei einem Banket ihrem Berichterstatter einen nicht numerirten Platz angewiesen; und die „Vossische Zeitung" bemerkte dazu, dass auch sie zu einem Festmahl der Berliner Stadtverordneten in einer Form eingeladen worden, welche sie bestimmt hätte, die Karte unbenutzt zu lassen. Wenn die Herren von der Feder sich etwas rarer zu machen verstünden, würde man sie schon respectvoller behandeln.

Unsere heutigen Journalisten und Literaten sind nur noch zur Hälfte Christen, zur anderen und wahrscheinlich schon grösseren Hälfte Juden oder doch Semiten. Ein grosser Theil von ihnen hat irgendwie Schiffbruch gelitten; Viele haben aber auch das

Handwerk förmlich erlernt, von der Pike auf gedient,
waren zuerst Inseratensammler, Expedienten, Local-
reporter, bis sie dann in die Redaction aufgenommen
wurden. Zwar finden sich noch bei jedem grossen
Blatte ein bis zwei studirte Redacteure, aber das
Gros der Zeitungsschreiber, obwol aus Courtoisie
auch der geringste von ihnen „Doctor" titulirt wird,
besitzt etwa die Durchschnittsbildung eines Tertia-
ners. Daher der entsetzliche Stil, das entsetzliche
Deutsch unserer Zeitungen, jenes Kauderwelsch, ge-
spickt mit barbarischen Fremdwörtern und schwerfälligen Phrasen. Unsere Journalisten arbeiten weniger
mit der Feder als mit dem Rothstift und der Scheere.
Ein Blatt druckt immer dem andern nach, und was
es sonst braucht an Leitartikeln, Referaten etc. liefern ihm die Correspondenzen. Da ist die „Berliner
Autographirte Correspondenz" des Herrn Lasker, der
bekanntlich den „linken Flügel" der Nationalliberalen
kommandirt. Da ist die „Nationalliberale Correspondenz" der Herren von Bennigsen, Miquel, Wehrenpfennig und Rickert vom „rechten Flügel" der Nationalliberalen. Da ist die fortschrittliche Correspondenz,
die acht- bis zwölffach durchgeschriebenen Briefe der
Herren Eugen Richter und Ludolf Parisius. Da ist
endlich das „Organ für Jedermann", die „Berliner

Volkszeitung", die zugleich in Potsdam, Spandau, Lauenburg, Danzig, Beuthen etc., nur unter anderem Titel, mit anderem Kopfe erscheint, im Uebrigen aber ebenfalls von den Herren Bernstein, Holdheim und Max Hirsch fabricirt und bei Franz Duncker gedruckt wird. Alljährlich jammerte der grosse Volkstribun Eugen Richter über die „Waschzettel", welche das „Literarische Bureau" ausstreut, bis die Liberalen dann selber solche Waschzettel-Fabriken errichteten und sie alsbald mit Dampf betrieben. Heute sind die Correspondenzen der Herren Richter, Wehrenpfennig und Lasker, in welchen sie sich und ihre Freunde verherrlichen, ihre Gegner aber verlästern und beschimpfen, in welchen sie die Gründer rein waschen und die „Verleumder" „brandmarken", über das ganze Land verbreitet, und von ihnen nähren sich alle „liberalen" Blätter und Blättchen.

Unsere Journalisten (und ebenso unsere manchesterlichen „Volkswirthe") haben wenig gelernt, und das Wenige vergessen sie noch über ihrer mechanischen Beschäftigung, bei der sie geradezu verdummen. Sie lesen in Jahren kein Buch, nicht einmal die Bücher, die sie besprechen; gleichviel ob sie dieselben ausbündig loben oder schmählich herunterreissen. Unsere Zeitungen werden nach einer feststehenden Schablone,

höchst geist- und geschmacklos gemacht; sie leiden
an einer schrecklichen Oede und sie züchten förmlich die Langweiligkeit. Weil sie das Meiste unver-
daut, unverarbeitet, mit Haut und Haaren übernehmen, das unwichtigste und gleichgültigste Zeug
ausführlich abdrucken, herrscht in ihnen eine wahre
Raumverschwendung, und sie werden vom Publikum
eigentlich nicht gelesen, sondern blos überflogen.

Wenn die ganze Politik schon bei den Zeitungen
mehr oder weniger blosser Humbug, nur das Aus-
hängeschild ist, unter welchem sie ihr Geschäft betreiben, so kann von einer politischen Gesinnung der
Zeitungsschreiber erst recht nicht die Rede sein. Die
weitaus grosse Mehrzahl tritt da ein, wo sie gerade
ein Unterkommen findet, und da an Bewerbern stets
Ueberfluss ist, sucht Jeder das Plätzchen, das er
einmal inne hat, auch festzuhalten. Willig macht er
alle Wandlungen der Zeitung mit, und gehorsam
schreibt er, was man von ihm verlangt. Verliert er
seine Stelle, oder winkt ihm eine bessere, so geht
er sonder Gewissensscrupel von einem liberalen zu
einem conservativen, von einem demokratischen zu
einem officiösen Blatte über, und vertheidigt heute mit
Begeisterung, was er gestern leidenschaftlich bekämpft,
für ein Unglück und eine Niedertracht erklärt hat.

Ist der Zeitungsschreiber ein blosser Handwerker, so sind die Zeitungsverleger reine Geschäftsleute, die da öffentliche Meinung feil halten. Ihr ganzes Mühen und Jagen ist auf Abonnenten und Inserenten gerichtet, wobei die Ersteren gegen die Letzteren sehr zurückstehen müssen. Um der Inserate willen wird in dem redactionellen Theil der Zeitung jede Reclame gemacht, jeder Angriff unterdrückt. Grosse Inserenten, wie der Malzfabrikant Johann Hoff, die Verkäufer von Universal- und Geheimmitteln, erfahren weit mehr Rücksicht und Zuvorkommenheit als selbst Fürst Bismarck. Tagtäglich liest man in den grossen Zeitungen Anzeigen, die ehrbare Frauen anwidern, unschuldige Mädchen in Verwirrung setzen müssen. Es empfehlen sich Aerzte gegen ekelhafte Krankheiten, es locken in durchsichtiger Weise Kuppelei und Unzucht, es wirft der Schwindel in tausenderlei Gestalt seine Netze aus. Solch anstössige, schamlose Inserate finden sich z. B. regelmässig in der „Vossischen Zeitung", die deswegen sogar im Parlament genannt wurde; aber nur selten schreitet die Staatsanwaltschaft ein, und als es neulich in Berlin doch einmal geschah, wurde der Name des betreffenden Blattes in allen Zeitungsberichten schonend verschwiegen, und der Redacteur nur in 50 Mark Strafe genommen.

Der öffentliche Ankläger constatirte ausdrücklich, dass nur socialdemokratische Blätter die unsaubere Annonce zurückgewiesen hätten.

Als am 1. Juli 1874 die Stempelsteuer fiel, die dem Volke stets als eine Vertheuerung seiner geistigen Nahrung hingestellt wurde, glaubte man allgemein, die Zeitungen sollten billiger werden. Aber nur äusserst wenige, z. B. der menschenfreundliche „Berliner Börsencourier", setzten das Abonnement herab; die anderen entschuldigten sich mit den theueren Papierpreisen, mit der Höhe der Löhne etc., und als in einem Berliner Bezirksverein ein ehrsamer Bürger darüber Klage erhob, belehrte Herr Ludolf Parisius ihn lächelnd, dass die Zeitungen heute nur noch wenig einbrächten und manche Verleger schon zuschiessen müssten. Die Aufhebung der Stempelsteuer war einfach ein Geschenk an die Zeitungsbesitzer, das z. B. für den Inhaber der „Kölnischen Zeitung" 75,000 Thaler jährlich beträgt.

Weil das Zeitungsgewerbe ebenso hocheinträglich wie einflussreich ist, ging es mehr und mehr in die Hände der Juden über, und es wird von ihnen derartig ausgebeutet, dass sie auch auf diesem Gebiete jeden Christen schlagen. Die meisten Börsenblätter und viele politische Zeitungen sind Eigenthum von

Juden, und fast an jedem Journal arbeiten Juden
oder doch Semiten. Seit den letzten zehn Jahren
haben sich die jüdischen Journalisten und Literaten
so heftig vermehrt, dass sie von dem Heer der Presse
wol schon die grössere Hälfte bilden, und die Christen
immer mehr verdrängen. Verschiedene jüdische Blätter,
wie die „Schlesische Presse" in Breslau, das „Berliner Tageblatt" von Rudolf Mosse in Berlin u. a. beschäftigen ausschliesslich Juden, was übrigens nur
logisch und consequent ist. Nur ein kleiner Bruchtheil der jüdischen Journalisten und Literaten hat
eine wissenschaftliche Bildung, die grosse Masse besteht aus ehemaligen Commis, und ihre Lieblingsbe-
schäftigung ist noch immer die Börse. Den Börsen-
und Handelstheil der Zeitungen haben die Juden gewissermassen in Pacht genommen, und sogar für den
„Deutschen Reichs- und Preussischen Staats-Anzeiger"
liefert den Börsenbericht ein Jude. Aber sie sind
in allen Sätteln gerecht; ein jüdischer Journalist
schreibt mit derselben Leichtigkeit und unmittelbar
hintereinander Leitartikel und Feuilletons, Theater-
berichte und Briefe vom Kriegsschauplatz. Wallsee,
Correspondent der „Neuen freien Presse", eigentlich
Abraham Feigl geheissen, meldete von der Serbischen
Armee aus, dass zwei seiner Collegen verwundet und

er selber erschossen sei. Die „Neue freie Presse"
und andere Judenblätter erhoben ein solches Jammer-
geschrei, dass die Oesterreichische Regierung recherchiren liess, wobei es sich nun herausstellte, dass
Abraham Feigl gesund und unverletzt war und die
ganze Geschichte, blos um des Effects willen, zusammen-
gelogen hatte. Die Serbische Regierung verfügte seine
Ausweisung, aber nun hatte Feigl-Leben die Frechheit, deswegen Beschwerde zu führen und den Schutz
des Oesterreichischen Consuls anzurufen.

Die fortschreitende Verjudung der Presse erklärt
ihren schrecklichen Verfall, ihre tiefe, gemeingefährliche Corruption; erklärt die Herrschaft und Uebermacht des Judenthums in der Gesellschaft und auf
allen Gebieten des öffentlichen Lebens, indem die
Zeitungen unausgesetzt die Interessen der Juden und
Judengenossen verfechten; erklärt auch den Börsen-
und Gründungsschwindel, der in der Hauptsache von
Semiten verübt ist, und der ohne die mächtige Beihülfe und Unterstützung der Presse in solchem Um-
fange gar nicht möglich gewesen wäre. Die Presse
hat — das beweisen ihre heuchlerischen Declamationen, ihre theoretischen, ganz allgemein gehaltenen
Warnungen — von vorne herein den Schwindel als
solchen erkannt, ihn mit vollem Bewusstsein unter-

stützt; und nicht etwa umsonst, sondern sie ist dafür reichlich bezahlt worden, sie hat von dem grossen Raube ihren gut gemessenen Antheil erhalten.

Von den Börsenzeitungen ist es selbstverständlich und notorisch, dass sie im Solde der Börse stehen. Sie erhalten noch heute von den grossen Bankhäusern und Bankinstituten fortlaufend bestimmte Subventionen, dazu für jedes einzelne Geschäft besondere Gratificationen; sie sind bei allen Gründungen und Emissionen direct betheiligt worden. Während der Schwindelära entstanden in Berlin, Breslau, Dresden, Köln, Frankfurt a. M. und anderen grossen Orten neue Börsenblätter, die zum Theil von Gründern und Börsianern fundirt wurden, und ihren Besitzern schnell ein Vermögen einbrachten. Es entstanden auch Börsenjournale, die sich einen wissenschaftlichen Anstrich gaben, z. B. die „Berliner Wochenschrift, finanziell-politische Revue" von Dr. Gustav Lewinstein, und das „Deutsche Finanzblatt (Revue financière allemande)" von Dr. Th. Cossmann. Besonders gefährlich waren Blätter, welche die Miene annahmen, die Interessen des kleinen Capitalisten zu vertreten, anscheinend gegen die Börse Front machten und „Enthüllungen" zum Besten gaben, wie die „Neue Börsenzeitung" und „Salings Börsenblatt", zumal beide sehr geschickt redigirt wurden und den Leser angenehm zu unterhalten wussten. Fast alle Börsenzeitungen, und auch andere Blätter, z. B. die Berliner „Tribüne", eröffneten einen „Rathgeber", einen Börsenbriefkasten, wo Rath und Auskunft über den An- und Verkauf von Börsenpapieren ertheilt, die betreffenden Actien offen genannt oder doch in leicht zu errathender Weise bezeichnet wurden. Dieser „Rathgeber" hat Tausende von Abonnenten herangezogen, aber auch Tausende ins Unglück geführt. Unzählig, unerschöpflich waren die Kniffe und Püffe, mit denen man das Publikum einfing und schädigte. Man brachte

„Dividendenschätzungen", wo Dividenden theils blos erdichtet, theils viel zu hoch veranschlagt waren; man empfahl faule Actien als angeblich nur „vernachlässigte Papiere"; man verbreitete falsche Nachrichten über Gewinnste und Verluste, über lucrative Verkäufe von Grundstücken und Parcellen, über hohe Einnahmen gewisser Eisenbahnen, Banken und Fabriken; man inscenirte auf Bestellung oder auch im eigenen Interesse, je nachdem man selber speculirt hatte, Hausse und Baisse. Das erste Börsenblatt war und ist die „Berliner Börsenzeitung", und der Eigenthümer, Herr H. Killisch, ursprünglich ganz mittellos, ist dabei zum Millionär geworden. Seit zehn Jahren und länger las man im „Berliner Adressbuch": Killisch von Horn, Dr. juris, und es ging die Sage, der reiche Mann habe sich einen adligen Vater gekauft, sich von einem nothleidenden Edelmann, gegen Zahlung einer Rente, adoptiren lassen. Thatsächlich wurde er in seinen Bureaux Herr von Killisch genannt, und in Pankow, wo er, Spandauer Strasse 6—8, eine fürstlich eingerichtete Villa besitzt, hiess er sogar der „Baron". Dies veranlasste kürzlich ein Mitglied der Familie von Horn, sich an das Berliner Polizeipräsidium zu wenden mit der Bitte, doch zu recherchiren, ob Herr Killisch wirklich und mit landesherrlicher Genehmigung geadelt sei; worauf folgende merkwürdige Antwort erging: Der pp. Killisch ist in dem Berliner Wohnungsanzeiger als Killisch von Horn nur irrthümlicherweise aufgeführt; es hat auch nicht festgestellt werden können, dass der pp. Killisch sich im amtlichen oder privaten Verkehr selber das Adelsprädicat beigelegt hat. — Noch merkwürdiger ist, dass in dem neuen „Berliner Adressbuch" für 1877 Herr Killisch plötzlich fehlt, nirgends mehr zu entdecken ist, auch nicht mehr als Besitzer der schönen Häuser, Kronenstrasse 29, 36 und 37, und der feenhaften Villa in Pankow angeführt wird. Als „Eigenthümer" all dieser Herrlichkeiten figurirt jetzt sein Buchhalter W. Man könnte glauben, Herr Killisch sei gestorben oder verzogen, doch er erscheint

nach wie vor jeden Tag leibhaftig an der Börse und schreibt
hier seine klassischen Berichte. Der „Berliner Börsenzeitung" wurde mehrfach vorgeworfen,
dass ihre Börsenreferate und sonstigen Artikel falsche Behaup-
tungen zu Gunsten oder Ungunsten verschiedener Papiere enthielten, dass sie gewisse Actien, z. B. Lombarden, Warschau-
Wiener etc. ohne Grund bald in den Himmel erhebe, bald
wieder schmählich herunterreisse. Die Reclamen, welche die
Börsenblätter machten, waren zuweilen den betreffenden Gesellschaften sogar unangenehm, und erfuhren öffentlichen Widerspruch. So erklärten 1872 die Stolberger Zinkhütten- und
die Aachen-Mastrichter Eisenbahn-Gesellschaft, die Egestorff'sche
Maschinenfabrik in Hannover und die Schlesische Tuchfabrik
in Grünberg die über sie verbreiteten günstigen Nachrichten
und rosigen Aussichten für unwahr, und noch kürzlich protestirte der Abgeordnete, Herr Kieschke, Namens der Deutschen
Baugesellschaft, gegen eine Meldung der „Berliner Börsenzeitung", welche nur eine Courstreiberei jener Actien bezwecke.
Jetzt, wo nichts mehr zu verlieren ist, enthüllen und warnen
auch die Gründer.

Die „Neue Börsenzeitung" entstand Ende 1871 in
Berlin, indem sich zu diesem Zwecke Bernhard Brigl, der Verleger der „Tribüne", mit einem Consortium von Gründern und
Börsianern, darunter Carl Coppel und Leopold Ullstein, zu-
sammenthat. Die „Neue Börsenzeitung" erschien gewissermassen als ein Anhängsel der „Tribüne", und da sie in ihrem
Programm sich ausdrücklich in den Dienst des Privatcapitals
stellte, den Schutz desselben gegen die Ausbeutung der Börse
für ihre Aufgabe erklärte, gewann sie sofort eine stattliche Anzahl von Abonnenten, und erweckte in dem Busen des „Berliner Börsencourier" die Qualen der Eifersucht. Kurz vor dem
Krach, als das Fett abgeschöpft war, übernahm das Blatt für
alleinige Rechnung der bisherige Herausgeber, Julius Treu-
herz, ein gebildeter und vielseitiger Mann, und da die Zeiten

schlechter wurden, entschloss er sich, mit der Zeitung zugleich ein Bankgeschäft für seine Kunden zu verbinden, so dass hier Theorie und Praxis unter Einem Dache wohnen.

Bald nach der „Neuen Börsenzeitung" kam „Saling's Börsenblatt" in Berlin zur Welt, das sich in ähnlicher Weise einführte, aber die Gunst der Börse in noch höherem Maasse gewann, und daher noch weit bessere Geschäfte machte. Selbstverständlich unterstützte es den Schwindel ebenso, wie die alten Börsenzeitungen, und lieferte z. B. eine begeisterte Reclame für die oberfaule Berliner Nordbaubank der Herren Dr. Heinrich Ebeling und Genossen. Herr August Saling, früher Mitarbeiter des Herrn Killisch, konnte sich mit seinen angegriffenen Nerven schon nach einem Jahre ins Privatleben zurückziehen, und fortan bequem von seinen Renten leben. Sein Blatt verkaufte er noch für die Kleinigkeit von 120,000 Thaler. Der unglückliche Käufer, ein Gutsbesitzer aus Westpreussen, glaubte eine Goldgrube zu erwerben, aber der bald hernach eintretende Krach ruinirte das Geschäft und machte den Eigenthümer bankerott. „Salings Börsenblatt" kam unter den Hammer und ging schliesslich für 20 Thaler fort.

Der neue Redacteur, Adolf Braun, der sich alsbald „Doctor der Philosophie" nannte, machte grosse Anstrengungen. Er gründete am 4. März 1873, mit Heinrich Quistorp, Hermann Schäffer, Julius Rothstein, Hermann Weinreich, Hermann Lehmann, Julius Meyer Lehmann, Wilhelm Koch, Heymann Feldheim, Siegfried Brann, Malzfabrikant Johann Hoff und Rechtsanwalt Ewald Hecker, die **Deutsche Prämien-, Credit- und Rentenbank** auf 2 Millionen Thaler Actien. Es war dies ein Raten-Loosgeschäft, das nach einer kürzlich ergangenen Entscheidung des Preussischen Obertribunals eine unerlaubte Lotterie und daher strafbar ist. Herr Braun gründete ferner, gleichfalls im März 1873, mit Stern Rissmann und Max Löwenstein die **Westphälischen Stahl- und Puddlings-Werke in** Haspe, welche der „Berliner Börsencourier", wie öffentlich behauptet wurde, gegen eine Entschädigung von 500 Thalern, in den glänzendsten Farben ausmalte. Das Actiencapital betrug 200,000 Thaler; doch machte der Vorbesitzer, Bernhard König, der als Director fungirte, später bekannt, er habe nur 10,000 Thaler Abschlag und weiter nichts erhalten; worauf ihn Stern Rissmann, der Präsident des Aufsichtsraths, des Amts entsetzte, und zu seinem Nachfolger David Brinitzer ernannte. Auch die Handelskammer des Kreises Hagen erklärte amtlich, dass Bernhard König nur ein Hammerwerk, nicht aber „grosse Stahl- und Puddlingswerke" besessen, die letzteren also bei der neuen Gesellschaft gar nicht existiren. 1875 kam das Etablissement zur nothwendigen Subhastation und ging für 40,000 Thaler fort, so dass nur die erste Hypothek gedeckt ward. Adolf Braun, obgleich „Doctor der Philosophie", hat sich nicht so ge- scheidt bewiesen, wie der titellose August Saling; er ist den Weg von „Salings Börsenblatt" gegangen: 1876 kam auch die Villa unter den Hammer, die er auf der Quistorp'schen Schöpfung „Westend", in der Nussbaum-Allee besass, und seitdem scheint er vom Schauplatz verschwunden zu sein.

Börsen-Literaten waren auch nicht selten die Verfasser der farbenprächtigen Prospecte, in welchen den Actionären Himmel und Erde versprochen, die aber hinterher, wenn die Gründer wegen der falschen Angaben in Untersuchung kamen, von diesen einfach und meistens mit Glück abgeleugnet wurden. Solch phantasiereiche Prospecte, deren Besteller nicht mehr zu ermitteln waren (!), sind z. B. die der Egells'schen und der Wöhlert'schen Maschinenfabrik, sowie der Strausberg-Karsten- schen Bergbau-, Eisen- und Stahlindustriegesellschaft, wo die Gründer frei ausgingen, da ihre Freunde und Helfershelfer von der Presse sie nicht verriethen. Bei der Sudenburger Maschinen- fabrik dagegen wurde die Ausrede wegen des angeblich vom Himmel gefallenen Prospects in der Appellations-Instanz ver- worfen, und über die Urheber der Gründung das Schuldig ge- sprochen.

Moritz Meyer, Begründer und Chef-Redacteur der „New-Yorker Handelszeitung", dem in vielen Blättern vorgeworfen, dass er für die 1869 in Europa zum Course von ca. 70 eingeführten, jetzt ziemlich werthlosen Obligationen der Rockford-Rock Island-Eisenbahn eine schnöde Reclame veranstaltet hat — eine Notiz, die auch in den ersten Theil dieses Buches überging — sandte dem Verfasser ein „Certificat", das seine Unschuld beweisen soll. Ausweis desselben erhielt Herr Meyer nach und nach in jenen Obligationen 16,000 Dollars, aber nicht als „Bestechung", sondern als Entschädigung für gewisse „persönliche Dienste" (Vermittelung zwischen dem Bauunternehmer II. H. Boody und der Handlung Budge, Schiff & Co., welche die Bonds vertrieb), und hatte dieses Trinkgeld nicht den geringsten Einfluss auf die Abfassung der Artikel, worin Herr Meyer das Papier dem Publikum dringend empfahl. — — Es ist dies die Zweiseelentheorie, welche auch Herr Leopold Sonnemann von der „Frankfurter Zeitung" mit Erfolg gegen seine „Verleumder" geltend gemacht hat! Der eigentliche Effect aber, und gewissermassen der Humor von der Geschichte besteht nun darin, dass gerade Herr Moritz Meyer, nach dem von ihm selber beigebrachten „Certificat", die famosen Bonds erst in Scene gesetzt hat, denn die Blätter in Deutschland, wo das Papier grösstentheils untergebracht ist, schöpften, nach Anweisung der „betheiligten" Banquiers Hess & Katz in Berlin und F. E. Fuld & Co. in Frankfurt a. M., hauptsächlich aus der „New-Yorker Handelszeitung", welche eben der Rockford-Bahn die brillanteste Zukunft verhiess.

———

Die Börsenblätter thaten dem Schwindel zu Liebe, was sie konnten, aber ihr Leserkreis ist doch ein begrenzter. Um die grosse Masse, um das ganze Volk einzufangen, war die Mithülfe auch der politischen Presse, aller Zeitungen, gross und klein, nöthig, und diese wurden gewonnen theils direct, theils indirect. An jedem grösseren Ort schufen sich die Gründer und Börsianer ihr eigenes Organ, indem sie ein schon bestehendes Blatt entweder ankauften, oder mit einer bedeutenden Summe als Theilhaber eintraten. Eine stattliche Anzahl von Zeitungen ging in den Besitz von Bankhäusern und Bankinstituten über, und verschiedene Blätter wurden neu gegründet. So reichte man dem Publikum politische Kost, und präparirte es zugleich für die Börse. Selbstverständlich waren diese Blätter nun blosse Werkzeuge der Gründer, obwol sie die possirlichsten Sprünge machten, um sich den Schein der Unabhängigkeit zu geben; und wenngleich die meisten grosse Zuschüsse erforderten — sie brachten sich doch sehr gut ein. Ihre Actien befinden sich natürlich immer in festen Händen, und werden an den Börsen kaum notirt.

Die „Königsberger Hartung'sche Zeitung", das Hauptblatt der Provinz Ostpreussen, wurde Ende 1871 gegründet von dem „conservativen" Geh. Commerzienrath Moritz Simon, dem „Sozialisten" Adolf Samter, dem „nationalliberalen" Banquier Carl Jacob und dem „fortschrittlichen" Professor Dr. Möller. Letzterer gewann in politicis die Oberhand, und so ward das Blatt, bis dahin politisch ganz indifferent, ein heisssporniges Fortschrittsorgan, das die Herren Richter-Parisius mit ihren durchgeschriebenen Correspondenzen beglücken, in denen sie die „Verleumder" der Gründer an den Pranger stellen. Der Börsentheil blieb dagegen die Domaine der Herren Simon, Samter und Jacob, alle drei als bösartige Gründer bekannt. Jacob wurde wegen betrügerischen Bankerotts verurtheilt, und auch Simon, der ihm Beihülfe geleistet, mit vier Wochen Gefängniss bedacht, jedoch hinterher zu 10,000 Thaler Geldbusse begnadigt. Für die Gründungen der Herren Jacob, Samter, Simon und Emil Stephan, wie „Vulcan", „Insterburger Actien-Spinnerei", Brauerei „Wickbold", „Annahütte" etc., welche zum Theil auch die Staatsanwaltschaft beschäftigt haben, trat die „Königsberger Hartung'sche Zeitung" natürlich liebevoll ein, und auch sonst that sie ihre Schuldigkeit, indem sie andern

Gründer- und Börsenblättern fleissig nachdruckte, und auswärtige Börsencorrespondenzen, z. B. in Sachen der famosen „Westpreussischen Eisenhütte", gern aufnahm. Das Actiencapital beträgt 375,000 Thaler, und die Actionäre erhielten pro 1873 — 11%, pro 1875 sogar 12% Dividende — eine Rentabilität, die bei den gegründeten Zeitungen selten ist.

Moritz Simon ist, weil „Geheimer Commerzienrath", natürlich „conservativ", und aus Ursache der von Strausberg gegründeten „Ostpreussischen Südbahn", mit dem Adel der Provinz liirt. Daher war es eigentlich seine Absicht, der „Hartung'schen Zeitung" eine conservative oder doch wenigstens regierungsfreundliche Haltung zu geben, womit Jacob und allenfalls auch Samter wol einverstanden gewesen wären; aber Professor Möller und Genossen wussten es durchzusetzen, dass das Actienunternehmen unter fortschrittlicher Flagge segelte. Nun giebt es in Königsberg noch ein anderes, zwar weit weniger verbreitetes, aber von jeher viel besser redigirtes Blatt, die conservative „Ostpreussische Zeitung". Diese gedachte der geniale Gründer, Geheime Commerzienrath Emil Stephan, zu erwerben, um daraus, wie es der Börse am besten entspricht, ein „nationalliberales" Organ zu machen. Aber Simon kam ihm zuvor; er fühlte die Ehrenpflicht, der conservativen Partei einen Dienst zu leisten, und liess die „Ostpreussische Zeitung" ankaufen. Sie wurde auf 75,000 Thaler Actien gegründet, behielt ihre Tendenz, und Simon's Helfershelfer, sassen im Aufsichtsrath, während er, der „Conservative", als Präsident des Verwaltungsraths der curagirt fortschrittlichen „Hartung'schen Zeitung" fungirt. So wissen die Juden dem Geschäft und zugleich auch ihren Privatgefühlen Rechnung zu tragen. Die „Ostpreussische Zeitung" warf 1873 — 6½% Dividende ab, für 1874 aber 0.

In Schlesien wurden verschiedene Blätter gegründet. Der „Bote aus dem Riesengebirge", mit 105,000 Thaler Actien, vertheilte von 1873—1875: 6, 7 und resp. 7% Dividende; und ist im Uebrigen ein furchtbarer „Kulturkämpfer", hat aber grosse Angst vor den Agrariern. Der „Görlitzer Anzeiger", in dessen Verwaltungsrath der jetzige Abgeordnete, Stadtrath Lüders und andere Gründer sassen, gab seinen Actionären 1872 — 19¼, 1873 — 12½, 1874 — 8% Dividende, und ging später mit den inzwischen entstandenen „Görlitzer Nachrichten" in den Besitz eines Baukhauses über.

In Breslau wussten die Gründer fast die ganze Presse zu annectiren. Breslau ist nach Berlin die am meisten verjüdelte Stadt des Preussischen Staats, und doch darf das Wort „Jude" hier gar nicht gedruckt werden. Hauptbesitzer der „Breslauer Zeitung" wurde der „Schlesische Bankverein", dessen Seele der Commerzienrath Fromberg ist, ein getaufter Jude und Gründer ersten Ranges. Seitdem der öffentliche Unwille sich gegen die parlamentarischen Gründer kehrt, seitdem die Staatsanwaltschaft endlich gegen einige Gründungen vorging, ist die „Breslauer Zeitung", die sich zum Fortschritt bekennt, und wie es scheint, auch von den Dioscuren Richter-Parisius bedient wird, vor Wuth und Angst förmlich toll geworden. Sie sprach von der „Verleumdung", die „ihr Haupt" selbst gegen den Abgeordneten Hagen „erhoben", den doch der grosse Lasker als einen durchaus „correcten Gründer" in Schutz genommen; und die „Vossische Zeitung" beeilte sich, dieses Artikelchen nachzudrucken. Sie schrie: „Das Gesindel in Deutschland hat sich zusammengethan und spricht: wir wollen eine Partei der ehrlichen Leute bilden!" — bewarf die „Germania", die „Staatsbürgerzeitung" und selbst die unschuldige „Kreuzzeitung" mit Koth, und deutete auch verblümt auf ihre Nachbarin, die „Schlesische Zeitung" hin. „Dem Gründerthum ist die Gründerhatz auf dem Fusse gefolgt, eine Modekrankheit löst die andere ab"; jammerte sie — und mit jüdischer Frechheit erklärte sie: „Die Hauptschuld trifft das Publikum!" — Ihr Chefredacteur ist noch immer Dr. Stein, ein Demokrat von 1848 und ein ehrenwerther Mann, aber er ist alt und schwach geworden und um ihn herum sitzen ein halb Dutzend wollköpfiger Juden. Schauderhaft! Wenn der brave Eduard Trewendt sehen könnte, was man aus seinem Blatte gemacht hat, er würde sich im Grabe umdrehen!

Ein zweites Organ schufen sich die Breslauer Gründer •(Discontobank, Gebr. Guttentag, Marcus Nelken & Sohn, Sigmund Sachs, Gebrüder Friedländer) in der „Schlesischen Presse", die der Abwechselung halber die nationalliberalen Farben trägt. Von Juden gegründet, beschäftigt sie auch nur Juden. Ihr erster Redacteur war ein Herr Köbner, früher beim „Hannöver'schen Courier" und ein Schützling des correcten Gründers, Herrn von Bennigsen. Unter ihm verkündete die „Schlesische Presse" am 13. August 1875: „In diesem Augenblick zeigen sich die ersten Anzeichen, dass das grosse Geschäft sich von dem auf den Krach gefolgten verlängerten Siechthum zu erholen beginnt." Aber diese Prophezeiung erfüllte sich nicht, und auch mit der „Schlesischen Presse" ging es nicht vorwärts, sondern rückwärts. Frühjahr 1876 wurde sie, da sie sich nicht rentirte, entgründet und von Herrn Schottländer übernommen, hinter dem verschiedene Banquiers, wie Friedenthal, Heimann, Schweitzer etc. stehen. Köbner schied aus, und an seine Stelle trat Dr. Alexander Meyer, der bisher für die „Breslauer Zeitung" geleitartikelt hatte, und jetzt der „Schlesischen Presse" auf die Beine helfen sollte.

Alexander Meyer war vor etwa 12 Jahren Feuilletonist und Recensent der „Weser-Zeitung", wo es ihm zuweilen passirte, dass er die Gedanken und Aussprüche des Schriftstellers, den er gerade unter dem Secirmesser hatte, für seine eigenen hielt. Schon damals beschäftigten seinen Geist Handel und Börse, und alsbald wurde er „Volkswirth" und Secretär der Breslauer Handelskammer. Er erwarb die Gunst der grossen Gründer Adalbert Delbrück und Emil Stephan und kam als Generalsecretär des Deutschen Handelstages nach Berlin, wo er ein schönes Einkommen bezog und nur mässig zu thun hatte. Aber seine manchesterlichen Neigungen waren so crass, dass sie selbst den Börsenleuten missfielen, und eine Verkühlung eintrat. Er erhielt den Ruf nach Breslau und nahm ihn an. Das Präsidium, welches er im Verein „Berliner Presse" führte, überliess er seinem Freunde und Geniebruder, Paul Lindau, und gekräftigt durch ein Abendessen, das ihm die Collegen gaben, machte er sich auf den Weg.

Alexander der Grosse, wie die „Germania" ihn nannte, bezeichnete seinen Regierungsantritt in der „Schlesischen Presse", indem er einen Leitartikel losliess: „Die Partei der schmutzigen Wäsche". So nannte er die Leute, welche die Parlamente von den Gründern reinigen wollen; und dies darf nicht auffallen, denn bekanntlich ist „schmutzige Wäsche" eine Liebhaberei und historische Eigenthümlichkeit des auserwählten Volks. Alexander Meyer will die schmutzige Wäsche nicht waschen lassen, sie scheint ihm noch rein und sauber genug, und obgleich unsere Parlamente von Gründern und Aufsichtsräthen wimmeln, so behauptet er doch: „Es giebt wahrscheinlich kein anderes Land, in welchem zwischen der Volksvertretung und den Erwerbsinteressen so schwache Beziehungen bestehen, als Deutschland. Wir wissen kaum, ob wir auf diese Thatsache mit Stolz, ob mit Bedauern sehen sollen, allein die Thatsache steht fest." — Kaum in Breslau warm geworden, fing Meyer der Erste Krakehl mit der „Schlesischen Zeitung" an, die ihm Herrn Löb Sonnemann, den Eigenthümer der „Frankfurter Zeitung", nicht schnell genug für einen correcten Consortialzeichner erklärte. Aber er fiel gründlich ab; sogar der Verein „Breslauer Presse" gab ihm ein öffentliches Dementi, und die „Schlesische Zeitung" erklärte, dass sie gegen Alexander den Grossen die gerichtliche Klage wegen „wahrheitswidriger und ehrenrühriger Behauptungen" angestrengt habe. Noch kräftiger trat er für „Unsern Braun" und dessen famose Eisenbahngründung Cuxhaven ein. Hier, ruft er aus, haben nicht die Gründer das Publikum betrogen, sondern umgekehrt —

das Publikum hat die Gründer betrogen. — Arm in Arm mit Eugenius Richter, der den landwirthschaftlichen Minister mit dem Socialdemokraten Bebel verglich, beschuldigte auch Meyer der Erste Herrn Friedenthal socialistischer Tendenzen, weil dieser die Zusammengehörigkeit von Industrie und Ackerbau betont hatte. In der That, zwei klassische „Volkswirthe"! Der Abwechselung wegen machte aber Herr Meyer, ebenso wie sein Freund Bamberger, auch wieder in „Enthüllungen". Ludwig Bamberger eiferte in der Lindau'schen „Gegenwart" gegen das „Bahnhofs-Cotelett", das ihn, seiner Kleinheit wegen, nicht gesättigt hatte. Dieser Ruhm Bamberger's liess Meyer nicht schlafen. Schon als Aufsichtsrath der „Flora" hatte er die Vorrechte der „ersten Zeichner" angegriffen, die freilich bei der trostlosen Lage der Gesellschaft gar keine Bedeutung mehr hatten: jetzt enthüllte er ein „neues Gründerthum", den Schwindel gewisser kleiner Bauunternehmer und ihrer Financiers, wodurch Handwerker und Lieferanten betrogen werden. Bei solchen Leistungen musste die „Schlesische Presse" und ihr Chef-Redacteur gedeihen. „Frisches Blut!" rief die „Schlesische Zeitung", als es Herbst 1876 zu den Wahlen ging; und die Breslauer wählten zwei Männer von „uraltem Blut", die beiden Juden Alexander Meyer und Rechtsanwalt Freund in das Preussische Abgeordnetenhaus.

In jüdischen Händen befindet sich auch die „Breslauer Morgenzeitung" des Herrn Leopold Freund, die sich einer Auflage von 25,000 rühmt, und jedenfalls ihrem Besitzer eine hohe Rente abwirft. Das „Breslauer Handelsblatt" hatte nur ca. 800 Auflage, aber sein Eigenthümer, Oscar Freund, liess die Spalten enger werden, erhöhte die Insertionsgebühr von 1½ auf 4 Sgr., fungirte als Aufsichtsrath verschiedener sehr gegründeten Actiengesellschaften und wusste binnen kurzer Zeit ein Vermögen zu machen. Sogar das „Breslauer Intelligenz- und Fremdenblatt" des Herrn E. Reimann, welches nur etwa 60 Abonnenten zählen soll, strotzte in der

Schwindelära von Gründungs-Prospecten und Emissions-Anzeigen. Das Annoncenbureau von Gottfried Daube in Frankfurt a. M. versandte Börsenberichte, welche Breslauer Blätter unter der Chiffre D. abdruckten, und auch Berliner Zeitungen übernahmen.

In Dresden, wo die Gründerei ebenso geil blühte, wie in Breslau und Köln, entstanden das „Dresdener Börsen- und Handelsblatt", die „Dresdener Zeitung" und die „Dresdener Presse". Letztere verdankt ihre Existenz dem Bankhause Schie Nachfolger (Ed. Meyer), das 70—80 Gründungen verfasst hat, schillerte bald nationalliberal, bald fortschrittlich, wird von Eugen Richter mit Correspondenzen versorgt, und gleich der „Dresdener Zeitung" von Juden redigirt.

In Köln etablirte sich am 1. April 1872 eine „Actiengesellschaft für Buchdruckerei und Verlag" (Aufsichtsrath: Advocat-Anwalt Robert Esser II, General-Consul Adolf Rautenstrauch, „Generaldirector" Martin Neuenburg, Dr. Richard von Kaufmann), welche den „Allgemeinen Anzeiger", Handels- und Börsenzeitung für Rheinland und Westphalen herausgab, nach dem Krach aber liquidirte. Der „Allgemeine Anzeiger" war das Börsen-Organ des A. Schaaffhausen'schen Bankvereins. Zu diesem Gründerkönig und zu der so berüchtigten Rheinischen Effectenbank, die blos in Gründungen und Speculationen machte, stand in engen Beziehungen auch die „Rheinische Zeitung", deren Börsenredacteur, Advocat-Anwalt Vack, dem Schwindel ausserordentliche Dienste geleistet hat, und deren Eigenthümer, der bekannte Volkstribun und Frühstücksredner Classen-Kappelmann, wie die „Frankfurter Zeitung" behauptet, gleichfalls zu den Gründern gehörte. Ihr früherer Chef-Redacteur, der Abgeordnete Advocat Peter Klöppel, der vom Fortschritt zum Nationalliberalismus überging und darauf eine Anstellung bei der „Nationalzeitung" erhielt, betheuerte Juni 1876 in einer Zuschrift an die „Kölnische Zeitung", dass ihm das Treiben des Herrn Vack gänzlich unbekannt geblieben sei, dass er selber, wie seine politischen Mitarbeiter, „niemals in der

leisesten Berührung mit der Börse gestanden haben." Von
Herrn Vack dagegen steht es actenmässig fest, dass er rasend
speculirte und der Rheinischen Effectenbank, die er in der
„Rheinischen Zeitung" ungemein verherrlichte, 162,000 Thaler
schuldig blieb. Dr. Hocker war für diese noble Bank ebenfalls literarisch thätig, gegen einen Gehalt von 1000 Thalern;
einem dritten Journalisten gewährte sie die Mittel zum Ankauf
eines Börsenblattes, und einem vierten creditirte sie 6000 Thaler,
die später compensirt wurden.

Die Baierische Handelsbank in München kaufte die „Süddeutsche Presse" an; und in Hannover bildete sich Anfang
1872 eine „Zeitungs-Actiengesellschaft" mit dem Commerzienrath C. Rümpler an der Spitze, welcher zwei bestehende Blätter
in dem „Hannoverschen Courier" verschmolz. Derselbe
ist das Organ der Herren von Bennigsen und Miquel, vertrat
aber auch mit gleichem Geschick die Interessen der Börse.

In Berlin gründeten drei verschiedene Bankinstitute die
„Spenersche Zeitung", die „Post" und die „Norddeutsche Allgemeine Zeitung".

Die „Spener'sche Zeitung" war eines der beiden
ältesten Blätter Berlin's, von liberaler Tendenz, und zählte zu
ihren Abonnenten auch den Kaiser. Anfang 1872 verkauften
sie Major a. D. E. von Schmeling und dessen Gemahlin, Eli-
sabeth geb. Spiker, an die gründungswüthige „Preussische
Boden-Credit-Actien-Bank" für 228,000 Thaler. Als Gründer
traten auf: Landrath z. D. Alfred Jachmann, Richard Schweder,
Commerzienrath Gustav Keibel, Freiherr Gustav Gans Edler
Herr zu Putlitz, Professor Franz von Holtzendorff, Buchhändler Julius Gossmann, Abgeordneter Dr. Wilh. Wehrenpfennig;
und als Aufsichtsräthe fungirten später: Paul Gaspard Friedenthal, Heinrich Heimann und Ludwig Landsberg in Breslau,
Rechtsanwalt a. D. Hermann Mehrländer, Julius Frankenstein
und Eisenbahndirector Dr. Joseph Carl Haber — lauter Börsenleute. Die Redaction des politischen Theils übernahm Herr

Wehrenpfennig gegen einen Jahrgehalt von 6000 Thalern. Auch war er so vorsichtig, sich ausserdem ein Capital von 12,000 Thalern zu sichern, zur Entschädigung für die Pension von 600 Thalern, welche er als ehemaliger Hauptmann der Reptilien oder officiösen Soldschreiber bezog, und auf die er anständigerweise jetzt verzichten musste. Das Feuilleton, in welchem der Roman „Die Kinder der Welt" von Paul Heyse erschien, redigirte Freiherr zu Putlitz, trat jedoch bald zurück, da er mit dem sehr eigenwilligen schulmeisterlichen Herrn Wehrenpfennig collidirte. Mit Honoraren wurde nicht gekargt, aber trotzdem nichts Besonderes geleistet; die Zahl der Abonnenten blieb gering, und die Haltung des Blattes befriedigte auch nicht die Börse. Schon im November 1873 beschloss man die Auflösung, und unter den versammelten Aktionären finden wir viele Bekannte, wie Paul Munk, Georg Beer, Gustav Markwald, Ignatz Witkowski, Paul Jüdel, Julius Alexander, Meyer Cohn, Hugo Pringsheim, Eduard Abel, Platho & Wolff, Theodor Heymann, Abgeordneter Miquel und die Redacteure Julius Schweitzer, Emil Freystadt und August Brass. Zu Liquidatoren wurden die Buchhändler Georg Reimer und Franz Grunert ernannt, und diese verkauften die Zeitung an den Schönheimer'schen Bankverein (Ferd. Schönheimer und Abg. Professor Dr. Carl Birnbaum) für 173,000 Thaler. Was Wehrenpfennig nicht gekonnt hatte, sollte jetzt der vielfache Gründer Braun-Wiesbaden vollbringen, aber dieser machte noch weniger, obwol er eine Revue der Tagespresse einführte, und nach französischer Manier jeden Artikel von dem Verfasser unterzeichnen liess. Nur ein Jahr redigirte „Unser Braun", dann verblich „Onkel Spener" an der Schwindsucht; seine Abonnenten hatte er der „National-Zeitung" vermacht. Den Actionären des Schönheimer'schen Bankvereins kostet das Vergnügen eine schöne Summe, und dazu macht Herr Braun nun noch einen Entschädigungs-Anspruch geltend.

August Brass, ein Demokrat von 1848, daher auch der

„rothe Brass" genannt, lebte als politischer Flüchtling in der Schweiz, kehrte in der Conflictszeit zurück und stellte sich Herrn von Bismarck zur Verfügung. Er begründete die „Norddeutsche Allgemeine Zeitung", die seitdem als officiöses Organ gilt, und an der 1863 auch der Socialdemokrat Wilh. Liebknecht mit arbeitete. Brass erwarb ein Vermögen, scheint sich aber schliesslich mit dem Fürsten Bismarck veruneinigt zu haben, oder doch mehr dem Minister des Innern, Grafen zu Eulenburg, gefolgt zu sein. 1872 verkaufte er sein Blatt für eine hohe Summe an ein Consortium von Hamburger Geschäftsleuten, darunter die Gebrüder Ohlendorff, welche „durch glückliche Speculation in beschädigtem Guano" Millionäre geworden sind, und Senator Gustav Godeffroy (J. C. Godeffroy & Sohn), Gründer ersten Ranges und Vorsitzender der „Norddeutschen Bank" in Hamburg. Man bildete eine Actiengesellschaft „Norddeutsche Allgemeine Zeitung, Norddeutsche Bank und Ohlendorff", übernahm auch noch von der Kreuzzeitung, deren Ableger „Preussisches Volksblatt", und stellte beide Journale in den Dienst der Regierung. Gebrüder Ohlendorff, welche den Löwenantheil der Unkosten trugen, wurden in den Adelstand erhoben. Das „Preussische Volksblatt" ist wieder eingegangen, und die „Norddeutsche Allgemeine Zeitung" soll jetzt bedeutende Zuschüsse erfordern. Sie ist nach wie vor officiös, wenngleich es die Regierung liebt, sie von Zeit zu Zeit feierlich zu desavouiren. In der mit ihr verbundenen „Norddeutschen Buchdruckerei und Verlagsanstalt", wie die Firma neuerdings lautet, werden auch die stenographischen Berichte des Reichstags, sowie der früher in der Decker'schen Officin hergestellte „Deutsche Reichs- und Preussische Staatsanzeiger" gedruckt.

Die „Post" erschien seit dem 1. August 1866 als Leiborgan des Wunderdoctors Strausberg, und hatte einen bunt zusammengewürfelten Kreis von Mitarbeitern, wie Bruno Bauer, Julius Faucher und Ernst Dohm, den Redacteur des „Kladde-

radatsch". Dieser, welcher ein ganzes Jahr zu Weimar im
Exil gelebt hatte, wurde von Strausberg finanziirt und wieder
flott gemacht. Angemessen dem „Kladderadatsch" lautete das
Programm der „Post": „Der Kampf gegen den absoluten, den
unverantwortlichen Nachtwächter auf allen Gebieten des politischen und socialen Lebens". Strausberg, der sich persönlich
zur conservativen Partei hielt, weil er mit Grafen und Herzogen
gründete, liess um des Geschäfts willen, sein Blatt farblos und
indifferent, hatte aber dabei grosse Unkosten. 1872 übernahm
die Discontogesellschaft mit der Strausberg'schen Erbschaft
auch die „Post", und verwandelte dieselbe in eine Actiengesellschaft mit 200,000 Thaler Grundcapital. Als Gründer resp.
erste Zeichner nennt das Statut: Geh. Oberfinanzrath Alexander
Scheele, Verlagsbuchhänder Georg Reimer, Otto Nitze, Julius
Schady, Hermann Meissner. Herr Brass, der sein eignes Blatt
eben verkauft hatte, übernahm die Oberleitung und schnitt die
„Post" nach dem Schema der „Norddeutschen Allgemeinen"
zu. 1874 wurde sie von Dr. Friedenthal, Graf Bethusy-Huc,
Graf Otto zu Stolberg angekauft, erhielt ihren Chef-Redacteur
in Dr. Leopold Kayssler, der unter Wehreupfennig bei der
Spener'schen Zeitung arbeitete, und gilt seitdem als Organ der
Freiconservativen. Damals meldete die „Nationalzeitung" in
ihrem Börsentheil:

„Fabrik und Handels-Etablissements von Carl
Friedenthal in Breslau. Sämmtliche Etablissements zu
Breslau, Pest und Triest hat der bisherige Eigenthümer Landrath a. D. Dr. Friedenthal an den Associé Herrn A. Grunwald
in Breslau, die Herren W. Leipziger in Pest und F. Napp in
Triest übergeben und werden diese Herren die gemeinschaftlich
übernommenen Geschäfte unter der Firma Grunwald & Co. für
eigene Rechnung fortführen. Was die landwirthschaftlichen
Fabriken in und bei Giessmannsdorf (Presshefen-, Stärke-,
Käse-Fabrik, Bierbrauerei) betrifft, so verbleiben dieselben mit
dem bezüglichen Grundbesitze im Eigenthum des Dr. Frieden-

thal, sind aber von Letzterem an den bisherigen Dirigenten Herrn J. Mahlich in Giessmannsdorf verpachtet worden, welcher die Fabrikation mit dem Vertrieb der Fabrikate in unveränderter Weise fortsetzen wird. Herr Dr. Friedenthal will ausschliesslich den öffentlichen Angelegenheiten seine Thätigkeit widmen."

Gleich darauf erhielt, da Herr von Blanckenburg, der Freund des Fürsten Bismarck ablehnte, Dr. Friedenthal das landwirthschaftliche Ministerium, und nun ging mit dieser Behörde eine merkwürdige Veränderung vor. Während sie früher ein idyllisches Stillleben führte, entfaltete sie plötzlich eine fieberhafte Thätigkeit. Ressort und Personal wurden vergrössert, und die Presse hatte fortan weit mehr von Dr. Friedenthal als selbst von Dr. Bismarck zu berichten, der vor seinem jüngsten Collegen fast in den Schatten trat. Jede Reise, jede Rede jede Verfügung des neuen landwirthschaftlichen Ministers wurde ausführlich behandelt und commentirt, alle Zeitungen, jüdisch und christlich, sangen ihm Lob und Bewunderung. Aber das landwirthschaftliche Ministerium ist für Dr. Friedenthal wahrscheinlich nur eine Durchgangsstation; schon lange gilt er, falls den Herren Camphausen oder Achenbach etwas Menschliches passiren sollte, für den Nachfolger des Einen oder des Andern, zumal er mit allen Parteien sich zu stellen weiss, und wie der Angstschrei Eugen Richter's bekundete, das Manchesterthum nicht gerade für unsterblich hält. Wenngleich Dr. Friedenthal nominell nicht mehr Mitbesitzer der „Post" ist, hat diese doch einen stark ministeriellen Beigeschmack, und über Alles, was das landwirthschaftliche Ministerium auf dem Herzen hat, ist sie stets am ersten und am besten unterrichtet.

Von der Wiener „Neuen Freien Presse" endlich, die auch für viele Gründungen des neuen Deutschen Reichs kräftigst eintrat, ist zu vermerken, dass sie in den Besitz zweier Banken überging. Sie verstand es immer, verschiedenen Herren gleichzeitig zu dienen, z. B. dem türkischen Strausberg, Baron Hirsch, dem Ritter Ofenheim und dem Herrn Gerson von Bleichröder. Letzterer soll jetzt die meisten Actien der „Neuen Freien Presse" besitzen, und ausser ihr noch 50—60 Blätter commandiren.

———

Die Versuchung sich gründen zu lassen, ist in der Schwindelära wol an jedes grössere Blatt herangetreten, und die da ablehnten, thaten es vielleicht nur aus Vorsicht und Klugheit. Auch mögen noch viele andere Zeitungen heimlich Banken und Bankhäuser als Theilhaber aufgenommen haben. Aber die Gründer und Börsianer hatten dergleichen kaum nöthig; schon um der Inserate willen kam die ganze Presse ihnen mit offenen Armen entgegen, war sie zu jeder Gefälligkeit, zu jedem Dienst bereit. Erschien irgendwo ein Prospect, gleich empfing das betreffende Bankhaus 40—50 Depeschen von andern Blättern: Warum haben wir das p. p. Inserat nicht erhalten? Redactionelle Besprechung gratis! — Indem die Spalten immer schmäler, die Schrift immer kleiner wurde, steigerte man die Insertionsgebühr bis um das Sechsfache; jede Seite einer grossen Zeitung brachte schliesslich 100 — 500 Thaler. Die Prospecte und Emissionsanzeigen ergingen sich in zollhohen Buchstaben und grossen weissen Zwischenräumen, worauf die Setzer auch den sogenannten „Speck", den unbedruckten Raum bezahlt verlangten, und diese ganz berechtigte Forderung auch durchsetzten. Gründungsanzeigen wurden noch theurer als andere Inserate bezahlt; die „Neue Freie Presse" in Wien forderte pro Zeile 1 Gulden, die „Augsburger Allgemeine" 17 Sgr. „Reclamen" berechnete das „Weltblatt", die Kölnische Zeitung pro Zeile mit 1 Thaler, und die Augsburger „Allgemeine Zeitung" soll sogar 2 Thaler 25 Sgr. verlangt haben. Grosse Blätter haben in der Schwindelära für Inserate 2000 bis 5000 Thaler täglich eingesäckelt; weshalb sie Angriffe gegen Gründungen selbst im Annoncentheil nicht zuliessen. Um der Inserate willen legte sich jedes Localblättchen einen Courszettel und einen unverhältnissmässig grossen Börsentheil zu. Redactionelle Reclamen für Gründungen

30*

erschienen gleichlautend und gleichzeitig in Zeitungen der verschiedensten Richtung, z. B. in der „Nationalen", „Vossischen", „Volkszeitung", „Norddeutschen Allgemeinen", „Kreuzzeitung", und — es klingt fast unglaublich — auch im „Deutschen Reichs- und Preussischen Staatsanzeiger". Nun fragen wir: Was in aller Welt hat der „Staatsanzeiger" mit Börsennotizen zu thun? Wäre es nicht genug, wenn er, wie ehemals, sich auf den Abdruck des Courszettels beschränkte?

Selbst die „Frankfurter Zeitung" des Herrn Löb Sonnemann durfte der „Kölnischen Zeitung" vorwerfen, dass diese um 1 Thaler pro Zeile die „höhere Bauernfängerei" getrieben, dass sie nie ein Wort der Warnung gegen den verbrecherischen Schwindel gehabt habe. Ueber die grossen Günderprozesse am Rhein brachte sie anfänglich entweder gar nichts oder sie schlüpfte darüber möglichst kurz hinweg. In Sachen der spitzbübischen „Rheinischen Effectenbank" brachte sie die Ausführungen des Anklägers und der Civilpartei verstümmelt, dagegen die Plaidoyers der Vertheidiger vollständig. Arm in Arm mit der „Neuen freien Presse" schwärmte sie für die Türkei, machte sie die Agitation, welche sich in England gegen die Türkischen Kriegsgräuel erhob, als Humanitätsschwätzerei und Hirngespinnste lächerlich. Seit 1866 geht sie mit der Regierung durch Dick und Dünn, und sie wird hauptsächlich von Juden und officiösen Federn bedient. Ihre Parlamentsberichte enthalten oft geradezu Fälschungen.

Die „demokratische" „Frankfurter Zeitung" ist, wie die „Kölnische Zeitung" ganz richtig bemerkte — die beiden Spiessgesellen zankten sich öffentlich — das grösste Süddeutsche Börsenblatt. Herr Löb Sonnemann wurde bei sehr vielen Gründungen „betheiligt", aber nicht als Eigenthümer der „Frankfurter Zeitung" — Gott bewahre! — nein, blos als „Capitalist" und „Geschäftsfreund", und ebenso der Redacteur des Börsentheils, Herr Bernhard Doctor. Es ist sogar vorgekommen, dass die „Frankfurter Zeitung" Gründungen, bei welchen die Herren

Sonnemann und Doctor mit grossen Summen „betheiligt" waren, „angegriffen" hat. Daher erklärte das Gericht auch Herrn Sonnemann für einen Ehrenmann, den man verleumdet habe, und die Frankfurter stellten ihn wieder als Candidaten für das Parlament auf. Indess war Herr Sonnemann nach diesem Verleumdungsprozess so vorsichtig, das angetragene Mandat abzulehnen. Herr Sonnemann berühmte sich auch, einer Offerte Bleichröder's widerstanden zu haben, und bekanntlich verweigerte er als Mitglied des Reichstags die Annahme der Eisenbahnfreikarte, schickte sie mit feierlichem Protest zurück und belobte sich dafür durch eine grosse moralische Rede. Etliche Wochen später aber kam er in aller Stille um besagte Freikarte wieder ein und benutzte sie weidlich.!

Aus einer öffentlichen Erklärung des Herrn Carl Volckhausen, früheren Chef-Redacteurs der „Frankfurter Zeitung", d. d. Düsseldorf den 21. Juni 1876, erhellt übrigens, dass bei jeder Gründung die Börsenredacteure sämmtlicher Frankfurter Blätter „betheiligt" wurden; Herr Bernhard Doctor, zugleich Correspondent der „Times" und der „Semaine financière", stets mit den grössten Summen. Derselbe hat sich in Folge einer „Lähmung" ins Privatleben zurückgezogen.

Die „Danziger Zeitung" stiess für dortige Gründungen so mächtig ins Horn, dass darüber selbst in der „Neuen Börsenzeitung" Beschwerde geführt wurde. Ihr Eigenthümer, Herr Heinrich Rickert, gehört zu den wenigen Journalisten, die sich zum Zeitungsbesitzer aufgeschwungen haben, und seitdem wirkt er im öffentlichen Leben. Zunächst Stadtrath von Danzig, liess er sich in's Parlament wählen, wo er ebenso wie sein Freund, der ehemalige Liquidator der Genfer Bank, Rechtsanwalt a. D. Lipke, schnell eine hervorragende Rolle gewann, und schliesslich ward er sogar Landesdirector der Provinz Preussen mit dem Gehalt eines Unterstaatssecretairs.

Die „Kreuzzeitung" jammerte über das Emporwuchern so vieler neuen Börsenblätter, machte aber, wie ihr die „Neue

Börsenzeitung" mit Recht entgegnete, zugleich Reclame für die alte Börsenzeitung. Während sie im Leitartikel gegen die Gründungen im Allgemeinen declamirte, behandelte sie im „Börsen-Hintertheil" jede einzelne Gründung mit christlicher Schonung. Herr von Nathusius-Ludom, der am 1. October 1872 die Chef-Redaction übernahm, ist persönlich ein Ehrenmann, aber er wusste nicht, dass seine Börsenreferenten Gründer und Gründergenossen waren; er glaubte an seinen Onkel, den Gehülfen der Discontogesellschaft, Geheimrath Scheele, den er für den uneigennützigsten Mann von der Welt hält, und auf das Zeugniss von Herrn Scheele hin, der mit Miquel zusammen gegründet hat, vertheidigte er diesen als einen durchaus correcten Gründer. Der zweite Redacteur, Dr. Heffter, hat von jeher die Gründer mit dem Evangelium bekehren wollen, und unter dem jetzigen Chef-Redacteur, Herrn von Niebelschütz, beobachtet die „Kreuzzeitung" in Betreff der Bewegung gegen die parlamentarischen Gründer ein diplomatisches Schweigen.

Um so frecher geberdet sich die Berliner „Tribüne" des Herrn B. Brigl, ein Klatschblatt, das seine Leser vornehmlich in den Kreisen der Börse und der Juden hat, und in dem hauptsächlich Juden auch das Wort führen. In ihrer Nummer vom 2. October 1869 brachte sie den famosen Artikel „Der Mann, der Alles kauft" mit dem Brustbild des Wunderdoctors und der Devise: Honny soit qui mal y pense. Strausberg wird hier als ein „Heros" der Cultur, als ein Wohlthäter der Menschheit gefeiert. „Tausende und aber Tausende leben von ihm und durch ihn." „Wo Strousberg seine Hand anlegt, erwächst neues Leben." Der Artikel war auf den Absatz der damals grassirenden Rumänischen Eisenbahn-Obligationen berechnet. Wie Wuttke („Die deutschen Zeitschriften", 3. Auflage S. 431) behauptet, ging die „Tribüne" nebst dem mit ihr verbundenen Witzblatt „Berliner Wespen" in der Gründungsära an ein Börsenconsortium für den Preis von 150,000 Thaler über. Jedenfalls waren professionelle Gründer, wie Braun-Wiesbaden, Leopold Ullstein, Carl Coppel etc.

ihre Mitarbeiter; sie hatte ihren Rathgeber für Börsenpapiere und sie begründete die „Neue Börsenzeitung". Trotzdem schlug sie sich dröhnend an die Brust, prahlte mit ihrer Ehrlichkeit und machte in „Enthüllungen", z. B. ganz kürzlich noch in Betreff der sogenannten „Revolver-Grundstücks-Käufer". Mit Bamberger, Lasker, Richter und der „Nationalzeitung" erfand sie die „Verleumdungsära" und beschimpfte die Ankläger der Gründer auf das Gemeinste. So lange sie sich auf den Klatsch beschränkte, den sie pikant anzurichten wusste, war sie in ihrer Art nicht übel; seit etwa einem Jahre aber gerirt sie sich als politische Zeitung und ist nun ein ödes Sammelsurium geworden.

Der Wochenschrift „Die Gegenwart", welche 1872 Paul Lindau gründete, ist schon öfter erwähnt. Sie begann mit staatswissenschaftlichen Abhandlungen von Bluntschli und mit — Börsenreferaten von Albert Brockhoff, variirte die Manchesterweisheit in Artikeln von Bamberger, H. B. Oppenheim, von Unruh, Kapp, Braun-Wiesbaden, Alexander Meyer, Adolf Samter etc. und brachte manchen überaus langweiligen Aufsatz z. B. „Ueber Welt- und Staatsweisheit" von Lasker. Sie wird in der Hauptsache von Juden für Juden geschrieben; Alles was christlich ist, wie Heyse, Freytag, Gottschall, Gutzkow, Julian Schmidt, wird dagegen möglichst herabgesetzt. Leider haben sich zum Theil auch diese Männer hinterher bestimmen lassen, der „Gegenwart" Beiträge zu liefern, und so mit ihren Namen eine beispiellose Reclame für ein durchaus nichtsnutziges Unternehmen gefördert. Paul Lindau ist ein Mann von sehr untergeordneter Bildung und seine ganze Kunstfertigkeit ist der jüdische silbenstechende Wortwitz; nur edle Dreistigkeit und zähe rastlose Strebsamkeit haben ihn mit Hülfe des auserwählten Volkes „berühmt" gemacht, ihn zum ersten Dramatiker des neuen Deutschen Reichs erhoben. Er hat es durchgesetzt, dass seine Photographie an allen Schaufenstern hängt, sein Portrait in der Leipziger „Illustrirten Zeitung", in „Ueber Land und Meer", und neuerdings auch in der „Gartenlaube" mit Text von Albert Träger erschienen ist. „O Keil, Keil", ruft die „Staatsbürgerzeitung" aus, „was für Keile müssten gewisse Leute haben!"

Wie das „Berliner Fremdenblatt" berichtete, feierte kürzlich das jüdische Bankhaus Hirschfeld & Wolff, bekannt durch vielfache Gründungen, z. B. die berüchtigte „Deutsche Actiengesellschaft für Bergbau, Eisen- und Stahlindustrie" (Strausberg-Karsten), sein 50jähriges Bestehen. Der Chef, „Wirkliche Geheime Commerzienrath" Heinrich Wolff erhielt den Kronenorden dritter Klasse. Es waren anwesend die Spitzen der Finanz, darunter der „Wirkliche Geheime Commerzienrath", Ritter von Schwabach (Socius von Bleichröder), sowie der Schwiegersohn der Firma, Bankassessor Löwenfeld. Es waren auch erschienen die Dichter Berthold Auerbach, Paul Lindau, Albert Träger und Georg Davidsohn. Albert Träger excellirte in poetischen Tischreden; Paul Lindau schilderte im Chronikenstil den Lebenslauf des Jubilars, wie er einst von Straussberg nach Berlin gewandert, bei Aarons das Geschäft erlernet, sich mit 180 Thalern etabliret und dann — verschiedentlich in der Lotterie gewonnen. Von den Gründer-Gewinnsten schwieg des Sängers Höflichkeit. Der Festbericht aber lief durch viele Blätter.

Der Chef-Redacteur der „Vossischen Zeitung" ist überhaupt kein Politiker, nur ein liebenswürdiger Lyriker, was sich aber mit dem Charakter des Blattes ganz wohl verträgt. Sein Hauptmitarbeiter ist der malerische Feuilletonist Ludwig Pietsch, ein Mann, der mit erstaunlicher Leichtigkeit über jedes erdenkliche Thema zu plaudern versteht, von jeder Sache die beste Seite herauszukehren, und Jedermann, gleichviel ob bedeutend oder unbedeutend, zu verherrlichen weiss. Wie den Heinrich Frauenlob werden auch den Ludwig Pietsch einst die Frauen, deren Toiletten er so oft besungen hat, zu Grabe tragen, und zwar Damen christlicher wie jüdischer Confession, und sein Verlust wird für die „Vossische", im vollen Sinne des

Worts, unersetzlich sein. Unter den politischen Mitarbeitern steht oben an Herr Julius Hoppe. Er war von 1851 bis 1864 Redacteur der „Magdeburgischen Zeitung", hatte aber den Ehrgeiz Abgeordneter zu werden, wozu ihm übrigens das erste Erforderniss fehlt, und verlor darüber seine Stellung. Seine persönliche Ehrenhaftigkeit steht ausser Zweifel; er ist jedoch ein eingefleischter Manchestermann und verbissener Fortschrittler, der um der Partei willen, die offenbarsten Missstände ableugnet, die widersinnigsten Behauptungen aufstellt. — Einst stand er wegen der schändlichen „Rumänier" muthig gegen Strausberg und Consorten auf, verbrannte sich aber dabei die Finger, indem die „Nationalzeitung" über ihn herfiel und sein Unterfangen schamlos zu verdächtigen suchte. Seitdem schweigt er über Gründer- und Börsenschwindel und vertuscht ihn. Es ist aber interessant zu sehen, wie sich in der „Vossischen" auch Gegenströmungen geltend machen. Während sie für die Corruption in Deutschland kein Wort hat, bringt sie fleissig Correspondenzen aus Oesterreich und Nordamerika, in denen der Schwindel, der dort das öffentliche Leben beherrscht, unverblümt geschildert und schonungslos verurtheilt wird. Die Juden und ihre Interessen erfreuen sich in der „Vossischen" einer ausserordentlichen Pflege, weshalb sie auch schlankweg den Nothstand leugnete. In dem Leitartikel „Eine Ehrenrettung für ein verleumdetes Jahr" behauptete sie, dass die Prophezeiungen der „Schwarzmaler" nicht in Erfüllung gegangen, und dass 1876 gar nicht so übel gewesen, da die Zahl der Bankerotte nicht die gewöhnliche Ziffer überstiegen habe. Darauf antwortete ihr die Post: „Wir haben keine genaue Rechnung geführt, aber es ist uns so vorgekommen, als ob die Anzeigen von Concursen und Subhastationen, eine so hübsche Einnahmequelle der „Vossischen Zeitung", in derselben einen Umfang gewonnen hätten, der allerdings bei ihr den Optimismus rechtfertigt, der uns an das hübsche Epigramm Schiller's erinnert:

Euch wundert, dass Quirls Wochenblatt
Heut um ein Heft gewonnen hat,
Und höret doch den Stadtausrufer sagen,
Dass Brot und Rindfleisch aufgeschlagen."

Was den „Börsenhintertheil" der „Vossischen" betrifft, so lieferte
ihm in der Gründerära den Redacteur Herr Julius Schweitzer,
indem er als solchen zuerst einen seiner Verwandten und als
dieser starb, seinen Schüler Dr. Ebeling placirte.

Die „Nationalzeitung" wurde Frühjahr 1848 von christlichen Leuten und mit christlichem Gelde gegründet, ging aber
alsbald in jüdische Hände über, indem der bisher ganz mittellose Expedient des Blattes, Benda Wolff, die tief gefallenen
Actien allmälig aufkaufte. Während der Reactionsperiode war
die „Nationalzeitung" fortwährend in Gefahr, unterdrückt zu
werden, und sie verdankt ihre Erhaltung nur dem Umstande,
dass Herr Wolff gleichzeitig das bekannte Telegraphen-Bureau
errichtete, und dadurch zu der Regierung in intime Beziehungen
trat. Chef-Redacteur der „Nationalzeitung" war von ihrer Begründung bis Ende 1874, länger als ein Vierteljahrhundert,
Dr. Friedrich Zabel, und unter ihm gewann das Blatt die Bedeutung und das Ansehen, von dem es heute zehrt. Es buhlte
nicht um den Beifall des ungebildeten Publikums, sondern es
setzte seinen Ehrgeiz darein, die gesellschaftlich und wissenschaftlich gebildeten Kreise zu führen. Zabel war ein Mann
von unbedingter Ehrenhaftigkeit, von grosser Liebenswürdigkeit
und aufrichtigem Wohlwollen gegen Jedermann. Mit einer
seltenen Arbeitskraft verband er Tact und Geschick; er schrieb
selber nur wenig, und hat vielleicht nie einen Leitartikel geschrieben, aber er verstand es, seine Mitarbeiter zu wählen,
tüchtige Kräfte heranzuziehen, wie Lothar Bucher, Titus Ullrich,
Ferdinand Gregorovius, die beiden Boretius etc. Auch wusste
er zu repräsentiren und sich in Respect zu setzen. Diplomaten
fuhren bei ihm vor, und Herr von Bismarck bat ihn in der
Confliktszeit zu sich, konnte ihn aber nicht bewegen, die opposi-

tionelle Haltuug aufzugebeu. Kein anderer Journalist in Berlin hat eine so angesehene Stellung eingenommen, sich einer solchen Achtung erfreut, wie Friedrich Zabel.

Aber die „Nationalzeitung" war zugleich auch ein Börsen- und Handelsblatt, und diese Seite trat seit 1866 immer mehr in den Vordergrund. Von den 18 Spalten der Abendnummer nahm die Börse schliesslich 12—13 Spalten ein, uud Herr Julius Schweitzer, der diesen Theil ganz selbständig redigirte und sich in sein Departement gar nicht hineinreden liess, umgab sich mit einem halben Dutzend Gehülfen, meistens Verwandte oder doch Juden, mit denen er an der Börse aufzog. Herr Wolff war mit dieser schon durch sein Telegraphen-Bureau eng liirt, und so durfte die „Neue Börsenzeitung" in ihrer Probenummer vom 15. November 1871 die „National-zeitung" als ein Blatt bezeichnen, das „seine Pflichten zwischen der Sorge um das Deutsche Reich und den Rücksichten auf den Agiogewinn der Börse theilt". Herr Schweitzer, der ehemalige Commis, verstand es, den Ton doctrinärer Blässe, durch den sich die „Nationalzeitung" auszeichnete, auch auf seine Börsenartikel zu übertragen, und diesen dadurch einen tiefsinnigen Anstrich zu geben. Seine unendlich langen Wochenberichte sind ewige Wiederholungen, enthalten immer denselben nichtssagenden oder doch zweideutigen Wortschwall, und dienen nur dazu, dem Publikum Sand in die Augen zu streuen. Natürlich durchschaute Herr Schweitzer den grossen Schwindel vollkommen, aber er hütete sich wohl, ihn als solchen offen zu kennzeichnen, weil es dann mit dem ganzen „Geschäft" vorbei gewesen wäre. In Nr. 518 der „Nat.-Ztg." vom 4. November 1871 schreibt er: „Der Behauptung einer unbegrenzten Hausse steht ferner die Thatsache entgegen, dass zu hohe Preise die Veranlagung des Capitals ableiten. Wir treten nicht für das Gründungsfieber ein, aber wir behaupten doch, dass die Umwandlung industrieller Unternehmungen in Actiengesellschaften eine Ablenkung des Capitals auf industrielles Gebiet veranlasst, über welche man vom wirthschaftlichen Standpunkt keine Klage erheben kann. Die Bewegung wird einmal zum Abschluss kommen, wir müssen aber immer aufs Neue wiederholen, dass der Zeitpunkt desselben nicht zu beurtheilen ist, ebensowenig sind die letzten Ursachen vorauszusagen." — Noch ergötzlicher ist der folgende Passus aus Nr. 611 der „Nat.-Ztg." vom 30. December 1871: „Wir erkennen an, dass im Jahre 1871 auf dem Gebiet der Gründungen zu viel geschehen ist, aber das widerspricht nicht der vollen Berechtigung des Ausspruchs: Man hatte die Capitalskraft Deutschlands unterschätzt; sie entwickelte sich in demselben Augenblick in vollem Maasse, in welchem die Niederwerfung Frankreichs und die Begründung des Friedens auf festerer Grundlage, als seit langer Zeit unzweifelhaft geworden war. Ungeachtet dieses Anerkenntnisses müssen wir die Ansicht auch heute vertreten, dass augenblicklich eine gewisse Ueberspeculation, Ueberproduction oder wie man es sonst nennen will, besteht." — — Ist das nicht ein köstliches Ragout von Ja und Nein, von Für und Wider?! Selbstverständlich ist diese Salbaderei nicht entscheidend. Entscheidend ist dagegen, dass Herr Schweitzer jedes neue Unternehmen empfahl, auch für das faulste und frechste, z. B. die famose „Gesellschaft für Fondsspeculation an der Hamburger Börse" (Heilbut) kein energisches Wort der Abwehr und der Warnung hatte, dass er jede Reclame, die man ihm zusteckte, redactionell aufnahm, und häufig genug, wie z. B. in Betreff des verbrecherischen „Lindenbauverein", falsche Nachrichten verbreitete, erdichtete Thatsachen auftischte, die Tausende um Hab und Gut gebracht haben.

Mit Scham und Schmerz sahen Dr. Zabel und seine politischen Mitarbeiter, lauter Männer von Ehre und wissenschaftlicher Bildung, auf dieses feile Treiben, das sie nicht abstellen konnten, denn Herr Wolff hielt Herrn Schweitzer die Stange, und mehrmals dachten sie daran, auszuscheiden. Nur die Liebe zur Zeitung, die ein Theil ihres Selbst war, hielt sie zurück.

Herr Schweitzer aber wurde plötzlich ein reicher Mann und kaufte sich ein werthvolles Haus. Ohne Zweifel ist es ein grosses Missverständniss, wenn Herr von Diest-Daber behauptet, Dr. Zabel hätte ihm gesagt, alle seine Redacteure seien von der Börse abhängig. Das kann Zabel nur mit Bezug auf die Mitarbeiter des Börsentheils geäussert haben.

Inzwischen hatte Herr Lasker, der seit 1865 ständiger Mitarbeiter der „Nationalzeitung" war, bei dem Eigenthümer derselben grossen Einfluss gewonnen. Wenn der moderne Cato schon 1872 im Parlament gegen das Actien- und Gründungsunwesen perorirte, so hätte es ihm näher gelegen, seinen Einfluss anfzuwenden, damit der „Börsenhintertheil" des Blattes, an dem er selber mitarbeitete, etwas reinlicher gehalten werde; aber er benutzte ihn nur, um sich und seine Freunde verherrlichen zu lassen. Man höre z. B. folgende Stilprobe, die sich in Nr. 232 der „Nationalzeitung" vom 21. Mai 1874 findet:

„Gestern Nachmittag war die nationalliberale Fraktion des Abgeordnetenhauses im Lokale des Hoftraiteurs Werner in der Karlstrasse zu einem Abschiedsmahle versammelt. Inhaltreiche Tischreden, insbesondere des Abg. Miquel über die Aufgaben der Partei als einer mit Besonnenheit die Regierung in liberalen verfassungsmässigen Bahnen festhaltenden und unterstützenden wahrhaften Volkspartei, des Abg. Lasker über die Wirksamkeit und Verdienste des Präsidenten v. Bennigsen, sowie des Letzteren über die parlamentarische Thätigkeit der Fraktion erhoben die Festgenossen. Sie entrollten ein Bild der parlamentarischen Lage in den beiden ersten Sessionen des Reichstages und des Landtages nach deren Neuwahl, welches wohl geeignet war, sowohl Befriedigung über den Verlauf der Vergangenheit wie Hoffnung für die künftigen Sessionen der Legislaturperiode zu erwecken. Andere Toaste galten dann noch dem Abg. Lasker, als dem unermüdlichen Mahner an die ewigen Principien des Rechts und der Sittlichkeit auch in allem politischen Handeln, und den als Gäste an-

wesenden Herren Hugo Wesendonk und Berthold Auerbach. Erst spät trennte sich die Versammlung in dem ge-
stärkten Bewusstsein ihrer Mitglieder, durch das auf die höchsten
Ziele menschlichen Wirkens gerichtete Zusammenschliessen
zahlreicher Genossen aus allen Theilen des Vaterlandes den
Werth des eigenen Leistens trotz aller seiner Mängel wahrhaft
gehoben und veredelt zu haben." Jedermann wird in diesem
Phrasenschleim sofort eine jüdische Feder erkennen.

Neujahr 1875 trat Dr. Zabel von der Leitung der „Nationalzeitung" zurück; wol nicht ganz freiwillig, wie man aus
dem resignirten Abschiedsworte herauslesen kann. Er behielt
sich in der Redaction noch ein Plätzchen vor, aber gleich
darauf legte er sich nieder und starb. Er war mit der „Nationalzeitung" eben verwachsen, und er konnte sie nicht in den
Händen eines Andern sehen. Sein Nachfolger wurde Herr Fr.
Dernburg, ein ziemlich unbekannter Advokat semitischer
Abstammung aus Darmstadt, aber ein Schützling des Herrn
Lasker. Schon vor der Schwindelperiode waren von den älteren
hervorragenden Mitarbeitern mehrere ausgeschieden; jetzt
nahmen auch die andern ihren Abschied, so dass von dem
eigentlichen Stamme fast Niemand blieb. Auch Karl Frenzel,
der Leiter des Feuilletons, beabsichtigte, wie es damals hiess,
seine Entlassung zu nehmen.

Bald nach dem Regierungsantritt des Herrn Dernburg geschahen die von Diest'schen „Enthüllungen", worauf die Redacteure der „Nationalzeitung" in einer geharnischten Collec-
tiv-Erklärung antworteten, die mit folgenden Worten schloss:

„Der so leichtfertig angezweifelten Reinheit unseres Verhaltens setzen wir einfach gegenüber unsere Namen:

Berlin, 25. Februar 1875.

Karl Frenzel. Wilhelm Wackernagel. Siegfried Sa-
mosch. Karl Wippermann. Arthur Winckler. Julius
Schweitzer. Julius Basch. Georg Schweitzer."

„Stolz will ich den Spanier!" Die acht Herren garantirten die

„Reinheit" ihres „Verhaltens", Einer für Alle, und Alle für Einen. Julius Schweitzer trat für sich selber ein, und Georg Schweitzer trat, wie die kindliche Pietät es verlangt, für den Vater ein. Er [ist der Gehülfe und präsumtive Nachfolger seines Vaters, und von diesem selber in die Mysterien der Börse eingeführt.

Sehr auffällig war es, dass diese Erklärung auch von Karl Frenzel unterzeichnet ist, ja dass sein Name allen übrigen voransteht. An Karl Frenzel hatte Niemand gedacht, denn Jedermann weiss, dass er weder mit dem Börsen- noch mit dem politischen Theil der „Nationalzeitung" etwas zu thun hat. Zwar hat er hin und wieder einen Leitartikel unter und über dem Strich versucht, auch soll er davon geträumt haben, Dr. Zabel's Nachfolger zu werden, aber er ist eben kein Politiker und auch kein „Volkswirth", sondern ein unschuldiger Feuilletonist. Es war nicht nur überflüssig, es war sogar sehr unvorsichtig von ihm, dass er jene Erklärung mitunterzeichnete, dass er sich für Dinge und Personen verbürgte, die er richtig zu beurtheilen gar nicht im Stande ist, da es ihm hier an jeder Kenntniss und Information fehlt. Wenn Herrn Frenzel ein Vorwurf trifft, so ist es nur der, dass er als selbständiger Redacteur des Feuilletons den philosophischen Hymnus des Herrn von Hartmann auf die „moderne Actien-Industrie" zugelassen hat. Auch war es, Seitens des Herrn Frenzel und Genossen, ein Fechterstreich, dass sie thaten, als habe Herr von Diest „in erster Linie" einen Verstorbenen, den Dr. Zabel verdächtigt, da er doch ausdrücklich diesen einen „offenen und ehrlichen Mann" nennt.

Wol mit zu dem Zwecke, um den „Enthüllungen" des Herrn von Diest ein Paroli zu biegen, beging die „Nationalzeitung" wenige Wochen darauf das 25jährige Jubiläum ihres Schweitzer. Allein es erhoben sich neue Anklagen. Von verschiedenen Seiten wurde der „Nationalzeitung" der Vorwurf der Bestechlichkeit gemacht. Herr von Diest erklärte, dass sie

in Sachen der Berlin-Dresdener Bahn 6000 Thaler erhalten,
und dass er den juristischen Beweis dafür in der
Tasche habe. Anstatt nun die Verleumdungsklage anzustellen, wozu sogar mehrere Blätter der eigenen Partei dringend
aufforderten, verkroch sich die „Nationalzeitung" wieder hinter
den von ihr so „hochverehrten Todten", Dr. Zabel, der angeblich „in Mitleidenschaft gezogen", und begnügte sich, für ihre
Ehrlichkeit ein Zeugniss der Gründer II. C. Plaut, S. Abel jun.
und Geheimrath Ludwig Heise beizubringen. Letzterer erbot
sich „eidlich zu erhärten", dass der Nationalzeitung „weder von
der Berlin-Dresdener Bahn noch von irgend einer andern Bahn-
gesellschaft irgend etwas anderes zugegangen ist als die tarifmässigen Insertionsgebühren". In Folge des Sturmes, der sich
in der Presse erhob, sah sich die „Nationalzeitung" doch genöthigt, ihren Schweitzer zur Disposition zu stellen, worauf
dieser sich mit einer Erklärung verabschiedete, in welcher er
u. A. Folgendes versicherte: „Ich war einer der Ersten, der,
unterstützt durch sorgfältige Beobachtung aller Verhältnisse,
auf die unausbleiblichen Folgen der Gründungsperiode hingewiesen, der die später eingetretene Krisis als unvermeidlich
erklärt und deren Entwickelung ruhig geschildert hat. Damals
wurde mir der Vorwurf einer pessimistischen Auffassung der
Verhältnisse gemacht." — Wahrhaftig, Herr Schweitzer, das
müssen wir Ihnen einzeugen. Sie leisteten noch November 1875
einen Leitartikel „Der Nothstand und sein Ende" — Sie sind
an gewissen Wendungen, wie „Wir führen dieses Thema nicht
weiter aus" sofort zu erkennen — worin Sie noch damals
das Bestehen einer Krisis leugneten, nur „die nothwendige
Ausscheidung unsolider Elemente" zugeben wollten, und die
geistreiche Behauptung aufstellten: Die riesigen Cours-Verluste
seien gar keine wirklichen Verluste, blos „Differenzen in der
Coursnotirung".

Was Herrn Friedrich Dernburg, den jetzigen Leiter der „Nationalzeitung", auch Abgeordneten, betrifft, so zeichnet er sich

zunächst durch einen Reichthum origineller Bilder und geschmack-
voller Gleichnisse aus. Am 4. April 1873, als Lasker den
zweiten Theil seiner „Enthüllungen" vorgetragen, und der er-
müdete Reichstag Lust bezeigte, in die Ferien zu gehen, rief
Herr Dernburg aus: „Es würde rein unmöglich sein, den Strom
aufhalten zu wollen, der sich jetzt nach Hause drängt; ich
würde ebensogut die Spree mit meinen schwachen Armen aufhalten können, als gegen diesen Strom Widerstand leisten. Ich
fühle mich dazu nicht berufen." — In der „Nationalzeitung"
schrieb er: „Das akademische Triennium, welches dem Deutschen Volke durch den grossen Krach vom Mai 1873 aufge-
zwungen wurde, um die Ursachen seiner wirthschaftlichen
Krankheit und die Mittel zu ihrer Abhülfe zu studiren, ist allerdings absolvirt" etc. (No. 269 de 1876) — „Es stürmt sehr merklich durch die Adern Europas." (No. 494 de 1876) — „Die
stolz auf jede Hülle der Wahrscheinlichkeit und selbst Möglichkeit verzichtende Nacktheit der Erfindung macht freilich
eine solche Versicherung kaum erforderlich." (Nr. 378 de 1876)
— „Das ganze Schlachtfeld der letzten Wahlen ist bedeckt
mit Scherben von zerschlagenen Redensarten, die nie wieder
aufleben mögen." (No. 44 de 1877) — Von seiner Bildung und
Umsicht gab Herr Dernburg einen Beweis, als er den „von der
Spanischen Regierung gemassregelten Dr. E. Sárosthy, Professor der Philologie in Salamanka, ehemaligen Privatdocenten
in Heidelberg und bekannt durch mehrere wissenschaftliche
Leistungen, welcher die Empfehlungen der angesehensten Professoren der Heidelberger Universität besitzt" — dem Berliner Publikum empfahl, und ein paar Tage
darauf diesen gelehrten Märtyrer als „abgefeimten Schwindler"
bezeichnen musste. Dergleichen kann wol der „Tribüne", darf
aber nimmer der „Nationalzeitung" passiren, und wäre unter
Dr. Zabel unmöglich gewesen. Uebrigens sind „Nationalzeitung"
und „Tribüne", zwischen denen früher nicht die geringste Gemeinschaft bestand, heute dicke Freundinnen; Eine citirt immer

die Andere, und sie ziehen häufig denselben Strang, namentlich
wenn es die Vertheidigung der parlamentarischen Gründer und
die Brandmarkung der „Verleumder" gilt. Die „Nationalzeitung"
legte eine besondere Rubrik an: „Zur Geschichte der „Verleumdungsära", in welcher sie als Opfer der Verleumdung
zunächst Bismarck in Sachen der „Reichsglocke", aber gleich
dahinter auch die Gründer von Bennigsen und von Kardorff
behandelte. So rächte sie sich an Herrn von Diest-Daber,
anstatt ihn zu verklagen. Aber diese Zusammenstellung kann
dem Fürsten Bismarck schwerlich gefallen.

Unter Herrn Dernburg ist die „Nationalzeitung" vollständig verlaskert und verbambergert. Wie für Lasker während
seiner Krankheit in den Berliner Synagogen öffentliche Gebete
stattfanden, so veröffentlichte die „Nationalzeitung" über sein
Befinden förmliche Bulletins. Jede Handlung, jede Aeusserung
des grossen Mannes wurden sofort der Welt verkündet und mit
Erläuterungen begleitet, für ihn eine ununterbrochene, geradezu
ekelhafte Reclame gemacht. Wenn Herr Lasker feierlich versicherte, er habe seit Zabel's Tod für die „Nationalzeitung"
keine Zeile mehr geschrieben — was übrigens sehr wunderbar
ist — so lässt er jedenfalls schreiben: der Redacteur der von
ihm herausgegebenen „Berliner Autographirten Correspondenz"
ist zugleich Mitarbeiter an der „Nationalzeitung". Bamberger's
Feder ist unbestritten und auch nicht gut abzuleugnen; er hat
in allen Finanz- und Bank-, Münz- und Nickelfragen das Wort.
Freilich ist daneben Herr Dernburg ein gewaltiger Streber auf
eigene Hand. Er empfängt solche Zuschriften, solche Ein-
ladungen, dass es seine Collegen an der Zeitung in Erstaunen,
Herrn Lasker geradezu in Schrecken setzt. Er ist häufig
diesem viel zu gouvernemental, viel zu officiös. Noch gestern
hatte Herr Dernburg Delbrück's Abgang als einen unersetz-
lichen Verlust bejammert, und schon heute macht er für
dessen Nachfolger Hofmann energisch Propaganda, sucht Alles,
was früher vorgefallen zu entschuldigen und zum Besten zu

kehren und lässt den neuen Präsidenten des Reichskanzleramts „im hellen Sonnenstrahl der Geschichte wirken". So
wird es Herrn Dernburg nicht fehlen, und es könnte geschehen,
dass sich der Protégé Laskers in dessen Protector verwandelt.
Um noch einmal auf Julius Schweitzer zurückzukommen,
so ist dieser Herr wol nur quasi ausgeschieden. Man sieht ihn
nach wie vor täglich an der Börse, und auch die Börsenberichte
in der „Nationalzeitung" verrathen dieselbe Hand. Verschiedene Stimmen wollten behaupten, dass er Mitbesitzer des Blattes
sei; jedenfalls ist er mit Herrn Wolff so liirt, dass er nicht
einfach entlassen oder auch nur suspendirt werden kann.

Kolossal ist der Beute-Antheil, welchen von den Gründern
und Börsianern die Presse empfing. Nicht nur Häuser ersten
Ranges, wie S. Bleichröder und Disconto-Gesellschaft — selbst
Gründer, wie Strausberg, Hermann Geber, Richard Schweder,
Quistorp, Carl Coppel, Ed. Mamroth, Julius Alexander etc.
haben an Zeitungsbesitzer und Zeitungsschreiber Hunderttausende gezahlt. Ueber die „Betheiligung" der Wiener Blätter,
Seitens einzelner Banken und Banquiers; über die Schweige-
und Reclamegelder für einzelne Gründungen und Emissionen
wurden verschiedentlich lange Listen veröffentlicht. Solche Ver-
öffentlichungen stehen auch mit Bezug auf Berliner Zeitungen
in Aussicht, und namentlich dürften einige Gründerprozesse
wundersame Dinge an den Tag bringen.

Die „Neue Börsenzeitung" meldete: „Dr. Strousberg soll
sich entschlossen haben, diejenigen 500 Thaler monatlich dem
Inhaber einer hiesigen Zeitung wieder zu bewilligen, nachdem
dieselbe ihr bisheriges Obligo, gegen ihn nichts Nachtheiliges
zu schreiben, dahin ausdehnte, dass sie nur für ihn schreibt."
— Der bis dahin ganz mittellose Redacteur eines Berliner Local-
blatts, welches sich ungemein für den Born'schen „Landerwerb-
und Bauverein" begeisterte, erbaute sich plötzlich eine Villa,
und besitzt heute sogar zwei Villen. Für die von Adele

Spitzeder in München etablirte Dachauer Bank warben drei zur katholischen und sieben zur nationalliberalen Partei gehörige Schriftsteller; und einer von ihnen lieferte nach dem Zusammenbruch des Schwindels 15,000 Gulden zurück, welche er von der Hochstaplerin als „Geschenk" erhalten hatte.

Die Berliner Tribüne äusserte am 20. April 1873: „Ohne eine feile Presse hätten die Krebsschäden nie in dieser Weise um sich greifen können. Ist es doch notorisch, dass während der letzten Jahre in die Taschen von gewissen Personen, die nur ein einigermassen einflussreiches Organ an der Börse vertreten, Hunderttausende von Thalern geflossen sind, und dass sie, während sie früher in den allerbescheidensten Verhältnissen lebten, jetzt reiche Leute sind. Die Corruption an der Börse ist so gross, dass man die Bestechlichkeit der Presse für selbstverständlich und jeden für einen Thoren hält, der gleich uns (!) allen Beeinflussungen sich unzugänglich zeigt. Weder der Bestechende noch der Bestochene hat die Scham, aus der Bestechung ein Geheimniss zu machen." — Wir haben Ursache anzunehmen, dass dieser Artikel aus der Feder des Herrn Leopold Ullstein, also eines sehr eingeweihten Mannes stammt.

Früher die untergeordnetsten Mitarbeiter einer Zeitung, erhielten die Börsenreporter mit dem Gründungsschwindel plötzlich grosse Bedeutung. Zu diesem, jetzt so sehr einträglichen Posten drängten sich selbst studirte Leute und „Volkswirthe", ja sie begnügten sich, auch nur als Gehülfen des eigentlichen Börsen-Redacteurs einzutreten, denn auch für die blossen Handlanger fielen noch fette Bissen ab.

Wenn der Reporter von der Börse heimkehrte, pflegte er sich in sein geheimstes Gemach zurückzuziehen, die Thüren abzuschliessen und nun sorgfältig sämmtliche Taschen in Rock, Weste und Hose umzukehren. In jeder Tasche fanden sich Brief-Couverts, und in jedem Couvert staken Notizen und Reclamen über neue Actienunternehmungen und Emissionen, dazu ein oder mehre Hundertthalerscheine. Die Banknoten wurden

selbstverständlich confiscirt, aber die von den Gründern und
Börsianern bereits abgefassten Reclamen standen noch am selben
Abend oder nächsten Morgen in der betreffenden Zeitung zu
lesen, und sie lauteten fast in allen Zeitungen wörtlich über-
einstimmend. Häufig waren, statt der Banknoten Actien oder
Interimsscheine beigefügt, welche die Reporter gratis oder zu
erheblich niedrigerem Course erhielten. Oder aber es wurden
ihnen solche gutgeschrieben, und sie empfingen, wenn sie ihre
Schuldigkeit gethan, und das neue Effect glücklich untergebracht
war, die Coursdifferenz. Oft betheiligten die Gründer neben
dem Börsenredacteur auch den Zeitungsbesitzer; oft musste
jener mit diesem theilen.

Auch machten die Herren von der Presse Differenzgeschäfte,
kauften und verkauften Papiere per Ultimo, und die Makler
und die Banquiers gaben ihnen bereitwilligst Credit. Schlug
die Speculation ein, wozu der Reporter in der ihm anvertrauten
Zeitung das Seinige that, so erhob er den Gewinnst; verlor er,
so blieb er schuldig, und man mahnte ihn nicht. Als die Quistorp'sche Vereinsbank in Concurs gerieth, wurden verschiedene
Journalisten, die man „betheiligt" hatte, eingeklagt. Julius
Mayer, wie es scheint, bei der „Volkszeitung" thätig, war
4600 Thaler, der Redacteur des „Börsenwächter" — an der Börse
wurde das Blatt „Nachtwächter" genannt — war 36,800 Thaler
schuldig geblieben. Beide erhoben den Einwand, dass ihnen
Quistorp bei Einführung neuer Papiere jedesmal eine Summe
in Actien „stillschweigend" gutgeschrieben, und dass sie dafür
ihre Dienste geleistet hätten, was sie durch Ueberreichung der
Beläge erhärteten. „Rechtsanwalt Horwitz", so hiess es damals
in etlichen Blättern, „geisselte in scharfer Weise dieses Gebahren von Mitgliedern der Presse, die käuflich, unbekümmert
um den spätern Jammer ruinirter Familien, nur ihr Interesse
reich zu werden, im Auge hätten." Gut gebrüllt, Löwe! Aber
Herr Horwitz war z. B. Aufsichtsrath der „Börsenbank für
Maklergeschäfte", und in den Generalversammlungen der Ber-

liner Producten- und Handelsbank, des Lindenbauverein, der
Passage etc. sah man ihn als beredten Vertheidiger der hart
angegriffenen Gründer und Attentäter.

Von Berliner Journalisten und Literaten traten direct als
Gründer, resp. „Erste Zeichner" auf: Dr. Carl Braun(-Wies-
baden), Dr. J. Faucher, Dr. Wehrenpfennig, Dr. F. Kapp, Dr.
Heinrich Benecke, Dr. Theodor Cossmann, Dr. Gustav Lewinstein, Dr. Emil Jacobsen, Dr. Eduard Wiss, Dr. Heinrich Ebe-
ling, Wilh. Jungermann. Alexander Hoffers, Adolf Braun, Carl
Krafft, Carl Sonntag (Deutsch-Oesterreichische Handelsgesellschaft), Richard Seydler, Albert Brockhoff, David Born, Emil
Cohnfeld, Franz Grunert, Emil Freystadt, Julius Schweitzer,
Dr. Carl Erich. Letzterer fungirte als Parlamentsberichterstatter
für das Staatsministerium und für den Kaiser. Als Aufsichtsräthe wurden genannt: Schulze-Delitzsch, Ludolf Parisius, Dr.
W. H. Eras. Director des Berlin-Charlottenburger Bauverein ist
Julius Wolff, der hochpoetische Feuilletonist der Nationalzeitung,
welcher als Festberichterstatter mit Ludwig Pietsch concurrirt,
über die Einweihung des Kaiserhof, über den Geber'schen Skating-
Rink und ähnliche Gründerwerke solch sinnige Artikel lieferte.

Von den intimen Beziehungen der Presse zu Gründern und
Gründungen zeugt der folgende Fall. Als September 1873
Hermann Bein, Max Heymann (A. H. Heymann & Co.), Georg
Siemens (Deutsche Bank) u. A. den Versuch machten, den Malz-
extract-Fabrikanten Johann Hoff zu gründen, dessen Etablissements sie angeblich für 1,500,000 Thaler übernahmen, betheiligten
sich als Mitgründer auch die Eigenthümer, resp. Vorstände der
„Weser Zeitung" in Bremen, der „Posener Zeitung", des „Görlitzer Anzeiger" und der „Berliner Bürger-Zeitung". Glücklicherweise waren die Actien nicht mehr unterzubringen, sonst hätte
das Publikum schon den Schaden besehen!

Die sogenannte Revolverpresse ist eine Wiener Pflanze,
verbreitete sich aber in der Gründerzeit und nach dem Krach

über ganz Deutschland. Kleine Winkelblätter drohten Privaten und Gesellschaften mit Enthüllungen, mit Aufdeckung von Skandalgeschichten, und erpressten so Schweigegelder. In gewissem Sinne gehören zur Revolverpresse alle Börsenblätter, insofern sie alle nicht nur gegen Bezahlung lobten und empfahlen, sondern auch, wo sie nichts erhielten, drohten und das betreffende Unternehmen angriffen. Namentlich die kleineren Börsenblätter gingen förmlich auf Raub aus, und brandschatzten verdächtige Gründer und faule Gesellschaften nach der Möglichkeit. Carl Gustav Horn, Director der Rheinischen Effectenbank, beklagte sich vor Gericht, dass das von ihm geleitete Institut durch die Revolverpresse zu Fall gebracht sei. 1873 erschien in Berlin eine Folge von Flugschriften unter dem Titel „Börsenfackel". Der Verfasser, der von Beruf ein Heraldiker (!) sein wollte, und sich mit dem Pseudonym G. Willmars bezeichnete, griff im ersten Hefte etliche Gründungen, wie Deutsch-Holländischer Bauverein, Silberwaarenfabrik Mosgau, scharf an, strich aber in den folgenden Heften daneben ebenso faule Sachen, wie Centralstrasse, Passage, Dannenberger'sche Kattunfabriken, bestens heraus. Er hatte sich mit den betreffenden Gründern inzwischen verständigt, und soll eine namhafte Summe erbeutet haben. Zur Revolverpresse gehören ferner gewisse Zeitschriften für Versicherungsgesellschaften und ähnliche „Fachblätter", sowie mancherlei Berichterstatter der Zeitungen, die alle, falls sie nicht Schaden verursachen und Unheil anrichten sollen, eine fortlaufende oder ausserordentliche Abfindung verlangen. Einer dieser Freibeuter, Reporter für Stärkefabrikate, wurde wegen seiner verleumderischen Angriffe zu drei Monaten Gefängniss verurtheilt. Die Berichterstatter über Gerichtsverhandlungen bilden in Berlin eine Art von Genossenschaft, die sich für das Unterdrücken bestimmter Fälle und Namen nach Vereinbarung bezahlen lässt. Im Gegensatz zur Revolverpresse hat man aber auch die grossen Zeitungen, die ja dasselbe Geschäft, nur grossartiger betrieben, ganz treffend Kanonenpresse genannt.

Wie fast die gesammte Presse im Solde der Börse und der Gründer stand, so blieb sie auch nach dem Krach ihnen treu. Sie wälzte alle Schuld auf das Publikum, das sie der Spielsucht anklagte, der Manie, „ohne Arbeit reich zu werden". Sie leugnete die Krisis und den Nothstand, den sie als eine blosse Erfindung der „Reichsfeinde" und der „Verleumder" hinstellte. Sie bezeichnete die wenigen Blätter, welche den Muth hatten, die Gründer anzuklagen, als „Revolverpresse" und bewarf sie mit Schmutz. Ja, sie hatte die Frechheit von einer „Gründerhatz" zu sprechen, die verurtheilten Betrüger als Märtyrer zu feiern, die Richter zu verdächtigen, und mit einer Auswanderung der Gründer- und Börsenkönige zu drohen. So thaten nicht nur die Börsenblätter, sondern auch politische Zeitungen ersten Ranges. Die „Vossische Zeitung" druckte einen Artikel der „Berliner Börsenrevue" ab, welcher die lügnerischen Prospecte für nichts weiter als gewöhnliche und erlaubte Reclamen von Geschäftsleuten erklärte, und welcher versicherte: die Angeklagten hätten durch ihre Verurtheilung eine Einbusse in der öffentlichen Achtung nicht erlitten. Die „Nationalzeitung" behandelte an hervorragender Stelle „Gründerprozesse. Eine criminalpolitische (!) Studie von Justinus Möller". Als Verfasser dieser famosen Brochüre, die u. A. den Staatsanwalt „als Retter der Gesellschaft" verhöhnt und fein insinuirt: auch der Richter könne in Actien speculirt und unglücklich speculirt haben — nannte sich hinterher stolz und frei der Gerichts-Assessor a. D. Dr. Julian Goldschmidt, Director der durch verschiedene faule Gründungen bekannten „Norddeutschen Grundcreditbank". Die „Nationalzeitung" erklärte sich zwar insofern gegen Herrn Goldschmidt, als dieser die Anwendung des Betrugsparagraphen auf betrügerische Gründungen für eine Verirrung der Rechtsanschauung hält, aber sie stimmt ihm darin bei, dass der „Uebereifer" bei der Verfolgung der Gründer „gezügelt werden möge", und auch sie folgert: „Wäre es der Staatsanwaltschaft schon im Jahre 1872 in den Sinn gekommen, unredliche Gründer als Betrüger zur Untersuchung zu ziehen, so müsste allerdings der 1873er Krach ein Jahr früher zum Ausbruch gekommen sein, aber der Fall wäre weniger tief, die Krankheit unseres wirthschaftlichen Lebens weniger allgemein und die Heilung schneller und leichter gewesen." Wie man sieht, ist an der langen schweren Krisis also eigentlich der Staatsanwalt schuld. Julian Goldschmidt aber liess sich in einem Hessischen Wahlkreis als Candidaten zum Reichstag aufstellen, und die Herren Eugen Richter und Parisius empfahlen ihn mit den Worten: „Goldschmidt wird auch von angesehenen Nationalliberalen als scharfsinniger Kritiker des Actiengesetzes rühmend anerkannt."

Wir fragen nun: Ist die Frechheit der Gründerpresse nicht maasslos und verstösst sie nicht geradezu gegen das Strafgesetz, indem sie nicht nur Sitte und Moral mit Füssen tritt, sondern sich auch gegen richterliche Entscheidungen auflehnt, dieselben als offenbares Unrecht hinstellt, und die Verfolgung der Gründer für eine krankhafte, gemeingefährliche Tagesströmung erklärt?? Dass diese feilen Blätter systematisch lügen und trügen, dass sie wohl wissen, wie sehr die „Verleumder" Recht haben, beweisen manche Aeusserungen, die ihnen unvorsichtiger Weise entschlüpfen. So schrieb die „Vossische Zeitung" unterm 22. Februar 1877: „Nach der gestrigen „National-Zeitung" ist der gegenwärtige Nothstand, der „abermalige Niedergang unserer wirthschaftlichen Verhältnisse" (wie das Blatt sich ausdrückt), der Agitation gegen das Compromiss in Sachen der Justizgesetze zuzuschreiben! Schade, dass man nicht auch die drohende Mondfinsterniss verantwortlich machen kann. Die würde den Gründern und Gründergenossen so recht gelegen kommen, um ihre Sünde und Schande zu verdecken." Sehr treffend bemerkt hierzu die „Germania": „Also auch die „Vossische Zeitung" weiss von der Sünde und Schande der Gründer und Gründergenossen zu erzählen! Das sieht ja aus, als wenn auch sie zu der vielbeschriebenen „Verleumder-Consorteria" übergehen wollte! Oder zanken sich die Spiessgesellen blos heute, um morgen gemeinsam wieder die Hehlerei zu betreiben?"

Mit dem Aufhören der Gründungen versiegte eine reiche Einnahmequelle der Zeitungen, und sie versuchten nun selber eine Gründung, die sich merkwürdigerweise gegen ihre bisherigen treuen Verbündeten, die Annoncen-Bureaux kehrte. Diese, welche der Presse die Inserate zuführen und das Inseriren überhaupt erst in Schwung gebracht haben, erweckten den Neid der Zeitungen, von denen sie für jede Annonce 25 und mehr Procent Rabatt erhalten. Namentlich war es Rudolf Mosse (Moses), „officieller Agent sämmtlicher Zeitungen der Erde", der durch Inscenirung einer fabelhaften Reclame, zu welchem Zwecke er mehre Literaten besoldete, und durch ungemeine Rührigkeit sein Geschäft schnell in Flor brachte, und daneben noch eine eigene Zeitung, das „Berliner Tageblatt" begründete, das geschickt redigirt, auch eine grosse Verbreitung gewann und eine sehr empfindliche Concurrenz der „Volkszeitung" bereitete, die seit 1864 an zwei Drittel ihrer Abonnenten verloren hat, und aus Verzweiflung darüber sich aufs Wetterprophezeien legte. Franz Duncker, der mit Mosse wegen einer Differenz von wenigen Thalern in Streit gerieth, brachte gegen seinen glücklichen Concurrenten eine Verschwörung zu Stande. September 1875 verbanden sich eine Anzahl Berliner und auswärtiger Zeitungen und gründeten, im alleinigen Interesse des Publikums, um den Inserenten mit „vollster Unparteilichkeit" die geeignetste Blättern zu empfehlen, das Central-Annoncen-Bureau. Erster Vorstand war Dr. Ferdinand Salomon von der „Nationalzeitung" und B. Brigl von der „Tribüne", an dessen Stelle später E. Pindter von der „Norddeutschen Allgemeinen" trat. Auch dieser schied wieder aus, und der Vorstand wechselte fortwährend, da Streitigkeiten und Uneinigkeit entstanden, bald dieses bald jenes Blatt sich durch ungenügende Zuwendung von Inseraten benachtheiligt glaubte. Selbstverständlich ist diese Gründung um nichts besser als Mosse oder dessen Collegen, und das Publikum hat durchaus keine Ursache, bei seinen Aufträgen das Central-Annoncen-Bureau zu bevorzugen.

Nicht unerwähnt dürfen hier bleiben die Telegraphen-Bureaux, welche sich, wie Wolff, Reuter, Havas etc. überall in den Händen von Juden befinden, einerseits von den Staatsregierungen abhängig sind und diesen daher ganz zu Willen leben müssen, andererseits die Haupteinnahme von der Börse beziehen und in erster Reihe ihr zu Dienst stehen. Von dem, was in Europa vorgeht, ist in der Regel die Börse besser und eher unterrichtet als selbst Diplomaten und Minister. Wichtige telegraphische Depeschen erhält die Börse weit früher als die Zeitungen, deren Abonnements gar nicht ins Gewicht fallen. Solche Nachrichten, wie z. B. die Meldung von dem Sturz des Grossvezier Midhat, sind längst von der Börse ausgebeutet — escomptirt, wie der technische Ausdruck lautet — ehe Presse und Publikum davon eine Ahnung haben. Und die Börsianer selber werden wieder nicht gleichmässig bedient, sondern es findet eine mehrfache Abstufung statt. Die regierenden Bankhäuser sind stets auch zuerst avertirt; nach ihnen wird die Depesche Häusern zweiten und dritten Ranges mitgetheilt, und noch später erhält sie das Gros der Speculanten. Ebenso haben die Depeschen der Telegraphen-Bureaux auf allen Linien Vorsprung vor den Privat-Telegramms; und ebenso kommt der neue Telegraphentarif des Deutschen Reichs, was Herr Stephan auch sagen mag, keineswegs dem Publikum, aber ganz ausserordentlich der Börse und den grossen Geschäftsleuten zu Gute. Im Mai 1865 verkaufte Benda Wolff, der Inhaber der „Nationalzeitung“, das von ihm errichtete Telegraphen-Bureau an die Continental-Telegraphen-Compagnie, Commandit-Gesellschaft auf Actien. Das Grundcapital wurde auf 333,333 Thlr.

10 Sgr. festgesetzt und gezeichnet von: Gerson Bleichröder (S. Bleichröder), Victor von Magnus (F. Mart. Magnus), Carl Daniel von Oppenfeld (M. Oppenheim's Söhne), Hermann Zwicker (Gebr. Schickler), Theodor Wimmel, Richard Wentzel, Justizrath Valentin (der professionelle Schlussmacher des Reichstags) und Dr. Ferd. Salomon. In den Aufsichtsrath trat der Vorbesitzer Wolff, und die Preussische Regierung soll einen Theil der Actien übernommen haben. 1874 wurde die Auflösung beschlossen, zu Liquidatoren Dr. Hermann Rasche, Dr. Immanuel Rosenstein und Dr. John Fuchs ernannt, und eine reine Actiengesellschaft errichtet, bei der sich auch noch Justizrath Riem betheiligte. Die Hauptzeichner waren wieder die vier grossen Bankfirmen.

Zur directen Beförderung von Depeschen bildeten sich:

Vereinigte Deutsche Telegraphen-Gesellschaft. Gegründet Mai 1871 von Hermann Erichsen in London, Dr. Adolf Lasard, Rechtsanwalt Ewald Hecker, Commerzienrath Ernst Schering, Robert Müller, Bergrath Wilh. Hauchecorne und Geh. Oberregierungsrath Dr. Ernst Engel in Berlin. Actiencapital 1,100,000 Thaler. Für den Aufsichtsrath, worin u. A. auch Abgeordneter Dr. Löwe-Calbe in Berlin und früherer Abgeordneter Consul H. H. Meier in Bremen sitzen, entfielen pro 1874 und 1875 je 6000 Thaler Tantième.

Hamburg-Helgolander Telegraphen-Gesellschaft. Gegründet Mai 1873 mit 90,000 Thaler Actien, von Dr. Adolf Lasard, Oberbergrath Hauchecorne etc. Vorsitzender des Aufsichtsraths: Rechtsanwalt Hecker, vor dem das Statut verlautbart wurde.

„Volkswirthe" und Gründer im Parlament.

Was der Bericht der Specialuntersuchungscommission erzählt — Theorie und Praxis der „Volkswirthe" — Gründer resp. Aufsichtsräthe im Preussischen Herrenhaus, Preuss. Abgeordnetenhaus und Deutschen Reichstag — Strausberg's Genossen — Ehemalige politische Märtyrer — Die Vertreter der grossen Banken — Preuss. Central-Bodencredit-A.G. — Ludwig Bamberger und die Deutsche Bank — S. Bleichröder, von Kardorff und W. Weber — Disconto-Gesellschaft, Provinzial-Disconto, Dortmunder Union, St. Gotthard-Bahn, Rumänische Eisenbahn-Ges. — Disconto-Ring — Herr Scheele verlässt die Disconto-Gesellschaft — Trinkgelder — Mein Name ist Miquel, und ich weiss von gar nichts — Miquel als „Erster Zeichner" — Lasker's Thaten und Reden — Es meldet sich Adickes — von Bennigsen bringt ein Unschuldsattest bei — Hannover-Altenbecken — Beamte als Aufsichtsräthe — Herr von Kardorff rechtfertigt sich, und Albert Träger erklärt sich gegen die „Gründerhatz" — „Schlepper im Bauernfang" — Die Preuss. Hypotheken-Versicherungs-Gesellschaft Hübner und Herr Karbe — Parlamentarisches Schimpfwörter-Lexikon — Eugenius Richter und seine tapfere Haushälterin — Miquel und Bamberger auf Reisen — Gründer-Advocaten — Die Gründer als Strafprediger — Oeffentliche Wäsche der „verleumdeten" Gründer — von Bennigsen lässt keine Debatte zu, und Hammacher rührt 2000 Urwähler zu Thränen — W. Schroers aus Duisburg „wagt's" und sagt „Dixi!" — Der Kampf der jüdischen Witzblätter gegen die „Verleumder", und das Triumphgeschrei der „Nationalzeitung" — Der Nothstand als Lehrmeister.

Schon vor 1866 sassen im Preussischen Abgeordnetenhause eine stattliche Anzahl manchesterlicher „Volkswirthe", von denen die meisten zugleich in der Presse thätig waren, und nach dem Kriege mit Oesterreich erhielten sie starken Zuwachs aus den annectirten Ländern. Schon damals stand das „System Strousberg" in voller Blüthe, und streute über unser öffentliches Leben den Samen der Corruption aus. Der Staatseisenbahnbau trat völlig zurück, indem Graf Itzenplitz, seit 1864 Handelsminister, die hauptsächlichsten und einträglichsten Linien an Privatunternehmer vergab, die fast immer die berüchtigte „Generalentreprise" zur Anwendung brachten. Wie der Beilageband B. zum Bericht der Specialcommission zur Untersuchung des Eisenbahn-Concessionswesens ergiebt, bewarben sich von beiden Häusern des Landtags zahlreiche Mitglieder jeder Parteirichtung, ferner Staatsbeamte aller Grade, dazu Edelleute, Grafen und Fürsten, theils auf eigene Hand, meistens aber in Verbindung mit Financiers und Speculanten, denen sie als Deckung dienten, um alle möglichen und unmöglichen, zum grossen Theil völlig überflüssigen Linien. Graf Itzenplitz war mit der Ertheilung von Concessionen sehr freigebig, aber trotzdem musste er wol an neun Zehntel der Bewerber zurückweisen. Gerade die fragwürdigsten und anrüchigsten Bahnen, wie Hannover-Altenbecken, Berlin-Dresden, Münster-Enschede, Cuxhaven, Crefeld-Kreis Kempen etc., suchten, nach Ausweis jenes Beilagebandes, verschiedentlich weitere Concessionen nach, und erhielten dann oft zum Bescheide: „Die Gesellschaft hat ihre

Kräfte zunächst auf Vollendung der bereits con-
cessionirten Bahnstrecken zu concentriren."

Strausberg fand seine Genossen und Gehülfen in
beiden Häusern des Landtags, und ebenso begannen
grosse Bankinstitute und andere Actiengesellschaften
Abgeordnete als Directoren oder als Verwaltungsräthe anzunehmen, um sie so für ihre Interessen zu
gewinnen. Desgleichen wurden umgekehrt Directoren
und Verwaltungsräthe von Actienunternehmungen mehr
und mehr in die Parlamente gewählt. Aus den Kammern
der Einzelstaaten drangen sie in den Reichstag, indem
sie gleichzeitig diesem wie jenen angehörten, und
während der Schwindelperiode wimmelten im Neuen
Deutschen Reich sämmtliche Parlamente von Gründern und Gründergenossen. Von 1870 bis 1873
sassen im Preussischen Abgeordnetenhause unter zusammen 432 Mitgliedern etwa 90 Gründer resp. „Erste
Zeichner" und Aufsichtsräthe. In derselben Periode
sassen im Deutschen Reichstag, der damals 382 Mitglieder zählte — 105 Gründer resp. „Erste Zeichner"
und Aufsichtsräthe. Welch ungeheuere Beeinflussung
zu Gunsten des Handels, des Verkehrs und der Börse,
des Grosscapitals und der Grossindustrie! Seit 1867
war die ganze wirthschaftliche Gesetzgebung den
manchesterlichen „Volkswirthen" überlassen, und die

Männer ihres Herzens, wie Delbrück, Michaelis und
Camphausen, gelangten zur Regierung. Als Gesetzgeber rissen die Manchesterleute alle Schranken nieder, welche bisher Capital und Speculation gezügelt
hatten, und ihre Werke waren lauter negative Schöpfungen, wie die Zug-Freiheit, die Gewerbefreiheit, die
Wucherfreiheit, die Actienfreiheit. Erst diese manchesterlichen Freiheiten machten den grossen Börsen-
und Gründungsschwindel möglich, und der Theorie
folgte die Praxis auf dem Fusse: die „Volkswirthe"
innerhalb wie ausserhalb der Parlamente bethätigten
sich nach Ausbruch des Actiengesetzes fast alle als
Gründer und Gründergenossen.

Wir geben eine Liste von ehemaligen und gegenwärtigen Abgeordneten, die zu Actienunternehmungen
in irgend einer Beziehung standen, und bemerken
vorweg:

1) Personen, welche nur ein- oder allenfalls zweimal als Aufsichtsrath vorkommen, desgleichen
solche, welche nur als Director, Syndicus oder
Liquidator genannt wurden, sind ohne weitere
Auszeichnung angeführt.

2) Gründer resp. „Erste Zeichner" aus der eigentlichen Schwindelperiode, desgleichen mehrfache
Aufsichtsräthe sind mit einem * bezeichnet.

3) Hervorragende Gründer resp. „Erste Zeichner", desgleichen vielfache Aufsichtsräthe sind mit einem ✝ versehen.

4) Gründer resp. „Erste Zeichner" im Superlativ, desgleichen Personen, die bei sehr vielen Actien-unternehmungen als Aufsichtsrath vorkommen, sind fett gedruckt und mit ✝✝ bezeichnet.

Die in Klammern beigefügten Gesellschaften geben, in Erwägung ihrer Schicksale und ihres Coursstandes, zugleich einen Anhalt zur Beurtheilung der betreffenden Person.

A. Preussisches Herrenhaus.

von Arnim-Boytzenburg, Graf, Oberpräsident a. D. Frei-conservativ. (Preuss. Central-Bodencredit-A.G.)

zu Bentheim-Steinfurt, Fürst. (Münster-Enscheder Eisen-bahn.)

* von Bernuth, Justizminister a. D. Nationalliberal. (Erste Preuss. Hypotheken-A.G. Hansemann, Preussische Central-Bodencredit-A.G., Disconto-Gesellschaft, Dortmunder Union, Halle-Sorau-Gubener Eisenbahn.)

von Bethmann-Hollweg auf Runowo. Nationalliberal. (Preussische Central-Bodencredit-A.G.)

Beyer, Oberbürgermeister in Potsdam. (Berlin-Potsdam-Magde-burger Eisenbahn.)

* Biron von Curland, Prinz. Conservativ. (Breslau-War-schauer Eisenbahn, Berliner Nordeisenbahn.)

von Bnin-Bninski, Graf. (Handelsgesellschaft Bninski, Chla-powski, Plater & Co.)

von Bocholtz auf Niesen, Graf. (Preuss. Central-Bodencredit-A.G.)

* Bredt, Oberbürgermeister in Barmen. (Bergisch-Märkische Industriegesellschaft in Barmen.)

* Breslau, Oberbürgermeister in Erfurt. (Mitgründer der Eisenbahn Erfurt-Hof-Eger, Aufsichtsrath der Nordhausen-Erfurter Eisenbahn.)

von Brünken, Oberbürgermeister in Halberstadt. (Magdeburg-Halberstädter Eisenbahn.)

von Burghauss, Graf, Generallandschafts-Director von Schlesien. (Breslau-Schweidnitz-Freiburger Eisenbahn.)

zu Carolath-Beuthen, Karl, Fürst. Freiconservativ. (Breslau-Schweidnitz-Freiburger Eisenbahn.)

von Chlapowski, Rittergutsbesitzer. (Handelsgesellschaft Bninski, Chlapowski, Plater & Co., Bank für Landwirthschaft und Industrie in Posen.)

von Dechend, Präsident der Reichsbank. (Lebens-Versicherungsgesellschaft Nordstern.)

Deetz, Oberbürgermeister in Frankfurt a. O. (Frankfurter Allgemeine Rückversicherungs-Actien-Bank.)

† von Diergardt, Freiherr, Geh. Commerzienrath auf Viersen. (Viersener Spinnerei, Ravensberger Spinnerei, Gladbacher Spinnerei, Gladbacher Appretur, Gladbacher Feuer-Versicherung, Schaaffhausen'scher Bankverein, Disconto-Gesellschaft, Erste Preuss. Hypothekengesellschaft Hansemann.)

von Flemming auf Basentin, Erblandmarschall von Pommern. (Erste Preuss. Hypotheken-Actien-Gesellschaft Hansemann.)

Gobbin, Oberbürgermeister in Görlitz. (Berlin-Potsdam-Magdeburger Eisenbahn.)

* Hasselbach, Oberbürgermeister in Magdeburg. (Magdeburger Feuer-Versicherungsgesellschaft, Magdeburger Hagelversicherungs-Gesellschaft, Berlin-Potsdam-Magdeburger Eisenbahn.)

von Hatzfeld-Trachenberg, Fürst. (Deutsche Grundcreditbank in Gotha, Zuckerfabrik in Trachenberg.)

* Hausmann, Stadtrath in Brandenburg a. H. Fortschritt. (Berlin-Potsdam-Magdeburger Eisenbahn, Braunschweigische Eisenbahn, Brauerei Königstadt.)

von Kemnitz, Oberbürgermeister in Frankfurt a. O. (Frankfurter Actienbrauerei.)

von Keyserling-Neustadt, Graf. (Portland-Cementfabrik Bohlschau bei Danzig.)

von Köller, Generallandschaftsdirector von Pommern. (Ritterschaftliche Privatbank in Pommern.)

* von Kwilecki, Graf. (Bank für Landwirthschaft und Industrie in Posen.)

* von Lehndorff auf Steinort, Graf. Conservativ. (Preuss. Hypotheken-Credit- und Bankanstalt Henckel, Preuss. Hypotheken-Actien-Bank Henckel, Ostpreussische Südbahn, Rumänische Eisenbahn.)

* von Maltzan auf Militsch, Graf. Freiconservativ. (Preuss. Lebens-Versicherungs-Gesellschaft „Friedrich Wilhelm", Deutsche Grundcreditbank in Gotha, Eisenbahn Oels-Gnesen.)

von Manteuffel auf Crossen, Freiherr und Minister a. D. (Erste Preuss. Hypotheken-Actien-Gesellschaft Hansemann.)

von der Marwitz, Landrath auf Friedensdorf im Kreise Lebus. (Frankfurter Allgemeine Rückversicherungs-Actienbank.)

von Meding, Oberpräsident a. D. in Berlin. (Preussische Hypotheken-Actienbanck Henckel.)

†† Mevissen, Geh. Commerzienrath in Köln. (Bei fast zahllosen Gesellschaften betheiligt.)

zu Münster, Georg Herbert, Graf. Freiconservativ. (Hannover Altenbeckener Eisenbahn.)

* von Nellessen, Graf, Bürgermeister in Aachen. (Aachener Rückversicherungs-Gesellschaft, Aachen-Münchener Feuer-Versicherungsgesellschaft, Rheinische Eisenbahn, Gesellschaft für Steinkohlenbau im Wurm-Revier.)

von Nesselrode-Ehreshofen, Graf, Obersthofmeister. Freiconservativ. (Rheinische Eisenbahn.)

Offenberg, Oberbürgermeister in Münster. (Münster-Enschede)
Eisenbahn.)

Ondereyck, Oberbürgermeister in Crefeld. (Crefeld-Kreis
Kempener Industriebahn.)

von der Osten, Rittergutsbesitzer auf Jannewitz. (Pommer'sche
Hypothekenbank.)

von Patow, Freiherr, Minister a. D. Nationalliberal. (Preussische
Hypotheken-Versicherungsgesellschaft Hübner.)

von Ploetz auf Gr. Weckow, Geh. Justizrath a. D. (Preussische
Hypotheken-Actienbank Henckel, Jordanhütte Preussner & Co.

† zu Putbus, Fürst. (Berliner Nordeisenbahn, Flora in Char-
lottenburg, Halle-Sorau-Gubener Eisenbahn, Preuss. Hagel-
Versicherungs-Ges., Preuss. Feuer-Versicherungs-Ges.
Preuss. Hypotheken-Credit- und Bankanstalt Henckel, Preuss.
Hypotheken-Actien-Bank Henckel.)

zu Putlitz, Edler Herr, Erbmarschall der Kurmark Brandenburg. („Passage" in Berlin.)

von Rabe, Wirkl. Geheimer Rath in Berlin. (Erste Preuss.
Hypotheken-A.G. Hausemann.)

* Rasch, Stadtdirector in Hannover. (Hannoversche Bank,
Hannoversche Eisengiesserei, Hannoversche Maschinenbauanstalt Egestorff.)

vom Rath, Rittergutsbesitzer zu Lauersfort bei Crefeld. Liberal. (Crefeld-Kreis Kempener Eisenbahn.)

† von Ratibor, Herzog. Freiconservativ. (Hannover-Altenbeckener Eisenbahn, Wilhelmsbahn, „Friedrich Wilhelm"
Preuss. Lebens-Versicherungs-Gesellsch., Bad Königsdorff-
Jastrzemb, Unionsgestüt Hoppegarten, Seebad Heiligendamm, Allgemeine Eisenbahnbaugesellschaft, Rechte Oder-
uferbahn, Rumänische Eisenbahn.)

* Richtsteig, Oberbürgermeister in Görlitz. (Berlin-Görlitzer
Eisenbahn, Halle-Sorau-Gubener Eisenbahn.)

von Rittberg, Graf, Appellationsgerichts-Chef-Präsident in
Glogau. Conservativ. (Niederschlesische Zweigbahn.)

†† von **Rothschild**, Carl, Baron in Frankfurt a. M. (Bei fast unzähligen Gesellschaften betheiligt.)

von Schlieben auf Sanditten, Graf. (Insterburger Actien-Spinnerei.)

von der Schulenburg-Hessler, Graf. (Unstrut-Eisenbahn.)

von Schutzbar, genannt Milchling in Cassel. (Hessische Bank.)

* von Simpson auf Georgenburg, Rittergutsbesitzer. Conservativ. (Ostpreussische Südbahn, Tilsit-Insterburger Bahn, Preussische Central-Bodencredit-A.G., Insterburger Actien-Spinnerei.)

* zu Solms-Baruth, Graf. Conservativ. (Preussische Hypotheken-Credit- und Bankanstalt Henckel, Preussische Hypotheken-Actienbank Henckel, Berlin-Görlitzer Eisenbahn.)

zu Stolberg-Wernigerode, Eberhard, Graf. Conservativ. (Preuss. Hypotheken-Credit- und Bankanstalt Henckel, Halle-Sorau-Gubener Eisenbahn.)

zu Stolberg-Wernigerode, Otto, regierender Graf. Freiconservativ. (Eisenbahn Oels-Gnesen.)

* von Voss, Oberbürgermeister in Halle. (Halle'scher Bankverein, Sächsisch-Thüringische A.G. für Braunkohlen-Verwerthung, Magdeburg-Halberstädter Eisenbahn, Naumburger Braunkohlen-Ges.).

von Wedell auf Cremzow, Landrath a. D. (Preussische Lebens-Versicherungsgesellschaft „Friedrich Wilhelm".)

Weigel, Obergerichts-Anwalt in Cassel. Nationalliberal. (Hessische Nordbahn.)

†† **Wilckens**, Geh. Oberfinanzrath a. D. in Berlin. (Berlin-Potsdam-Magdeburger Eisenbahn, Berlin-Görlitzer Eisenbahn, Discontogesellschaft, Provinzial-Discontogesellschaft, Berliner Brodfabrik, Erste Preuss. Hypotheken-Ges. Hansemann, Preuss. Central-Bodencredit-A.G. etc.)

Winter, Oberbürgermeister in Danzig. Nationalliberal. (Eisenbahn Marienburg-Mlawa.)

† von Ujest, Herzog. Freiconservativ. (Preuss. Feuer-Ver-

sicherungs-Gesellschaft, Preuss. Hagel-Versicherungsgesellschaft, Preuss. Hypotheken-Actien-Bank Henckel, Rechte Oder-Uferbahn, Halle-Sorau-Gubener Eisenbahn, Rumänische Eisenbahn.)

zu Ysenburg-Waechtersbach, Fürst. (Oberhessische Eisenbahn.)

B. Preussisches Abgeordnetenhaus und Deutscher Reichstag.

(Die Reichstagsmitglieder, welche zugleich im Preussischen Herrenhaus sitzen, sind hier nicht wieder aufgeführt.)

Ackermann, Hofrath in Dresden. Freiconservativ. (Chemnitz-Komotauer Eisenbahn, Sächsische Bank.)

* Adickes, E. F., Gutsbesitzer in Hannover. Nationalliberal. (Hannover-Altenbeckener und Löhne-Vienenburger Eisenbahn, Fischereigesellschaft Weser.)

Ahlmann, Dr. in Kiel. Fortschritt. (Preussische Bodencredit-Actien-Bank Jachmann.)

† Ambronn, Geh. Oberfinanzrath in Berlin. Nationalliberal. (Gründer resp. Aufsichtsrath bei verschiedenen Strausbergschen Unternehmungen, wie Halle-Sorau-Gubener Eisenbahn, Märkisch-Posener Eisenbahn, Rumänische Eisenbahn.)

von und zu Arco-Valley, Graf in München. Conservativ. (Süddeutsche Boden-Credit-Bank, Neumarkt-Ried-Braunauer Bahn.)

* Bail, Robert, Stadtrath in Glogau. Nationalliberal. (Director der Niederschlesischen Zweigbahn, Mitgründer der Eisengiesserei Wilhelmshütte bei Sprottau.)

* Bamberger, Ludwig, Dr. in Berlin. Nationalliberal. (Mitgründer der Deutschen Bank, Aufsichtsrath der Stolberger Blei- und Zinkhütten.)

Barth, Marquard, Dr., Rechtsanwalt in Kaufbeuren. Nationalliberal. (Mechanische Spinnerei in Kaufbeuren.)

von Bassewitz, Graf. Conservativ. (Mecklenburgischer Boden-Credit.)

* von Bennigsen, Landesdirector in Hannover. National-liberal. (Gründer der Hannover-Altenbeckener und der Löhne-Vienenburger Eisenbahn.)

* Benzino, Joseph in Landstuhl (Pfalz). Fortschritt. (Mit-gründer des Pfälzer Bankvereins in Mannheim.)

* Berger, Louis in Witten. Fortschritt. (Director der alten Steinhauser Hütte, Mitgründer der Gussstahl- und Waffen-fabrik in Witten.)

von Berswordt-Wallrabe, Rittergutsbesitzer auf Haus Weitmar. Fortschritt. (Bergbaugesellschaft „Vollmond" in Bochum.)

Bertog, Gustav, Kaufmann in Halberstadt. Nationalliberal. (Halberstädter Gasgesellschaft.)

von Bethusy-Huc, Graf. Freiconservativ. (Posen-Kreuz-burger Eisenbahn.)

* Birnbaum, Professor in Leipzig. Nationalliberal. (Mit-gründer der Vereinigten Bischweiler Tuchfabriken und des Schönheimer'schen Bankverein.)

* Bischoff, Th., Commerzienrath in Danzig. Nationalliberal. (Danziger Privatbank, Chemische Fabrik zu Danzig, Inter-nationale Handelsgesellschaft.)

von Blumenthal-Suckow, Graf. Conservativ. (Pommersche Hypotheken-Actien-Bank.)

* Bluntschli, Professor in Heidelberg. Nationalliberal. (Rhei-nische Creditbank in Mannheim, Rheinische Hypothekenbank.)

von Bockum-Dolffs, Oberregierungsrath a. D. Liberal. (Preussische Hypotheken-Versicherungsgesellschaft Hübner und Preussische Lebens-Versicherungsgesellschaft.)

Bode, Handelsgerichtsdirector in Braunschweig. Nationalliberal. (Braunschweigische Baugesellschaft.)

†† von Bonin, Gustav, Minister a. D. Liberal. (Gründer und Präsident der Preussischen Boden-Credit-Actien-Bank Jach-

mann-Schweder, Gründer der Preussischen Creditanstalt und des Lindenbauverein.)

†† **Braun (-Wiesbaden)**, Justizrath in Berlin. Nationalliberal. (Gründer der Wöhlert'schen Maschinenfabrik, der Continental-Wasserwerks-A.G.-Neptun, der Cuxhavener Eisenbahn, der Deutschen Buchhändler-Bank, der Preussischen Central-Bodencredit-A.G., Aufsichtsrath der Deutschen Union-Bank.)

. *Braun, Commerzienrath in Hersfeld. Nationalliberal. (Hessische Bank etc.).

* Brons, Consul in Emden. Nationalliberal. (Hannoversche Westbahn, Assecuranz-Compagnie, Emdener Heringsfischerei.)

Buergers, Appellationsgerichtsrath in Köln. Liberal. (Rheinische Eisenbahn-Ges.).

* Buhl, Dr. und Gutsbesitzer in Deidesheim. Nationalliberal. (Düngerfabrik Kaiserslautern, Kammgarnspinnerei Kaiserslautern, Rheinische Creditbank, Deutsche Genossenschaftsbank in Berlin, Rheinische Hypotheken-Actien-Bank.)

* von Bunsen, Georg, Dr. phil. in Berlin. Nationalliberal. (Gründer der Norddeutschen Grundcreditbank, der Centralbank für Genossenschaften, der Emdener Heringsfischerei.)

von Carlowitz, Staatsminister a. D. (Preussische Hypotheken-Versicherungsgesellschaft Hübner, Preussische Lebens-Versicherungsgesellschaft.)

* von Carnall, Berghauptmann in Breslau. (Oberschlesische Eisenbahn, Mitgründer der Königs- und Laurahütte.)

* Chevalier, Commerzienrath in Stuttgart. Nationalliberal. (Würtembergische Notenbank, Würtembergische Vereinsbank, Kammgarnspinnerei Bietigheim.)

Cornely, Notar in Aachen. Fortschritt. (Gladbacher Feuer-Vers.-Gesellschaft.)

Czartoryski, Roman, Prinz in Posen. Pole. (Handelsgesellschaft Bninski, Bank für Landwirthschaft und Industrie zu Posen.)

Dennig, August, in Pforzheim. Nationalliberal. (Versicherungs-
Ges. „Deutscher Phönix" in Frankfurt a. M.)

Devens, Polizeipräsident in Köln. Freiconservativ. (Rheinisch-
Pommersche Ackerbau-A.G.)

* Diffené, Kaufmann in Mannheim. Nationalliberal. (Mannheimer Dampfschleppschifffahrts-Gesellschaft, Deutsche Seehandlung, Badische Bank.)

† Doertenbach, Banquier in Stuttgart. (Maschinenfabrik Esslingen, Baumwollenspinnerei Esslingen, Frankfurter Hypothekenbank, Pfälzer Bankverein etc.)

* Dohrn, Dr. in Stettin. Nationalliberal. (Gründer des Bal-
tischen Lloyd in Stettin.)

* Doms, Commerzienrath in Ratibor. Freiconservativ. (Oberschlesischer Creditverein zu Ratibor, Oberschlesische Credit-
und Gewerbebank.)

von Donimirski, Dr. juris in Thorn. Pole. (Director der
Creditbank von Donimirski, Kalkstein, Lyskowski & Co.)

von Dziembowski, Rittergutsbesitzer im Posen'schen. Pole.
(Bank für Landwirthschaft und Industrie in Posen.)

†† von Eckardstein-Prötzel, Ernst, Freiherr. Freiconservativ.
(Discontogesellschaft, Provinzial-Discontogesellschaft, Preuss.
Hypotheken-Versicherungs-Actiengesellschaft Hübner, Preuss.
Feuer-Versicherungsgesellschaft, Erste Preuss. Hypotheken-
Actiengesellschaft Hausemann, Preuss. Central-Boden-Credit-
A.G., Berlin-Neuendorfer Actien-Spinnerei, Berliner Patent-
Papier, A.G. für Holzarbeit, Halle-Sorau-Gubener Eisen-
bahn, Berliner Cementbau, Harzer Union etc.)

* Eckhard, Anwalt in Mannheim. Nationalliberal. (Rheinische
Creditbank, Spinnerei Offenburg, Rhein. Hypothekenbank.)

* Elsner von Gronow, Landes-Aeltester auf Kalinowitz.
Freiconservativ. (Schlesische Centralbank für Landwirth-
schaft und Handel, Schlesische Boden-Credit-Actien-Bank,
Breslauer Möbel-Parquet.)

†† Engel, Geh. Oberregierungsrath in Berlin. Nationalliberal.

(Gründer der Maschinenfabrik Freund, der Dannenbergerschen
Cattunfabrik, der Berliner Messingwerke Borchert jun.,
der Vereinigten Deutschen Telegraphengesellschaft, der
Preuss. Boden-Credit-Actienbank Jachmann, der Conti-
nental-Wasserwerke Neptun.)

Engelcken, Polizeipräsident in Potsdam. Conservativ. (Preuss.
Hypotheken-Credit- und Bankanstalt Henckel.)

Faller, Fabrikbesitzer in Lenzkirch (Baden). Nationalliberal.
(Kreis-Hypothekenbank Lörrach.)

* Faucher, Julius, Dr. phil. in Berlin. Nationalliberal. (Berliner Wechslerbank, Cuxhavener Eisenbahn, Deutsche Buchhändler-Bank.)

Fauler, Oberbürgermeister in Freiburg i. Br. Nationalliberal.
(Rheinische Creditbank in Mannheim.)

†† Feustel, Friedrich, Banquier in Baireuth. Nationalliberal.
(Bei sehr vielen Gesellschaften betheiligt.)

Flinsch, Kaufmann in Frankfurt a. M. Fortschritt. (Frankfurter Hypotheken-Credit-Verein.)

Frech, Ober-Tribunalsrath in Berlin. Liberal. (Berlin-Görlitzer Eisenbahn.)

van Freeden, Director in Hamburg. Nationalliberal. (Emdener Heringsfischerei.)

Freund, Rechtsanwalt in Breslau. Fortschritt. (Verein Chemischer Fabriken Silesia.)

Friedenthal, Dr., Landrath a. D. auf Giessmannsdorf. Freiconservativ. (Oberschlesische Eisenbahn.)

* Frühauf, Professor in Berlin. Nationalliberal. (Mitgründer
der „Renaissance", Fabrik für geschnitzte Möbel.)

Fubel, Stadtrath in Halle. Nationalliberal. (Werschen-Weissen-
felser Braunkohlen-A.G., Halle'sche Zuckersiederei.)

* Fühling, Dr., Schriftsteller in Berlin. Fortschritt. (Mitgründer und Director der Nordd. Grundcreditbank in Berlin.)

Goecke, Feodor, Dr. in Duisburg. Nationalliberal. (Rhein-
Ruhr-Canal-A.G., Westphälische Union.)

* G o l s e n, Gutsbesitzer in Zell. Nationalliberal. (Pfälzer Bankverein, Pfälzische Ludwigsbahn.)

von Gräve, Alex., Rittergutsbesitzer auf Borck. Pole. (Handelsgesellschaft von Bninski.)

Gröthe, Hermann, Dr. phil., Ingenieur und „Generaldirector"
in Berlin. Nationalliberal. (Liquidator der Maschinenfabrik „Berliner Union".)

* G r u n d m a n n, Geh. Commissionsrath in Kattowitz. Liberal
(Rechte Oderufer-Bahn, Oppelner Portland-Cement, Eisenwalzwerk „Vorwärtshütte".)

Günther, Rittergutsbesitzer auf Märzdorf. Freiconservativ.
(Preussische Boden-Credit-Actien-Bank Jachmann.)

* H a a r m a n n, Carl, Anwalt in Celle. Nationalliberal. (Gründer
der Ilseder Hütte, des Bantorfer Bergwerks, der A.G. Lenne-
Anks, des Walzwerks Peine.)

†† Hagen, Adolf, Stadtrath in Berlin. Fortschritt. (Director
der Deutschen Union-Bank, Gründer resp. Aufsichtsrath
der Deutschen Eisenbahnbaugesellschaft, der Rheinischen
Baugesellschaft in Köln, der Stettiner Vereinsbank, der
Deutschen Hypothekenbank in Berlin, der Mecklenburgischen
Boden-Credit-A.G., der Schlesischen Leinenindustrie Kramsta,
der Modenzeitung „Bazar" etc.)

von Hagke, Freiherr, Landrath in Weissensee. Freiconservativ.
(Nordhausen-Erfurter Eisenbahn.)

†† Hammacher, Dr. in Berlin. Nationalliberal. (Arenberg'scher
Bergbau, Bergbau Pluto, Bergbau Neu-Essen, Westdeutsche
Versicherungsgesellschaft, Essener gemeinnützige Actien-
gesellschaft, Steinhauser Hütte, Deutsche Unionbank, Deutsche
Eisenbahnbaugesellschaft, Wittener Gussstahl, Magdeburger
Bergwerk, Märkische Portland-Cementfabrik, Louisenthaler
Druckerei, Weberei und Spinnerei, Friedrichshütte bei
Minden, früher Porta Westphalica, Berg- und Hüttenwerk
„Perm", Magdeburg-Leipziger Eisenbahn, Bergwerk Tre-
monia, Fabrik Vygen & Co etc.).

* Handjery, Prinz, Landrath in Berlin. Conservativ. (Mitgründer der Berlin-Dresdener Eisenbahn.)

†† **Hardt**, Kaufmann in Berlin. Nationalliberal. (Disconto-
Gesellschaft, Provinzial-Disconto-Ges., Deutsche Bank, Erste
Preuss. Hypotheken-A.G. Hansemann, Preussische Central-
Bodencredit-A.G., Deutsche Feuer-Versicherungs-A.G.,
Woll-Import-Ges., Deutsch-Belgische La Platabank, New-
Yorker „Germania", Märkisch-Posener Eisenbahn, Phönix
in Laar, Stettiner Vereinsbank, Dortmund-Gronau-Enscheder
Eisenbahn, Halle-Sorau-Gubener Eisenbahn etc.)

Harkort, Friedrich, Grubenbesitzer in Wetter. Fortschritt.
(Mitvorbesitzer der Harkortschen Bergwerke und chemischen
Fabriken.)

Harnier, Dr. juris in Cassel. Nationalliberal. (Hessische
Nordbahn.)

Hausburg, Oekonomierath in Berlin. Liberal. (Norddeutsche
Grundcreditbank in Berlin.)

† Heise, Geh. Oberregierungsrath a. D. in Berlin. Conservativ.
(Rechte Oderufer-Bahn, Berlin-Dresdener Bahn, Breslauer
Wagenfabrik Linke, Provinzial-Wechslerbank in Breslau.)

† Henckel von Donnersmarck, Guido, Graf auf Schloss
Neudeck. Nationalliberal. (Schlesischer Bankverein, Schle-
sische A.G. für Bergbau und Zinkhüttenbetrieb, Berliner
Bankverein, Lothringer Eisenwerke, Donnersmarckhütte.)

* Henckel von Donnersmarck, Hugo, Graf. Klerikal. (Mitgründer der Königs- und Laurahütte.)

* Heyl, Cornelius Wilh. in Worms. Nationalliberal. (Mitgründer des Pfälzer Bankvereins in Mannheim.)

Hinschius, Professor in Berlin. Nationalliberal. (Berlin-
Hamburger Eisenbahn.)

Hoffmann, Bergrath in Eisfeld. Nationalliberal. (Werra-
Eisenbahn.)

† zu Hohenlohe-Ingelfingen, Karl, Prinz, Landrath a. D.
Freiconservativ. (Deutsche Grundcreditbank in Gotha,

Schlesischer Bankverein, Hüttengesellschaft Minerva, Lebens-
Versicherungsgesellschaft „Friedrich Wilhelm" in Berlin,
Seebad Heiligendamm.)

Holtz, Landschaftsrath in Alt-Marrin. Conservativ. (Pommer'sche
Hypothekenbank in Cöslin.)

Hopf, Dr. juris, Rechtsanwalt in Gotha. Nationalliberal. (Se-
cretair der Feuer-Versicherungsbank für Deutschland.)

von Huelsen, Generaldirector in Merseburg. Conservativ.
(Gewerbebank H. Schuster & Co.).

Hugenberg, Schatzrath in Hannover. Nationalliberal. (Hannover-Altenbeckener Eisenbahn.)

Hurtzig, Assessor a. D. in Hannover. Nationalliberal. (Director der Hannoverschen Boden-Creditbank.)

† Jacobs, Geh. Admiralitätsrath in Berlin. Nationalliberal.
(Gründer der Färberei Ullrich, der A.G. für Centralheizung,
des Oberschlesischen Eisenwalzwerks, Aufsichtsrath der
Renaissance und des Berliner Holzcomptoir.)

Jordan, Gutsbesitzer in Deidesheim. Nationalliberal. (Vereinigte Pfälzische Eisenbahnen, Märkische Portland-Cement-
Fabrik.)

† Jungermann, Regierungsrath a. D. in Berlin. Nationalliberal. (Mitgründer und Aufsichtsrath bei zahlreichen
Quistorp'schen Gesellschaften.)

Kaeswurm, Gutsbesitzer in Puspern. Fortschritt. (Gumbinner
Actienbrauerei.)

†† Kapp, Friedrich, Dr. phil. in Berlin. Nationalliberal. (Deutsche
Bank, Berliner Bankverein, Berliner Hotelgesellschaft,
Preussische Bernstein-A.G., Internationale Eisenbahnban-
gesellschaft in Frankfurt a. M., Posen-Kreuzburger Eisen-
bahn, Boden- und Communal-Credit in Elsass-Lothringen,
New-Yorker „Germania", Lebens-Versicherungsgesellschaft.)

Karbe, Rittergutsbesitzer auf Adamsdorf. (Preussische Hypotheken-Versicherungsgesellschaft Hübner.)

† von Kardorff, Rittergutsbesitzer auf Wabnitz. Freiconser-

vativ. (Erste Preussische Hypotheken-A.G. Hansemann, Preussische Central-Bodencredit-A.G., Königs- und Laurahütte, Deutsche Reichs- und Continental-Eisenbahnbau-Ges., Posen-Kreuzburger Eisenbahn.)

Katz, Fabrikbesitzer in Gernsbach. Conservativ. (Murgthal-Eisenbahn.)

* Keller, Oberbürgermeister in Duisburg. Nationalliberal. (Harkort's Brückenbau, Provinzial-Disconto-Gesellschaft Duisburg, Deutsch-Holländischer Bergbau in Duisburg, Bergisch-Märkische Eisenbahn.)

* von Kessler, Emil in Esslingen. Nationalliberal. (Maschinenfabrik Esslingen, Baumwollenspinnerei Esslingen, Bruderhaus in Reutlingen, Stuttgarter Bank.)

* Kiepert, Rittergutsbesitzer auf Marienfelde. Nationalliberal. (Gründer der Landwirthschaftlichen Maschinenfabrik Eckert.)

† Kieschke, Geh. Oberregierungsrath a. D. in Berlin. Nationalliberal. (Deutsche Baugesellschaft, Kaiserhof, Berliner Bankverein, Sächsische Eisenbahnbaugesellschaft.)

* von dem Kuesebeck, Freiherr, Landrath a. D. auf Jühnsdorf. Conservativ. (Gründer der Land- und Baugesellschaft Lichterfelde, der Landwirthschaftlichen Maschinenfabrik Eckert, der Berlin-Dresdener Eisenbahn.)

† Koch, Ferd., Hüttendirector auf Delligsen. Nationalliberal. (Ilseder Hütte, Eisenwerk Karlshütte, Braunschweiger Walzwerk, Deutsche Spiegelglas-Gesellschaft.)

Königsdorff, Felix, Graf. Freiconservativ. (Bad Königsdorff-Jastrzemb.)

Kolb, Georg Friedrich, Volkswirth in Speyer. Liberal. (Baierische Vereinsbank, Vereinigte Pfälzische Eisenbahnen.)

Kolbe, Kreisgerichtsrath a. D. bei Stettin. Nationalliberal. (Ritterschaftliche Privatbank in Stettin, Stettiner Walzmühle.)

Koppe, Oberamtmann in Wollup. Nationalliberal. (Rheinisch-Pommersche Ackerbau-A.G.)

* von Kulmiz, Geh. Commerzienrath in Ida- und Marienhütte.

Freiconservativ. (Chemische Düngerfabrik in Breslau, Chemische Fabrik „Silesia", Eisenwalzwerk „Vorwärtshütte".)

Kuntzen, Finanzrath a. D. in Braunschweig. Nationalliberal. (Zucker-Raffinerie in Braunschweig.)

Lamey, August, Staatsrath in Mannheim. Nationalliberal. (Süddeutsche Boden-Creditbank in München.)

Lammers, Redacteur in Bremen. Nationalliberal. (Erste Deutsche Nordsee-Fischerei-Gesellschaft.)

* Laporte, Obergerichtsanwalt in Hannover. Nationalliberal. (Egestorff's Salzwerke, Braunschweig-Hannoversche Hypothekenbank.)

Lasker, Eduard, Rechtsanwalt in Berlin. Nationalliberal. (Nach seiner eigenen Angabe in Hirth's Parlaments-Almanach, 9., 10. und 11. Ausgabe, „Syndicus der Deutschen Boden-Creditbank" (?) und des Berliner Pfandbriefamts.)

Lautz, Banquier in Trier. (Neue Mosel-Dampfschifffahrts-Ges. in Trier.)

Lent, Rechtsanwalt in Breslau. Nationalliberal. (Breslau-Schweidnitz-Freiburger Eisenbahn.)

* Lentz, Consul in Geestemünde. Nationalliberal. (Fischerei-Gesellschaft Weser, Hannover-Altenbeckener Eisenbahn.)

* Lienau, C. D., Kaufmann in Lübeck. Nationalliberal. (Gründer der Lübecker Bank.)

Lipke, Rechtsauwalt a. D. in Berlin. Nationalliberal. (Liquidator der Genfer Credit-Bank.)

* Löwe-Calbe, Dr. med. in Berlin. Fortschritt. (Vereinszeche Vaterland, Berliner Bergbau, Bochumer Gussstahl, Vereinigte Deutsche Telegraphen-Gesellschaft, Deutsche Lebens-Versicherungsbank.)

Lucius, Dr., Rittergutsbesitzer in Klein Ballhausen. Freiconservativ. (Versicherungsgesellschaft Thuringia, Berlin-Hamburger Eisenbahn.)

† Lueders, Stadtrath in Görlitz. Nationalliberal. (Görlitzer Eisenbahn-Material, Görlitzer Actienbrauerei, Görlitzer An-

zeiger, A.G. für Braunkohlen-Verwerthung „Glückauf‟, Märkisch-Posener Eisenbahn, Maschinenbau Körner in Görlitz etc.)

von Lyskowski, Rittergutsbesitzer. Pole. (Creditbank Donimirski in Thorn.)

* Meier, II. H., Kaufmann in Bremen. Nationalliberal. (Bremer Bank, Norddeutscher Lloyd, Deutsche Bank, Vereinigte Telegraphen-Gesellschaft.)

Meyer, Alexander, Dr., Redacteur der „Schlesischen Presse‟ in Breslau. Nationalliberal. („Flora‟ in Charlottenburg.)

Meyer, Richard Heinrich, Rittergutsbesitzer auf Okel. Nationalliberal. (Westphälische Bank in Bielefeld.)

* Minckwitz, Rechtsanwalt in Dresden. Fortschritt. (Baugesellschaft Germania in Dresden, Sächsische Farbenfabrik in Cunsdorf, Bierbrauerei zum Bergkeller in Radeberg.)

†† Miquel, Oberbürgermeister in Osnabrück. Nationalliberal. (Director der Discontogesellschaft, Gründer der Provinzial-Discontogesellschaft, der Rumänischen Eisenbahngesellschaft, der Dortmunder Union, der Preussischen Central-Bodencredit-A.G., Aufsichtsrath der St. Gotthard-Eisenbahn, der Braunschweigischen Eisenbahn, der Heinrichshütte, des Bochumer Bergwerks etc.)

Morstadt, Rentner in Karlsruhe. Nationalliberal. (Badische Bank.)

† Mosle, A. G., Kaufmann in Bremen. Nationalliberal. (Erste Deutsche Nordsee-Fischerei-Gesellschaft, Deutsche Bank, Schiffbaugesellschaft „Weser‟, Egestorff's Salzwerke etc.).

von Moszczenski, Rittergutsbesitzer auf Wiatrowo. Pole. (Handelsgesellschaft Bninski in Posen.)

†† Müller, Gustav (G. Müller & Co.), Banquier in Berlin. Nationalliberal. (Bei fast unzähligen Gesellschaften betheiligt.)

* Müller, Gustav, Kaufmann in Stuttgart. Nationalliberal. (Würtembergische Vereinsbank, Würtemberger Notenbank, Allgemeine Baugesellschaft in Stuttgart.)

Neubourg, Landschaftsrath in Stade. Nationalliberal. (Hannover-Altenbeckener Eisenbahn.)

North, Jean, Dr. juris in Strassburg. Elsässische Partei. (Director der A.G. für Boden- und Communalcredit in Elsass-Lothringen.)

Oesterreich, Landsyndicus in Braunschweig. Nationalliberal. (Zucker-Raffinerie zu Braunschweig, Braunschweigische Baugesellschaft)

† Overweg, Carl, Rittergutsbesitzer auf Letmathe. Nationalliberal. (Hoerder Bergwerk, Schaaffhausen'scher Bankverein, Massener Kohlenbergbau, Bergisch-Märkische Eisenbahn, Deutsche Bank, Märkisch-Westphälischer Bergwerksverein etc.)

Parisius, Ludolf, Kreisrichter a. D. in Berlin. Fortschritt. (Berliner Aquarium.)

† Parrisius, Rudolf, Kreisgerichtsrath a. D. Liberal. (Gesellschafter der Deutschen Genossenschaftsbank von Soergel, Parrisius & Co., und als solcher an den Gründungen derselben betheiligt.)

Pfeiffer, Dr., Rittergutsbesitzer in Burkersdorf bei Herrnhut. Freiconservativ. (Oberlausitzer Bank in Zittau.)

* Pflüger, Landwirth in Lörrach (Baden). Nationalliberal. (Rheinische Hypothekenbank in Mannheim, Kreis-Hypothekenbank in Lörrach, Wiesenthalbahn, Salzwerk Wyhlen.)

* Phillips, Oberbürgermeister in Elbing. Fortschritt. (Elbinger Creditbank, Elbinger Dampfschifffahrt, Elbinger Eisenbahnmaterial, Grosse Amtsmühle in Elbing.)

Pieschel, Stadtrath in Naumburg a. S. Nationalliberal. (Allgemeine Deutsche Hagel-Versicherungsgesellschaft „Union" in Weimar.)

von Potworowski, Rittergutsbesitzer im Posenschen. Pole (Bank für Landwirthschaft und Industrie in Posen.)

von Praschma auf Falkenberg, O. S., Graf. Klerikal. (Preuss.

Feuer-Versicherungs-Gesellschaft, Preussische Hagel-Versicherungsgesellschaft.)

Probst, Rechtsanwalt in Stuttgart. Liberal. (Lebens-Versicherungs-Bank in Stuttgart, Bruderhaus in Reutlingen.)

von Pückler, Graf, Landeshauptmann von Schlesien. Conservativ. (Breslau-Schweidnitz-Freiburger Eisenbahn, Schlesische Vereinsbank.)

* Reincke, Kaufmann in Altona. Freiconservativ. (Hypothekenbank in Hamburg, Vereinsbank in Hamburg, Schleswigsche Eisenbahn, Gas- und Wassergesellschaft in Altona.)

* Reinecke, Amtmann in Halle a. S. Nationalliberal. (Halle'scher Bankverein, Actienbrauerei in Thale.)

† Renard, Johannes, Graf. Freiconservativ. (Preuss. Lebens-Versicherungsgesellschaft „Friedrich Wilhelm", Unionsgestüt Hoppegarten, Seebad Heiligendamm, Schlesische Hüttengesellschaft Minerva, Oberschlesischer Eisenbahnbedarf.)

† Ross, Edgar D. (Ross, Vidal & Co.), Kaufmann in Hamburg. Nationalliberal. (Internationale Bank in Hamburg, Hamburg-Amerikanische Packetfahrt-Ges., Hanseatische Baugesellschaft, Deutsche Eisenbahnbaugesellschaft, Hamburg-Südamerikanische Dampfer-Gesellsch., Deutsch-Transatlantische Dampfschifffahrts-Ges.)

Richter, Professor in Tharaud. Freiconservativ. (Baugesellschaft Germania in Dresden.)

Römer, Reichs-Oberhandelsgerichtsrath in Leipzig. Nationalliberal. (Würtembergische Hypothekenbank.)

von Rönne, Appellationsgerichts-Vicepräsident a. D. in Berlin. Nationalliberal. (Disconto-Gesellschaft.)

von Rogalinski, Rittergutsbesitzer auf Krolikowo. Pole. (Bank für Landwirthschaft und Industrie in Posen.)

von Sänger, Rittergutsbesitzer in Grabowo. Liberal. (Preuss. Centralboden-Credit-A.G.)

von Sarwey, Staatsrath in Stuttgart. Freiconservativ. (Würtemberger Hypothekenbank.)

Schaffrath, Rechtsauwalt in Dresden. Fortschritt. (Sächsische Hypotheken-Versich.-Ges., Sächsisch-Böhmische Dampfschifffahrts-Ges.).

* von Schauss, Friedrich, Dr. in München. Nationalliberal. (Glasfabrik Kolbermoor, Süddeutsche Boden-Creditbank, Neumarkt-Ried-Braunauer Bahn.)

Schellwitz, Präsident der Generalcommission für Schlesien. Liberal. (Breslauer Wechslerbank.)

Schenck, Obergerichtsanwalt in Wiesbaden. Fortschritt. (Deutsche Genossenschaftsbank von Soergel, Parrisius & Co.)

† Schön, G. A., Kaufmann in Hamburg. Nationalliberal. (Hamburg-Bremer Feuer-Versicherung, Hamburg-Bremer Rückversicherung, Hamburg-Amerikanische Packetfahrt-Ges., Cuxhavener Eisenbahn-Ges., Cuxhavener Immobilien-Ges., Deutsch-Transatlantische Dampfschiffs-Ges. etc.)

† Schöttler, Commerzienrath in Braunschweig. Nationalliberal. (Braunschweigische Eisenbahn, Braunschweiger Maschinenbauanstalt, Baubank in Braunschweig, Actien-Bierbrauerei Braunschweig, A.G. für Arbeiterwohnungen etc.)

von Schorlemer-Alst, Freiherr. Klerikal. (Eisenbahn Münster-Enschede.)

* Schreck, Rechtsanwalt in Pirna. Fortschritt. (Dresdener Bau-Gesellschaft, Pirnaer Bank, Sächsische Industrie in Pirna, Tabacksfabrik Kronenberg.)

* Schulze-Delitzsch, Kreisrichter a. D. in Potsdam. Fortschritt. (Gründer und Aufsichtsrath der Deutschen Genossenschaftsbank von Soergel, Parrisius & Co., und als solcher für die faulen Gründungen derselben mitverantwortlich.)

von Schwerin-Putzar, Graf, Staatsminister a. D. (Preussische Hypotheken-Versicherungs-Actiengesellschaft Hübner.)

* Scipio, Gutsbesitzer in Mannheim. Nationalliberal. (Creditbank in Mannheim, Rheinische Hypothekenbank.)

* Serlo, Berghauptmann in Breslau. Freiconservativ. (Ober-

33*

schlesische Eisenbahn, Donnersmarckhütte, Schlesischer Bankverein.)

* von Seydewitz, Otto Theodor, Landesältester der Oberlausitz auf Reichenbach. Conservativ. (Preussische Hypotheken-Actien-Bank Henckel, Berlin-Görlitzer Eisenbahn, Halle-Sorau-Gubener Eisenbahn.)

†† **Siemens**, Georg, Assessor a. D. in Berlin. Nationalliberal. (Deutsche Bank, Berliner Hotel-Gesellschaft, Internationale Bau- und Eisenbahnbaugesellschaft in Frankfurt a. M., Maschinenbaugesellschaft Schwartzkopff, Maschinenfabrik Cyklop, Mecklenburgische Hypotheken- und Wechselbank, A.G. für Boden- und Communalcredit in Elsass-Lothringen, Woll-Importgesellschaft, Commanditgesellschaft Joh. Hoff, Liquidator der Deutschen Unionbank und des Berliner Bankverein etc.)

* Siemens, Werner, Fabrikbesitzer in Berlin. Liberal. (Mitgründer der Maschinenfabrik „Cyklop", „Erster Zeichner" der Deutschen Bank.)

von Skorzewski, Leo, Graf auf Labitschin. Pole. (Handelsgesellschaft Bniuski.)

* Sloman, Robert M., Rheder in Hamburg. Nationalliberal. (Cuxhavener Eisenbahn, Deutsch-Transatlantische Dampfer-Gesellschaft.)

zu Solms-Laubach, Otto, Graf. Liberal. (Oberhessische Eisenbahn-Ges., Landwirthschaftliche Creditbank in Frankfurt a. M.)

* zu Solms-Sonnenwalde, Graf, Landrath in Luckau. Conservativ. (Halle-Sorau-Gubener Eisenbahn, Berlin-Görlitzer Eisenbahn, Gewerbebank H. Schuster & Co., Berliner Wechslerbank.)

von Sybel, Geh. Regierungsrath in Berlin. Nationalliberal. (Rheinische Eisenbahngesellschaft.)

von Stauffenberg, Schenk, Freiherr in München. Nationalliberal. (Süddeutsche Boden-Creditbank.)

Stephani, Dr., Vicebürgermeister in Leipzig. Nationalliberal. (Leipzig-Dresdener Eisenbahn.)

†† **Sonnemann**, Zeitungsbesitzer in Frankfurt a. M. Demokrat. (Consortialiter bei sehr vielen Gründungen betheiligt.)

* **Strassmann**, W., Dr. med., Stadtverordneten-Vorsteher in Berlin. Fortschritt. (Gründer und Aufsichtsrath der Centralbank für Genossenschaften, und als solcher für die faulen Gründungen dieser Bank mitverantwortlich.)

†† **Strausberg**, Baruch Hirsch, genannt Dr. Strousberg. Conservativ.

Thiel, Rechtsanwalt in Bautzen. Nationalliberal. (Vereinigte Bautzener Papierfabriken.)

von Thüngen, Freiherr. Conservativ. (Bairische Handelsbank.)

* Träger, Rechtsanwalt in Nordhausen. Fortschritt. (Erfurt-Hof-Eger-Eisenbahn, Saal-Unstrut-Eisenbahn.)

von Turno, Rittergutsbesitzer auf Obierzcrze. Pole. (Handelsgesellschaft von Bninski.)

Uhlendorff, Kaufmann in Hamm in Westphalen. Fortschritt. (Actien-Bierbrauerei „Mark" in Hamm.)

† von Unruh, Regierungsrath a. D. in Berlin. Nationalliberal. (Eisenbahnbedarf Pflug, Maschinenbau Schwartzkopff, Deutsche Continental-Gasgesellschaft in Dessau, Halle-Sorau-Gubener Eisenbahn, Berliner Handelsgesellschaft.)

von Unruhe-Bomst, Freiherr, Landrath. Freiconservativ. (Märkisch-Posener Eisenbahn.)

von Vaerst, Baron in Berlin. Nationalliberal. (Deutsche Grund-Creditbank in Gotha.)

Valentin, Justizrath a. D. in Kreischa. Nationalliberal. (Continental-Telegraphen-Compagnie.)

von Varnbüler, Würtembergischer Minister a. D. Freiconservativ. (Internationale Bau- und Eisenbahnbaugesellschaft in Frankfurt a. M).

Vogtherr, Director in Frankfurt a. M. Fortschritt. (Director der „Providentia".)

† Wagener, Geheimer Rath in Berlin. Conservativ. (Vereins-
zeche Vaterland, Braunkohlenbergbau Frose, Gewerbebank
H. Schuster & Co., Pommer'sche Centralbahn, Preussische
Hypotheken-Credit- und Bank-Anstalt Henckel.)

* Walter, August, Kaufmann in Dresden. Fortschritt. (Press-
hefen- und Kornspiritus-Fabrik in Dresden, Voigtländische
Eisenbahnwagenfabrik.)

* Websky, Fabrikbesitzer in Wüstewaltersdorf. Nationalliberal.
(Schlesische Leinenfabrik Kramsta.)

* von Wedell, Rittergutsbesitzer auf Malchow. Conservativ.
(Prenzlauer Kreisbank, Preuss. Central-Boden-Credit-A.G.,
Uckermärkische Wollbank.)

* Wehrenpfennig, Wilh., Schriftsteller in Berlin. Nationalliberal. (Mitgründer der Spener'schen Zeitungsactiengesell-
schaft.)

Westphal, Bürgermeister von Schwerin i. M. Nationalliberal.
(Mecklenburgische Actien-Bierbrauerei.)

Wichmann, August in Lübeck. Nationalliberal. (Director
der Deutschen Lebens-Versicherungsgesellschaft in Lübeck.)

Wiedwald, Kaufmann in Elbing. Fortschritt. (Elbinger Creditbank.)

Wild, Albert, Dr. und Banquier in München. Conservativ.
(Baierische Handelsbank.)

Windthorst, Minister a. D. in Hannover. Klerikal. (Hannoversche Bank.)

von Wintzingerode auf Bodenstein, Graf. Freiconservativ.
(Preussische Boden-Credit-Actienbank Jachmann, Actien-
Bau-Verein Königstadt.)

* Wölfel, Rechtsanwalt in Merseburg. Nationalliberal. (Rumänische Eisenbahn-Gesellschaft, Zuckerfabrik Körbisdorf.)

Wolffson, Advocat in Hamburg. Nationalliberal. (Hamburger
Bankverein, Waaren- und Credit-Anstalt in Hamburg.)

* von Wurmb, früher Polizeipräsident in Berlin. Conservativ.

(Mitgründer der „Flora" in Charlottenburg, Aufsichtsrath
der Berlin-Görlitzer Eisenbahn.)

†† **Zuckschwerdt**, Kaufmann in Magdeburg. Nationalliberal.
(Bei fast unzähligen Gesellschaften betheiligt.)

Diese Liste erhebt keinen Anspruch auf Vollständigkeit. Wahrscheinlich fehlt noch mancher Name;
wahrscheinlich sind nicht wenige der Genannten auch
noch bei anderen Gesellschaften betheiligt. Viele
Gründer resp. „Erste Zeichner" waren von vornherein
so vorsichtig, hinter den Coulissen zu bleiben; viele
Aufsichtsräthe sind nie publicirt worden, und bei
vielen anderen hat noch nicht festgestellt werden
können, ob sie nicht auch zugleich Gründer resp.
„Erste Zeichner" sind, weshalb eine Vervollständigung
vorbehalten bleibt.

Aber auch schon so wie es ist, macht dieses Verzeichniss einen erschrecklichen Eindruck. Ganz abgesehen von den Personen, die ohne Auszeichnung aufgeführt sind, und von denen die meisten auch wol
kein besonderer Vorwurf trifft, so bleibt noch immer
eine Unzahl eigentlicher Gründer und Gründergenossen, und unter ihnen ist die Blüthe der Aristokratie, sind die ersten Würdenträger des Staats, die
gefeiertsten Parlaments-Redner vertreten. Herzog
von Ratibor, der zeitige Präsident des Herrenhauses,
und Herr von Bennigsen, der gegenwärtige Präsident

des Abgeordnetenhauses, sind beides Gründer und beides Genossen von Baruch Hirsch Strausberg; und als Mitgründer resp. Aufsichtsräthe bei den Unternehmungen dieses unseligen Menschen figuriren ausserdem noch folgende Parlamentarier: Adickes, Ambronn, Heise, Richtsteig, Herzog von Ujest, Graf Lehndorff, Fürst zu Putbus, Graf zu Solms-Baruth, Graf zu Solms-Sonnenwalde, Graf Eberhard zu Stolberg-Wernigerode, von Seydewitz, von Wurmb, von Unruhe-Bombst etc. Staatsminister a. D. von Bernuth und Oberbürgermeister Hasselbach, die Vicepräsidenten des Herrenhauses, sind beides mehrfache Aufsichtsräthe. Als Alterspräsident des Deutschen Reichstags waltet frisch und frei der grosse Gründer, Staatsminister a. D. Georg von Bonin; und Herr Miquel, der noch grössere Gründer, der Genosse der Discontogesellschaft, war ein hervorragender Redner der General-Synode, präsidirte der Commission für die Reichs-Justiz-Gesetze, und ist, wie die Zeitungen meldeten, neuerdings von Herrn Achenbach, dem Handelsminister, als Vertrauensmann zur Berathung über die schwebenden Handwerker- und Arbeiterfragen eingeladen. Auch im Preussischen Herrenhause sitzen gegenwärtig noch 57 Gründer resp. Aufsichtsräthe. Kein Wunder, dass über die Petition der Herren

von Jena II. und Genossen, welche eine gehörige
Prüfung des Gründerunwesens und eine Revision des
Gewerbe- und Actiengesetzes verlangte, von der
„liberalen" Majorität des Herrenhauses, auf Antrag
des Oberbürgermeisters Gobbin, zur Tagesordnung
übergegangen wurde! Besonders charakteristisch ist
die Thatsache, dass die politischen Märtyrer von 1848
und aus der Reactionszeit, die gefeierten Volks-
männer, sich hinterher als sehr praktische Leute bewiesen haben, und fast sämmtlich unter die Gründer
gegangen sind, zum grossen Theil als Gehülfen der
eigentlichen Gründerbanken wirkten. Dahin gehören:
Bamberger, Braun-Wiesbaden, Miquel, Kapp, Hammacher, Hagen, Rudolf Parrisius, Phillips, Schulze-
Delitzsch, W. Strassmann, Faucher, Jungermann; und
im Uebrigen sind noch zu nennen: von Unruh, von
Bennigsen, Frühauf, Löwe-Calbe etc. Man kann be-
rechnen, dass die „Schöpfungen" jedes Einzelnen dieser
Herren aus der ersten Reihe dem Deutschen Volke
verschiedene Millionen kosten.

Die grossen Eisenbahngesellschaften wie die grossen
Bankinstitute hatten jede im Parlament ihre Vertreter,
die hier für sie wirkten, und die als Aufsichtsräthe
von ihnen in der Schwindelperiode riesige Tantièmen
bezogen. Mit den Namen der parlamentarischen

Aufsichtsräthe schmückten die betreffenden Gesellschaften ihre Geschäftsberichte und Prospecte, trieben sie ihre Acticn bis zu einer unsinnigen Höhe, emittirten, sie mit unverschämtem Agio wiederholt junge Actien setzten sie die faulsten Gründungen in die Welt, fingen sie das vertrauensselige Publikum ein. Auf den Prospecten und Geschäftsberichten bezeichneten sich die parlamentarischen Mitgründer und Aufsichtsräthe ausdrücklich als Mitglied des Deutschen Reichstags, des Preuss. Abgeordnetenhauses, der II. Sächsischen Kammer etc. Und dieselben Personen höhnen und schmähen jetzt das betrogene Publikum, schelten es ob seiner Spielwuth, seiner blinden Gier, seiner unverantwortlichen Thorheit und Einfalt. Fürwahr, diese Frechheit ist empörend!

Der A. Schaaffhausen'sche Bankverein in Köln war im Parlament vertreten durch die Herren Mevissen, Freiherr von Diergardt und Overweg. 1871 entfielen 12½, 1872 — 14 % Dividende. Noch 1873, wo es nur 8 % gab, erhielten die drei Directoren Victor Wendelstadt, Theodor Movius und Ernst Königs an Tantièmen 75,000 Thaler; die 14 Aufsichtsräthe steckten ein Trinkgeld von etwa 110,000 Thalern ein. Für 1874 erhielten die Directoren nur 45,000, für 1875 nur noch 15,000 Thaler, und die Aufsichtsräthe nach diesem Verhältniss. 1876 betrug die Dividende 0, und der Cours der Actien ist von einst ca. 190 bis etwa 60 gesunken. Der Schlesische Bankverein in Breslau war im Parlament vertreten durch Graf Guido Henckel von Donnersmarck und Prinz Carl Hohenlohe.

1871 und 1872 gab es bei 12 und resp. 14 % Dividende hohe
Tantièmen. Der Cours stand einst ca. 180 und sank bis etwa
80. Die Preussische Hypotheken-Versicherungs-A.G.
Hübner war im Parlament vertreten durch von Bockum-Dolffs,
von Carlowitz, Freiherr von Eckardstein-Prötzel, Graf von
Schwerin-Putzar, Freiherr von Patow; die Deutsche Grund-
Creditbank in Gotha durch Fürst Hatzfeld-Trachenberg, Prinz
Carl Hohenlohe, Graf von Maltzan-Militsch, Baron von Vaerst;
die Gewerbebank H. Schuster & Co. in Berlin (Cours einst
150, jetzt 3) durch Wagener, von Huelsen, Graf Solms-Sonnen-
walde; die Deutsche Genossenschaftsbank in Berlin (Cours
einst 150, jetzt 90) durch Rud. Parrisius, Schulze-Delitzsch,
Schenck, Dr. Buhl; die Berliner Handelsgesellschaft
(Cours einst 160, jetzt 50) durch Mevissen, von Unruh; die
Deutsche Unionbank (Cours einst 180, später 68) durch
Hammacher, Hagen, Braun-Wiesbaden; die Preussische
Boden-Credit-Actienbank Jachmann durch Excellenz
von Bonin, Dr. Engel, Dr. Ahlmann, Günther, Graf von Wintzingerode, Dr. Wehrenpfennig; der Berliner Bankverein durch
Kapp, Kieschke, Graf Guido Heuckel von Donnersmarck. Bei
dem letzteren wurden die Actien mit zusammen 6 Millionen
Thaler, bei 40 % Einzahlung à 120—124 an die Börse gebracht,
was einem Course von 150—160 entspricht, und diese 40 pro-
zentigen Interimsscheine getrieben bis 140, was einen Cours
von 200 bedeutet. Später sank die Vollactie bis etwa 70.
Dieser famose Bankverein war eine blosse Gründerbank und
liquidirte, sobald der Schwindel zu Ende war. Bei der Berliner Handelsgesellschaft erhielt der Verwaltungsrath für 1871
— 35,800 Thaler, und 1873 noch 26,500 Thaler Tantième; bei
der Gewerbebank Schuster erhielt der Aufsichtsrath 1871 —
50,000 Thaler, 1872 aber 90,000 Thaler; bei der Deutschen
Unionbank empfingen 1871 Direction und Verwaltungsrath
60,000 Thaler Trinkgeld; bei der Preussischen Boden-Credit-
Actienbank Jachmann betrug das Tantièmen-Conto im Jahre

1871 — 60,000 Thaler und 1872, einschliesslich der Trinkgelder aus der berüchtigten Preussischen Creditanstalt — 318,000 Thaler!

Eine so zu sagen, parlamentarische Gründung war die März 1870 errichtete **Preussische Central-Bodencredit-Actien-Gesellschaft.** Als Gründer traten auf: Baron Carl von Rothschild in Frankfurt a. M., Baron Abraham von Oppenheim in Cöln, Geh. Commerzienräthe Gerson Bleichröder und Adolf Hansemann, Oberbürgermeister Miquel; während als erste Verwaltungsräthe u. A. folgende Parlamentarier genannt sind: Graf von Arnim-Boytzenburg, von Bernuth, von Bethmann-Hollweg auf Runowo, von Wedell-Malchow, von Sänger-Grabowo, von Simpson-Georgenburg, von Kardorff, Graf von Bocholtz-Niesen, Dr. Braun-Wiesbaden, Freiherr von Eckardstein-Proetzel (letzterer als „Revisor"). Juristen haben ausgeführt, dass die Gesellschaft mit ganz ausserordentlichen, geradezu ungesetzlichen Privilegien ausgestattet ist; ausser allem Zweifel steht, dass auf Grund dieser Privilegien mit den Actien sofort eine Agiotage der schlimmsten Art getrieben wurde, doppelt anstössig, weil sie einen schreienden Widerspruch zu dem eigentlichen Zwecke dieses Instituts bildet. Anstatt das Capital auf 4,800,000 Thaler festzusetzen, wurden 12 Millionen Thaler ausgeworfen, aber nur 40 procentige Interimsscheine ausgegeben, die auch heute noch existiren und wahrscheinlich nie vollgezahlt werden. Diese Interimsscheine kamen am 24. Juni 1870 an die Berliner Börse à 106—110, waren dafür aber gar nicht zu haben, und notirten schon am 29. Juni 123—127, was einem Course von $157\frac{1}{2}$—$167\frac{1}{2}$ entspricht. 1872 stiegen sie sogar bis 140, was einen Cours von 200 bedeutet. Selbstverständlich haben dieses kolossale Agio die „Ersten Zeichner" eingesteckt, und dieselben haben sich auch noch bei jeder Erhöhung des Capitals ein Drittel der neuen Actien vorbehalten. So spielte man früher in Venedig, seit Anbruch des neuen Deutschen Reichs aber in Berlin!

Wie J. A. Leisewitz, der Dichter des „Julius von Tarent",

will auch Ludwig Bamberger nur Ein Kind in die Welt
gesetzt haben, aber dieses Kind war gleichfalls ein Löwe. Er
gründete Februar 1870 in Verbindung mit Adalbert Delbrück,
H. Zwicker (Gebr. Schickler), Hardt & Co., Victor Freiherr von
Magnus (F. Mart. Magnus), Eduard Freiherr von der Heydt,
E. J. Meyer, G. Müller & Co., Gustav Kutter, Adolf vom Rath
(Deichmann & Co.), Victor Wendelstadt, J. L. Eltzbacher, Martin
Frege, Consul Gebhard, H. Bischoffsheim, Adolf Deichmann
(Horstmann & Co.), R. Sulzbach u. A. — die **Deutsche Bank.**
Lauter Gründer ersten Ranges, und eine wahrhaft klassische
Gründung! Ludwig Bamberger will, wie er sich in der Corre-
spondenz der Herren Wehrenpfennig und Rickert entschuldigen
liess, „wegen seiner Erfahrungen im überseeischen Geschäft (!)
herangezogen" sein, hat aber alle Vortheile der Gründung still
und zufrieden mitgenossen. Die I. Emission betrug 5 Millionen
Thaler, und wurden die 40procentigen Interimsscheine im Laufe
des Jahres 1871 bis 125 getrieben, was einem Course von 162
entspricht. Die II. Emission geschah Ende 1871, noch ehe
die alten Actien voll eingezahlt waren, und betrug
gleichfalls 5 Millionen Thaler. Die Gründer resp. ersten Zeichner
hatten sich im Statut sämmtliche Actien der neuen
Emissionen vorbehalten, und machten von diesem unbeschei-
denen Privileg nun Gebrauch, indem sie die jungen Actien zum
Course von 110 vergaben. Sie strichen also mit einem Federzuge 10 % Agio oder 500,000 Thaler ein, was selbst in der
Börsenpresse einen Sturm des Unwillens hervorrief. Dadurch
eingeschüchtert, liessen sie den vierten Theil ihrer Beute in
den Reservefonds fliessen, und schritten Ende 1872 zu einer
III. Emission, die wieder 5 Millionen Thaler betrug. Diesmal
begnügten sich die edlen Seelen mit der Hälfte der jungen
Actien, und da der Cours der alten etwa 115 war, heimsten
sie diesmal nur ca. 375,000 Thaler ein. 1875 sank der Cours
der Vollactie bis fast 70, und die Bank hätte, da sie nach dem
Krach wenig mehr zu thun fand, auch schon liquidirt, wäre

sie nicht von der Regierung, zu der sie durch Delbrück, Leo und Co. in Beziehungen stand, mit manchem „internationalen" Geschäft, Verkauf von Chassepots, Silber etc., betraut worden. Nach dem Abgang des Ministers Delbrück indessen erfuhr Herr Pietsch, Agent der Deutschen Bank in London, der in Vollmacht der Deutschen Regierung Erklärungen über diesseitige Silberverkäufe abgegeben hatte, im „Reichsanzeiger" ein trocknes Dementi. Neuerdings ernährte sich die Deutsche Bank hauptsächlich von der Liquidation der Deutschen Union-Bank und des Berliner Bankverein. Im Parlament war sie vertreten durch Ludwig Bamberger, Hardt, H. H. Meier, A. G. Mosle, Consul G. Müller, Overweg, Kapp und Dr. Georg Siemens. Letzterer, ein junger, bis dahin völlig unbekannter Assessor und dann Director der Deutschen Bank, wurde durch Bamberger's Einfluss in den Reichstag bugsirt. Fr. Kapp war sowol beim Berliner Bankverein wie bei der Deutschen Bank thätig, weil beide Gründungen unter der Hand seines Gönners, des Herrn Adalbert Delbrück entstanden. Delbrück, Leo & Co., noch 1867 blosse Agenten der Lebens-Versicherungsgesellschaft „Concordia", machten zugleich mit ihrem Vetter, dem Präsidenten des Reichskanzleramts, Carrière, wurden ein grosses Bankhaus und haben in der Schwindelperiode eine Unmasse von Gründungen verfasst, bei denen allen Herr Adalbert Delbrück als Aufsichtsrath waltete. Was Ludwig Bamberger anbetrifft, so können ihm weitere Gründungen nicht nachgewiesen werden, doch hat sich die Firma Bamberger & Co. in Mainz, der er früher angehörte, an verschiedenen „Schöpfungen" betheiligt, z. B. an der „Deutschen Unionbank Mannheim", seligen Angedenkens.

S. Bleichröder und die Disconto-Gesellschaft sind die ersten Bankinstitute Berlins und mit die ersten der Welt, aber beide haben auch die grössten und blutigsten Gründungen verübt, wobei sie bald Hand in Hand gingen, bald wie feindliche Brüder sich gegenüber traten. Trotzdem wurden Herr Gerson Bleichröder und Herr Adolf Hansemann März 1872 in den Adelstand erhoben!

Bleichröder gründete u. A.: die Vereinigte Königs- und Laurahütte mit 9 Millionen Thaler Actien (Cours einst 275, jetzt ca. 60); die Deutsche Reichs- und Continental-Eisenbahnbaugesellschaft mit 10 Millionen Thaler Actien, deren 40 procentige Interimsscheine à 115, d. h. thatsächlich à 137$\frac{1}{2}$ eingeführt wurden (Cours einst = 162$\frac{1}{2}$, jetzt = 12$\frac{1}{2}$); die **Posen-Kreuzburger Bahn** mit 12 Millionen Thaler Actien (ohne Börsencours); und die **Weimar-Geraer Bahn** mit 6$\frac{1}{2}$ Millionen Thaler, zu 91$\frac{1}{2}$ aufgelegt (Cours noch ca. 40 resp. 15). Noch März 1873, kurz vor dem Krach, gründete Bleichröder, in Gemeinschaft mit der Berliner Handelsgesellschaft, das Bergwerk **Hibernia und Shamrock** auf 5,600,000 Thaler Actien. Die 50 procentigen Interimsscheine wurden à 130 eingeführt, was einen Cours von 160 bedeutet, und noch am selben Tage bis 150 getrieben, was einem Course von 200 entspricht; weshalb der Börsenwitz das Papier „Schamroth" nannte. Heute notirt die Vollactie etwa 25. Bleichröder's Gehülfen bei diesen Gründungen waren u. A. der Abgeordnete **von Kardorff** und der Berliner Stadtverordnete **Wilhelm Weber**, früher Oberbürgermeister in Gera; beides hervorragende Redner auf den Generalversammlungen der betreffenden Gesellschaften. Weber fungirt zugleich als „Bureauchef" und Procurist von Bleichröder. An Trinkgeldern entfielen bei der Königs- und Laurahütte für die Aufsichtsräthe 1871/72 — 53,000 Thaler, in den beiden folgenden Jahren aber etwa je 200,000 Thaler; bei Hibernia und Shamrock empfing der Aufsichtsrath 1873 — 24,700 Thaler und 1874 — 15,000 Thaler; und selbst bei der trostlosen Reichs-Eisenbahnbaugesellschaft, wo die Einnahmen zum grossen Theil in „Zinsen" der eigenen Effecten und in „Coursgewinnsten" bestanden, scheute man sich nicht, pro 1873 ca. 50,000 Thaler als Tantième auszuwerfen.

Die **Disconto-Gesellschaft** gründete u. A. das **Commerner Bergwerk** auf 1$\frac{1}{2}$ Millionen Thaler Actien, welche sogleich à 130 eingeführt wurden und dann bis 60 sanken; das

Berg- und Hüttenwerk Harzer Union mit 2 Millionen Thaler Actien (Cours einst 120, jetzt 0); das Berzelius-Bergwerk mit 1,400,000 Thaler Actien, eingeführt zu 118—120 (Cours einst 130, jetzt 50); die Aachener Disconto-Gesellschaft mit 2,000,000 Thaler Actien, worauf 40% eingezahlt sind (Cours einst gleich 150, jetzt gleich 70); das Gelsenkirchener Bergwerk mit 4½ Mill. Thaler Actien, eingeführt, bei 50% Einzahlung à 118, also zum Course von 136, und getrieben bis 175, was einen Cours von 250 bedeutet, während die Vollactie heute etwa 80 notirt. Bei der letzten Gesellschaft empfing der Aufsichtsrath an Trinkgeld 1873 — 26,000 Thaler, 1874 — 28,000 Thaler und 1875 — 12,000 Thaler.

November 1871 gebar die Disconto-Gesellschaft die **Provinzial-Disconto-Gesellschaft,** vielleicht die überflüssigste und gewaltsamste Gründung der ganzen Schwindelperiode. Anstatt in den Provinzen Filialen und Commanditen zu errichten, etablirte sie in der Hauptstadt ein Tochter-Institut, dessen Direction aber aus denselben Personen wie die Verwaltung der Mutter-Anstalt, aus Hansemann, Miquel und Salomonsohn, den Geschäfts-Inhabern der Disconto-Gesellschaft bestand. Selbst die „National-zeitung", obgleich sie den Plan „rationell" nannte, war doch in Verlegenheit, wie sie ihn definiren sollte, und behielt sich ein „definitives Urtheil" vor. Und gerade hier wurde wieder die unverschämteste Agiotage verübt. Das Actiencapital betrug 10,000,000 Thaler und kam in 40procentigen Interimsscheinen an die Börse, welche man zu 120 einführte, und welche noch am selben Tage bis 131, später bis 150 stiegen, was einem Course von 225 entspricht. April 1872 wurden noch 20% eingezahlt, und der Cours ging bis 190. Damals kostete der 60procentige Interimsschein 300 Thaler, während er heute etwa noch 60 Thaler gilt; und der Coursunterschied von damals und jetzt verhält sich wie 250 zu 50!! Die Provinzial-Disconto-Gesellschaft errichtete nun Zweigniederlassungen in Duisburg, Ludwigshafen, Bernburg, Hameln und ähnlichen grossen See-

und Handelsstädten, vertheilte pro 1872 an Dividende 16 %. und fette Trinkgelder für Direction und Aufsichtsrath. Die einzige Acquisition von Bedeutung war der Ankauf des Bankgeschäfts von M. J. Frensdorff in Hannover, aber gerade bei diesem verlor sie durch waghalsige Speculation des bisherigen Inhabers, der die Leitung behielt, 1873 die ungeheuere Summe von 772,000 Thaler. Das Publikum hat an dieser einzigen Gesellschaft etwa 11 Millionen Thaler eingebüsst.

Eine noch viel blutigere Gründung war die **Dortmunder Union.** Sie wurde Februar 1872 zusammengeschweisst aus der Dortmunder Hütte und andern Bestandtheilen der Strausberg'schen Erbschaft, welche man angeblich um 6 Millionen Thaler übernahm, und aus der Heinrichshütte nebst Neuschottland, welche Herr Hansemann den Actionären für 5 Millionen Thaler überliess. Hinterher wurde noch Weiteres zugekauft, und das Actiencapital auf 13,200,000 Thaler gebracht! Dazu traten Prioritäten, Hypotheken und andere Schulden, die zusammen sich auch auf ca. 12 Millionen Thaler beziffern!! „Das Unternehmen der 'Union' ist an Grösse des Ziels fast ohne Beispiel!" sagte mit naiver Aufrichtigkeit der Prospect. Für die Periode vom 1. Januar 1872 bis 1. Juli 1873 entfielen 12 % Dividende und für den Aufsichtsrath ein Trinkgeld von 141,500 Thaler, wovon er jedoch nur die Hälfte nahm; die andere Hälfte überliess er dem Arbeiterfonds. Aber schon das nächste Jahr ergab einen Verlust von fast 2 Millionen Thaler. Die mit 110 eingeführten und bis 228 hinaufgetriebenen Actien notiren etwa noch 3, sind aber in Wahrheit werthlos, da der Besitz schon lange nicht mehr die Schulden deckt „Die Zeche 'Adolf von Hansemann' ist ersoffen!" meldete man im August 1876 aus Dortmund, und dies ist auch das Schicksal der Gesellschaft. Die Actionäre haben am Course 28—30 Millionen Thaler eingebüsst!

In Gemeinschaft mit S. Bleichröder gründete die Disconto-Gesellschaft die Rumänische Eisenbahngesellschaft und die **St. Gotthard-Bahn-Gesellschaft.** Zum Zwecke der letzteren wurden Januar 1872 an Actien 34,000,000 Frcs. in 40 procentigen Interimsscheinen, und allmälig an Obligationen 48 Millionen Frcs. aufgelegt, deren Course inzwischen bis 4 (für eingezahlte 60% der Actien) und resp. 49 (für die vollgezahlten Obligationen) gesunken sind. Wahrscheinlich ist das ganze Unternehmen, zu welchem Deutschland eine Subvention von 20,000,000 Frcs. beisteuert, bankerott, denn es hat sich herausgestellt, dass die Unkosten, ausser den ursprünglich veranschlagten 187,000,000 Frcs. noch etwa 150,000,000 Francs erfordern! Die Gründer haben auf Ersparnisse, welche sich bei der Bauausführung etwa herausstellen sollten, grossmüthig zu Gunsten der Actionäre verzichtet und diesen dafür Genussscheine ausgestellt!

Mit der am 16. November 1871 erfolgten Bildung der **Rumänischen Eisenbahngesellschaft** trat die Disconto-Gesellschaft die Strausberg'sche Erbschaft an, und geschah diese Gründung hauptsächlich, um die hochadligen Mitconcessionäre des Wunderdoctors: Herzog von Ratibor, Herzog von Ujest und Graf Lehndorff zu entlasten. Strausberg hatte im Ganzen 65,375,000 Thaler 7½ procentige Obligationen ausgegeben, aber den Neujahr 1871 fälligen Coupon nicht mehr eingelöst. Massenhafte Klagen, zunächst wegen der Zinsen, später auch wegen des Capitals angestrengt, wurden zu Ungunsten Strausbergs entschieden, und seinen vornehmen Genossen drohte Verarmung. Da bildeten sich „Schutzcomités" unter Anführung des Herrn Georg Davidsohn vom „Berliner Börsencourier" und des Herrn Oscar Freund vom „Breslauer Handelsblatt"; und es vereinigten Bleichröder und Disconto-Gesellschaft die betrogenen Obligationsbesitzer zu einer Actiengesellschaft, in deren Aufsichtsrath u. A. Miquel, Justizräthe Wiener und Riem und Rechtsanwalt Wölfel traten. 52,000,000 Thaler Obligationen wurden in Actien verwandelt und so „Deutsches Capital gerettet", die Herren Hausemann und Bleichröder aber mit dem Adel belohnt. Auf eifriges Andrängen fast der gesammten Presse traten alsbald auch die übrigen Obligationsbesitzer bei, denn man wusste sie ängstlich und zagbaft zu machen. Nur etwa 120,000 Thaler Obligationen blieben „unconvertirt", und die Inhaber derselben erstritten durch Erkenntniss des Reichs-Oberhandelsgerichts die Einlösung zum ursprünglichen Course von 71 nebst rückständigen Zinsen. Die neuen Actien erhielten 1872 — $3\frac{1}{3}$, 1873 — $5^0/_0$ Dividende. Für 1874 wurden 4, für 1875 — $2\frac{1}{2}^0/_0$ ausgeworfen, aber nicht baar, sondern in neufabricirten 6 procentigen Schuldobligationen bezahlt, die etwa 50 notiren — ein Zeichen, dass man sie nicht für allzusicher hält. Wer aber nur Eine oder ein paar Actien besitzt, ist gar nicht im Stande, diese kostbare Schuldverschreibung zu erlangen und muss seine Dividendenscheine um jeden Preis los zu werden suchen. Der Aufsichtsrath dagegen hat sich vorweg $3^0/_0$ vom Betriebsüberschuss gesichert, und z. B. auch für 1874 an 29,000 Thaler baar erhoben. Der Cours der „convertirten" Actien ist etwa noch 12.

Von jeher war die Disconto-Gesellschaft bemüht, sich mit angesehenen Geschäftsleuten, hochstehenden Beamten und Parlamentsmitgliedern zu umgeben. In ihrem Verwaltungsrath sassen u. A.: Georg Reimer, Moritz Reichenheim, Walter Bauendahl, Meyer Goldschmidt, F. C. Winckelmann, J. G. L. Schäffer, Julius Kauffmann, sämmtlich in Berlin, Richard Hartmann in Chemnitz, Wilhelm Puscher in Nürnberg; ferner die Geh. Oberfinanzräthe Scheele, Wilckens und Scheller, Geh. Regierungsrath Dr. Reinhard, die Wirklichen Geheimen Räthe Wehrmann und Schuhmann; im Parlament war sie vertreten durch Hardt, Wilckens, Freiherr von Diergardt, von Bernuth, von Rönne, Freiherr Ernst von Eckardstein-Proetzel, Miquel; und im Berliner Magistrat durch Wilckens, welcher zugleich als unbesoldeter Stadtrath fungirte. In ihrem speciellen Dienst standen Scheele, Wilckens, Miquel und Reinhard; letzterer früher Sachsen-Weimar'scher Regierungs-Commissar und Aufsichtsrath des famosen Thüringer Bankvereins. Diese vier Herren fungirten bei den verschiedensten Gesellschaften, welche die Disconto-Gesellschaft in die Welt gesetzt, wie Erste Preuss. Hypotheken-

A.G. Hausemann, Preuss. Central-Bodencredit-A.G., Provinzial-Disconto, Rumänische Eisenbahn-A.G., Dortmunder Union etc., theils als Mitgründer theils als Aufsichtsräthe; und vermittelst ihrer beherrschte die Disconto-Gesellschaft ein grosses Netz von Eisenbahnen, wie Jene denn z. B. im Verwaltungsrath der Berlin-Potsdamer, der Märkisch-Posener, der Halle-Sorau-Gubener, der Berlin-Görlitzer, der Magdeburg-Halberstädter, der Braunschweigischen, der Rhein-Nahe, der Bergisch-Märkischen, der Hessischen Ludwigsbahn, der St. Gotthard-Bahn etc. sassen. Herr **Scheele** verliess die Disconto-Gesellschaft und damit etwa 60,000 Thaler jährliche Revenuen und liess sich zum Präsidenten des Reichs-Eisenbahnamts mit etwa 5000 Thaler Gehalt ernennen, setzte als solcher die höchst unzeitgemässe Erhöhung der Eisenbahnfrachtsätze durch, meldete dieses erfreuliche Ereigniss telegraphisch der in Düsseldorf tagenden Delegirten-Versammlung des Deutschen Handelstages, und kehrte alsbald wieder in die Arme und zu den Fleischtöpfen der Disconto-Gesellschaft zurück. Noch weit mehr als Bleichröder ist die Disconto-Gesellschaft eine grosse politische Macht im Neuen Deutschen Reich geworden, und sie ist der eigentliche Hort des manchesterlichen Nationalliberalismus. In einem der Disconto-Gesellschaft gehörigen Hause war, wie mehrfach ohne Widerspruch behauptet wurde, für die nationalliberale Partei ein eigenes Bureau errichtet, und von hier aus wurden die Wähler des ganzen Landes mit Flugblättern und Brochüren bombardirt, die Provinzial-Presse mit Correspondenzen versorgt.

Unter der Aegide ihrer hochstehenden einflussreichen Verwaltungsräthe beging die Disconto-Gesellschaft ihre erschrecklichen Gründungen, betrieb sie eine Agiomacherei, die alles Sonstige weit übertrifft. In der Schwindelperiode erhöhte sie ihr Capital von 10 auf 20 Millionen Thaler, und gab die jungen Actien zum Course von 110 bis 150 aus, so dass sie allein bei dieser Operation ein Agio von zusammen 4,300,000 Thaler einsteckte. Wie bei der Vereinsbank Quistorp, kann man auch

leicht von der Disconto-Gesellschaft nachweisen, dass sie ihre
Dividenden von 1870 bis 1873 zum grossen Theil aus jenem
horreuden Agio, also aus den Taschen der eigenen Actionäre
gezahlt hat, und dass ihre eigentlichen Einnahmen aus der
Agiotage und Gründerei geflossen sind. Sie hatte von 1866 bis
1869 nur 8—9% Dividende gezahlt, vertheilte in der Schwindelperiode von 1870 bis 1873 — 13, 24, 27 und resp. 14%, pro
1875 aber nur noch 7%. Ebenso hatten ihre Actien, die 1872
bis 354 getrieben wurden, vor dem Schwindel einen höhern
Cours als heute; 1869 notirten sie etwa 140, gegenwärtig nur
noch ca. 100, und wahrscheinlich werden sie unter pari gehen.
Die Disconto-Gesellschaft ist oft und mit Recht mit der Oesterreichischen Creditanstalt verglichen worden. Wie diese, wurde
auch sie ein Haupt-Spielpapier der Börsenjobber, und schon
das charakterisirt sie. Die Spielpapiere der Börsen sind stets
fragwürdiger, hochbedenklicher Natur, was z. B. Preussische
Bodencredit-Actien-Bank Jachmann, Laurahütte, Dortmunder
Union eclatant bewiesen haben.

Aber die Disconto-Gesellschaft wusste zu belohnen, sich
selber und ihre Gehülfen. Die vier Geschäftsinhaber Hansemann, Miquel, Salomonsohn und Emil Hecker bezogen an Tantièmen 1870 — 265,000 Thaler, 1871 — 702,000 Thaler, 1872
— 982,000 Thaler, 1873 — 519,000 Thaler, zusammen in diesen
4 Jahren — 2,468,000 Thaler. Die 15 Aufsichtsräthe erhielten
in derselben Zeit 53,000, 140,000, 196,000 und resp. 106,000 Thaler,
zusammen 495,000 Thaler, so dass im Durchschnitt auf jeden
Kopf pro Jahr 8250 Thaler oder ein Ministergehalt entfallen. Die meisten Herren waren aber auch noch Aufsichtsräthe von 3 bis 10 andern, mit der Disconto-Gesellschaft zu-
sammenhängenden Gesellschaften, und die Einnahme eines
Jeden von ihnen darf daher auf 15,000 bis 50,000 Thaler
jährlich geschätzt werden. Welcher Staat vermag seine Beamten
so zu besolden!

Herr **Miquel** war von November 1869 bis dahin 1873 Mitinhaber der Disconto-Gesellschaft. Als kluger und vorsichtiger Mann schied er nach dem Krach aus, übernahm den Vorsitz im Verwaltungsrath, und soll in dieser Stellung mit einer doppelten Ration der Tantième bedacht worden sein. Als Mitgesellschafter will er, wie er öffentlich erklären liess, nicht $1/4$, sondern nur $1/8$ der Gewinnantheile (Hansemann soll $5/8$ in Anspruch nehmen) bezogen haben. Das würde iu jenen 4 Jahren etwa 300,000 Thaler oder jährlich 75,000 Thaler ergeben. Da Herr Miquel aber auch zugleich Director der Provinzial-Discontogesellschaft und ausserdem noch 6- bis 8facher Aufsichtsrath war, so wird sein damaliges Jahreseinkommen auf weit über 100,000 Thaler zu veranschlagen sein. Unnatürlich wär's, wenn er die Geschäfts-Operationen der Disconto-Gesellschaft, in die er eingeweiht war, die neuen Actien-Emissionen etc. nicht auch für sich persönlich ausgenutzt hätte. Das hiesse, an einem reich besetzten Tisch sitzen und nicht mitessen! Thatsächlich war Herr Miquel vor seinem Eintritt in die Disconto-Gesellschaft ein armer, und er ist jetzt ein reicher Mann.

Beim ersten Zusehen scheint Miquel in der Disconto-Gesellschaft überflüssig gewesen zu sein; Kaufmann war er nicht, und einen tüchtigen Juristen besass man schon in dem Rechtsanwalt a. D. Salomonsohn. Aber er hat sich trotzdem als ein sehr thätiges, sehr nützliches Mitglied bewiesen, und die riesigen Tantièmen, die er bezog, wohl verdient. Seine Hauptthätigkeit fiel ins Parlament, wo er z. B. neben Baron von Eckardstein-Proetzel und Wilckens für die von der Disconto-Gesellschaft, freilich vergeblich angestrebte Hundert-Millionen-Prämien-Anleihe und bald darauf für die Central-Bodencredit-A.G. wirkte, namentlich aber so tapfer für das Actiengesetz focht, und 1873 begeistert dafür eintrat, dass der Invalidenfonds und die andern grossen Reichsfonds auch ungarantirte Eisenbahnprioritäten erwerben durften, welche dann die Disconto-Gesellschaft so reichlich abgab, dass jene reichen Fonds „invalide" wurden. Auch war er auf den Generalversammlungen der von der Disconto-Gesellschaft gegründeten Institute ein hervorragender Redner, wo er die opponirenden Actionäre gern belehrte und tröstete. Der ingeniöse Plan der Provinzial-Disconto-Gesellschaft ist wahrscheinlich seinem Haupte entsprungen, und er wusste auch die Bedenken des Handelsrichters, wegen Errichtung von Zweigniederlassungen, zu beseitigen. In Sachen der Rumänischen Eisenbahngesellschaft richtete Miquel am 16. November 1871 ein Schreiben, ganz im Requisitionsstil gehalten, an den Stadtgerichts-Präsidenten Krüger, das von diesem Abends präsentirt wird. Herr Krüger decretirt sofort und lässt die Verfügungen durch einen Expressen bestellen. Der ordentliche Handelsrichter, Rath Elsner von Gronow, wagt die Sache nicht zu übernehmen, und Herr Krüger ernennt einen Commissarius ad hoc, den Rath von Chapelié, indem er zugleich verfügt, dass die Eintragung in das Handelsregister spätestens im Laufe des morgenden Tages geschehen müsse. (Diese Eile war allerdings im Interesse der Sache erwünscht, da die von der Rumänischen Regierung gestellte Frist ablief.) Auch Herr Chapelié erhebt formelle Bedenken, worauf sofort ein ausserordentliches Collegium, bestehend aus den Herren Krüger, von Chapelié und Elsner von Gronow, zusammentritt. Die Bedenken werden theils für nicht erheblich, theils für erledigt erachtet. Unterzeichnet: Krüger, von Chapelié. „Die Verantwortlichkeit für die Eintragung im gegenwärtigen Zustande übernimmt Herr Rath von Chapelié." — Man sieht also, dass Herr Miquel auch für den Verkehr mit den Behörden eine ausserordentlich geeignete Persönlichkeit war.

Wie unschuldig, wie unwissend that nun dieser geniale vielseitige Mann, als ihn am 5. Februar 1876 im Deutschen Reichstag wegen seiner Gründerei der Abg. von Ludwig zur Rede stellte! Da wusste er, wie der klassische Zeuge Hase, von gar nichts; kaum konnte er die Namen der von ihm gegründeten Gesellschaften nennen. Da wollte er nur auf eine Jahreseinnahme von 6000—8000 Thaler gerechnet haben, da

wollte er nur aus politischen Gründen verfolgt sein, und da
versicherte er feierlich: „Ich für mein Theil habe für mich
selber nie Geschäfte gemacht, weder Gesellschaften
gegründet noch Anderes. Wo ich gehandelt habe, habe
ich gehandelt als Director der Disconto-Gesellschaft, meiner
Pflicht entsprechend." — Ei, ei, Herr Miquel, das ist eine
blanke Unwahrheit! In dem notariellen Instrument über die
Gründung der Provinzial-Disconto-Gesellschaft heisst es ausdrücklich: Hansemann und Miquel erscheinen nicht nur für
ihre eigene Person, sondern auch als Vertreter der Disconto-
Gesellschaft. Für letztere zeichneten beide gemeinschaftlich
9,532,000 Thaler; ausserdem zeichnete Miquel für sich selber
25,000 Thaler, und da die Actien mit 120—131 an die Börse
kamen, hat er hier mit Einem Federzuge 5000—7750 Thaler
verdient. Ebenso zeichnete er bei Begründung der Rumänischen
Eisenbahngesellschaft wieder für sich selber 100,000 Thaler,
und höchst wahrscheinlich hat er bei der Central-Bodencredit-
A.G., bei der Dortmunder Union und anderen Gesellschaften
ähnliche Summen für sich allein gezeichnet; was aber actenmässig noch nicht hat festgestellt werden können. In ihrer
Art klassisch war Miquels Erklärung, dass er seine „ausserordentlich interessante, lehrreiche und höchst einträgliche
Stellung" schon 1872 hätte aufgeben wollen, aber erst November 1873 wirklich aufgegeben hat, dass ein grosser Theil
des Gewinns aus dem Jahre 1872 nicht vertheilt, sondern als
Reserve vorgetragen worden, was Beides seine Uneigennützigkeit
beweisen soll! Dieser Reservevortrag, der auch 1873 und später
geschah, war, wie Jedermann weiss, eine geschäftliche Nothwendigkeit, um die drohenden Verluste zu decken; und ohne
ihn hätte schon 1873 keine Dividende mehr vertheilt werden
können.

Und für diesen Erz- und Generalgründer trat mit wahrer
Leidenschaft Herr **Lasker** ein, der noch Anfang 1875 den
Gründern von Neuem „den Krieg bis aufs Messer" erklärt hatte.

Er verdächtigte und beschimpfte jetzt die Ankläger und etablirte die „Verleumdungsära". Betrachten wir einmal die Thaten und die Reden dieses Ehrenmannes im Zusammenhange.

Lasker's „Enthüllungen", am 7. Februar 1873, waren in erster Linie gegen einen von ihm sehr gefürchteten politischen Gegner, den Geheimen Rath Wagener gerichtet, der damals den Vortrag beim König erhalten sollte, und den er durch seine „Enthüllungen" stürzte. Das Material dazu hatte ihm ein früherer Untergebener Wagener's, der Calculator Pelckmann, geliefert, der in Folge dieses „groben Vertrauensbruches" entlassen (vgl. Nationalzeitung No. 274 vom 16. Juni 1874), und später wegen „Untreue und Unterschlagung" zu einem Jahr Gefängniss verurtheilt wurde. Laskers „Enthüllungen", die nur ein paar conservative Gründer behandelten, waren, wie sein späteres Verhalten bewiesen hat, eine dreiste Komödie, um die Aufmerksamkeit von den „liberalen" Gründern und von seinen jüdischen Glaubensgenossen abzulenken. Damals wurde im Abgeordnetenhause ein Brief des Ministerpräsidenten verlesen, in welchem es u. A. hiess: „..... eine hiesige grosse Firma, zu welcher Herr Lasker als Rechtsanwalt Beziehungen haben soll ....." Diese Vermuthung war, wie es sich hinterher herausgestellt hat, vollkommen zutreffend, aber Graf Roon fühlte sich veranlasst, sie gleich nach Verlesung des Briefes wieder zurückzuziehen. Damit hätte Lasker sich begnügen können, aber er hat die Gewohnheit der Trödeljuden, sich bei jeder Gelegenheit zu verschwören und zu verfluchen, und um an seiner Unschuld und Reinheit keinen Zweifel zu lassen, betheuerte er: Seitdem ich Rechtsanwalt bin, habe ich niemals ein Rechtsanwaltsgeschäft vollzogen, nie mit irgend einer Firma über irgend eine Eisenbahn je in meinem Leben ein Wort gesprochen. Nun gehört zum Lügen ein ausserordentliches Gedächtniss; das aber scheint Herrn Lasker zuweilen im Stich zu lassen, zumal er an Wallungen leidet, und er verrieth sich selber. Am 27. Januar 1877 erschien er als Entlastungszeuge im Prozess Gehlsen wegen Beleidigung des Aufsichtsraths der Rumänischen Eisenbahngesellschaft. „Religion — mosaisch, nicht wahr?" fragte entgegenkommend der Präsident. „„Mosaisch!"" lispelte verschämt Herr Lasker. Dann aber ermannte er sich, und hielt, wie es seine Art ist, dem Gerichtshof flugs einen grossen Vortrag, „dass er den Gegenstand der Anklage nicht kenne, dass er nur objectiv aussagen könne" u. s. w. Endlich zur Sache kommend, erklärte er (die ganze Verhandlung ist von vereidigten Stenographen aufgenommen): Im November 1872 wurde ich von Herrn Miquel zur Abgabe eines Gutachtens aufgefordert über die Ansprüche der Rumänischen Eisenbahngesellschaft gegen Strousberg. Ich lehnte zuerst ab, liess mich aber später bewegen. Aufgefordert hier Zeugniss abzulegen, nahm ich Veranlassung, Herrn Miquel zu fragen, ob ich für das von mir übernommene Rechtsanwaltsgeschäft nicht Amtsverschwiegenheit schuldig sei. Miquel stellte mir jedoch die Aussage frei. — Lasker hat dann später öffentlich erklärt, dass er das Gutachten, für welches er ein Honorar erhielt, Februar 1873, also gerade zu der Zeit abgegeben, wo er im Parlament so feierlich das Gegentheil versicherte. — Hiernach war die grosse Firma, zu welcher er als Rechtsanwalt Beziehungen hatte, die Disconto-Gesellschaft, der es an Juristen keineswegs fehlte. Ausser Miquel sassen im Aufsichtsrath der Rumänischen Eisenbahngesellschaft noch die Justizräthe Wiener und Riem, und Letzterer betonte dies in der Verhandlung gegen Gehlsen, indem er sagte: Laskers Gutachten sei zwar nach Gebühr erwogen worden, habe aber nicht den Ausschlag gegeben. Wahrscheinlich war dies nur ein Versuch der Disconto-Gesellschaft, Herrn Lasker einzufangen. Erwähnt ist schon, dass er sich in Hirth's Parlaments-Almanach als Syndicus der „Deutschen Bodencredit-Bank" anführt. Eine solche Bank giebt es nun zwar nicht, aber die betreffende Firma wird ähnlich lauten.

Von seinen „Enthüllungen" rühmt Lasker stets mit grosser Emphase, dass er nur Thatsachen enthüllt und für alle die

Beweise erbracht habe. Diese Behauptung ist amtlich widerlegt in dem Bericht der Specialcommission zur Untersuchung des Eisenbahnconcessionswesens, Anlage D., wo ihm urkundlich nachgewiesen wird, dass er den Beweis vielfach schuldig geblieben ist, factisch unbegründete Vorwürfe erhoben hat, und von dem Actiengesetz nur mangelhafte Kenntniss besitzt. Vielleicht mit aus diesen Gründen blieb der Bericht der Untersuchungscommission Jahre lang unbenutzt, blieb er sogar den meisten Abgeordneten unbekannt, so dass er, als er im Frühjahr 1876 endlich zur Berathung gelangte, von Neuem gedruckt werden musste. Trotzdem hatte Lasker die edle Dreistigkeit in der Sitzung am 29. März 1876 zu sagen: „Der Bericht ist ungefähr drittehalb Jahre fertig und in den Händen des Publikums."

Eine ganze Reihe von Winkelzügen, Verdrehungen und groben Unwahrheiten hat dem modernen Cato Herr von Diest nachgewiesen, dem er mit Mund und Hand versprochen, auch gegen die liberalen Gründer vorzugehen. So wollte er einen recommandirten Brief Diest's, den er eigenhändig, in der eingehendsten Weise und recommandirt beantwortete, hinterher gar nicht gelesen haben. So erklärte er, Herrn von Diest schon im November 1875 für immer von sich gewiesen zu haben, worauf Jener einen ganz freundschaftlich gehaltenen Brief veröffentlicht, den Lasker noch unterm 20. Januar 1876 an ihn richtete. Eine scharfe Zurechtweisung musste sich Lasker von seinem ehemaligen Principal, Elisamter gefallen lassen, in dessen Redaction er 1857 gearbeitet hat. Lasker hatte gegen den Abgeordneten Dr. Röckerath den Geh. Commerzienrath Robert Warschauer als einen Mann hingestellt, „absolut frei von dem Streben nach einem unlautern Gewinn" — und nun erinnert Elisamter Herrn Lasker daran, dass die Zeitung, bei der dieser 1857 angestellt war, Herrn Warschauer schon damals als einen grossen Gründer und „einen Mann der Agiotage" verarbeitet hat.

Das Stärkste leistete Lasker in Sachen seines Freundes,

des gekränkten Gründers von Bennigsen. In der Sitzung am 29. März 1876 versicherte er: Der Zeuge, Abgeordnete Adickes wurde viermal amtlich vorgeladen, war aber nicht zu ermitteln. Ich habe Alles gethan was zur Aufklärung der Sache möglich war. — Darauf meldet sich plötzlich Adickes, und richtet unterm 31. März ein Schreiben an den Präsidenten des Abgeordneten-hauses, worin er sagt: Nachdem der Bericht der Untersuchungs-commission zu meiner Kenntniss gekommen war, habe ich schon im December 1873 dem Abg. Lasker mitgetheilt, dass ich weder mündlich noch schriftlich eine Aufforderung erhalten habe, vor der Commission zu erscheinen. Auch hat der damalige Ab-geordnete Hurtzig dem Herrn Lasker diese Erklärung wieder-holt. „Demnach durfte ich die Erwartung hegen, dass der Abg. Lasker meine Mittheilung nicht mit Stillschweigen übergehen würde." Ich bemerke auch noch ausdrücklich, „dass ich mich innerhalb der gesammten fraglichen Zeit entweder in Berlin oder in meinem Wohnort Hannover aufgehalten habe". — Adickes bittet diese Er-klärung öffentlich zu verlesen, aber Herr von Bennigsen lässt es wohl bleiben; er giebt den Brief an Lasker, dieser stellt sich mit eherner Stirn vor das Haus und sagt: Ja, meine Herren, der Abgeordnete Adickes hat mir jene Mittheilung brieflich ge-macht, auch durch einen Collegen mündlich wiederholen lassen. Aber ich erinnere Sie, dass ich mich über diesen Punkt gar nicht geäussert habe; ebenso wenig wie der Untersuchungs-bericht, mit dem meine Mittheilungen sich in voller Ueber-einstimmung befinden. — Und das ganze Haus nimmt diese Erklärung stumm und lautlos entgegen, hat für solch uner-hörtes Gebahren auch nicht Ein Wort des Unwillens und der Entrüstung. Herr Lasker aber fährt fort, den Tugendbold zu spielen, trieft beständig von Moral und Sittlichkeit, und bei dem Compromiss in Sachen der Justizgesetze ruft er aus: Wenn dem Deutschen Vaterlande hier irgend ein Schaden entsteht, so will ich die Verantwortung übernehmen! — Ist dieser Mann nicht schlimmer und gefährlicher als selbst Miquel und Consorten, ist er nicht der politische und parlamentarische Strausberg? Was Herrn von Bennigsen betrifft, so hat dieser „correcte" Gründer sich October 1876 ein Unschulds-Attest von der Königlichen Eisenbahn-Direction zu Hannover — unterzeichnet: Schmerfeld — ausstellen lassen. Dieselbe bescheinigt, dass die Hannover-Altenbeckener Eisenbahn den Umweg um den östlichen Abhang des Deister über Gut Bennigsen nur mache, weil die directe Linie 1,600,000 Thaler Mehrkosten erfordert haben würde, und dass der Bahnhof bei Gut Bennigsen mit Rücksicht auf die daselbst sich kreuzenden Strassen und wegen der in Aussicht genommenen Abzweigung einer directen Linie von Hannover über Döhren und Hiddesdorf erbaut worden sei. Wir fragen zunächst: Wer hat die Königliche Eisenbahn-Direction Hannover zur Abgabe dieses Zeugnisses ermächtigt, ist sie dazu überhaupt befugt und competent? Aber zugegeben, dass ihre Behauptungen durchaus richtig sind, so ändert dies nichts an zwei Thatsachen: 1) Das früher sehr vernachlässigte und abgelegene Gut des Herrn von Bennigsen hat, indem es in das Eisenbahnnetz hineingezogen und mit einem Bahnhof bedacht wurde, einen sehr viel grössern Werth erhalten. 2) Der Verkehr auf diesem Bahnhof ist, obgleich täglich hier acht Züge halten, so unbedeutend, dass in den Geleisen Gras wächst. Herr von Bennigsen hat also doch nicht blos, wie Lasker behauptet, im Interesse der Provinz, sondern auch in seinem eigenen gegründet.

Indess der Vortheil sollte ihm gern gegönnt sein und gar nicht bemängelt werden, hätte er sich nicht grosse „Incorrectheiten" zu Schulden kommen lassen. Der Bericht der Special-Untersuchungscommission über die Bahnen Hannover-Altenbecken und Löhne-Vienenburg (S. 103—112) ist sehr kurz, auffallend reservirt und schonend gehalten. Trotzdem stellt er Folgendes fest: von Bennigsen und Genossen habe beide Concessionen nur unter der Bedingung erhalten, dass die „General-Entreprise" ausgeschlossen sein sollte, und sie haben dies, sowol dem Handelsminister wie im Prospect dem Publikum, ausdrücklich versprochen. Dessen ungeachtet hat Strausberg, den der Minister eben ausgeschlossen wissen wollte, beide Bahnen in General-Entreprise gebaut, und der Bau ist dadurch viel theurer geworden. Allein die Erdarbeiten bei Hannover-Altenbecken erforderten 1,375,000 Thaler mehr, das Doppelte des ursprünglichen Anschlages. Bennigsen und Genossen haben also ihr Wort gebrochen, den Minister getäuscht und die Actionäre schwer geschädigt. Strausberg und seine Helfershelfer, Jaques und Cohen, befinden sich schon unter den ersten Zeichnern, und Strausberg hat für Bennigsen und Genossen auch die Caution mit 250,000 Thaler bestellt.

Wie Strausberg in seinem Buche jetzt selber erzählt, zahlte er dafür, dass er den Bau in Generalentreprise erhielt, an Cohen eine Abfindung. Dieselbe soll 34,000 Pfund Sterling betragen haben, und Cohen soll davon 14,000 Pfund an die Gründer („Comité-Mitglieder") gezahlt haben. Vor der Untersuchungscommission verweigerte Cohen hierüber Auskunft zu geben, und der Abgeordnete Adickes, der Fractionsgenosse der Herren von Bennigsen und Lasker, war, obwol er zu derselben Zeit im Parlament sass, durchaus nicht aufzufinden, wahrscheinlich, weil man ihn nicht finden wollte. Wehe gewissen Leuten, wenn Adickes einst sprechen sollte!

Adickes und von Bennigsen waren die eigentlichen Macher der Hannover-Altenbeckener Eisenbahn-Gesellschaft. Adickes präsidirte den Generalversammlungen, und von Bennigsen hielt hier die Vorträge, worin er die sehr mannigfachen neuen Projecte entwickelte und befürwortete. Bennigsen und Genossen, wiewol sie nur „im Interesse der Provinz" gründeten, waren weit ärgere Concessions-Jäger als die von Lasker so scharf gegeisselten Fürst Putbus und Prinz Biron. Obgleich sie für Hannover-Altenbecken wiederholt eine Verlängerung der Bauzeit nachsuchten, obgleich die Vollendung der Bahn sich fortwährend verzögerte, und der Handelsminister unterm 28. März

1872 die bestellte Caution bereits für verfallen erklärte (S. 106 des Berichts) — bewarben sich Bennigsen und Genossen um immer neue Strecken und Zweigbahnen, wie Rinteln-Oberkirchen, Dortmund-Hameln, Löhne-Dortmund und Wahrendorf-Münster, Seesen-Derneburg, Bennigsen-Lehrte etc. (No. 423, 497, 535, 565, 592, 594 des Beilagebandes B.), und der Handelsminister ertheilte u. A. folgende Antwort (No. 565): „Abgelehnt mit Rücksicht auf die ungeordneten Finanzverhältnisse des Stamm-Unternehmens".

Hannover-Altenbecken hat zusammen für $18\frac{1}{2}$ Millionen Thaler Actien ausgegeben. Von ihnen stehen die Stammactien ca. 13, und die Prioritäts-Actien ca. 33; Ende 1875 standen sie sogar 8 resp. 20. Der Coursverlust, welchen das Publikum erlitten, ist auf 13 Millionen Thaler zu veranschlagen. Indem aber Bennigsen und Genossen die Verwaltung und den Betrieb der Bahn „ohne irgend welche Beschränkung und ohne sich ein Kündigungsrecht vorzubehalten" einer Concurrenzbahn, der Magdeburg-Halberstädter überwiesen, haben sie ihrer Gründung die Krone aufgesetzt, und die Actionäre werden nie einen Heller zu sehen bekommen. Ausserdem sind 15 Millionen Thaler Obligationen fabricirt, die etwa noch 90 notiren, welcher Cours aber ziemlich künstlich ist. Die I. Emission mit $2\frac{1}{4}$ Millionen Thaler ruht auf der noch immer nicht in Angriff genommenen Strecke Hildesheim-Braunschweigische Landesgrenze, also auf einer blossen Luftbahn. Von diesen famosen, einstweilen fast unverkäuflichen Obligationen sind dem Invalidenfonds über 3 Millionen Thaler, dem Festungsbaufonds über $1\frac{1}{2}$ Millionen Thaler und dem Provinzial-Dotations-Fonds über 1 Million Thaler, zusammen gegen 6 Millionen Thaler angeschmiert worden!

Zu den Parlamentariern, mit welchen sich die Gründer verstärkten, traten, als Mitgründer und Aufsichtsräthe, noch Adel, Beamte und Militairs, bis zu

den höchsten Spitzen und zum Theil aus der nächsten
Umgebung der Monarchen, Richter und allerhand
Notabilitäten aus Kunst und Wissenschaft. Nur hin
und wieder wurde ein Beamter von seiner vorgesetzten Behörde corrigirt. So wies der Präsident
des Berliner Stadtgerichts einen seiner Räthe, der
den Prospect der Berliner Bauvereinsbank mitunterzeichnet hatte, an, seinen Namen zurückzuziehen.
So nöthigte General von Stosch etliche Räthe des
Kriegsministeriums wie der Admiralität, die sich an
Gründungen betheiligt, ihren Abschied zu nehmen.
Nicht wenige Beamte fungirten als Aufsichtsräthe
von Gesellschaften, deren Zweck mit ihrem Amte
geradezu collidirte. Viele Beamte nahmen erst ihren
Rückzug, als das endlich beschlossene Gesetz sie
dazu nöthigte; die meisten blieben bis zum letzten
Augenblicke, und verschiedene schwankten noch, ob
sie nicht lieber auf ihr Amt verzichten sollten, denn
der Gehalt stand in keinem Verhältniss zu den Tautièmen, welche sie bisher als Aufsichtsräthe bezogen
hatten. Der Procentsatz von Beamten, welche sich
in der Schwindelperiode als Mitgründer und Aufsichtsräthe betheiligt haben, ist kein unbedeutender.
Dennoch wäre es übertrieben, deswegen auf unsern
Beamtenstand als solchen einen Makel werfen zu

wollen, und derselbe bedurfte wahrlich nicht der Vertheidigung eines Lasker und Strausberg!

Die Tantièmen wuchsen in der Schwindelperiode auf Kosten der Actionäre so riesig, dass gewisse Aufsichtsräthe daraus eine Einnahme bezogen, gegen welche der Gehalt des Reichskanzlers eine blosse Bagatelle ist. So z. B. der Freiherr von Eckardstein-Proetzel, der bei einem Dutzend Gesellschaften fungirte, und von dem man wol sagen darf, dass er seine semitische Abstammung nicht verleugnet. Verschiedene „Volkswirthe" und Parlamentarier waren so naiv, Gründergewinnste und Tantièmen als ein Aequivalent für ihre öffentliche Thätigkeit zu betrachten. Herr von Kardorff, der sich April 1875 in der „Gartenlaube" angegriffen sah, schrieb zu seiner Rechtfertigung: Es dürfte ziemlich bekannt sein, „dass ich mich an industriellen Unternehmungen nicht betheiligt habe, um Schätze zu sammeln, sondern lediglich um mir zu ermöglichen ohne Vermögensverluste meine parlamentarische Thätigkeit wahrzunehmen". Herr von Kardorff lebte mit Familie alljährlich etwa neun Monate in Berlin, und führte hier einen grossen Haushalt mit Dienerschaft, Equipage etc., was ihm also keine „Vermögensverluste" kostete. In der That, ein sehr praktischer Volksvertreter! Herr Albert Träger, auch mehrfach bei Actiengesellschaften beschäftigt und Mitbewerber um verschiedene Eisenbahn-Concessionen (Vgl. 259 und 446, Beilage B des Berichts der Special-Untersuchungscommission), übermittelte jenen Brief an den Verleger der „Gartenlaube" und schrieb dazu: „Ich bin für meinen Theil überzeugt, dass er (von Kardorff) in seiner besondern Sache Recht hat. Er hat aber auch im Allgemeinen Recht; auf den Gründertaumel ist eine Gründerhatz gefolgt, die gleichfalls das Publikum benachtheiligt." Sogar Eugen Richter sprach am 3. December 1873 im Abgeordnetenhause von Staatsministern a. D., welche auf Gründerprospecten als „Schlepper im Bauernfang" figuriren. Später verwirrten sich ihm jedoch die Begriffe, er hiess Frühjahr 1876 die Ankläger der parlamentarischen Gründer „Bauernfänger"; und als er nunmehr mit Herausforderungen beehrt wurde, schob er seine Haushälterin vor, die den Cartelträgern die Thüre vor der Nase zuwarf.

Der Aufsichtsrath ist nichts weiter als eine Decoration, und die Stellen der Aufsichtsräthe waren blosse Sinecuren. Die Aufsichtsräthe bekümmerten sich um nichts, wenigstens so lange nicht, als sie fette Tantièmen erhielten. Der Abgeordnete Karbe auf Adamsdorf, seit 14 Jahren Verwaltungsrath der Preussischen Hypotheken-Versicherungs-A.G. Hübner, erklärte die Behauptung: diese Gesellschaft, resp. deren Chef, Dr. Otto Hübner, sind bei verschiedenen Gründungen betheiligt — öffentlich für „Unwahrheit und Verleumdung" (in Corpusschrift), und liess sich dies von seinen sämmtlichen Collegen attestiren. Nun führt das sehr bekannte und sehr verbreitete Börsenhandbuch „Saling's Börsenpapiere", IV. Theil, 4. Auflage, Seite 150 ff., und ebenso das Schriftchen „Die Berliner Emissionshäuser" (Berlin 1873) S. 126 die Preussische Hypotheken-Versicherungs-A.G. Hübner ausdrücklich als Gründerin und Emissionshaus des sehr faulen Deutsch-Holländischen Actien-Bauvereins an. Ausserdem sind die Prospecte verschiedener Gesellschaften, wie der Berliner Bockbrauerei, des Bauverein Friedrichshain, der Allgemeinen Depositenbank, der Deutsch-Russischen Handelsbank etc. durch alle Zeitungen gelaufen, und darunter standen u. A. die Namen des Dr. Otto Hübner und des Justizrath Gustav Wolff, beides Directoren der Preuss. Hypotheken-Versicherungs-A G., sowie des Herrn Wilhelm Wolff und des Geh. Oberfinanzraths Adolf Geim, Verwaltungsräthe der Gesellschaft und Special-Collegen des Herrn Karbe. Endlich sind gegen einzelne Directoren der Preuss. Hypotheken-Versicherungs-A.G. und gegen einzelne Verwaltungsräthe derselben, sowie gegen die Geschäfte der Bank überhaupt, öffentlich bedenkliche Beschuldigungen erhoben worden, und es sollen auch bereits Anträge bei der Staatsanwaltschaft gestellt sein. Von alledem weiss Herr Karbe nichts; er producirt einfach ein Attest, das die völlige Unschuld der Gesellschaft bescheinigt, und das von den Herren Wilhelm Wolff und Adolf Geim mitunterzeichnet ist! Oder weiss Herr Karbe am Ende doch etwas? Vielleicht! Er schliesst nämlich seine moralische Entrüstung über „Unwahrheit und Verleumdung" mit den Worten: „Kein verständiger Mann kann mich verantwortlich machen für etwas, das sich meiner Beobachtung gänzlich entzieht, also für Handlungen einzelner Personen, die sich möglicherweise privatim an Gründungen betheiligt haben." — Ei, wie fein, Herr Karbe!

Die wenigen Blätter und die wenigen Schriftsteller, welche es wagten, gegen die parlamentarischen Gründer aufzutreten, wurden im Parlament in der unerhörtesten Weise beschimpft. Bamberger, Lasker und Eugen Richter schimpften, geschützt durch das Privileg der Tribüne, wie Fischweiber. Bamberger, der Nickelmünzmeister, nannte seine Gegner „Kerls", „Canaille", „Revolverpressleute". Lasker schrie: „Wie man Bravi in Italien dingen kann, so kann man bei uns schriftstellerische Verleumder dingen." Eugen Richter sprach von „Buchmachern", „literarischen Beutelschneidern", „Bauernfängern". So schimpften diese Leute, die selber Journalisten sind, und die nur mit Hülfe der Presse in's Parlament gelangten. So schimpfte Eugen Richter, der sich von acht- bis zwölffach durchgeschriebenen Correspondenzen

ernährt, also die untergeordnetste Art von Schriftstellerei betreibt, und dem die „Staatsbürgerzeitung"
vorwarf, dass er mit seiner Feder nach- und neben-
einander Blätter der verschiedensten Richtung be-
diene. Wann haben die Conservativen und die Kleri-
kalen, obgleich sie von der gesammten „liberalen"
Presse tagtäglich gelästert, in allen jüdischen Witz-
blättern verhöhnt werden, je zu solchen Repressalien
gegriffen? Und heisst dieses wüste feige Schimpfen
nicht die Tribüne entweihen und beschmutzen? Jene
Leute hatten nicht den Muth das, was sie aussprachen
(oder was sie in anonymen Correspondenzen in die
Welt schrieben), auch wie Männer von Ehre zu vertreten. Bamberger wie Richter lehnten Beide die
Herausforderung, welche ihnen zuging, ab; Bamberger
wie Richter wurden darauf von ihren Gegnern für
satisfactionsunfähig erklärt, jener vor besetztem Gericht, dieser in öffentlichen Ansprachen. Müssen solche
Vorgänge nicht zum Faustrecht führen? Was bleibt
dem Beleidigten, wenn er weder vor Gericht noch
mit den Waffen in der Hand Genugthuung finden
kann, anders übrig als zum Stock zu greifen!

Eugen Richter schimpfte seinen politischen Gegner, den
Redacteur der „Deutschen Landeszeitung", „Bauernfänger", und
Herr von Bennigsen, der Präsident des Abgeordnetenhauses,
erklärte, diesen Ausdruck nicht rügen zu können, da er gegen

kein Mitglied der Versammlung gerichtet sei. Nach dieser Auffassung ist also die Tribüne des Parlaments eine Freistätte, wo der Abgeordnete einen Draussenstehenden ungenirt vor dem ganzen Lande beschimpfen kann. Wir fragen aber Herrn von Bennigsen: Verträgt sich solches Schimpfen denn überhaupt mit dem parlamentarischen Anstand und der parlamentarischen Würde, und ist der Präsident des Hauses nicht verpflichtet, darüber zu wachen, dass diese gewahrt werden? Herr Richter freilich kümmert sich um solche Kleinigkeiten nicht. Er lief als Stadtverordneter im Sitzungssaale mit geballten Fäusten umher und machte Miene, sich auf seinen Opponenten, den Procuristen des Hauses Bleichröder zu stürzen. Er liess es sich ruhig gefallen, dass selbst die Kölnische Zeitung ihn einer „dreisten tendenziösen Lüge" zieh, und machte keinen Versuch, sich zu reinigen.

Eugen Richter hiess den Redacteur der „Deutschen Landeszeitung" einen „Bauernfänger", weil dieser einst ein Circular an Berliner Kaufleute erlassen, worin er sich erboten, ihr Geschäft gegen eine kleine, dem Betreffenden selber überlassene Vergütung im Feuilleton zu besprechen. Gewiss war dies nicht in der Ordnung, aber doch mehr Naivetät als Vergehen. Herr Niendorf that nur, was sehr viele Zeitungen ersten Ranges thun, die regelmässig lange „Weihnachtswanderungen" bringen und dafür Tausende von Thalern einsäckeln. Selbst die „Weltblätter" setzen frei und frank an den Kopf: „Reclamen pro Zeile 1 Mark" (oder gar 3). Der hochmoralische Verein „Berliner Presse", der so viele Börsenredacteure und Gründergehülfen umschliesst, nöthigte Herrn Niendorf zum Austritt, und legte jenes Circular als kostbares Document in sein Archiv. Hier sah es Herr Richter und benutzte es, um seinen politischen Gegner zu „brandmarken". Weniger Glück hatte er, als Sprachrohr der Baurath Hobrecht'schen Gesellschaft für Gesundheitspflege, mit dem ganz unmotivirten Ausfall gegen den Director des Reichsgesundheitsamts, wo ihm selbst ein Fractionsgenosse ein unverblümtes Dementi ertheilte.

Miquel und Bamberger reisten im Lande umher und hielten Versammlungen von Juden und Gründern ab, um sich von der „Verleumdung" zu reinigen; Miquel in Leipzig, Bamberger in Dresden. Bamberger predigte gegen das „literarische Gründerthum", das gar glänzende Geschäfte mache, gegen die „Delatoren", die ein Schandfleck der Zeit seien. („Donnernder, lang anhaltender Beifall!" wie die „Nationalzeitung" berichtete. Hätte Bamberger, was er einst auf Secunda gelernt, als Banquier nicht wieder völlig ausgeschwitzt, so müsste er wissen, dass die Delatoren im alten Rom nicht Ankläger waren, die öffentlich und unter voller Verantwortlichkeit auftraten, sondern vorwiegend heimliche gewerbsmässige Denuncianten, die durch Prämien angelockt wurden, welche das Gesetz auswarf, und die bei Vermögensconfiscationen und Geldbussen ihren Antheil erhielten. Heute denunciren umgekehrt die Gründer, und rufen gegen den „Verleumder", auch wenn er Actenmässiges behauptet, den Injurienrichter und den Staatsanwalt an.

Zu den beredtesten Vertheidigern der parlamentarischen Gründer und Derjenigen, welche dem Invalidenfonds die ungarantirten Eisenbahnprioritäten zuführten, gehört neben Eugen Richter der nationalliberale Abgeordnete von Benda, ein Schwager des Generalgründers Adalbert Delbrück; aber er bewegt sich stets innerhalb der parlamentarischen Grenzen. Uebrigens zählen die Gründer unter allen Parteien Freunde, die ihnen in in der Noth beispringen und sie zu entschuldigen suchen. Da ist der conservative Herr von Köller, der am 29. März 1876, als erster Redner über den Bericht der Specialuntersuchungscommission, die Sache von vornherein abzuschwächen wusste, und ein lautes Loblied auf Lasker anstimmte. Da ist Herr Windthorst, nicht der geniale Ohm, sondern der sehr bescheiden veranlagte, fortschrittliche Neffe, der nicht zu den „Hetzereien gegen die Gründer" beitragen will, welche „leider in der Presse in starkem Masse statthaben, und zwar von einer Seite, die durchaus selbst nicht frei von Schuld gewesen ist". (Herr,

dunkel ist der Rede Sinn!) Auch Windthorst-Meppen, wiewol
er verschiedentlich „concret" zu werden drohte, und obgleich
er den Nationalliberalen zurief: „Sind die Herren mit dem
Capital so verwandt?" — trat doch für den angegriffenen Miquel ein und gegen seinen eigenen Fractionsgenossen von Ludwig auf. Herr Windthorst-Meppen ist ein ausserordentlich begabter Mann, weit begabter als Lasker und Miquel zusammen-
genommen, aber er ist für die klerikale Partei vielleicht doch
zu klug! Miquel war ein sehr gemässigter „Kultur-Kämpfer",
deshalb hat ihn die ultramontane Presse nach Kräften ge-
schont, und auch die conservative erwies ihm viel Rücksicht.
Auch unter den katholischen Blättern haben die Gründer Anhänger; beispielsweise ist die „Kölnische Volkszeitung" eine
warme Freundin des A. Schaaffhausen'schen Bankvereins und
des mindestens 25 fachen Aufsichtsraths, Herrn Gustav Mevissen, der von der Verwirklichung des Reichseisenbahn-Pro-
jects eine neue, noch viel tollere Schwindelära prophezeite,
„eine unaufhaltsam fortschreitende Verarmung der Mittelklassen",
das Grossziehen eines „ungemein zahlreichen Proletariats zur
grössten Gefahr für Staat und Sitte". Sogar die Socialdemokraten Bebel und Liebknecht machten gegen die „Gründerhatz" Front, indem sie sich mit grossem Eifer ihres verleumdeten Freundes Sonnemann annahmen. Ohne Frage ist Bebel
ein ehrenhafter Mann, aber er hat doch wol nicht klug gethan, dass er, wie er öffentlich erklärte, von Sonnemann Geld
entlieh. Noch 1873 herrschte bittre Feindschaft zwischen den
Lassalleanern und Löb Sonnemann, weil dieser jene als An-
stifter des Frankfurter Bierkrawalls denuncirte, aber heute ist
Alles ausgeglichen, denn die Führer der Socialdemokraten und
die Redacteure ihrer Presse sind zum grossen Theil auch bereits
Juden. Nur der „Braunschweiger Volksfreund" gab bei den Neuwahlen zum Parlament kurz und gut die Parole aus: „Hinaus
mit den Spitzbuben!"

Nichts ist widerlicher, nichts kennzeichnet schlagender

die tiefe Corruption unseres öffentlichen Lebens, als dass die
Gründer heute als Warner und Strafprediger auftreten. Neben
Oechelhäuser und Mevissen straften und predigten auch noch
von Unruh und Dr. Engel. Herr von Unruh schrieb eine Brochüre „Die wirthschaftliche Reaction“, die in dem Ausspruch
gipfelt: „Das Publikum hat für seine Theilnahme am Schwindel und Börsenspiel Schläge verdient und richtig empfangen.
Die jetzige Calamität ist die Quittung darüber.“ (!!) Herr
Engel behandelte in verschiedenen Aufsätzen, wieviel das
Deutsche Volk in der Schwindelära an Vermögen und Sittlichkeit eingebüsst, und schätzte seine Verluste etwa halb so hoch
als sie in Wirklichkeit sind. Auf dem statistischen Congress
in Pesth behauptete er: die Presse ist durch die Gründer be-
einflusst — was er selber freilich am besten wissen muss; aber
diese bewunderungswürdige Unverfrorenheit trug ihm doch eine
anzügliche Replik, Seitens des „Volkswirths“ Herrn Max
Wirth ein.

Wenngleich im Parlament die liberale Partei die
weitaus grösste Anzahl von Gründern und Gründergenossen besitzt, so gibt es doch auch unter ihr
Männer genug, die sich dieser Collegen von Herzen
schämen und sie zum Henker wünschen. Als es aber
zu den Neuwahlen ging, hatte man nicht den Muth,
die räudigen Schafe auszuscheiden, obwol einige Par-
teiblätter dazu dringend mahnten. Und es war in
der That auch nicht leicht, weil an dem Schwindel
gerade die Koryphäen der Liberalen betheiligt sind.
Von den räudigen Schafen aber wollte keins freiwillig zurücktreten; gerade die räudigsten bewarben

sich am eifrigsten wieder um ein Mandat, das sie in den Augen des Volks reinigen und gegen die „Verleumdung" rechtfertigen sollte. So geschah es, dass alle Parteien wieder ihre Gründer aufstellten, darunter Leute, gegen die der Staatsanwalt vorgegangen. Als Candidat der Nationalliberalen trat sogar der Gründer auf, der auf öffentlicher Strasse, am Eingang zum Abgeordnetenhaus geohrfeigt worden ist, und er wurde auch wirklich wieder gewählt. An verschiedenen Orten wurden grosse Massen zusammengetrommelt, Tausende von Leuten gegen Bier und Schnaps angeworben, und mit den „verleumdeten" Gründern eine feierliche Wäsche veranstaltet.

Hin und wieder agitirten gegen die liberalen Gründer selbst liberale Wähler, aber es half ihnen nichts, sie kamen in der Regel gar nicht zum Wort. Herr von Bennigsen, der seine Candidatenrede in Lehe hielt, hatte vorweg jede Debatte ausgeschlossen. Als dennoch, sobald er geendigt, Jemand ihn wegen Hannover-Altenbecken zu interpelliren versuchte, wurde der Verwegene von dem Vorsitzenden niedergeklingelt, und die Tagesordnung war erledigt. Hammacher, der Held zweier Gründungsperioden, der wie die „Neue Börsenzeitung" (No. 88 vom 15. April 1872) schrieb, schon 1856 mit Friedrich Grillo und Assessor Thies in Essen „das industrielle Gründungsgeschäft in Westphalen nach allen Regeln der Kunst betrieben" — liess durch seinen Freund, Dr. Feodor Goecke in Duisburg, Aufsichtsrath der Westphälischen Union, erklären, dass er sich von den in der „Gartenlaube" gegen ihn erhobenen „Verleumdungen" „völlig rein waschen" werde; und erschien nach längerem Zögern dann auch wirklich in einer Wahlversammlung, welcher sein Freund, Justizrath Gützloe in Essen, Vorsitzender der Bergbaugesellschaft Hellweg in Unna, präsidirte. Hammacher, eben vom schweren Krankenlager erstanden, hielt eine über zwei Stunden lange Rede, in welcher er ausführte, dass er nur 1871 gegründet, wo von Schwindel noch nicht die Rede gewesen (!) und dass er bei seinen Gründungen nichts verdient, sondern noch viel Geld zugesetzt habe (!!). Hammacher sprach so ergreifend und überzeugend, dass die über 2000 Köpfe zählende Versammlung in Weinen und Schluchzen ausbrach. Nachdem er endlich geschlossen, sprach der Vorsitzende, Justizrath Gützloe, die denkwürdigen Worte: „Ich möchte Sie bitten, Niemanden, der Lust hat, hier aufzutreten, das Wort zu entziehen, vorausgesetzt, dass er nationale Gesinnungen und Liebe zu Kaiser und Reich hat, denn nur die Männer der nationalen Partei sind eingeladen; und Diejenigen, welche etwa uneingeladen hier eingedrungen sind, werden wissen, was sie zu thun haben." Das war deutlich. Natürlich nahm gegen Hammacher Niemand das Wort, und wir würden es auch keinem gerathen haben! Die Blätter der verschiedensten Richtung aber, wie Nationale, Vossische, Kreuzzeitung, meldeten die vollständige Rechtfertigung Hammacher's gegen „verleumderische Angriffe". Die „Rhein- und Ruhrzeitung" in Duisburg, welche von einem gewissen Wilhelm Schroers redigirt wird, einem furchtbaren „Kulturkämpfer", der von Schwulst, Bombast und Reminiscenzen lebt, hatte schon vorher einen Leitartikel gebracht „Das moderne Delatorenthum", der mit dem stolzen Worte Hutten's beginnt: „Ich hab's gewagt!" und mit der Formel des römischen Redners schliesst „Dixi et animam meam salvavi!"

Aehnlich wie dieser Schroers, verfuhr fast die gesammte Presse. Zwar schrieb die „Magdeburger Zeitung": „Bei seinem weitern Vorgehen (gegen die Gründer) muss Lasker auf ein Pentagramm gestossen sein, welches ihm Pein macht"; zwar verlangte sogar die Berliner „Volkszeitung" eine Ausscheidung der parlamentarischen Gründer: aber die „Neue Stettiner Zeitung" erklärte sich sehr unwillig gegen solch „kleinliches Gezänk", das nur den Gegnern zu Gute komme. Genau wie jener Schroers, verfuhren auch die jüdischen Witzblätter „Kladderadatsch", „Wespen" und „Ulk", welche die „Verleumder" in Wort und Bild beschimpften. Von jeher haben diese Blätter für Juden und Gründer die schnödeste Reclame gemacht — „Kladderadatsch" überreichte dem Strausberg einst die Bürgerkrone — alles Christliche und Ideale in den Staub gezogen und besudelt, die Sittlichkeit des Deutschen Volkes zu untergraben gesucht, die öffentliche Meinung irre zu führen und zu fälschen gewusst. Triumphirend rief die jüdische „Nationalzeitung" nach den Wahlen aus: „Wo sind Diejenigen, welche sich als Vorkämpfer jener Kothschlachten bewegten? Wem von ihnen hat die öffentliche Meinung ein Mandat übertragen, wem von den Angegriffenen ist ein Haar auf dem Haupte gekrümmt worden?"

Die „Nationalzeitung" hat Recht. Die alten Gründer und Gründergenossen sind wieder gewählt, und es sind noch verschiedene neu hinzugekommen. Noch befinden sich die grossen Massen in den Händen einer feilen corrumpirten Presse, die sie bevormunden und gängeln. Aber die fortschreitende Krisis, die sich immer schärfer gestaltet, wird das Volk schon aufklären und emancipiren. Es wird allmälig begreifen, dass den grossen Schwindel und den gegenwärtigen schweren Nothstand die wirthschaftliche Gesetzgebung der letzten zehn Jahre verschuldet, dass zu Volksvertretern und Gesetzgebern nicht Doctrinärs und Börsenverwandte, nicht Gründer und Verwaltungsräthe taugen, sondern dass dazu erforderlich sind Männer, welche die Bedürfnisse des Volks aus eigener Erfahrung kennen und welche für das Volk ein Herz haben, Männer in unabhängiger Stellung und vor Allem, Männer mit reinen Händen.

Register.

Druckfehler-Berichtigung.

Zu Seite 15. Die Anleihe vom Juli 1876 betrug 100 Mill. Mark.

Zu Seite 280. Das Actiencapital von Vereinigten Bischweiler Tuchfabriken beträgt 1,200,000 Thaler.

Druck von Bär & Hermann in Leipzig.